简帛学理论与实践

首 都 师 范 大 学 历 史 学 院
中国社会科学院简帛研究中心 编

蔡万进　邬文玲 —— 主编

曾　磊 —— 副主编

GUANGXI NORMAL UNIVERSITY PRESS
广西师范大学出版社
·桂林·

本书获中国社会科学院学科建设“登峰战略”资助计划资助，编号 DF2023YS15（出土文献与先秦秦汉史）

简帛学理论与实践
JIANBOXUE LILUN YU SHIJIAN

责任编辑：楼晓瑜　邹旭勇
责任技编：伍先林
装帧设计：刘瑞锋［广大迅风艺术］

图书在版编目（CIP）数据

简帛学理论与实践. 第二辑 / 蔡万进，邬文玲主编. -- 桂林：广西师范大学出版社，2024.6
ISBN 978-7-5598-6706-3

Ⅰ. ①简… Ⅱ. ①蔡… ②邬… Ⅲ. ①简（考古）－研究－中国②帛书－研究－中国 Ⅳ. ①K877.54

中国国家版本馆 CIP 数据核字（2024）第 013936 号

广西师范大学出版社出版发行
（广西桂林市五里店路 9 号　邮政编码：541004
网址：http://www.bbtpress.com）
出版人：黄轩庄
全国新华书店经销
广西民族印刷包装集团有限公司印刷
（南宁市高新区高新三路 1 号　邮政编码：530007）
开本：710 mm × 970 mm　1/16
印张：42　　字数：556 千
2024 年 6 月第 1 版　　2024 年 6 月第 1 次印刷
定价：128.00 元

首届中日韩出土简牍研究国际论坛
暨第四届简帛学的理论与实践学术研讨会

主 办 单 位

首都师范大学历史学院

中国社会科学院简帛研究中心

日本奈良文化财研究所

日本木简学会

韩国木简学会

韩国国立庆州文化财研究所

中国·北京

2019 年 9 月 6—8 日

首屆中日韓出土簡牘研究國際論壇暨第四屆簡帛學的理論與實踐學術研討會 2019.9.6—9.8

目　录

中国社会科学院古代史研究所、简帛研究中心卜宪群开幕式致辞

尊敬的各位先生：

早上好！首先，我谨代表会议主办方，对各位先生的到来表示热烈的欢迎！对各位先生给予会议的大力支持表示衷心的感谢！今天有机会与各位先生一起参加本届会议，我深感荣幸。近些年来，首都师范大学历史学院和中国社会科学院简帛研究中心一直共同致力于推进简帛学理论探讨，先前已经合作举办了三届"简帛学的理论与实践"学术研讨会，今天召开的是第四届。与往届不同，本届会议更具有国际性，将视野从对中国简牍的关注，扩展到对中日韩三国出土简牍的整体关注，明确倡导和推进中日韩三国出土简牍研究的合作交流，期望在国际学术视野下共同建构和完善简帛学的理论体系。大家都知道，中日韩三国的简帛学者之间有着深厚的友谊和合作交流的优良传统，以往中国、日本和韩国都分别举办过多次简帛学国际学术研讨会。不过，据我所知，像本届这样规模的，由三个国家六家单位联合举办的中日韩出土简牍研究国际学术研讨会，还是第一次。我想，这也表明大家共同认识到，国际性的合作研究将是推动简帛学繁荣发展的重要路径之一。

中国社会科学院简帛研究中心是中国国内较早建立的以研究简帛为

特色的专业研究中心,由李学勤先生、谢桂华先生等前辈学者倡导创立,正式成立于1995年3月,是中国社会科学院院属中心,设在历史研究所(刚刚改名为“古代史研究所”)。成立简帛研究中心的初衷和宗旨,就是推进简帛学学科建设,促进海内外简帛学界的合作交流。多年来,简帛研究中心一直致力于为简帛学界提供交流平台,举办简帛学国际学术研讨会,主办《简帛研究》集刊,组织出版“简帛研究文库”丛书,出版海内外学者的多种论著。在座的很多先生都是《简帛研究》集刊和“简帛研究文库”丛书的作者,我也借此机会,谨对各位先生的大力支持表示衷心的感谢!虽然我们做了一些推动学术交流的工作,但也存在很多不足之处。比如,不论是主办的国际会议讨论的议题,还是组织出版的论著研究的主题,基本都是以中国出土的简帛为主,我们对日本木简和韩国木简的关注和研究很不够。韩国和日本都有不少研究中国简帛的学者,但研究日本木简和韩国木简的中国学者都很少。比较而言,中国学者对韩国木简的关注稍微多一些,比如谢桂华、杨振红、戴卫红等先生都发表过研究韩国木简的成果。但中国学者对日本木简的研究非常少,据我所知,只有少量翻译或介绍日本木简概况的论文,基本没有深入研究的成果。除中国出土简帛之外,简帛研究中心应加强对日本木简和韩国木简的关注,与日韩简牍学界进行一些切实的合作研究和交流,古代史研究所也会大力支持这样的工作。我想,本届会议的召开就正是一个良好的开端和契机。

拿到本届会议的资料后,我立即进行了翻阅。厚重的会议论文集让我十分欣喜。我数了数,共有论文50篇,涵盖的议题十分广泛,有简帛学理论探讨,有新出土简帛介绍,有中国出土简牍研究,也有对日本木简、韩国木简的介绍和研究。尤其是关于制定出土简帛整理的国际统一标准的讨论,以及中日韩出土简牍的比较研究,我很感兴趣,非常期待。

同时,我也还有更多的期待。一是希望我们的关注视野更加广泛。比如,中国出土的简牍,除汉文简牍之外,还有为数甚多的少数民族文字简牍,如佉卢文简牍等,我们也应予以关注。从世界范围来看,除中日韩之外,其他地区也有简牍出土。比如,英国雯都兰达遗址(Vindolanda)出土了数千枚古罗马驻军遗留的木牍文书,其时代为公元一世纪左右,主要是军事文书和私人书信。遗址的发掘工作还在持续进行中,据估计,遗址地下保存的木牍可能在一万至十万件之间。对于这些木牍,我们也应予以关注。二是希望我们在研究的过程中,更具有整体视角,将东亚地区乃至世界范围内出土的各时代、各语言文字的简牍,视作整体研究对象,展开研究。我想,这将更加有利于推进简帛学的学科发展。三是希望这样多个国家、多家单位合作举办的国际学术会议以后能够继续举办下去。

最后,预祝本次会议圆满成功,祝各位先生在会议期间安康愉快!

日本木简学会、东京大学佐藤信开幕式致辞

请允许我代表日本木简学会,对这次中日韩简牍研究国际论坛的召开进行开幕式致辞。

1961年,奈良文化财研究所对平城宫遗址进行了挖掘调查,并发现了八世纪的木简。这是日本历史学、考古学上对木简的初次认知。从地下水丰富且潮湿的遗迹中发现了有文字记载的木片资料这件事由此广为人知。自此,除平城宫以外,日本大宰府、多贺城等主要地方官衙和其余各地的遗址中木简相继出土,迄今已达40万件。

现阶段已知日本木简均是七世纪初以后的木简,采用的是从中国经由朝鲜半岛传来的纸木并用时代的书写方法。日本没有册书,也正是因为从一开始记录用的木简和书写文书典籍用的纸张就是分开的。例如,每日的粮食用料请求和当值人员报告等使用木简,而每月的正式报告却整理在纸质文书上。纸质文书上可以加盖印章,因此作为正式文书被广泛使用于役所之间。至于木简,既可以使用小刀将其表面削掉重新利用,又可以在其上方刻制缺口,或将其下方削尖,加工成各类形态。各国向宫都进贡的物品上系着的荷札木简,也因进贡物品和地区不同,使用不同的木材(柏、杉树较多),呈现不同的形状(长短不同,是否刻制缺口等),采

取不同的格式（单面记录还是正反两面记录等），或不同的书法风格。

日本木简是一枚一枚的木片，每件木简可记录的文字数量也十分有限。因此，日本木简不仅出土量巨大，而且还出现了像长屋王家木简那样的记录有重要的高质量内容的木简资料群，这使其成为日本古代史研究不可或缺的史料。木简和后世由国家主持编纂的以《日本书纪》为开端的六国史等文献资料不同，它是当时被记载且发挥了功能的同时代史料。此外，原则上来说，六国史只记载五位以上的贵族相关事件，其记载以天皇和贵族为中心，以宫都、畿内为背景，不涉及"柴米油盐之事"。与此相对，木简将下级官员的日常工作展现得栩栩如生，包含米、盐等进贡物品在内的荷札木简为我们展现了古代人的日常生活。尤其是系在地方国郡进贡物品上的荷札木简，真实记录了当地民众的实际生活情况。地方遗迹出土的木简，则被称为讲述地方、地域古代史的地方性史料。如果说文献史料是以天皇、国家、畿内为中心的正史，那么木简就是以下级官员、地方官衙、负担租税的民众、地方为中心的日常的历史。

日本木简研究重视木简作为考古出土文字资料的特性，初期研究着眼于木简出土情况和木简形态，将木简分类为文书木简、荷札木简、付札木简、其他木简等，研究集中于木简形态、格式、排版、书法风格等方面，与中国简牍的对比研究和以木简保存为目的的保存科学研究也有相应进展。同时，与木简功能相关的讨论也发展旺盛，从木简的制作、书写到移动、保管，再到丢弃的过程也已经被判明，废弃论、文笔事务论、社会论等方面的研究也随之得到巨大发展。此外，寄送纸质文书时发挥封缄作用的封缄木简和仪式性场合下朗诵和歌时使用的和歌木简，因其发挥的独特功能而备受瞩目。

如此一来，从中央宫都和地方官衙出土的大量木简与古代纸质文书加在一起,明确表明了日本律令国家的文书主义从中国传入。中央向地方下达命令,地方向中央上报纳税等相关信息时,文书不可或缺。倘若单纯口头传达,而不使用文书传达的话,中央集权的国家制度就无法维持。因此,日本古代律令国家为使文书主义下的官僚制发挥功能,需要大量能够读写汉字、汉文,并拥有儒学素养的下级官员来维系中央政府的官僚机构和国府、郡家等地方官衙的运行。汉字文化就这样以国府、郡家为据点,在日本列岛的地方社会也飞速发展起来。

接下来我想简要介绍一下群马县高崎市的“上野三碑”。它虽然与木简无关,但由于展现了汉字文化在日本列岛的地方社会的发展过程,于2017年被联合国教科文组织(UNESCO)纳入“世界的记忆”之列。“上野三碑”由附近的特别历史遗迹,681年的山上碑及古坟、711年的多胡碑和726年的金井泽碑组成。山上碑是僧侣为吊唁母亲修建的石碑,多胡碑是地方豪族在多胡郡建郡并担任郡司后的纪念碑,金井泽碑是家族等“知识”集团为了“七世父母和现在父母”而建立的。它们以掌管家族的女性为中心,是主张佛教信仰的石碑。根据记录,古代上野国多胡郡居住着许多新罗的渡来人。他们为逃避七世纪末期发生在朝鲜半岛的唐、新罗对高句丽、百济的战争而来到日本列岛。这一地域出土了许多刻着与纺织技术有关的人名、地名的石制纺锤车,还有许多记载了疑似渡来人姓名的八世纪后期到九世纪前期的文字瓦。汉字文化深深渗透进了地域社会。“上野三碑”向我们展现出的,是古代日本人在与渡来人的交流中逐渐接受汉字文化和佛教文化的活灵活现的样子。

关于多胡碑,有这样一段中日韩交流的历史佳话想必大家都知道。日本近世时的朝鲜通信使将他获得的多胡碑文的拓本带回了朝鲜,并禀告了清廷。金石学者杨守敬(1839—1915)知道以后,将碑文作为楷书范例收录进《楷法溯源》(1877年,潘存辑,杨守敬编)。多胡碑也随着后来杨守敬与驻日清朝公使来日而变得十分有名。

汉字文化的交流史以中日韩为首,一直扩展到越南等地。我认为,这一明确史实所具有的意义,对于现如今的多文化共生的意义与价值也无比重要。

韩国木简学会朱甫暾开幕式致辞

首先,能有幸与来自中韩日三国的木简专业研究学者们共聚一堂,对我个人来说,意义深远!

从某种意义来看,今天的“聚会”来得有些晚!比起中日两国,我们韩国木简学会成立得较晚,可能多方面力量的不足也是重要原因之一。据我所知,中日学界了解木简的存在,并积极利用木简理解木简文字文化和复原历史的时间已经相当长。而韩国木简学会成立于 2007 年 1 月,目前仍处于“蹒跚学步”的阶段。

韩国木简学会成立时,遇到的最大难关便是如何解决木简的用语和分类方法问题。我们认为,由于共同使用汉字,只要继前辙,应该不会非常困难,但事实上中日两国已经远远超越我们,差距显而易见。因此,几位韩国学者共同埋头思来想去后暂时决定,木简中包括韩国使用的传统用语的,可直接采用韩国传统用语;如果木简中没有韩国传统用语,可以参考、使用与韩国木简本身的内容或是用途较为相似的日本木简用语。当时,虽然无法轻易判断要到何时,但我们相信将来一定会迎来三国学者们共聚一堂的机会。正如这篇致辞的第一句,此次会议意义深远,因为它实现了我们韩国木简学会一直以来的期盼。

众所周知,无论是木简的质量,还是木简研究水平,韩国都无法与中日进行比较。因此，我们一直保持着严谨的学习态度，默默地跟随着前者的脚步虚心学习。我认为，无论何时何地，这都是后辈们应保持的基本态度。每次我想到中韩日木简时，都会联想到围棋。

围棋源自中国，后来传播至周边国家，在长期的发展过程中，各国都根据各自的情况制定和采用了包含符合自身情况的用语、特征的围棋规则。进入近代社会以后，各国制定共同的游戏规则，直到现在围棋仍久盛不衰。如果将木简看作同一个文化，那么与围棋也是一样的道理！

但是，木简与围棋有明显的差异。事实上，木简不是需要进行激烈的较量最终决出胜负的竞技，在木简研究中，各国没有所谓的竞争，而都在试图为对方提供帮助。希望今后能持续举办今天这种共享文字文化的会议，会议的规模越来越大，传播的范围越来越广，不断进行交流和对话，更希望此次会议能为今后“更上一层楼”打下坚实基础。就我个人来讲，我希望东亚木简学会以此次会议为基础“走出去”，发展成为与世界大众融合在一起的文字文化学会。

由于是第一次举办此会议，定会有诸多不尽人意的方面。但我确信，随着今后定期、持续地交流讨论，定会收获丰硕的成果。虽然今天的会议比较简单，但也希望它能成为大家共结同心的机会！

首都师范大学历史学院刘乐贤开幕式致辞

各位女士、各位先生,大家上午好!

在舒适宜人的金秋时节,由首都师范大学历史学院、中国社会科学院简帛研究中心、日本奈良文化财研究所、日本木简学会、韩国木简学会、韩国国立庆州文化财研究所共同举办的“首届中日韩出土简牍研究国际论坛暨第四届简帛学的理论与实践学术研讨会”如期在北京紫玉饭店召开。我谨代表首都师范大学历史学院简帛研究团队,向前来参加会议的各位女士、先生和来宾们表示衷心的感谢和热烈的欢迎!

大家知道,由于新材料的不断出土,简牍学或者说简帛学的研究越来越受到重视,已经成为一门具有广阔发展前景的国际性学科。为了总结简帛学科的建设成就,推动简帛研究的深入发展,首都师范大学历史学院与中国社会科学院简帛研究中心合作,相继举办了三次以简帛学理论与实践为主题的学术会议,策划并发表了三组探讨简帛学理论的“笔谈”,在学术界产生了一定影响。大家会注意到,这次会议的主题在延续前面三次会议的基础上又有了扩展或者说升级。这是因为在交流与碰撞的过程中,我们越来越感到简牍学研究已经是一门国际性的学科,我们的讨论需要有更新的架构,我们的交流也应当在更广的范围内进行。所以,我们两家这次很高兴,也很荣幸,能够与日本奈良文化财研究所、日本木简学会、韩国木简学会、韩国国立庆州文化财研究所共同举办“首届中日韩出土简牍研究国际论坛”。不同地区、不同学科的学者聚集一堂共同讨论中日韩三国发现的古代简牍,这样的场合在以往是很难见到的,也可以说是从来没有过的。我们希望能够通过这种形式的讨论和交流,为简牍研究开创新的境界。我们希望,也确信,这样的会议一定还会继续举办,而且会越办越好。

将中日韩三国的简牍放在一起进行讨论,是一个尝试,也是一种挑战。由于以往没有这一方面的经验可循,我们的安排完全是试探性的,肯定会存在不少问题,希望参加会议的朋友们及时批评指正。我们首都师范大学历史学院的办会条件也很有限,会议接待过程中如有不周之处,也请各位批评指教。

最后,我要代表首都师范大学简帛研究团队,向合作举办这次会议的中国社会科学院简帛研究中心、日本奈良文化财研究所、日本木简学会、韩国木简学会、韩国国立庆州文化财研究所表示衷心的感谢,并再次向前来参加会议的各位朋友们表示热烈的欢迎和衷心的感谢。祝各位在会议期间身体健康,研讨愉快！预祝研讨会圆满成功！

中国四大简牍文书群的体系特征

李均明

（“古文字与中华文明传承发展工程”协同攻关创新平台、

清华大学出土文献研究与保护中心 北京 100084）

二十世纪七十年代以来，全国各地出土简牍数量陡增，二十一世纪达到高潮，总数逾三十万，其中多数为简牍文书，形式多样，内容丰富，令人眼花缭乱。不同地区与不同环境下出土的简牍，其主体部分呈现出不尽相同的特征。我们姑且把一定地理范围内出土的、具有类似特征的简牍文书集合体称为“简牍文书群”，以便区别诸群之不同，研究时找到主攻方向。《易・系辞》曰：“方以类聚，物以群分。”孔颖达疏：“物，谓物色群党，共在一处，而与他物相分别。”每个简牍文书群虽然由不同时间及不同发掘点出土的简牍组成，但其内部存在相互联系的纽带，这使之构成具有特色的体系。本文旨在找到维系其中的纽带，揭示其体系特征，以便后续研究能更有针对性地解决问题。

一、湖南简牍文书群

以长沙市为中心的湖南简牍文书群是全国最大的简牍文书群，简牍数量占全国半数以上，主要出土于古井窖遗址，人们形象地称之为"井喷"，主要如：

1996年，长沙市走马楼建筑工地22号古井发现大批三国吴简，总数10余万枚，其中有字简72000余枚，尚有字迹的残片3万余枚。[1]

2002年，湖南龙山县里耶镇里耶战国—秦代古城遗址1号古井中出土简牍37000余枚，有字简牍近3万枚。[2]

2003年12月至2004年2月间，郴州市苏仙桥建设工地4号古井出土三国吴简140枚，10号古井出土西晋木简900余枚。[3]

2003年，长沙市中心走马楼街东侧湖南省供销社基建工地8号古井出土西汉简万余枚，其中有字简2000余枚。[4]

2004年，长沙市中心五一广场东南侧的东牌楼建筑工地7号古井出土426枚东汉简牍，其中有字简206枚，无字简220枚。[5]

---

[1] 长沙市文物工作队、长沙市文物考古研究所：《长沙走马楼J22发掘简报》，《文物》1999年第5期。

[2] 湖南省文物考古研究所、湘西土家族苗族自治州文物处、龙山县文物管理所：《湖南龙山里耶战国—秦代古城一号井发掘简报》，《文物》2003年第1期。

[3] 湖南省文物考古研究所、郴州市文物处：《湖南郴州苏仙桥J4三国吴简》，载中国文化遗产研究院编《出土文献研究》第7辑，上海古籍出版社，2005年。湖南省文物考古研究所、郴州市文物处：《湖南郴州苏仙桥遗址发掘简报》，载湖南省文物考古研究所编《湖南考古辑刊》第8辑，岳麓书社，2009年。

[4] 长沙简牍博物馆、长沙市文物考古研究所联合发掘组：《2003年长沙走马楼西汉简牍重大考古发现》，载中国文化遗产研究院编《出土文献研究》第7辑，上海古籍出版社，2005年。

[5] 长沙市文物考古研究所、中国文物研究所：《长沙东牌楼东汉简牍》，文物出版社，2006年。

2010 年,长沙市地铁二号线五一广场站工地 1 号井窖内出土东汉简牍近 7000 枚。[1]

2011 年,在长沙市尚德街长沙国际金融中心建设区域九口古井窖中出土 257 枚东汉简牍,其中有字简和有墨迹的简牍 171 枚。[2]

2013 年,湖南省文物考古研究所和益阳市文物管理处组成考古队,对益阳市兔子山遗址进行抢救性考古发掘,在 11 口古井中出土了楚、秦、汉、三国时期的数千枚简牍。[3] 其中 9 号井出土有字简 579 枚,无字简 201 枚。[4]

2014 年,在湖南湘乡市三眼井遗址一口古井中出土数千枚楚国竹简,未整理。[5]

以上为古井窖出土者。

1972 年,长沙马王堆 1 号汉墓出土竹简 312 枚,简文内容为随葬物品记录,所记物品包括副食品、调味品、酒类、粮食、漆器、梳妆用具、衣物、竹器、木制与土制明器等;还出土木楬 49 枚。1973 年 12 月至 1974 年初,马王堆 3 号汉墓又出土简牍 600 余枚,其中木牍 6 枚,其余为竹简。竹简中有 400 余枚为遣册,记载随葬物品的名称及数量,包括车骑、乐舞、僮仆等

---

[1] 长沙市文物考古研究所:《湖南长沙五一广场东汉简牍发掘简报》,《文物》2013 年第 6 期。

[2] 长沙市文物考古研究所:《长沙尚德街东汉简牍》,岳麓书社,2016 年。

[3] 龙军:《湖南益阳出土 5000 简牍 兔子山遗址还藏着多少秘密?》,《光明日报》2013 年 7 月 23 日。

[4] 湖南省文物考古研究所、益阳市文物管理处:《湖南益阳兔子山遗址九号井发掘报告》,载湖南省文物考古研究所编《湖南考古辑刊》第 12 集,科学出版社,2016 年。

[5] 李丹、明星:《湖南考古发掘 700 多枚简牍记录楚国衙署公文》,新华网,2015 年 1 月 23 日。实际数量多于 700 枚。

侍从及其所持兵器、仪仗、乐器等物。[1]

1993年,长沙市望城坡西汉渔阳墓出土木楬、签牌、封泥匣等100余件。[2]

1999年,湖南沅陵虎溪山一号汉墓出土竹简1336枚。[3]

又,1951年,长沙五里牌406号楚墓出土遣册38枚[4]、1953年长沙仰天湖25号楚墓出土遣册43枚[5]、1954年长沙杨家湾楚墓出土遣册72枚[6]。

以上为墓葬出土者。

湖南省所见简牍文书,多数出自古井窖,古井出土简牍构成湖南简牍文书群的特色,也是该省独有的。这要归功于湖南省文物考古工作者精心尽职的努力,当他们发现井窖中有简牍的迹象,便采取整块切割的办法,将其运回室内浸泡水中,然后再仔细处理。如果不是这样,简牍在室外风吹日晒,由于氧化脱水,数日后字迹势必不复存在。这些古井窖,大多是各级衙署设置的。落入井窖的简牍,多数是废弃的文书或过时被销毁的档案,都是文书行政的见证物。因此,简牍的内容与衙署的性质密切

[1] 湖南省博物馆、中国科学院考古研究所等合编:《长沙马王堆一号汉墓发掘简报》,文物出版社,1972年。湖南省博物馆、中国社会科学院考古研究所:《长沙马王堆二、三号汉墓发掘简报》,《文物》1974年第7期。

[2] 长沙市文物考古研究所、长沙简牍博物馆:《湖南长沙望城坡西汉渔阳墓发掘简报》,《文物》2010年第4期。

[3] 湖南省文物考古研究所、怀化市文物处、沅陵县博物馆:《沅陵虎溪山一号汉墓发掘简报》,《文物》2003年第1期。

[4] 中国科学院考古研究所:《长沙发掘报告》,科学出版社,1957年。

[5] 湖南省博物馆、湖南省文物考古研究所、长沙市博物馆、长沙市文物考古研究所:《长沙楚墓》,文物出版社,2000年。

[6] 湖南省博物馆、湖南省文物考古研究所、长沙市博物馆、长沙市文物考古研究所:《长沙楚墓》,文物出版社,2000年。

相关。以走马楼三国吴简为例,这批文书的责任人多为田户曹的官员,田户曹是管理土地、赋税、户籍人口的部门,所以简牍的内容多与户籍人口登记及缴纳赋税有关。五一广场东汉简牍的文书责任人多为左右贼曹的官员,贼曹是主管社会治安的部门,所以简牍的内容多与侦查追捕罪人及诉讼相关,爰书、劾状等司法文书占比较大。走马楼西汉简所见责任人既有临湘令、丞,也有狱史等,涉及部门较多,所以简牍的内容也相对广泛,既有较多的司法文书,如"爰书",也有统计文书,如"都乡垦田租簿",还有关于监狱管理的报告等。里耶秦简所见下行文书责任人多为迁陵丞,表明该遗址为迁陵县的首长办公处,所见上行文来源颇多,计有司空、少内、仓、库、厩、诸乡等,内容也比上文所见广泛,既有常规的户籍人口登记、赋税收入簿,也有较多的刑徒劳作簿。它们的共同点是都有大量的行政、司法文书,同构型强。再者,长沙市古井窖皆位于五一广场周边,此处自古以来便是政治、经济中心,从楚国开始在长沙建造城邑,秦汉之际设长沙郡,西汉设长沙国,东汉恢复长沙郡,五一广场皆为郡、国及临湘县、临湘侯国官署所在地,一直到明、清设长沙府,治所仍在五一广场区域,所以此处必然沉积大量的文化遗存。以往,长沙出土过楚简(五里牌、仰天湖、杨家湾)及马王堆汉墓简牍帛书等,五一广场再出土从秦到三国的各个时代的简牍就不足为奇了。湘乡市三眼井古井窖遗址、益阳兔子山古井窖遗址及郴州苏仙桥古井窖遗址离此中心不算远,皆在长沙郡或长沙国的范围内或周边。即便是距离比较远的里耶秦简古井窖遗址,简文所见洞庭郡与苍梧郡事务,亦与长沙息息相关。就布局而言,古井窖遗址皆位于古城内的工作区域,而诸如马王堆汉墓、渔阳汉墓等皆位于古城外的墓葬区,两者亦有一定的关联。就湖南简牍文书总体而言,同时代的横向比较(如五一广场东汉简、东牌楼东汉简、尚德街东汉简),可以增强研究的完整性；不同时代的纵向联系（从湘乡三眼井楚简至郴州苏仙桥晋简），可以了解事物的发展沿革，无疑可以从中归纳出一定的内在规律。

大体而言，古井窖出土的各级、各部门的行政、司法文书及其较强的时代延续性、密切的内部关联构成了湖南简牍文书群的体系特征。

二、湖北简牍文书群

湖北省简牍文书群的内容非常广泛，而最具特色、数量较多的是江陵及云梦两地出土的律令类简牍。重要者如：

1975 年 12 月至 1976 年初，湖北云梦睡虎地 11 号墓出土秦代竹简 1155 枚，另有残片 80 枚。[1]

1983 年底至 1984 年初，湖北省荆州地区博物馆在江陵张家山发掘三座西汉初年古墓，编号为 M247、M249、M258，其中 M247 号墓出简多达 1236 枚。[2]

1985 年间，湖北荆州张家山 336 号汉墓出土竹简 827 枚。[3]

1989 年，湖北省云梦龙岗 6 号秦墓出土木牍 1 枚、竹简 150 余枚。[4]

---

[1] 《云梦睡虎地秦墓》编写组：《云梦睡虎地秦墓》，文物出版社，1981 年。

[2] 荆州地区博物馆：《江陵张家山三座汉墓出土大批竹简》，《文物》1985 年第 1 期。张家山二四七号汉墓竹简整理小组编著：《张家山汉墓竹简[二四七号墓]》，文物出版社，2001 年。张家山二四七号汉墓竹简整理小组编著：《张家山汉墓竹简[二四七号墓]》（释文修订本），文物出版社，2006 年。

[3] 荆州博物馆编，彭浩主编：《张家山汉墓竹简[三三六号墓]》，文物出版社，2022 年。

[4] 中国文物研究所、湖北省文物考古研究所编：《龙岗秦简》，中华书局，2001 年。

2002年1月至2004年1月,荆州市沙市区关沮乡岳桥村岳桥古墓群内的印台墓地9座西汉墓中出土竹木简2300余枚、木牍60余方。[1]

2006年底,云梦睡虎地77号西汉墓出土简牍2137枚。[2]

2018年底,湖北荆州胡家草场墓地12号汉墓出土一批简牍,其中竹简4546枚。[3]

以上墓葬出土简牍中皆含较多律令内容。尚有多墓出土其他类型文书,以下仅记有重要行政文书者,如:

1973年至1975年,湖北省考古工作者在江陵纪南城凤凰山古墓区发掘了一批汉墓,包括8号墓出土竹简176枚,简文载随葬器物名单;9号墓出土木牍3枚,为安陆守丞的上行文书,出土竹简约80枚,内容为随葬品清单;10号墓出土竹简170枚、木牍6枚,简牍内容丰富,其中有较多的乡里文书是过去没有见过的;167号墓出土木简174枚,内容为随葬物品清单,出土木楬5枚,署粮食名称及数量;168号墓出土竹牍1枚、竹简66枚、带字天平横杆1件、无字木牍6枚,其中竹牍内容为江陵丞告地下丞文书,述墓主市阳里五大夫遂下葬事,竹简内容为随葬品清单,天平横杆之正、背、侧三面皆有文字,正反面连读为市阳户人设权衡的文字及与之相关的律文,侧面署律名“□衡律”;169号墓亦出土一批竹简,内容为随

[1] 荆州博物馆:《荆州重要考古发现》,文物出版社,2009年。书中收录郑忠华《印台墓地出土大批西汉简牍》一文,详细介绍了印台汉墓简牍出土情况,并公布了其中24枚汉简的照片。

[2] 湖北省文物考古研究所、云梦县博物馆:《湖北云梦睡虎地M77发掘简报》,《江汉考古》2008年第4期。

[3] 荆州电视台:《荆州胡家草场墓及龙会河墓重要考古成果公布》,荆州新闻网,2019年5月8日。

葬器物的清单。[1]

2004年底,荆州市荆州区纪南镇松柏村1号墓出土木牍63枚(其中6枚无字)、木简10枚。木牍内容一是遣书,记录随葬器物的名称与数量;二是各类簿册,包括南郡及江陵西乡等地的户口簿、正里簿、免老簿、新傅簿、罢癃簿、归义簿、复事算簿、见卒簿、置吏卒簿等;三是叶(牒)书,记载秦昭襄王至汉武帝七年历代帝王在位的年数;四是令,主要是汉文帝颁布的部分法令;五是历谱,主要是汉武帝时期的历谱;六是周偃的功劳记录;七是汉景帝至汉武帝时期周偃的升迁记录及升调文书等公文的抄件。木简内容与木牍有关,当为放置于各类木牍前的标题简。[2]

还有许多墓葬出土遣册,本文不一一列举。

湖北简牍文书群的最大特色是发现了大量的法律文书,出土地点集中于江陵、云梦两地,形式多样,内容丰富,批量较大者如:

云梦睡虎地秦墓竹简含《语书》《秦律十八种》《效律》《秦律杂抄》《法律答问》《封诊式》等。其中《秦律十八种》包括金布律、厩苑律、田律、仓律、关市律、工律、均工律、徭律、司空律、军爵律、爵律、置吏律、效律、传食律、行书律、内史杂、尉杂、属邦。《秦律杂抄》包括捕盗律、除吏律、游士律、除弟子律、中劳律、公车司马猎律、牛羊课、傅律、敦表律、戍律。《法律答问》是对法律条款的解释,也具有法律效力。《封诊式》是针对刑事、民事案件的侦查、审讯,以及查封过程中常见的现象,归纳出有效的模式,

---

[1] 湖北省文物考古研究所:《江陵凤凰山西汉简牍》,中华书局,2012年,集中公布了8、9、10、167、168、169号等6座汉墓所出634枚简牍的照片、摹本、释文和相关考古资料及研究资料。

[2] 杨开勇、朱江松等:《湖北荆州纪南松柏汉墓发掘简报》,《文物》2008年第4期。荆州博物馆:《荆州重要考古发现》,文物出版社,2009年。书中收录朱江松《罕见的松柏汉代木牍》一文,介绍松柏汉墓木牍的情况,又新增4枚木牍的图版。

供办案者使用。

云梦龙岗秦墓竹简内容主要是关于禁苑、驰道、弩道、甬道、马牛羊管理及田赢赋税的法律,它们大多未见于睡虎地秦简。

云梦睡虎地汉墓出土法律简共两卷(编号V和W)850枚,其中V组306枚,有盗、告、具、捕、亡律等16种律名;W组544枚,有金布、户、田、工作课、祠、葬律等24种律名。律名多见于张家山汉简《二年律令》和云梦睡虎地秦墓竹简,也有少数律名首次出现,如“葬律”等(以日后公布为准)。

江陵张家山247号汉墓竹简中的与法律相关者为《二年律令》与《奏谳书》。《二年律令》包括贼律、盗律、具律、告律、捕律、亡律、收律、杂律、钱律、置吏律、均输律、传食律、田律、市律、行书律、复律、赐律、户律、效律、傅律、置后律、爵律、兴律、徭律、金布律、秩律、史律、津关令、奴婢律。《奏谳书》是判例集,当有法律效力,文中引述“蛮夷律”。

江陵张家山336号汉墓竹简,与法律相关者有《功令》《汉律十六章》,完整的《功令》属首见。与247号汉墓《二年律令》竹简相比,相同的律章条款多有增删,不再出现收律,又新增囚律、迁律、厩律及朝律。

江陵荆州胡家草场墓地12号汉墓正在清理中,今已见律令简1500枚。其中标题简载盗律、告律、亡律、贼律、囚律、捕律、复律、具律、关市律、兴律、钱律、杂律、效律、厩律,凡十四种。

就大的体系而言,湖北简牍文书群所具有的法律文书是全国最多的,具规模且集中,无疑构成了鲜明的群体特征。湖南大学岳麓书院藏秦简的特征与此群体类似,也许就是湖北一带出土的,或可归入此群体。在更小的层级上,荆州市荆州区纪南镇松柏村1号墓出土木牍及凤凰山诸汉墓出土简牍则构成乡级行政文书的小体系,亦颇具特色。

三、居延简牍文书群

“居延”是对跨甘肃、内蒙古两省区的额济纳河下游地区的统称。这里是二十世纪最早出土简牍的地区之一，也是最早自成体系的简牍文书群。其群体主要有：

1927年，中瑞西北科学考察团成员黄文弼于额济纳河畔的葱都尔获得汉简数枚，这是居延汉简出土之始。1930年，该考察团瑞典籍团员贝格曼在北起宗间阿玛，南至毛目约250千米及布肯托尼至博罗松治约60千米间的烽燧鄣城遗址获简1万余枚。[1]

1973年至1982年间，居延考古队分别对北部地区的甲渠候官遗址、甲渠塞第四燧遗址、肩水金关遗址进行全面发掘，并对邻近地区进行普查，获简牍近2万枚。[2]

[1] 劳榦：《居延汉简——图版之部》，“中研院”历史语言研究所，1957年。劳榦：《居延汉简——考释之部》，“中研院”历史语言研究所，1960年。中国社会科学院考古研究所：《居延汉简甲乙编》，中华书局，1980年。谢桂华、李均明、朱国炤：《居延汉简释文合校》，文物出版社，1987年。2014至2017年间，“中研院”历史语言研究所出版简牍整理小组编《居延汉简（壹）》《居延汉简（贰）》《居延汉简（叁）》《居延汉简（肆）》，收录史语所藏全部居延汉简的红外线图版及校订过的释文。

[2] 甘肃居延考古队：《居延汉代遗址的发掘和新出土的简册文物》，《文物》1978年第1期。甘肃省文物考古研究所、甘肃省博物馆、文化部古文献研究室、中国社会科学院历史研究所编：《居延新简》，文物出版社，1990年。公布甲渠候官和第四燧遗址出土简牍的释文，无图版。甘肃省文物考古研究所、甘肃省博物馆、中国文物研究所、中国社会科学院历史研究所编：《居延新简——甲渠候官》，中华书局，1994年。甘肃简牍保护研究中心（甘肃简牍博物馆）、甘肃省文物考古研究所、中国文化遗产研究院古文献研究室、中国社会科学院简帛研究中心编：《肩水金关汉简（壹）》《肩水金关汉简（贰）》《肩水金关汉简（叁）》《肩水金关汉简（肆）》《肩水金关汉简（伍）》，中西书局，2011年、2012年、2013年、2015年、2016年。

1999年至2002年间,内蒙古自治区文物考古研究所在额济纳旗汉代烽燧遗址进行考古调查,共采获500余枚汉简,取名为"额济纳汉简"。[1]

1986年间,甘肃省文物考古研究所集中对地湾遗址进行了再次发掘,出土汉简778枚,取名"地湾汉简"。[2]

以上出土简牍皆可通称为"居延汉简",发掘地点数十处,涉及多层级机构,包括都尉、屯田官、诸候官、诸部、亭隧、金关、县乡等,亦不乏中央朝廷、诸郡国与之往来的文件,故其文书种类是诸群中最多的,是研究简牍文书的极佳资料。其内容主要与屯垦戍边有关,展现汉代屯戍体系的各个方面,有不少是西北简特有的,例如:

《塞上烽火品约》是居延都尉控制范围内使用烽火信号的规定,具有法律效力,可看出特定时期居延地区烽火信号的组合、传递方式及对特殊情况的处理办法。[3]

守御器簿是烽燧鄣城守御必备的器物账,初师宾将之分为十二大类:一、警备食用类;二、取火、发火器物类;三、烽火信号、用具类;四、司时、号令用具类;五、攻防斗具、器物类;六、备用兵器附件类;七、坞堠射击、观测装置类;八、侦测设施类;九、守护、安全类;十、戍务维修工具类;十一、杂用类;十二、其他。[4] 被兵簿与被兵名籍,是关于个人配备武器的清单。

[1] 魏坚主编:《额济纳汉简》,广西师范大学出版社,2005年。

[2] 甘肃简牍博物馆、甘肃省文物考古研究所、出土文献与中国古代文明研究协同创新中心中国人民大学分中心编:《地湾汉简》,中西书局,2017年。

[3] 参见初师宾《居延烽火考述——兼论古代烽号的演变》,载甘肃省文物工作队、甘肃省博物馆编《汉简研究文集》,甘肃人民出版社,1984年,第335—398页。

[4] 参见初师宾《汉边塞守御器备考略》,载甘肃省文物工作队、甘肃省博物馆编《汉简研究文集》,甘肃人民出版社,1984年,第142—222页。

与戍边直接相关的法令，如《功令第卌五》，是关于官吏射箭考核的规定；《北边絜令第四》，是关于候长、候史巡逻增加功劳的规定；《击匈奴降者令》，是赏赐战功的法令等。

吏名籍、卒名籍、骑士名籍等揭示戍边吏卒的来源地、年龄等。

“邮书刺”是传递邮书的记录，“邮书课”是对传递邮书的考核；“表火出入界刺”是传递烽火的记录，“表火课”是对传递烽火的考核。从这些记录及考核中可全面了解居延地区信息传递体系的结构、路线、效率等。

金关扼守南北交通咽喉，其遗址出土的大量出入符、传、名籍及相关文书，对研究出入关制度具有重大意义。

总之，屯戍文书构成了居延简牍文书群的体系特征。

四、敦煌简牍文书群

沿疏勒河流域分布的汉代鄣城烽燧，与居延地区所见有同质性，出土简牍的内容也类似。只是敦煌悬泉置遗址出土大批汉简以后，其突出点发生了变化，显现出自己的特色，故另立新群陈述。

英籍匈牙利人斯坦因在 1906 年开始的第二次及 1913 年开始的第三次中亚考察曾深入甘肃西部地区，在疏勒河流域汉代长城遗址获得 1000 余枚汉代简牍。1920 年，周炳南在敦煌小方盘城玉门关外获木简 17 枚。1944 年，夏鼐在敦煌小方盘城北发现无字木简 2 枚、有字残简 4 枚，在斯坦因编号敦 17、敦 23E 的遗址共获有字简牍 48 枚。这是近代首次在中国发现简牍,这批简牍俗称“敦煌汉简”。[1]

1977年,嘉峪关市文物保管所在玉门花海农场附近的汉代烽燧遗址采集简牍91枚。1979年,甘肃省文物工作队和敦煌市博物馆在小方盘城以西11千米的马圈湾发现一座斯坦因考察遗漏的烽燧遗址,获简牍1217枚。1981年,敦煌市博物馆在酥油土汉代烽燧遗址中获简牍76枚。1986年至1988年间,敦煌市博物馆在敦煌地区进行文物普查时,采集汉代简牍137枚。[2]

1990年至1992年间,甘肃省文物考古研究所对敦煌甜水井附近的汉代悬泉置遗址进行了全面清理发掘。遗址主体及附属建筑占地约22500平方米,规模颇大,从西汉一直使用到魏晋时期,出土简牍35000余枚,其中有字者23000余枚。[3]

2004年间,敦煌市博物馆在小方盘遗址西段长城烽燧首次发现一棵树烽燧遗址,采集到数枚汉简。2008年12月,进行抢救性发掘,获简牍16枚。[4]

虽然敦煌悬泉汉简尚未完全公布,但从已透露的简文即可知其重要性。此遗址乃传置遗址。古代的传置很像我们现在高速公路上的服务区,服务项目甚至更多,不仅备有传送人员物资的车辆,还设有养马的马

---

[1] 罗振玉、王国维编著:《流沙坠简》,东山书社,1914年。张凤:《汉晋西陲木简汇编》,有正书局,1931年。林梅村、李均明:《疏勒河流域出土汉简》,文物出版社,1984年。

[2] 甘肃省文物考古研究所编:《敦煌汉简》,中华书局,1991年。《敦煌汉简》公布了1949年前后所获敦煌汉简的所有图版及释文。

[3] 甘肃省文物考古研究所:《甘肃敦煌汉代悬泉置遗址发掘简报》《敦煌悬泉汉简内容概述》《敦煌悬泉汉简释文选》,皆刊于《文物》2000年第5期,公布敦煌汉代悬泉遗址的发掘及部分简牍信息。胡平生、张德芳:《敦煌悬泉汉简释粹》,上海古籍出版社,2001年。中国文物研究所、甘肃省文物考古研究所编:《敦煌悬泉月令诏条》,中华书局,2001年。

[4] 杨俊:《敦煌一棵树汉代烽燧遗址出土的简牍》,《敦煌研究》2010年第4期。

厩，供过客住宿的传舍，做饭的食堂——厨等，实质是当时管理交通体系的机构。尤其是悬泉置遗址地处丝路要冲，故此遗址出土简牍有着特殊的意义。敦煌以东直至长安（今西安）的传置路线及距离，悬泉汉简及居延汉简皆有记载，且二者相连：

长安至茂陵七十里
茂陵至茯置卅五里
茯置至好止七十五里
好止至义置七十五里
媪围至居延置九十里
居延置至觻里九十里
觻里至偦次九十里
偦次至小张掖六十里
月氏至乌氏五十里
乌氏至泾阳五十里
泾阳至平林置六十里
平林置至高平八十里
删丹至日勒八十七里
日勒至钧著置五十里
均著置至屋兰五十里
屋兰至氐池五十里

（《新简》EPT59 · 582）

仓松去鸬鸟六十五里
鸬鸟去小张掖六十里
小张掖去姑臧六十七里
姑臧去显美七十五里
玉门去沙头九十九里
沙头去乾齐八十五里
干齐去渊泉五十八里
氐池去觻得五十四里
觻得去昭武六十五里
昭武去祁连置六十二里府下
祁连置去表是七十里
右酒泉郡县置十一，六百九十四里。

（《悬泉》Ⅱ90DXT0214①：130）

这条交通路线是丝绸之路的主干道。来往于此路者不仅有朝廷及各郡县的官员,亦有西域诸国乃至中亚各国的使者、商人。悬泉汉简所见诸国有楼兰(鄯善)、且末、小宛、精绝、扜弥、渠勒、于阗、莎车、疏勒、温宿、龟兹、乌垒、渠犁、焉耆、危须、狐胡、山国、车师、卑陆、乌孙、皮山、蒲犁、大宛、大月氏、罽宾、康居等,还有未见于史载的折垣和祭越。

刘春雨分五个层次解析诸国使者:

一、国王的使者(包括正、副使)。结合传世古籍,刘氏对简文所见乌孙、莎车、康居、大月氏、大宛、踈(疏)勒、于阗、渠勒、精绝、扜弥、龟兹等国的国王派遣使者到汉朝来的情况做了详尽的考证。文中还提及史书未见之折垣王派遣使者贡献狮子的情况,并推论罽宾、祭越、乌弋山离国等国王亦曾派遣使者。

二、康居、大月氏属国的使者。刘氏以《康居王使者册》考康居王下属苏薤王遣使贡献的情况,指出简文中的苏薤王,是康居所属的五小王之一,但苏薤王可以同康居王一起向汉朝派遣使者,说明他们有独立的外交权;又考大月氏的属国双靡翖侯、休密翖侯遣使汉朝的情况;末云康居、大月氏虽然是西域大国,但对其所属的"小王"和"翖侯"的控制有限。

三、王后的使者。刘氏考解忧公主派冯夫人赴汉廷的情况;又述鄯善王后、疏勒王后、莎车王后之遣使。

四、王大母、王母、太子、乌孙左大将军、乌孙右大将军的使者。刘氏特别指出冯夫人(解忧公主的侍者冯嫽)在稳定乌孙政局中发挥了重要作用,是杰出的女外交家。

五、使者派遣主体多样的原因。刘氏指出"其原因可能与西域各国松散的政治体制有关,更与内地汉朝政府对西域实行友好的羁縻政策有直接关系”。“西域特殊的地理环境,造就一个个独立的绿洲国家,这些国家仰慕汉朝的文化与制度,各国国王、各级贵族,凡有条件者,皆纷纷遣使内属。这种西域使者派遣主体多样性的特点,既是西域与汉朝友好的象征,又是汉朝文化深入西域人心、得到西域各个阶层认可的表现。”[1]

王子今曾考证此路线存在大量丝织物,列举敦煌马圈湾遗址出土纺织品 140 件,其中丝织品 114 件,品种有锦、罗、纱、绢等,不乏织法与图案精美者,如四经绞罗是一个不多见的品种。出土的绢有 92 件,据其中 61 件标本,“颜色有:红、黄、绿、蓝、青、乌黑、紫、本色、青绿、草绿、墨绿、深绿、朱红、桔红、暗红、褪红、深红、绯红、妃色、褐黄、土黄、红褐、藕褐、蓝青、湖蓝等二十五种”。这些纺织品在军人身旁出现,当有特殊的织物市场背景,而其纺织质量当可满足远销的需要。王氏又引述其他学者的见解:“其制作水平从技术和艺术两个方面来讲都很高。图案属于很特别的类型,堪与欧亚地区流行的动物风格相媲美。”此节结论云“河西烽燧遗址发现的大量的‘汉代丝织品’,也成为丝绸之路贸易史的生动见证”,并展示简牍所见“贳卖”与“贳买”布料的数量,多者达“二千七百九十七匹九尺六寸五分”,价值“六十万八千四百”。[2]

以上仅举例。从已透露的有限史料即可看出古敦煌有组织严密的传置体系、走向明确的交通路线、频繁的人员往来及大量的物资流动,丝路文书便构成了此群鲜明的体系特征。当然,更深入的探讨尚待资料的悉数公布。再者,疏勒河流域诸鄣隧与交通线是并行的,它们的存在,实质就是为了保卫这条交通线,二者关系密切。

---

[1] 刘春雨:《从悬泉汉简中的使者看西域与内地的关系》,《中州学刊》2013 年第 6 期。

[2] 王子今:《汉代河西市场的织品——出土汉简资料与遗址发掘收获相结合的丝绸之路考察》,《中国人民大学学报》2015 年第 5 期。

笔者归纳的以上有较大规模、具备体系特征的四大简牍文书群,固然要重视。但散见各处的简牍文书也不乏重要内容,例如江苏连云港尹湾汉墓2号墓出土木牍1枚,6号墓出土木牍23枚、竹简133枚。其内容十分丰富,包括集簿、东海郡吏员簿、东海郡下辖长吏名籍、东海郡下辖长吏不在署未到官者名籍、东海郡属吏设置簿、武库永始四年兵车器集簿、赠钱名籍等。墓主乃郡级史官,故所存皆为郡级文书,涉及东海郡行政事务的各个方面,系统而全面,实属罕见,无理由忽视。[1] 青海大通县上孙家寨一一五号汉墓出土木简400余枚,亦为首见。其内容包括三大类:一是兵法类,主要讲战守攻取的要点;二是军法、军令、军爵类,主要是根据兵法原则及当时朝廷的律令而制定的具体措施;三是篇题目录类。[2] 量少者如四川省青川县郝家坪50号战国秦墓,出土木牍2枚,仅一枚能看到字,内容为秦王颁布的《为田律》命书,在当时而言,此为"命书"之仅存者,弥足珍贵。[3]

[1] 连云港市博物馆:《江苏东海县尹湾汉墓群发掘简报》,《文物》1996年第8期。连云港市博物馆、东海县博物馆、中国社会科学院简帛研究中心、中国文物研究所编:《尹湾汉墓简牍》,中华书局,1997年。

[2] 青海省文物考古工作队:《青海大通县上孙家寨一一五号汉墓》,《文物》1981年第2期。国家文物局古文献研究室、大通上孙家寨汉简整理小组:《大通上孙家寨汉简释文》,《文物》1981年第2期。

[3] 四川省博物馆、青川县文化馆:《青川县出土秦更修田律木牍——四川青川县战国秦墓发掘简报》,《文物》1982年第1期。

二十世纪以来出土的简帛数量及其分析

魏德胜

（北京语言大学 北京 100083）

自二十世纪初以来，各地出土的汉文简帛数量快速增加，竹简、木简、木牍、竹牍、觚、封检等各种简帛类型都有，时代主要涵盖战国、秦、两汉、魏晋等，战国之前的简帛尚未发现，而魏晋之后，由于纸的普及，简帛逐渐被纸取代。

我们对已经出土的简帛及其数量，以及资料已经公布的简帛数量，作一个粗略的统计，并分析这些数字背后隐藏的深层次问题。下面先分战国楚简、秦简（秦包括战国时期的秦国及统一后的秦朝）、汉简、魏晋简这四个部分，以出土时间为序分别列表。

表 1　战国楚简

名称	出土地点、时间（年）	数量（枚）	资料已公布的简帛数量（枚）
子弹库楚帛书	湖南长沙 1942	1+14	1+14
五里牌 M406	湖南长沙 1952	38	38
仰天湖楚简	湖南长沙 1953	43	43

续表

名称	出土地点、时间(年)	数量(枚)	资料已公布的简帛数量(枚)
杨家湾楚简	湖南长沙 1954	72	72
长台关楚简	河南信阳 1956	148	148
望山楚简 M1	湖北江陵 1965	207	207
望山楚简 M2	湖北江陵 1966	66	66
藤店楚简	湖北江陵 1973	24	24
天星观楚简	湖北江陵 1978	200	
曾侯乙楚简	湖北随县 1978	240	240
九里楚简	湖南临澧 1980	100	
九店 M56	湖北江陵 1981	205(145)	145
九店 M621	湖北江陵 1981	127(88)	88
马山砖厂楚墓 M1	湖北江陵 1982	1	1
德山夕阳坡	湖南常德 1983	2	2
秦家嘴 M1	湖北江陵 1986	7	
秦家嘴 M13	湖北江陵 1986	18	
秦家嘴 M99	湖北江陵 1987	16	
包山楚简	湖北荆门 1987	279+30	279+30
慈利楚简	湖南慈利 1987	4557	
安岗一、二号楚简	湖北老河口 1992	21+4	25
曹家岗 M5	湖北黄冈 1992—1993	7	7
郭店楚简	湖北荆州 1993	804(730)	730
上博楚简	上海博物馆 1994	1700	972
葛陵楚简	河南新蔡 1994	1568	1568
九连墩楚简	湖北枣阳 2002	1359	
清华楚简	清华大学 2008	2388	1125
丁家嘴楚简	湖北武汉 2009	100	
浙大楚简	浙江大学 2009	324	324
严仓楚简	湖北沙洋 2010	700	

续表

名称	出土地点、时间(年)	数量(枚)	资料已公布的简帛数量(枚)
武汉大学藏楚简	武汉大学 2011	129	
望山桥 M1	湖北荆州市 2013	15	
三眼井 J1 楚简	湖南湘乡市 2014	1000	
郢城遗址夏家台	湖北荆州 2014	400	
安大楚简	安徽大学 2015	1167	93
望山桥 1 号	湖北荆州 2015	15	
龙会河北岸 M324	湖北荆州 2018	324	
小计		18420	6242

表 2　秦简

名称	出土地点、时间(年)	数量(枚)	资料已公布的简帛数量(枚)
睡虎地秦简 M11	湖北云梦 1975	1155+80	1155
睡虎地秦牍 M4	湖北云梦 1976	2	2
青川秦牍	四川青川 1979	2	2
岳山秦牍	湖北江陵 1986	2	2
放马滩秦简	甘肃天水 1986	460	460
龙岗秦简	湖北云梦 1989	293+1	293+1
杨家山秦简	湖北江陵 1990	75	75
周家台秦简	湖北荆州 1993	382	382
王家台秦简	湖北江陵 1993	813	
里耶秦简	湖南龙山 2002	18000	2552+3423
岳麓书院藏秦简	湖南长沙 2007	2174	1796
北京大学藏秦简	北京大学 2010	794	
小计		24233	10143

表3 汉简

名称	出土地点、时间(年)	数量(枚)	资料已公布的简帛数量(枚)
斯坦因二探	新疆尼雅 1906	11	11
斯坦因二探	甘肃敦煌 1907	2868	2868
斯坦因三探	甘肃 1913—1915	84+105	84+105
周炳南敦煌汉简	甘肃、内蒙 1920	17	17
罗布淖尔汉简	甘肃 1930	71	71
居延汉简	甘肃、内蒙 1930	14126	14126
斯坦因四探	新疆尼雅 1931	26	26
南井里 M116	朝鲜平壤 1931	1	1
夏鼐敦煌汉简	甘肃、内蒙 1944	77	77
夏鼐剌麻湾汉简	甘肃武威 1945	7	7
刘家渠东汉 M23	河南陕县 1956	2	
王杖十简	甘肃武威 1959	10	10
磨嘴子仪礼简	甘肃武威 1959	610	610
磨嘴子东汉帛书	甘肃武威 1959	1	1
焦山东汉墓	江苏连云港 1962	2	2
三羊墩东汉墓	江苏盐城 1963	1	1
贞柏洞东汉简	朝鲜平壤 1963	3	
甘谷汉简	甘肃甘谷 1971	23	23
银雀山汉简 M1	山东临沂 1972	4942	2184
银雀山汉简 M2	山东临沂 1972	32	32
旱滩坡汉简	甘肃武威 1972	92	92
大坟头 M1	湖北云梦 1972	1	1
马王堆 1 号汉墓	湖南长沙 1972	361	361
居延采集简	甘肃 1972	7+14	7+14
定县汉简	河北定县 1973	约 2500	
凤凰山 8、9、10	湖北江陵 1973	176+71+176	424
马王堆 3 号汉墓	湖南长沙 1974	630+50	630+50

续表

名称	出土地点、时间(年)	数量(枚)	资料已公布的简帛数量(枚)
甲渠候官	甘肃 1974	7933	7933
第四燧	甘肃 1974	195	195
肩水金关简	甘肃 1974	10646	10646
凤凰山 167、168、169	湖北江陵 1975	74+67+55	196
次东燧	甘肃 1976	173	173
双古堆汉简	安徽阜阳 1977	约 6000	1000
玉门花海汉简	甘肃嘉峪关 1977	91	91
云台西汉墓	江苏连云港 1978	13+17	
上孙家寨汉简	青海大通县 1979	240	240
马圈湾汉简	甘肃敦煌 1979	1217	1217
广陵王墓	江苏高邮 1979—1980	?	
后坑墩等屯戍简	甘肃敦煌 1979—1988	137	137
胡场汉简	江苏邗江 1980	26	
汉未央宫木简	陕西西安 1980	115	115
高高顶西汉简	江苏连云港 1980	1	
酥油土汉简	甘肃敦煌 1981	76	76
王杖诏书令	甘肃武威 1981	26	26
甲渠候官采集简	甘肃 1982	20	20
第四燧采集简	甘肃 1982	67	67
张家山汉简 M247	湖北江陵 1983	1236	1236
张家山汉简 M249	湖北江陵 1984	约 400	
张家山汉简 M258	湖北江陵 1984	58	58
张家山 127、136	湖北江陵 1985	1130	
西郭宝汉简	江苏连云港 1985	7	
烟袋山西汉简	江苏仪征 1985	26	
毛家园西汉简	湖北江陵 1985	74	
张家山汉简 M327	湖北江陵 1985	约 300	

续表

名称	出土地点、时间(年)	数量(枚)	资料已公布的简帛数量(枚)
张家山汉简 M336	湖北江陵 1986	829	
地湾汉简	甘肃 1986	778	778
肩水金关采集简	甘肃 1986	25	25
古人堤汉简	湖南张家界 1987	90	
旱滩坡东汉简	甘肃武威 1989	16	
香港中文大学	香港 1989—1994	259	259
汉乐浪郡简	朝鲜平壤 1990	120	
清水沟屯戍简	甘肃敦煌 1990	41	41
扬家山 M135	湖北江陵 1990	75	
悬泉汉简	甘肃内蒙 1992	23000	2300
高台 M6、M18	湖北江陵 1992	53+4	53+4
萧家草场 M26	湖北荆州 1992	35	35
尼雅汉简	新疆 1993	2	2
尹湾汉简	江苏连云港东海县 1993	157	157
渔阳西汉墓	湖南长沙 1993	约 100	
走马楼东汉简	湖南长沙 1997	200	
玉门关汉简	甘肃 1998	381	381
虎溪山汉简	湖南沅陵 1999	1346	1346
额济纳河汉简	内蒙古 1999	500	500
孔家坡汉简	湖北随州 2000	785	785
赵坪村汉简	甘肃武都 2000	12	12
海曲汉墓简牍	山东日照 2002	43	43
印台汉简	湖北荆州 2002	2360	
走马楼西汉简	湖南长沙 2003	4000	
东牌楼汉简	湖南长沙 2004	218	218
南越国木简	广东广州 2004	100	
天长西汉木牍	安徽天长 2004	34	

续表

名称	出土地点、时间(年)	数量(枚)	资料已公布的简帛数量(枚)
睡虎地 M77	湖北云梦 2006	2137	
谢家桥汉简	湖北荆州 2007	200	
水泉子汉简	甘肃永昌县 2008	1400	
北京大学藏汉简	北京 2009	3300	1140
五一广场东汉简牍	湖南长沙 2010	6862	1600
尚德街汉简	湖南长沙 2011	300	300
铁铺岭汉简	湖南益阳 2013	13000	
老官山汉简 M1、M3	四川成都 2013	1000	
周家寨汉简	湖北随州 2014	570	
长沙市青少年宫	湖南长沙 2014	100	
海昏侯汉墓竹简	江西南昌 2015	5200	
土山屯 M147	山东青岛 2017	10	
悦龙台 M6 汉简	山西太原 2017	?	
胡家草场 M12	湖北荆州 2018	4546	
花园新村汉简	浙江宁波余姚 2020	?	
小计		约 131705	55240

表 4　三国魏晋简

名称	出土地点、时间(年)	数量(枚)	资料已公布的简帛数量(枚)
斯坦因一探	新疆尼雅 1901	50	50
斯文赫定二探	新疆楼兰 1901	120	120
斯坦因二探	新疆尼雅 1906	11	11
斯坦因二探	新疆楼兰 1906	166	166
橘瑞超	新疆楼兰 1914	60	60

续表

名称	出土地点、时间(年)	数量(枚)	资料已公布的简帛数量(枚)
任家湾六朝简	湖北武昌 1955	3	
脱库孜沙来	新疆巴楚县 1959	20	
阿斯塔纳 M53	新疆吐鲁番 1966	1	1
东湖 M1	江西南昌 1974	6	
麻桥东吴 M2	安徽南陵 1978	1	
麻桥东吴 M3	安徽南陵 1978	2	
阳明路吴墓	江西南昌 1979	23	
阿斯塔纳 M383	新疆吐鲁番 1979	1	
楼兰	新疆古楼兰 1980	63	63
水泥厂吴墓 M1	湖北鄂城 1980	6	
普拉古墓 M01	新疆洛浦山 1983	1	
马鞍山吴墓	安徽马鞍山 1984	17	17
旱滩坡前凉墓 M19	甘肃武威 1985	5	
高台晋墓	甘肃 1986	1	
新华乡前凉简	甘肃武威 1991	6	
滨湖西路东吴墓	湖北鄂州 1993	?	
尼雅西晋简	新疆古尼雅 1996	9	
走马楼三国吴简	湖南长沙 1996	139578	61585
火车站东晋墓	江西南昌 1997	3	
毕家滩	甘肃玉门花海 2002	9	
郴州汉晋简	湖南郴州 2003	1000	
皇册家园(木质)	江苏南京 2004	50	
东晋木刺	江西南昌 2006	2	
颜料坊(木质)	江苏南京 2009	140	
临泽西晋木简	甘肃张掖 2010	27	
小计		141381	62073

总计:出土 315739 枚,已公布资料 133698 枚

我们的统计数据截至2020年底。可能还有少数遗漏,有些博物馆收藏的简帛信息没有公布;也有个别数字不准确,有些正在整理中的简帛数量还不详。但主要的出土简帛已经包括在内,由此可以大体了解目前出土汉文简帛情况。朝鲜平壤等地出土的简帛,属于汉代乐浪郡简帛,所以我们将其列入了表格。另日本、韩国等地出土的一些汉文简牍,不属于中国简帛范围,故未收录。

出土帛书的数量,一直无法理清楚。目前时代最早的帛书湖南长沙子弹库楚帛书,因是战乱中盗掘出土,且流失海外,除了世人熟知的一幅,尚有诸多碎片。商承祚先生曾收藏其中的14片,发表过这些残片的照片和摹本,但商先生去世后,其家人只找到其中较大的一片,将其捐赠给了湖南省博物院。美国塞克勒美术馆除收藏有那幅大的楚帛书外,还有一堆粘合在一起无法展开的残片,数量不明。另子弹库楚墓还出土1件帛画,马山1号墓出土1件帛画,陈家大山楚墓出土1件帛画,加上子弹库帛书,现至少有4件完整的战国楚帛书、帛画。马王堆3号汉墓帛书因在地下埋藏了两千多年,浸泡于液体中,出土时折叠处多已残破,整理时很难复原,具体有多少件帛书,很难判断。单育辰《1900年以来出土简帛一览》认为有帛书、帛画30件,[1]另1号墓出土帛画1件,3号墓出土帛画3件。整理后,1号墓、3号墓出土的帛书、帛画,包括残片、空白帛片,共装成卷轴19件,册页2本共20页,单页17种共326页。汉代帛书除马王堆汉墓出土的之外,还有几十件。英国人斯坦因1907年第二次考察中所获汉文简帛中至少有4件帛书,其中两件是汉代的书信(1871、1872),

[1] 单育辰:《1900年以来出土简帛一览》,载武汉大学简帛研究中心主办《简帛》第1辑,上海古籍出版社,2006年。

一件完整,一件稍残,系一个叫“政”的人写给幼卿君明的两封信。还有一件帛书,一面有黑色印章,另一面有 28 个字:“任城国亢父缣一匹,幅广二尺二寸,长四丈,重廿五两,直钱六百一十八。”(1970A)另一件写有零星文字(1555),大庭脩《敦煌汉简释文私考》称,“此非木简,而是布,写在一块缝在茶色布上的红布上,大小是 215 毫米×70 毫米”。[1] 另有一些外族遗文残帛和无字的帛片。1930 年出土的居延汉简中,至少有 6 件帛书,内容是书信等。1972—1974 年发掘出土的肩水金关汉简中有帛质棨信一件。1979 年出土的甘肃敦煌马圈湾汉简中有帛书 1 件。1992 年发掘出土的悬泉汉简中,有帛书 10 件,均为私人信札。甘肃武威 1956 年、1959 年、1972 年先后出土帛质铭旌 6 件。另 1983 年至 1997 年山东临沂金雀山、银雀山汉墓中相继出土帛画十几件,但大多残损严重,未能揭取保存。除马王堆汉墓帛书外,现存出土的汉代帛书至少还有 28 件。

简牍有竹木质的竹简、木简(札)、木牍、竹牍等,还有觚、封检等特殊用途的简牍。大致是西北多木简,南方多竹简,但也不尽然,湖南湘西的里耶秦简就是木简,长沙走马楼吴简中也有几千枚木牍。西北屯戍汉简中也有少量竹简,如 1974 年发掘出土的居延新简中约有 20 枚竹简。我们只就材质分竹简、木简大致统计一下,这里的“木简”是比较笼统的名称,包括木简、木牍、木觚、封检、签牌等。全部 31 万枚简牍中,战国楚简基本是竹简,约 18400 枚;秦简中竹简约 6200 枚,木简 18000 枚,里耶秦简出土约 37000 枚,但其中有字简约 18000 枚;汉简中,竹简大约有 55000 枚,木简约有 72000 枚。三国魏晋简中,竹简主要是走马楼三国吴简,有 136729 枚,木简有 2849 枚。总体来看,竹简的数量超过 20 万枚,木简的

---

[1] [日]大庭脩:《敦煌汉简释文私考》,《关西大学文学论集》(23-1),1974 年。

数量接近10万枚，如加上里耶的无字木简，木简的数量就超过10万枚。

简帛数量统计中，疑点较多的主要是1949年之前出土的部分，有些是被外国人盗掘，有些是整理中遭遇战乱，多年来资料混乱，甚至有的直到现在也还不清楚。其中居延汉简现藏于中国台湾省，英国人斯坦因盗掘的敦煌汉简现藏于英国国家图书馆。

居延汉简于1930年出土，1931年运到北京开始整理，1936年印了少量劳榦和余逊的释文本“晒蓝本”，劳榦本收简1267枚，余逊本收简1788枚，而且二本间还有少量重复。1937年后，简牍装箱寄存在美国国会图书馆，1943年劳榦出版《居延汉简考释之部》，首次较完整地公布了释文，劳榦当时得到的照片有少量缺失，所以这个释文本收简一万枚左右。1957年劳榦在台湾出版了《居延汉简图版之部》，1960年出版了与图版配套的释文，收简10156个号。1959年，中国科学院考古研究所在陈梦家的主持下，依据马衡的148版图片，由科学出版社出版了《居延汉简甲编》，收录2555枚简牍。1965年，居延汉简入藏中国台湾史语所。1980年中华书局出版的《居延汉简甲乙编》说：“现在大致估计，已有释文之简为9200—9300枚，未有释文之简为800—900枚，总数为10000—10200枚。”[1]2013—2016年，中国台湾史语所重新整理了收藏于该所的全部居延汉简，出版了《居延汉简》一至四册，共收录14126个号。在居延汉简出土86年之后，我们才终于得以准确知道其数量。这中间主要是受到战乱以及之后海峡两岸阻隔的影响。

二十世纪初英国人斯坦因第二次在中国西北考察时盗掘的汉简，通

---

[1] 中国社会科学院考古研究所编：《居延汉简甲乙编》附录1《居延汉简的出土地点与编号》，中华书局，1980年，第297页。

常称为“敦煌汉简”,其数量也一直扑朔迷离。这批简现藏英国国家图书馆。最早整理这批简的是法国人沙畹,他公布的资料显示收简 708 枚,实际上还有数千枚碎片一直未向世人公布。关于这批碎片的数量有多种说法。斯坦因《西域考古图记》:“这里发现了一大堆木刨花,上面写有汉字,而且总数很可能超过 1000 个。”[1]郭锋《斯坦因第三次中亚探险所获甘肃新疆出土汉文文书——未经马斯伯乐刊布的部分》提到二探未刊简的数量:“由此可知,二探所获木简,其未经刊布之敦煌木简尚有近二千号。”[2]张德芳、郝树声《斯坦因第二次中亚探险所获敦煌汉简未刊部分及其相关问题》发现,有一个编号下存在数枚简的情况,甚至有一个编号下存在数百枚简的情况。根据编号统计,未刊简数量有 2398 枚。[3] 但这只是根据简号所作的统计,目前已经公布的资料编号并不连续,中间存在缺失。《英国国家图书馆藏斯坦因所获未刊汉文简牍》凡例:“其中 993 号至 1816 号原来没有拍摄照片,后来补拍时凡没有文字的残简皆略去没有拍照,因此,部分简号没有图版和释文。”[4]也就是说,公布的简并没有根据编号统计出来的那么多。据我们统计,《未刊》实收简 2040 枚。缺漏的即有号无简的部分,大约有 350 枚。后来,《未刊》的作者又补充了一些

[1] [英]奥雪尔·斯坦因著,中国社会科学院考古研究所主持翻译:《西域考古图记》第 2 卷,广西师范大学出版社,2019 年,第 558 页。

[2] 郭锋:《未刊之斯坦因二探所获敦煌汉晋汉文木简调查附记》,载其著《斯坦因第三次中亚探险所获甘肃新疆出土汉文文书——未经马斯伯乐刊布的部分》,甘肃人民出版社,1993 年,第 125 页。

[3] 张德芳、郝树声:《斯坦因第二次中亚探险所获敦煌汉简未刊部分及其相关问题》,载胡平生、汪涛、吴芳思主编:《英国国家图书馆藏斯坦因所获未刊汉文简牍》,上海辞书出版社,2007 年,第 77 页。

[4] 胡平生、汪涛、吴芳思主编:《英国国家图书馆藏斯坦因所获未刊汉文简牍》,上海辞书出版社,2007 年,第 2 页。

材料，增加了120简。[1]《未刊》与《未刊补遗》共实收简2160枚，但其中约有15枚简是其他简杂入的。《未刊》所收录的简，还夹杂有黑水城等其他地方出土的时代晚到唐代甚至明代的简牍。所以，新增的敦煌汉简大约2145枚。这使得斯坦因二探所获汉简的数量增加了三倍，这也许还不是全部。

还需要注意，现有考古报告中提供的简帛数量，大多并不是完整简帛的数量，而是每一片就有一个编号，就是一枚。被编号的简帛可能是书写了上千字的一枚木牍，也可能是只有一个字，甚至是一个笔画的残简。所以，我们不能仅根据简帛的数量来判断其字数、内容的多寡。如斯坦因所获敦煌汉简，新公布的2160枚简多为残碎简片，多数是所谓削衣，也称为“柿”，每枚简上大多只有两三个字，这2000多枚简上的字数远远少于沙畹公布的那708枚简。居延汉简的数量由之前的10000枚，增加到现在的14000枚，新增的部分也多是残断比较厉害的简。但马王堆帛书的情况算是一个例外，从出土到后来的整理，并不是一片帛书就有一个编号，而是根据内容尽量拼合残断的帛片，以期恢复原状，故而其数量一直是根据原有整块帛书的数量来推测的，大致有30件。

简帛数量在整理中也会有小的变化，这主要是由于断简缀合。如1959年甘肃武威出土的《仪礼》汉简，发掘报告中的数量与后来出版的《武威汉简》的说法就不同。有些简帛会提供缀合前后的两组数字，如北京大学藏汉简第一册的简数：现存完整竹简五十三枚，残断竹简三十四

[1] 汪涛、胡平生、吴芳思：《〈英国国家图书馆藏斯坦因所获未刊汉文简牍〉补遗释文》，载中国文化遗产研究院编《出土文献研究》第15辑，中西书局，2016年。

枚。经缀合后,得整简六十三枚,另余残简十八枚,合计八十一枚。[1] 这个合计数是缀合后的数字,如据缀合前的编号则是 87 枚。这样,就有了两种不同的统计数字。而大部分简帛的统计数字是缀合前的,即依据出土的编号数据得来。目前还没有统一的统计方法,我们尽量按照出土编号来统计,即缀合前的数据。但也有个别材料没有提供完整的出土编号数。还有些简在出土之初只是估计,如 1996 年出土的湖南长沙走马楼三国吴简,起初有"10 万枚""14 万枚""17 万枚"等不同说法,直到清理清点完毕之后,得出的准确数量是 139578 枚。

影响简帛数量统计的另一个因素是空白简,即无字简牍。一般空白简数量少,可能是简册前后的赘简,类似于扉页,对简册起到保护作用。但 37000 多枚里耶秦简中,近 20000 枚是无字简,很罕见。悬泉汉简中也有超过 10000 枚的空白简。对于这种数量巨大的无字简,统计时需要说明。

自二十世纪九十年代之后,出现所谓购藏简,即于中国内地盗掘出土后,一般走私到中国香港特别行政区的文物市场上,后通过各种渠道收购回流的简。目前主要有上海博物馆藏战国楚简、清华大学藏战国楚简、北京大学藏汉简、北京大学藏秦简、岳麓书院藏秦简、安徽大学藏战国楚简、武汉大学藏战国楚简、香港中文大学藏简牍等,总数约 12000 枚。

根据表 1—4 数据,按省份统计,楚简,出土地以湖北、湖南、河南三省为主,湖北出土 20 多批次,简超 5000 枚;湖南出土 10 批次左右,近 5000 枚简;河南出土 2 批次,简 1700 多枚。其他省市的楚简则主要来源于购

[1] 朱凤瀚:《北大藏汉简〈苍颉篇〉的新启示》,载北京大学出土文献研究所编《北京大学藏西汉竹书[壹]》,上海古籍出版社,2015 年,第 170 页。

藏，北京清华简 2388 枚，上海上博简 1700 枚，安徽安大简 1167 枚，浙江浙大简 324 枚。秦简，出土地主要集中在湖北省，7 批次，2800 枚；湖南省里耶 37000 枚，其中有字简约 18000 枚，加上岳麓书院购藏秦简 2174 枚，有字简超过 20000 枚。这样，湖南省所藏秦简总数近 40000 枚。甘肃有天水放马滩秦简 460 枚。北京有北大购藏简 794 枚。汉简，甘肃、内蒙古（因地理上的原因，古居延地原属甘肃省，后部分划归内蒙古自治区，所以我们将其放在一起统计），共有 20 多批次，65000 多枚；湖北省出土 20 多批次，近 15000 枚简；湖南省出土 10 多批次，27000 多枚；山东出土 4 批次，5000 多枚；安徽出土 2 批次，6000 多枚；江苏出土近 10 批次，约 250 枚；新疆出土 3 批次，约 40 枚。以下各地都出土 1 批次，江西约 5200 枚，河北约 2500 枚，四川约 1000 枚，青海 240 枚，陕西 115 枚，广东约 100 枚，北京大学购藏汉简 3300 枚，香港中文大学购藏 259 枚；另朝鲜平壤出土汉乐浪郡简 100 多枚。三国魏晋简，湖南长沙走马楼三国吴简近 14 万枚，另郴州约 1000 枚，共 141000 枚；新疆出土 10 多批次，约 500 枚；江苏约 200 枚，甘肃约 50 枚，江西约 40 枚，安徽约 20 枚，湖北约 10 枚。

日本木简之调查、其现状与课题

[日]渡边晃宏
（奈良文化财研究所 日本 奈良）

一、日本木简出土小史

（一）平城宫木简之发现

1961年1月，日本木简首次于平城宫遗址被发现。日本的木简调查也以此为开端。SK219坑出土木简约40件，其中包含761、762年（天平宝字五、六年）左右的纪年木简。从内容推断，这些木简所出遗址，应是被称为“大膳职”的政府机关的垃圾坑。据《续日本纪》天平宝字六年五月辛丑条、六月庚戌条等，木简所处时代背景，充斥着政治紧张，居于与平城宫东面相接的法华寺中的孝谦太上天皇，与处于平城宫内里的淳仁天皇针锋相对。然而，这些木简真正被废弃的时期，是764年（天平宝字八年）9月。此时藤原仲麻吕刚倒台不久，孝谦太上天皇也重新成为天皇，再次行使皇权。

随后,1800 件左右的木简又于 1963 年出土。出土遗址 SK820 位于内里东北方向,是官府内的垃圾坑。木简群包含从养老年间(717—724 年)到 745 年还都平城京的内容,于 747 年(天平十九年)左右被丢弃。此木简群同时包含与多个官府相关的内容,应为由于还都平城、官府整顿而产生的遗物。

SK820 出土木简包含现阶段已知的所有形制的木简,其整理和释读过程,全方位包含木简的整理方法、内容分类、形态分类以及信息提示等各个方面,成为日本木简研究的蓝本。

此外,3 年后的 1966 年,多达 13000 件的木简从平城宫东南角的东西沟出土。这些木简属于负责文官人事的式部省,其出土数量多达 5 位数,且半数以上的内容与勤务评定相关(包含与每年的勤务评定即考课相关的木简,以及与以累计数年勤务评定结果判定位阶升进即选叙相关的木简。两者统称考选木简)。此群木简最显著的特征是,它们都是削衣。目前,八成的日本木简都是削衣。将削衣放进玻璃板并缠绕纱布进行保管的整理方法,也是在 SD4100 出土木简的整理、探索过程中确立的。

(二)木简学会之建立

随后,随着木简从日本各地接连出土,建立木简专门学会的热潮不断高涨。在奈良文化财研究所(以下简称"奈文研")成功举办三届木简研究集会后的 1979 年 3 月,木简学会也终于在此基础上成立。木简学会的事务局设立在奈文研史料研究室,至今已满 40 周年。木简学会虽是一个独立组织,其成立却离不开奈文研的全面支持。

设立木简学会的目的不仅仅是研究。作为日本唯一的木简研究专门学会,它也涉及木简的保存、公开等领域。学会拥有活跃在以日本古代史为中心的,从考古学到东洋史学、国语学、国文学、保存科学等各个领域的300名左右的学者。然而,木简学会依旧面临过于偏重日本古代史研究,以及年轻会员数不足等突出问题。

木简学会每年举行一次研究集会,并出版会志《木简研究》一本,刊登日本木简出土信息、木简相关论考。《木简研究》所刊登的往期信息均登录在奈文研数据库,可检索全国主要的木简。此外,日本木简学会也在积极推动与韩国木简学会的研究交流。

(三)长屋王家木简和二条大路木简之发现

本文无法悉数列举所有出土木简案例,在此想专门就1988年到1989年间相继出土的长屋王家木简和二条大路木简进行单独说明。

第一,长屋王家木简计35000件,二条大路木简计74000件,出土数量庞大。上述木简出土前,日本出土的木简总数仅为65000件。

第二,上述两群木简汇总性极强,让研究者实现了对木简群而不是单独简记载内容的研究。

第三,长屋王家木简是史无前例的与贵族家政运营相关的史料群。至今还未出现可与其比拟的新资料群。

第四,木简包含与家政运营相关的所有内容,且内容紧凑有条理。此资料群的发现,使平城宫木简的存在相对化,明确确立了平城宫木简只是与庞大的律令国家运营相关的零碎资料的地位。

虽然两木简群出土距今已30多年,但是直截了当地说,我们依旧没能从这两群木简的“束缚”下逃脱。

二、日本木简的特征

(一)纸木并用的木简文化

日本木简是纸木并用时代的资料,这是其重要特征。在中国还没有纸的时代,木简作为墨书载体完成其发展。四世纪时,处于晋代的中国,已大致实现从木材到纸张的转变。而五世纪时,在纸木并用的背景下发展起来的文字文化才通过朝鲜半岛传到日本。

在此之前,日本并未孕育出通过文字传达信息的文化。因此,文字文化真正意义上的扎根落实,是在七世纪末八世纪初的时候。日本的文字文化及木简文化,也是基于以中国为模板的律令国家建设发展而来的。

(二)被作为垃圾丢弃的日本木简

与中国不同,几乎所有的日本木简,都是被丢弃的垃圾,属于无用的废弃物,并非墓中的附葬品。此外,日本木简一般出土于地下水丰富的湿润环境中,如垃圾坑、水渠、古井等。除人为挖掘的遗址以外,木简有时还夹杂在用于地基整理的泥土中。从最近的考古事例中我们发现,木简有时还会被再加工,制作成厕筹简,或者作为敷叶、敷粗朵(铺垫用的树叶或木柴)的一部分被再利用。

最有名的厕筹加工事例,是从福冈鸿胪馆遗迹的粪便遗址出土的厕筹,以及从平城宫遗址零星出土的此类遗物。厕筹均为二次加工,木简被纵向剖开并废弃。甚至有人提出,日本的木简全部都是厕筹。

位于韩国咸安的新罗时代的山城——城山山城遗迹,也有多例作为敷叶、敷粗朵的木简出土。日本木简中也有此类出土案例。此类木简于迁都时被掩埋,并出土于属于秋篠川旧河道的平城京右京一条二坊四坪,也就是现奈良文化财研究所的地基中,其中包含写有"奈良京"的木简,它是判明迁都之时对平城京的称呼和记载的重要木简。然而,木简出土数量不多,因此无法断言这是有意以木简作为敷叶、敷粗朵而再利用的情况。

然而,这些事实经验为我们提供了十分重要的研究视角,说明现在被发掘的木简,不单纯是废弃物,更是作为厕筹等被再加工、再利用的木制品。

(三)作为考古遗物的日本木简

木简所包含的信息不仅仅是文字信息。木简更是发掘调查时的出土遗物。大家读了《木简研究》就会明白,几乎没有不通过发掘调查而被发现的木简。即使存在这样的木简,也需要采集。换言之,即使是因为某种特殊原因暴露在地表的木简,也是需要为人们所采集的资料。

因为日本学界将木简定义为"通过发掘调查而出土的墨书木片",所以原则上,从地表以上得来的木简并不存在。例如,为纪念建筑物的建设而设立的楼牌,一般情况下不属于木简的范畴。

只有一个例外,那就是正仓院宝库的传世木简。尽管得来的过程不同,但实际上这些木简依然属于古代木简,因此成为特例,被包含在木简的范围内。这实属例外中的例外。

如此,原则上来说,木简作为考古遗物的属性无比重要。出土状况对于木简而言也是一个非常重要的信息。明确的出土信息,保证了木简资料的真实性。

综上所述,仅以木简发掘为目的的调查通常是不可能的。木简的采集往往需要严格遵循发掘程序。出土状况不明的木简,无论记录着多么重要的文字信息,它所拥有的史料价值也几乎为零。

(四)平城宫东方官衙焚烧土坑 SK18189 之发掘调查

举一个简明易懂的事例。2008—2009 年间曾出土大量木简。这些木简现在依然处于清洗、分选作业中(关于这一点之后会提及)。是的,这正是关于平城宫东方官衙的大土坑 SK19189 之发掘调查方法的案例。

引导我们发现 SK19189 木简的线索,隐藏在调查区排水沟(为调查区四周排水及土层观察而下挖的具有一定深度的沟状物)的下挖过程中。这是 2008 年 3 月的事情。我们预测到调查区可能存在某种遗址,于是从遗址面(地面)起始,用铁锹将排水沟下挖了 20—30 厘米。随后,我们发现了包含木屑的土,土中混杂着大量的木简和削衣,泥土分布明显超出调查区域,甚至到达调查区域外。那时候我们并不清楚这个接连出土木简的遗址到底有什么样的特点,我们很想尽快把木简采集出来,然而,在不明白遗址特点的情况下就把埋土提取出来的行为仅仅是一种寻宝行为,无法称为发掘。一方面,想要解明遗址性质,就需要对调查区域外的遗址进行全体调查。另一方面,我们并不知道调查最终会进展到什么程度,因此我们不能只是漫无目的地单纯扩大调查区域而已。

为此,我们决定,不对排水沟以外的任何包含木简的土层进行挖掘。在对遗址进行保养后,我们选择将调查区重新填埋保存。在此之后,我们还使用雷达探测以掌握遗址的分布,重新设定包含遗址全体的调查区,期待再次调查。

幸而同年 11 月我们得以对新设定的调查区域进行调查,并最终判明这个遗址是东西 11 米、南北 7 米、深 1 米的土坑。在此基础上的木简采集,一直从 2008 年圣诞节进行到 2009 年 1 月。

因为此项调查对日本的木简调查具有划时代意义,所以笔者想再次对调查的细节进行补充介绍:

1.将 2800 箱包含木简的埋土(主要是木屑沉积)全部带回整理室进行清洗后提取遗物(清洗仍在继续)。

2.遗物提取使用 1 米探方,未使用通常的 3 米探方。

3.现场提取木简的同时,测量其出土位置和水平面,并对出土状况进行拍照记录。

4.预计最终出土削衣的数量将多达数十万件,史无前例。

包含大量木简的东方官衙大土坑 SK19189 的发掘调查最终圆满结束。新的事实也随之浮出水面。在对 SK19189 进行完全发掘的同时,我们还发现了与其相关的多个同时期遗址。其中一些甚至超出了调查区域。不难推出,这些遗址也包含大量被丢弃的木简。然而现阶段我们只对遗址的轮廓进行了检测,并没有进一步下挖。我们希望在 SK19189 的埋土清洗进行到最终阶段时,再对这些遗址进行发掘,并将木简救出。

还有很重要的一点,那就是,大部分日本木简的发掘调查,都是因开发而进行的紧急调查,仅有少部分木简的发掘调查具有充分的保障。除以平城宫和藤原宫为首的历史遗迹属于持续性学术调查范畴,多数情况下的发掘,都需要在有限的预算和时间内充分进行最不可或缺的调查。因此,不得不说在这样的调查下出土的木简,蕴含巨大的偶然性。

最后,削衣的大量出土背后,隐藏着木简的再利用。可以说,木简使用的真相正是存在于削衣中。然而,提取时不遗漏包含削衣在内的细小遗物的发掘调查,在日本也非常少见。受劳动力和预算的制约,一般情况下,对拥有接近完整形状的木简的提取,才更符合现状。

三、奈文研的木简调查流程

(一)木简之发掘

此部分根据奈文研的现实情况对具体的整理流程进行介绍。

在发掘现场挖掘有可能出土木简的遗址时,需要提前准备搬运和包裹木简的容器。现场没有水时我们甚至需要提前准备水。幸而泥水也可以用来防止干燥,所以多数情况下并不需要专门准备水。

发现木片上写有文字时,最好及时记录其出土位置并拍摄照片。但是多数情况下,我们都是在离开现场后才发现木片是木简,所以完美拍摄到其出土状况的案例很少见。

重中之重,是不可将泥土遗落。木简发掘最忌讳的就是让千年以上没有接触紫外线和氧气的遗物暴露在炎炎烈日下,进而造成其周围环境发生剧烈变化。我们须抑制想要释读木简文字的心情,采取紧急保护措施,包裹木简使其不接触阳光,将木简投入水中使其不至干燥。另外,尽早将其送去整理室交给内勤调查员进行事前准备工作也十分关键。不仅仅是文字,其余必要信息也应迅速地反馈给发掘现场,建立起现场和整理室之间周密的联合体制。

(二)木简之清洗与收纳

木简送到整理室(和没有文字的木制品同室)后,我们须有效利用笔、竹串以及流水,细心谨慎地将附着于其上的泥土清理掉。

大致清洗干净后,将木简收纳进提前准备好的容器中。在木简的上下两面铺上棉布垫后,加入水溶液使木简被完全浸透。奈文研使用浓度0.3%的硼酸及硼砂水溶液。在1980年代前期换成硼酸和硼砂水溶液之前,奈文研也曾经使用过福尔马林水溶液。保管容器也从金属制或搪瓷制容器更换为有盖塑料制容器。

进行木简收纳时要注意,不要忘记制作记录出土地点和日期的层压板标签,并将其放入收纳容器内,这是木简的"户籍"。收纳容器上也要贴上记录着同样内容的贴纸。

拥有同样标签的木简要放入同一个容器(木简件数特别多时,可以准备多个贴有同样贴纸的容器。拥有同样标签的木简中可能有可以接合的木简,因此,要为方便比对做好准备)。虽说木简件数少时,也有将拥有不同标签的木简隔开后放入同一个容器中的情况,但是为了避免在后续的登记工作结束前将标签搞混,这种情况下尤其需要充分注意。

(三)登记

当容器中存够一定数量的木简后,需要进行登记工作。虽说在容器中的木简全部存满后再登记不容易引起混乱,然而对于状态不好的木简,还是尽早进行记录为妙。

登记是指对木简进行观察并将当时观察到的信息进行记录的工作。因其最大的目的是读取文字信息,所以并不像实测图那样有严格的要求。我们一边考虑残留墨痕的笔画顺序,一边将木简的形状进行素描记录。这就是模拟体验木简抄写的"浸入式"工作。

木简文字的观察原则上需要通过肉眼进行。比起将木简从溶液中取出观察,利用液体的折射观察浸泡在溶液中的木简,树干的表皮看起来会更白,从特定角度观察,文字也更清晰。只有在浸泡状态下出土的木简,才拥有便于水中观察这一优势。

当残留墨迹不清晰,观察困难时,我们会同时使用红外线观察设备。红外线观察设备的效果很明显,它可以保存画像,利用编辑软件调节画像使其更易观察,最终还能留下清晰易释读的证据,十分有用。然而,利用红外线观察设备观察的也是人。所以,如果没有充分的观察经验,即使利用红外线画像,文字也并不一定能被成功释读。

登记时,可以将所有能观察到的结果都记录下来。记录中的必要项目如下:

a.图示木简形状与墨痕

b.①木简上下两端的状况(指顺着木简木纹时的两端)

折れ(断裂):废弃时或因土压而造成的自然折断。

折り(折断):废弃时的人为切断,或木简制作时人为的折断(包含切断)。

削り(削切):木简加工时伴随的削切加工(有从正反方向和侧面方向削切两种情况)。

b.②木简左右两边的状况

割れ(裂纹):废弃时或因土压而造成的自然裂纹。

割り(割裁):废弃时人为的割裁,或木简制作时的人为割裂。

削り(削切):木简制作时的削切加工。

上述内容需要判断是否属于二次加工。

c.木简的侧面和表面的加工

切り込み(刻痕):将荷札、付札等系在物品上时,于封缄木简上捆绑绳子时,为方便使用而在木简左右两侧进行的加工。大致分为三角形和梯形两种情况。后者分为有意加工为梯形和因加工粗糙而成为梯形的情况。并且,绳子有时也会与木简一同出土。

侧面穿孔:为将标准高的木简左右并列连接而进行的加工。日本木简中,除了前文所述的考选木简——古代役人勤务评定时使用的,役人所属单位制作的木简,没有作为册书而被利用的例子(因为可以使用纸)。

d.木简大小

测量记录现存木简长、宽、厚度的最大值。木简未保留原形的情况下多使用括弧记录。然而,对于未保留原形但保留了再加工后的形状的木简,人们因重视其废弃时的状态,不使用括弧记录。

e.形制编号

记录此项是为了清楚表明木简形状的分类编号。一般多使用奈文研在整理平城京木简的过程中制定的 18 种类(最初为 15 种类)。但是,因为形制编号是基于木简形状及机能而制定的分类标准，所以也有人尝试仅就形状对木简进行分类（“长冈京木简 2”中山中章使用的分类等）。另外，因中世、近世的木简中存在许多不符合上述古代木简分类的案例，所以研究者也对应制定了特殊形制编号（草户千轩遗迹出土木简，江户城下町各遗迹出土木简等）。

f.临时释文

登记工作于木简刚出土不久的阶段进行，是细致观察木简的最佳机会。这是解读木简的最初步、最重要的工作。基于登记工作的解读初案会成为此后木简解读时最重要的基础，登记只需要提前考虑到各种可能性，并不需要追求完美。

（四）木简照片拍摄与使用红外线装置观察

登记结束后就可对一件一件的木简进行分类。以 3 米探方的出土木简为单位，添加连续编号。被称为 R 编号（Remain，即遗物）的就是这个编号，这也是当前的木简 ID。随后，要基于登记笔记，对所有木简进行摄影工作，奈文研雇佣了专业摄影师对遗址、遗物进行拍摄。但这只是个例外。多数情况下，木简都由调查员拍摄或使用红外线扫描仪扫描。

奈文研也曾经使用玻璃干板。大开本的胶卷（4 英寸×5 英寸，乃至唱片盒大小）则是从 1970 年左右开始使用的。因两者都属于单色可见光，所以曾一度使用钨丝灯光源长时间曝光进行拍摄。从二十世纪九十年代中期起，闪光灯摄影开始普及。也正是从这时起，红外线观察设备的使用逐渐普遍化。但是，利用显像管的观察无法保存画像，精度也不够高。虽说有红外线胶片，但也只有 35 毫米，且需要冷藏，操作困难。因此,如果不进行周密的准备工作,便很难在解读时使用红外线胶片。

从二十世纪九十年代中期起,红外线设备开始普遍使用于日常观察中。不仅红外线设备不断改良,数据也可以被保存在2.5英寸的迷你软盘中。数据可以被轻松打印出来,效果显著。观察结果也因此可以被轻松记录保存下来。

还有一个不应遗忘的背景。当时这些机器一台需要500万日元,十分昂贵,而我们却根本顾不上这些。为整理解读从1988年到1989年出土的35000件长屋王家木简和74000件二条大路木简,4名调查员日日奔忙。那是一个距1961年最初在平城宫遗址发现木简已25年,日本全国却只有65000件木简出土的时代。就是这时,因建设百货商场的事前调查,总计11万件的木简出土了。这里暂且不提木简所具有的内容方面的意义,仅从出土数量看,也能明白这是多么具有划时代意义的事。高效的整理、解读成为当时的第一要务。

(五)木简之照片拍摄与数字化

话题回到照片拍摄。虽说在长屋王家木简、二条大路木简出土前我们就使用了彩色胶卷,但拍摄数量有限。一方面是因为经费问题,另一方面是因为只读文字信息的话,单色黑白照片比彩色照片更清晰。使用感光纸印相片的时候,采取覆盖印像等方法,有时可打印出文字鲜明的照片,令人瞠目结舌,丝毫不输给现如今的计算机图像处理技术。

二十世纪九十年代,随着木简出土件数的增加,拍摄彩色照片的机会也随之增多。而加速这一现象的,正是电子化的迅速发展。从胶片摄影切换到数码摄影的过程十分复杂。出土遗物中,木简是首例。并且,现在同时保留由数码相机拍摄的彩色照片和使用红外滤色镜拍摄的红外线照片，已成为木简摄影的基础。可视光照片和红外线照片的焦距存在些微差异。为解决这个问题，我们开发了可以在相同焦距下拍摄等大照片的拍摄系统，同时输出不同种类照片，这发挥了巨大作用。

此外，奈文研由于担心直接对木简进行扫描会对其造成损害，并未使用红外线扫描仪。

虽然现在我们并没有在可视光下进行单色黑白照片的拍摄，但是在遗物（不仅仅是木简）的报告书的图册中，黑白照片仍然是主流。这主要是因为，可视光下的黑白照片最能忠实地体现遗物的状态，其文字清晰易读，且节省预算（全部使用彩色照片的性价比极低）。在数码摄影普及后，红外线照片只在极少数的，可视光黑白照片拍摄不清晰的情况下，才会被同时利用。

因此，如果要贯彻一直以来的方针，坚持彩色照片、红外线照片并存，就需要将黑白照片从彩色照片中抽出、制作。

然而，直接同时刊登彩色照片和红外线照片的方法也未尝不可。一方面，想要综合传达文字以外的信息的话，彩色照片最合适。但另一方面，无法释读文字的话，木简数据就失去了意义。

倘若未来某天，对所有木简进行红外线拍摄成为可能，我们应该最大限度利用红外线照片。然而单纯使用红外线照片，遗物信息其实并不充分。为解决这一问题，我们可以选择同时利用可最大限度传达遗物信息的彩色照片，以使用彩色照片为主，传递遗物相关信息；以红外线照片为辅，传递文字信息。今后我们仍应盯准转变的最佳时机，深入地检讨，以提供更全面的木简信息。若想更高效地公开木简信息，我们甚至需要重新探讨图册等印刷媒介所扮演的角色（十分遗憾，许多平城宫木简并未刊登图册,长屋王家木简、二条大路木简的刊登进度也出乎预料的缓慢)。

摄影结束后,我们便将木简收入温度变化较小的收藏库。此后,木简即进入休息状态。除后述的《木简概报》(下称《概报》),也就是正式报告书中的木简图册的制作,以及每年夏季的溶液确认(换水)工作需要确认木简实物以外,原则上不再从收藏库中取出木简。

拍摄后,照片取代木简实物成为观察的基础。胶片时代,我们通常会印刷与木简等大的图片,将其贴在 B4 大小的厚底纸上,标注遗物号码,根据号码顺序排列保管,方便随时查阅。随之的观察结果与实见都记录汇总在厚底纸上,为《概报》和报告书刊行作积累。底纸的排列顺序,也是报告书的刊载顺序(照片底纸系统如同现如今的 Java 标注工具,是 annotation tool 的开端)。

(六)木简报告书

《概报》每年整理出土木简,刊登出土遗址的概要和主要木简的释文、大小、形制编号及出土地区,但其所刊木简照片仅局限于优品。如重视木简作为考古资料的性质,最理想的情况,应先公开发掘调查的见解,再公开木简的释文。然而考虑到木简作为出土文字资料的重要性,我们通常在公开发掘调查相关见解之前,公开部分重要遗迹信息与木简释文。《概报》中并不刊登木简的解说文,且因图册刊行时会正式标注木简编号,所以《概报》刊登阶段不对木简标注编号。然而,因图版刊行通常需要花费很长的时间,所以近期以来,我们给刊登于《概报》的木简标注了连续编号。木简库中的所有木简,包括没有连续编号的木简,如今都已添加注记连续编号。曾经,《概报》属于奈文研内部资料;现下,在刊登于纸质媒体的同时,我们也在学术情报资料档案库中公开其 PDF 文件,十分便利。

报告书刊登包括削衣在内的所有拥有一个以上可释读文字的木简的照片。木简曾按照调查顺序刊登,现在根据遗迹整体刊行。迄今已刊行平城宫木简、平城京木简、藤原宫木简、飞鸟藤原京木简这四个系列。平城宫木简和藤原宫木简利用珂罗版印刷,为方便比较讨论并未装订,保持零散的状态装入书函。现在改为使用高精细印刷方式。平城京木简和飞鸟藤原京木简均采取装订刊行。

解说另成一册,标注木简编号,刊登木简释文、大小和形制编号、出土地区信息。每件木简都附有解说。《概报》出版后,仍经常会有需要更改释文的情况。因此,随后在图册中的释文才是机关最终认定的正式释文。

《概报》和报告书刊行后,其所含信息将被迅速上传到“木简库”数据库。虽然《概报》所刊登照片数量极其有限,但数据库不仅会登载照片底纸,还登载所有曾经收录于《概报》的木简照片。关于“木简库”的详细介绍请参考马场基的报告。

(七)木简之保存处理

图册刊行结束后,木简整理进入最终阶段——科学保存。报告书图册提取木简的所有信息并将其整理刊登。没有可以提取的信息后,木简才最终进入保存处理阶段。之所以这样做,是因为木制品的观察如果不是在浸水状态下就无法充分进行,且浸水后的木简,即使进行了保存处理,也需要好几年时间才能达到安定状态。此外,我们也考虑到并不是每一次保存处理都能顺利成功。

科学的进步使我们无需再有那样的担心。然而新的问题又浮出水面。在进行再释读的过程中,我们发现,经过保存处理的木简,此前无法释读的部分变得可读,需要更改释文的情况也随之发生。这种情况背后,存在红外线设备、摄影方法的技术改良及其在日常生活中的广泛使用所带来的巨大影响。

报告书刊行后,更改与木简固有 ID——木简编号相对应的释文,并不是一件遂心快意的事。既然如此,为何不考虑先进行保存处理再解读释文? 此话的确言之有理,然而这是仅仅站在文字解读立场的观点。如同之前提到的,木简刚出土就立刻进行保存处理,对于遗物而言,对于信息的提取而言,都应极力避免。这一点现在已经成为我们的共同认知。

实际上,除奈文研以外,在木简出土后的较早阶段就进行保存处理的机关并不少见,这大多是因为预算问题,木简的保存处理是现存的无法一概而论的难题。

从我们自身来说,我们自始至终贯彻落实保存处理要在图册甚至报告书刊行后再进行的原则。同时,考虑到保存处理后文字的清晰化,我们往往会利用红外线设备再次观察、比对释文,出错后也不厌其烦地利用《木简概报》和"木简库"公开发表修正。

(八)木简之展示与公开

接下来讲一讲木简的展示和公开。浸水状态的木简有时会在其出土不久后的现场说明会上进行简报展示,除此之外的展示机会并不多。保存处理后的木简的实物展示更是从未举行过。

然而,2003 年平城宫迹大膳职推定地出土木简,成为首批被指定为日本重要文化遗产的木简(2017 年,此批木简作为平城宫迹出土木简,被升格为国宝),我们以文物保护为前提,对此批木简进行了一定程度的展示和公开。

奈文研每年秋天会配合正仓院展的展期,在平城宫迹资料馆进行木简实物的展览。展览持续两周,遵循比纸质文书国宝还要严格的标准。虽说是朴实无华的文字资料展览,其观览人数却十分庞大。古代日本木简上的文字,基本都是官员们工作时留下的,比随后时代的日本古文书更易读。从“木简库”的登录数据我们也能看出,人们对现在也在使用的汉字拥有巨大的潜在兴趣。倘若多花点心思在展览上,可以期待迎来更多人观展。

(九)关于木简解读之一二想法

木简的解读并不是进行一次就结束的,即使起初释读失败也不应放弃。这主要有三个原因:第一,保存处理所带来的文字鲜明化的可能性;第二,红外线设备等解读辅助装置的改良前景;第三,同类事例的增加,即我们自身在木简解读上的经验累积。因此,木简释文是可以改变的,这是我们的共同认知。

因此,在解读和修正木简释文时,我们一定要坚定站在释文的修正是为了推动木简解读进步这一立场上。更改未能释读的部分,使其成为能够释读的释文是毫无问题的。然而,除十分明显的错误以外,我们并不删除已经释读成功的部分,而是提供可行的代替方案。同理,原本能够释读的文字因劣化变得不清晰时,我们也不会将其改为“□”。因为我们始终认为,根据刚出土时的最佳状态所得出的释文,应被给与最大限度的尊重。

此处再补充说明一点:木简的解读最好由多个调查员合作进行,一个人制定原案,其余调查员对实物进行再度确认,若比较困难的话,至少要对红外线照片进行再度确认。最近,木简解读软件的开发如火如荼,但我们不可把释读完全交给机器,而应将其活用为多个释读者中的一员。

木简是脆弱的遗物,为了长久保存到未来,定期的公开、对研究者的调查需求的协调回应都是很困难的。为此,调查机构要承担责任,尽可能多地提取相关信息,不遗漏信息,以回应学者的需求,承担公开的责任。不得不说,相比之下,调查机构在木简方面所要承担的职责,远远大于其他遗物。

结语:调查机构于木简调查方面之作用

(一)调查机构与资料

资料是国民共有的文化财产。资料不会自己说话,如果不借助调查机构,史料信息就无法公开。所以某种意义上,调查机构只不过是史料信息的传递员。资料能否被合理利用,也完全取决于调查机构。正因如此,调查机构要切实担负起客观且实事求是地将信息传递给大众的责任。

这实际上是个重大难题。要准确获取遗物的信息,充分的研究是必不可少的。但是,未公开资料的研究,仅限于解明资料特点等最低限度的研究。在此之上的行为只是对未公开资料的自私占有。调查机构中的研究人员只能提供制作“料理”时所需的“素材”，不能随意改变“料理”的做法。

木简既是文化遗产，又是脆弱的资料，所以，调查机构需要扮演的角色便无比重要。然而，什么可以做，什么不被允许，划定此范围的界线，其实是非常困难的。即使划定界线，我们往往也难免逾越它。成为一名研究者很容易，但成为一个不仅仅接触木简资料的调查机构的调查者才是最理想的。从这个意义上来说，调查机构的研究员需要时刻牢记，在是一名研究者之前我们更是一名调查者。

（二）木简调查与调查机构

最后，笔者想讲一下调查木简时调查机构所应承担的职责。原则上来说，木简是考古遗物，木简所含文字信息也是以其作为考古遗物的信息为前提而成立的。因此，文字信息的调查也应该由调查机构负责。这也就是说，木简的解读，不应该由木简研究者进行，而是应该作为发掘调查成果的一环，由调查者（机构）承担这一责任。利用木简作为史料的研究人员，也不应该基于独自的解读进行研究。当然，调查机构也存在局限性，因此与研究人员的合作是不可或缺的。倘若研究者提出与报告书不同的新见解，最终决定是否采用它，也是实施发掘调查并对木简进行调查、公布的调查机构的工作、责任和义务。

理想是美好的，现实却是严峻的，有能够解读木简的调查员的木简调查机构寥寥无几，就连奈文研也只有 6 名负责文献的调查员。此外，奈良县立橿原考古学研究所有 1 人，九州历史资料馆有 2 人，仅此而已。若说既能实际进行木简的发掘调查，又能同时从事木简的整理和解读工作的机构,可能就只有奈文研了吧。当然,这是有原因的。如现场没有大量木简出土,便没有必要常设与此对应的调查员,大部分的机构也没有足够的预算常设木简调查员。

上述问题又将引发另一个严肃的课题,那就是发掘、整理、解读、保存木简的每一个技巧都无人继承。这是连奈文研也不能忽视的严峻状况,其他机构就更不用说了。这是存在于日本木简调查界的共同课题。日本木简的调查和研究,正站在巨大的分岔路口。

韩国木简的考古发掘与整理研究

［韩］李柱宪

（韩国国立文化财研究所 韩国 首尔）

木简是指古代记录文字的木片，目的是表达公私（政府与民间）意志或传达信息等。狭义的理解是，古代只有记录了文字的木片称为木简，但是以记录文字为目的制作的木制品也属于木简范畴。[1] 在中国，从战国到秦汉时期，国家行政领域中广泛使用了竹札和木简。东汉以后，随着造纸技术的改良和纸张的普及，使用纸张书写文字逐渐成为主流，使用木简书写文字逐渐失去其主导地位。但在纸张传播滞后的韩国和日本，使用木简记录文字比中国多延续数百年。韩国大部分木简是在考古发掘古代和中世纪的遗址时偶然出土的，数量仅1590余件，相比中国和日本而言，数量极少。在东亚的木简文化中，韩国木简不仅在了解中国简牍文化如何被周边国家接受及其演变的过程中具有重要意义，而且在理解中国简牍与日本木简的共同点和不同点方面也具有不可忽视的作用。为了理解

［1］［韩］李景燮：《试论新罗木简的出土现况与分类体系的确立》，《新罗文化》(42)，2013年。

韩国木简文化的本质,目前不仅需要缜密分析木简记载的内容,对其进行用途上的分类,还要以考古学的方法论为基础,对木简形态进行系统分类。这不仅是奠定木简学基础的必要事项,也是可以帮助我们系统认识东亚木简的一个角度。本文对迄今出土的韩国木简的现状和有关学术会议讨论、不同时期木简的内容和形态等情况进行分析,阐述韩国木简文化的性质和地位,探索韩国木简文化的特征,从而进一步深化对中国简牍文化和日本木简文化的理解。

一、遗址出土的木简和相关学术会议现状

韩半岛木简最早发现于 1931 年的平壤彩箧塚。1975 年对雁鸭池遗址进行发掘勘察后,韩国研究者开始对遗址中出土的木简有了进一步的认识。随后,韩国各地的古代和中世纪遗址中,偶尔有木简出土,大部分的遗址环境是适合保存木质文物的池塘、水井、集水池等低洼潮湿的地方(如表 1 所示)。截至目前出土的木简大约为 1590 件,但是根据不同调查者或不同勘察遗址对被发掘木简定义的不同,出土木简的总数会有变动,有必要关注今后的统计数据。[1]

[1] [韩]尹善泰:《韩国古代木简的研究现况与课题》,《新罗史学报》(38),2016 年。

表 1　各遗址出土的木简现状(截至 2019 年 8 月)[1]

遗址名称	调查年份	时期(国家)	数量	木简的性质	出土地点
平壤贞柏洞 3 号	1963	BC.1C(乐浪)	3	?	木椁墓
平壤贞柏洞 364 号	1990—1995	BC.1C(乐浪)	113	户口簿+竹简	木椁墓
平壤乐浪洞 1 号	1981—1984	1C 前期(乐浪)	6	?	木椁墓
平壤南井里 116 号	1931	2C—3C(乐浪)	1	?	木椁墓
扶余陵山里寺址	2000—2002	6C—7C(百济)	153	文书+削屑等	低湿地
扶余官北里	1983—2003	7C(百济)	12	南朝尺+荷札	池塘
扶余宫南池	1995—2004	7C(百济)	4	户籍	低湿地
扶余双北里 102 号街	1998	7C(百济)	2	唐尺+荷札	低湿地
扶余双北里县内	2007	7C(百济)	14	文书+四面木简	竖穴
扶余双北里 280-5 号街	2008	7C(百济)	6	账簿	建筑物址
扶余双北里 173-8	2009—2010	7C(百济)	4	文书?	水路
扶余双北里后介路	2010	7C(百济)	1	四面木简	水路
扶余双北里 328-2	2011	7C(百济)	3	九九表+附札	水路+竖穴
扶余双北里 184-11	2012	7C(百济)	2	?	水路
扶余双北里 201-4	2012	7C(百济)	2	户籍?	水路
扶余双北里 56 号街	2018	7C(百济)	5	《论语》	水路
扶余旧卫里 319	2010	7C(百济)	13	文书+附札	水路、竖穴
扶余石木里 143-16	2017	7C(百济)	2	?	水路
锦山栢岭山城	2004	7C(百济)	1	?	集水池
罗州伏岩里	2006—2008	7C(百济)	31	文书+户籍	竖穴
庆州月城垓子	1984—2019	6C—7C(新罗)	104	文书	池塘
咸安城山山城	1992—2017	7C(新罗)	314	荷札+文书	腐叶层

[1] 表中整理的木简统计不仅包括从韩国古代和中世纪(公元前一世纪至公元十五世纪)遗址中出土的有墨书的木简,也包括具有木简形态但墨书无法确认的木片或削屑等,其中古代(三国至统一新罗时期)的木简 870 余件,能确认墨书的仅有 450 余件。

续表

遗址名称	调查年份	时期(国家)	数量	木简的性质	出土地点
金海良洞山城	2018	7C(新罗)	1	荷札	集水池
釜山盃山城	2017	7C(新罗)	2	荷札	集水池
首尔阿且山城	2017—2018	7C(新罗)	7	?	集水池
庆州雁鸭池	1975	8C(统一新罗)	97	荷札+附札	池塘
庆州皇南洞 376 号街	1994	8C(统一新罗)	3	文书	竖穴
庆州博物馆土地	1998	8C(统一新罗)	4	文书	井
庆州传仁容寺址	2007	8C(统一新罗)	1	文书	池塘
庆州博物馆南侧土地	2012	8C(统一新罗)	3	?	低湿地
庆州感恩寺址	2013	8C(统一新罗)	1	咒术	集水池
庆州皇福寺址	1942	8C(统一新罗)	30?	佛经/竹简	石塔舍利孔
金海凤凰洞	2000	8C(统一新罗)	1	《论语》	低湿地
昌宁火旺山城	2005	8C(统一新罗)	9	咒术	集水池
益山弥勒寺址	1980	8C(统一新罗)	2	习字	池塘
扶余东南里	2005	8C(统一新罗)	1	?	井
仁川桂阳山城	2005	8C(统一新罗)	2	《论语》	集水池
河南二圣山城	1990—2000	8C(统一新罗)	34	文书	集水池
蔚山伴鸥洞	2009	10C(高丽)	1	荷札	低湿地
泰安船		12C(高丽)	20	荷札	沉船
马岛 1—3 号船	2005—2011	13C(高丽)	155	荷札	沉船
新安船	1976—1983	14C(高丽)	364	荷札	沉船
马岛 4 号船	2015	15C(朝鲜)	63	荷札	沉船
合计			1597		

遗址中出土的木简大部分是在汉四郡时期由中国制作的,六世纪后期至七世纪前期三国时期的百济和新罗木简,以及以八世纪为中心统一

新罗时期的木简。此外,被发现的还有新安船[1]和泰安船出水的高丽时期木简和十五世纪记载漕运船形制的朝鲜时期的木简。

从木简出土的遗址位置分布情况来看,除庆州和扶余古代都城中心区域的宫城以外,在周围溪水汇集形成低洼湿地的郊外区域也发现了大量木简。从这一点而言,今后公州济民川两岸地区和白马江泛滥地区(扶余旧卫里一带)、益山王宫里遗址周围的低洼湿地中可能也会出土木简。另外,有持续报道称河南二圣山城、咸安城山山城、罗州伏岩里遗址等三国时期的地方官衙遗址中也有木简出土,扶余陵山里寺址、庆州感恩寺址、仁容寺址、皇福寺址、益山弥勒寺址等三国至统一新罗时期的主要寺庙遗址也陆续出土了木简,甚至金海良洞山城和釜山盃山城、锦山栢岭山城、仁川桂阳山城等也出乎意料地陆续传出发现木简的消息。笔者认为今后韩国各类遗址中出土木简的可能性仍然很大。另外,泰安的偏远地区——马岛也出土了高丽和朝鲜时期的木简,从这一点可以得知,在韩国,从政府推动文字普及的古代到国家运营体制完全建立的中世纪,木简在支撑国家公共物流系统结构方面发挥了重要作用。

韩国的古代和中世纪遗址中出土的木简资料都是生动反映当时社会现象的一手史料,吸引了各领域学者们的关注。初期学者们主要以史学界为中心从事木简的研究,但是近来社会学、考古学、书法学、韩国语言学等领域的学者也纷纷加入研究队伍,重现当年争先研究金石文资料的盛况,下面列举的一系列国际学术会议就能够充分证明这一点。

①韩国木简学会第1届国际学术大会(2007.1.10—11)

---

[1] 新安船木简从乘船人和内容来看与日本的关联颇深,因此也有观点认为它是日本中世纪的木简。

主题:韩国古代木简与古代东亚世界的文化交流

②首尔大学奎章阁、韩国学研究院韩日国际论坛(2007.7.3—4)

主题:古代韩日的语言与文字

③韩国木简学会第2届国际学术大会(2007.11.20)

主题:新出土的木简盛宴

④东国大学文化学术院、东亚文化研究所第2届国际学术会议(2008.2.13)

主题:古代东亚世界的物流与木简

⑤成均馆大学东亚学术院HK事业团国际学术会议(2008.8.28—29)

主题:探索东亚资料学的可能性

⑥韩国木简学会第3届国际学术大会(2008.11.28)

主题:东亚古代木简的形态

⑦韩国国立文化财研究40周年暨韩国博物馆开馆100周年纪念学术研讨会(2009.6.4—5)

主题:古代木简与山城

⑧东北亚历史财团国际学术会议(2009.6.10—11)

主题:通过古代文字资料探索东亚的文化交流与沟通

⑨韩国木简学会第4届国际学术大会(2009.11.28)

主题:东亚木简研究与新出土的文字资料

⑩成均馆大学东亚学术院HK事业团国际学术会议(2010.8.26—27)

主题:《论语》与东亚

⑪韩国国立伽倻文化遗产研究所、釜山广域市福泉博物馆共同主办的学术大会(2016.6.24)

主题:先史与古代木器·木简的最新研究现状和课题

⑫庆北大学史学系、韩国木简学会共同主办的国际学术大会(2016.11.17—18)

主题:古代世界的文字资料和文字文化

⑬韩国国立海洋文化遗产研究所、韩国木简学会共同主办的学术发表会(2017.7.21)

主题:泰安海域出水的木简和高丽时期社会的理解

⑭为纪念韩国木简学会创立 10 周年举办的国际学术大会(2017.10.19)

主题:东亚古代都城的筑造礼仪与月城垓子(壕沟)木简

⑮韩国木简学会第 12 届国际学术大会(2018.10.25—26)

主题:咸安城山山城出土木简的国际地位

上述以木简为主题的 15 次学术会议深化了韩国木简的跨学科研究,对以汉字为媒介的古代东亚文字文化提出了更丰富的见解。在韩国木简学会主办的《木简与文字》等学术期刊上刊登的研究成果,不仅给有关学者专家研究提供了新资料,也给对木简有浓厚兴趣的普通市民提供了了解韩国木简文化性质和意义的机会。

二、木简的内容与形态特征

东亚出现文字以来,将木头当作书写材料的传统源自中国。根据至今为止已有的资料分析,这种传统从中国起源后经过韩国传入日本。[1]

[1] [韩]李基东:《关于雁鸭池出土的新罗木简》,《庆北史学》,1979 年。

根据韩国木简中的前白木简、兵卫木简、荷札木简、《论语》木简资料可以推断,中国简牍传入韩半岛变形为韩国木简以后,再由韩半岛传播至日本列岛变形为日本木简;而其中的檄(圆柱)与觚(四棱)等韩国木简中所蕴含的浓郁的中国文化元素,以及韩、日木简之间的共同点与相似点,使韩国木简在中、韩、日三国木简中占据了一席之地。[1] 那么,当提到韩国木简文化的本质是如何沿用中国简牍文化以及如何演变的问题时,首先必须关注的问题是木简的基本特征——形态、尺寸以及用途。但迄今为止,不可否认韩国木简研究并没有集中在木简的形态、种类和规格等方面,而主要是对文字的分析和对内容的解释。关于描述在遗址中发现的木简的基本术语,从学术层面来看目前还没有一个统一的标准。本文将既往的研究成果与木简所属的时代相结合,概括阐述韩国从三国到朝鲜时期使用的韩国木简的内容和形态,但不包括平壤出土的具有中国简册形态的乐浪木简。

百济木简于 1983 年首次发现于官北里遗址,随后在扶余的多个遗址中又连续出土,因而受到研究者的关注。至今已经在 16 个遗址中出土了 255 件百济木简,属于泗沘时期的六世纪前期到七世纪中期,大部分发现于王京扶余周围。王室寺院陵山里寺遗址出土的木简内容主要涉及宗教、医药、物品运输等方面,官北里和双北里被推测曾是官府所在地,因此有一些与官府有关的文书记录。比如,双北里 280-5 号街遗址出土的木简上,有戊寅年(618)六月官府运营的还谷记账账本——佐官贷食记。宫南池遗址出土了记录着有关律令制度内容的木简。双北里 201-4 号街出土的木简虽然只记载了一部分,但从留下的墨书判断,以 1+3 形式进行

[1] [韩]李成市:《古代朝鲜的文字文化与日本》,《国文学》(4),2002 年。

排列（在三个字的人名后面加上“壮丁”的“丁”字），这与壮丁的编制有关，透露了百济后期泗沘时期实行律令制的部分面貌，也有学者认为它们有可能是征用各种劳役和军役时整理户籍而制作的户籍木简。如果“兄习利丁”的“兄”字代表兄弟关系，那么这份资料就证明了“丁”的编制规则是根据家族关系制定的。[1] 如上示例说明百济木简的内容涵盖了户籍、量田、度量衡、地方行政体系、文书行政、都城内外的空间结构和景观等各个领域，充分体现了百济木简在古代东亚的地位。[2]

一方面，百济木简中呈细长薄片形状的长方形木简大多出土于扶余和罗州等地的遗址中。其平均尺寸为长 260 毫米、宽 30 毫米、厚 5 毫米，这种形状的木简被视为在百济所有地区普遍使用的木简。[3] 但是，根据扶余宫南池、双北里、官北里遗址和罗州伏岩里出土的木简形状推测，百济比新罗有更多更早接触中国书写文化的机会，但七世纪以后仍然流行以长方形为基本形态的木简，这不同于多边形（圆柱形）的新罗文书木简，因此有学者认为百济这种类似平面纸张，具有一定形状的长方形木简体现了百济文书行政的发展。此外，从陵山里出土的木简显示，新罗的作为文书木简使用的多棱柱形木简主要限于习字等用途，这意味着七世纪以后文书木简的用途减少，说明百济木简的地位有逐渐下降的趋势。

另一方面，相比新罗木简更有趣的是百济社会中作为标签木简使用的刻槽形木简。七世纪前期，新罗地方政府制作的咸安城山山城行李标签木简大部分从刻槽下方开始写入文字，月城垓子木简中也有同样的情

［1］［韩］郑勋镇：《扶余双北里百济遗址出土木简的性质》，《木简与文字》（16），2016 年。

［2］［韩］尹善泰：《韩国古代木简的研究现况与课题》，《新罗史学报》（38），2016 年。

［3］［韩］李景燮：《新罗、百济木简的对比研究》，《新罗文化》（44），2014 年。

况。但发现的为数不多的百济木简都是从刻槽上端开始记入文字。以此可以推测在制作标签方面,新罗和百济两国之间存在一定的差异,这种差异应具有重要的社会意义。[1] 另外,将标签木简刻槽部分视为上端并从上端记入文字的百济书写习惯在古代日本也得到了证实,因此也有学者认为百济的木简文化对古代日本也产生了直接的影响。[2]

新罗到统一新罗时期的木简,在庆州、新罗王京和咸安、金海、昌宁、下南等地方的官府所在地或关防遗址中都有发现,至今在 18 个遗址中共出土 616 件,数量居首。这些木简的制作年代大体上为六世纪到九世纪,各地区均匀分布。这一时期的木简对于掌握韩国木简文化的变迁过程、木简的制作、各地区书写方式的差异等具有重要意义。尤其是王京月城垓子和雁鸭池出土的木简被认为具有标志性文物的意义,它们可以类推出新罗到统一新罗时期文字文化的沿革。[3] 月城垓子木简主要出土自竖穴式壕沟,早于新罗统一三国后的石砌壕沟。雁鸭池木简被认为是七世纪后期的物品,学者将两者进行比较,从木简的形状、制作方法、书体、运笔方法等方面的区别,研究了新罗文字的成熟度。遗址出土的两种木简最大的差别是觚与檄在月城垓子木简中占据的比例较高,这被认为是三国初期木简文化的特点,也被理解为区别于日本古代木简文化的差异点。[4]

再一方面,新罗木简大多数是与王京六部等各地方纳税有关的账簿

---

[1] [韩]全德宰:《咸安城山山城出土的新罗荷札木简的形态与制作地研究》,《木简与文字》(3),2009 年。

[2] [韩]李景燮:《新罗、百济木简的对比研究》,《新罗文化》(44),2014 年。

[3] [韩]尹善泰:《月城垓子出土的新罗文书木简》,《历史与现实》(56),2005 年;[韩]李景燮:《新罗木简的世界》,京仁文化社,2013 年。

[4] [韩]尹善泰:《韩国古代木简的研究现况与课题》,《新罗史学报》(38),2016 年。

或体现井然有序的文书行政的文书木简。作为文书收发的主体和客体，新罗木简记载了寺典、典大等、典中大等、沙喙（沙梁宫）及伐漸典等，这些在理解官府与官人的职能方面发挥了重要作用。还有资料让我们认识到，让地方的外位（一种乡职）持有者留在王京，同时兼管地方事务的上守吏制度在新罗统一前就已经实施。咸安城山山城出土的木简是新罗初期木简的代表，被认为是研究韩国木简的重要资料，大部分由作为税金标签使用的荷札构成，是了解当时赋税收取方式的基础资料。分析对比同时期的金石文资料，为理解新罗中古期社会开辟了新路径。另外，出土的统一新罗时期的木简共有188件，从庆州雁鸭池等13处出土。到三国时期，纸张和木头被作为书写材料同时使用，直到统一新罗时期才开始全面使用纸张，之前大多数时候用作文书、典籍、标签的木简从此时开始慢慢仅限于备忘录、练字、标签等用途。

从目前的学术研究来看，新罗木简的内容和用途大致可以分为二类：一类是典籍木简，包括文书木简（收发文书木简/账簿木简/记录简）、携带用木简（符信用木简/过所用木简）、标签木简（封皮用/税金进贡用/整理仓库用/一般物品用）及其他用途木简（习字用/咒术、礼仪用/卷轴用）等[1]；第二类包括文书木简（文书/记录[账簿/统计/凭证/其他]）、标签木简（行李标签/物品标签）及其他（咒术、礼仪用/学习用/文书封皮用/其他）等[2]。

其中新罗木简中数量占比最多的是标签木简，少部分是官吏之间进行命令传达、行政处理、业务联络的文书木简，以及文书行政过程中为了

---

[1] ［韩］尹善泰：《木简讲述的百济故事》，周留城出版社，2007年，第86—94页。
[2] ［韩］尹善泰：《韩国古代木简的研究现况与课题》，《新罗史学报》(38)，2016年。

留下证据而制作的记录木简。标签木简分为行李标签(荷札)和物品标签(附札),其类别根据所依附的物品是否具有移动性来划分。行李标签木简主要用于税金等进贡物品,它根据从缴纳者到收件处这一移动的基本属性记录缴纳者和行李的明细,是了解当时人们如何收取物品,以及如何保管和分配收取到的物品等古代国家行政过程的重要研究史料。此外,其他用途的木简主要用于咒术、礼仪和文字、典籍的学习,也有部分题签轴、木签轴等。

新罗木简全部为单独使用的木简,其形态的规格尚不明确。按照不同用途,一部分木简拥有共同的形态特征,但并不存在统一的规格。这是因为传到新罗的木简文化中没有中国式的简册,所以以单片简为标准,木简的形式分类可以列出如下多种情形,这种分类完全体现了木简的基本形态,可谓是通过捆扎的槽痕和位置表达了它们的详细功能。从考古发现看,新罗木简的常见形状有如下数种:一是笏形(长方形/短册形)、凹陷形(刻槽形)、标签形(附札)、条形(多角形/棒形)、横条形[1],二是细长形、附札形、多面木简、圆柱形、方形、其他形[2],三是长方形、刻槽形、多棱柱形、圆柱形、其他形[3]等。

高丽时期的木简于 2007 年在泰安马岛沉船内首次被发现。截至 2019 年共从 3 艘沉船内出水 176 件木简,多个领域正在利用出水的木简和其他遗物开展新的历史研究。研究人员发现出水于沉船中的高丽时期木简基本上都与新安船木简相似,几乎大部分与物品有关联,是向收件人

[1] [韩]李镕贤:《韩国木简基础研究》,新书院出版社,2006 年。

[2] [韩]韩正勋:《东亚中世纪木简的研究现况和形态比较》,《史学研究》(119),2015 年。

[3] [韩]李景燮:《试论新罗木简的出土现况与分类体系的确立》,《新罗文化》(42),2013 年。

传递相关信息的荷札木简，包含出发地、发送处（发件人）、收信处（收件人）、货物品种、度量衡等，是了解当时社会的重要资料。特别值得注意的是，记录在木简上的内容中，收件人（处）比收件时间如年月日、发件人（处）、物品种类和数量等更受重视，几乎所有的木简上都能查到收件人。[1]

考虑到大部分木简是荷札木简，木简的形态以是否有刻槽为标准可分为 A、B 两类。A 类[2]为标签形（上端两边有槽）、附着形（仅一侧有槽）、书签形（没有槽的平面形态），B 类[3]为刻槽形、长方形及其他。其中上端左右有刻槽的刻槽形（标签形）占 80%以上。有分析认为这种木简的形态与其说与发件人（处）有关，不如说更多地与货物的包装和运输材料有一定的关联，即运载了多种谷物类或海鲜水产等货物的马岛 1—3 号船上标签形木简的比例占 70%—90%，主要装载陶瓷器的泰安船上占 40%，这说明包装海鲜水产或鱼虾酱坛子的箱子上，相比使用“附着形”或“书签形”的木简，使用将绳子绑在木简刻槽处以便悬挂的“标签形”木简更便利。

朝鲜时期的木简在 2015 年勘察的泰安马岛 4 号船上出水了 63 件，其中木简 43 件、竹简 20 件。两者都是作为荷札使用，形态和内容上没有其他特征或差异。从木简上的墨书“罗州广兴仓”来看，这些木简应该是从罗州出航，向当时的首都汉阳的广兴仓运送税粮的漕运船货物上的货

---

[1] [韩]韩正勋：《东亚中世纪木简的研究现况和形态比较》，《史学研究》（119），2015 年。

[2] [韩]林敬熙：《泰安台岛高丽木简分类和内容》，《泰安台岛水中发掘调查报告》，2009 年。

[3] [韩]韩正勋：《东亚中世纪木简的研究现况和形态比较》，《史学研究》（119），2015 年。

物标签。这些木简的形态分类跟高丽时期的木简相同,根据有没有可以系绳挂在货物上的刻槽及其位置分类,可分为ⅠA型(刻槽在上面)、ⅠB型(刻槽在下面)、ⅡA型(无刻槽,直角四边形)、ⅡB型(无刻槽,上下两头尖)4种类型。

长度在1厘米左右,写着发件处(罗州)或收件处(广兴仓)的木简数量最多。仅有几件记录着税粮的种类(白米、麦)或数量(十五斗、九斗等),这与详细记录发件人、收件人、数量、货物种类等信息的马岛1—3号出土的高丽时期的木简不同。这或许可以理解为高丽时期的船舶多为私船,需要准确记录,但是朝鲜初期王权强化,中央集权化的官船体系已经确立。[1] 因此,与朝鲜初期印有"内赡"字样的粉青瓷器同时出土的木简,被确认为马岛4号船的直接史料,该船承担着将从罗州荣山仓收集的税粮或进贡品运往负责官吏俸禄的汉阳广兴仓的任务。

三、韩国古代木简文化的性质与地位

目前已出土的韩国木简超过1590件,其中三国至统一新罗时期的古代木简约为870件,这里面墨书被确认的仅450余件。被认为最早在全国范围内使用文字的高句丽的木简至今尚未出土,但从安岳3号墓的壁画中可以观察到些许痕迹,百济和新罗的木简大多在王都扶余和庆州地区被发现。百济木简中有几件被确认为文书木简和文书封皮用的标签木简,这为全面了解百济等三国文书的产生和保管等内容提供了重要信息,

[1] [韩]金炳根:《马岛4号船出水木简》,《木简与文字》(19),2017年。

具体追查遗址出土木简的用途和性质的尝试也备受关注。[1] 据此,通过分析扶余陵山里和官北里出土的木简可以发现,在当时的百济,最后核账前,四棱柱形木简被作为中途整理用的备忘录,备忘录作废后,原先的墨书会被刮下来,再制作成记录其他内容的备忘录,因此木简会被多次重复利用。官府的结算报告需要经过很长时间才能形成,为了制作它,相关详细的出纳日程备注需要每时每刻记下来,因为纸张昂贵,木简就被当作最有效的书写材料。另外,在文书的整理和保管方面,中央官府产生数量庞大的文书,这就要求将文书进行分类、整理,使人能轻而易举地找到需要的文书,所以,卷轴类纸质文书上加有标签——题签轴和木签轴,以便于检取。但是官北里 285 号木简与中国汉代的标签木简——楬的形态相似,从用墨书书写的《兵与记》账簿名称来看,可能是用作名为《兵与记》的账簿封皮的标签。总之,我们可以发现百济已经存在将非常简洁的标签木简当作文书封皮捆扎在卷轴上的整理方式。

目前学界有观点认为韩国的木简文化是直接沿用了中国的简牍文化。[2] 但是也有研究者指出,中国秦汉时期的简牍中,像文书一样记录大量信息的竹简与单独使用的木简同时存在,这与几乎不存在竹简的韩国三国时期的木简文化存在一定的差异。[3] 研究者认为,韩国木简文化中之所以见不到竹简的身影,与当时传入简牍文化的乐浪郡的所在地很难找到用作竹简材料的竹子有关。位于北方的高句丽也同样存在这种情况。高句丽初期的文书行政中,木简作为书写材料使用的比例较高。这

---

[1] [韩]尹善泰:《百济的文书行政与木简》,《韩国古代史研究》(48),2007 年。

[2] [韩]尹善泰:《木简讲述的百济故事》,周留城出版社,2007 年,第 33 页。

[3] [韩]李景燮:《试论新罗木简的出土现况与分类体系的确立》,《新罗文化》(42),2013 年。

种趋势在百济和新罗进一步发展,这也是目前所知道的在最早期的木简(陵山里木简、月城垓子木简、城山山城木简等)中,几乎没有发现竹简痕迹的原因。虽然纸张作为书写材料在当时的记录文化中占据相当地位是历史事实,但是排除竹简而广泛沿用木简是当时三国时期政权组织根据古代国家发展的情况所决定的,这被认为是早期的韩国古代木简文化的特征。也有观点指出这种木简文化的特征对日本也产生了实质性影响,日本虽然大范围种植竹子,但是几乎没有使用竹简,日本初期木简文化的起源和发展过程同样体现出韩国木简文化对日本的影响。

这种以单片简为主的记录方式在韩国木简文化中占据重要地位,成为三国时期新罗和百济木简文化的核心。新罗的木简目前已经在包含王京和地方在内的5处遗址中出土了428件,其特点是根据不同用途而制作的木简形态各异。为了记录文书、典籍、习字等大量的内容,六世纪主要使用多棱柱形和圆柱形木简,这与中国的简册形态不同。从多棱柱形木简在日本仅限于指定的用途来看,这也算是韩国木简文化的特征。[1]但是三国统一后,新罗积极引入唐代文物,纸张文书成为行政领域的基本要素且在制度上得到了规范,这导致曾作为文书木简发挥主导作用的棱柱形(圆柱形)木简快速地从行政管理中消失了。

韩国古代木简形式多样,从棱柱形、圆柱形木简到各种形态各异的木简的出现,证明文书木简、标签木简、携带用木简以及其他类型的木简用途非常多样。但是至今发现的高丽时期的木简只有荷札木简,这不能单纯地视作出土情况的问题。到了社会结构更加复杂的高丽时期,相比古代社会,行政工作不仅复杂,而且作为书写材料的纸张已经大范围普及,

---

[1] [韩]尹善泰:《木简讲述的百济故事》,周留城出版社,2007年,第55—74页。

使用起来不太方便的木简逐渐被取代，因此仅有标签木简等具有辅助用途的木简被延续到之后的时代。正如分析古代木简情况的先行研究者提出的观点，三国时期的文书广泛使用长方形木简，到了统一新罗时期，木简的文书功能锐减，主要用作附着的标签。[1] 总体而言，三国时期有多种用途的长方形、圆柱形和多棱柱形木简，到了统一新罗时期，逐渐被纸张取代，逐渐变身为适合附着在物品上的标签形（荷札）板状木简，荷札木简的形态更加趋向定型化、规格化。从这个方面考虑，学术界前辈们提出的"泰安出水的高丽和朝鲜时期的木简在三国时期以后随着其发挥的作用逐渐减少，木简形态也走上了单一之路"的观点可能是恰当的。

同时，大多数的木简被确认是百济时期的，比起新罗者，百济的木简文化展现出进步性，其表现是多面木简被限定为习书等用途。而长方形木简形制被标准化、精致化，作为行李标签使用的刻槽形木简在书写方式上也与新罗存在差异，这说明百济木简的地位与国家制度的规范和发展，以及文字文化的传播有着紧密的联系。七世纪以后，日本发现的刻槽形木简中的百济因素说明，百济对日本木简文化的形成产生了直接的影响。这说明东亚木简文化彼此具有一定的关联性，相互关联、共同发展。比如，扶余双北里 328-2 号街出土的九九表木简备受瞩目。木简的平面形态与刀身相似，截面为细长方形，表面光滑（尺寸 30.1 厘米×5.5 厘米×1.4 厘米），仅单面显示 103 字的墨书。从 9 到 2，以隶书样式记录，各段之间划了一条横线区分，铭文 9 在最上端，越往下数字越小，按顺序排列。各段的右侧尽头开始记录这个段的数字公式口诀，公式的第一个数字会逐渐减少，每个段按规则书写，避免重复的公式口诀。每一段的首列，为了

[1] ［韩］全德宰：《韩国古代木简与研究动向》，《木简与文字》(9)，2012 年。

避免数字重复,反复出现的数字使用符号“〃”代替,十单位的数字用十字形表示。这种九九表由来的具体时间、地点尚不明确,但中国的文献记载显示,公元前十世纪九九表就已经存在,实物资料最具代表性的是公元前三世纪前后的里耶遗址出土文物。[1] 从日本七至八世纪前后的平城宫和七社遗址等地出土的九九口诀表木简资料中,可以了解古代地方名门贵族学习知识的情况和方法。[2] 中国和日本的记录九九口诀表的实物资料在描述方式和形态上具有相似之处,即无论是中国里耶遗址的细长方形木简,还是日本新潟县大泽谷内遗址、七社遗址的梯形木简上,有限的空间内,都没有区分特别的段,而是直接从九段开始连续往下写,这与百济木简中出现的标准化有所不同。就九九口诀表公式的描述形态而言,里耶遗址的资料中出现了百济木简中没有见到的等号(如“二五而十”的“而”字和“一九又九”的“又”字),与扶余出土的九九口诀表木简存在差异。在韩国还没有出现九九口诀表木简的时候,中国的九九口诀表木简的记录方式与日本的存在相似之处,因此有观点认为,九九口诀表直接从中国传入日本的可能性很高。但是百济泗沘都城内出土的早于日本的九九口诀表木简,则证明了以中韩日为代表的东亚交易网络普遍存在,即百济九九口诀表木简证明了东亚文物的传播路径是“中国—朝鲜半岛—日本(倭)”。[3]

---

[1] 沈建华编:《饶宗颐新出土文献论证》,上海古籍出版社,2005 年。

[2] [日]三上喜孝:《日本出土的古代木简——近年(2008—2011)出土木简》,《木简与文字》(7),2011 年。

[3] [韩]尹善泰:《百济的九九口诀表木简和术数学》,《木简与文字》(17),2016 年。

结语

遗址出土的木简中隐藏着无限的历史信息。因为文字书写在木简上，所以木简经常被当作文字资料，在历史学领域中进行研究。但是遗址里出土的木简在作为记录载体之前，本身是典型的考古资料，发掘的过程和结果对于理解木简所蕴含的丰富信息具有决定性的作用。[1] 非常明确的是，木简为文字记录资料严重不足的韩国古代史研究注入了新的活力，应该关注、掌握其从遗址出土的时期。扶余陵山里遗址出土的木简和咸安城山山城出土的木简的研究经验告诉我们，除了出土的层位，对于木简与同期出土的文物之间的相互关系等，也应该进行具体的研究，只有这样，遗址中出土的木简所具有的史料价值才更加突显。[2]

目前韩国对二十世纪九十年代以来以几何级数增加的木简资料还没有开展包括木简的定义、细部名称及用途、类型学分析等方面的探讨；而简文辨识工作只有历史学、考古学、语言学、书法学、文字学、古木材学等多学科的共同参与，才能取得高质量的学术研究成果。而韩国木牍文物中至今还没有一件被认定为“重要级别的文物”的根本原因，并不在于木简本身的价值，而在于基本概念的整理及综合学术研究还未能拿出高水平的成果。

现在遗址中出土的韩国古代和中世纪时期的木简大约有 1590 件，相比中国和日本的遗址中出土的木简，数量极少。但是值得关注的是，对于

[1] [韩]朱甫暾:《韩国木简研究的现况与展望》,《韩国木简学会学术大会发表资料集》,2007 年。

[2] [韩]李炳镐:《扶余陵山里出土的木简性质》,《木简与文字》(1),2008 年;[韩]李柱宪:《咸安城山山城腐叶层和出土文物的研究》,《中央考古研究》(16),2015 年。

理解和解释古代东亚地区的木简文化,韩国木简文化的性质和地位证明,其在中国简牍文化经过韩国传入日本这一过程方面占据着不容忽视的重要地位。为了探讨中、韩、日三国木简资料的异同点,了解东亚地区木简文化的整体发展趋势,首先要对各国木简的古代名称、分类标准进行深层次的研究。这是各国研究者进行沟通的前提。这方面的工作暂付阙如,实属遗憾。希望今后能开展这方面的研究,并取得理想的进展。

附记:本文已刊于《郑州大学学报(哲学社会科学版)》2020 年第 4 期。

中日韩简牍学界应当制定整理的统一标准

胡平生

（中国文化遗产研究院 北京 100029）

大约15年前，笔者写过一篇名叫《论简牍整理国家标准的制定》的小文，宗旨是在记述了中日韩三国简牍整理中各自为政的情形后，希望今后进行简牍整理研究的工作者，能够制定出一套被大家接受且共同采用的规范和标准。那篇小文于2005年5月在夏含夷教授主办的芝加哥大学“中国古文字：理论与实践”研讨会上宣读，修改后刊于《出土文献研究》第8辑（上海古籍出版社，2007年），小文引起了关心这个问题的许多学者的兴趣。此次蔡万进先生组织中日韩三国的简牍研究界的学者共同讨论研究这个问题，笔者是非常支持的。不过，在深入了解后，笔者发现与会者中直接从事简牍发掘整理的学者并不多，所以怎样深入这个话题仍然有待简牍学界和文物管理部门领导者的重视与共同努力。

笔者是1978年到北大读研究生时开始接触、学习并研究起简牍来的，至今也有40年了。而近代发现与研究古代简牍（含帛书）已有一百多年的历史了。2001年，我们在长沙举办过纪念简牍发现百年的学术研讨会。就在那前后,笔者根据自己从事简牍整理工作的经验提出,应当由国家文物管理领导机关牵头,制定相关的国家标准,对简牍发掘、保护、整理、研究以及公布发表的期限、发表成果的基本要求,设立一个规范,设立一个“标准”,这样各地做起来,可以比较中规中矩,将有助于提高简牍整理研究工作的整体水平。2005年,笔者在芝大的“中国古文字:理论与实践”研讨会上的发言,引发了热烈的讨论,但是并没有产生实际的效果,今天我们又将这个题目捡起来,如果没有行政部门的介入和参与,大概还是跟十几年前的情况一样,呼吁了,讨论了,最后还是不了了之。笔者是缺乏信心的。

我们今天的简牍整理工作,借鉴了两个方面的成果:一个是中国古代整理简牍的成果,如晋代整理汲冢竹书的学者留下的成果;像表示缺字的“□”方框号,就是古人留下来的办法;一个是近代欧洲学者和罗振玉、王国维等留下的简牍整理的成果。简牍学发展了一百多年,应该在理论与实践上有总结提高,我们要总结西方学者对汉文简牍整理的方法与经验,总结二十世纪五十年代以后,特别是七十年代以后的出土简牍整理的方法与经验,我们应当借鉴各国学者在简牍整理中使用的符号和规范,分析那些共同点与不同点,最后再讨论关于制定简帛整理相关标准的意见。本文只是一个初步的探讨,望专家学者多多指教。

一、从草创到逐步成熟,简牍整理起始于西方汉学家

近代汉文简牍的出土,始于西方探险家到中亚及中国新疆、甘肃等地

的探险之旅。1894 年,瑞典人斯文赫定(Sven Hedin)进入新疆塔里木盆地,开始了他的探险活动。1900 年,斯坦因(Marc Aurel Stein)进入新疆,开始第一次中亚考察。二十世纪出土的第一枚汉文简牍,是 1900 年 12 月 25 日斯坦因在清理丹丹乌里克的一座佛殿遗址时发现的。他们在遗址中先发现了一些用草体婆罗谜文字书写的残纸和木牍,继而发现了汉文简牍。斯坦因后来在《沙埋和阗废墟记》中描写了首次发现汉文文书的情形:"那是一根红木棍,长约 14 英寸,宽约 1 英寸,两面都削平了一部分,各有几竖行大约 12 个汉字,大部分墨迹已很模糊。根据仅有的几个较清晰的字,无法解释它们的意义。"在《古代和阗》一书中,斯坦因作了更细致的描述:"DV5,它不是写在纸上,而是写在长约 13.5 英寸,宽 1 英寸多一点的一块红柳木棍上。木棍的一面平整,显然是劈开后打磨光滑的。木棍上还保留着字迹淡淡的大约十二个墨写的中国字,已严重褪色。"布舍尔(Bushell)和沙畹(Edouard Chavannes)都曾考释过这枚简,令人奇怪的是,在《古代和阗》的附录,即沙畹所撰的《丹丹乌里克、尼雅、安德悦诸遗址出土的汉文文书考释》中竟然没有收录这枚简的释文,也没有进一步的考释。从 1900 年至 1931 年,斯坦因先后四次到新疆、甘肃探险,发掘的简牍、残纸文书,主要由沙畹、马伯乐(Henri Maspero)等法国汉学家整理研究,出版了《奥莱尔·斯坦因在南疆沙漠发现的汉文文书》(牛津出版社,1913 年)、《斯坦因第三次中亚探险所获汉文文书》(伦敦珀西·伦德、胡夫里斯出版公司,1953 年)等著作。沙畹、马伯乐的整理工作包括编号、标注出土号、记录长宽尺寸、释文、法文译文和法文校注,全部横排。由于他们整理的文书简牍和残纸是混编在一起的,马伯乐还标出了文书质地是木或纸。

斯文赫定在楼兰遗址发现的简牍、残纸文书则由德国汉学家卡尔·

希姆莱(Karl Himly)和孔好古(August Conrady)整理研究,出版了《斯文赫定在楼兰发现的汉文写本与零星物品》(斯德哥尔摩,1920 年)。孔好古的整理工作包括编号、释文、德文校注和德文译文,释文竖排,校注、译文等横排。

沙畹、马伯乐和孔好古这些欧洲的汉学家在整理考释汉文简牍残纸文书的工作中,大概都借鉴欧洲学者整理古代手抄本文献的方法,采用了一些有近代特色的表现手段,建立了一套自己的规范。如沙畹、马伯乐都编有顺序号,也著录了出土号,用“○”号表示阙字,用省略号表示简牍残断,用圆括号“( )”或单引号“「 」”表示根据文例补出的文字,用“|”表示简牍文字的换行,用圆括号加问号“(?)”表示有疑问的释文,用右上角的“×”号表示原文书写不规范,用“A”“B”表示正面、背面或直接标注正面(Avers)、背面(Revers),等等。孔好古用“□”号表示阙字,用标在释文右侧的“?”表示有疑问的释文,用圆括号“( )”表示根据文例补出的文字,标注正面(Vorderseite)、背面(Rückseite),等等。

与西方汉学家同时开始简牍整理研究的是王国维和罗振玉,代表作是《简牍检署考》和《流沙坠简》。《简牍检署考》写于 1911 年,王国维从典籍入手对简牍制度进行考证,是中国简牍学的奠基之作。由于当时还没有见到很多简牍实物,一些意见并不正确。1912 年,旅居日本的罗振玉、王国维从沙畹处得到了斯坦因第二次中亚探险所获简牍残纸照片及考释稿本,后来又获得斯坦因第一次中亚探险在尼雅遗址所获简牍照片,他们对这批资料重新进行了编辑整理、释读和考证,编撰成《流沙坠简》一书。编撰此书的体例对后来整理研究西北简牍的人影响很大。《流沙坠简》将所释简牍残纸分为“小学数术方技书”和“屯戍丛残”,其下又分为“小学类”“术数类”“方技类”“簿书类”“烽燧类”“戍役类”“廪给类”

“器物类”“杂事类”等，各类分别编号，记出土地点与长度，整理工作包括释文和考证。考释文字亦无标点，采用的标记主要有用“□”号表示阙字，用“上缺”“下缺”表示上下残断，用标在释文右侧的“?”表示有疑问的释文，直接标注“简面”“简背”表示正反。

1930 年，黄文弼在罗布泊北岸汉代烽燧遗址发掘获得一批汉简，在整理后撰成《罗布淖尔汉简考释》，分为《释官》《释地》《释历》《释屯戍》《释廪给》《释器物》《释古籍》《杂释》《释简牍制度及书写》等章，释读考证基本是按照《流沙坠简》的体例进行的。

西方汉学家整理西北简牍，有一些自己的特点。孔好古整理斯文赫定从楼兰发掘所获简纸文书有他的方式，起头是编号，然后尽量按照简牍原有格式转写释文，他所写木简释文如下（原文为竖排）：

12. 书五　J告即林军侃司马□□个巳敵□

107. 出 长史白书一封诣敦煌府蒲书十六封具 ‖ ‖泰始六年三月十五日统楼兰从掾位

十二封诣敦煌府二诣酒泉府二诣王怀阚颀 ‖ ‖马厉付行书□□孙德成

他对这两枚简作了德文的译解。12 号简上的草书很难认，他释错了，所以翻译也就跟着错了。这枚简的释文笔者已订正为“营告部曲军假司马……”。107 号简的释文也有一些问题，“白”应为“函”，“蒲”应为“簿”，“统”应为“在”，“行书□”应为“行书兵”，“□孙”应为“公孙”；释文分为上下两段。

竹木简牍的释写如此，残纸的释读也是如此。下面是孔好古所写一

片写有《战国策》内容的残纸释文,原文为竖排,今为排版方便改为横排:

张丑为质于燕=王欲杀之走且出竟=吏得丑=曰燕王所[为]将杀

我者人有言我有宝珠也王欲

b.得之今我已亡之矣而燕[王]不我信今子且致我[=]且言子之夺我[珠]

而吞之燕王必将杀子刳子之

(腹及子之肠矣)夫欲得之君不可说吾要且[死]子肠亦且寸绝竟吏恐而放之

孔好古对这段文字有考证,有注解,也有德文的翻译。

沙畹整理斯坦因第二次中亚探险所获简纸文书的方式,与孔好古不同,他所写简牍释文不依原有形式,而借助文字介绍,如 N°729.-LA.iii.i.14 号简,他在记录了木简长、宽数值后,先指出上端有一个“出”字。然后释文:

L.1:大麦一斛五斗食计财马主

L.2:日食五升起二月一日尽卅日

他又写道,“在中央,写着‘国’字”,继而说下面是:

泰始六年二月一日……

他用法文翻译了简文的意思,接着说在它的背面,与 N°728 号简一样,潦草地写着官吏的名字。第一行“计财马主”四字应释为“讨贼马一匹”五字,沙畹的译文当然也跟着错了。中央部位的“国”字,实际上是券书合同符号。可以看出,沙畹并没有完全写出释文,这种释读法不如孔好古直观,有点费力不讨好。罗、王编撰《流沙坠简》时,就没有用这种形式。《流沙坠简》写这枚简的释文如下:

出　大麦一斛五斗食讨贼马□
日食五升起二月一日尽卅　　　　　　以上第一列
泰始六年二月一日□　　下缺　　　　第二列

罗、王也是用解释性的文字“第一列”“第二列”“下缺”等作为辅助写入释文的。欧洲学者可以用西文写解释性的文字并将其夹杂在释文中,中国学者却不宜用中文这样做,因为前者中西文字绝不会混淆,而后者混排在一起就不好。

马伯乐整理斯坦因第三次中亚探险文书没有采用沙畹的方法,他有时是按照简牍文字原有格式来誊写释文的:

N°216.-LA.VI.ii.026-027
[出　]三斛六斗给禀李○十等三人　　　‖‖ 泰始○年十一月廿日仓曹史张○监仓翟咸阚携
[人日食一斗二升起]十一月廿日十尽卅日 ‖‖

但是,他有时用竖线隔断的形式来表示简牍或残纸文字的分行,如:

N°248.-LE.i.6.(木牍)

泰始「○年○月」十日丙辰　言｜「书一封○」曹史梁○言事｜「营」以邮行

N°255.-LM.I.i.020.(残纸)

曲禾……｜以亲诗……｜恭近……｜衣服……｜者所……

这种方法太容易发生混淆,后来从事简牍整理工作的学者几乎没有效仿的。沙畹和马伯乐将西式标点符号引入简牍整理中,最重要的符号就是省略号"……"。像上举N°255号文书,由于马伯乐没有查出残纸文字的出处,他使用省略号表示不能确知字数的残缺。笔者后来查出上面五行残文出于《说苑·修文》,根据传世本补出残缺文字就可以这样表示:

[……其以入君朝,尊以严;其以入宗庙,敬以忠;其以入乡]

1行:曲,和[以顺;其以入州里族党之中,和]

2行:以亲。诗[曰。温温恭人,惟德之基。孔子曰。]

3行:恭近[于礼,远耻辱也。]

4行:·衣服[容貌者,所以悦目也。声音应对]

5行:者,所[以悦耳也。嗜欲好恶者,所以悦心]

也。君子衣服中,容貌得,则民之目悦

矣。言语顺,应对给,则民之耳悦矣。就

仁去不仁,则民之心悦矣。……

这是《修文》中的两节文字。简牍的发现、整理和研究，在当时还是新事物，这些欧洲学者对简文的释读和理解存在较多问题，情有可原，他们在简牍整理方面的成就是应当充分肯定的。按照类似方式转写简牍释文的，还有曾协助沙畹进行整理工作的张凤，他的《汉晋西陲木简汇编》(上海有正书局，1931 年)，释文错误也较多。

1930 年，中、瑞(典)联合科学考查团合作发掘了著名的居延汉简。这批简运回北平后，贺昌群、马衡、余逊、向达等学者参加了整理工作，后来由于日本侵略者占领北平，这批简被运往上海、香港，最后运到美国，保管在美国国会图书馆，整理与研究工作因战争受到严重的影响。劳榦先生凭着一套所谓的"反体照片"写释文，1943 年在四川南溪出版《居延汉简考释》石印本，1949 年上海商务印书馆出版排印本，1957 年台湾"中研院"史语所出版了《居延汉简(图版之部)》，1960 年出版了《居延汉简(考释之部)》(史语所专刊之二十一、专刊之四十)。大陆方面，中国科学院考古研究所编辑了《居延汉简甲编》(科学出版社，1959 年)和《居延汉简甲乙编》(中华书局，1980 年)。居延汉简的整理工作也有一些规范，有些吸收了沙畹等人的整理形式，不过，由劳榦先生主编的《居延汉简》并无整理考释之《凡例》，从释文看，前标顺序号，末记出土号；用 A、B、C 表示一简的正、背、侧面，在释读简牍文字时使用了一些符号，如用"☐"表示残断；用"□"表示有缺字，有半个字残缺画半个"□"；用"……"表示残缺字数不明；用括号标注说明文字，如"不可释""泥壁""上有随意涂写者""简上有系绳缺刻"，等等。《居延汉简甲乙编》是有《凡例》的，其中几条说：

七、释文依原款式写录。原简上文字以外的符号，亦一律按原式

写录,如 · ■ = < V | P △等。凡编者的说明文字,均用小字加括号,以示区别。

八、释文中的下列符号为编者所加:

□ 未能释定的文字,一字一□。一字有一半未释出者,亦以半个□标出。

⧄ 上下有缺失的字而不能定其字数者。

[ ] 图版不清,但可以根据上下文义补入的字。

▨ 简端有花文。

■ 简端涂黑。

⧈ 有封泥孔窍。

‖ 原简为一行,而释文分为两行者,加此号于第一行之末,以示连接。

实际上,这些规范与符号大多是居延汉简的整理者共同遵行的,这些规范与符号也被后来整理考释西北简牍的整理者乃至所有的简牍整理者沿用。

1998 年,台湾"中研院"史语所简牍整理小组编撰出版的《居延汉简补编》,补劳榦先生所编居延汉简书之未收或刊布不全的部分,同时史语所也大体沿用了这些规定,进入二十一世纪后,史语所对全部居延汉简进行了红外扫描、重新释读,出版了《居延汉简(壹至肆)》,图版与释文都有很大的改善。全部简牍不论有字无字,一律扫描正背面,如觚或封检,则将各面都作扫描,力求完整。其整理工作所使用的符号及规范,从《凡例》看,比旧版有较大改进。《凡例》分"收录范围""编号""图版""释文"四则。处理"释文"涉及的简上原有的符号及整理时所加的符号,大体沿

用旧例。而对于整理者一向认为麻烦多多的编号,《凡例》说:

> 1.各简编号依简上原有编号,作 * * *. * * *。未能确定原有编号须重新编号者,以字母 X 表记,可缀合之无号残片不另行编号。
>
> 2.一简之双面皆有书迹者,以 AB 区别正反面。原则上以书写编号之面为 B 面,另一面为 A 面;但若从内容可判别阅读顺序,以在前者为 A 面,在后者为 B 面;若编号位于侧面或不在简上,A、B 面从《劳图》。多面体以 ABC…… 区别有字迹之各面。凡有字迹之面皆附图版释文。
>
> 3.多简缀合者简号作 * * *. * * * + * * *. * * *,简号排序依由上至下、由右至左之缀合次序,但图版及释文仅置于所缀合各简中简号最小者之处,其余缀合简可由书末表格查得缀合后图版及释文所置之处。

这样的处理基本上是可行的。末条所说表格指每册书后之《简牍文物形制与出土地资料表》,信息量很大,很重要。

应当特别提到的是二十世纪五十年代发现的最重要的西北简牍——武威汉简。1959 年在武威磨嘴子几座汉墓中出土了三种本子的《仪礼》篇章、“王杖十简”和零碎的日书简。陈梦家先生参加许多工作,并撰写绪论、校记和释文,绪论中的《实物所见简牍制度》部分,是自王国维以后,根据简牍整理实践研究简牍制度理论的最重要的论著。《武威汉简》体例与《居延汉简甲乙编》相近,但更加详细。为了便于讨论,我们全文引用释文部分的编写体例。

1.依原简款式,每简占一行。字多者转入第二行,低二格。每简顶格写,简中原有标号亦占一格,穿编留空处亦空一格。……除释文及原有标号外,不附加任何标点。(王杖十简一篇,特加标点。)

2.简文为汉隶,近于今所通行正字字模,故一律移写为通用今字。其文字结构有不同于今字的,依其偏旁结构,加以隶定。少数不能用今字偏旁隶定的,依原字摹录。

3.简文又经常混用之字,如人、入不分,则在应为入字而写作人时,隶定为入。其在校勘上有争论的,则依简文隶定。

4.凡缺失之字,以今本补入,上下加方括号[ ];凡简存而文字漫漶磨灭不能辨认或摹本上未能临摹出的,亦依今本或简的上下文补足,上下加圆括号( );凡简文遗写之字,加方框□。凡字残存一部分而仍可认出的,当作一完字释出。

5.释文依各篇原来页数编次。页数依原式放在每简文字之末,其称谓一依原式,如一百一十作百十一;其原无页数的,为之依序补列而加圆括号;其原有页数而残缺者,为之补上而加方括号;其一篇有数个顺序页号的,于其下加圆括号补其一篇的顺序号。

6.凡整简缺失的,用今本为之补写,并于页号下标明“缺”字,以备读者检查之用。

7.凡因残缺过甚,失去分段(无穿编空格)而有无法推定的,接写不空格分段。

8.凡释文以外有需说明的,见于校记。余详叙论。

这一体例吸取了数十年以来简牍整理的经验,总体而言是比较妥贴的,唯武威汉简中作为法律文书的《王杖十简》加注了标点,而有传世文献可对照之《仪礼》简释文，反不加任何标点，令人不解。总之，在二十世纪七十年代新一轮的简牍出土、整理与研究的热潮出现之前，逐步形成了一些整理西北简牍的基本方法。这些基本方法，一直到现在都被整理西北简牍的研究者遵循着。

二、二十世纪七十年代后出土简帛的整理

简帛保护整理研究自二十世纪七十年代以来有了极大的发展。这是由于二十世纪七十年代在中国广阔的地域内，从战国、秦、汉、三国、晋代的墓葬和古井中出土了大批简帛，大大推动了简帛保护整理研究事业。二十世纪七十年代，当时中国还处于"文革"后期，国家文物局成立了"古文献研究室"（1992 年与文物保护研究所合并成为"中国文物研究所"），集中了一批学术权威和一流专家如唐兰、朱德熙、罗福颐、张政烺、于豪亮、李学勤、裘锡圭等参加简帛整理研究工作，为此成立了各种简牍的专门整理小组，如云梦睡虎地秦墓竹简整理组、马王堆汉墓竹简帛书整理组、银雀山汉墓竹简整理组、居延新简整理组、定县八角廊汉简整理组等，从那时起全国各地出土简帛达数十种之多。进入二十一世纪后，简帛出土的势头依然不减，湘西出土了里耶秦简，长沙出土了西汉简和东汉简，郴州出土了晋简，过去没有出简纪录的广州也出土了一百多枚汉简或南越国的简牍，还有一大批从海外抢救回来的珍贵简牍，像上博简、岳麓简、北大秦简和汉简、清华简，总数有二三十万枚。

"文革"后从事简牍整理和研究的学者队伍与过去有很大的不同。

首先是一批接受过现代考古学训练的专家和古文字学家参加到简牍整理研究工作中,其知识、学术的背景与过去整理西北简牍的欧洲汉学家及整理居延简的劳榦等先生有很大的不同,释读文字的能力与研究的整体实力大大增强。其次,出现了“简牍帛书整理组”的集体工作形式,这与以往的整理研究工作的架构也不同。同时,考古学者的介入,使我们注意到简牍出土时存放的原始状态。发掘报告或整理报告中一般配有简牍出土情况复原图,并有相关描述。如马王堆一号汉墓出土《遣册》312 简,编入《发掘报告》中,整理者从出土现象注意到其前后大体顺序,开头是副食品、调味品、酒类和粮食,其次是漆器、陶器、梳妆用具和衣物,最后是乐器、竹器以及木器和土制的明器。这对于整理与研究工作是十分重要的。

二十世纪七十年代以后出土整理的简牍,许多是法律、文书、医药、典籍等方面的内容,释文一般都加注了标点,如睡虎地秦墓竹简、银雀山汉墓竹简等,在马王堆三号汉墓中与帛书同时出土的竹木简《十问》《合阴阳》《杂禁方》《天下至道谈》,与帛书一道整理出版,也都作了标点。后来简牍帛书整理释读中经常使用的符号和规范,基本上是这一时期确定下来的,但一些符号的使用还是各有不同。今选《睡虎地秦墓竹简 · 凡例》若干条为例,其文云:

> 六　释文尽可能用通行字体,如灋改作法、辠改作罪、穜改作种。异体字、假借字在释文中随文注出,外加( )号。
>
> 七　简文原有错字,一般在释文中随注正字,外加〈 〉号。原已削去的废字,释文用○代替。原有脱字或衍文,释文不加更动,在注释中说明。
>
> 八　简文原有残缺,可据残笔或文例补足的字,外加【 】号。不

能补足的残缺字,用□表示。残缺较多的,字数依位置估计,不一定都能符合原状。残缺字数不能推定的,用▨表示。

九　简文原有表示重文或合文的符号=,释文不用符号,写出文字。原有表示句读的钩识,释文省去。原有表示分条分段的圆点和横线,在释文中保留。全文另加标点符号。

《马王堆汉墓帛书[肆]·凡例》也有相似内容:

四　释文尽可能用通行字体,如灋改作法、辠改作罪、穜改作种。异体字、假借字在释文中随文注出,外加( )号。原有错字,随文注明正字,外加〈 〉号。原已涂去的废字,释文用○代替。原有脱字,随文补出,外加【 】号。衍文在释文中保留,于注释中说明。

五　帛书已经破碎残损,尽可能拼缀复原。不能辨识或无法补出的残缺文字,释文中用□表示。缺字数目据位置推定,不一定符合原貌。残缺字数无法确定的,用▨表示。凡能依残笔、文义或参照其他古书补出的,外加【 】号。

六　释文标点是新加的。原作句读的钩识,释文略去。句首的黑圆点,则予以保留。重文符号、合文符号,在释文中一律写成原字,以免同标点混淆。

《张家山汉墓竹简[二四七号墓]》整理所用符号及规范与以上两种简牍基本相同,其《凡例》说:"简文原有残泐,可据残笔或文例释出的字,释文外加方框表示。不能释出和辨识的字,用□表示,并据简文格式推定字数,残缺较多的,字数依位置估计,不一定都能符合原状。残缺字数不能推定的,用▨表示";"简文原有脱字,为了便于阅读,整理小组进行了拟补。可据时代接近的相关文献补足的脱文,外加【 】号。根据文义拟补的脱文,释文也用【 】号括出,并在注释中说明";"简文原有表示重文或合文的符号=,释文不用符号,写出文字。原有表示句读的钩识,释文省去。原有表示篇章题的黑方块和表示分条分段的圆点,在释文中保留。释文另加标点符号"。

1997 年出版的《尹湾汉墓简牍》与上述几种简牍的规范有些不同。如,"释文缮写力求反映简文原貌,行款尽可能依照原式,简牍原有图表均予移录,包括重文号在内的各种符号一并照录";"对简牍原文中的明显错字、脱字作了订补。在错字后加'〈 〉'号注出正字,补出的脱字加'〔 〕'号";"为便于阅读,对六号汉墓出土竹简的第四组(《神乌傅(赋)》)释文加注了标点,在通假字后加'( )'号注出所通之字"。该书在释文中还使用了下列符号:

□ 表示未能释出的字。一字一□。如一字有部分可释定,则不可释部分用相应的'▯'或'▭'来表示。根据残笔释出或根据文例补出的字,外加'□'号。

? 表示释文有疑问。

…… 表示所缺文字字数不能确定。

▨ 表示简牍残断处。

┛ 表示断简缀合处。

= 原有简文为一行,而释文缮写时分为两行或两行以上,就在前行之末加标此号。

表示断简缀合的符号是其他简牍整理中未使用过的。

这个时期出土的遣策类简却仍然不加标点，如马王堆一号汉墓出土遣策：

简二三　牛逢羹一鼎

简二四　牛封羹一鼎

简二五　豕逢羹一鼎

简二六　‖右方逢羹三鼎[1]

《尹湾汉墓简牍》中，只有裘锡圭先生负责编次整理的《神乌傅(赋)》加了标点，遣策和大多数非书籍类的简，如集簿、各种名籍、日记等都没有加注标点。萧家草场26号汉墓竹简遣策也没有加标点。《张家山汉墓竹简[二四七号墓]》遣策的释文，在部分物品名下加了标点(末尾是简号)：

素绔(袴)一　　黑带一，有钩，鞞刀　　一一

研一，有子　　沐部娄一　　四〇

我们认为，遣策简也是应该加注标点的。仰天湖楚简《遣策》、包山楚简《遣策》、望山楚简《遣策》等，整理时都是加了标点的，如：

食室之金器：二釞 □　251

[1]　湖南省博物馆、中国社会科学院考古研究所编：《长沙马王堆一号汉墓》，文物出版社，1973年。

□之金器:二鉼鐩;二金 □ 252

□鼎;一金比;二栖白之虡,皆敞;二羿虡,皆彤中、匏外;二金。253

究竟怎样整理遣策简等,是一个值得研究的问题。我们认为,遣策简和各类文书简都应该加标点。

我们整理《长沙走马楼三国吴简》第1卷《嘉禾吏民田家莂》时,也有一种意见说不加标点,只按照原格式移录。我们还是坚持自己的想法,加注了标点。所谓"嘉禾吏民田家莂",是三国孙吴时(嘉禾四年、五年)佃田农户向国家缴纳米、钱、布后,由田户曹官吏所写的一份年终总结算。在简面上文字书写虽然也有一定格式,但看起来还是很乱,有时甚至错行,只要有个空档,就把文字写上去了。所以,如果一定要按照原简格式誊录,就会非常混乱。"嘉禾吏民田家莂"原简太大,简长一般在50厘米以上,为了便于出版,只好将其缩小,按原尺寸的70%印刷。考虑到这些因素,我们整理时坚持加注标点,规定了释读体例,先上后下,先右后左,分栏阅读,将释文形式统一起来:

□丘男子邓承,佃田廿五处,合九十二亩,其卅四亩二年常限。其卅二亩旱田,亩收布六寸六分。定收二亩,亩收米一斛二斗,合二斛四斗。亩收布二尺。其五十八亩余力火种田。其十二亩旱,亩收布六寸六分。定收卌五亩,亩收米四斗五升六合,斛加五升,合廿一斛七斗二升六合。亩收布二尺。凡为米廿四斛一斗二升六合。其二斛四斗税米,四年十一月十一日付仓吏郑黑毕。其廿一斛七斗二升六合租米,四年十一月九日付仓吏郑黑毕。凡为布二匹三丈三寸,准入米五斛五斗一升,四年十一月十日付仓吏郑黑毕。其旱田亩收钱卅七,其熟田亩收钱七十。凡为钱四千六百廿五,准入米四斛七斗,四年十一月一日付仓吏郑黑毕。嘉禾五年三月六日,主者主者史赵野、张惕、陈通校。(衍一“主者”。)

《长沙走马楼三国吴简》从第2卷起是竹简,释文又没有加注标点,这是很遗憾的。笔者认为,在全部约10万片竹简清理完毕后,还是要做一个标点本。内地出土的文书类简牍是这样,西北地区出土的屯戍文书一类的简牍也是这样。前些年,我们在编纂《中国简牍集成》第二编时,给所有的简牍都加了标点,虽然可能会有不少错误,但这是一种有益的尝试。由于计算机技术的发展,在整理工作中,我们对不能释读的字,采用了扫描的方法,这就避免了隶定不准确的问题。后来出版的《上海博物馆藏战国楚竹书》也是这样做的。《长沙走马楼三国吴简》第2卷《竹简[壹]》释读体例有一些与一般简牍整理规范不同的地方,例如,一简文字端首表示提示或总结的圆点,释文中通常都是保留的,《竹简[壹]》释文却不保留,改为在注释中说明。采取这种形式,显然是因为整理者对简牍符号的认识还不是很到位。

内地出土的文书、书籍类简牍的整理工作,我们觉得做得较好的是临沂银雀山汉墓竹简和云梦睡虎地秦墓竹简等几种。前面已简单介绍《睡虎地秦墓竹简》等书所用符号与规范,这里再着重介绍《银雀山汉墓竹简》的《凡例》:

(一)本书分三辑,每辑皆分图版、摹本及释文三部分。释文后附校注或简单注释。第三辑所收散简省去摹本。

(二)竹简按本书中的编排顺序编号,几枚残简缀合为一枚,只编一个号,但在图版和摹本中分别于各段残简旁加注字母。书末附竹简顺序号与田野登录号对照表。释文中于每简最后一字下旁注简号。

(三)(略)

(四)凡文字相连的简文(包括其间虽有缺字、缺简而确知其同属一段文字的情况),释文都连写。原简文提行分段时,释文也分段。

(五)有的简不能确定它在篇中的先后位置,有的简很像是属于某篇的,但又不能完全肯定。这些简都附列各篇之后,在释文中用星号把它们和各篇本文隔开。

(六)有些篇,由于残损情况严重或其他原因,全篇结构不明,简文的先后次序难以确定。这些篇的释文,除确知其文字彼此相连的简仍然连写外,每简都提行写。(下略)

(七)每篇前标出的篇题,有的是简文原有的,有的是整理小组拟加的。后一种篇题外加【 】号以示区别。《孙子》十三篇中据传本补出的篇题也加【 】号。

(八)原简上的符号,释文中只保留标志段落的黑圆点和横道,标题简顶端的黑方块、黑横道和简文中的句读号一概略去。释文另加标点符号。如简文中引语的开头或结尾正好在竹简的残缺部分,释文就只标下引号或上引号。

(九)简文的重文号,释文一律改为所重的字。有些带合文性质的重文号,也同样处理,如“夫=”写作“大夫”,“伊=”写成“伊尹”。

(一〇)简文中残泐不能辨识的字,释文用□号表示。由于竹简残断而缺去的字,字数在五个以下时也用□号表示,但外加【 】号,以与前一种情况区别。(中略)简文缺文字数超过五个或无法确定时(包括中间缺整简的情况),改用……号。

(一一)释文根据上下文补出的缺文,外加【 】号。凡有传本可比勘之篇,一般不补缺文,只补因重文号残去而缺的字。

(一二)简文明显的误字,释文中随文注出正字,外加〈 〉号。个别极常见的误字,如"易"写作"昜"之类,释文径写正字,不再加注。

(一三)简文的古体字、异体字,释文很多都已改成通行字体。(中略)假借字和古体字一般随文注明,用来注释的字外加( )号。简文"亓""其"并用,"亓"字出现次数极多,为印刷方便,释文一律写作"其"。第一辑摹本附有手写释文,这种释文较多地照顾了简文的原来写法。

从编撰者所定《凡例》就可以看出,这批简的整理工作做得非常细致严谨。长期以来,由于全国简牍整理工作没有统一的领导协调机构,各整理组各自为政、各自为战。单以使用的符号而言,虽然也有一些通用的、大家都认可的符号,但还是五花八门,种类繁多,各取所需,各搞一套。如《香港中文大学文物馆藏简牍》之《凡例》规定:

本书所作简牍释文均随简排列,凡简完整者,均用标点符号标志之,如不完整或无法句读者则阙如。释文中残缺不见字形者,用"□"标示,尚存笔画但无法隶定者,用"●"标示,凡据上下文或他简可补者,用"【 】"标示。凡简中空白,释文亦相应地隔空排列,以方便与图版对校。

该书是为数不多的对非书籍类简牍加注标点的简牍整理著作之一,我们对此表示赞赏,但对上举规定用"▒"号表示尚存笔画但无法隶定者,感到这个符号太特别,缺乏普遍意义。近些年来,各地的简牍整理者常会根据自己的实际需要制定若干与以往的常例不同的规范。类似的情况还不少,有些过去从事其他文书整理与研究的学者,现在也在做简牍,就把整理其他文书时使用的一些形式借用过来了。还有,在日本也出土了大量的汉文木简,总数 20 万枚以上,参加整理研究的学者人数也很多,对我们也有影响。著名的日本简牍研究者大庭脩先生在《武威旱滩坡出土的王杖简》一文中就使用了中国学者一般不使用的符号:正倒"ㄇ"号,表示上端或下端全残,正倒"M"号,表示上端或下端有损,等等。这是将日本木简整理的符号套用到了中国简牍的释读中。

中国出土简牍中,时代最早的是战国简。战国简在二十世纪五十年代就曾少量出土,其整理释读处于草创阶段,一些学者筚路蓝缕,做了不少工作。二十世纪七十年代以后发现的楚简数量激增,为简帛学的创建和发展提供了非常丰富的物质条件,大大推动了古文字学、文献学和学术史的发展。现在,楚简整理研究的总体水平有了很大的提高,望山楚简、包山楚简、郭店楚简和上海博物馆藏战国楚竹书的整理出版和出版后引起的热烈讨论,既反映了简牍学欣欣向荣的形势,也暴露出发展中存在的一些问题。楚简整理释读与秦汉简牍大体相似,但也有自己的特色。包山二号楚墓简牍《凡例》说:"篇题置于各篇之前。竹简内容相连的释文连写,不另分行;内容不相连者则另行分段书写";"释文均加标点。部分竹简原有少量句读,为避免混淆,在释文中一律略去。简文中的其他符号照录。卦画仍保留原来位置,不予更动";"简文中常见的异体字用常见字写出并加( )。不常见的异体字和通假字在注释中说明。不能释读的字，凡能隶定者都隶定，不能隶定者，则依原字形写出；能隶定全字一半者，另一部分则照原字形写出”；“少数竹简简背书有文字者，在释文末尾标明‘××反’，其编号与正面简文编号相同”；“竹牍附于遣策后，释文于每行末尾加」，以为分行标示”。仔细斟酌这些文字，会发现有不够精确严谨顺畅之处。自2001年开始出版的《上海博物馆藏战国楚竹书》体例与众不同，所用符号及规范与过去也有些不同，“整篇释文按原简文序列、文字隶定，旁不作任何引注。简文的夺字、衍字也不作任何改动。原简文旁所注重文号、合文符、墨钉、墨钩等墨标符按原样附于释文旁”。不过，该书的《凡例》并没有将该书使用的各种符号全部交待清楚，比如，书中对上下或左右部分残缺的字使用了一种“/”形符号，《凡例》却没有提及；还有，书中残断的简，释文没有任何符号标识，只在注释里加以说明。清华大学藏战国竹简的整理，是在李学勤先生直接领导下进行的，其整理形式值得关注。其《凡例》有几条是具有普遍意义的：

> （四）释文原则上依据原字形隶定，其中罕见字皆保持原偏旁形式及架构。为保证文本的可读性，对于常见字不作严式隶定，直接予以隶释，例如“ ”径隶作“以”。难以隶定的文字（含辨认不清的），释文中采录原字图片。……
>
> （五）原简字迹已磨灭、残泐，根据上下文及旁简能确定字数的简文，每字用一“□”标示。不能确定字数者，用“……”号标示。残断缺字处用“▨”标示。
>
> （六）释文加现代标点，以方便阅读。简文中的通假字、古今字、异体字、讹字，随释文括注出本字、今字、正字。其中，通假字、古今字、异体字用“（ ）”，讹字用“〈 〉”括注。凡残缺但能补定的文字外

加“[ ]”。简文中原有夺字、衍文,释文不作增删,在注释中加以说明。

可以看出,对“难以隶定的文字(含辨认不清的),释文中采录原字图片”,是现在科技发展,释读排版技术提高后出现的新方法。

二十世纪七十年代以来战国、秦、汉、三国、晋各个时代的简牍(帛)都有发现,大规模的简帛整理工作实践,势必推动简帛整理理论的发展。总览中国简牍学几十年来简帛整理的状况,我们认为,现在的确已经到了必须研究制定简帛整理国家标准的时候。

另一方面,我们也注意到,日本、韩国简牍学界也面临着相似的问题。日本奈良大学教授角谷常子 2014 年出版的《东亚木简学的构建》(汲古书院,2014 年),是以角谷教授为首的研究班历时五年的研究成果。她开宗明义地说:“本研究的目标不是‘日本木简学’‘韩国木简学’‘中国木简学’之类的局限于各国范围的木简学,而是中、日、韩可在相同基础上进行议论的木简学的‘东亚木简学’”;“三个国家共通的汉字、文书行政与木简可以成为有效的切入点”。她纠结于中日韩三国木简的“定位与作用不同,所以没有类似之处”,因此研究班“探讨用新的观点、论点进行比较研究的方法”。角谷教授的工作是非常有意义的,我们高度评价他们的研究成果。今后,中日韩三国简牍学界的合作,应该在他们的基础上继续前行。围绕本文的主题,我们先讨论简牍整理的共同标准。

日本奈良文化财研究所在整理木简、释读文字时采用的一些符号如下:

· 表示木简文字有正反两面者。

o 表示木简上端或下端有穿孔。

…… 表示木简可以缀合,但中间有一字以上的缺失文字。

≡表示木简纵向有横刻的线条。

□□□ 表示能够确认缺失字数者。

[ ]表示不能够确认缺失字数者。

][表示其上或其下残断,推定有一个以上的文字。

■■■ 表示已经涂抹、无法辨识者。

↘ 表示虽经涂抹,文字犹可辨识,加于原字左旁。

〔×〕表示原字有误,后重新书写加以订正,将原字置于右侧,左侧加·号写订正文字。

└表示异形字、追加字。

〔 〕校订文字中,表示应当订正本文的文字。

( ) 表示校注文字或说明文字。

カ 编者加注,表示有疑问。(按,カ是日语疑问词。)

ママ 原文如此,文字无疑问,但意义难以通解。(按,ママ是日语原本如此的意思。)

角谷常子教授主编的《东亚木简学的构建》,所列《凡例》一,"本书日本木简的释文中使用的符号",与上举符号大致相同,仅有少数不一致的部分。可见即使在日本一国之内,简牍整理也有统一符号的需要。韩国的资料较少,出土木简分为两个时期,即主要是平壤地区出土的乐浪简和韩国出土的六世纪初期的新罗王朝简(也有部分百济的)。这两个时期的简牍,各有特点。汉武帝灭卫氏朝鲜,置乐浪、玄菟、真番、临屯四郡。

这些地方出土的简牍文物,因为是在汉王朝治理下的遗物,简牍形制及书写规范皆遵从汉制,如贞柏洞汉墓出土的《论语》简和《户口簿》,都是很好的例证。韩国出土的新罗、百济简牍,由于时代较晚,与中国战国秦汉魏晋的简牍,关系已经不大了。唐朝时,中国只有西域地区还在使用简牍。但关于新罗、百济简牍的意义,李成市教授在他的大作《韩国出土木简与东亚世界》中指出,"日本木简的溯源与其向中国探求,倒不如通过韩国出土的木简进行阐释"(《东亚木简学的构建》,第101页)。日本木简大多是平安王朝时期遗物,与韩国后一期木简时代基本相同,笔者是赞成李教授的意见的。古代日本、韩国都曾使用汉字,都曾使用简牍,但情况也有不同,诸如简文使用汉字但其读音要读各自的语言,也有将汉字与本国后起的文字混用的情形。渡边晃宏的《具墨书的木简品及其功能》指出,中国"墨书木制品"的应用非常广泛,且一直延续到现代(《东亚木简学的构建》,193页)。渡边先生对墨书木制品及其功能的研究,是非常有启发性的。总之,中日韩简牍学界对出土简牍的整理与研究,固然有许多不同之处,但仍有不少相似的问题,角谷教授的"东亚木简学"之梦,不妨先从统一简牍整理规范做起,我们认为如果有一个专家学者共同认可的规范,如果中日韩的学者在简牍整理使用的符号与规范方面能够加强协调、取得共识的话,肯定是一件很有意义的事情。

三、中国要制定简帛整理国家标准，中日韩要统一整理标准

概言之，一百多年来大量的简牍帛书出土带动了简帛整理研究工作，形成了一些不同风格、不同特点的整理方式。现在，从事简帛整理保护研究的人数大大增加，这是简帛学迅速发展、简帛事业兴旺的大好事。毋庸讳言，目前简帛整理队伍的整体素质与简帛研究的水平都尚待提高，问题不少。有些简牍出土地的单位、有些发现者，将出土文物视为私有，奇货可居，长期秘而不宣，不报告，不整理，不发表，自己整理不了也不让别人整理，自己研究不了也不让别人研究。有些主管科研的人，自己没有搞过科研，完全否定具有中国特色的、行之有效的“整理组”形式，生搬硬套所谓美国式的课题管理方法，并将其作为唯一“模式”。像笔者自己参加的一些简牍整理项目，国家划拨巨资整理保护，但管理方式以改革为名，由原来国家文物局领导亲自过问、以科研人员为主导的联合整理组形式，改为实际上为“老板制”的“课题制”。笔者觉得这其实与改革精神全然不合，不是进步而是倒退。笔者认为，近几十年来简帛整理工作的经验和教训，值得加以总结，国家文物局等相关的领导主管部门应当适时制订简帛整理保护的国家标准，以利于简帛整理工作稳步健康地发展。

笔者在多年前那篇小文里提出，简帛整理国家标准大致应当包括如下几个方面的内容，前几条主要是讲简牍发掘保护整理程序的，今从略。

第一，制订简帛发掘与保护章程。简帛发掘必须第一时间向国家文物局报告基本情况，并采取积极有效的措施对简牍进行基本的现场保护，

防止简牍在发掘与搬运过程中发生遗漏、破坏与损伤。在遗址与墓葬发掘中,出土简牍无论数量多少,都要在不同的期限内,提交简牍保护整理方案,经国家文物局批准认可后实施,按期完成简牍整理工作。

第二,简帛整理领导与工作人员资质认定。

第三,简帛整理保护研究经费申请与使用。简帛整理保护经费是国家文物领导机关调控简帛整理工作的关键。国家加大对简牍整理保护和研究工作的投入,国家文物局增加简牍整理保护和研究科研项目与课题,增加相应的经费,推动并加速简牍整理保护和研究。

第四,简帛整理的时间规定。有字简牍整理公布,要向国家文物局提交整理计划,确定整理与发表的时间,不允许无限期地拖延。

第五,简帛整理成果标准,考虑到读者和研究者的需求,有如下几点:

1.尽可能清晰的图版。要求简牍都有清晰的照片,是另一种形式的保护、保存和流传。图版清晰也是简牍研究的最基本、最基础的条件。绝大多数研究者不可能用简牍实物进行研究,拍摄最清晰的简牍照片是整理工作的首要责任。拍摄简牍照片必须在脱水前进行,必须保持原有大小或放大,必须尽量保有图版的学术价值和科学价值。最近 10 多年,文物部门的设备有较大进步,摄影器材和技术有较大提高,但很多种简当时急急忙忙脱了水,结果并不理想,简牍变形,字迹淡化,再想重新拍照,已经不可能再获取最初拍照那样的效果了。红外技术的使用,也为释读简牍文字提供了很大的帮助。简牍整理工作要尽可能地使用红外线阅读仪器,没有通过红外设备看过的简牍,不得匆忙进行脱水处理。

2.尽可能准确的摹本。

3.尽可能准确的缀合编联、释文、注释。这是最能反映整理者水平的工作,无论是古籍类的简牍帛书还是文书类的简牍帛书,都应当加注标点，提高简牍整理工作的学术研究含量。出土简牍的整理成果，应当由国家文物局召开科研课题、项目验收会，不能放任自流。验收合格，才能出版。

第六，简牍整理符号的统一。前面已经介绍了百年来简牍整理中使用符号的情况，我们的目标是，在国家文物局和中国标准化管理与研究机构的主持下，制订一套得到简牍研究界、学术界、文物界共同认可的标准符号系统。这套标准符号系统的制定，既要照顾已经使用和流行的各种符号的历史渊源，又要讲求科学性、准确性。我们也希望能与日本、韩国简牍学界的专家学者加强交流与合作，在简牍整理符号方面取得更多的共识。

第七，简牍整理报告的出版。前面已经说过，出土简牍的保护毕竟不能长久，因此，简牍承载的文化信息将通过简牍整理报告千秋百代流传下去。重要的简牍整理报告都应力求出成精品，在图版、印刷、装帧等各方面都要想到百年大计、千年大计。近些年来，许多二十世纪七八十年代发掘整理的简牍进行了"再整理"，取得很好的成果。如临沂银雀山汉简，山东博物馆珍藏 40 年，我院与山博、清华合作重新拍照、红外扫描，释读拼连，预计在几年内出版十本简牍整理报告，现两本已经交出版社。

第八，利用现代科技手段，制作、保存电子版，也应该提上日程。国家新闻出版总署的重点项目"中华字库"工程，自 2011 年开工以来，已取得重大进展。全国 22 个子项目包，首都师范大学的甲骨包，复旦大学的金文与战国简帛文字包，武汉大学的秦文字包，吉林大学的两汉三国晋简包，西南大学的石刻文字包，都按总课题组的要求完成了任务。将来，全部工程完成后，所有出土简帛上的文字都以高清照片形式存储在数据库中，管理者、研究者和鉴赏者都能分级通过网络调看简帛图像数据和相关的研究资料，势必大大提升简帛保护水平，大大推动简帛文献的研究和利用。

韩国出土木简的分类与整理及标准化方案

[韩]李在晥

(韩国中央大学历史系 韩国 首尔)

韩国木简的存在是因庆州雁鸭池(现新罗东宫与月池)的发掘而被知晓的,对韩国木简的正规化研究由咸安城山山城出土的木简开始,距今已经过去相当长的一段时间。韩国木简虽然与中国简牍或日本木简相比数量较少,但是也累积了数以百计的数量,发掘报告也一直不断出现。因此,对木简的整理或分类要做到"标准化"和"体系化"的问题也时常被提起。关于韩国木简的整理法或分类法,已经有几位研究者提出过几种方案。[1] 但是很难将个别研究者提出的方案视为经过讨论的最终结论。

---

[1] [韩]李镕贤:《韩国木简基础研究》,新书院出版社,2006年,第8页。[韩]尹善泰:《韩国木简的形状与种类》,《历史与现实》(65),2007年([韩]尹善泰:《木简讲述的百济故事》,周留城出版社,2007年,再次收录)。[韩]李京燮:《试论新罗木简的出土现状与分类系统的确立》,《新罗文化》(42),2013年([韩]李京燮:《新罗木简的世界》,景仁文化社,2013年,再次收录)。

韩国木简学会在2013年第一次对此进行基础性讨论，[1]但是并未得出一致意见。

此后韩国国立伽倻文化财研究所在2017年出版了《韩国的古代木简Ⅱ》，此书的出版可以看作对木简的整理及用语、凡例进行标准化的一个契机。[2] 但是，该图录仅以咸安城山山城出土的木简为对象，并未对全部的韩国木简进行整理。其中给出的凡例和用语的整理也并未在韩国木简研究者中得到共享。为了能够将韩国木简进行标准化的分类和整理，我们需要在此基础上进行完善后，制定出韩国木简学会层面的标准方案。本文的目的在于研讨需要更进一步进行争论和协商的要点。在韩国进行的标准化商讨，可能将会成为中日韩学界标准化讨论的基础。

一、应该怎样定义木简

在考虑“整理和分类”之前，首先要明确其对象。然而在面对“韩国出土的木简有多少枚”这种非常基础的问题时，想要给出准确的答案也并不容易。这不仅因为木简的数量一直在一点点不断增加，还因为这并不是一个限定了时间点就能给出答案的问题。想要掌握木简的数量非常困难，其根本原因在于，在将何种文物分类为木简这一点上并没有达成一致

[1] 2013年11月22日在韩国国立中央博物馆第一讲义室召开的“韩国木简学会第17次定期发表会”上，有论文[韩]尹善泰《对木简的形状和用途分类的基础性提案》；[韩]李京爕《新罗、百济木简的比较研究》；[韩]朴芝贤《百济木简的类型分类现状探讨》；[韩]崔尚基《咸安城山山城木简的整理现状探讨》等。

[2] 韩国国立伽倻文化财研究所编：《韩国的古代木简Ⅱ》，2017年。

的意见。因此,对木简进行定义的讨论就不能开始。

目前韩国对于木简的定义还未达成一致的意见。“为了有效地制定木简研究计划,以及由此促进共同研究”而创立的韩国木简学会的主页(http://mokkan.kr),或是其刊行物中,都未在学会层面上提出对木简的定义。2004年由韩国国立昌原文化财研究所(现韩国国立伽倻文化财研究所)出版发行,并在很长时间内作为韩国木简研究基本资料的《韩国的古代木简》中的“Ⅰ.木简的概要”章节里,给出了木简的如下四项定义:1.“书写着墨书[1]的打磨为细长方形的木板”;2.“在打磨成稍短的木板上为了表达意思而书写文字的”;3.“纸张被发明以前,或是广泛普及之前的时期,将木头修剪后在其上用墨汁书写文字的”;4.“在木板上雕刻文字或是图案,或是用墨书写文字的”。此部分中提到“虽然对木简有各种定义,但是大都是类似的内容”,然而对此具体分析的话,会发现每个定义都包含着不同的含义。

第一个定义和第二个定义中提到了细长方形的木板,或是打磨的木板,是以形态为首要的条件对木简进行定义,因此不具备这种形状的话是不能被定义为木简的。第三个定义中没有包含形态,但是包含了纸张被发明以前或是广泛普及以前这一时间上的条件。根据第一个定义和第三个定义,要有用“墨”书写的“文字”,但是第四个定义中,不是“文字”而是画了“图案”的类型,或不是用墨书写而是刻写的类型,也被分类为木简。如此一来,被分类为木简的对象,将会因为选择不同的定义而产生非常大的不同。

为了对木简进行正式的定义,有必要考察已经对木简进行了一定程

[1] 用墨书写的文字。

度研究的周边国家的例子。比如中国的情况，由于竹子是书写材料中被广泛使用的一种，因此有在打磨成书写材料的竹子上书写墨书的竹简，以及由木材制成的木简，二者合称为简牍。这是因为基本上是以书写材料来区分竹和木。与此不同的是，曾有过将东亚的竹子和木材书写材料统称为“木简”的提案。事实上，有将高丽时代的船舶中发掘出的竹子书写材料与木材书写材料并称为“竹简”的例子。

将竹简放在广义上的“木简”中的主张主要是基于“竹子也是树木”这一认知。[1] 韩语中一般将竹子表达为“竹树(대나무)”，英语中也时常将竹子叫作“bamboo tree”。但是从植物学上来讲，竹子属于单子叶植物的草属，与稻、玉米、莠(狗尾巴草)等同为禾本科植物，因此严谨来讲竹子并不是树木。

众所周知，作为书写材料，竹子和木材之间的区别，与橡树或是松树等木材之间的差别相比，确实很大。因此将竹简放进木简的下级条目的必要性并不大。将木制品中被赋予书写材料这一特性的东西称为木简的话，那么竹简便是竹制品中具有书写材料特性的东西，将此两者理解为并列的两项也无妨。当然，这并不能成为因为将竹简和木简区分开，就将竹简从木简研究者的关心对象中排除，或是认为两者的研究不能互相产生影响的理由。

但是，需要注意的是，“简牍”这一用语是“竹简”和“木牍”的结合语，这不仅仅单纯地意味着包含竹、木这两种书写材料而已，还伴随着基于简、牍、觚等形状的定义。根据这种定义，不具备被定义为“简牍”的特定形状的物品，或是因其他目的或用途而制成的木制品上有书写文字的情

[1] [韩]尹善泰:《对木简的形状和用途分类的基础性提案》，第2页。

况,不能被包含在内。这与用木简来统称简、牍、觚等各种形态道理相同。

将因“书写用”而打磨这一条件包含在定义中的话,会产生需要明确作者的意图这一问题。如果在同一地点发现相似形态的木制品,只是其中的一部分上有墨书写的文字,余下的没有墨迹,以及在其他地点、其他层位上出土类似的或其他没有墨痕的木制品,即使可以估量出其很可能具有类似的用途,也很难判断其制作意图是否相同。包含有制作者的意图或是目的的定义,最终并不能跳出推定的范围,因此在判断特定对象是不是木简的时候,就难免存在定义模糊这一局限性。

日本将木简定义为“有墨书的木片的总称”。形状或是用途、内容等并不包含在木简定义的标准内。这种定义使现在日本各处每天仍然制作和废弃的“卒塔婆”(树立在死者坟墓上的木制碑柱)之类也被包含在内,从一开始就不能确定日本木简的具体数量。[1] 但是,将发掘调查中出土的木简列为对象,反而具有了能较易明确特定对象的优点。因为虽然会对是否存在墨痕产生分歧,但不用考虑其“意图”或是“目的”。

引用这种对木简的定义,没有墨痕的就不能被认定为木简。但是韩国从早期开始就已经有了“没有墨痕的木简”。根据韩国第一个被发掘的木简的报告,即庆州雁鸭池发掘报告,51 个木简中有 4 个“不能认定为有墨痕”。[2] 咸安城山山城初次报告中,“红外线摄影中未发现文字”的 19 号也被看作木简,4 号和 5 号只留存下了一部分,并且未发现墨痕,依然被归类为木简。[3] 《韩国的古代木简》也将它们重新编号为 25 号、26

[1] 参考奈良文化财研究所网站,http://hiroba.nabunken.go.jp。

[2] 文化公报部文化财管理局:《雁鸭池发掘调查报告书》,1978 年,第 288 页。

[3] 韩国国立昌原文化财研究所:《咸安城山山城》,1998 年,第 97、100 页。

号、27 号并收录在册。[1] 主要收录确认有文字木简的《韩国木简字典》，也将上述例子收录在内。

对此，韩国也曾有过只将有墨文的木制品认定为木简的提案。[2] 但是在那之后一直到现在，依然有很多将没有墨痕的木制品报告为木简的情况，甚至出现了应将这些归类为“木简”的主张。李京燮将木简定义为“以传达官方和民间的意图或是信息等为目的的，在木片上有文字记录的”木制品，但在其后又加上了“狭义上有文字记录的才能被称为木简，但是以文字记录为目的而制作的木制品也包含在木简范畴内”。[3] 尹善泰早前曾将“为了记录文字而制作的木制品”定义为木简。[4] 之后更正为“有文字的木制品”，并增加了“或是没有文字但是形状上能确定为木简的也包含在木简内”的附加条件。[5] 前一项定义是基于目的、意图，因此是否有文字记录不是决定性因素。后一定义将目的、意图排除在条件之外，将是否有文字记录作为重点，并追加了有关形状的条件。

但是若将“有文字的木制品”作为木简的基础性定义，形状就不能成为定义木简的要素。因为不论是何种形状的木制品，只要有文字书写就能被定义为木简。这样“没有文字也能从形状上被确定为木简”就会变成“没有文字也能在形状上被确定为有文字的木制品”。想要不陷入自我矛盾中，在最初就应将木简的基础性定义中的“基于形状”这一条件，从木简范畴中排除掉。

[1] 韩国国立昌原文化财研究所编：《韩国的古代木简》，2004 年。

[2] ［韩］朱甫暾：《韩国木简研究的现状及前景》，《木简和文字》创刊号，2008 年。

[3] ［韩］李京燮：《新罗木简的世界》，景仁文化社，2013 年，第 3 页。

[4] ［韩］尹善泰：《木简讲述的百济故事》，周留城出版社，2007 年，第 25 页。

[5] ［韩］尹善泰：《对木简的形状和用途分类的基础性提案》，第 3 页。

概念定义并不是正确和错误,或是合理和不合理的问题,由于概念定义是根据人们认为哪一个更有用或是更合适而选择对象,两种选择哪一个都可以,被分类为木简的对象因为不同的选择,也会产生相当大的区别。但是,需要思考的问题是,现在为止一般被分类为木简的,并不能保证其形状上的特征与"文字书写"有关联性。具有代表性的木简形状的长方形木简中,日本的斋串这种并不以文字书写为目的的例子也被包含在内。多边形和圆柱形是韩国木简的特定形状,这类形状的木制品上若是没有墨痕则很难被判定为书写材料。

木简是一种文字资料,考虑到"文字书写"的重要性,在形状与文字之间选择时,选择文字才是合理的。即使是同样形状的木制品,有文字书写的才具有文字资料的意义,木简作为文字资料的含义自然在此刻才能产生。并非将木简看作与"非木简的木制品"区分的一项,而是木制品中有文字书写的才能被赋予"木简"这一 tag(标签),用这种思维,就能从"tagging"的观点而并非基于 directory 的分类去理解。"可以成为木简的木制品",或是"虽然不知道是否曾经是木简,但是没留下任何痕迹的木制品",虽然在木简文化研究中具有重要的意义,但并不是一定要将它们分类为木简。

《韩国的古代木简Ⅱ》接受这种认知,将"有文字书写的木制品"定义为木简,[1]并排除了原先被认定为木简但没有墨痕的木制品,重新确定了木简的数量。它将形状上虽然与荷札木简相同,但没有发现墨痕的文物重新分类为"木简形木器"。但是,在不以形状为基础定义"木简"时,会存在各种形状的木简,因此,"木简型木器"这类表达并不成立。若要

[1] 韩国国立伽倻文化财研究所编:《韩国的古代木简Ⅱ》,2017年,第10页。

从形状上强调其与木简的相似性,应将其后面出现的具体的形状分类放在前面,表述为“某形式木简形木器(木制品)”。

木制品上书写有文字就被定义为木简的话,木简包含的范围就非常的大,因此,相比扩大定义范围,将没有文字的木制品包含在内,更应当讨论的是,是否需要追加条件以排除一部分。如前文所言,日本符合该定义的对象非常多,因此实际上需要附加“发掘调查中出土”等条件,才能划定具体研究对象的范围。韩国也是相同的情况,若将范围扩大至古代以后的时期,需要考虑是否划入木简范围的则有“匾额”这一代表性的资料。匾额不仅是“有墨书的木制品”,其所具有的以书写为目的而制成的这一特性,也符合目的或是用途这一基础定义。

与此同时,还需要思考的是,“墨书”这一用语是否也要包含在定义的范围内,因为可能会出现朱笔或是刻书的情况。庆州雁鸭池曾出土过两个刻书木简。但是,在刻书上还有墨书。扶余陵山里寺址出土的男根形木简上有一部分只有刻书。万幸的是,这一文物上其他部分同时有墨书,因此将其分类为木简的时候没有大的问题,但是应该考虑到以后会发现只有刻书的木简这一可能性。

将木简定义为“有文字的”,或是“有文字书写的”木制品时,就不需要考虑是墨书还是朱笔,或是刻书。但是,根据这一标准,雁鸭池出土的14面体酒令色子之类的物品就会被划分为木简,即木简的范围会变大。尤其是高丽时代以后的数量巨大的“木版”,因为根据这一标准,木简的数量将会得到飞跃性的增加。木制印章也会包含在这一定义下的木简中。相比于给这些文物加上“木简”这一标签而导致木简的范围扩大,笔者认为应该加上“排除以刻印为目的”这一限制性条件,从而限定对象的范围,反而更合理。

若将“文字”放入定义的标准,就需要判断墨痕是否明显、是不是文字、是不是符号、是不是图案等问题。即使摆出了仅仅是“沾上”了墨迹,或是能够确定是图案的例子,余下的不能够判断的情况,考虑到其有可能是文字的这一可能性,先将其分类在木简中是比较好的。若是既难认定为文字,也难看作图案的咒文的情况,参考日本划分出的“咒符木简”类,将其看作广义上的文字,也可以分类为木简。

基于以上论点提出木简定义的方案的话,规定“有文字书写的木制品”是没有问题的。竹简或是“可以是木简的木制品”不被包含在内,建筑物的匾额或是木制色子被包含在内。加上“排除以刻印为目的”这一限定性条件后,木版或是木制印章也被排除在外。根据这种定义,就不得不重新计算现在为止被认定为韩国木简的数量。

掌握木简的数量时还需要留心一点,即如何判定木简的残片或是削屑为一个或多个的问题。残片如果能和其他残片相连接,则一起被视为一个木简,反之则视为单独的一个木简,这种判定比较普遍。对于削屑,我们依然可以参考日本的例子。除却能够确定可以互相连接的情况,都应视为单独的一个木简。扶余陵山里寺址遗迹发现了超过 100 片的削屑,到现在为止人们都没有将其计算在木简的数量内。除能确定一定程度的墨书才可以被看作木简以外,也有即使有墨书也没有被收录到木简中的情况,还有给多片残片列一个编号的情况。[1] 30 个木简再加上 169 个削屑,扶余陵山里寺址出土的木简数量总数达到了 199 个,比原先的数据多了很多。韩国出土木简的数量规模本身,则会因为判定削屑的标准

[1] 集中了陵山里寺址中出土削屑的《百济木简》中,在“外壳和削屑”中用“陵 16”介绍了 7 片削屑。125 片削屑共用同一个名称“陵 17”。但是给“陵 17”削屑编辑了 1 到 125 号的号码(韩国国立扶余博物馆:《百济木简——藏品调查资料集》,2008 年,第 46—55 页)。

而发生变化。

二、应该怎样整理木简

通过木简的概念定义,我们可以确定需要整理的对象。下一步就是对这些对象进行命名的工作,即标注能够识别各个木简的编号。编号中会包含有关该物件的各种信息。以中国的居延旧简为例,其标记方式为61.7=286.29,“.”之前的数字是木简被发掘时袋子的号码,“.”后的数字则是表示它是其中的第几个,“=”或“+”表示该木简是两个简连接在一起的。居延新简使用EPT51.535这种编号方式。这里的“EP”指的是甲渠候官的破城子遗迹,“T51”指的是51号探方(grid),535则告诉我们其为该探方的第535枚简。[1]

但是编号所包含的各种信息具有其局限性。需要更进一步思考的是,对于编号最需要优先考虑的意义是什么。遗迹内出土位置或层位,供伴关系等对于理解特定木简来说是非常重要的信息,但是编号并没有提及任何有关木简的具体说明。被看作木简名字的这种编号,其存在的意义是使人们能够简单快捷地识别和检索木简。不给多个木简编写同一个名字,或是不给一个木简编写多个名字,是核心问题。

对于韩国木简的整理来说,“确定木简的编号”被认为是紧急课题之一,[2]其原因是过去的整理工作并没有遵守一个木简编写一个编号这个

[1] [日]大庭脩:《木简:来自古代的信息》,大修馆书店,1998年,第17页凡例。
[2] [韩]尹善泰:《对木简的形状和用途分类的基础性提案》,第1页。

简单的原则。其实从特定发掘现场出土的木简,基本上由发掘者根据发掘状况指定编号,之后的研究者只需要遵从即可。这样一来,遵从发掘报告中指定的名称或是编号,可以说是最基本的原则。

然而现实的问题是,已经有很多研究者在发掘报告公布以前对该遗迹中出土的木简进行相关的研究。而这些研究者的研究论著中,只可能使用发掘报告公布之前的名称或是编号。2004 年韩国国立昌原文化财研究所(现韩国国立伽倻文化财研究所)出版《韩国的古代木简》,该书收录了迄今为止发现的木简的原色照片和红外线照片,2006 年公开了该书修订版的网络版本,韩国的木简研究因此得到了飞跃性的进步。该图录中出现的编号是作为木简的名字而使用的,之后的木简研究将其作为一个标准。

《韩国的古代木简》中收录了咸安城山山城、河南二圣山城、金海凤凰洞遗迹、庆州月城垓子、庆州雁鸭池、韩国国立庆州博物馆内遗迹、庆州皇南洞 376 号遗迹、扶余官北里遗迹、扶余陵山里寺址、扶余宫南池、扶余双北里遗迹、盆山弥勒寺址及其他各遗址中出土的木简照片,并将这些照片按照出土地进行归类。这些遗迹中的一部分已经在发掘报告中刊登过,此书还收录了一些当时并未公布发掘报告的遗迹,编号从咸安城山山城开始使用,其后并未按照遗迹分类重新编号,而是按照出土顺序从 1 号排到 319 号。因此,除了咸安城山山城遗迹,其他遗迹出土的木简,既与已发表的发掘报告中的编号不同,即使以后发表发掘报告,也无法使用该书中的编号。对于从 1 号开始编号的咸安城山山城遗迹,1998 年发表的初次发掘报告介绍了该遗迹出土的27个木简,其编号也并未统一。[1]

2011年出版的《韩国木简字典》,整理收录了迄今为止已发现的木简,该书采用了稍有不同的另一套编号系统,出现了韩国出土木简同时具备至少三个编号的情况。这种状况导致检索时的麻烦。由于编号混乱,国史编纂委员会韩国史数据库(DATA BASE)中"韩国木简资料"部分,将同一个木简用不同的名字,当作不同的木简在不同区域分别介绍,导致使用该数据库的用户产生混淆。[2] 同时,研究者或是网页运营者也因为同一个木简有各种编号而感到混乱。

日本木简学会通过该学会的期刊《木简研究》介绍每年发掘出土的木简,该期刊中介绍的木简按照遗迹分类后编辑木简号码,并在其上方用"( )"标示出来。如果有各发掘机构的编号,则在其最下方标示。[3] 如果是对同一遗迹数次发掘活动后出现的各木简进行一次性概括介绍的话,则遵从以发掘次数分类后编辑编号的原则。[4] 中国收录了简牍资料的图录中,直接使用了各遗迹的已发表报告书或是图录中的编号。[5]

《韩国木简字典》根据发掘遗迹分类后从1号开始编辑编号,从这一点来讲,《韩国木简字典》比使用单一的编号对所有木简进行编号的《韩国的古代木简》有所进步,但是并没有根据发掘次数或年度编辑编号,最后导致需要重新编辑与发掘报告不同的另一个编号。为了事先防止这种

[1] [韩]崔尚基:《咸安城山山城出土木简的整理现状探讨》,《木简和文字》(11),2013年。

[2] 例如咸安城山山城-2006-15和咸安城山山城IV-489,咸安城山山城-2006-28和咸安城山山城IV-491等都被判定为木简。

[3] 木简学会编:《木简研究》第2号,1980年,第4页凡例。

[4] 木简学会编:《木简研究》第33号,2011年,第vii页凡例。

[5] 参照中国简牍集成编辑委员会编《中国简牍集成》,敦煌文艺出版社,2001年。

状况发生,研究者应当遵从在所有的研究著作和图录及报告书中,不改变最初公开、报告时发掘机构编辑的编号的原则。

发掘机构公开时都按照其各自的标准编辑了编号,要注意的是,应该尽量编辑在以后也不能变更的编号。并且,一旦指定了编号,除不可避免的状况以外,一直到最终报告都应当维持该编号不变。最初公开时,与其试图在编号里包含很多信息而编辑编号,不如在遗迹名后附加一个能够说明该木简是第几次发掘时出土的数字。发掘对象出土遗迹的范围太大,或是由于发掘状况需要区分标记区域的情况,遗迹名和编号之间也可以追加区域名,如果同一个遗迹进行了多次的发掘,也可以在编号前面加上发掘次序或是年度,根据各次序、年度编辑新的编号。当然,如果编号没有重合或是没有变化,并没有理由非要按照这种形式编号,发掘机构根据实际情况编辑编号即可。

若出现物品被认定为木简并已经编辑了编号,但是后来研究者在撰写发掘报告的过程中发现其并非木简的情况,应当将该编号空出来。如果有木简一开始没有被分类为木简,但是后来被认定为木简,应当在该木简出土的次序或是年度的最后一个编号后再增加一个编号,作为该木简的编号。只残留一部分的多个木简残片,在没有被确认是同一个木简的情况下,应当被看作不同的木简并编辑不同的编号。如果该残片后来被发现能和其他残片连接的话,以残片编号中最小的编号为基准,用"+"连接,用来表示原编号的木简上附加了何种新的木简编号。[1]《韩国木简字典》在一部分木简片连接为一个木简时删掉了原先各木简片的编号,因

[1] 这种方式也广泛应用于中国简牍的整理(参照陈伟编《里耶秦简牍校释》[第一卷],武汉大学出版社,2012年,第9页凡例)。

此该书中的木简编号与《韩国的古代木简》中的编号不同。这可以说是为了追求一种没有空余号码的简洁性而产生的结果。

《韩国的古代木简Ⅱ》中收录的咸安城山山城出土木简,囊括了总共17次的发掘成果,以国家归属编号为基准进行整理,并给出了能和原有的各种编号进行对照的索引,提供了一个能够避免产生混乱的契机。建议以后在研究咸安城山山城木简时,尽量使用国家归属编号作为木简编号,以后的研究者也应当遵从这一原则。

但是《韩国的古代木简Ⅱ》中,也有为了方便可以按照收录顺序编辑编号的主张。这也可以看作为了追求没有空余编号的简洁性和系统性。但是比简洁性更重要的是,在识别和检索时的便利性。该编号的使用使得新的编号名称又增多了,与原有的编号重合也会因为指代的对象不同而产生混乱。根据韩国国立伽倻文化财研究所的建议,像《韩国的古代木简Ⅱ》所收录的咸安城山山城木简的编号一样,使用国家归属编号应当作为普遍性的原则。

《韩国的古代木简Ⅱ》所采用的国家归属编号,具有将混乱的多种编号进行统一整理的意义,但并不是提倡以后发现的木简也使用这一方式。国家归属编号是在整理、登记已完成发掘的遗物时编辑的编号,在对之前阶段的现场说明或是阶段性报告、简报中并不能使用。这种情况下就要先编辑另外一个编号,在更换为国家归属编号形式的木简编号后,就会再次出现用多种名称指代同一个木简的状况。没有特殊情况的话,应当考虑向着维持"一个木简只有一个名称"这一原则的方向发展。

2015年出版发行的韩国木简学会研究丛书中的《韩国古代文字资料研究·百济(上/下)》中,整理了至2014年2月为止已出土及公开的百济文字资料。该书根据发掘报告或最初的报告资料中的名称整理了百济木简的名称,但是研究者们依然普遍使用《韩国的古代木简》或《韩国木简字典》中的编号。

而且即使是确定了编号也不能解决木简的名称问题。因为实际上由于研究者不同或是状况不同,木简名称的标记方式是不同的。有只使用数字编号的情况,有木简+数字的形式,有木简+空白+数字,数字后面使用"号"或是使用"番"的,等等。例如在《韩国木简字典》中使用的编号,就有使用"[ ]"标记为"[陵 1]",以及省略了"[ ]"只标记为"陵 1",或是只标记为"1 号"或"1 番"这几种情况,虽然是同一个编号,但在检索的过程中会产生不同的结果。当然,目前韩国木简的出土数量较少,研究成果也不太多,还处在一个通过检索遗迹名就能查到想要的结果的阶段。但是,考虑到未来木简的出土量会增加,以及新研究者们所要面对的困难,有必要提前防止这种混乱的产生。

最终,如果不能提供一个标准的名称标记模版,就不能解决在识别和检索时产生的问题。能够胜任这一任务的是韩国木简学会。需制作出能够梳理至今为止已出土木简的名称和编号的对照表,提出标准的标记方式,使研究者至少能在著述的题目或关键词中使用该名称标记,同时追加每年新出土的木简,并更新该表,在该学会的期刊《木简和文字》12 月号中发布或公开在学会的主页上。

三、怎样誊录木简

确定木简性质并已经编辑了识别编号后,就要正式开始解读木简上的文字。然而到目前为止，韩国的木简研究者之间还没有形成共同的书写解读文的原则和凡例。同一机构或是学会刊行的论著中也很难找到任何统一性。研究者们标记不能解读的文字时使用了□、■、▨、△、○等各种记号。为了正确传达研究者的意图，同时也为了更好地理解，必须形成解读文的书写凡例。为作参考，笔者将日本木简学会的期刊《木简研究》中使用的译文符号规定整理如下（表1）：

表1　日本木简学会《木简研究》中规定的译文符号

符号	说明
·	木简前后两面有文字的情况，表示区别
▭	表示木简的上端或下端按照原样保存 （端指的是木纹方向的上下两端）
<	表示木简上端或下端侧面有凹槽
≀ ≀	有磨损的文字，但是笔画清楚的话，附记在原字的左方
。	表示有穿孔
■ ▮	被磨损导致识读困难
□ □ □	缺损文字中可以确定字数的
▯	缺损文字中可以推定字数的
⊓ ⊔	缺损文字中不能确定字数的
×	可以推定前后有文字连接，但由于折损等原因，文字消失的
┐ └	异笔，追笔
╮	合点
…. ….	表示和木纹直角方向交叉的刻线

续表

符号	说明
〔 〕	有关校订的注释,若包含有本文中需要置换的文字,原则上附记在释文的右方
( )	除上述情况以外的校订注释和说明注释
〔□〕	重叠书写在文字上方,订正原文字的情况,在需要订正的各原文字的左方附加·,和原文字一起标注在右方
カ	编者附加的注释,但留有疑问
マ、	虽然对文字没有疑问,但是意思不太通顺的
⋮ ⋮	虽然被推定为同一个木简,但因折损等原因不能直接连接,中间的文字不明确的
‖	是同一组的关系,一行需分为多行的情况,附在在行末或行初

该凡例是竖行书写的基准,译文的标记方向以竖向木纹方向为原则,但是并未限制曲形物体的底座等。在译文下端以毫米为单位用阿拉伯数字标记木简的长度(按照文字方向)、宽度、厚度,缺损部分的数值在括号内标示。圆形木制品则标记其直径和厚度,缺损的部分则可以标记复原后的直径。木简尺寸信息的下方标示出三位数的阿拉伯数字所代表的形状分类编码,如果有调研机构附加的编号,则标记在其下方。

中国的简牍研究使用的凡例比上述方式更简单。笔者将《中国简牍集成》中符号的凡例誊录如下表(表2)。其中(一)和(二)是对于如何誊录原木简中符号的规定,(三)是对在书写解读文时使用的符号的规定。

表 2 《中国简牍集成》的符号凡例

<table>
<tr><th>区分</th><th colspan="2">形状</th><th>说明</th></tr>
<tr><td rowspan="10">(一)简文原有符号</td><td>●</td><td>圆形黑点</td><td rowspan="4">在原简文中或大或小不一,代表一个部分或一事、一条、一行的开始或是一事之结束</td></tr>
<tr><td>○</td><td>空心圆圈</td></tr>
<tr><td>▬</td><td>墨笔扁长方形标记</td></tr>
<tr><td>▭</td><td>扁长方框</td></tr>
<tr><td>√</td><td>句读号
断号</td><td>多注于易混同的字词处</td></tr>
<tr><td>、</td><td>句读号</td><td></td></tr>
<tr><td>-</td><td>句读号</td><td>为一小横线</td></tr>
<tr><td>=</td><td>重文号</td><td>形同两小横划,表示该字、词重复一次</td></tr>
<tr><td>/</td><td>斜线</td><td>此号以上为文件正文,以下为附属部分,一般注写制作文书和行文的责任人等</td></tr>
<tr><td colspan="2">卩丨丿ς△▲
┐
└</td><td>文书在当时为阅读、使用人所加的标识、校点、画押等号,其用意需分析而定,不能一概而论</td></tr>
<tr><td rowspan="2">(二)简牍原有符号而重加规范者</td><td>■</td><td>简上端涂黑,大小、方圆不一</td><td rowspan="2">作用与前述“○”号相同,多用于楬签</td></tr>
<tr><td>▩</td><td>简上端画网格,或方或半圆</td></tr>
</table>

续表

区分	形状	说明
(三)释文时新加符号	,。、:?!	标点符号
	□	原简文字迹模糊不能释出,每字一□
	……	原简文字迹模糊而字数不能确定
	▨	原简断折处缺字
	⊏	原简纵裂,右侧缺失
	⊐	原简纵裂,左侧缺失
	][	原简纵列,两侧皆缺失
	‖ ①②③④⑤	原简文需一行分作多行时,前者表示与此行连接;后者表示号码相同者连接
	▣	原简有封泥印匣
	A、B、C、D	同一简牍的正、背、侧等各面

比较这些凡例,能确定中日两国对于"□"和"//"之类的用法是相同的。韩国或许是因为容易将符号"□"与汉字"口"字混淆,所以有用"△"或"○""■""▨"标记的情况,但是相比创造新的符号在中日韩之间共同使用,笔者认为三国之间共享各国的符号信息反而更好。重要的区别是,中国简牍的释文中会加上标点,日本则与此相反,日本木简的释文按照木简原文内容直接誊写。笔者认为,为了反映文字之间的空白或是文字的排列,韩国木简也应当选择将原简文字原样誊写的方式。

韩国国立伽倻文化财研究所召开了数次研读会议,讨论了解读文中统一使用的记号,并在《韩国的古代木简Ⅱ》中揭示了记号的凡例(表3)。[1]

---

[1] 韩国国立伽倻文化财研究所编:《韩国的古代木简Ⅱ》,2017年,第16页。

表 3 《韩国的古代木简Ⅱ》的解读文中使用的记号(以竖向为标准)

记号	内容
Ⅰ，Ⅱ，Ⅲ，Ⅳ	从木简中有墨书的一面开始按照顺序表示
V	表示木简的上、下端有绑槽
( )	不确定内容,推测解读的
□	解读不出的文字
⋮	由于损坏,不能确认有几个文字
字(外加方框)	由残留的一部分笔画推测解读整个文字,或是根据文脉推定文字的
◎	表示有穿孔
┌┐ └┘	有墨痕或是不确定文字字数
‖	原简文字需分为一行或多行时,将其附记在最后一行表示连接点
/	墨书横向叙述时,区分前后面
×	表示端部位置有破损
「 」	表示木简的上端或下端保持原样(端指的是木纹方向的上或下端)
『 』	异笔,追笔,刻书
:	表示有墨线
√	前后文字错误时,交换位置
々	表示省略前后相同的文字
留白	文字与文字之间的间隔

但是,笔者认为上述凡例也仍然需要修订和完善。例如,“( )”和“字(外加方框)”都是表示“推读”,应当明确说明两者之间的不同点。在已经明示了凡例是以竖向为基准的情况下,仍然以横向书写作为前提说明“/”的意义时,应当同时给出韩国主要使用的以横向书写为基准的凡例。“√”似乎被看作转倒符,这是誊录的记录在木简上的符号,应当与前面的记号

区分说明。反复符号"々"若没有在木简中使用,则在解读文中也没有必要使用,这一点需要区分开来。

《韩国的古代木简Ⅱ》认识到木简的细节名称的用语存在使用混乱的情况,将其统一后列出。[1] 笔者将其整理如下:

· 记载面:指有墨书的一面,也称为书写面。

· 木简的面数在两面以上时:有墨书的一面作为第一面,从右向左开始记为二面、三面、四面。

· 单面木简、两面木简:墨书只有一面时称为单面木简,有两面时称为两面木简,有三面的称为三面木简,有四面的称为四面木简。

· 前面:两面都有墨书时,根据墨书的内容,作为起始面的墨书面称为前面。

· 后面:指与墨书起始面相反的面,앞面(前面)有墨书,其他面没有墨书时也可以称为后面。

· 端部:指竖长形木简上方和下方最顶端部位,即木纹方向的上下两端。

· 侧面:虽然没有墨书,但是以记载墨书为目的的面,以城山山城木简为例,指的是有墨书记载面的左右两面,大部分都是有树皮的部位。

· 穿孔:指的是为了挂上某个物件或是为了绑在一起而人为凿的孔,有绑槽的作用。

· 绑槽:指能将木简的上、下端绑在一起而钻的"V"形槽,不同的研究者称之为切入部或是槽。

[1] 韩国国立伽倻文化财研究所编:《韩国的古代木简Ⅱ》,2017 年,第 15 页。

· 墨痕:指沾上墨水的痕迹,通常是曾经记录有墨书,但墨书由于物理性或是化学性原因颜色变浅而完全看不出字迹,因此被称为有墨痕。

· 削屑:指木简碎屑,日本出现了很多,但韩国出现的并不多,例如扶余陵山里寺址出土的木简。

目前为止统一各个研究者混乱使用的术语有着尝试性的意义,但仍然还有必要进行更多的修订和完善。例如,关于“端部”的定义有两个,一是“竖长形木简上方和下方最顶端部位”,另一个是“木纹方向的上下两端”,如果木简的形状和木纹的方向不一致,二者就会产生冲突。关于单面木简、两面木简、三面木简的定义,在木简的形状面和书写面不一致时,应当考虑进行修订。对于“绑槽”和“削屑”的说明也不太符合凡例的说明。并且,仍然有很多需要统一的术语并未包含在内。我们应在此基础上进行修订和完善,制定出韩国木简学会的记号凡例,登载在每期期刊的前面部分,在期刊上发表的论文和韩国木简学会发行的著作应当使用该凡例。

四、应怎样分类木简

对木简文字的解读工作完成以后,就要开始对相似的木简进行归类。中国的简牍主要分为编缀简和单独简,单独简再据检(收信人填写用),楬笺(货签、运送票、标示),檄(檄书、檄文),觚(多面体木简),符(符节、符信),谒(名衔),传(身份证、护照)等七种分类方式,分为书檄类、律令类、案录类、符卷类、簿籍类、检楬类等六类,给出了多种分类方案。[1] 这种分类并不是基于一个单一的基准,而是将其用途和形状同时当作分类标准。各个研究者会在各个分类项内再次进行更复杂的小分类。[2]

日本的木简将用途当作分类标准,主要分为荷札木简、文书木简、其他木简三大类,再根据具体的用途在各分类项内进行细分。《日本古代木简集成》中提出的这种分类方式如下(表4):

表4 《日本古代木简集成》以用途为标准的木简分类

荷札木简		
文书木简	形式类木简	诏、勅旨,奏,启,解,移,符,国符,郡符,牒,宣,召文,进上状,反抄,请,其他文书
	记录型木简	记录(一日分),记录(一定期间),记录(无记载日期),记录(日记),发票,值夜表,守门人的警备、食品的支出,出举
	内容、用途类木简	考课,钱,告知札,人名札,画指,禁制、制止,文书轴,文书函,封缄,神祇、佛教,经典,出纳记录,物忌札、苏民将来札,符咒
其他木简	和歌、汉诗,鸣、左、右、上、下,坪付、サイコロ、将棋的驹,付札,习书	

参考上述分类法,按照用途划分韩国木简的方案被提起过几次(表5),但是在按照木简的用途进行分类时,木简经过转用、二次使用和废弃,研究者可能很难推定其唯一的用途,这就可能会造成不同的研究者产生不同的判断而追加特殊的用途项。

---

[1] 李承律:《竹简·木简·帛书,中国古代简帛资料的世界1》,艺文书院,2013年,第136—153页;李均明:《古代简牍》,文物出版社,2003年,第170—198页。

[2] 李均明:《秦汉简牍文书分类辑解》,文物出版社,2009年。

表 5　以用途为标准的木简分类方案对照表

<table>
<tr><th colspan="2">尹善泰(2007)</th><th colspan="3">李京燮(2013)</th><th>尹善泰(2013)</th></tr>
<tr><td colspan="2">1.典籍木简</td><td rowspan="11">文书木简</td><td colspan="2" rowspan="2">文书</td><td rowspan="6">编缀用木简</td></tr>
<tr><td rowspan="3">2.文书木简</td><td>2-1 收发文书木简</td></tr>
<tr><td>2-2 账簿木简</td><td rowspan="9">记录</td><td rowspan="3">账簿</td></tr>
<tr><td>2-3 记录简</td></tr>
<tr><td rowspan="4">3.便携式木简</td><td rowspan="3">3-1 符信用木简</td></tr>
<tr><td>合计</td></tr>
<tr><td rowspan="3">发票（支付/申请）</td><td rowspan="5">文书用单独木简</td></tr>
<tr><td>3-2 通关用木简</td></tr>
<tr><td rowspan="8">4.标签木简</td><td rowspan="2">4-1 标识用标签木简</td></tr>
<tr><td rowspan="2">其他</td></tr>
<tr><td rowspan="2">4-2 税金进贡用标签木简</td></tr>
<tr><td rowspan="3">标签（附札）木简</td><td colspan="2" rowspan="2">货物标签(荷札)</td><td rowspan="3">附札用木简（荷札,标识用等）</td></tr>
<tr><td rowspan="2">4-3 整理仓库用标签木简</td></tr>
<tr><td colspan="2">物品标签（物品附札）</td></tr>
<tr><td rowspan="2">4-4 一般物品用标签木简</td><td rowspan="7">其他木简</td><td colspan="2">咒术、仪礼木简</td><td>咒术用木简</td></tr>
<tr><td colspan="2" rowspan="3">学习用木简(字体练习[习书]/典籍默诵[《论语》木简等])</td><td rowspan="3">习书用木简（学习及字体练习用）</td></tr>
<tr><td rowspan="5">5.其他用途木简</td><td>5-1 习书用木简</td></tr>
<tr><td rowspan="2">5-2 咒术、仪礼用木简</td></tr>
<tr><td colspan="2" rowspan="2">文书封面木简(文书标)</td><td rowspan="3">其他木简（书简及文书标等）</td></tr>
<tr><td rowspan="2">5-3 卷轴用木简</td></tr>
<tr><td colspan="2">其他(书简等)</td></tr>
</table>

在整理木简的过程中,优先分类的标准是物体本身所体现的特性,即由材质或形状等来决定。日本学者根据木简的形状详细区分以后再附加形式编号,标记在解读文的最后部分。日本木简学会的形式分类方式如

下所示:

011:短册形。

015:短册形中在侧面有穿孔的种类。

019:一端为方形,另一端因损坏或腐蚀失去了原形。

021:小型矩形。

022:小型矩形木材的一端为三角头。

031:长方形木材的两端的左右有切入部,有方头、三角头等各种制作方式。

032:长方形木材的一端的左右有切入部。

033:长方形木材的一端的左右有切入部,但另一端因损坏或腐蚀失去了原形。

041:长方形木材的一端的左右修剪后制作为羽子板形把手的形状。

043:长方形木材的一端制作为羽子板形把手的形状,其余部分的左右有切入部。

049:长方形木材的一端制作为羽子板形把手的形状,但另一端因损坏或腐蚀失去了原形。

051:长方形木材的一端为尖利的样式。

059:长方形木材的一端制作为尖利的样式,但另一端因损坏或腐蚀失去了原形。

061:有墨书的、用途明确的木制品。在( )内标示该木制品的名称。

065:有墨书但用途不详的木制品。

091:削屑。

这种形式分类法采用的是先用01/02/03/04/05/06/08/09这种两位数分类后,再通过第三位数字进行细分的方式。最近关于韩国木简的分类法,也出现过用附加编号的方法进行分类的提案:

Ⅰ:长棍形状的细长型木简

Ⅰa:根据长度和长宽比列出的下级形式

Ⅱ:在木简上钻槽的附札木简

Ⅱa:槽的位置的上段,Ⅱb(下段),Ⅱc(上下段)等下级形式

Ⅲ:在木简上钻孔的附札木简

Ⅲa:孔的位置的上段,Ⅲb(下段),Ⅲc(中段)等下级形式

Ⅳ:四面木简等多面木简

Ⅳ3:单面三角形的多面木简,Ⅳ0(圆柱形木简),Ⅳ4(四面),Ⅳ5(五面)等下级形式

Ⅴ:细长型木简中下端尖利的木简

Ⅵ:木简碎屑(削屑)

但是"附札木简"是以用途分类的木简名称,使用在以形状为区分标准的分类法中并不合适。事实上Ⅰ的"细长型木简"和Ⅱ、Ⅲ、Ⅴ项中,除端部有槽或是孔、修剪为尖形等区别以外,都同属于竖向的长方形的木材。在另一层位上再次对木材的基本形状、上下端部位的处理方式等进行区分的分类方法更好。木材的整体形状对应的编码如下所示:

1:纵长方形木板(纵/横以木纹的方向为准)

11:宽度窄、长度长的常见形状

12:宽度非常窄、长度长的细长方形

13:宽度和长度的比例相对更接近正方形的形状

2:横长方形木板

22:横向长的长方形

23:接近正方形的形状

4:柱形棍状

40:圆柱形

43:三角柱

44:四角柱

45:五角柱

6:其他(包括有文字书写的文书标、男根形、人形、木器、木制结构物等所有木制品)

8:未详(破坏损伤严重导致难以确认其原形)

9:削屑

6、8、9 是分别与日本木简学会形式分类法中的 06、08、09 相对应的。但 1、2、4 只区分了木材的外形。常被称为"短册形"或是"细长方形"的形状是 1 形式,具体是属于 11 形式,多面木简是 4 形式,43、44、45 中的第二位数是对其附加的面数条件。

与现有的木材外形编码一起阐述的上、下端部的形状,因为能够与各种外形相结合,可以附加另一种形式编码。用大/小写字母分别标示上端部和下端部的方式,曾在对新安船中发现的木简进行形式分类时提出过,这种方法应当广泛运用。大写字母表示上端,小写字母表示下端,接近中间位置的情况附记"'"。除去容易被混淆的阿拉伯数字或是罗马数字 I/

I 和 O/o,在各字母后附加上端部形状的特征,笔者尝试着将其定义后,整理如下:

A/a:直线

B/b:三角形(圭形)

C/c:多角形

D/d:半圆形

E/e:一方尖※从接近中段的位置到开始变尖时附加'

F/f:两方尖※从接近中段的位置到开始变尖时附加'

G/g:圆锥形状

H/h:穿孔※接近中段时附加'

J/j:端部左右侧面有切入部※接近中段时附加'

K/k:沿着边沿有切入部

M/m:端部比其他部位更厚更圆的收尾

X/x:破损

但是像多面木简,并不是所有的面上都有书写文字,因此除要标示出面数以外,也应当标示出有文字书写的面数。若用罗马数字表示书写面数,则能对两者进行区分。不是只用Ⅰ、Ⅱ、Ⅲ等来表示书写面数,而是在其之前加上木材外形编码并行标示,会更容易体现木简的形状。如果是两面有墨书的细长方形板或是短册形木简,记为 11Ⅱ,只有三面有文字的四角柱形木简记为 44Ⅲ。字母表的端部形状编码在指代个别特定形状的同时,也可以组合用来表示单一木简的各种形状。例如,上、下端都是三角形,但若只想统计上端有孔的部分木简,则只需要抽取“BHb”即

可。将这种方法实际运用在木简上,如图 1 所示:

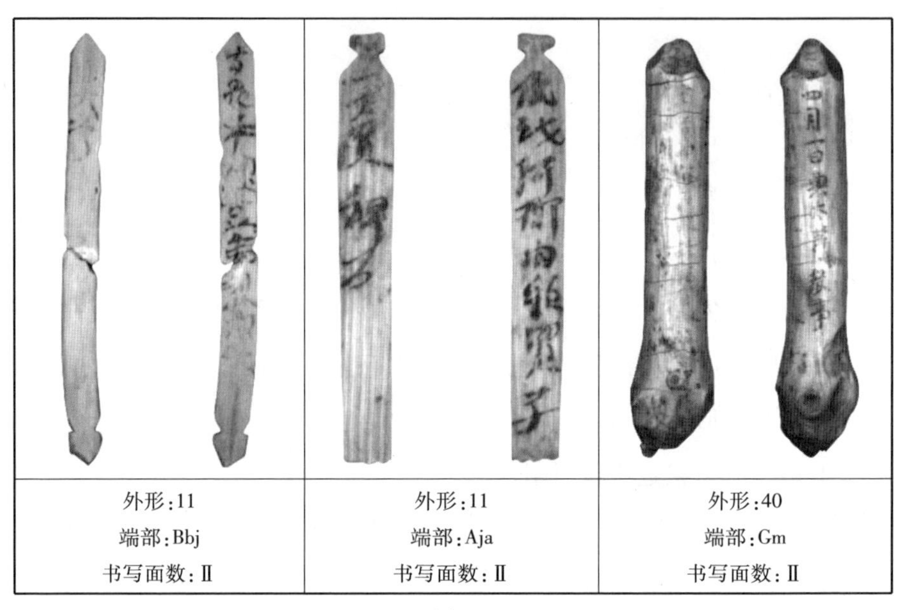

外形:11 端部:Bbj 书写面数:Ⅱ	外形:11 端部:Aja 书写面数:Ⅱ	外形:40 端部:Gm 书写面数:Ⅱ

图 1

结语

各个研究者为了整理分类韩国出土的木简,提出了各种标准。在这种状况下,比起重新制定一个方案,将各种已提出的方案再次研究后进行重组,尽快得出结论可能反而更重要。因此,相对于有关标准和方法的提案本身,更重要的是在提案之后对其进行讨论。笔者期待,不论最终是何种分类方式,学界能经过“意见一致”和“公认”这一步骤,制订出多数研究者们能够遵循的标准。

谈谈简帛整理过程中的“依样隶定”

赵平安

（清华大学人文学院 北京 100084）

隶定又称“隶古定”“隶古”，首见于孔安国《尚书序》：

至鲁恭王，好治宫室，坏孔子旧宅，以广其居，于壁中得先人所藏古文虞、夏、商、周之书及《传》《论语》《孝经》，皆科斗文字……科斗书废已久，时人无能知者，以所闻伏生之《书》考论文义，定其可知者，为隶古定，更以竹简写之。[1]

《汉语大词典》的解释是：

谓以隶书考校写定古篆文。[2]

---

[1] 〔元〕马端临：《文献通考》，中华书局，1986年，第1529页。

[2] 汉语大词典编纂处编：《汉语大词典》，上海辞书出版社，2007年，第7191页。

《尚书序》比较好地概括了隶定的本意。今天所谓隶定与时俱进,是指用楷书考校写定古文字。这个过程实际上是用今天的知识系统来观照古代知识系统的过程,是一个古籍整理研究的过程,涉及方方面面,是一个相当综合的系统工程。

"依样隶定"属于隶定的一种,是其中比较保守的一种,它尽量保留原来古文字的形体特征,用今文字的笔法把原字形隶写下来。用通俗的说法,就是"照葫芦画瓢""依样画葫芦"。这种方法在现今各类古文字资料整理中都很常见,尤以李圃先生主编的《古文字诂林》贯彻得最为彻底。[1] 它的优点是字形比较保真,在见不到或不容易见到古文字原形的情况下,便于古文字研究者据此作进一步探讨;缺点是往往不能传达很明确的信息,直指与它对应的今文字或通行字,甚至还存在"安全隐患"或其他问题。下面以简帛整理过程中的"依样隶定"为例,谈谈这方面所存在的一些突出问题。

一

"依样隶定"容易混淆同形字和同形部件。

由于汉字发展过程中存在大量异源合流的现象,同形字、同形部件极多,这些不同来源的字和部件,依样隶定后就成了同形字或同形部件,掩盖了异源合流的真相,极容易导致误读、误解。

[1] 李圃:《古文字诂林》,上海教育出版社,1999 年第 1 版,2004 年第 2 版。

战国简帛文字中经常见到一个写作（《上博简[伍]·季庚子问于孔子》简19）、（《上博简[贰]·容成氏》简19）、（《清华简[三]·说命下》简2—3）、（《清华简[陆]·管仲》简7）、（《清华简[柒]·子犯子余》简11—13）、（《清华简[贰]·系年》简93）之形的字，通常的隶定为“逐”，这样一来，跟秦系文字的“追逐”的“逐”就完全同形了。在战国楚地出土简帛文字里，有各种各样的“豕”字，纯粹从字形上说，把上述各字隶作“逐”是完全可以的。问题是，上述各字都是用为“迩”的，与我们熟悉的“逐”不搭界。

后来见到这个字的过渡形体，作（《清华简[柒]·越公其事》简12—13）、（《清华简[伍]·殷高宗问于三寿》简15—16）之形，始知这类写法的声符部分（辵以外的部分）是从甲骨文（《屯》2531，无名组）、（《合》29337，何组）、（《合》29332，无名组）、（《合》29341，无名组）、（《合》29334，何组）变来的。甲骨文这个字，郭沫若分析为从犬，埶声，在西周金文中往往省掉两只手形，并且把字形结构调整为左右结

构,一般作(克鼎)之形,用为“迩”。

这样看来,战国文字这个用为“迩”的所谓“逐”,其中的“豕”形应是“𤜶”省变、讹变的结果。[1]

如果考虑现状,这个字可以依样隶定为“逐”,如果考虑到来源,则可以隶定为从辵从𤜶。

问题是,隶定为“逐”,并不能解决问题,而且容易导致误解;隶定为从辵从𤜶,又会有许多人不明所以。

因此,我主张这个用为“迩”的所谓“逐”直接释为“迩”。

类似的例子还有楚简的“龟”字,字形为“黾”,用为“龟”,如果依样隶定,应该作“黾”,可是隶作“黾”读不通文例,不如直接视作“龟”。

二

“依样隶定”在判定“是”(同一字或同一部件)和“似”(形近字和形近偏旁)时难以做到准确,有时候差之毫厘,失之千里,误导读者。

战国简帛文字中有一个一般隶定为“遊”的字,原形作(《包山》2.142)、(《子弹库帛书》乙 10.30)之形。在战国时期,确实有一些“㫃”写法和这个字所从相同,因此单纯从形体上说,隶作“遊”也无可

[1] 赵平安:《试说“迩”的一种异体及其来源》,《安徽大学学报(哲学社会科学版)》2017 年第 5 期。

厚非。

郭店简出土后，我们知道这个字应当读为“失”。于是我们把它和甲骨文（《合集》5390）、（《合集》5933）、（《合集》137 正）、（《合集》506 正）联系起来，认为所谓“遊”，实际上由辵和两部分组成。是由甲骨文上述诸字演变而来的。上半部分“止”的变化和（《佚》698）作（郭店《老子》甲组 3）相同，下半“牵”的演变和虢（虖）、睪相似：

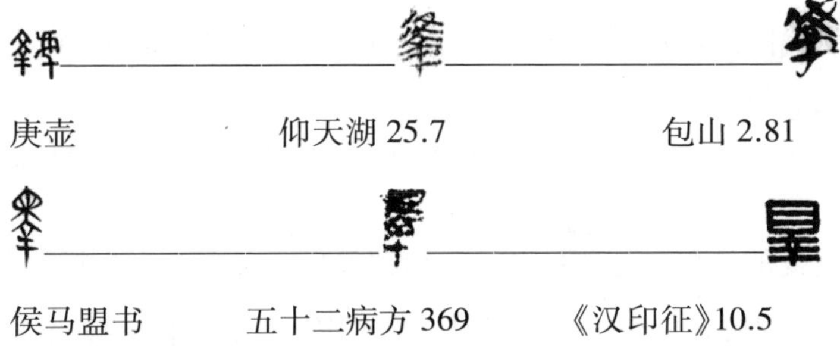

战国文字是甲骨文加辵旁省变而来的。初文本像人逃脱枷锁，是“逃逸”的“逸”的本字。[1]

这样看来，这个字早先依样隶定为“遊”，是把“脚丫子”当“旗帜”了，没有处理好“是”与“似”的关系，完全不合字源。而如果按照字源依样隶定为“達”，又成了大家都不认识、不熟悉的新字。而且无论哪种隶定，都不能真正解决问题。

[1] 赵平安：《战国文字的“遊”与甲骨文“牵”为一字说》，载安徽大学古文字研究室编《古文字研究》第 22 辑，中华书局，2000 年。

因此我主张这个字直接释为“逸”。

三

“依样隶定”有时会把简单的问题搞得复杂,不能解决问题,还生造出新的字形,给识读和使用造成新的负担。

清华简《楚居》第3简,原来隶定为“吿”,“乃妻之,生侸吿、丽季”,用为“叔”。战国简帛中的“叔”字,一般作(“管叔”,清华简《金縢》7),加点作(“虢叔”,清华简《良臣》8),《楚居》3的写法显然是在基础上讹变的结果。把依样隶定为“吿”,不仅多出一个新的字形,而且容易导致误解。这个口形容易被当作意符,整个字容易被当作吊唁的专字。《改并四声篇海 · 口部》引《俗字背篇》收俗字“吊”,就是把“吊”字上部改成表意部件。

因此我主张这个字直接释为“叔”。

鉴于“依样隶定”存在的问题比较突出,在古文字原形字样比较容易见到的大前提下,应该尽量减少“依样隶定”,尽量用与之对应的通行的今字来释读古文。即使是完全不明古文字字形(单字或偏旁)为何物,或者为了保留某些特殊的结构信息,也应当尽量减少使用“依样隶定”这种办法。前者可以出古文字原形,后者可以在注释中加以说明。

简帛文字的隶定以正确识字为前提,字释对了,隶定才能正确。“依样隶定”所产生的问题，往往是不能正确识字造成的。正确识字包括厘清文字的形义关系、来龙去脉、字际关系，是简帛整理的第一步，也是至关重要的一步，它是简帛识读的突破口，在很大程度上决定了文义理解的方向。简帛整理者在这方面应当给与更多的关注，有更大的投入，切不可“轻轻滑过”。

我们认为，简帛整理报告的释文，本质上反映的只是整理者对简文的系统理解，虽然所有的整理者都声称自己力求客观公正，但毕竟只是“一家（或一个团队）之言”。正因如此，有些国外学者主张简帛释文不应夹杂整理者的主观判断[1]，这是根本不可能的事情，也是根本行不通的事情。

我主张，简帛释文应以最直接、简便的方式呈现整理者的理解和判断：简文应尽量转写成后世通行的繁体字，同时加上现代规范的标点符号；未识字直接出原字图片，需要特别交代的在注释中说明；为增强可读性，建议正文一律不加括注。以清华简《厚父》第5简为例：

原简作：

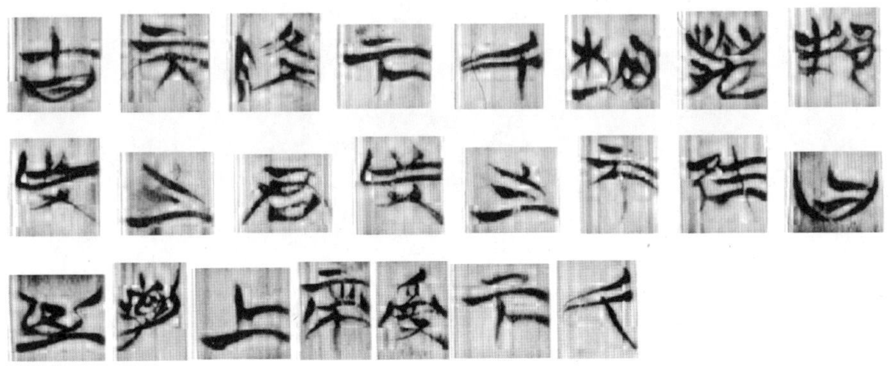

[1] 张显成、李真真：《中西方简帛文献释读方法论比较研究》，《西南民族大学学报（人文社会科学版）》2019年第5期。

原释文作:

> 古天降下民,埶(设)万邦,复(作)之君,复(作)之帀(师),隹(惟)曰其勯(助)上帝𤔔(乱)下民。

我主张释文为:“古天降下民,设万邦,作之君,作之师,惟曰其助上帝乱下民。”然后在注释中对“设”“作”“师”“惟”“助”“乱”进行字形和用法的说明,并引相关文献对照理解。

这样做的好处是:第一,最直接、最简便地表达了整理者的意见;第二,完全符合现代繁体字的使用规范;第三,可以回溯还原整理者整理研究的过程;第四,便于读者接受、理解;第五,便于使用者引用传播。

希望这种释文注释的方式可以得到推广。

古井简整理出版体例刍议

郭伟涛

（“古文字与中华文明传承发展工程”协同攻关创新平台、

清华大学出土文献研究与保护中心 北京 100084）

自1996年湖南长沙市走马楼街古井出土大批吴简以来，湖南地区的古井又出土了多批次简牍，如长沙市五一广场附近的走马楼西汉简、五一广场东汉简、东牌楼简和尚德街简，湘西龙山县古井出土的里耶秦简，益阳市兔子山遗址古井出土的秦汉简和湘乡市三眼井遗址出土的楚简。古井简牍集中出土自湖南，或许不是偶然，应与当地的气候和地质条件有关。其中，走马楼吴简、里耶秦简、五一广场东汉简等大宗简牍正在陆续刊布，东牌楼简和尚德街简较少，已经全部刊布，走马楼西汉简、兔子山简和湘乡三眼井简尚未出版。

这些古井简牍尽管也属于广义上的文献，但因为性质和特点的迥异，在整理出版的体例方面，传统古籍文献并不能提供太多可资汲取的经验，只有性质相近的西北烽燧简差可借鉴。也许整理者有特殊考量或其他原因，这些已刊和在刊的古井简，在整理出版的体例上，虽然也采择了烽燧简的优长,亦颇多新创之举,但有些做法可能未必尽善尽美。此前学者对简帛文献整理的符号使用和学科属性作了分析讨论[1],且有出版界人士对简牍的编辑作业作了考察[2],本文则对古井简在整理过程中产生的若干体例问题——简牍排序、简牍编号和简牍命名等加以辨析,以期对未来的古井简整理与研究有所助益。需要说明的是,笔者并未完整地观摩或参与简牍的整个出版流程,不知其中甘苦,贸然提出一些浅见,尚祈方家海涵。

一、简牍排序

简牍整理和最后出版成书时,哪一枚简在前、哪一枚简在后,按照什么顺序排列简牍,因为关涉到后期的研究开展,颇值得慎重考量。西北烽燧简经过几十年的摸索,形成了较为成熟和通行的整理方式,即一般依据简牍的出土地和出土顺序依次排列。这一非常自然、貌似毫无深意的方式,却为后期开展研究提供了不小的便利。之所以如此说,是因为文书简的价值与其具体出土地点密切相关,出土次序在一定程度上反映了简牍原本的相对位置关系,为后期开展包括文书学在内的研究提供了基础。

[1] 邢义田:《对近代简牍著录方式的回顾与展望》,载其著《地不爱宝:汉代的简牍》,中华书局,2011 年,第 579—600 页;胡平生:《论简牍整理国家标准的制定》,载中国文化遗产研究院编《出土文献研究》第 8 辑,上海古籍出版社,2007 年,此据《胡平生简牍文物论稿》,中西书局,2012 年,第 488—506 页;蔡万进:《出土简帛整理的若干理论问题》,《郑州大学学报(哲学社会科学版)》2017 年第 5 期。

[2] 蔡敏:《出土文献(以简帛文书为主)的编辑》,载全国古籍整理出版规划领导小组办公室编《古籍编辑工作漫谈》,齐鲁书社,2003 年,第 61—64 页。

然而，目前已刊和在刊的数种古井简，并未依循烽燧简的方式，按照出土号依次编排简牍，而是按照形制或内容的异同分门别类放在一起。

按照形制特点进行分类排列的，首推长沙走马楼吴简。走马楼吴简弃置在井内，堆积共四层，绝大多数简牍在第二层，且呈现较为规整的状态。不过，井内堆积受到施工机械的破坏，北半部堆放的简牍被铲绝殆尽，连同渣土运至五公里外的一处渔场，后来被考古工作者采集回来。[1] 职此之故，走马楼吴简分为采集简和发掘简进行整理刊布，这一做法是十分合理且必要的。不过，其中的大木简是单独汇集在一起出版的，而且按照内容进行了编排。[2] 这一安排，无法区别出采集简与发掘简，导致简牍的考古信息无法得到有效利用。[3] 另外，其中的竹木牍亦将单独汇集出版，[4]这明显也是基于形制特点而作的安排。

实际上，按照形制分类整理和刊布，明显是受到了考古类型学器物排列的影响。考古学所处理的器物，一般都是独自放置的，或者散乱残碎无法恢复到原来成组成套的状态，因此按照形制分类整理自属理所当然。而简牍作为书写载体，一般是成卷成编的，且不同形制混在一起配合使用，因此按照形制分门别类归置，就会人为打乱简牍卷册的次序。这一点

[1] 长沙市文物工作队、长沙市文物考古研究所：《长沙走马楼 J22 发掘简报》，《文物》1999 年第 5 期。

[2] 走马楼简牍整理组：《长沙走马楼三国吴简 · 嘉禾吏民田家莂》，文物出版社，1999 年，第 63 页，“凡例”。

[3] 凌文超：《走马楼吴简簿书复原整理刍议》，载彭卫主编《历史学评论》第 1 卷，社会科学文献出版社，2013 年，修订后改题为《吴简考古学与吴简文书学》，载长沙简牍博物馆编《走马楼吴简研究论文精选》，岳麓书社，2016 年，第 38 页。

[4] 王素、宋少华：《长沙走马楼三国吴简〈竹木牍〉内容综述》，《文物》2022 年第 12 期。

突出体现在走马楼吴简上。这批简牍总体上都是编联成卷的册书[1],是以成卷成册的状态一次性集中弃置在井内的[2],且完整简册很可能存在竹简与木牍等不同材质混编的现象[3],因此,单独将某一种形制的简牍挑出来汇集出版,势必打乱其原始简册,不利于相关研究的开展。

除走马楼吴简外,里耶秦简也有一部分简牍是按照形制刊布的。里耶秦简是秦代迁陵县官署遗址古井所遗留的,井内堆积十八层,简牍出自其中的十二个层位。[4] 这批简牍的刊布,大原则是按照出土次序进行的,不过其中的封泥匣均集中在每册的最后。据编者介绍,这是因为封泥匣的出土号自成序列,未与简牍合在一起编号。[5] 很显然,里耶秦简可能在进入正式整理出版的流程之前,也就是还处于考古作业阶段,就已按照形制进行分类了。虽然里耶秦简在井内遗存状态极为零散,不似走马楼吴简一样成卷成册[6],但不排除封泥匣恰与某些简牍原本配合使用的可能性。而且,这批简牍没有逐层刊布,第一册公布了第五、六、八层的简牍,但第二册公布了第九层,反而搁置了第七层的资料。[7] 如此处理,可能不利于考察相邻层简牍之间的联系。

---

[1] 宋少华:《长沙三国吴简的现场揭取与室内揭剥——兼谈吴简的盆号和揭剥图》,载长沙简牍博物馆、北京大学中国古代史研究中心、北京吴简研讨班编《吴简研究》第3辑,中华书局,2011年,第7页。

[2] 郭伟涛:《论古井简的弃置与性质》,《文史》2021年第2期。

[3] 凌文超:《吴简考古学与吴简文书学》,载长沙简牍博物馆编《走马楼吴简研究论文精选》,岳麓书社,2016年,第43页。

[4] 湖南省文物考古研究所、湘西土家族苗族自治州文物处、龙山县文物管理所:《湖南龙山里耶战国——秦代古城一号井发掘简报》,《文物》2003年第1期。

[5] 湖南省文物考古研究所编著:《里耶秦简(壹)》,文物出版社,2012年,第1页,“凡例”。

[6] 郭伟涛:《论古井简的弃置与性质》,《文史》2021年第2期。

[7] 湖南省文物考古研究所编著:《里耶秦简(贰)》,文物出版社,2017年。

按照简牍内容进行归类刊布的,则是东牌楼简和尚德街简。东牌楼简牍数量不多,共246枚,整理者按照内容分为公文、私信、杂文书和习字等四大类,各类下又细分若干小类。如公文又分为封缄、封匣、封检和文书等,杂文书分为事目、户籍、名簿、名刺、券书、签牌、杂帐和其他等。可以说,大类是按照内容进行区分,小类则结合了形制。尚德街简出土自九口古井,数量亦少,共263枚。整理大原则是逐井刊布,但J482简牍较多(134枚有字),按照内容分为公文、杂文书、私信、习字和残简,每类下又进一步细分。如公文分为诏书、函封、封检和文书,杂文书分为杂帐、名刺和药方。不难看出,东牌楼简和尚德街简的体例是一致的,大体按照内容分类刊布。

两批简如此处理,想必与出版成书时加进了相关的注释研究有关,故方便按照内容归类。这样处理,有其合理性。往前追溯,按照内容而非考古信息(出土地、层位和出土次序)整理刊布简牍的方式,其实创自罗振玉和王国维。二人在整理刊布斯坦因第二次中亚考察所获简牍时,打乱沙畹原来按照出土地编排简牍的方式,依据内容将简牍分为小学术数方技、屯戍丛残和简牍遗文三大类,每类下又分若干小类,如屯戍丛残分为簿书、烽燧、戍役、禀给、器物和杂事等。[1] 整理居延旧简的劳榦,亦踵武前贤,按照内容分类刊布。[2] 三位学者如此处理,当与不清楚简牍的出

[1] 王国维、罗振玉编著:《流沙坠简》,东山书社,1914年初版,1934年修订,此据何立民点校本,浙江古籍出版社,2013年。

[2] 劳榦:《居延汉简考释·释文之部》,商务印书馆,1949年。

土地有莫大干系。[1]

无论是按照形制还是按照内容分类整理刊布简牍,如前所述,可能都会扰乱简牍原有的位置关系。具体而言,如果某些文书简在废弃之前保持了编联成册的状态(如走马楼吴简),那么按照出土顺序依次刊布简牍,成卷册的简牍就可能保持完整性,不被人为割裂开。即使某些文书简属于废弃之前就已经丧失档案地位的散简(如里耶简),其原始出土地点(探方或层位)与顺序也有助于寻找残存简册及部分简牍在文书学上的联系,甚至进而探寻其废弃的方式与目的。

实际上,无论是整理还是研究简牍,以出土地为出发点几已成为学界共识。譬如早年的居延旧简,劳榦按照内容分类刊布,森鹿三即认为按照出土地重新整理居延旧简乃中心工作。[2] 言外之意,他对劳榦的做法恐怕是不甚赞同的。此外,参与居延旧简资料整理的陈公柔、徐苹芳两位考古学者也认为:“在整理和分析这些简的过程中,最重要的是简的出土地点。必须对同一地点所出的简做一全面的考察,然后再根据其形制、书写的款式和内容来进行整理。”[3]可见,依据出土地(探方、层位、次序等)刊布简牍,应成为一条业界共同遵守的原则。

---

[1] 罗王整理刊布简牍时,并不清楚简号之意义及出土地,参见王国维、罗振玉编著《流沙坠简》,第170页。至于居延旧简的出土地问题,直到1959年出版的中国科学院考古研究所编《居延汉简甲编》(科学出版社)才公布部分简牍的出土地点,而全部简牍的出土地点,迟至1980年中国社会科学院考古研究所编《居延汉简甲乙编》(中华书局),才算公之于世。

[2] [日]森鹿三:《居延汉简研究序说》,《东洋史研究》第13卷第3号,1953年。

[3] 陈公柔、徐苹芳:《大湾出土的西汉田卒簿籍》,此据徐苹芳《中国历史考古学论集》,上海古籍出版社,2012年,第346页。

二、简牍编号

简牍编号，是指简牍最终成书公布时，呈现在读者面前的编号。一般而言，简牍从发掘、入藏到整理出版，可能有多套编号，如发掘号、馆藏号和出版号等。最能反映考古学信息的，无疑是简牍出土时的流水编号，笔者以为整理刊布时应该直接使用这套编号。西北烽燧简多数都是如此处理的。

不过，走马楼吴简、里耶秦简、东牌楼简和尚德街简，没有直接采用发掘号，而是另行编制了出版号。其中，走马楼吴简、东牌楼简和尚德街简的出版号，只是单纯的1、2、3、4流水号，没有包含层位信息，仅于书后附录了发掘号和出版号对照表。里耶秦简的出版号是层位+流水号，但这套编号与发掘号并不相同，且书末未附录两套编号的对照表。新近整理出版的五一广场东汉简，则是每枚简牍同时著录新编流水号和发掘号。考虑到五一简多达五六千枚，如此处理，给研究者带来了不小便利。当然，这也对研究者提出了要求，即在引用简牍时要标明两套编号，若择一使用，则往往因人而异，最后可能导致一枚简牍有两个通行编号，产生不必要的混乱。

顺带提及，有些出版号还打破了出土号的顺序。如里耶秦简，整理者提到里耶秦简16-5、16-6、16-7三枚木牍叠压在一起，其中的16-7已经刊布，出版号却为9-2283，[1]编在了第九层，编号上完全看不出其与另

---

[1] 参见马增荣《秦代简牍文书学的个案研究——里耶秦简9-2283、[16-5]和[16-6]三牍的物质形态、文书构成和传递方式》，《"中研院"历史语言研究所集刊》第91本第3分，2020年。

两枚简牍的叠压堆积关系。有鉴于此,出版成书时不如直接使用原始的发掘出土号。发掘号的作用,虽然比不上走马楼吴简那种记录简牍位置关系的揭剥图,但至少在一定程度上反映了简牍堆积时彼此之间的远近关系,便于后续开展文书学研究。而从文书学的角度入手开展文书简研究的合理性与重要性,已经日渐引起学界的注意与重视。[1] 作为绝大多数属档案文书的古井简,自然也不能例外。

实际上,简牍编号的复杂与随意,已经引起了学者的注意和反思。如张德芳有感于西北简编号的混乱和复杂,呼吁"一件出土文物或者一枚汉简,编号就是一个身份证,只能是唯一的,不能有多个"[2]。所言虽然不涉及古井简,但道理是相通的。值得庆幸的是,古井简的整理起步较晚,正好可以借鉴以往的经验,扬长去短。

当然,也不宜过分苛求整理者。如何给某批简牍进行最为合理的编号,只有在深入研究之后才能弄清楚,而整理者在简牍出土之后,最优先考虑的无疑是及时公布材料,因此整理者并无太多机会和时间进行简牍

---

[1] 徐苹芳:《汉简的发现与研究》,《传统文化与现代化》1993 年第 6 期,此据徐苹芳《中国历史考古学论集》,上海古籍出版社,2012 年,第 303—309 页;谢桂华、汪桂海:《秦汉简帛与秦汉史研究》,载日本中国史学会编《中国史学》第 10 卷,2000 年,此据谢桂华《汉晋简牍论丛》,广西师范大学出版社,2014 年,第 392—393、404 页;谢桂华、沈颂金、邬文玲:《二十世纪简帛的发现与研究》,《历史研究》2003 年第 6 期,此据谢桂华《汉晋简牍论丛》,第 460—461 页;[日]籾山明:《日本居延汉简研究的回顾与展望——以古文书学研究为中心》,载[日]籾山明、[日]佐藤信编《文献与遗物的境界——中国出土简牍史料的生态研究》,此据增补稿,刊中国政法大学法律古籍整理研究所编《中国古代法律文献研究》第 9 辑,社会科学文献出版社,2015 年,第 154—175 页;凌文超:《吴简考古学与吴简文书学》,载长沙简牍博物馆编《走马楼吴简研究论文精选》,岳麓书社,2016 年,第 39—49 页;苏俊林:《走马楼吴简研究方法述评》,载邬文玲主编《简帛研究二〇一七(春夏卷)》,广西师范大学出版社,2017 年,第 318—321、324—325 页。

[2] 张德芳:《西北汉简整理的历史回顾及启示》,《郑州大学学报(哲学社会科学版)》2017 年第 5 期。

编号及其他体例方面的考量。再加上每宗古井简均存在不小的差异,更增加了个性化编号的困难。

三、简牍命名

通常情况下,古井简多是簿籍散乱后的孑遗,单枚简牍记载的内容只是完整文书的一部分,往往是割裂的,并非首尾俱足,因此应是不适合命名的。不过东牌楼简则对每一枚简牍都予以命名。向前追溯,张凤刊布的斯坦因第三次中亚考察所获简牍也有命名,当为其源头。[1] 此后,再无简牍命名的现象,仅有少数册书或重要简牍,在研究中形成约定俗成的称呼。

给简牍命名的做法,与敦煌吐鲁番文书十分相似。不过,敦煌吐鲁番文书通常书写内容较多,拟定名称也在情理之中,而文书简(包括且不限于古井简)除"大男李建与精张诤田自相和从书""永元器物簿""隧长党病书"等少数完整或明确可编联者外,多数都呈现断简残篇的状态,单枚简牍记载内容非常有限且无首尾。而且,文书简在当时行用的时代未必都有专名,有时甚至直接以月日干支命名,往往与今人拟称迥异。以西北汉简为例,大庭脩复原的"元康五年诏书册",在当时就是一份附有各级政府下发之辞的诏书简册,并无专名。至于那些包括各种明细的簿籍,虽然作为整体的簿籍是有名称的,但作为明细的单枚简毫无疑问在当时是

---

[1] 张凤:《汉晋西陲木简汇编》,1931 年初刊,此据《汉简研究文献四种》影印本,北京图书馆出版社,2007 年,下册第 543—661 页。

没有专名的,因此更谈不上命名的必要了。

实际上,简牍文献与以青铜器铭文、敦煌吐鲁番文书、碑刻等其他材质作为书写载体的出土文献不同,后几种材质的文献多数都是在一枚物质载体上记录意义独立的完整内容,因此即使残碎也是可以命名的。简牍文献受限于书写载体的特殊性,首尾完整的内容往往需要多枚简牍进行记录,因此给单枚简牍命名的必要性值得再考虑。

需要说明的是,简牍命名与簿籍定名两者的性质不一样,不可混淆。簿籍定名是给作为完整意义上的簿籍判定名称与性质,是开展相关研究的起点和基础,是一件十分有意义的工作,与简牍命名是两码事。

结语

文献的整理出版,尤其是性质和特点不同的文献,并无固定的标准与模式,一定要根据其特点做出必要调整,以适应不同性质的文献,为后续研究的开展提供便利。此前有学者注意到简帛整理存在重考古、重文献及兼而有之者三种倾向,认为这是对简帛文献整理属于传统文献学的范畴这一学科属性认识不足所导致的混乱。[1] 不过,换个思路看,每一类或每一批简帛文献的性质和特点不同,其整理方法与体例理应有所调整,似乎不宜强求整齐。

未来古井简的整理刊布,希望能按照出土次序,将所有简牍(包括空

[1] 蔡万进:《出土简帛整理的若干理论问题》,《郑州大学学报(哲学社会科学版)》2017 年第 5 期。

白简)，无论形制如何，均放在一起编号，并在最后出版刊布时也直接采用发掘出土号。这样处理，不仅有利于从文书学的角度开展研究，也为整理者和读者省减了编制新号和翻检对照之劳。当然，如此编号势必给考古发掘和整理出版带来新问题，但量长较短，这样做虽然暂时辛苦些，但对后续的研究来说，还是十分值得的。

从研究者的角度说，出土的空白简也有其研究价值。尤其是走马楼吴简、里耶秦简，空白简占比超过三分之一，到底是什么原因导致如此众多的空白简弃置井内，空白简形态如何，与有字简简册在编联和文书制度上有无关系、有何关系等问题，同样值得关注。当然，要求全部空白简都刊布出版，势必加大整理和出版的难度，似乎也不现实。笔者期待，未来能以合适的方式，将空白简的信息也提供给学界，而非使其像如今一样"默默无闻"。

当然，我们对整理者面对的两难局面，也应报以"理解之同情"。一批简牍出土之后，当务之急自然是整理出版以供学界开展研究，而在深入研究之前是无法弄明白其性质与特征的，因此整理者在出版体例方面自然也无法做出有针对性的安排。换言之，面对及时出版与体例完善之间的矛盾，整理者实际上也有其难言之隐。只是衷心希望，以后能及时总结借鉴此前简牍整理和研究的经验，预判当下简牍的特性，尽可能量身定制，进行适当的调整和安排。

古代东亚地域木简（简牍）的字体比较

方国花

（奈良文化财研究所 日本 奈良）

近年，如中国、日本、韩国等东亚地区均出土木简（简牍），其出土枚数日益增加，并且其研究也有着很大的进展。因为木简（简牍）上书写的汉字，一般为低级官吏亲笔书写，没有任何修饰，可以反映出当时基层社会的汉字使用的具体状况。木简（简牍）因跨过世纪、跨过地域，在各种场面使用，还可以反映出各个时代、各个地域使用的书写风格、字体、书体的演变过程。因而，对各个时代、各个地域出土的木简文字进行对比研究，将其成果积累下来，这些成果不但可以作为解读新出土的木简（简牍）的材料，也可以作为时代、地域不明的木简（简牍）的判断材料。

奈良文化财研究所（以下简称“奈文研”）也因以上目的，从 2013 年开始制作“日本古代木简所用字体、字形一览表”。[1] 同时，如果从各个

[1] 此一览表为日本学术振兴会科学研究费补助金基础研究(S)《为了实现木简等出土文字资料的资源化而有效利用汇总信息与“知”的集结功能》(研究代表:[日]渡边晃宏,课题编号 25220401,2013—2017 年度)的研究成果的一部分。

木简或木简群的文字中发现特殊之处,就把它记录下来。并且,已发表论文、文章中提到的关于木简文字的特征也一并收集起来,作为大数据(Big data)保存。[1]

笔者在奈文研任职时(2013—2018 年),刚好承担以上两个项目。本文先对上述一览表作简单的介绍,然后举几个典型的例子来探讨一下汉字传播的路径。制作上述一览表时,笔者发现很多日本古代木简的字形、字体与中国简牍以及韩国的木简既有相同之处,也有不同之处,若将这些东亚三国的木简(简牍)的字形、字体作比较,可以从中看出汉字从中国流入日本的具体途径。

一、有关制作“日本古代木简所用字体、字形一览表”

此一览表的制作过程共有下面 5 个步骤:

1.用“木简数据库”搜索各个汉字;

2.找出古代木简中的例子,并用木简图像确认字形;

3.按照字形的不同,进行分类,并将其使用次数写上;

4.以使用频度从高到低对字形进行排序;

5.将每个字形做成印刷体,按照步骤 4 的顺序排列。

[1] 收集并记录有关木简文字的特征是日本学术振兴会科学研究费补助金基础研究(A)《有关历史文字的经验知识的共有以及资源化并结合人文学、情报学来进行多元分析》(研究代表:[日]马场基,课题编号 26244041,2014—2017 年度)的研究成果的一部分。

步骤 1 所说的"木简数据库",现已改为"木简库"[1]。使用"木简库"可以搜索日本全国各地出土的所有木简,其检索结果包括近代的木简,所以要在下一个步骤找出古代木简中的例子。确认字形时,因数据库中并未收录所有木简的图像,有些木简还要查找报告书上的图片。然后,要将同样字形归类,记载其使用次数。接着,按使用次数排列,使用次数最多的字形排最前面。这样可以得知,当时人们最为常用的字形如何。到这个阶段(第 4 步骤),主要用手做笔记,但最后需要将这些字形电子化,以便收录于数据库之中。因而,最后一个步骤,需要将各个字形输入电脑里。但有些字形因没有编码,还无法输入。这样的字形,就用ILLUSTRATOR作图软件制作印刷体,或用手写板将字形写出来,然后将其字形图片贴到一览表里。"日本古代木简所用字体、字形一览表"共收录 1305 个汉字,2578 个字形。[2]

另外,查找并整理字形时(上述第 2 和第 3 步骤),笔者发现了一些字形的使用年代局限于一定时期,还有一些字形只在局部地区使用。这些信息不能在一览表中体现,于是另做笔记,作为木简字形的信息保存下来。包括以上所述已发表论文、文章中提及的有关木简字形的摘录,至今已收集的信息量共有 18 万字左右。

通过对日本古代木简所记载的汉字做一番调查,笔者发现了并非每个汉字、每个字形,都是通过同一个途径流入日本的。下面举几个典型的例子,来探讨一下具体都有什么样的途径。

---

[1] "木简库"是将早期公开的"木简数据库"(用以检索木简的系统)和"木简图像数据库·木简字典"(用以检索木简文字图像的系统)两系统合二为一,使得检索更为便利的日本木简的综合检索系统。中文简体版 URL:https://mokkanko.nabunken.go.jp/cnk/。

[2] 详情请参看方国花《日本古代木简的标准字体》,《木简研究》(41)。

二、从晋简到日本古代木简:以“罔”字为例

日本古代木简中的“罔”字均为“罡”字体。[1] 但“罡”字体的使用,在中国是很少见的。日本古代木简,其使用年代多为七、八世纪。但在中国唐朝,与日本古代木简时代相近的《干禄字书》(颜元孙撰,八世纪初)中,并没有收录此字体。历代石碑、墓志铭等金石文拓本中也很少见到此字体。[2] 而且,汉简中也没有找到此字体的用例。不过,在湖南郴州苏仙桥出土的晋简中发现了“罡”字体。此晋简中书写的“罔”字,包括“網”字的右半部分[3],用的都是“罡”字体。关于“網”字,记录了很多六朝时期的异体字的《正名要录》(郎知本撰,594—601 年,S.388)[4] 中写道,“緾”字体为“今而要者”,“網”字体为“古而典者”。可知,“罡”字体是六朝时期常用的简体。想必,汉简里没有“罡”字体,是因为到了三国时期以后,如晋代,才开始用此字体。不过,唐朝通过编撰《干禄字书》等拟定字体规范的字典,对字体进行整顿之后,很多文字资料中使用的“罔”字

[1] 除咒符木简之外。咒符木简与其他木简不同,咒符木简中的“罔”字,多为“罡”或“罡”字形。

[2] 用收录从汉代到清朝的各种金石文拓本资料的“研究汉字字体变迁的拓本数据库”(京都大学人文科学研究所制作。代表:[日]安冈孝一。http://coe21.zinbun.kyoto-u.ac.jp/djvuchar)进行搜索,只可以查到 1 例(唐泉州刺史乐平公孙柳永锡墓志,685 年)。另外,东晋的谢鲲墓志(323 年)中也可以看到此字形。

[3] 郑曙斌、张春龙、宋少华、黄朴华编:《湖南出土简牍选编》,岳麓书社,2013 年。该书收录晋简中编号为 C2-234、C2-240 的简写有“罔”字,C3-114 简中写有“網”字。

[4] [日]大友信一、[日]西原一幸:《二种“唐代字样”的研究与索引》,樱枫社,1984 年,第 75 页。

均有变化,即统一用"岡"字体,很少用别的字体。

虽然日本的古代木简中不使用"岡"字体,但如最早期在日本书写的《金刚场陀罗尼经》(686年)中的"剛"字,《小治田安万侣墓志》(729年)中的"崗"字,均使用"岡"字体。日本著名的书法研究者鱼住和晃先生指出,《金刚场陀罗尼经》的书写风格与唐代书法家欧阳询的风格很相似。[1]《小治田安万侣墓志》的书写风格,也可被称为唐风。可见,"岡"字体的使用,与唐朝的书写风格有着密切的关系。[2]

另外,高句丽的《好太王碑》(414年)、新罗遗址庆州月城垓子出土的木简中的"岡"字,均为"罡"字体[3]。

由此看来,古代日本使用的"罡"字体与"岡"字体的传播路径应该是不同的。"岡"字体应该是由遣唐使直接从中国带到日本的,而"罡"字体不会是受六朝时代书写文化影响而直接传入日本的,因为时间差、距离差都太大。这很有可能是受朝鲜半岛的影响。

三、从汉简到日本古代木简:以"并"字为例

日本古代木简,尤其是七世纪的木简里,用"并"字来表示数量的合计。此用法可以追溯到汉代。不但边疆地区的居延汉简、敦煌汉简里有,

[1] [日]鱼住和晃:《"书"与汉字》,讲谈社,1996年,第78—88页。

[2] 有关"岡"字在古代东亚地区的使用状况,具体请参照方国花《从"岡"字的使用法研究古代东亚各国的汉字文化》,《国语文字史研究》(14);方国花:《从东亚出土文字资料看汉字的传播过程》,《大东文化研究》(112)。

[3] 韩国国立昌原文化财研究所编《韩国的古代木简》(2004年)收录151号木简。

全国各地的石刻等金石文资料中也可以看到此用法。[1] 然而,三国时期以后,就没有发现用"并"字来统计数字的情况。取而代之的是"合"字。可见,统计数量时用"并"字,是汉朝古老的用法,用"合"字才是三国以后的新潮用法。然而,日本到了八世纪,也就是奈良时代以后,统计数量时才开始用"合"字,与中国的"合"字的使用,相隔 500 多年。

那么,再看看韩半岛的例子。高句丽的好太王碑以及新罗的明活山城作城碑(551 年)已有统计数量的"合",而七世纪的百济木简(双北里遗址出土木简)中的"并"字则与日本七世纪木简的用法相同。

如此看来,表示数量的合计时,日本七世纪木简中的"并"字的使用,可以说是受到百济的影响。而八世纪以后使用"合"字,想必是受高句丽或新罗的影响。也就是说,古代日本的文字文化的传播过程,可以分为早期和晚期。早期是中国汉代的文字文化,通过百济传入日本。晚期是中国三国时代以后的文字文化,通过高句丽或新罗流入日本。

结语

不管文字传播有什么样的途径,中国汉代时期的书写文化源远流长,跨过时代、跨过地区,在东亚各个国家、各个地域广为流传。日本古代木简或文书中,书写字形相近的"今"与"令"时,将"今"写成"令""仒"字

[1] 具体请参见方国花《从"并"字的使用法探讨文字的接纳、展开——与"並""合"相比较》,载[日]荣原永远男编《正仓院文书的历史学、国语学的研究——通过解读解移牒案》,和泉书院,2016 年,第 157—197 页。

形,而将“令”写成“令”字形来区分。这种书写技巧源自汉简,早在东汉就已有区别。这种书写方式传播到朝鲜半岛之后,再传入日本列岛之内。我们通过对中日韩三个国家的木简(简牍)作对比研究,不但可以得知汉字传播的具体路径,还可以了解到东亚地域的历史动态。

古代韩国木简上的文字文化

——以合字和国字、习书和落书为例

[韩]权仁瀚

(成均馆大学 韩国 首尔)

1975 年以后,韩国的古代木简发掘工作一直都在持续。表 1 不仅介绍了目前为止所出土的 600 枚左右的木简,而且还介绍了最近的发掘情况。

表 1　韩国的古代木简发掘现况(截至 2018 年末)

遗迹名	发掘时间(年)	木简年代	木简数(枚)	备注
庆州 雁鸭池(月池)	1975	统一新罗	61	附札木简
庆州 月城垓子	1984—1985 2015—2017	新罗六至七世纪	32	多面木简
庆州 皇南洞 376	1994	统一新罗	3	文书木简
庆州 博物馆敷地	1998	统一新罗	2	呪术木简
庆州 传仁容寺址	2002	统一新罗	1	呪术木简
庆州 博物馆南侧敷地	2011—2012	统一新罗	3	乡歌木简(?)
河南 二圣山城	1990—2000	新罗六至七世纪	13	前白木简

续表

遗迹名	发掘时间(年)	木简年代	木简数(枚)	备注
咸安 城山山城	1992—2016	新罗六世纪中后期	245	荷札木简,文书木简
金海 凤凰洞	2000	统一新罗	1	《论语·公冶长篇》(四面)
扶余 东南里	2005	统一新罗(?)	1	
益山 弥勒寺址	1980	统一新罗	2	数词木简(?)
昌宁 火旺山城	2003—2005	统一新罗(?)	7	咒术木简
仁川 桂阳山城	2005	统一新罗(?)	2	《论语·公冶长篇》(五面)
首尔 阿且山城	2015—2018	新罗(?)	1	
釜山 杯山城址	2017	新罗六至七世纪	2	文书木简
扶余 官北里	1983—2003	百济七世纪	10	南朝尺
扶余 宫南池	1995—2001	百济七世纪	3	户籍摘录木简
扶余 陵山里寺址	2000—2002	百济六世纪	153	包含削屑 125 枚
扶余 双北里 102	1998	百济七世纪	2	唐尺
扶余 双北里 县内野	2007	百济	9	户籍摘录木简
扶余 双北里 280-5	2008	百济七世纪	3	佐官贷食记木简
扶余 双北里 119 中心	2009—2010	百济七世纪	4	
扶余 双北里 北浦	2010	百济	2	
扶余 双北里 328-2	2011	百济	3	九九段木简
扶余 双北里 184-11	2012	百济七世纪	2	
扶余 双北里 201-4	2012	百济	2	
扶余 双北里 56	2017—2018	百济七世纪	7	《论语·学而篇》(四面)
扶余 旧衙里 319	2010	百济六至七世纪	9	片纸木简
锦山 栢岭山城	2004	百济(?)	1	
罗州 伏岩里	2006—2008	百济七世纪	13	户籍摘录木简
共 30 处遗址			599(新罗:376;百济:223)	

如上所示,所发掘的六至十世纪韩国古代木简主要分布在新罗和百济,目前接近 600 枚。高句丽木简的发掘案例尚未出现,只有平壤贞柏洞

364 号坟的“初元四年户口簿”木牍、《论语》竹简等乐浪的遗物为世人所知。无可讳言，韩国发掘的木简数量远远少于中国、日本，但木简资料作为填补古代韩国第一手史料不足的划时代资料，足以为韩国史学界乃至考古学、书艺学、韩国语史等相关领域的研究者们所瞩目。

本文的研究目标是以韩国木简中所出现的合字和国字、习书和落书为例，介绍古代韩国的文字文化。与此同时，还将与中国和日本的案例相比较，并对韩国案例所具有的古代东亚细亚文字文化史的意义进行讨论。

一、合字和国字

（一）合字的案例与其意义

合字可以定义为“在卜辞、铭文、碑文等文本内，将连续两个或两个以上的汉字以垂直或水平方向合写成一个的字”。有的学者称之为“合文、连字、合体（文）字”。[1] 这种合字是为了克服书写空间的局限性，始见于中国商周时代的甲骨文或金文上。经过战国、秦代、汉代，合字的方向或合文号的使用，继承过去时代传统的同时又经历了部分变形，逐渐走向消亡。

[1] [韩]权仁瀚：《对古代东亚合文的考察》，《木简与文字》(14)，2015 年。

图 1 商代合字案例

鄭大師小子
侯夫作寶
甄子子孫永
寶用

图 2 周代合字案例

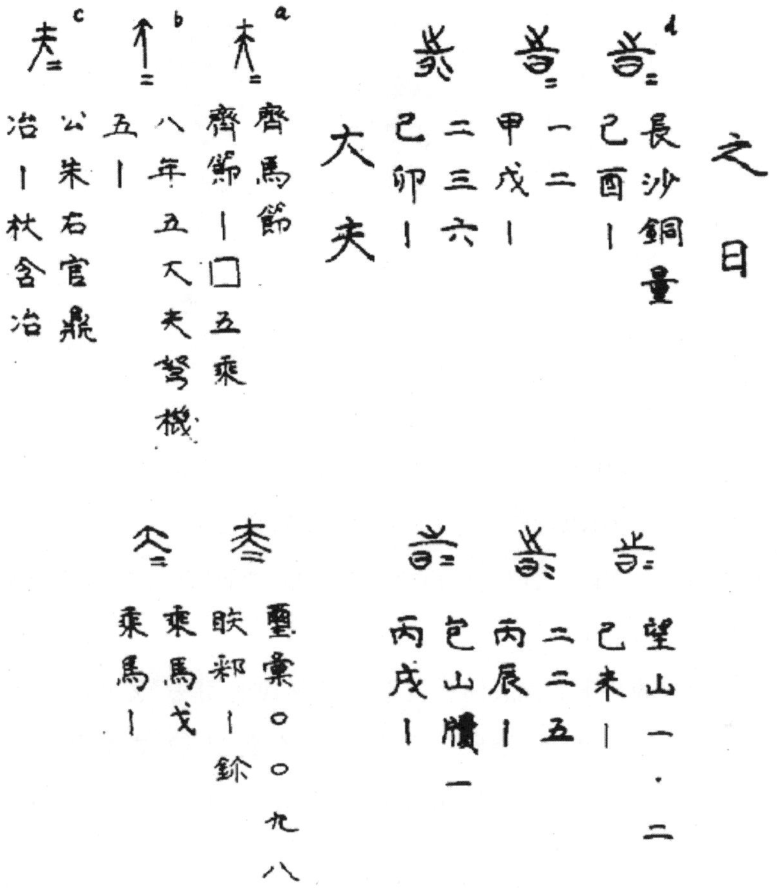

图 3 战国合字案例

大夫 事吏 货贝

图 4 秦代合字案例

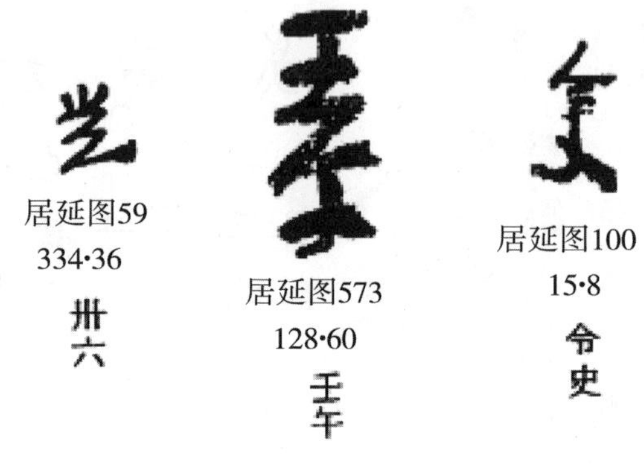

图5　汉代合字案例

如上所示,商代存在上下、左右等多种结合型。战国以后,上下结合型等成为主流。不仅如此,源于周代重文号的合文号“=”到汉代时出现了消失的趋势。实际上,汉代以后除“廿”“卅”“卌”等汉字数字之外,似乎很难找到其他例子。

古代韩国的合字文化大体上既继承了汉代的用法,又呈现了部分变化,并散见于三国(高句丽、新罗、百济)的金石文、木简、古文书等出土文字资料中。为方便起见,我们将新罗木简、古文书上的主要案例整理如下。

表 2　新罗的主要合字案例

数字			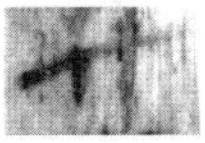				
	“廿” 咸安木简 No.GY1602	“廿” 咸安木简 No.GY2956	“廿” 雁鸭池木简 No.215	“卅” 咸安木简 No.GY5598	“廿” 新罗帐籍 (695?)	“卅” 新罗帐籍 (695?)	“卌” 新罗帐籍 (695?)
		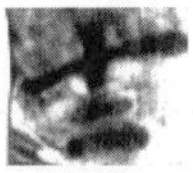					
	“十一” 咸安木简 No.GY1602	“十二” 二圣山城木简 No.118	“六十” 咸安木简 No.GY5598	“十一” 新罗帐籍 (695?)	“六十” 新罗帐籍 (695?)	“八十” 新罗帐籍 (695?)	“九十” 新罗帐籍 (695?)
数量句(短语)					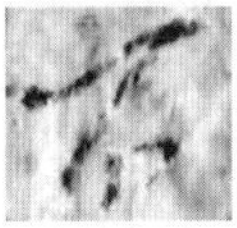		
	“一石” 咸安木简 No.GH1280	“一石” 咸安木简 No.GY2009	“一石” 咸安木简 No.GY2641	“一石” 咸安木简 No.GY28	“一石” 咸安木简 No.GY30		“一石” 咸安木简 No.GY41
官职名			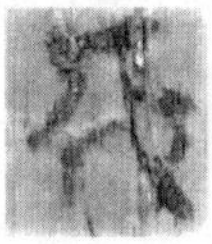				
	“一尺” 咸安木简 No.GY28	“一伐” 咸安木简 No.GY68	“一伐” 月城垓子 丙午年木简	“小舍” 月城垓子 白遣木简	“小乌” 月城垓子 白遣木简	“乃末” 新罗禄俸 文书 (八世纪 中叶)	“大舍” 新罗禄俸 文书 (八世纪 中叶)

续表

其他							
	[illegible]	[illegible]	[illegible]	[illegible]	[illegible]	[illegible]	[illegible]
	“古刀” (人名 一部) 咸安木简 No.GY29	“一古” (地名 一部) 咸安木简 No.GY1992	“甘文” (地名) 咸安木简 No.GY5595	“女子” 新罗帐籍 (695?)	“小子” 新罗帐籍 (695?)	“畓” (水田) 新罗帐籍 (695?)	“大豆” 新罗禄俸 文书 (八世纪 中叶)

综上所述,新罗合字文化的特征可总结如下:

首先,出现了很多以“一”“二”“大”“小”等字高相对较低的字为主的上下结合型合字。这并非新罗独有的特征,从表2中可以看出,中国也有“一月”“大夫”“小子”等案例的出现。由此可见,这是接受与容纳中国合字文化特征的结果。但是“古刀”“甘文”的案例脱离了这种特征,可以说,地名、人名等常用语也发生了一些小的变化。

其次,合字的使用案例涉及数字或数量短语、地名、人名、官职名、日常用语等,除“水田”“大豆”等扩大至日常用语外,并没有很大地偏离中国的使用案例范围。因此,在使用案例方面也可以确认新罗实现了对中国合字文化的接纳与改变。但“一石”“水田”“大豆”的合字在形成韩国合字“㐃”“畓”“太”字时起到了基础性作用,这一点值得特别加以记录。

这种新罗的合字文化对古代日本的合字文化也产生了很大的影响。日本的主要案例如下:

表 3　古代日本的主要合字案例

数字	"十一"  平城宫 1-404	"十二"  平城宫 2-2328	"六十"  城 34-14 上	"八十"  城 34-14 上	"廿"  藤京00982	"卅"  平宫00461	"卌"  平宫00198
年号/干支	"和铜"  平京00185	"养老"  平宫02892	"天平"  平京04537	"景云" 平宫02819	"乙未"  藤宫00184	"丁丑"  藤京00193	"己亥"  藤宫00183
地名	"志摩"  藤宫00153	"远江"  平宫11956	"丹波"  平宫02901	"丹波"  平宫11306	"丹波"  平宫12646	"但马"  平宫07903	"香川"  平宫12665
官职名/其他	"末吕"  平京00341	"万吕"  平京04535	"万吕"  平京04626	"万吕"  平京04606	"万吕"  平京04835	"麻吕"  平京00065	
	"物部" 平宫04786	"书吏"  平京00286	"官人"  平宫03754	"户主"  平宫00325	"户口"  平京04888	"年鱼"  平宫02866	

从表 3 中可以看出，日本的合字与新罗的合字案例大同小异。除汉字数字"廿""卅""卌"外，两个字的上下合字占绝大多数，而且同样完全不见合文号的踪影。但新出现的年号案例是最大的差异点。因此，可以认为日本的合字文化也在接纳新罗用法的同时进行了部分改变。

总而言之，东亚细亚三国的合字文化作为对汉字文化传播的说明机制，在证实"选择性地接受容纳与变化"上有着重要的意义，其特点是中国内、外均适用（后述）。

(二)国字的案例与意义

国字作为在韩国以独特读法使用的汉字(或汉字系文字),可以定义为汉字三要素(字音、字义、字形)中的任何一个或一个以上与中国、日本等汉字文化圈国家的文字有差异的字。综合现有研究,国字大致可分为国造字、国音字、国义字、国变字四种。

(1)国造字:椋(仓库 gyeong)、(斛)/㐎(gul)、哛(ppun)、乧(dung)、乬(geok)、[illegible](san)等

(2)国音字:钊(soi)、只(gi)、卜(jim)、上(ja/cha)、頉(tal)等

(3)国义字:畓(non dap)、太(kong tai)等

(4)国变字:口诀字等

现在,在关注国字概念的同时,让我们着眼于最近出土的文字资料,具体了解一下在古代韩国国字是何时产生、如何产生的,以及它们是否传播到了邻国。

1.“椋”

古代韩国文字资料中出现的第一个国字案例就是“椋”字(“京”为“仓库”之义,但“京”的实际字形是“京”)。该字不仅出现在古代三国和日本的资料中,而且与中国的“椋”意思大相径庭,因此作为考察国字形成和传播过程的典型例子而备受关注。

椋,《尔雅 · 释木》:“椋,即来。”《说文 · 木部》:“椋,即来也。”《汉语

大字典》:“木名,即‘梾’。”[1]“椋”字在中国自《尔雅》《说文解字》以来,仅用于指榆科的阔叶乔木——糙叶树(梾),与此相比,“椋”字在高句丽、百济、新罗以及日本用作“仓库”之意,是符合上述国字条件的案例。

图 6 《德兴里古坟壁画墨书墓志铭》

该字最初出现于高句丽的《德兴里古坟壁画墨书墓志铭》(408 年)第 13—14 行:“……旦食盐鼓(豉?)食一椋记/之”(“早饭吃的盐豉存放了一仓库”或“早饭有一仓库”)。关于墓主幽州刺史镇的国籍不是没有争论,但从墓志铭上出现的“永乐”年号、官职名“国小大兄”等来看,其既是中国的亡命之士,又是与高句丽国王有着密切关联的人物。因此对于承认该字为高句丽国字,并无异议。

而且“椋”字的形成与高句丽的“桴京”有着密切的关联,这一点似乎也没有争议。众所周知,高句丽并无大型仓库,但据记载,家家户户都有名为“桴京”的小型阁楼仓库(“无大仓库,家家自有小仓,名之为桴京。”[《三国志·东夷传·高句丽条》])。“京”字本来是指保管谷物的仓库,

[1] 汉语大字典编辑委员会编纂:《汉语大字典》,湖北辞书出版社、四川辞书出版社,1986 年,第 1236 页。

后来意思逐渐转变为“都邑”或“首都”,导致在表示仓库的语境里很难再用“京”字。因此高句丽人将“京”字与“桴”字的“木”偏旁相结合,标记了本国的“桴京”,最终形成了“椋”字。[1]

值得注意的是,如图 7 所示,通过最近发掘的文字资料可以确认,以这种方式诞生的“椋”字不仅在高句丽使用,经由百济和统一新罗,其使用范围已扩散到了古代日本。

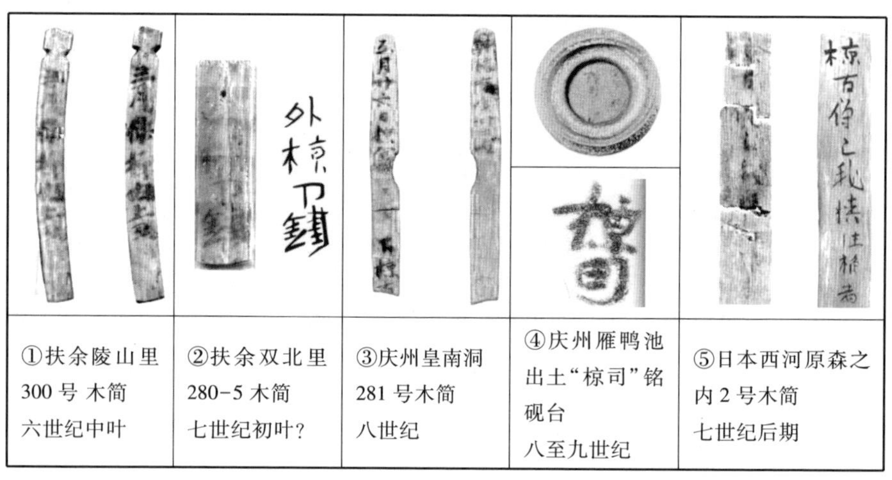

①扶余陵山里 300 号 木简 六世纪中叶	②扶余双北里 280-5 木简 七世纪初叶?	③庆州皇南洞 281 号木简 八世纪	④庆州雁鸭池出土“椋司”铭砚台 八至九世纪	⑤日本西河原森之内 2 号木简 七世纪后期

图 7

①三月仲椋 □上刃(3 月向仲椋上缴的未脱壳的米)

②外椋卩 铁(外椋部的铁)

③五月廿六日椋食□内之 下椋有……/仲椋有食卅二石(5 月 26 日 椋食[在仓库保管的粮食]。在下椋有……,仲椋[仓库]里有三十二石米)

[1] 除此之外,也有研究者以《管子》《急就篇》等的连文“囷京”为例,指出“椋”字实来源于古代中国表仓库(仓廪)之义的“京”字。戴卫红:《韩国木简研究》,广西师范大学出版社,2017 年,第 216—217 页。

④椋司(仓库的有司)

⑤椋 直 传之 我持往稻者……(椋直转述,我带去的稻子……)

通过上述资料可以确认,五世纪的高句丽国字"椋"字途经百济、新罗一直传到古代日本,而且都用作"仓库"之义。这不仅充分体现了高句丽在古代文字文化中的地位,而且还可以追踪"高句丽→百济(→新罗)→日本"的传播路径,其重要性不言而喻。

2."畓""畠"

"畓"和"畠"字是由"水田"和"白田"的上下合字而形成的初期国字,这两个字也显示出与上面相类似的文字文化的传播路径。更有趣的是,在这些字的固定过程中,国家与国家之间显现出了一定的差异。

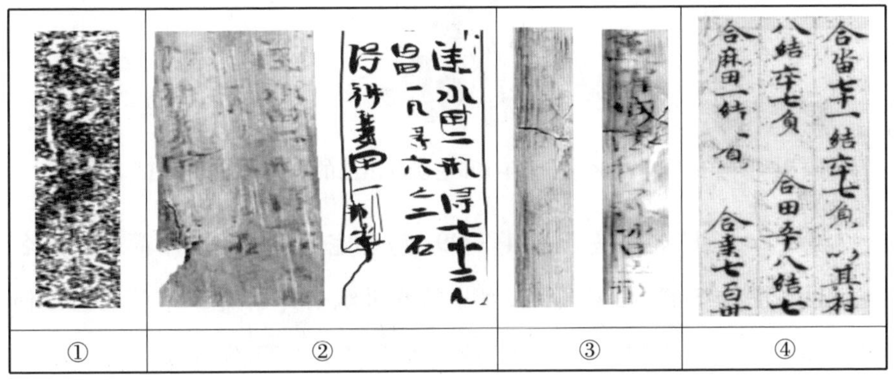

图 8

①昌宁新罗真兴王拓境碑(561 年) 6 行 19—23 字

"海州白田畓"(海州的旱地和水田)

②罗州伏岩里 木简 5 号(610 年?) 2 面 上端

"水田(1 行 2—3 字) 畠(2 行 1 字) 麦田(3 行 3—4 字)"

③扶余宫南池 295 号 木简(七世纪 2/4 分期) 1 面 2 行 下端 “水田(畓?)(2 行 15—16 字)”

④新罗帐籍(695 年?) 8—10 行

“畓(8 行 2 字) 田(9 行 7 字) 麻田(10 行 2—3 字)”

“水田”在新罗从六世纪下半叶开始被固定书写为“畓”字(①④);而在百济,直到七世纪初中期仍用“水田”标记(②③)。就“白田”而言,在新罗初期标记为“白田”(①),到后期就只出现“田”(④);而在百济则很早开始就标记为“畠”(②)。由此可以看出两国间的差异。

图 9　日本长屋王(684—729 年)邸宅遗迹出土的木简“畠田子首”人名

另一方面,日本长屋王(684—729 年)邸宅遗迹出土的木简中有人名“畠田子首”的案例(参见图 9),可见从八世纪初开始“畠”字就已经被使用了。但难以找到可以确认“畓”字写法的资料。反而通过《续日本记》天平二年(730)六月庚申日条“缘旱令检校四畿内水田陆田”的记载可以确认,八世纪初期依然写作“水田”。这说明在“畓”“畠”字的写法上,日本与百济有着相同或相似的情况。

通过上述资料,不仅可以确认韩国国字“畓”字自六世纪后期开始在新罗使用,“畠”字自七世纪初期开始在百济使用,而且还可以确认曾被认为是日本国字的"畠"字,很有可能是通过百济传播而来的。

3."太"

众所周知,"太"是韩国独特的、象征大豆的国字。如今"白太、黑太、青太、鼠目太"等豆类名字中所出现的"~太"的用法就是如此。"豆"的汉字词是"大豆","太"字的发展也正是源于"大豆",文书资料在统一新罗—高丽时代可以找到。

首先,传入日本正仓院的新罗文书(八世纪中叶的佐波理加盘文书)第5行中工工整整地写着"大豆"两个字,但在第6行中,下方的"豆"字连笔书写,出现了像一个字一样的上下合字。这表明了"太"字源于"大豆"上下合字书写方式的可能性。

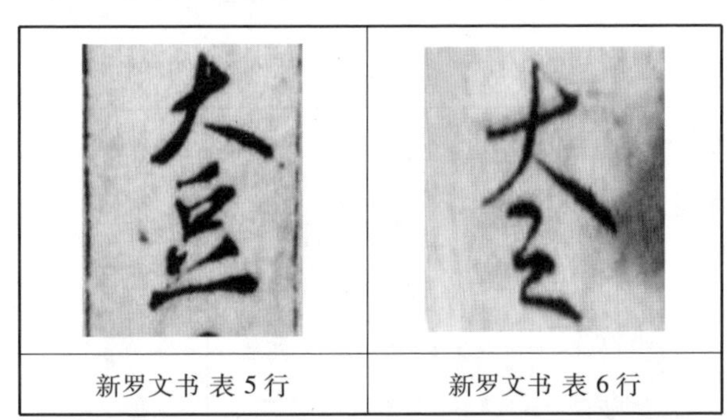

新罗文书 表5行	新罗文书 表6行

图10

像这样充分展示八世纪中叶的"大豆"的上下合字在十一至十二世纪最终转变为"太"字的资料,是高丽时代的《佛国寺无垢净光塔重修记》(1024年)。

正如从图11中所看到的一样,十一世纪初的该文书一目了然地展现了"大豆"简化为上下合字并最终呈现为"太"字,具有珍贵的资料价值。这证实了推测的在此期间国字的形成过程。而且《鸡林类事》(1103年)

中“豆曰大(太)”条目的出现告诉我们,“大豆→㚅→太”的变化最晚在十二世纪初就已经完成。

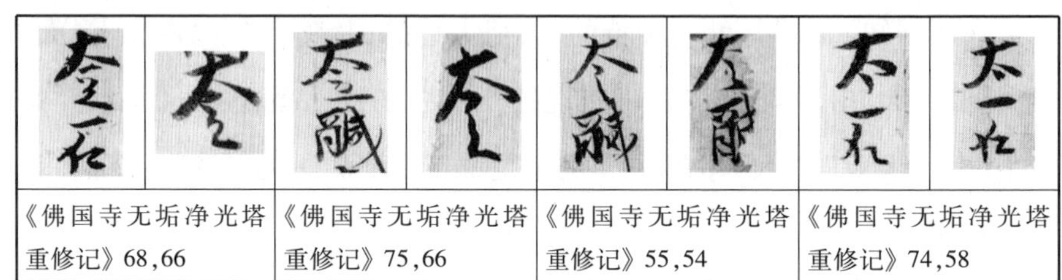

《佛国寺无垢净光塔重修记》68,66	《佛国寺无垢净光塔重修记》75,66	《佛国寺无垢净光塔重修记》55,54	《佛国寺无垢净光塔重修记》74,58

图 11

4.“石”

石是仅在古代韩国使用的谷物计量单位名词,是相当于中国或日本的“斛”字的国字。这是在之前的表 2 看到过的咸安木简中由“一石→石”逆向形成的字。

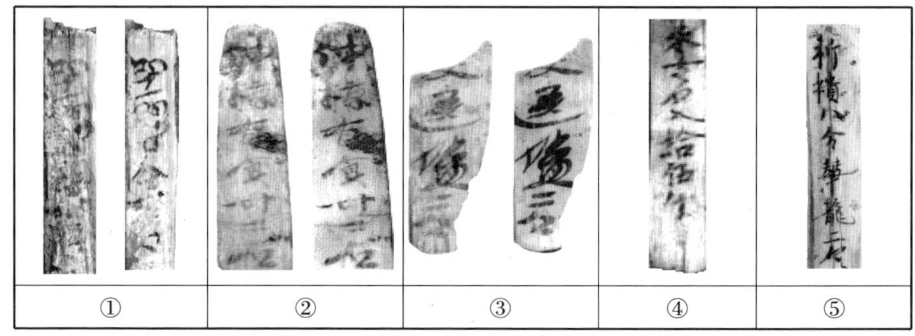

①	②	③	④	⑤

图 12

①咸安城山山城 GY1595 号 木简

“器尺一石”(器尺[黍?]一石?)

②庆州 皇南洞 281 号 木简背面

“仲椋有食廿二石”(仲椋[仓库]里有二十二石米)

③扶余 陵山里寺址 304 号 木简背面

"……□送塩二石"(……送了两石盐)

④高丽 马岛2号船0622-K7号 木简(十三世纪)

"……米一石入十伍斗"(……一石大米入[容器]十五斗)

⑤日本 平城宫 宫1-477号 木简

"祈横八合輂笼二石"(祈柜八合,輿笼二石)[1]

如图12所示,在新罗咸安木简(①)或扶余陵山里寺址木简(③)中看到的石字是途经统一新罗(②)传至古代日本(④)的具有奇特经历的字。在新罗咸安木简中可以看到很多表明这个字形成的案例,因此这个字应该看作从新罗的国字出发,暂时传播至百济或日本的存在。值得一提的是,在韩国这个字形一直被沿用到高丽时代,到了现代又恢复为"石"字,这是它与其他国字的差异。

二、习书和落书

(一)习书、落书的定义与分类

习书以文字练习为主要目的,由于重复同一个字,因此作为句子时很多情况下都没有意思。也有记录中国典籍或汉诗、律令条文等的文书、歌谣片断的,通过这些可以揣度出下级官吏的知识和关注点。除木简外,还

[1] 该木简是在2011年日本奈良文化财研究所的"地下の正仓院展コトバ(言叶)と木简"第二期中所展示的,展示解说文上将此字当作未详字处理。

有在陶器上记录的案例。[1] 因此,习书的种类在内容上可以分为文字、文书、典籍的习书,在材料上可以分为木简、陶器上的习书,此外还可以加上在文献上的习书。

与之相比,落书在汉字构成上是指:①誊写时漏字;②将字或画一类当作玩笑随意使用;③关于时事或人物的讽刺性文字或图画的用语。[2] ①的案例仅散见于《朝鲜王朝实录》等古文献中,在现代几乎不用。因此这里的考察对象为②③,主要限定于②的案例。

从以上两个术语的定义来看,很容易将习书和落书理解为不同的行为或产物,但在实际资料中难以划清两者界线的情况也很多。因此,这方面的专家中提出两者难以区分观点的人很多(如奈良文化财研究所的渡边晃宏副所长等)。

图 13 东京大学小仓文库所藏(光州版)《千字文》

[1] 借用了日本奈良文化财研究所主页上开设的"木简广场"网站上的定义。

[2] 参照韩国《标准国语大辞典》(韩国国立国语院主页提供)的词条"落书"的释义。

例如,从图 13 东京大学小仓文库所藏(光州版)《千字文》(东京大学福井玲教授提供)的案例中可以看到,中间气势磅礴的“义”字或是上面用小字写的“吾道一□……/吾道”短语等呈现出接近习书的特征,而“义”字周围满是难以解读的落书,该把它看成习书还是落书呢?

如果对此很难找到答案,那么对于习书和落书的分类也应该反映出两者间彼此关联之密切。也就是说,不仅在习书中会有具有落书性质的案例;同样,在落书中也会有具有习书性质的案例,这一点值得留意。

在这点上,佐藤信教授试图对习书、落书的内容进行分类,并考虑了两者的关联性,这一点备受关注。其分类方案介绍如下:[1]

Ⓐ记载的形式:(a)汉文——正格汉文、和化汉文、万叶假名
(b)文字——多字、一字
(c)画(绘)
Ⅰ 典籍的习书
Ⓑ书写的内容:(a)习书(的特点)
Ⅱ 文书的习书
Ⅲ 文字的习书(落书)
Ⅳ 难波津歌、九九段等落书(习书)
(b)落书(的特点)
Ⅴ 汉诗、和歌的落书(习书)
Ⅵ 落书(戏书·戏画)

[1] [日]佐藤信:《习书与落书》,载其著《日本古代的宫都与木简》,吉川弘文馆,1997 年。

在佐藤教授的分类方案中,最引人关注的便是“习书(落书)”或“落书(习书)”的措辞。可以判断在符合Ⅲ-Ⅴ的案例中,包含了如上所述的两者特点共有的案例。在这里他补充说:习书和落书的区别标准在于“学习意图的有无”。

(二)习书、落书的案例与意义

现在是时候根据上述习书和落书的定义及分类方案具体考察古代韩国木简案例了。考虑到韩国的案例,本文将在介绍上述佐藤教授分类方案中Ⓑ Ⅰ-Ⅲ、Ⅵ的情况后,补充其文字文化史意义。

1.典籍的习书

典籍的习书案例在古代日本的木简中很丰富。经佐藤信、渡边晃宏等研究,《论语》《尔雅》《千字文》《文选》《王勃集》《圣母神皇集》《乐毅论》《魏徵时务策》等典籍的名称或一部分内容被广泛地以习书的形式写于正仓院文书、木简、陶器上,由此可以确认这一事实。

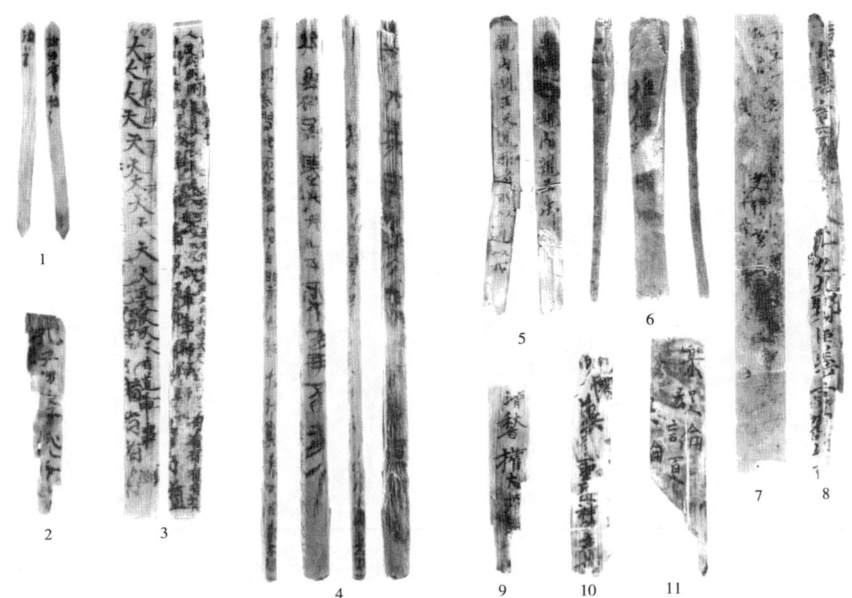

图 14 古代日本的典籍习书木简案例

主要释文(参照奈文研“木简库”[http://mokkanko.nabunken.go.jp/kr/]等):

①论语序论□/论□,②孔子谓季氏八□[佾?]

④子曰○学而习时不孤□乎□自朋远方来亦时乐乎人不知亦不愠(左侧面)/……

⑦千字文敕员外散骑侍郎周兴次嗣韵天地玄黄宇/总合买得稻苅得蒭五百九十六束四把八分/○天地黄黄稻平章欲章章九十○十九把一分

⑧言臣善言窃以□□[以道?]光九九野臣善言窃□□[以道?],⑪乐毅论夏/□□[毅论?]

另外,在韩国古代木简中也可以找到为数不多的与典籍相关的习书案例。

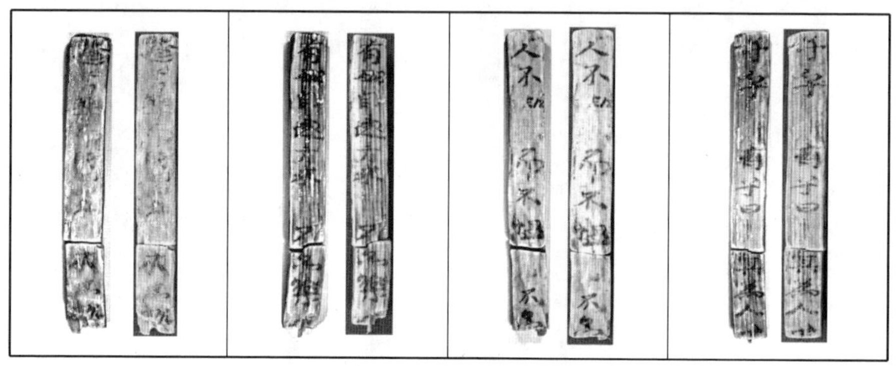

图 15 扶余双北里 56 号地出土的《论语》木简

木简解读:

1 面:(人面画)子曰学而时习之 不亦悦(乎)

2 面:有朋自远方来 不亦乐(乎)

3 面:人不知 而不愠 不亦(君)

4 面:子乎 有子曰 其为人也

第一个案例是于 2017—2018 年在“扶余双北里 56 号地泗沘韩屋村工地”调查中所发掘的,写着《论语·学而篇》第 1 章全文和第 2 章一部分的七世纪初叶百济《论语》木简。虽然至今还在讨论该木简的性质,因此比较谨慎,但笔者将 1 面的第 1 个字看作人面画,而并非文字,想将其作为兼具典籍的习书和落书性质的木简案例来看。

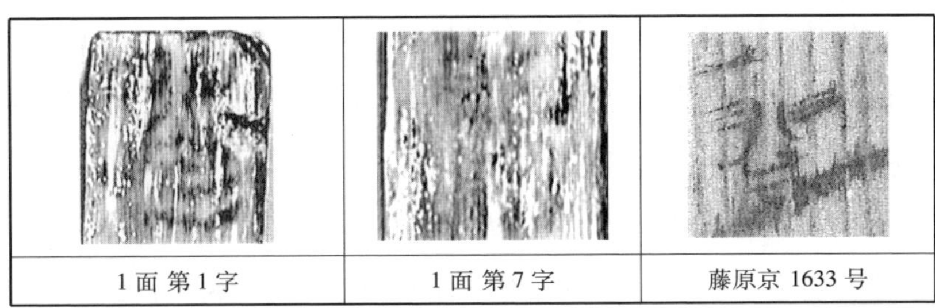

1 面 第 1 字	1 面 第 7 字	藤原京 1633 号

图 16

事实上,挖掘者们认为“习”字下面的“走之底”(辶)是特殊字,而且也不排除其是人面画的可能性。从上面的照片中可以看出,1 面第 1 个字与 1 面第 7 个字“习”字相比,不但有着明显的差异,而且与日本藤原京出土的 1633 号木简上所看到的人面画有共同的特征。因此可以将其认定为人面画,这与发掘方最初的解读不同。

因此,虽然找不到文字反复等习书木简的典型特征,但《论语》的开头“子曰”也没有从 1 面第 1 个字开始。不仅如此,由于人面画与空格的存在,从木简的性质上看,这一案例很可能与学习经典有关,可视为对老师等特定人物表达某种感情的典籍习书(落书)的案例。

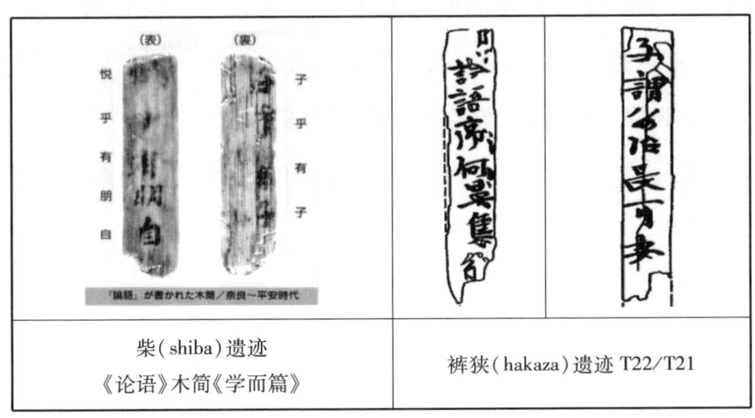

柴(shiba)遗迹 《论语》木简《学而篇》	裤狭(hakaza)遗迹 T22/T21

图 17

此木简所具有的文字文化史意义概括如下。

首先,第一章的第一个短语写的不是“说”字,而是“悦”字。这在表明此木简的撰写人以《论语集解》(何晏等)或《论语义疏》(皇侃)为基础学习《论语》上具有重要意义。因为在宋代以后的《论语》注释资料中,这个短语写作“不亦说乎”。因此,通过此木简,可以具体缩小七世纪初叶在百济成为学习《论语》的基础版本的注释资料的范围,这一点具有首要意义。

与此相关,日本兵库县出土的3枚《论语》木简备受关注,即在柴遗迹所出土的《论语》木简中与扶余木简一样都写着“悦”字的木简,连同袴狭遗迹中出土的写着“论语序何晏集(解)”的木简(T22)和写着《论语·公冶长篇》的木简(T21)。它们不仅与在韩国出土的扶余双北里《论语》木简(《学而篇》)、仁川桂阳山城《论语》木简(《公冶长篇》)、金海凤凰洞《论语》木简(《公冶长篇》)篇名一致,从而表明韩、日间典籍文化的密切关联性,而且能够推理出百济的《论语》学习也是以何晏等人的《论语集解》为基础的,这一点尤为重要。

其次,原文中处处可见的空格很有可能体现了当时百济人阅读《论语》原文的实际情况,这一点也有着非常重要的意义。今后应通过与中国和日本的案例相比较,寻找该空格可能具有的意义。

作为典籍习书的另一个案例,八世纪中叶的庆州雁鸭池187号木简也备受关注。

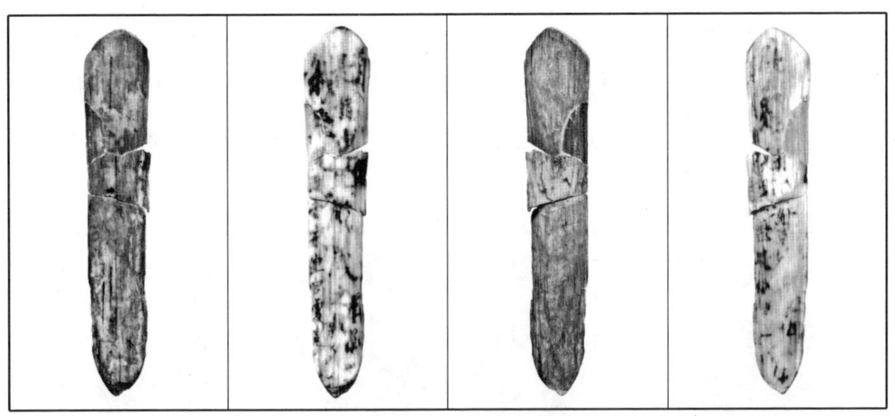

图 18　庆州雁鸭池 187 号木简

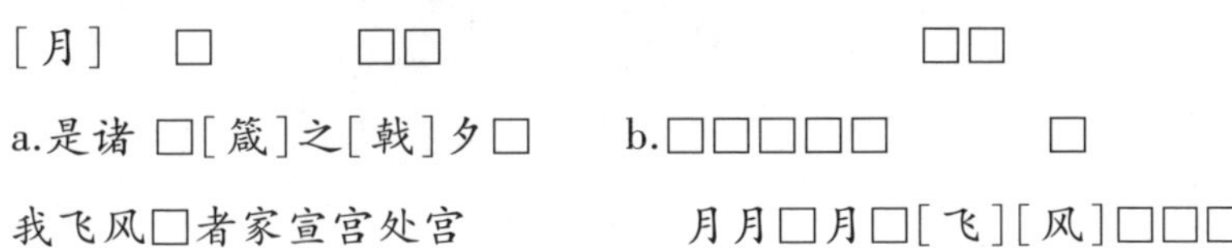

［月］　□　　　□□　　　　　　　　□□

a.是诸 □［箴］之［戟］夕□　b.□□□□□　　　□

我飞风□者家宣宫处宫　　　月月□月□［飞］［风］□□□

由于着墨及保存状态不理想，很难制定该木简的正确解读方案。但正面所看到的“箴之”与正、背面所看到的“飞风”字样等备受关注。因为“箴之”在《毛诗正义》上经常看到，而“飞风”则是在《春秋左传正义》“僖公”条上经常看到的字眼。同时收录二者的文献是孔颖达的《五经正义》，于 653 年 3 月颁布；不仅如此，神文王二年（682）所设立的国学中教授了《周易》《尚书》《毛诗》《礼记》《春秋左氏传》《文选》等，由此推断 187 号木简很有可能是八世纪后期在国学（太学监）学习过的学生的习书木简。因此，该木简也向世人展示了统一新罗的高等教育机构国学中儒教经典学习的具体面貌，这一点也具有意义。

2.文书的习书

文书的习书案例在古代韩、日的木简中并不罕见。

在日本有如图 19 所示的练习木工寮解文(下级官员上报的文书格式)的案例(2097)、练习文书上词汇的案例(2631)、反复练习文书中常用的"谨"字的案例(2387)等平城宫下级官吏经手的与文书相关的习书木简。

2097:⊂　⊃ 申请 木工寮解	2631:[表] 充宜充之 宜知此状 [里] 趣趣宜知 此状宜趣旨	2387:谨谨谨谨谨谨谨 谨谨谨谨谨谨

图 19　古代日本的文书习书木简(平城宫木简 2)

在古代韩国也有像这样的与文书相关的习书木简。

在被推断为七世纪初叶的扶余宫南池"宫 2 号"木简上,"文""令""也"等反复书写,"文书"一词出现了 2 次。由此可见,这很有可能是与当时百济文书书写有关的木简。尤其是百济文书木简上出现终结词"也"的案例屡见不鲜(扶余陵山里寺址陵 2 号 3 面,301 号背面),并且出现了文书中经常使用的如"令""进"这样的字,从这些点都应该看到,其作为百济的为文书书写而练习句型和词汇的资料,具有充分的价值。

图 20 扶余宫南池“宫 2 号”木简

a. □文 文 文 文文文文 文文

b. 书文书□文令 令文文也□也文也文

c. □文文文文文□□□□

d. □[进]文[书]也也也也也

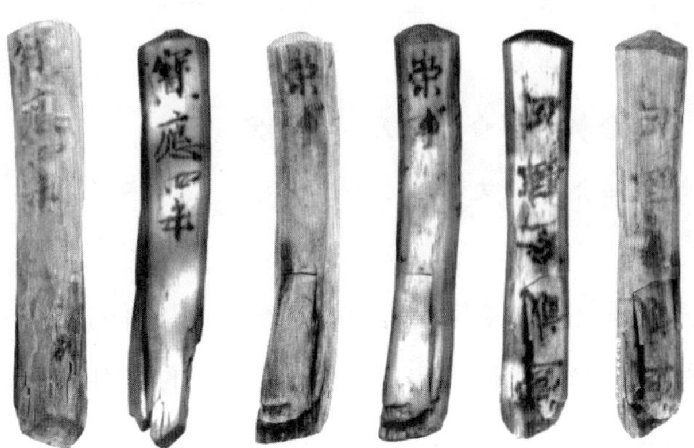

图 21 庆州雁鸭池 182 号木简

在雁鸭池 182 号木简上有“宝应四年”(765)的墨迹,这是韩国古代木简中为数不多的可以准确知道制作年份的木简之一。墨迹的内容是“宝应四年(1 面),策事(2 面),壹贰叁肆伍(3 面,上下倒置)”,比较容易解读。第 3 面倒写,说明这是习书木简。如何理解第 2 面“策事”的本质将成为核心。

图 22 庆州雁鸭池 184 号木简

□□舍舍舍　天宝十一载壬辰十一月

a.韩舍　　韩舍

韩舍韩舍韩舍　　天宝宝□宝

b.韩舍韩舍韩舍文辶(人面画)

雁鸭池 184 号木简上新罗的官职名“韩舍”和唐朝的年号“天宝”反复被书写,这很有可能是练习当时撰写文书所需的常用句。从这一点看,它具有可以看作与撰写文书相关的多字习书的特性。

不仅如此,背面末尾还绘有人面画,如果是包含毁谤之意的画,则具有落书的特征。粗短的鼻子、犀利的眼神、歪斜的嘴等特征绝不是友好的描绘，应该将其视为蕴含着对担任韩舍一职的上官的否定之意。因此，笔者想寻找该木简作为与撰写文书相关的多字习书兼落书木简的意义。

3.文字的习书

文字的习书中有反复练习一个字的“一字习书”和反复练习官司名、地名、物品名或无意义语句等的“多字习书”。[1]

首先，一字习书的案例在中国、日本都有，其中在日本尤为丰富。在古代韩国很难找到相关案例。多字习书的案例可以参照之前对雁鸭池182号木简的说明。

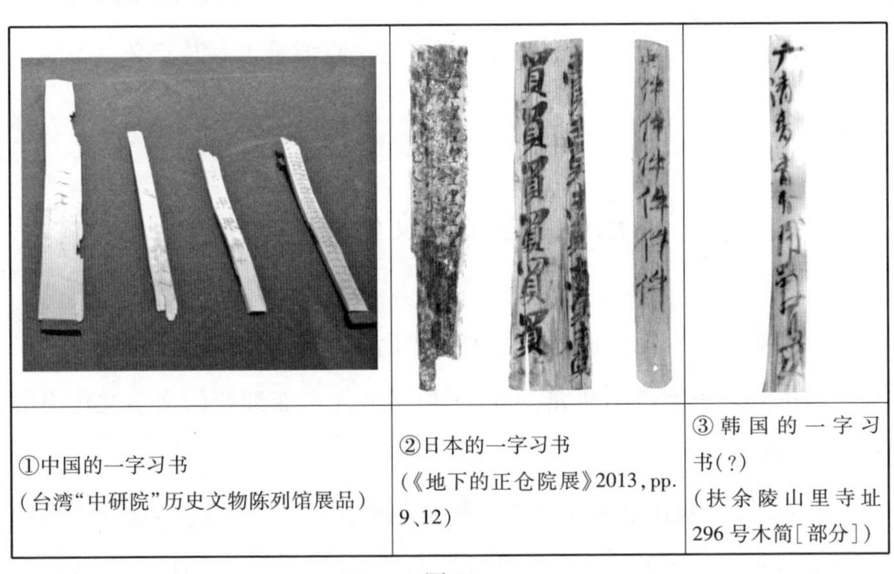

①中国的一字习书 （台湾“中研院”历史文物陈列馆展品）	②日本的一字习书 （《地下的正仓院展》2013，pp. 9、12）	③韩国的一字习书（?） （扶余陵山里寺址296号木简［部分］）

图22

图22中的照片①属于居延汉简中的一字习书，从左开始解读为“人”字的反复习书（“□下以以 □夫夫人”，“告告□ 东界□□”）、“以”字的反复习书，左右两侧的木简可以说是狭义的一字习书的案例。照片

[1] ［日］佐藤信：《习书与落书》，载其著《日本古代的官都与木简》，吉川弘文馆，1997年，第449页。

②是平城宫出土的木简案例,从左开始可以看出“皇”“雁”“卖”“买”“件”字是反复被书写的。除此之外,古代日本的案例还有很多。

照片③是扶余陵山里寺址 296 号木简的背面,可以解读为“广清青青青用……”,如果关注第 3—5 字即反复书写的“青”字的话,就可以将其看作与文书相关的一字习书木简的案例。这枚木简与文书有一定的关联性,这是以正面用“三月十二日梨田(?)……”开头为根据的。虽然不清楚是写文书中途停止了,还是废弃后再使用,但正面下部反复写着一部分相同的字。因此与中国和日本一样,可以看出这是百济的以撰写文书为主要任务的下级官员们日常的资料。这一点似乎也有其意义。

三、东亚细亚文字文化史的意义

通过对以上六至十世纪韩国木简中出现的合字和国字(韩国固有汉字)、习书和落书案例的研究,可以归纳出古代东亚细亚的文字文化史的意义,整理如下。

第一,古代东亚细亚文字文化传播的机制,可以综合为“选择性地接受容纳与变化”,尤其是合字文化,这个原理在中国内外均适用。具体情况如下:

1.殷⇒周:殷代的合字类型,主要继承了上下 2 字的合字形式(选择性地接受容纳)

新引进重文号(变化)

2.周⇒战国:继承了大部分周代的特点(接受容纳)

不仅把重文号当作合字号来使用,在使用案例方面也增加了日常用语(变化)

3.战国⇒秦、汉:传承了大部分战国时代的特征(接受容纳)

不仅出现了合字号的省略形,在使用案例方面也急剧减少(变化)

4.中国⇒韩国:历代中国(特别是秦、汉)的多样合字类型,主要传承了上下2—3字合字型(选择性地接受容纳)

统一为合字号省略型,出现了新的字音变化(或训读)型(变化)

5.中、韩⇒日本:中、韩的多样合字类型,主要传承了上下2字合字型(选择性地接受容纳)

在用例方面出现了新的年号(变化)

第二,可以掌握东亚细亚文字文化的传播路径。通过韩国国字的写法,再次确认了"中国→ 高句丽→ 百济(→新罗)→ 日本"的传播方向,这正是本文的意义所在。此外,通过百济国字"畠"的案例,以及作为典籍习书(落书)的扶余双北里出土《论语》木简,再次确认了古代日本文字文化的绝大部分与百济有着密切关联的可能性。

(本文译者:王瑶,成均馆大学国文科博士结业生)

中国的简牍、帛书与东亚的纸、木简
——从信息技术来看资料学

［日］藤田胜久
（爱媛大学 日本 爱媛）

中国的秦汉史研究，一直以来都以《史记》《汉书》等传世文献为主，并围绕政治制度、法制史、官制史等内容展开，而关于简牍内容的发掘以及对官府运行极为重要的公文行政系统，则一般很少见到相关的研究。在日本，针对中国简牍的研究，不仅一直在推动中国思想史和历史学研究的进步，同时也在日本木简发掘之后，让人们意识到中国简牍与日本出土木简之间的联系。因此，如果将中国简牍的内容，与韩国、日本的古代木简相比较会发现，其相互之间存在着几处不同。[1]

其一，中国简牍与韩国、日本木简的历史年代有着巨大差异；其二，出土地点与出土的状态也不一样；其三，中国简牍与韩国、日本木简的内容及其各自占比有所不同；其四，书写材料也不一样。中国直至汉代，文字

---

［1］［日］角谷常子编：《東アジア木簡学のために》序言（汲古书院，2014年）等，指出了迄今为止总结的中国与日本木简之间的诸多差异。

书写依然处于简牍与帛书的时代，而进入三国魏晋时期则逐渐开始纸和简牍并用。古代的韩国与日本，自有文字记录开始则基本处于纸与木简并用的时代。基于以上几个差异点，如何推进中国与韩国、日本之间的比较研究，成了长期以来比较重要的课题。

此时，若将中国的简牍、帛书以及日本古代的木简一起当作补充传世文献的出土材料来研究，用以推动国家、社会的历史研究，则会发现中国与日本的研究对象有着巨大差异，而共同点相比而言则少之又少。因此，就有必要将中国的简牍、帛书本身的用途与日本古代的纸与木简之间的共同点进行整理，形成系统的资料。

本文即基于此课题，从东亚的简牍、木简研究视角出发，关注文字记录下的信息技术，并思考简牍的功能与用途。而这便是要将中国的简牍、帛书当作记录（书籍）与通信（公文、交通）工具来理解。这里，笔者以秦汉时代的公文行政（公文传达、公文呈递、公文处理）方面的实际案例加以说明，追溯从战国时代直至三国魏晋时期的记录、通信的用途与从简牍、帛书到纸张的变迁，并尝试对东亚资料学研究提出切实有效的方法论。

一、日本的中国简牍研究——问题的设置

这一内容在日本广为人知。这里简要回顾一下关于中国简牍与日本木简比较研究的学术历程。

(一)在日本出版的关于中国简牍的研究与介绍:1950年代以前

日本公开发行了罗振玉、王国维编著的《流沙坠简》(1914年出版,1934年修订),其中吸纳了沙畹的著述与图录,包含了众多二十世纪初在中国西北地区发现的简牍。[1] 它将汉晋时期的简牍分成三类,并加上图版、释文和考释,形成了最基本的出版形式,也为后来的简牍研究奠定了基础:

小学术数方技书:小学、术数、方技类;

屯戍丛残:簿书、烽燧、戍役、廪给、器物、杂事类;

简牍遗文:书信、检、纸片等。

当时的王国维主要负责屯戍丛残簿书类的考释——《汉书·赵充国传》中所见宣帝诏书的考证工作。在《大英图书馆藏敦煌汉简》的概述(1990年)中,大庭脩针对该史实在历史典籍中是否被记录做过考证,并加以评述。[2] 另外大庭脩先生将历史文献中没有找到对应内容的简牍分为两类:一类是记录如玉门关的位置,烽燧的配置,匈奴防御线上汉军生活、配备等实际情况的简牍;另一类则属于公文类型,记录相对抽象的公文内容,这在政府组织运营层面是不可或缺的信息系统。后者一般是对汉代史中的法制、组织等记录进行归纳和了解,其材料从理论上来说是越多越好,更便于研究者趋向正确的结论。如此分类,将肉眼可见的设施

---

[1] 罗振玉、王国维编著:《流沙坠简》,中华书局,1993年。

[2] [日]大庭脩:《敦煌漢簡の研究》,載其著《大英図書館蔵敦煌漢簡》,同朋舍,1990年。

机构与背后的运行体系进行区分，也为简牍的内容特点做了很好的定位。

这一时期，王国维著《简牍检署考》（1912 年，铃木虎雄译）被翻译引进。[1] 但是此时，中国的简牍大多被认为与书法的渊源颇深，而在日本将简牍归为历史学来研究则要稍微再晚一些。

（二）日本的居延汉简研究：1950—1960 年

1930—1931 年，针对出土发掘的居延汉简的研究，在京都大学人文科学研究所的努力下初步启动。大庭脩、永田英正、籾山明氏等对其研究过程进行了回顾与概括。[2] 这段时期的研究有如下几个特点：

1. 人文科学研究所的共同研究班“居延汉简的研究”于 1951—1957 年开设。这一期间，劳榦先生不断开展针对居延汉简释文的研究，但其图版尚未公开。[3] 1955 年，劳榦先生在访日期间曾说“我认为居延汉简的研究已经终止了”，“要收拾中国研究的残局再出发”，表明其研究受到了一定的制约。而此时，共同研究班则关注汉王朝与边境防卫体系、法制史、公文行政等方向，不断地用木简来印证文献的记录，并对其进行逐句

[1] 王国维著，[日]铃木虎雄译：《簡牘検署攷》，《芸文》第 3—6 期，1914 年；王国维著，胡平生、马月华校注：《简牍检署考校注》，上海古籍出版社，2004 年。

[2] [日]大庭脩：《森鹿三先生と木簡研究》，《東洋学研究・居延漢簡編》，同朋舍，1975 年；[日]永田英正：《簡牘研究事始の記》，《日本秦漢史学会会報》（5），2004 年，收入其著《漢代史研究》，汲古书院，2018 年；[日]永田英正：《続簡牘研究事始の記》，《日本秦漢史研究》（11），2011 年，收入其著《漢代史研究》，汲古书院，2018 年；[日]籾山明：《居延新簡研究の回顧と展望》，2014 年，收入其著《秦漢出土文字史料の研究》，创文社，2015 年；等等。

[3] 劳榦：《居延汉简考释・释文之部》，四川南溪石印本，1943 年；劳榦：《居延汉简考释・考证之部》，四川南溪石印本，1944 年；劳榦：《居延汉简考释・释文之部》，商务印书馆，1949 年。

解释。

藤枝晃《守卫长城——河西地区出土的汉代木简内容的概览》(1955年),主要关注汉简的书写方式,并论述了烽燧的组织与机能。[1] 此外森鹿三的《东洋学研究・居延汉简编》(1955年)以及关于邮政书信、交通体系的《论居延简所见的马》(1957年)也备受瞩目。[2]

2.1960—1968年,重新开始了居延汉简的论读会。《居延汉简・图版之部》(1957年)与《居延汉简甲编》(1959年)的出版,明确了一部分汉简的出土地点。[3] 对于学界而言,充分利用这些图版与释文进行研究至关重要,不必如同从前一样只针对必要的方向进行挖掘,不然仍旧还是"如抓小把零食吃"一样浅尝辄止,毫无意义。这些简牍不仅仅是研究历史的辅助材料,简牍本身所具有的学术体系应该成为研究者们的研究志趣,这一时期以森鹿三先生的研究成果最为突出。

①汉简的汇编有《居延汉简的集成——尤其关于第二亭食簿》(1959年)、《论居延出土的卒家属廪名籍》(1960年)、《关于居延汉简,特别是地湾出土简》(1961年)、《关于敦煌、居延出土的汉简》(1961年)、《居延出土的王莽简》(1963年)。这些研究采用的方法均是参照照片上可见的笔迹、书写方式、简的形状等简牍特性,并与同类木简进行编组分析,而后

---

[1] [日]藤枝晃:《長城のまもり—河西地方出土の漢代木簡の内容の概観》,《自然と文化》别编Ⅱ,自然史学会,1955年。[日]籾山明:《漢帝国と辺境社会—長城の風景》,中公新书,1999年;[日]籾山明:《漢代エチナ=オアシスにおける開発と防衛線の展開》,2001年,收入其著《秦漢出土文字史料の研究》,创文社,2015年。

[2] [日]森鹿三:《東洋学研究・居延漢簡編》一部,同朋舍,1975年;中国社会科学院历史研究所战国秦汉史研究室编:《简牍研究译丛》第1辑,中国社会科学出版社,1983年。

[3] 劳榦:《居延汉简・图版之部》,"中研院"历史语言研究所专刊21,1957年;中国科学院考古研究所:《居延汉简甲编》,科学出版社,1959年。

复原其样貌。该方法被大庭脩在《关于居延出土的诏书册与诏书断简》(1961年)中采纳并使用,后来也影响到了永田英正先生的汉简汇编与《古文书学》的研究。[1]

另外,1960年英国的迈克尔·鲁惟一先生访日,后来编纂完成了汉代公文中簿籍、户籍类的汇编工作。[2]

②《关于居延出土的一册书》(1958年)解释了官吏的职务与公文的机能,以及该类公文的处理方法。

③关于交通的汉简,有之前提到的《论居延汉简所见的马》。与此相关联的文章则有大庭脩的《汉代的关所及通关文牒》(1954年),其考察了作为通行证的传、棨、符、缯帛(繻)的书写形式。[3]

综上所述,截至1960年代,日本关于居延汉简的研究,以释文为基础,将其当作历史研究的辅助史料来对历史学相关问题进行考证。所有的图版一经公开,便可以开展对包括照片、释文、出土地等所有内容的进一步研究。这一时期,森鹿三、大庭脩等先生的工作为后期简牍研究建立了一套基本的研究方法。这一点将在后文进一步阐述。

(三)被介绍进日本学界的中国简牍:1970—1980年、1990—2000年

向日本学界介绍中国简牍的工作,在1979年出现了转机,当年日本

---

[1] [日]大庭脩:《居延出土の詔書冊と詔書断簡について》,1961年,收入其著《秦漢法制史の研究》,创文社,1982年;[日]永田英正:《居延漢簡の研究》,同朋舍,1989年。

[2] [英]迈克尔·鲁惟一:《汉代行政记录》,1967年,中译本由广西师范大学出版社于2007年出版。

[3] [日]大庭脩:《漢代の関所とパスポート》,1954年,收入其著《秦漢法制史の研究》,创文社,1982年。

的“木简学会”成立。1961 年,奈良县的平城宫遗址出土了日本木简,其由于与中国的简牍有着较多的联系而备受瞩目。因此大庭脩就在其《中国简牍研究的现状》(《木简研究》创刊号,1979 年)一文中大致介绍了之前的一些研究成果,包括《敦煌汉简 · 楼兰晋简:1942 年以前的研究》《居延汉简:1943 年—1979 年的研究》《古墓葬中陪葬的简牍:1972 年以后的研究》(书籍、遣策及其他:湖北省江陵凤凰山 10 号汉墓的简牍)。另外大庭脩先生将连载于《日本工艺美术》上的《话说木简》一文编辑成《木简》(学生社,1979 年)一书出版发行,其中介绍了简牍(日本木简)的形状、名称、内容等。

而后,《木简研究》又介绍了两卷中国简牍。池田温《中国的简牍研究之位相》(《木简研究》3,1981 年)论述了“木简、简牍的用语”和古文字研究之间的联系,并阐述了“简牍研究的状态”“最近的研究状况一览”等内容,其中“纸张时代的简牍”部分的研究引起了学界重视。大庭脩《中国学界近期的汉简研究》(《木简研究》7,1985 年)分别对墓葬中的木简(增加了张家山汉简等例)、野外遗址中发现的木简(敦煌汉简、居延汉简)做了说明。

这一时期,日本木简学研究以大庭脩的《木简学入门》(讲谈社,1984 年)为代表。其中也介绍了“所谓木简为何物——其形态与名称”(牍、册书、觚、检、封泥、楬、符、削屑)、“田野木简与墓葬木简”,并且设立了“对匈奴防御线的展开”“通向冥土的文牒”“公文政治与账簿的监察”“册书复原”等条目。

关于出土地点与内容,该著作有如下表述:“西北地区汉朝防御线一带出土的木简,大多具有被废弃的性质(丢弃不要的木简)……与此相对的,古墓中出土的木简,则应当具有一定的目的性而被共同埋藏,而这一目的便是必须让其在墓葬内永远发挥作用”,对两类木简加以区分。

大庭先生的观点被后来的学者加以继承,作为中国简牍的基本特点。例如永田英正《中国简牍研究的现状与课题》(1989 年)基于简牍的出土情况(省别一览表),对边境遗址与古墓的简牍做了如下分析。

> 对比古墓中出土的遣策、遗物,会发现其为研究墓葬制度与礼仪不可或缺的重要资料。虽然古籍一般也被当作历史研究的重要史料来加以利用,但其一般被归类为书志学与古抄本学,往后其将作为主要的研究课题加以探讨……作为历史研究史料,相比起古墓,边境的烽燧以及城塞遗址出土的简牍更为珍贵……这些简牍中涵盖了与当时人们的现实生活和日常活动密切相关的信息。[1]

如这类文章,1980 年代之前针对中国简牍的介绍确立了将西北野外遗址出土的木简、墓葬中出土的木简加以区分的方式,并对简牍的形状、名称以及其丰富的内容加以介绍。此时在历史学界,针对敦煌、居延汉简以及古墓葬中出土的睡虎地秦简的法制史研究一直是核心,而古文学与思想史学界,则以历史学界不曾关注的古墓中出土的图书典籍为研究中心。

1990—2000 年,有了更新的研究动向。其一是居延新简的一部分《居延新简——甲渠候官》(中华书局,1994 年)出版发行。但是,肩水金

[1] [日]永田英正:《居延漢簡の研究》,同朋舍,1989 年,第 25 页。永田英正在《簡牘の古文書学》(1996 年,收入其著《漢代史研究》)中,将简牍区分为墓中所发现的简牍、边境地带军事部署的简牍。

关汉简的出版工作则被延迟。[1] 其二是1990—1992年敦煌悬泉置出土了约23000件汉简,这批汉简的内容也有一部分被公开发表。[2] 这些新发现中,甲渠候官是相当于郡内县一级别的军事机构,而肩水金关则是建立在交通要冲之上的关隘,悬泉置则是在丝绸之路上设立的驿站。这些设施机构的性质不同,也就导致了出土简牍的内容不尽相同,大大丰富了简牍的种类。

这一时期,大庭脩先生策划了两件事。一是关西大学与日本秦汉史研究会共同举办的“汉简研究国际研讨会1992”。该研讨会的成果结集成《汉简研究国际研讨会1992报告书·汉简研究的现状与展望》(1993年)出版发行。[3] 研讨会在当时有一个副标题“咨询中国木简的发掘现状”。这意味着,当时并不邀请那些使用出土资料来研究历史的学者,而是邀请那些发掘、整理简牍的研究学者。这也意味着简牍本身的研究以及日本与海外学者之间学术交流的必要性。

二是在1994年大庭先生为时任馆长的大阪府立近飞鸟博物馆举行了开馆纪念特别展“丝绸之路的守护者”。[4] 展览向日本展示了天水放马滩秦墓的木板地图,居延汉简,敦煌汉简,悬泉置的简牍与帛书、纸等实物,以及当地出土的一些其他文物。亲眼见到这些简牍后便会意识到野

---

[1] 甘肃省文物考古研究所、甘肃省博物馆等:《肩水金关汉简(壹至伍)》,中西书局,2011—2016年。

[2] 胡平生、张德芳编撰:《敦煌悬泉汉简释粹》,上海古籍出版社,2001年;郝树声、张德芳:《悬泉汉简研究》,甘肃文化出版社,2009年;张俊民:《简牍学论稿——聚沙篇》,甘肃教育出版社,2014年;张俊民:《敦煌悬泉置出土文书研究》,甘肃教育出版社,2015年。

[3] 关西大学东西学术研究所、大庭脩编辑:《漢簡研究国際シンポジウム’92報告書·漢簡研究の現状と展望》,关西大学出版部,1993年。

[4] “シルクロードのまもり—その埋もれた記録”,大阪府立近飞鸟博物馆,1994年。

外调查(实地考察)的必要性。这两项活动的策划,被认为是之后简牍的照片、释文与实物的比较研究以及野外现场调查等工作蓬勃开展的一次转机。

另外在这段时期内,除了西北地区出土的汉简,长江流域出土的资料数量也急剧上升。[1] 其中不仅包括古墓葬出土的简牍,也包括1996年湖南省长沙市走马楼的井窖中出土的三国吴简(14万枚以上)。因此,二十世纪的简帛总数超过了20万件,2001年长沙市召开了二十世纪的简牍研究总结性国际学术会议。[2] 像如上这些新动向,也催生了一些新课题,即如何将以西北地区汉简为中心建立起来的简牍学与长江流域出土的简牍、帛书有机地结合起来。这些新资料的出土,极大地丰富了简牍的内容与研究方法。

1995年,日本的中国出土资料研究会成立,并于1997年创办了《中国出土资料研究》(每年一期)。研究会于1998年更名为中国出土资料学会,这一名称沿用至今。其研究对象,以战国至汉代、三国时代的简牍、帛书为中心,并涉及文物、画像以及其他广泛的领域,包括哲学、思想、宗教、历史、考古、文学、语言学、古文字、书道、医学、天文学、美术等领域。

(四)中国简牍与日本木简的比较

基于中国简牍研究的新动向,其与日本木简之间的比较研究也有了

[1] 胡平生、李天虹:《长江流域出土简牍与研究》,湖北教育出版社,2004年;骈宇骞、段书安编著:《二十世纪出土简帛综述》,文物出版社,2006年。

[2] 长沙市文物考古研究所编:《长沙三国吴简暨百年来简帛发现与研究国际学术研讨会论文集》,中华书局,2005年。

一些发展。大庭脩编著的《木简:来自古代的信息》(大修馆书店,1998年),尝试着比较了日本与中国的木简。但由于中国简牍与日本木简的特殊性以及相互之间内容理解上的问题,文中并未提及具体的研究方法。针对此问题,木简学会也编著出版了两本著作:《日本古代木简选》(岩波书店,1990年)和《日本古代木简集成》(东京大学出版会,2003年)。在日本,出土木简九成为都城出土的木简,而剩余不到一成则为地方出土的木简。《日本古代木简集成》的总论将其内容分为三部分(项目的顺序进行了替换):

Ⅰ.文书木简(公文木简):

1.分为各类形式的公文木简(诏、敕旨、奏、启、解、移、符、国符、郡符、牒、宣、召文、进上状、返抄、请,以及其他公文)

2.相关记录的木简(记录、日记、传票、值勤情况、城门警备、食物收支、出举)

3.按内容、用途分类的木简(绩效考核、钱款、告知札、人名札、画指、禁制、文书轴、公文函、封缄、神祇与佛教、经典献纳记录、斋戒符与苏民将来符、咒符)

Ⅱ.荷札木简(货签木简):按国别分类的货签木简

Ⅲ.其他木简:和歌、汉诗、鸣、左、安、上、下、土地登记簿、骰子、将棋子、付札(附页)、习书、音义木简、万叶假名,以及其他木简

其中举例说明了今后的课题主要为:①基于木简功能的分类;②与中国、朝鲜半岛出土木简的比较讨论;③与国语学交叉研究的必要性。近年来,日本木简与韩国木简的相关性得到关注,这些分类以及学界所关心的

问题,预计今后也不会有过多的变化。[1]

中国简牍与韩国、日本的木简相比较而言,有如下几点区别。

1.年代不同:中国的简牍大多为公元前五世纪至魏晋时代的简牍;而韩国的除乐浪木简以外都是六至八世纪的木简;日本的则多为七至八世纪的木简,其年代与地域有着极大的差异。

2.出土地点与出土状态的差异:中国简牍基本都为区域性出土简牍,包括从古墓葬、深井、遗址等发掘出土的简牍;而在日本,从中央都城发掘的木简占比约90%,大多也都是从遗址中出土的。

3.内容不同:中国简牍多为书籍、公文、簿籍及其他内容;日本木简则以公文木简、货签及其他木简为主,尤其是货签木简数量极多;而韩国也是以货签以及其他木简为主。

4.书写材料不同:中国当时处于从简牍、帛书并用向纸张、简牍并用过渡的时代。而韩国和日本则处于纸张、木简并用的时代。

因此,通过比较中日韩三国简牍,学界逐渐意识到东亚地区简牍协同研究的重要性,根据上文介绍,笔者整理总结其研究特色如下[2]:

---

[1] [日]平川南、[日]冲森卓也、[日]荣原永远男、[日]山中章编:《文字と古代日本》,吉川弘文馆,2004—2006年。木简学会编:《木簡から古代がみえる》,岩波书店,2010年。

[2] 长江流域文化研究所编:《長江流域と巴蜀、楚の地域文化》,雄山阁,2006年;[日]藤田胜久、[日]松原弘宣编:《古代東アジアの情報伝達》,汲古书院,2008年;[日]藤田胜久、[日]松原弘宣编:《東アジア出土資料と情報伝達》,汲古书院,2011年;[日]藤田胜久编:《東アジアの資料学と情報伝達》,汲古书院,2013年;[日]工藤元男、[韩]李成市编:《東アジア古代出土文字資料の研究》,雄山阁,2009年;[韩]权仁瀚、[韩]金庆浩、[韩]李承律等编:《东亚资料学的可能性探索》,广西师范大学出版社,2010年;[日]籾山明、[日]佐藤信编:《文献と遺物の境界》,六一书房,2011年;[日]籾山明、[日]佐藤信编:《文献と遺物の境界Ⅱ》,东京外国语大学亚非语言文化研究所,2014年;[日]角谷常子编:《東アジア木簡学のために》,汲古书院,2014年;[日]鹰取祐司编:《古代中世東アジアの関所と交通制度》,立命馆大学,2017年。

1.年代的差异。中国与日本学界的主流都是使用出土资料来进行历史研究,并没有将简牍、木简当作比较的对象。总之,利用简牍开展工作的中国历史研究,就简牍所见具体组织、制度研究而言,在年代与地域上与日本有着显著差异,因此与日本的木简研究鲜有直接的联系。而针对简牍自身的研究,也只关注个别组织以及设施的内容,与日本的木简研究关系不大。因此这里应该注意的是,大庭脩从简牍研究本身出发指出的公文书的书写形式、运营层面必要的账簿系统等抽象的部分。

2.出土地点与出土状况的差异。应当指出,古墓葬的资料应被当作书籍以及法制资料等的留存材料来对待。因此,从利用书籍进行的思想史以及书志学研究这点来看,中国简牍与日本的纸质公文、典籍虽有些联系,但与其他木质材料的关联不大。与此相对,中国的官府的古井和遗址中出土的材料多为废弃资料,这一点倒与日本的遗址出土木简情况类似。因此,在进行中国简牍与日本木简的比较时,从古井与遗址出土的简牍出发比较合适。如2002年湖南省龙山县里耶镇的里耶古城中发现的里耶秦简,属于秦代行政公文的核心内容。

3.内容的不同。中国与日本对于简牍都有着详细的分类,其名称也比较明确。两者的内容分类与书写形式,也成为比较中国简牍与日本木简的基础资料。

4.书写材料不同。首先,要明确中国的书写形式变迁。从简牍、帛书并用过渡到纸张、简牍并用的确切时间是在战国秦汉至三国魏晋时代,而且仅仅在中国发生,因此有必要明确定位东亚地区纸张、木简并用的时代。

针对以上几点,关于简牍本身的项目研究,也在不断进行中:

(1)简牍的形状、形态,文字的书写、笔迹。随着秦汉简牍的不断发现,其案例也在增加。[1] (2)简牍的内容分类、书写形式、语法、常用语言。这有一定的有效性,并沿用至今。[2] (3)公文行政(上呈公文、下达公文)。这是由于简牍实例的增加,而且之前针对法制史的研究也有很多。[3] (4)公文、簿籍的汇编。这是迄今为止最常见的应用方法。[4] 籾山明先生继承了森鹿三、永田英正两位先生在《古文书学》中的观点,提倡把握简牍的制作、使用、移动、保管、再利用、废弃等一系列循环的动态研究。(5)简牍(正面、背面)与书记中值得注意的公文处理。这是认可了森鹿三在《关于令史弘的公文》《关于居延出土的一册书》等文中使用的方法,也在里耶秦简的研究上得到大力推进,开拓了新的研究领域。[5] (6)关于交通体系的简牍研究。[6]

---

[1] [日]籾山明:《刻歯簡牘初探—漢簡形態論のために》,《木簡研究》(17),1995年。[日]冨谷至《木簡・竹簡の語る中国古代》(岩波书店,2003年)将"木简与竹简"区分为编缀简—竹简、单独简—木简(检、檄、楬、谒、传、符),并论述了从简牍到纸张的变化。[日]高村武幸在《中国古代簡牘の分類について》(载其著《秦漢簡牘史料研究》,汲古书院,2015年)中讨论了形状分类。

[2] [日]永田英正:《図書・文書》,1977年,收入其著《漢代史研究》,汲古书院,2018年;李均明、刘军:《简牍文书学》,广西教育出版社,1999年;汪桂海:《汉代官文书制度》,广西教育出版社,1999年;李均明:《秦汉简牍文书分类辑解》,文物出版社,2009年;京都大学人文科学研究所简牍研究班编:《漢簡語彙中国古代木簡辞典》,岩波书店,2015年;[日]冨谷至编:《漢簡語彙考証》,岩波书店,2015年;[日]鷹取佑司:《秦漢官文書の基礎的研究》,汲古书院,2015年。

[3] [日]籾山明:《中国古代訴訟制度の研究》,京都大学学术出版会,2006年;[日]广濑薰雄:《秦漢律令研究》,汲古书院,2010年;[日]冨谷至:《文書行政の漢帝国—木簡・竹簡の時代》,名古屋大学出版会,2010年;等等。

[4] [日]籾山明:《序論—出土簡牘史料の生態的研究にむけて》,载[日]籾山明、[日]佐藤信编《文献と遺物の境界》,六一书房,2011年。

[5] [日]角谷常子:《秦漢時代の簡牘研究》,《東洋史研究》(55-1),1996年,本文关注从公文的制作到发件的各类手续、收件以及其后的处理方式、简牍的形态和书法。[日]藤田胜久:《中国古代国家と社会システム—長江流域出土資料の研究》,汲古书院,2009年。

[6] [日]藤田胜久:《秦漢時代の交通と情報伝達》,载其著《中国古代国家と情報伝達》,汲古书院,2016年。

除此以外,中国简牍中也有相当于日本的货签、附牌等的材料如检、楬等,其他的木简中还有一些如《论语》这样的文章学习类内容,学界也已经进行过比较研究,但这些不能概括为中国简牍与日本木简的全面的研究方法论。[1]

如上所述,日本学界的中国简牍研究,一边以韩国与日本的木简为参照,一边摸索着有共性的内容与研究方法。但是历史学与思想史学的主流研究,还是将中国简牍的册书、簿籍、书籍等研究与日本古代的纸质公文和典籍相互对应比较,木简的样式和形态的对比相对很少。而至今为止,出于统合东亚地区的简牍与木简的视角,将双方的内容分类以及书写形式、用语等进行有效整合,并对公文行政及其运营体系、交通系统领域进行研究的工作还没有真正充分地展开。

综上,为了比较东亚地区的木简,首先要对中国的简牍本身进行充分研究。这便要以官府的古井以及遗址中出土的简牍为研究对象,以明确其背后所暗示的公文行政及其运营系统等肉眼无法看见的抽象体系。这便是中、韩、日三国的简牍研究的关键问题。

那么,是否能从中国简牍中找到与韩国、日本两国木简思考的共同研究视角呢? 笔者认为,应当从文字出发,以信息技术为切入点。[2] 简牍、帛书被当作文字载体时大致分为记录与通信两大用途。将这一观点应用于中国出土资料,便能得到以下的分类:

---

[1] [日]鹰取祐司:《古代東アジアにおける付札の展開》,[韩]李成市:《韓国出土木簡と東アジア世界論—論語木簡を中心に》,载[日]角谷常子编《東アジア木簡学のために》,汲古书院,2014 年等。

[2] [日]藤田胜久:《秦汉时代的信息技术与社会》,载中国社会科学院历史研究所、日本东方学会、首都师范大学历史学院编《第七届中日学者中国古代史论坛文集》,中国社会科学出版社,2016 年。

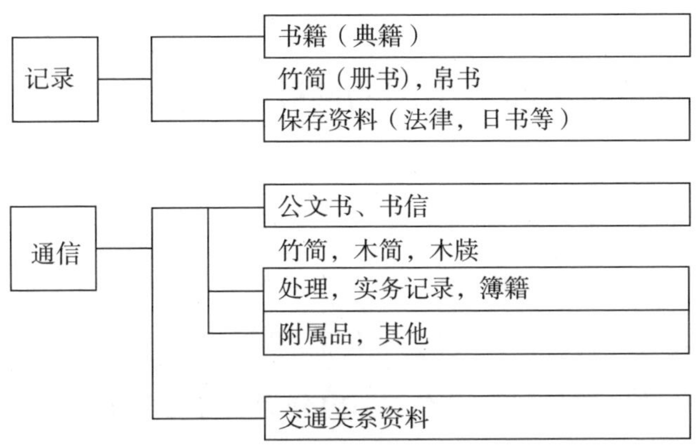

所谓的记录，指的是古墓葬资料中众多的竹简、帛书等素材。其中的内容，除书籍（典籍）以外，分为法制资料、占卜、遣策等留存材料。[1]

而通信则指的是古井、遗址中出土的众多木简、木牍。其内容相当于今天的快递和电子邮件，这在古代的行政机构中是公文传递的基础。其中也包含了一部分的书信。但是行政文书中除了原本用于传递信息的原件，还有很多抄写的副本以及附记，大量保存的抄本、簿籍中包含了各种各样对于实际工作的记录。另外，检、封检、楬也都属于通信相关的附属用品。在这之外，还有一部分简牍和交通相关，独成一类。

此处针对通信简牍，尤其是中国简牍中所见的行政运营系统举一例说明，也试图揭示秦汉时代公文行政的大致样貌。

[1] 关于简牍、帛书的书籍，有[日]藤田胜久《史記戦国史料の研究》，东京大学出版会，1997 年；[日]藤田胜久著，曹峰、[日]广濑薰雄译《〈史记〉战国史料研究》，上海古籍出版社，2008 年；[日]藤田胜久《史記戦国列伝の研究》，汲古书院，2011 年；[日]藤田胜久《史記秦漢史の研究》，汲古书院，2015 年。

二、从信息技术视角看中国的简牍——公文行政

简牍、帛书的内容,对于中国的学者而言非常熟悉,也产出了很多研究成果。但此处笔者所论及的内容,并非利用简牍进行历史研究,而是简牍自身的机能与其背后的公文行政(公文传播、公文呈递、公文处理)。

汉代的地方行政以郡县制为根本。郡内分为太守分管的民政系统,以及都尉负责的军事系统,郡下设县。而在边郡的军事系统中,都尉下设候官。汉代的郡官府,为方便起见可以理解为唐代的州或者日本古代的国府(国衙),而县官府则可对应日本的郡家(郡衙),如此对照比较应该更容易理解。

关于秦汉时代的公文行政,特别是公文发放和公文呈递,之前有围绕着甲渠候官出土的居延汉简进行的研究,根据肩水金关汉简与悬泉汉简的内容,可以更为详细地了解其使用情况。此处简单作一概述。

(一)汉代公文的下发

汉代的公文行政体系中,分为下达公文(下行公文)和上呈公文(上行公文)。[1] 所谓下达公文即上级官府发布的行政命令型公文,而回复命令的回文则被称为上呈公文,在上呈公文中有总结的簿籍。另外,司法

[1] [日]永田英正:《文書行政》,载佐竹靖彦主编《殷周秦漢時代史の基本問題》,汲古书院,2001 年,中译本由中华书局于 2008 年出版;[日]籾山明:《中国の文書行政》,载[日]平川南、[日]冲森卓也、[日]荣原永远男、[日]山中章编《文字と古代日本》第 2 辑,吉川弘文馆,2005 年;[日]冨谷至:《文書行政の漢帝国》,名古屋大学出版会,2010 年。

公文也分为下达公文和上呈公文。这些都是与丞相、御史大夫相关的行政公文(包括大司农的财政数据、廷尉等的工作职责等),大多都使用公文书写方式和用语规范。

关于此类公文行政体系,大庭脩先生曾复原了诏书册,其为使用简牍对下达公文进行考证的实例。[1] 大庭先生论证了元康五年(前61)制成的3枚木简(至“制曰可”为止的诏书内容)以及记录此份诏书从中央发布,到下发至张掖郡、肩水都尉、肩水候等处的经过的5枚木简,应为同一册书。

(……制曰可。以上为诏书)　10.27+5.10+332.26

元康五年二月癸丑朔癸亥,御史大夫—丞相(无书记)　10.33

二月丁卯,丞相⇒车骑将军、将军、中二千石、二千石、郡大守、诸侯相:少史,令史　10.30

三月丙午,张掖太守,丞⇒属国、农部都尉、小府、县官/守属,府佐　10.32

闰月丁巳,肩水都尉⇒候、城尉/守卒史　10.29

闰月庚申,肩水候(出土地)⇒尉、候长/令史　10.31

从该册书中,可知诏书下达的过程,而在其通往全国的过程中,也可摸清其传递至地方边郡的军事系统(郡太守、都尉、候官、部之候长)的全过程。候官相当于内郡中县一级的官职。

---

[1]　[日]大庭脩:《居延出土の詔書冊》,载其著《秦漢法制史の研究》,创文社,1982年。[日]永田英正《きれいな木簡 汚い木簡》(2004年,收入其著《漢代史研究》)将“公文木简”当作干净木简,而将“记录木简”“账簿木简”当作肮脏木简。

据其册书编撰的形式可知,该公文(文本)是被连续书写完成而后进行传递的,其中有书记员记录了公文的负责人。该册书是汉王朝中央以各地的郡、国以及郡以下的军事系统为对象下发的,其信息传达的原理应该不仅限于出土地,而适用于全国范围。但是值得注意的是,10.31号简以出土地肩水候官下发至其下级组织候长的命令为终结。候官所发公文的原件应已送交至下级单位,故而此处残存的公文应该是肩水候官向下级单位发出公文的副本。而且,该公文只有在木简的正面有公文的正文,而正反两面均未发现收付处理的附记。该册书在日本古代应该相当于纸质的公文内容。

对此,与大庭脩先生不同,永田英正先生从另一个视角对簿籍的汇编进行复原,进而对上呈公文开展了调查。[1] 永田先生由于册书复原的困难性,无法使用残留下的大量木简与断简。因此他继承了森鹿三先生对于簿籍复原的方法,以及M·鲁惟一先生尝试过的对于册书的综合性复原法,将包括残简在内的所有汉简根据地区、样式分门别类地进行汇总,其中簿籍简的数量非常多。其方法为,对簿籍的标题简进行检索,然后根据其内容对相关简牍进行归类,从而将簿籍断简汇总整合。据此方法可以推测居延汉简的各类断简究竟属于哪一类公文或簿籍的哪一部分,也顺利地将簿籍进行了复原。而且,由于簿籍的前后有"敢言之"这样类似于发件清单的附言,可据此来对报告书(上呈公文)进行辨别,确定是发件人还是收件人的公文。由此,永田先生在对簿籍完成成组汇总之后,根据各类簿籍的发件清单明确了这些公文的收件人。永田先生提倡将这类

[1] [日]永田英正:《居延漢簡の研究》,同朋舍,1989年;[日]永田英正:《簡牘の古文書学》,载其著《漢代史研究》,汲古书院,2018年。

工作定义为“简牍的古文书学”，从而可以更好地明确总结公文制度中类似的簿籍递送方法。

关于这些地处边境的单位，可将候官视为行政公文系统最末端的机构。如此，尽管有最初简牍和断简的记录，永田先生还是将编辑成的簿籍最终确定为册书类的公文。该方法与大庭脩先生的方法不同，它是对汉简进行汇总后进行上行文书的分析，但两位先生的结论是一致的，即应将其归类为册书类公文。弥永贞三先生比较了中国与日本木简的形态，称中国的竹木简是用以编纂书写公文、典籍的，而日本的木简的用途则从头至尾都比较单一。[1] 因此，关于汉代的公文传达，需要将简牍当作册书类公文进行理解，而不能简单地根据日本木简的模式进行生搬硬套。

另外，因悬泉汉简《康居王使者册》和《失亡传信册》的出土，人们有机会更详尽地了解汉代公文的传达方式。

《康居王使者册》是记述康居王使者等人上贡的骆驼品质不佳，故围绕此事开展调查的公文。其分为两部分，包括案件上报后要求其进行回答的命令公文（ⅡT0216②：877—②：880）以及中央向地方传达的部分（②：881—883）。[2] 向地方传达的部分是在永光五年（前39）六月癸酉（1日），中央直接向敦煌郡发布命令，敦煌郡在七月庚申（18日）向效谷县下达了该指令，而后效谷县又传递至悬泉置。此后就在敦煌郡开始了针对西域使者的调查，并且在效谷县和悬泉置之间往返进行了公文传递。

《失亡传信册》是元帝永光五年（前39）六月乙亥（3日），长安的御史

[1] ［日］弥永贞三：《古代史料論—木簡》，載《岩波講座 日本歴史 25 別巻 2》，岩波书店，1976年。

[2] ［日］藤田胜久：《張家山漢簡津関令と詔書の伝達》，载其著《中国古代国家と社会システム》，汲古书院，2009年；［日］藤田胜久：《漢代西北の交通と懸泉置》，载其著《中国古代国家と情報伝達》，汲古书院，2016年。

大夫发送的公文,下达了要对丢失传信的使者进行针对性处理的命令。[1] 第一简(ⅡT0216②:866)中引用了丢失的传信的副本,第二简至第四简(②:867—②:870)记录了关于该处置命令传达的过程。

永光五年六月癸酉朔乙亥,御史大夫弘移丞相、车骑将军、〔将军、〕中二千石、〔二千石、〕郡大守、诸侯相。…… 书到,二千石各明白布告属官县吏民,有得亡传信者,予购如律。诸乘传、驿驾,厩令、长、丞亟案莫传,有与所亡传同封弟(第)者,辄捕 ②:867、②:868

〔系〕。上传信御史府,如律令。

七月庚申,敦煌大守弘、长史章、守部候修仁行丞事,敢告部都尉卒人。谓县官,〔官〕写移,书到,如律令。/掾登,属建,佐政、光

②:869

七月辛酉,效谷守长合宗、守丞敦煌左尉忠,告尉。谓乡、置,写移,书到,如律令。

〔掾禹、佐尊〕 ②:870

该公文由中央的御史大夫发出,收件人为车骑将军与将军、中二千石与二千石的官员、地方的郡太守、诸侯王的国相等。其过程与《元康五年诏书册》记录的完全一致。其中一份送到了敦煌郡,太守府于七月庚申(18 日)向下属各部的都尉进行了传达。但《失亡传信册》于敦煌郡发出

[1] [日]藤田胜久:《張家山漢簡津関令と漢墓簡牘》,载其著《中国古代国家と社会システム》,汲古书院,2009 年;[日]藤田胜久:《漢代交通と伝の機能》,载其著《中国古代国家と情報伝達》,汲古书院,2016 年。

之后,都尉系统与县的系统产生了诸多分歧。而在七月辛酉(19日),效谷县通告其下属尉,命其传令至各乡及置。

这两部册书,一部是中央直接下达给敦煌郡的公文,一部是向全国下达的公文,有一份送到了敦煌,但是率先送到了敦煌郡。公文中有关于悬泉置的内容,其曾路过悬泉置,向西送往敦煌郡,而后经由郡府东侧的效谷县,第二次返回悬泉置。这一流程与地理条件无关,而是行政机构上的公文传递顺序。将该公文与《元康五年诏书册》结合,便能了解汉代公文传递的基本特征。

其一,在《元康五年诏书册》所见的公文传递中,诏书并不受限于军事系统中的传递方法,而是基于面向全国发布讯息的民政、军政系统共享的方法。另外,牵涉到诏书的部分,使用其他的命令以及丢失的传信副本进行替换,也均可以使用相同的传递方法。该行政机构,以郡、国→县的民政系统与郡→都尉→候官的军事系统为基础,基本单位为县与候官。

其二,册书类的公文,以绳纽连接起木简,而后用印盖于黏土之上,形成封泥来保证公文的密封性。而以簿籍传递的公文,也同样用该方法密封以形成册书。这些册书与日本木简单独成简的形式不同,其书写形式在将来可转变为纸质。因此,册书类的公文相比起日本木简,其要素相对要少,而这些公文制作的相关记录也成为重要的参考资料。

另外关于汉代公文的传递,除了密封的册书的形态,还有类似棒状、长多角柱形的觚的形状,从外部传递而来的文章中可以看到被称为"檄"的公文形式。[1] 该类檄拥有封泥匣,外部用封泥盖戳印,并不是为了密

[1] [日]大庭脩:《檄書の復原》,载其著《漢簡研究》,同朋舍,1992年;[日]藤田胜久:《漢代檄の伝達方法と機能》,载其著《中国古代国家と情報伝達》,汲古书院,2016年。[日]冨谷至:《文書行政の漢帝国》,名古屋大学出版会,2010年。

封,而是为了明确责任而加盖的证明印章,其形态明显与密封的册书不同。笔者推测,其用途是向多个下属下发指令,让下属们传阅后周知。此处笔者推断其也有可能是通过口头的方式传达。

而到达县、候官等处的公文在再次向其下级通报时,则主要以张榜公布扁书、壁书的方式传达。扁书在敦煌汉简以及居延汉简、悬泉汉简、额济纳汉简中均有说明,官府在向吏民通报公文内容时,于县之乡、亭、市、里的视野开阔的高处清晰地公布"扁书",以让受众人群知晓("明白扁书乡亭、市里显见处,令吏民尽诵之"[额济纳汉简 2000ES9SF4:4,3]等)。[1] 扁书的形式,多为在册书的两端置四个小环将其固定公示,到东汉末年也出现了以木板公示的例子。如此,扁书的形式与日本古代的告知札、榜示札有一定的联系,虽然其公示的内容与地点有所不同。

关于壁书,在悬泉置 F26 号房间内的墙壁上书有"月令诏条"(四时月令,高 48 厘米、宽 222 厘米)。[2] 该壁书内容涉及"太皇太后之诏",即太皇太后向郡太守下达的指令,主旨部分则为月令正文与注释。其外还有中央下达敦煌郡,再由敦煌郡向下级各县传达的呈送状。该传递方式与之前所述的册书的传递方式相同,只是该壁书并不以普通黎民百姓为传播对象,而应该是向官吏传达的时令,其公示方式应与扁书类似。

---

[1] 马怡:《扁书试探》,载武汉大学简帛研究中心主办《简帛》第 1 辑,上海古籍出版社,2006 年;[日]藤田胜久:《張家山漢簡津関令と詔書の伝達》,载其著《中国古代国家と社会システム》,汲古书院,2009 年。

[2] 胡平生:《"扁书""大扁书"考》,载中国文物研究所等编《敦煌悬泉月令诏条》,中华书局,2001 年,收入其著《胡平生简牍文物论稿》,中西书局,2012 年;[日]藤田胜久:《敦煌懸泉置四時月令の社会像》,载其著《中国古代国家と郡県社会》,汲古书院,2005 年。

(二)汉代的公文呈递

关于公文呈递,以陈梦家为首的学者们针对居延汉简有过深入研究,近年来肩水金关汉简、悬泉汉简的研究又增加了许多样本。

公文呈递是将写有收件人的公文,通过中转点不断向终点传递的过程。当时作为中转站的悬泉置与亭隧等机构,首先会将邮件收发的记录留档。该记录与呈递的文书不属一类而另行单独成简。特殊的邮件,还会印有刻痕作为标记符号。

上段:传达方向	中段:文书内容			下段:时刻,付受	
1 出/入,2 西/东	3 书/檄	4 章/印	5 诣某	6 年、月、日、时	7 受/付

皇帝玺书一封,赐敦煌大守。元平元年(前 74)十一月癸丑,夜几少半时,县泉译骑得受万年译骑广宗。到夜少半时,付平望译骑☐

ⅤT1612④:11A

上书二封,其一封长罗侯,一乌孙公主。甘露二年(前 52)二月辛未,日夕时,受平望译骑当富。县泉驿骑朱定付万年译骑。

ⅡT0113③:65

入上书一封,车师己校伊循司臣强九月辛亥,日下餔时,临泉译汉受平望马登。

日下餔时 (左齿半字) ⅤT1310③:67AB

呈送公文的内容,除皇帝玺书以及上书、封书的公文外,还记载了檄、记、袋等相关内容。其呈递方法是,在仅仅一昼夜内,以御用骑手或御用车马、邮人、亭长、亭卒等传递。同时,以"以邮行"或"以亭行"等文字来加以区分呈递速度。

该记录邮件收发的独立简,会在之后进行汇总,并编纂成公文。永田英正、李均明先生将居延汉简的邮书记录,视为以部、燧为单位,以“过书刺”“邮书刺”为标题的簿籍。[1] 而在送往候官处的公文中,也会有部的候长所附送的“邮书课”。但关于邮书课的资料,其形式应提及管辖范围“A 受 B,C 付 D”等内容,故单个部要制作该内容是不太可能的。这其中也提示了候官下属的多个部所记录的时间差。因此部与燧在向候官呈送簿籍之时,如果保留了呈送公文的副本,那下属机构中应会留存该记录。另外,在居延新简中,有部分楬是在简的顶部钻了个小孔,其宽幅较大,标题为一年的“邮书驿马课”。这类楬相比册书中所附楬宽幅较大,有可能是将多个“邮书课”置于箱中进行保管。

▲始建国天凤二年正月∟尽十二月邮书驿马课 E.P.F25:12A

●邮书驿马课 E.P.F25:12B

在甲渠候官中,其册书与邮书记录(实物)的形式多为能看见编缀痕迹的册书类资料。虽然部与燧的例子很少见,但笔者还是倾向于将其作为单独简。与此相对,在悬泉置中单独简的实物出土较多,它们之前应没有以册书的形式公布过。因此,县一级的候官会将下层机构的邮书记录以册书的形式进行留档,同时也会将自身管辖范围内的邮书记录保留。另外笔者推断,部、燧以及类似悬泉置的下属机构,同样也会留存邮书

[1] [日]永田英正:《居延漢簡の研究》,同朋舍,1989 年;李均明:《汉简所见“行书”文书述略》,收入其著《初学录》,兰台出版社,1999 年;李均明:《秦汉简牍文书分类辑解》,文物出版社,2009 年。

记录。

类似的邮书记录中,也有部分最终被汇编成册书形式的公文,但个别单独成简的邮书记录,更适合拿来与日本木简进行比照。

(三)汉代的公文处理

迄今为止的汉简研究,并没有对公文处理有过充分关注。[1] 最早,森鹿三的《关于居延出土的一册书》(1958 年)曾对公文的正反两面都进行过关注。森鹿三先生对劳榦《居延汉简考释》(1942 年)中所述“令史充”册(57.1,共三简)进行关注,好奇为何三简之中仅对“令史充”进行了记录;而后又从马衡《居延汉简考释两种》(《考古通讯》,1957 年)中所述内容了解到该简册的正面第一简、第二简、第三简,从而判断其应为居延汉简的图版。该考证尚处于没有图版的释文考证阶段,根据册书的正反对公文处理进行了提示。但是册书的复原极为困难,在这样的情况下,关注到册书正反两面的公文处理研究就变得越来越少了。

另外,关于公文的处理过程的资料,不仅限于公文、簿籍本身,还包括其呈递往来的记录、复写正本的副本、记录收发信的抄本、文本的草稿、汇总公文和簿籍之前具体工作的记录、合计的记录、钱财和物资等的出入券(刻齿简)、公文的附属品(附札、检、封检、封泥)等等,会有各种形式的简牍被制作出来。[2] 同时,公文及其记录会产生保管、重新利用、废弃等流程。因此,有必要认真研究包括副本、抄本、记录的简牍(正面、背面)的

[1] [日]森鹿三:《居延出土の一冊書について》,[日]大庭脩:《森鹿三先生と木簡研究》,皆载《東洋学研究・居延漢簡編》,同朋舍,1975 年。

[2] 李均明:《秦汉简牍文书分类辑解》,文物出版社,2009 年。

信息处理的方法。

综上所述,笔者调查了汉代的公文行政之中密封的册书从中央向地方的下发形式——下达公文,以及地方向中央的上呈形式——上呈公文。针对公文制作的记录以及邮书记录虽也能作为研究日本木简的参考资料,但该类册书与单独成简的日本木简相比要素较少。另关于公文处理的研究,在居延汉简该阶段的研究中还不充分。里耶秦简的发现,则带来了丰富的案例。下文便针对里耶秦简,尝试探讨其中公文处理的大致样貌。

三、里耶秦简的信息处理

里耶秦简中,秦代洞庭郡下属的迁陵县的行政公文较多。其年代约为从秦王政(始皇帝)二十五年(前 222)起,经过二十六年统一天下,直至秦二世二年(前 208)为止。其中有不少资料可以帮助我们了解秦代的信息处理方式。原本仅仅根据《史记》和《汉书》等文献中的记载,是无法得知公文行政的信息处理方式的。而睡虎地秦简以及岳麓秦简的秦律令、张家山汉简中《二年律令》等法令,虽然记述了公文行政的相关规定,但也无从知晓其实际运用的情况。而且,通过汉简正面所见的文本,可得知公文传递的过程,但很难了解其信息处理的方法。针对该问题,在里耶秦简中,有一枚木简和木牍的正反两面记录了公文传递及处理的过程,通过这枚简牍,便能了解秦代的信息处理方式。

这里,笔者对公文的形式作如下的区别[1]:

原本(正本):送交公文的正文,或者说是正文+公文制作方发送的公文;

副本(复写):正文的复写,或者说是正文+公文制作方发送公文的复写;

抄本(留档):原本或者副本中,记录了收发信处理附录的留档公文。

首先,在上呈公文中,有一份迁陵县的下级单位向县廷呈送的公文,同时又有一份迁陵县向县外发送的同样内容的公文。[2]

1.九年九月壬辰朔辛亥,贰春乡守根敢言之。牒书水火败亡课一牒上,敢言之。 8-645 正

九月辛亥旦,史邛以来。/感半 邛手 8-645 背

2.廿九年九月壬辰朔辛亥,迁陵丞昌敢言之。令令史感上水火败亡者课一牒。有不定者,谒令感定,敢言之。 8-1511 正

已

九月辛亥水下九刻,感行。 感手 8-1511 背

---

[1] 邢义田:《汉代简牍的体积、重量和使用——以"中研院"史语所藏居延汉简为例》,载其著《地不爱宝:汉代的简牍》,中华书局,2011 年;邢义田著,[日]中村威也译《漢代簡牘文書における正本・副本・草稿と署名の問題》(载[日]籾山明、[日]佐藤信编《文献と遺物の境界》,六一书房,2011 年)将其分类为正式公文(正本、抄本),副本,底本(留档,即正本的复制件),草稿,抄本(誊写、处理的记录)。吕静《秦代における行政文書の管理に関する考察—里耶秦牘の性格をめぐって》(载《東洋文化研究所紀要》[158],2010 年)将公文区分为单件公文和多件公文。

[2] [日]藤田胜久:《秦代地方官府的信息处理——以里耶秦简"某手"的用法为中心》,"中国简帛学国际论坛 2018——通过简牍材料看古代东亚社会史研究"会议论文,韩国济州,2018 年 12 月。

史料1中,始皇二十九年(前218)九月辛亥(20日),贰春乡守向迁陵县廷呈送了一份上呈公文"水火败亡课一牒",其中附有牒书"水火败亡课"的清单,背面的下方有公文撰写人的署名"邛手"。县廷在收到此公文后,在背面的左上方书写了书记官"感"的名字以示收阅,并于同日由"史邛"将公文捎回。正面的正文内容与背面的"邛手"为同一笔迹,此为贰春乡所发出的正本。但这并非最原始状态的正本,该文书的背面由于记录了收信的日期以及负责人姓名,故由正本而变为留档所用的抄本。

史料2是接收到公文的迁陵县,将县廷送来的同一份牒书,于同日向县外传递的文书。此时的县廷并没有在史料1的木牍上继续书写内容,而是用了其他木牍做记录。公文的寄信人是迁陵县丞,而书写公文的文字负责人是令史"感"。在背面的下册,他自己签署了姓名。但背面的送信记录中所见的"感行"与背面的"感手"的笔迹不同,应为其他书手送信时代为附记。因此,如果向县外传递的公文是正本的话,那该公文应该是留存在县廷的副本。但其背面留有送信的附记,故其性质又变化为作为留档的抄本。如上所述便是县廷接收下级机关呈递公文,以及向县外进行公文传递的处理方法。

针对如此的上呈公文,有一枚木牍记录了县内上呈公文与下达公文的正文、收件、发件,可作一例。笔者针对木牍8-157的流转程序进行了详尽的考察。

木牍的正面内容为,A三十二年正月甲午(17日),启陵乡向县廷申请典与邮差任命的上呈公文。背面下方则签有乡书手"壬"的名字。背面的左上部写有B正月丁酉(20日)由隶妾带来县廷,并记录了收件人"欣"的名字。该木牍是由启陵乡呈递上来的正本,并附记了县廷收件的信息。

然而在其背面的右侧,记录了C迁陵县丞在当天回信启陵乡,否决了该申请的内容。这是送往乡里公文(正本)的副本,而负责该公文撰写的是书手“气”。“气”并没有在背面下方署名,而是在附件公文中继续以“/气手”的标记表示。如果这是一枚独立的简,其背面下方应有一定记录。而且,其中还记有D翌日正月戊戌(21日)发件的“守府快行”的标注。

因此,本来木牍8-157应该是以A正面的正文与背面的“壬手”作为启陵乡的公文正本。而针对此正本,县廷在此基础上,增加了B背面的收件记录,C再次发往启陵乡的副本、“/气手”,D发件记录等内容。因此,作为整体,启陵乡的正本就变成了留存于县廷的副本与增加了附记的抄本。如此,一枚木牍的正反两面就留存了两份公文的正文与“某手”、收发件的记录等所有信息。这种仅在一枚简的正反两面记录所有信息的方法,对于核对公文传递的过程与内容而言,比使用两枚单独简更为方便。

那么迁陵县针对外部的公文传递究竟采用怎样的方式呢?这里举三枚展示了迁陵县内外公文传递的木牍。[1] 8-155、8-152、8-158是三十二年四月同一朔日的公文。通过这一系列木牍,可以了解官府的公文流转程序。

---

[1] 湖南省文物考古研究所编:《里耶发掘报告》,岳麓书社,2007年;湖南省文物考古研究所编著:《里耶秦简(壹)》,文物出版社,2012年;湖南省文物考古研究所编著:《里耶秦简(贰)》,文物出版社,2017年;陈伟主编:《里耶秦简牍校释(第一卷)》,武汉大学出版社,2012年;陈伟主编:《里耶秦简牍校释(第二卷)》,武汉大学出版社,2018年;里耶秦简博物馆等编:《里耶秦简博物馆藏秦简》,中西书局,2016年。[日]藤田胜久:《里耶秦簡の文書と情報システム》,载其著《中国古代国家と社会システム》,汲古书院,2009年;[日]藤田胜久:《里耶秦簡と秦代郡県制》,载其著《中国古代国家と情報伝達》,汲古书院,2016年。

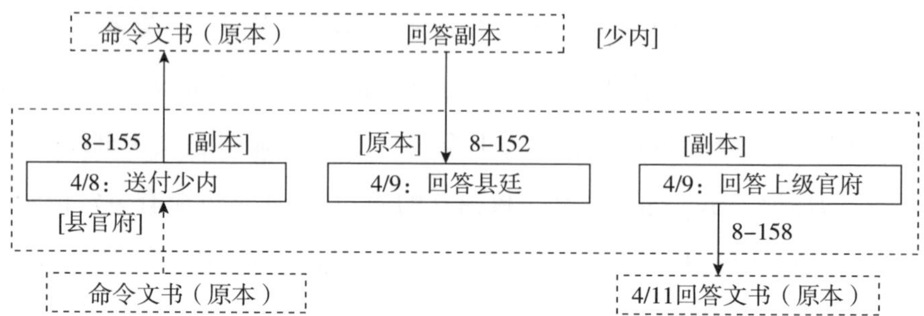

8-155 是接受上级官府下达的指令，三十二年四月癸丑（8 日）迁陵守丞将中央下发的制书，下达至少内的公文副本。该命令公文的正本到达少内之后，少内旋即向县廷做了回复。8-152 是四月甲寅（9 日）少内守向县廷回复的公文，其背面的左下方有“处手”的签署记录。而背面的左上端则有“佐处以来”的记录，该“佐处”应与撰写公文的“处”为同一人。

县廷处接收该回复的人“欣”，与之前发送 8-155 命令的为同一人。而迁陵县在接收了 8-152 之后，在同年四月九日将收到回复的消息通知县外，制作了 8-158 号公文。撰写该文的人如其背面下册所见应为“欣”，实际上向酉阳县发送报告的日期为四月丙辰（11 日）。

将此三枚木牍组合来看，便可知以县廷为中心的公文处理全过程。实际上，收发的公文均为册书，是否存有木牍现在还不明确，但县廷中的木牍应是记录公文处理的附记而作为公文的存档保存下来的。与册书类公文不同，类似这样的存档抄本，是通过单独简进行记录的。在秦国，竹简、木简册书与单独简的木牍是已经分开使用的。

始皇三十四年洞庭郡文书：8-755、8-756、8-757、8-758、8-1564、8-759 简的七枚。（册书的原本）

秦王二十年南郡文书：睡虎地秦简《语书》竹简册书。（文本的副本）

始皇二十七年迁陵县文书：木牍16-5、16-6、9-2283的三枚。（信息处理的抄本）

虽然其公文处理的具体方式至今还不甚明确，但由于里耶秦简的发现，相关研究应该能有极大的进展。里耶秦简中除此之外，还应该注意的是，与公文制作同时进行的其他公务的记录、公文的附属品。这些记录与实际公务资料，有如下几项[1]：

1.簿籍的制作记录：户口、劳动、财务等各种清单、记录

2.钱财、物品的出入登记用的票据：符券、出入券

3.县廷的公文传递记录：邮政记录

4.公文的附属品：公文、袋中所附的检、包括封泥匣的封检、封泥（印章）

5.公文的附属品：公文以及物品所附的楬（附札）、附于竹笥的笥牌

6.削除文字后再次使用的削衣（削屑）、记录文字的习书

如此，在里耶秦简中，处理册书类公文的抄本类木牍，基本均为单独简记录。而在公文处理的过程中，同时会产生检、封检以及整理、保管过程中使用的楬（附札）等附属品。而且，除了削衣和习书，还有书籍残稿、学习技术的算术书等手册类简牍。这些简牍中有些内容与日本的公文木简、附札、货签等其他木简可作对比。尤其是关于信息处理的简牍，反映出与日本的文书木简（公文木简）相通的特点。

---

[1] ［日］藤田胜久：《里耶秦簡の記録と実務資料》，载其著《中国古代国家と社会システム》，汲古书院，2009年；［日］藤田胜久：《中国古代国家と情報伝達》，汲古书院，2016年。［日］大川俊隆、［日］籾山明、张春龙：《里耶秦简刻齿简研究——兼论岳麓秦简〈数〉中的未解读简》，《文物》2015年第3期。

四、中国的简牍、帛书与东亚的纸张、木简

基于秦汉时代的公文行政,笔者发现中国的简牍中,相比那些册书形式的公文,单独成简的抄本、记录、附属品以及其他内容的简牍与日本木简之间的关系更密切。那么中国的简牍、帛书,又是如何向纸张和木简转变的呢？在回答该问题之前,要先确认简牍、帛书是如何出现的。[1]

在商周时代,存在许多刻于甲骨文与青铜器上的铭文(金文)。商代的甲骨文中有些内容关于日期记事、占卜、祭祖等。西周、春秋时代的金文中则能看到日期记事、册命(官员任命)、司法审判的记录等内容。这些均是甲骨与青铜器上所记录的内容。可是,在战国时代之前,纪年资料和谱系等各种记录,并不见于简牍等实物资料。

春秋时代,有《春秋》《左传》等鲁国纪年的史书,其中记录了周王与诸侯的谱系,各国之间的军事、会盟、往来,死亡,葬俗,国内事件,自然现象等内容。另外,在《左传》中,还有与各种记录、书籍和书信相关的记载。春秋时代还留下了用于会盟的侯马盟书、温县盟书等记录。[2] 盟书是在玉与石质材料上用朱笔或墨笔书写的文字,而这些记录也可以书写在简牍与帛书上。可是至今为止,并未出土任何春秋时代的简牍实物。书写于竹简上的最早的实物资料,也只能追溯到战国初期的古墓葬资料。[3]

[1] 王国维著,胡平生、马月华校注:《简牍检署考校注》,上海古籍出版社,2004年;[日]大西克也、[日]宫本彻:《アジアと漢字文化》,放送大学教育振兴会,2009年;等等。

[2] 山西省文物工作委员会编:《侯马盟书》,文物出版社,1976年。

[3] 胡平生、李天虹:《长江流域出土简牍与研究》,湖北教育出版社,2004年。

如果仅看战国时代的出土资料的话,很早便有了书籍和记录变为简牍、帛书的形式。这些书籍包括儒家经典以及诸子百家的相关内容,也有一些未流传于世的书籍。另外还有一些非出土的资料,上海博物馆藏楚简、清华大学藏战国竹简、北京大学所藏的秦汉简牍也都是属于书籍类的资料。其中,也有写在竹简上的书籍、纪年资料、谱系等记录。另外,记录了随葬品的遣策、记录墓主人占卜情况的巫祭祷简、日书、医书等也能在这些传世资料中找到。类似这些书籍,根据所有者之间的交往情况得知,其也有可能是个人自行书写,并不一定通过行政机构进行传播。

另外,战国秦代的睡虎地秦简、龙岗秦简、岳麓书院藏秦简和汉代的张家山汉简这类为历史学界所关注的法制史材料中,也有学习文字的字书、学习技术的算术书等手册类简牍。这些并不属于严谨周密的书籍,仅作为附属文本的保存资料。这类书籍与保存资料,有书于竹简上的册书,也有如马王堆帛书一样书于绢布之上的文本。因此,战国时代的书籍、记录以及保存资料可以证明其很早便开始向简牍、帛书转变的过程。当时有"书于竹帛"的说法,其实并不仅限于在竹简、帛书上书写,《史记·孝文本纪》的景帝元年(前156)十月条中有"著于竹帛,施于万世"的表述,其实蕴含的就是要将记录流传后世千秋万代的含义。

可是通信用的行政公文以及记录的出现,相比书籍及其记录要较晚,其中较早的例子是战国中期楚国与秦国的公文。

战国楚地的包山楚简是记录法律案件的公文简,通过它我们可以清楚地看到信息处理的原理。[1] 其中包含了楚国公文从中央向地方发件,

---

[1] 陈伟:《包山楚司法简131—139号考析》,《江汉考古》1994年第4期;陈伟:《包山楚简初探》,武汉大学出版社,1996年;[日]藤田胜久:《包山楚簡と楚国の情報伝達》,载其著《中国古代国家と社会システム》,汲古书院,2009年。

或从地方收件的具体操作流程。例如公文132—136简(长约66厘米)中关于阴侯封地的案件,正面的四简记录了诉状的内容,而背面的135简侧面(右侧)则指示了"左尹以王命告汤公",表示开始调查的复命。中间的两枚空白简后,132简的侧面(左侧)书有日期和"从郢以此志来"的文字。这些司法公文都书于竹简之上,亦或重新誊写于竹简上。

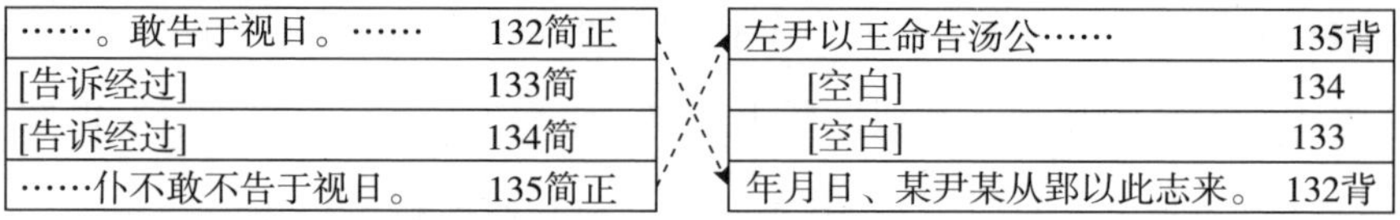

…… 。敢告于视日。……	132简正
[告诉经过]	133简
[告诉经过]	134简
……仆不敢不告于视日。	135简正

左尹以王命告汤公……	135背
[空白]	134
[空白]	133
年月日、某尹某从郢以此志来。	132背

正面的公文以对前几年的楚国大事进行纪年的方式记录了诉讼的正文。背面的左侧有收件的附记,右侧则是发件的附记。该公文与历法、行政单位有所区别,其处理的方法则与里耶秦简属于同一原理。

在战国秦地简牍中,于四川省青川县郝家坪秦墓出土的木简属于行政公文中的命令公文。[1] 其木牍(长46厘米、宽2.5厘米)的正面,写有①武王二年(前309)十一月一日,命丞相甘茂与内史实施为田律;而后又有②规定A田与阡陌的范围,以及B道路等公共交通的修缮与维护等内容。但这里仅有命令的正文,而其呈送过程的公文则被省略。背面写有四年十二月不进行道路工程,即"不除道者"的文字内容,并附记了数个日期。[2]

①二年十一月己酉朔朔日,王命丞相戊(茂)、内史匽氏臂更修

[1] 陈伟主编:《秦简牍合集〔贰〕·郝家坪秦墓木牍》,武汉大学出版社,2014年;[日]广濑薰雄:《青川郝家坪秦墓木牘補論》,收入[日]藤田胜久、[日]关尾史郎编《簡牘が描く中国古代の政治と社会》,汲古书院,2017年。

[2] [日]藤田胜久:《中国古代の秦と巴蜀、楚》,载其著《中国古代国家と郡県社会》,汲古书院,2005年;[日]工藤元男:《占いと中国古代の社会》,东方书店,2011年。

为田律。

②A 田、阡陌等的规定,B 修缮与维护道路等的规定。 章手

(正面)

四年十二月。不除道者。□二日,□九日……廾一日……章一日…… (背面)

该公文是中央向地方各地下达的,其中一个目的地正是青川县。从其正面的正文与背面的附记构成来看,其总体上符合正文的副本与附记相组合的抄本形式。其留存于秦墓之中。

里耶秦简的年代,起于秦王政二十五(前222)年。因此里耶秦简中所见的公文行政之法,并非二十六年(前221)统一天下之时订立的方法。战国时代的秦国已经开始了信息处理,并在里耶古城的地方官府得到贯彻实施。该信息的处理方式,应该适用于秦帝国全境。

那么,为何战国时楚与秦的行政公文、书籍以及记录用的简牍到很晚才出现呢?在春秋时代,周王室与诸侯国并立,各国之间的联络是通过使者之间的往来而实现的。但小国被灭之后,就会变为大国的属国或者直接成为直辖的县。该时期还没有明确的简牍通信系统。但到了战国中期,各国纷纷称王,国家制度也逐渐成熟。[1] 此时地方行政与交通设施的完备,也得益于简牍的公文行政的实施。总之,行政公文的传递对于国家而言是联系地方必不可少的行政制度。因此,笔者推测基于简牍的公文行政是以地方行政制度的建立为前提的,这也导致书写于竹简、帛书等

[1] [日]藤田胜久:《中国古代国家と郡県社会》,汲古书院,2011年;[日]藤田胜久:《史記戦国列伝の研究》,汲古书院,2011年。

材料的书籍和记录要到较晚才出现。

秦帝国类似的制度为刘邦(高祖)建立的汉王朝所继承。[1] 但实际上在秦帝国灭亡之后,汉高祖元年(前206)十月时,汉并没有直接继承秦制,汉高祖在前往汉中赴任时遵从的还是楚制。等到掌握并控制了秦国旧地关中地区之后,汉高祖才继承了秦的制度,并以此为标志,于汉高祖二年改秦之社稷为汉家天下。汉王朝将秦的根据地——西部地区以直辖的郡县制的形式继承了下来。

西汉前期,也在东方分封诸侯王,建了诸多诸侯国,但自汉景帝时期的吴楚七国之乱后,诸侯王的领地也仅限于一郡之内了,实质上也就是实行了郡县制。武帝即位后,顺应国情,在设置边郡之时也沿用了与内地郡相同的公文行政方式。这也是继承了秦的信息技术。因此,秦代南方的里耶秦简中所见的信息处理方式,以及汉代西北边郡出土的汉简所见的信息处理方式,可以理解为是基于同一原则的。

如此西汉公文行政中所见简牍的使用也为东汉王朝所继承。[2] 长沙五一广场出土的东汉简牍备受关注。该简牍的年代,应为东汉中期和帝、安帝时代,其内容为长沙郡临湘县的县廷资料。其中除与秦汉时代相同的简牍以外,还有其他形状的简牍,从中也能看出信息处理的方法。另,从后来长沙走马楼三国吴简的发现,也能看出其与郴州三国的吴简、晋简、汉简之间有着相互关联。

---

[1] [日]藤田胜久:《史記秦漢史の研究》,汲古书院,2015年。

[2] 长沙市文物考古研究所、清华大学出土文献研究与保护中心、中国文化遗产研究院、湖南大学岳麓书院编:《长沙五一广场东汉简牍选释》,中西书局,2015年;[日]关尾史郎:《史料群としての長沙呉簡・試論》,《木簡研究》(27),2005年;侯旭东:《湖南長沙走馬楼三国呉簡の性格についての新解釈》,载[日]藤田胜久、[日]关尾史郎编《簡牘が描く中国古代の政治と社会》,汲古书院,2017年。

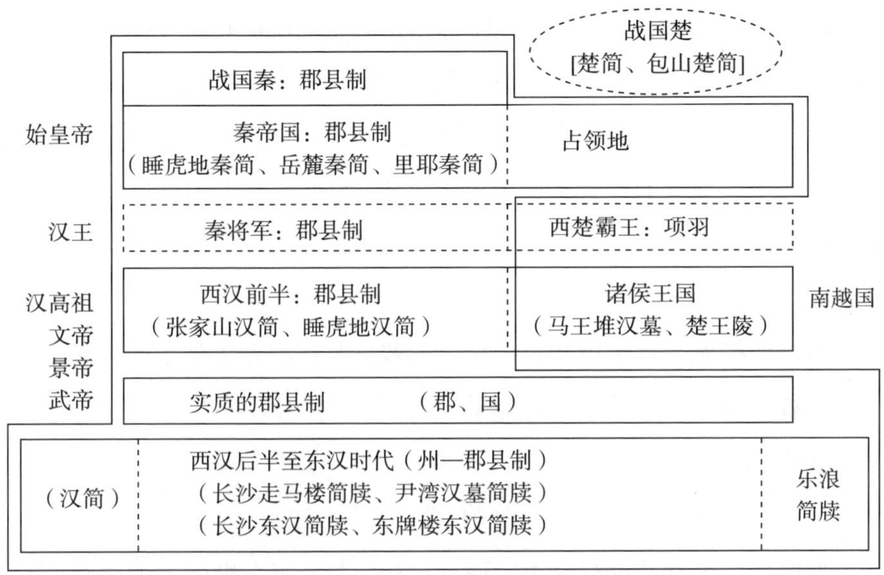

那么对于从秦汉时代的简牍、帛书并用，到魏晋的简牍、纸质公文并用的转变应该如何来把握呢？下文，笔者便针对三国、魏晋时代的纸与木简的并用以及古代东亚的韩国与日本之间的关系进行梳理。[1]

关于纸与木简的变化，籾山明、冨谷至、关尾史郎先生曾做过研究。[2] 籾山明先生通过分析书信中所附的封检，推测汉代书写于木简与帛书上的书信形式为帛所继承，而在魏晋时代的楼兰地区则转变成了纸质书信。而作为书写材料的纸的使用，其推断是从书信与地图开始的。

---

［1］［日］藤田胜久：《はしがき》，载其编著《東アジアの資料学と情報伝達》，汲古书院，2013 年；［日］藤田胜久：《中国古代の情報システムと社会—簡牘から紙・木簡の選択》，载［日］藤田胜久、［日］关尾史郎编《簡牘が描く中国古代の政治と社会》，汲古书院，2017 年。

［2］［日］籾山明：《魏晋楼蘭簡の形態—封検を中心として》，载其编著《秦漢出土文字史料の研究》，创文社，2015 年；［日］冨谷至：《3 世紀から4 世紀にかけての書写材料の変遷》，载其编著《流沙出土の文字資料》，京都大学学术出版会，2001 年；［日］关尾史郎：《木と紙のあいだ》，《東洋文化研究》(14)，2012 年。

另外他指出,在魏晋时代的楼兰地区,公文文书全部是以简牍进行记录的。冨谷至先生发现,楼兰出土的书籍与书信均为纸质。但西晋时期的簿籍有些是书写在简牍上的,有些则书写在纸上。在楼兰的 LA 遗址与尼雅遗址中发现有书写于木简上的公文书,文献史料中记载的书写于纸上的诏书也被发现。与此相对的,检、符等单独成简依然是以木简为书写材料的。

伊藤敏雄先生对于魏晋时期楼兰的残纸与简牍做了如下的整理:[1]

残纸:书籍、书信、券(莂)、簿籍、上呈公文、名刺、习书

简牍:木简(簿籍、上呈公文、下达公文等)、封检、楬

木牍(上呈公文、簿、名刺、券[莂]、木印)

如要进一步对其进行分类的话,有三类:1.书写在纸张上的书籍与书信;2.在纸与木简、简牍两类材料上均进行书写的公文与簿籍、券、名刺;3.作为简牍的封检、楬、符等材料。它们有如下的特征:

<table>
<tr><th colspan="2">内容</th><th>形态</th><th>秦汉时代</th><th>三国、魏晋</th></tr>
<tr><td colspan="2">书籍,保存资料</td><td>册书</td><td>竹简、帛书,木简</td><td>纸写本</td></tr>
<tr><td>文书</td><td>本文</td><td>册书
檄</td><td>竹简、木简
木材</td><td>纸文书
纸文书</td></tr>
<tr><td>文书</td><td>处理记录</td><td>册书
单独简</td><td>木简
木简,木牍</td><td>纸文书(木简)
纸文书,木简</td></tr>
<tr><td>簿籍</td><td>处理记录</td><td>册书
单独简</td><td>木简
木简,木牍</td><td>纸簿籍(木简)
纸簿籍,木简</td></tr>
<tr><td colspan="2">其他,付属品</td><td>单独简</td><td>木简,木牍</td><td>木简</td></tr>
<tr><td colspan="2">交通:傳,檄,符</td><td>单独简</td><td>木简,木材</td><td>纸文书,木简</td></tr>
</table>

[1] [日]伊藤敏雄:《魏晋楼蘭簡の再検討》,“後漢・魏晋簡牘研究の現在”国际研讨会会议论文,2015 年。

在1中,从汉代到魏晋时代,书籍与书信很早就出现了纸质化的倾向,即从写于木牍、帛书上转为写于纸上。这一转变适用于传递正文文本内容,与文献史料相同,是一种较为成熟的文字资料。当然这也得益于书籍与记录的形式在战国时代很早就从简牍、帛书开始向纸质材料转变。

在2中,公文与簿籍、记录中所见的向纸质材料的转变则相对较晚。虽然与此相关的出土资料较少,但使用纸张记录的材料,与记录在木牍、木简上的材料数量基本持平。[1] 记录在纸张上的内容基本已经成为固定的公文形式。木牍的形态中有相当于清单的多数行记录。另外,木牍类公文(LA.vi.ii.0193)中有“会月……谨案……”等内容,其应为上呈公文。针对木简类的簿籍,伊藤先生将其分类为标题简、正文简、明细简、总结简等,但簿籍上也没有记载任何之前公文递送的信息。当然也有一些木简公文的断简,如木简(LA.vi.ii.0204)中所记“五月三日未时起”记录了发件日期。但残纸中,仅有簿籍和公文的正本,并未见信息处理的附记。

因此,关于此领域的动向,纸质公文与簿籍仅仅只有正文是较为固定的材料。而木牍则相当于清单与公文的留档,木简中的一部分写有信息处理的附记,该处理的附记,应为信息系统中的一部分。倘若如此,对于公文以及记录纸质化的转变而言,一个重要的指标就是是否写有信息处理的附记。而必须注意的是,在这样的情况下,从简牍向纸张的转变并没有一个明确的时间划分节点,而是存在一个并用的时期,同时不同地区的情况也有着一定的差异。

在3中,检、封检、楬等均属于公文和簿籍在整理、递送时的附属品,

[1] 侯灿、杨代欣编著:《楼兰汉文简纸文书集成》,天地出版社,1999年。

符则具有单独使用的特性,因此直至很晚使用的一直是木质材料。

以上,笔者汇总了中国从简牍、帛书并用向简牍、纸质公文并用转化的过程中,记录与通信功能的差异点:

(1)早在战国时代,书籍和记录已经向竹简、帛书材料转变,同样的从属于书籍和记录的文字内容也开始了纸质化。另外木牍与帛书上所书写的书信也很早便开始纸质化。

(2)关于通信的公文和记录,纸质化的进程则较晚。其中相对较早的是公文、簿籍的正文,多为已经确切成为留存资料的内容。与之相反,写有附记的信息处理的抄本和清单则大多还是以木牍和木简的形式保存。具有信息处理机能的内容和记录因为有一定的流动性,向纸张转变的进程开始得较晚。

(3)公文中所附属的检、封检、楬等直到很晚还一直使用木质材料。这是由它们单独成简的特点决定的。

(4)在秦汉时代,还有一些与交通相关的简牍,牵涉到人与物的流通。[1] 它们包括了在秦汉时代的交通系统中作为通行证使用的传、符以及派遣和召唤时使用的檄等。另外从汉代到魏晋还有一些在双方会面时会出示的名刺和名谒类木牍。[2]

那么,随着中国简牍的变迁,其与韩国以及日本的纸张、木简之间的关系又有什么变化呢?相对中国简牍适时的变化,韩国的木简在六至八

---

[1] [日]藤田胜久:《中国古代国家と情報伝達》,汲古书院,2016年;[日]鷹取佑司:《肩水金関遺址出土の通行証》,载其编著《古代中世東アジアの関所と交通制度》,立命馆大学,2017年。

[2] [日]关尾史郎:《漢晋名刺簡ノート》,《新潟史学》(60),2008年;[日]关尾史郎:《南京出土の名刺簡について》,《資料学研究》(7),2010年;吕静、程博丽:《汉晋时期における名谒、名刺についての考察》,《東洋文化研究所紀要》(160),2011年。

世纪左右使用,而日本木简的使用时间是七至八世纪。该时代以竹简、帛书为载体的书籍以及留存资料均已经向纸张材料转变。因此,木简的使用仅限于中国所发现的通信用公文行政以及与交通相关的简牍内容。而且,公文以及书籍的正文内容也已经开始转为纸质记录。因此,中国简牍、帛书的内容,加上东亚的纸质与木简资料所形成的"资料学"有着非常重要的地位。可是,如果要拿中国的简牍与韩国、日本的木简相比较,其公文行政涉及的具有附记的抄本、单独成简的记录、公文的附属品(附札、货签)以及其他的木简更为合适。当然这也应该包含与交通相关的简牍。这些材料与日本古代的"文书木简"有着相关联的内容。[1]

当时的李成市先生曾说,"木简成体系的运用以及灵活应用于社会的各个方面,需要大量的使用技巧与技术的积淀",一针见血地指出了韩国及日本地方行政制度的导入和运行与木简使用之间的关系。[2] 其实这就代表了韩国与日本,在行政制度的引入与选择上,其历史进度相对较慢。而对于日本来说,其木简的使用方法除了受到朝鲜半岛的影响,应该也受到了中国的直接影响。[3]

---

[1] [日]佐藤信:《日本古代文書木簡の機能と廃棄》,载[日]籾山明、[日]佐藤信编《文献と遺物の境界》,六一书房,2011年。

[2] [韩]李成市:《漢字受容と文字文化からみた楽浪地域文化》,早稻田大学亚洲文化振兴研究中心编《アジア地域文化学の構築》,雄山阁,2006年;[韩]李成市:《コラム歴史の風:日韓古代木簡から東アジア史に吹く風》,《史学雑誌》(124-7),2015年。

[3] [日]市大树《飛鳥の木簡》(中央公论新社,2012年)论述了日本国家机构的建立以及文字的使用,日本在701年开始派送遣唐使之前一直受到朝鲜半岛的影响,而在此之后开始汲取中国各项行政制度的营养。

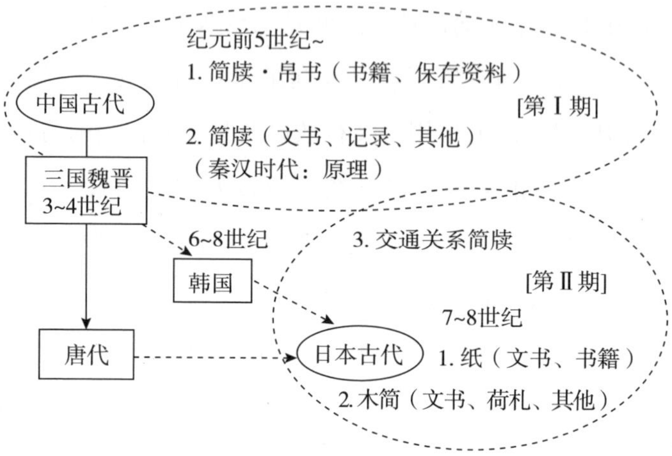
纪元前5世纪~
1. 简牍・帛书（书籍、保存资料）
中国古代
[第Ⅰ期]
2. 简牍（文书、记录、其他）
（秦汉时代：原理）
三国魏晋
3~4世纪
6~8世纪
3. 交通关系简牍
韩国
[第Ⅱ期]
7~8世纪
唐代
日本古代
1. 纸（文书、书籍）
2. 木简（文书、荷札、其他）

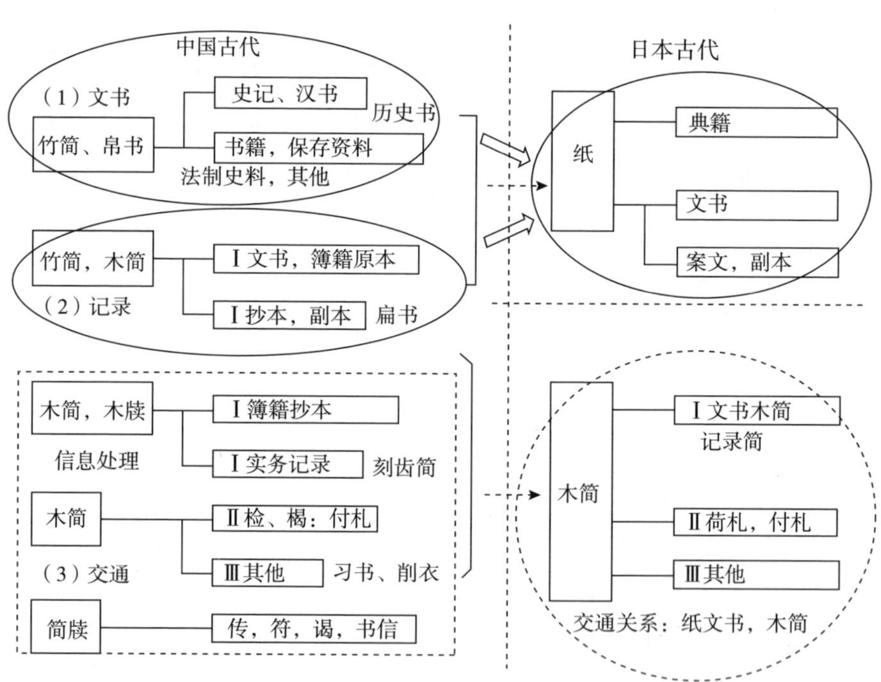
中国古代
日本古代
（1）文书
史记、汉书
历史书
竹简、帛书
书籍，保存资料
法制史料，其他
纸
典籍
文书
案文，副本
竹简，木简
Ⅰ文书，簿籍原本
（2）记录
Ⅰ抄本，副本
扁书
木简，木牍
Ⅰ簿籍抄本
信息处理
Ⅰ实务记录
刻齿简
木简
Ⅰ文书木简
记录简
木简
Ⅱ检、楬：付札
Ⅱ荷札，付札
（3）交通
Ⅲ其他
习书、削衣
Ⅲ其他
简牍
传，符，谒，书信
交通关系：纸文书，木简

结语

本文期望整理日本的中国简牍研究，并与东亚的简牍、木简进行比较，从而展示信息技术带来的行政机能确实行之有效，其本身包含了记录（书籍）以及通信（公文行政、交通）两部分内容。这里，笔者通过战国至魏晋时代的具体案例，针对中国简牍、帛书的用途进行了大致展望。其要点如下：

一、中国使用简牍的时代，与日本使用木简的时代相差甚远。因此利用中国简牍、帛书来研究历史，并将其作为东亚木简研究的比较对象并不合适。我们必须去思考简牍自身的体系，其基础是简牍的图版、释文和考释。

二、思考简牍自身的体系，其一就是公文行政。在公文传达中，简牍的汇编以及册书的复原、分析，长期以来一直是主题，但册书类的公文在日本已经变为纸质文件，相比单独成简的木简而言，其要素要少很多。而在公文呈递中，虽然收发件的记录是单独成简的，但汇编成册后的公文与日本木简之间还是缺乏联系。因此，公文传达与公文呈递中，应该主要关注汇编成公文的记录型简牍。

三、关于公文处理，汉简中的用例较少，但里耶秦简的发现极大地丰富了研究样本。其后学者们不仅关注公文正面的正文内容，也会注意到背面写有附记的抄本的形式。秦汉时代的公文行政中，竹简、木简册书与单独简的木牍是已经分开使用的。而在信息处理的过程之中，公文中的附属品（检、封检、楬等）以及其他简牍的用途也与日本木简有所关联。

四、观察中国从使用简牍、帛书向使用纸张、简牍转变的历史,会发现战国时代较早使用简牍、帛书书写的主要是书籍以及留存资料、记录等,而它们也很早开始向纸质化发展。使用简牍的公文行政,是伴随着地方行政制度设立而一同发展起来的信息系统,相比书籍和记录,其成熟较晚,要到战国中期左右才出现,而其原理也为秦汉时代直至三国魏晋的各个时期所继承。其中册书类公文以及簿籍,相对而言纸质化较早,而兼具信息处理功能的简牍以及单独简、附属品、其他记录等则长期保持着用木简书写的形式。

五、必须将中国的简牍、帛书,纳入包含东亚的纸张与木简在内的"资料学"一起研究。但是如果比较中国的简牍与韩国、日本的木简,会发现日本的"文书木简"(公文木简)中的内容与附属品(附札、货签)、其他木简等颇为类似。此外,还有与交通相关的简牍使用。无论韩国还是日本,今后在公文木简中如果有了新的发现,都可以与中国简牍中所见的信息处理方式做比较研究。若该信息技术的研究视角,对于东亚的简牍、木简研究有所帮助,实乃幸事。

出土战国秦汉简牍典籍的史料特点[1]

杨博

（中国社会科学院古代史研究所、“古文字与中华文明传承发展工程”协同攻关创新平台 北京 100101）

随着战国秦汉简牍的井喷式发现，简帛学已成为国际性的“显学”。简帛学学科体系与相关理论的构建，亦日益引起学界重视。择其要者，如对“国际简帛学体系的构建”[2]、“简帛学理论的总结与创新”[3]、“出土

---

[1] 本文获中国社会科学院学科建设“登峰战略”资助计划资助，编号 DF2023YS15（出土文献与先秦秦汉史）。

[2] 发表在《河南师范大学学报（哲学社会科学版）》的一组笔谈即以此为主题，涉及“中国简帛学体系构建”“简帛学的知识系统与交叉学科属性”“东亚简牍文化圈”“日本古代木简”和“边境出土简牍研究”等诸多论题，参见杨振红《简帛学的知识系统与交叉学科属性》、[韩]尹在硕《东亚简牍文化圈的形成与发展》、蔡万进《中国简帛学体系构建新论》、王元林《国际简帛学视野下的日本古代木简》及[韩]金秉骏《秦汉帝国的边境：来自周边的帝国观——国际简帛学视野下的边境出土简牍研究》，以上均载《河南师范大学学报（哲学社会科学版）》2016 年第 5 期。

[3] 讨论内容涉及“简帛学理论构建”“简帛学的学科分支”以及“简帛学的史料辨析”等诸多重要理论问题，参见胡平生《中国简帛学理论的构建》、刘国忠《对于简帛学建设的几点思考》、蔡万进《简帛学的学科分支新论》及孙闻博《简帛学的史料辨析与理论探求》等，以上均载《中国史研究动态》2016 年第 2 期。

简帛整理的理论与实践”[1]等重大理论问题的研究,均取得了显著进展。单就材质和内容本身来说,卜宪群先生即明确主张将简牍学“包括在简帛学的学科范围之内”[2]。李学勤先生曾在《当代中国简帛学研究(1949—2009)》一书的“序”中指出“历年出土的大量简牍帛书,依其本身性质,可划分为典籍和文书两大类”[3]。

自河南信阳长台关楚墓发现以来,在战国楚国故地,出土了大量的战国秦汉时期的简牍典籍,这其中既有关于思想文化和数术的珍贵典籍,又有对先秦史研究大有裨益的“书”类典籍,甚至还有专门的史著,由于它们没有经过后人辗转传抄,而较多地保留了古代典籍的原貌,使尘封多年的古代文明得以重现,成为通往古代世界的时空锁钥,简牍典籍的史学研究价值得以凸显。综言之,简牍典籍的发现有助于还原古史记述内容,有助于厘清各种记述资料产生的真实情况,有助于理解记述资料形成传世文献和其他文本的过程。[4] 笔者近年来也一直对简牍典籍的史料价值有所关心,[5]故不惴浅陋,敢附诸位前辈时贤骥尾,专就简牍典籍的史料特点做些初步讨论,以供师友同好批评。

---

[1] 《郑州大学学报(哲学社会科学版)》亦曾发表一组笔谈,主题即为“出土简帛整理的理论与实践”,参见蔡万进《出土简帛整理的若干理论问题》,刘国忠《流散简帛资料的整理及其学术价值》,刘国胜、王谷《楚地出土战国秦汉简牍再整理的学术反思》,张德芳《西北汉简整理的历史回顾及启示》及宋少华《关于长沙走马楼吴简前期整理方法的观察与思考》,以上均载《郑州大学学报(哲学社会科学版)》2017 年第 5 期。

[2] 卜宪群:《简帛学刍议》,《中国社会科学报》2006 年 11 月 2 日第 3 版。

[3] 李均明、刘国忠、刘光胜、邬文玲:《当代中国简帛学研究(1949—2009)》,李学勤“序”,中国社会科学出版社,2011 年,第 2 页。

[4] 参见杨博《楚简帛史学价值浅议》,《中原文化研究》2014 年第 1 期;杨博《战国楚竹书史学价值探研》,上海古籍出版社,2019 年,第 1—2 页。

[5] 另可参见杨博《由篇及卷:区位关系、简册形制与出土简帛的史料认知》,《史学月刊》2021 年第 4 期。

一

出土简牍典籍的史料特点，主要考虑的是其上所附着的文字内容。史料价值是“简帛文献学”研究的重要领域之一，目前所见战国秦汉简牍典籍，在“系统性”之时代接续与记述多元两个层面表现出显著特点。

其一，纵向：时代的连续性。李学勤、裘锡圭等先生曾引陈寅恪先生的说法，大意是如果得到一幅古画的很多残片，要想复原它，想把每个残片放到应有的位置上去，那就需要这幅古画传下来的摹本作依据。出土文献与传世文献的关系，跟古画残片和古画摹本的关系有点相似。传世文献是经过两三千年的传承、淘汰，大浪淘沙后而存留下来的。虽然某些不为后人所重视的文献，如房中术、日书和某些数术、方技等大部分佚失了，但是比较根本的、作为我们民族思想基础的东西，保留得还是比较多的。出土文献在完整性和丰富性上与传世文献是无法相比的。在此意义上就出土文献研究而言，传世典籍以及历代学者对传世典籍的注释、研究仍是基础。[1]

我们也应该承认出土典籍的发现存在不完善、偶然性等局限。郭店简、上博简、清华简等文本有些可能是流传有年、相对定型的作品，有些则是文章的草稿、讲习材料等，可能是墓主为了某一目的收集起来的。这就使得我们在利用过程中，难以把握文本整体。出土的偶然性使得这些文

[1] 裘锡圭、曹峰：《“古史辨”派、“二重证据法”及其相关问题——裘锡圭先生访谈录》，《文史哲》2007 年第 4 期。

本能否反映当时的时代思想主流,是否可以代表当时中国社会的普遍认知,都成为不得不认真考虑的问题。反之,将其当作具有楚地特征或者反映楚地之人有关历史认知的资料是否合适呢?这同样是值得考虑的问题。[1]

同时更值得注意的是,随着新发现日增,目前所见的战国秦汉简牍典籍,在其所记述内容的时间上,其脉络已逐渐清晰。出土战国简牍典籍在先秦史事研究上的史料特点,最明显的一个表现就是其年代上的可接续性。上博简《容成氏》的叙述时代跨度从容成氏等上古帝王开始,依序叙及尧、舜、禹、夏桀与商汤、商纣及周文王、武王,直至武王克商后。清华简《系年》则从武王克商等史事继续讲起,直到战国前期的"楚声桓王立四年"。这样,从《容成氏》到《系年》,便确立了战国楚简牍典籍中有关先秦史事的时代脉络。虽然上述二书于某些年代的史事记事未免疏阔,如以"汤王天下三十又一世而受作"等对编纂者不太关注的夏商史事予以略述,但是"书"类文献如清华简《厚父》《尹至》《尹诰》《傅说之命》等对这段历史又有不少补益,众多"语"类文献更丰富了历史细节。[2]

史事梗概与细节的集合亦见于安大简楚史类文献。根据竹简形制与字体风格,整理者将楚史类竹简暂时分为两组。第一组300多枚,似是一部较为完整的楚国官修史书,简文从"颛项生老童"起到楚(献)惠王"白公起祸"止,记载了楚先祖及熊丽以下至惠王时期各王的终立更替和重大历史事件。第二组140余枚,则是对细节的增益,简文内容为辑录楚国之重要史事,如"陈子鱼内(入)陈,驿告楪,楪公见。春秋商(适)三百岁",

[1] 曹峰:《价值与局限:思想史视野下的出土文献研究》,载刘笑敢主编《中国哲学与文化》第6辑,广西师范大学出版社,2009年,第69—100页。

[2] 参见杨博《战国楚竹书史学价值探研》,上海古籍出版社,2019年,第188页。

涉及楚国与相关国家许多重大事件。[1]

王震中先生曾指出,将《系年》战国初年的年代资料与睡虎地秦简《编年记》合观,加以传世文献的参证,亦可基本构成一个衔接战国早、中、晚的史料年代序列,由此可在已有认识基础上,就战国年代问题展开新的探索。[2]

近据"考古中国"重大研究项目组的报道,荆州龙会河北岸墓地M324出土了324枚战国楚简,据该项目汇报人彭军先生介绍,两类简书中有一类简中出现文王、成王、穆王、庄王、共王、康王、灵王、平王、昭王、惠王、简王、声王等12位楚王谥号,不仅与《史记·楚世家》所载楚王世系相符,[3]而且是继清华简《楚居》、安大简楚史之后,又一份可靠的春秋战国时期楚王世系与年代谱系。

同属"考古中国"重大研究项目,荆州胡家草场墓地M12出土的西汉简牍主要内容包括历谱和编年记。历谱简有两种,分别在其首简的简背上书写有篇题《历》和《日至》。《历》简100余枚,记载了从汉文帝后元四年(前160)起,下推至公元前64年的每月朔日干支。《日至》简102枚,记载了从汉武帝建元元年(前140)起,下推至公元前41年的冬至、立春、春分、立夏、夏至、立秋、秋分、立冬之日的干支。

编年记简70枚,记载秦昭王至汉文帝时期的国家大事,每年一简。其所记内容与传世文献记载基本相符,仅有少量歧异,如19号简"卅二

---

[1] 黄德宽:《安徽大学藏战国竹简概述》,《文物》2017年第9期。

[2] 王震中:《〈战国王年问题研究〉序》,载熊贤品《战国王年问题研究》,中国社会科学出版社,2017年,第3页。

[3] 翟群:《"考古中国"发布四项重要成果·荆州龙会河北岸墓地出土324枚战国楚简——为西周初年重大史实提供佐证》,《中国文化报》2019年5月13日第8版。

年,行在楬石”,《史记·秦始皇本纪》作“三十二年,始皇之碣石”;简文“楬”,《史记》作“碣”等。[1] 睡虎地秦简整理者曾说道,睡虎地秦简《编年记》,与《史记·秦本纪》《六国年表》多有重合,而后者依据的是秦国史《秦记》。[2] 学者从《秦记》“一年一事”的面貌推想,楚国可能也有一份类似的“楚记”,每年选择一件最具代表性的大事记录下来,格式或如“王七年,大司马昭阳败晋师于襄陵”[3]。这样看来,简册所记的“一年一事”似应为战国秦汉时期较普遍的政府行为,亦提供了战国秦汉时期历史大事的准确年表。

其二,横向:内容的多元性。出土战国秦汉简牍典籍构建了较完备的从古史传说时期至西汉年间的年代谱系,体现出史料“系统性”的纵向即时代的连续性特点。在这漫长的时间跨度中,所记述史事内容的多元性,亦不容忽视。

由新出简牍典籍所见,“语”类文献在春秋战国时期非常流行。关于同一人物、同一事件,可能有很多记述不同的版本。前述上博竹简《容成氏》叙述古史传说时期的内容可以大致分为三部分:一是讲容成氏等最古的帝王,二是讲尧之前的一位古帝王,三是讲尧、舜、禹的事迹。其重要意义首先在于体现了战国时期古史传说中古帝王系统的多样性。

传世文献中常见的可与夏商周三代相比较的“古代社会”大致有两种模式:一种认为夏商周三代是直接由“大道为公”的“至德之世”发展而来的;另一种则认为夏商周三代是由尧舜时代发展而来的。《容成氏》简

[1] 荆州博物馆:《湖北荆州市胡家草场墓地 M12 发掘简报》,《考古》2020 年第 2 期;李志芳、蒋鲁敬:《湖北荆州市胡家草场西汉墓 M12 出土简牍概述》,《考古》2020 年第 2 期。

[2] 睡虎地秦墓竹简整理小组编:《睡虎地秦墓竹简》,文物出版社,1990 年,第 3 页。

[3] 薛梦潇:《早期中国的纪时法与时间大一统》,《社会科学战线》2018 年第 2 期。

文中的模式则是综合二者而来的,容成氏……→尧舜→夏商周三代。可见,一方面这是有别于炎黄古史传说体系的另一类体系;另一方面,《庄子》与《淮南子》虽然成书年代不同,但从地域上来看,都属于楚地,而《容成氏》也是楚地出土的文献,这些恐怕不能说是巧合,似乎暗示着古史传说系统的地域性。[1] 《容成氏》简文再次证明大一统的五帝系统实非史实。裘锡圭先生即指出,《容成氏》的部分简文,虽然竹简残损较严重,但可以看出并不存在《五帝德》所说的那种五帝系统,这对顾颉刚先生的说法是有利的。顾颉刚先生当年提出的这一说法是根据对传世文献的分析得出的,现在得到了出土战国文献的印证。[2] 而且,《容成氏》也为我们了解更早的古帝王系统(或是同五帝系统并存的另一套系统)的传说,以及推知五帝系统的形成年代和渊源都提供了新资料。[3]

北大汉简《赵正书》的部分记载与《史记·李斯列传》《蒙恬列传》同源,但另一些记载与《史记》迥异,尤值得注意的是《赵正书》以胡亥继位为秦始皇临终钦定,而非赵高、李斯密谋后矫诏诈立。[4] 湖南益阳兔子山遗址 9 号古井发现的简牍记录的秦二世胡亥即位后的文告,其意亦在

[1] 此外如“禅让”“九州”“三楚先”“楚王形象”等,出土典籍均启发了其各自存在不同系统的新思考。《容成氏》中所见“九州”亦有助于了解“九州”记述的系统多元性,反映了当时不同地域对“天下”格局的具体认知。参见拙作《战国楚竹书史学价值探研》,第 188—201 页。

[2] 参见裘锡圭《新出土先秦文献与古史传说》,收入其著《中国出土古文献十讲》,复旦大学出版社,2004 年,第 30 页。

[3] 朱凤瀚:《新发现古文字资料对先秦史研究的推进》,《中国社会科学报》2009 年 9 月 24 日第 5 版。

[4] 北京大学出土文献研究所编:《北京大学藏西汉竹书(叁)》,上海古籍出版社,2015 年,第 190 页。

强调继位的合法性。[1] 两种叙述的异同,不仅反映出汉初对秦代历史存在不同的认识,[2]而且反映出历史记述的多元特点。这种记述的多元特点,日益引起学界对出土文献可信度的鉴定与思考。[3]

不唯胡亥即位的合法性,李斯是秦代兴亡的亲历者和见证者,《赵正书》通过李斯的三次奏言塑造了李斯的忠臣形象,而司马迁却以李斯的五叹六说为线索,记述了李斯一生际遇,在肯定李斯辅佐秦始皇成就帝业的同时,也对李斯提出了严苛的批评,否定了李斯的忠臣形象。[4]

在孔门弟子数量问题上,"七十子之徒"最为常见。由于"七十"只是一个概数,又有七十二、七十七两种不同的说法,它们并存于《史记》之中。在《孔子世家》中作"七十二",在《仲尼弟子列传》中则为"七十七"。海昏侯墓所出孔子衣镜文,亦为"七十七"之数,论者或指出,七十七人的数字是靠《弟子籍》统计出来的,七十二则只是一种官方认可的流行数字。[5] 以上种种似均可反映出新出简牍典籍引发的对古史叙述多元性的再思考。

---

[1] 湖南省文物考古研究所、益阳市文物处:《湖南益阳兔子山遗址九号井发掘简报》,《文物》2016 年第 5 期。

[2] 陈侃理:《〈史记〉与〈赵正书〉——历史记忆的战争》,载日本中国史学会编《中国史学》第 26 卷,朋友书店,2016 年,第 25—38 页。

[3] 陈伟:《试说简牍文献的年代梯次》,载李宗焜主编《第四届国际汉学会议论文集——出土材料与新视野》,"中研院"历史语言研究所,2013 年,第 493—500 页;孙家洲:《兔子山遗址出土〈秦二世元年文书〉与〈史记〉纪事抵牾释解》,《湖南大学学报(社会科学版)》2015 年第 3 期。

[4] 曾磊:《试谈〈史记·李斯列传〉与〈赵正书〉对李斯形象的塑造》,《古代文明》2018 年第 1 期。

[5] 王刚:《海昏侯墓"孔子衣镜"所见孔门弟子问题初探》,《江西师范大学学报(哲学社会科学版)》2019 年第 4 期。

二

对古史记述多元性的再思考,近年来已成为学界热点话题。其荦荦大端,可观者有二。其一,关注战国秦汉时期文献的流传方式。其二则是关注文本的书写。前者可以《诗经》为例。阜阳汉简《诗经》多通假字、假借字的特点,既不与今本《毛诗》相类,亦与鲁、齐、韩三家有别,似乎是流传在楚地的另一诗学流派。安大简《诗经》是目前所能见到的《诗经》最早版本。与《毛诗》相比,简本《诗经》出现了"侯六",所属六篇诗在《毛诗》中则归《魏风》。学者或推测"侯六"为晋诗,简本《诗经》原本可能是晋国的一个抄本或摘编本,流传到楚国后,由楚人将其重新抄写。[1]

后者则启发学界有关史事记述之文本生成的研究。如前述古史系统,学者曾提出周人的古史系统有三次建构。在历次建构过程中周人逐步将祖先的时代提前,终以黄帝为祖,形成了一个以炎黄为中心的复杂的古史系统。此后战国时期的诸侯国与诸子在此基础上进一步发展,从而使黄帝一元的古史系统影响最大。[2] 而新见"语"类文献中同一人物、事件的版本有好多种,又可推广为新出"语"类关涉的史事记载存在同一主题、同一事件、同一人物的重复情况,且这些重复情况之间还存在不小的差异。这就需要考虑"语"类史书单篇与整体的撰述背景、写作意图等方面因素的影响。如上博简楚"语",《郑子家丧》为楚庄王没有在郑子家弑君当年就发兵讨郑寻找理由,《昭王毁室》赞扬昭王德政,《申公臣灵

[1] 夏大兆:《安大简〈诗经〉"侯六"续考》,《北方论丛》2020 年第 1 期。

[2] 李锐:《上古史新研——试论两周古史系统的四阶段变化》,《清华大学学报(哲学社会科学版)》2016 年第 4 期。

王》表彰楚灵王的政治风度等,都会作为彰显“先王之明德”的材料为贵族子弟所学习,正合乎申叔时所论“教之语,使明其德,而知先王之务用明德于民也”。[1]

当然,在实际研究中,对于不同记述与不同问题的认识,往往见仁见智。杨华先生即认为墓葬中之所以出土大量的典籍,原因实在于“书”的性质,其大多是举丧时临时抄写的文本,丧家可能并不在意入葬文本的性质和完整性,这也是出现重复文本、摘抄选抄、补缀书写、空白简等现象的原因。[2] 所论并非毫无根据,但是换一种视角来看,简册文物本身体现出的简帛在长期的使用过程中形成的各项制度与习俗,即体现出简牍典籍“文物性”的史料特点。

据上引蔡万进先生有关简帛学学科分支的论断,有简帛文化学、简帛文献学和简帛文物学。因为出土简帛本身既是一种古代文化遗物,同时又是一种宝贵的历史文献和考古发掘出土的珍贵文物,这种划分“更符合当下出土简帛研究实际和出土简帛自身属性内在逻辑”[3]。这种简册文物本身所体现出的考古学特性,似应是史学研究的前提。

第一,简册的形制。郭店楚墓竹简所出《老子》三种,其中《老子》(甲本)抄写用简的形制,从简长、编绳数量与间距看,更与《缁衣》《五行》相近,照后世理解,这两篇文献似应为儒家基本典籍,较之同墓所出其他儒、道家典籍更为重要。故周凤五先生指出《老子》(甲本)经过了战国儒家学者的改编,淡化了宇宙论与形而上色彩,是一部儒家化甚至子思学派化

[1] 参见杨博《试论新出“语”类文献的史学价值——借鉴史料批判研究模式的讨论》,《图书馆理论与实践》2016 年第 2 期。

[2] 杨华:《中国古墓为何随葬书籍》,载徐刚主编《出土文献:语言、古史与思想》(《岭南学报》复刊第 10 辑),上海古籍出版社,2018 年,第 187—209 页。

[3] 蔡万进:《简帛学的学科分支新论》,《中国史研究动态》2016 年第 2 期。

了的道家经典。[1]

清华简《保训》中有“惟王五十年”，该篇中称武王“发”，可知此处的王是指文王，或以为此即文王称王的坚实依据，印证了周文王在即位之初就已经称王[2]；或认为文王受命是文王接受商王室的册命，“册周方伯”“惟王五十年”是后人的追记[3]。其实，解决双方争讼的关键，清华简简册本身的形制，已经给出了可能的答案。《保训》28.5 厘米的简长与《金縢》《皇门》等典型“书”类文献 45 厘米左右的长度本身即存在显著差异，暗示出其并非“书”类，故对其所记内容需要辨证考虑。

肖芸晓先生亦曾根据背划线、竹节等形制信息，指出清华简《赤鹄之集汤之屋》与《尹至》《尹诰》应原本编连为一册，从而进一步解释《赤鹄之集汤之屋》简 12“棼棼恂恂”、《尹至》简 1“越今昀昀”与《吕氏春秋·慎大》篇“纷纷分分”等应互为异文，均为恐惧之意。[4] 刘光胜先生据之讨论《赤鹄之集汤之屋》为《书》类文献的可能，并由此对清华简《书》类文献与儒家《尚书》分属不同传流系统展开论证。[5]

北大秦简《祠祝之道》的内容是祭祀的操作方法与祝祷之辞，牍一言明此为“祠祝之道”。该篇简、牍合编的情况，尚未见于其他秦简，且祠祝

[1] 周凤五：《郭店竹简的形式特征及其分类意义》，载武汉大学中国文化研究院编《郭店楚简国际学术研讨会论文集》，湖北人民出版社，2000 年，第 54 页。

[2] 刘国忠：《周文王称王史事辨》，《中国史研究》2009 年第 3 期；刘国忠：《清华简〈保训〉与周文王事商》，《清华大学学报（哲学社会科学版）》2009 年第 5 期。

[3] 刘光胜：《清华大学藏战国竹简（壹）整理研究》，上海古籍出版社，2016 年，第 122—125、159—170 页。

[4] 肖芸晓：《清华简简册制度考察》，武汉大学硕士学位论文，2015 年，第 58—64 页。

[5] 刘光胜：《同源异途：清华简〈书〉类文献与儒家〈尚书〉系统的学术分野》，《中国高校社会科学》2017 年第 2 期。

书单独分出一类,在秦简中也是比较特别的现象。这一信息不仅增进了我们对不同类型简、牍之间关系和用途分工的了解,而且由不同形制简牍编连在一起的情况,提出不同形制和材质简牍与其所书内容的性质是否有特定的组合关系等新问题。对上述问题的清醒认识,似应是研究简册所记载文献内容的前提。

第二,简册的区位与叠压关系。陈侃理先生认为出土简册复原的目的,是恢复随葬时的编连顺序。复原时除考虑竹简本身的形制外,编绳和出土位置关系等客观因素亦不容忽视。形制相同、编痕契口对应、出土位置相邻的两组简册,即使未发现内容上的关联性,也应复原为同一卷册;如果两组简册形制迥异,编痕契口不能对应,出土位置相隔甚远,即便内容密切相关,仍不可能属于同一卷简册。

过去对睡虎地秦简《语书》的复原,主要是基于其与《南郡守腾文书》在内容上相似相关,而忽视了客观因素上的诸多反证,误将本不相连的两者合为一篇。同时"为吏之道"分栏抄写的特殊形式也产生误导,使整理者将这部分独立为一篇。故《语书》与《南郡守腾文书》原来并非同篇,而应编连在所谓"为吏之道"后。简背的"语书"二字,应涵盖"为吏之道",是全篇的自题。由此来看,过去所谓《为吏之道》实际上应该是《语书》的一部分。由此对《语书》(原"为吏之道")及王家台《政事之常》、岳麓秦简《为吏治官及黔首》、北大秦简《从政之经》等篇的讨论,方能奠定科学的史料基础。[1]

北大秦简、海昏汉简等简牍典籍,存在丰富的分卷共存与叠压关系。

[1] 陈侃理:《睡虎地秦简"为吏之道"应更名"语书"——兼谈"语书"名义及秦简中类似文献的性质》,载清华大学出土文献研究与保护中心编、李学勤主编《出土文献》第6辑,中西书局,2015年,第246—257页。

由此似可发现简册的分卷叠压关系与其所书写之内容存在密切联系。海昏汉墓简牍中，如医书、数术、“易占”、“六博”等在同一竹笥内相邻放置，《论语》《大戴礼记》《礼记》等与孔子有关的典籍也存在叠压关系。由于简牍正处在修复保护进程之中，[1]下面简要以北大秦简为例具体阐明。

根据实验室考古发掘简报，北大秦简在入藏时基本保持了出土时的原始状态，在室内揭剥清理时简册还保存着成卷的状态，共清理出十卷竹简。其中卷七、卷八两卷“田书”简册，与卷〇、卷二、卷三、卷四、卷五等卷存在叠压关系。上述文献内容，卷〇为《三十一年质日》，卷二为《日书》，卷三为《算书》，卷四为《算书》甲篇、《日书》、《制衣》、《医方》、《道里书》与《禹九策》诸篇的集合，卷五为《三十三年质日》，相邻文献皆为方术类文献。[2]

特别是与卷七、卷八都存在叠压关系的卷五以及与卷七相邻的卷〇均为“质日”文献。虽然“质日”简强调的是记事，而非选择，若将其视为古书，还是应当归入《汉志》历谱类的。[3] 有趣的是《汉志·数术略》所记之十八种历谱书中，有算术书两种，即《许商算术》二十六卷、《杜忠算术》十六卷。[4] 诸家注释均认为此二书与东汉时期的《九章算术》有关。历谱类所记之“算术书”与《九章算术》的联系紧密。“田书”的文献性质亦近于《汉志·数术略》之历谱类“算术书”。由是可推知，当时似乎存在

[1] 参见杨博《给海昏简牍“治病”》，《人民日报》2019年12月28日第5版。

[2] 北京大学出土文献研究所：《北京大学藏秦简牍室内发掘清理简报》，《文物》2012年第6期；胡东波、常怀颖：《简牍发掘方法浅说——以北京大学藏秦简牍室内发掘为例》，《文物》2012年第6期。

[3] 李零：《兰台万卷：〈读汉书·艺文志〉》（修订版），生活·读书·新知三联书店，2013年，第182页。

[4] 李零：《兰台万卷：〈读汉书·艺文志〉》（修订版），生活·读书·新知三联书店，2013年，第179—181页。

依据简册所记述之内容而将简册分类放置的情况。[1]

三

日渐丰富的出土战国秦汉简牍典籍,成为我们认识古代世界的重要抓手,对其史料特点的认识,似应是开展史学研究的必要前提。以上仅是笔者对这一问题的简单认识,不免管中窥豹、挂一漏万,敬祈方家不吝指正。唯所云如尚在情理,则目前所得两点主要认识如下:

其一,出土战国秦汉简牍不仅为古史研究提供了由古史传说时期至战国中期大致确定的历史发展脉络,亦提供了战国至西汉前期历史大事的准确年表。而在古史传说、重要历史人物、事件与评价等多方面,也有新的观照视角,这提醒研究者注重对古史叙述多元性的再思考。对于记述多元引发的抵牾,做出合理的解释,亦是史学研究需要正视的问题。

其二,出土简册的研究是由文物到文献的整体研究,对简册形制、分卷的出土区位关系与文献内容的综合考察,似可作为出土战国秦汉简帛文献性质判定的重要手段。而对上述问题的清晰认知,又是进行科学史料批判的前提。

附记:本文已刊于邬文玲、戴卫红主编《简帛研究二〇二〇(春夏

[1] 参见杨博《北大藏秦简〈田书〉初识》,《北京大学学报(哲学社会科学版)》2017年第5期;杨博《由篇及卷:区位关系、简册形制与出土简帛的史料认知》,《史学月刊》2021年第4期。

卷)》,广西师范大学出版社,2020 年。初稿曾提交“首届中日韩出土简牍研究国际论坛暨第四届简帛学的理论与实践”学术研讨会讨论,得到杨振红、邬文玲、蔡万进和与会诸位先生的指正,修改稿复蒙《简帛研究》匿名评审专家审阅并提出宝贵意见,笔者谨致谢忱!

韩国木简中的《论语》觚考论

贾丽英

（河北师范大学历史文化学院 石家庄 050024）

韩半岛出土《论语》简的遗址截至目前共有四处。第一处是二十世纪九十年代朝鲜平壤乐浪区统一街的贞柏洞364号木椁墓，发现了《论语》的《先进》篇31枚竹简、《颜渊》篇8枚竹简。[1] 第二处是2001年广尚南道金海市凤凰洞，出土了一枚残简木觚，为《论语·公冶长》的部分章句。[2] 第三处是2005年仁川桂阳山城东门址内集水井第7层遗址，发现了两枚木觚，1号残简是《论语·公冶长》的少量章句。[3] 第四处是2017年扶余双北里56号番地上层，出土《论语·学而》残觚。[4] 因平壤贞柏洞汉墓为汉帝国文化遗存，这里不作讨论。我们只考察韩半岛南部

[1] 最早见于[韩]李成市、[韩]尹龙九、[韩]金庆浩:《平壤贞柏洞364号坟出土竹简〈论语〉》,《木简与文字》(4),2009年。

[2] 釜山大学校博物馆:《金海凤凰洞低湿地遗址》,《研究丛书》(33),2007年。

[3] [韩]李亨求:《桂阳山城发掘调查报告书》,太阳情报出版社,2008年,第262—270页。2号木觚简只有一个"子"字可辨,不能确认是不是《论语》简。

[4] [韩]김성식、[韩]한지아:《扶余双北里56号泗沘韩屋村番地遗址出土木简》,《木简与文字》(21),2018年。

出土的三处《论语》觚。

桂阳山城木简制作、使用于公元四至五世纪的百济国，金海凤凰洞《论语》觚则使用于六至七世纪的新罗时代，扶余双北里《论语》觚使用于七世纪的百济泗沘时期。[1] 而汉文化系统《论语》简，定州简、海昏侯简、平壤简、西北汉简都为宣元、成帝时期典籍[2]，出现于公元前一世纪。敦煌文献中所见最早的纸质写本《论语》是高昌国建昌四年(558)的"《论语》习书"[3]，出现于公元六世纪。韩半岛《论语》觚，基本与高昌《论语》同时期，是以中国为中心的儒家文化向外传播的力证，意义重大。韩半岛凤凰洞和桂阳山城《论语》木觚出土后，中、韩、日学者已就释文、残简复原、用途等进行了非常有益的讨论，李均明、桥本繁、尹在硕等先生据今本做了复原。[4] 木简的用途或被认为是释奠仪礼中的讲论[5]，或被认为

[1] 参见戴卫红《韩国木简研究》，广西师范大学出版社，2017年，第38页，以及上引著述。

[2] 参见河北省文物研究所《河北定县40号汉墓发掘简报》，《文物》1981年第8期；定县汉墓竹简整理组《定县40号汉墓出土竹简简介》，《文物》1981年第8期；江西省文物考古研究院等《江西南昌西汉海昏侯刘贺墓出土简牍》，《文物》2018年第11期；[韩]李成市、[韩]尹龙九、[韩]金庆浩《平壤贞柏洞364号墓出土竹简〈论语〉》，载中国文化遗产研究院编《出土文献研究》第10辑，中华书局，2011年，第174—200页；郝树声《从西北汉简和朝鲜半岛出土〈论语〉简看汉代儒家文化的流布》，《敦煌研究》2012年第3期。

[3] 张艳奎：《吐鲁番出土72 TAM 169:83号〈论语〉习书初探》，《吐鲁番学研究》2014年第2期。

[4] [日]桥本繁：《韩国出土〈论语〉木简的形态和用途》，载[韩]金庆浩、[韩]이영호主编《地下的论语 纸上的论语》，成均馆大学出版部，2012年，第205—225页。李均明：《中韩简牍比较研究(初步)——从中国简牍的类别谈起》，载其著《耕耘录——简牍研究丛稿》，人民美术出版社，2015年，第229—234页。[韩]尹在硕：《韩国、中国、日本出土〈论语〉木简的比较研究》，《东洋史学研究》(114)，2011年。

[5] [日]桥本繁：《韩国出土〈论语〉木简的形态和用途》，载[韩]金庆浩、[韩]이영호主编《地下的论语 纸上的论语》，成均馆大学出版部，2012年，第205—225页。

是学校的识字教材,或被认为作为"试贴"测试必备品被学习者携带在身边[1],或被认为是学生们一起背诵《论语》时用的一件文具等[2]。但是,复原后的木简长约为1米或更长,细长易折,而中国和日本的木简尚未见过如此长度,这个复原是不是合理?《论语》在传播过程中章句有无流变?用觚来抄写典籍,是"一章一觚",还是"一章几觚"?下面,结合中国出土的觚和日本《论语》觚以及近出韩国扶余《论语》觚,试作分析。

一、凤凰洞和桂阳山城的《论语》觚

觚,在韩国木简的研究中称多面木简(다면목간)。觚这一形制,在韩国木简中占的比例很大,是韩国木简不同于日本木简和中国简牍的特点之一。[3] 凤凰洞和桂阳山城《论语》简的形制都是觚,为残简。

金海凤凰洞的这枚觚,是四面木简,残简长度约20.6厘米,宽度最宽面为2.1厘米,最窄面为1.5厘米,四面都有比较清晰的墨书字迹,其各面上书写了13到15字不等,总字数为53—57字(图1)[4],书写的是《论语·公冶长》中段内容。结合《金海凤凰洞低湿地遗址》报告书及尹在硕

[1] [韩]李成市、葛继勇:《从韩国出土木简看东亚世界论——以〈论语〉木简为中心》,《郑州大学学报(哲学社会科学版)》2016年第6期。

[2] [韩]尹在硕:《韩国、中国、日本出土〈论语〉木简的比较研究》,《东洋史学研究》(114),2011年。

[3] [韩]尹善泰:《韩国古代木简的形态和种类》,《历史与现实》(65),2007年。

[4] 釜山大学校博物馆:《金海凤凰洞低湿地遗址》,《研究丛书》(33),2007年。另可参见上引[日]桥本繁《韩国出土〈论语〉木简的形态和用途》,[韩]尹在硕《韩国、中国、日本出土〈论语〉木简的比较研究》。

和桥本繁先生的研究成果，释文如下：

〼不欲人之加诸我吾亦无加诸人□〼（第1面）

〼子谓子产有君子之道四焉〼（第2面）

〼已□□□色旧令尹之政必以告新〼（第3面）

〼违之何如子曰清矣□仁□□曰未知〼（第4面）

图1　金海凤凰洞出土《论语》觚[1]

从图版来看，《论语》觚字迹流畅，但不优美，除个别字外，大多不够

[1] 韩国国立扶余博物馆编著：《木头中的密码：木简》，韩国国立伽倻文化财研究所，2009年，第196页。

清晰,只能根据今本补入。而释读笔画不清晰的残字,事实上风险很大。从图片看,此觚表面不光滑,似为削过的旧觚。研究者据今本《公冶长》的内容,以及残觚上每个字的平均长度,对残简进行了复原。桥本繁先生得出的数据最大,认为《论语》觚原长 125.4—146.3 厘米[1]。李均明先生得出的数据最小,为“80 厘米以上”[2]。详见表 1。

桂阳山城《论语》残木觚有两枚。1 号简有五个面,长 11.22—13.83 厘米,宽度最宽处 1.89 厘米,最窄处 1.19 厘米(图 2)。[3] 2 号木简长 49.3厘米,宽 2.5 厘米,有墨痕的部分长为 13.8 厘米。如图所示,这枚木觚分为上、下两部分,上部约 3/4 的部分呈圆棒状,下部约 1/4 的部分呈五棱觚形,觚形部分有约为 7 字的墨痕,中间是一“子”字(图 3)[4],是不是《论语》的某一部分不好确定。

---

[1] [日]桥本繁:《韩国出土〈论语〉木简的形态和用途》,载[韩]金庆浩、[韩]이영호主编《地下的论语 纸上的论语》,成均馆大学出版部,2012 年,第 205—225 页。

[2] 李均明:《中韩简牍比较研究(初步)——从中国简牍的类别谈起》,载其著《耕耘录——简牍研究丛稿》,人民美术出版社,2015 年,第 229—234 页。

[3] [韩]李亨求:《桂阳山城发掘调查报告书》,太阳情报出版社,2008 年;[韩]尹在硕:《韩国、中国、日本出土〈论语〉木简的比较研究》,《东洋史学研究》(114),2011 年。

[4] [韩]李亨求:《桂阳山城发掘调查报告书》,太阳情报出版社,2008 年,第 262—270 页。

图 2　桂阳山城 1 号《论语》觚[1]

图 3　桂阳山城 2 号木觚[2]

[1] 韩国国立扶余博物馆编著:《木头中的密码:木简》,韩国国立伽倻文化财研究所,2009 年,第 200 页。

[2] 韩国国立扶余博物馆编著:《木头中的密码:木简》,韩国国立伽倻文化财研究所,2009 年,第 202 页。

1号木觚,表面光滑,似为新觚。能够识读出的文字如下:

☑贱君子……☑(第1面)

☑吾斯之未能信子□☑(第2面)

☑□不知其仁也求也☑(第3面)

☑……☑(第4面)

☑……子曰吾☑(第5面)

对比今本《论语》,桂阳山城《论语》觚书写的应为《公冶长》的前半段。桥本繁根据容字进行了复原,将《公冶长》前段1—11章370个字的内容完整补入,此五面木觚,仅容字就达到133.2厘米。尹在硕先生也补至第11章,计算为369个字,每面约容74字,每字约长1.3厘米,总长应为96.2厘米。汇总各家复原《论语》觚数据如表1:

表1 研究者复原《论语》觚长度汇表[1]

	李均明	桥本繁	尹在硕	金庆浩
凤凰洞《论语》觚(宽1.5—2.1厘米)	80厘米以上	125.4—146.3厘米	100厘米	○
桂阳山城《论语》觚(宽1.19—1.89厘米)	○	133.2厘米	96.2厘米	96厘米

注:○表示没有数据。

[1] 此表据李均明《中韩简牍比较研究(初步)——从中国简牍的类别谈起》、[日]桥本繁《韩国出土〈论语〉木简的形态和用途》、[韩]尹在硕《韩国、中国、日本出土〈论语〉木简的比较研究》,以及[韩]金庆浩《出土文献〈论语〉在古代东亚社会中的传播和接受》(戴卫红译,《史学集刊》2017年第3期)制作。

二、木觚章及习书觚的长度

觚，同简、牍一样，是用来书写的工具。《急就篇》曰："急就奇觚与众异"，颜师古结合唐代流行的木觚章对觚作了注解。因其重要性，全文引如下：

> 觚者，学书之牍，或以记事。削木为之，盖简属也。孔子叹觚即此之谓。其形或六面，或八面，皆可书。觚者，棱也。以有棱角，故谓之觚。言学僮急当就此奇好之觚。其中深博，与众书有异也。班固《两都赋》曰：上觚棱而栖金爵。今俗犹呼小儿学书简为木觚章，盖古之遗语也。[1]

从颜注来看，觚的作用有两个，一是供学僮学书，二是记事。记事用的觚很多，中国西北汉简和韩国木简中的觚，大多是记事用的。吴然《汉代简牍中的觚》辑录到 148 枚觚，其中 128 枚是文书觚。[2] 韩国木简因时代晚，作为文书的实用性被纸张取代，但觚用于有少量文字的账簿、物品记录、符咒等最为常见。[3] 反而是学书之用，相对少见。

书写着《苍颉篇》《急就篇》的学书之觚均可见于西北汉简中，其原则是一觚一章。《汉书·艺文志》：

[1] 史游：《急就篇》，岳麓书社，1989 年，第 32—33 页。

[2] 吴然：《汉代简牍中的觚》，首都师范大学硕士学位论文，2013 年，第 21 页。

[3] [韩]尹善泰：《韩国古代木简的形态与分类》，韩国木简学会学术大会会议论文，2007 年，第 45—62 页。

汉兴,闾里书师合《苍颉》《爰历》《博学》三篇,断六十字以为一章,凡五十五章,并为《苍颉篇》。[1]

《苍颉篇》一章60字,三棱之觚,每行20字,一章一觚,比如居延汉简9.1三面觚(图4)。四面觚的实物也可得见,前三行每行17—19个字,第四面5个字,合成也是一章一觚,比如敦煌汉简639四面觚(图5)。而《急就篇》一章63字,也可以完整地放在一枚觚中(图6),每行容17—21个字,不会太长。现在有准确数据的是居延汉简9.1,长53.7厘米,宽2.1厘米,厚1.83厘米。[2] 这个长度,每行有20字,字与字间隔大,字大而清晰,比较适合初学者阅读和参照书写。录文如下:

第五　戏□书掩颠愿重该□起臣仆发传约载趣躆观望(简9.1A)

行步驾□逋逃隐匿往来眄睐汉兼天下海内并厕(简9.1B)

□□□类菹盇离异戎翟给賨佰致贡□饬端修法(简9.1C)[3]

---

[1] 〔汉〕班固:《汉书》,中华书局,1962年,第1721页。

[2] 汉代简牍数位典藏,http://ndweb.iis.sinica.edu.tw/woodslip_public/System/Main.htm,2019年8月12日。

[3] 简牍整理小组编:《居延汉简(壹)》,“中研院”历史语言研究所,2014年,第28—29页。

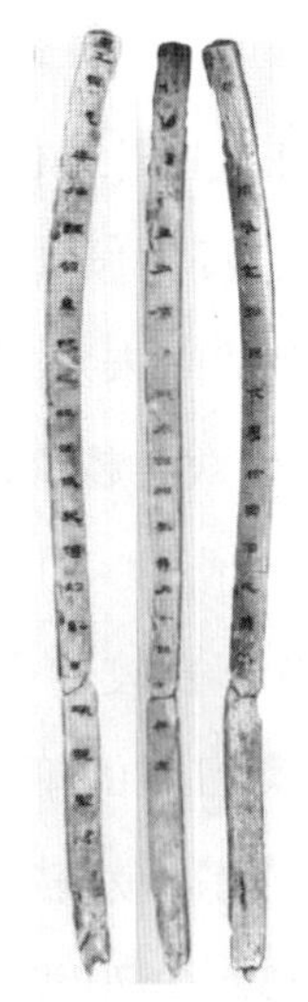

图 4 居延汉简 9.1《苍颉篇》三面觚

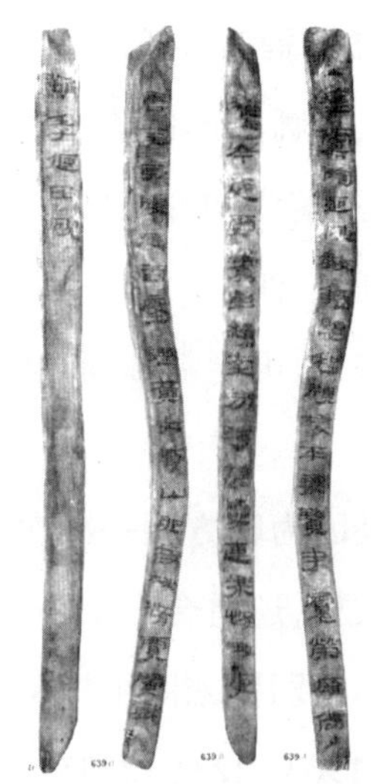

图 5 敦煌汉简 639《苍颉篇》四面觚

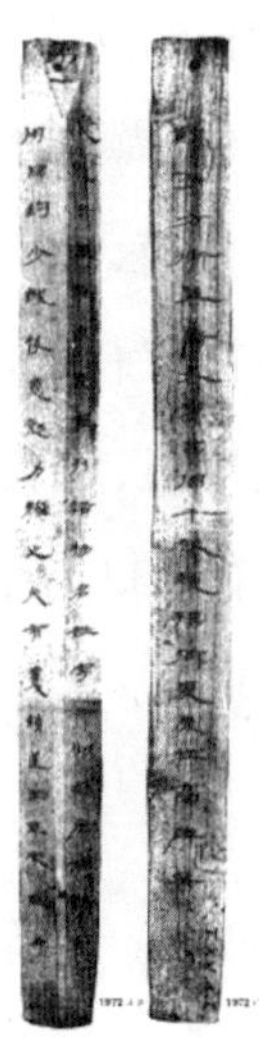

图 6 敦煌汉简 1972《急就篇》三面觚

从一章一觚的识字方便性及书写规范性上来说,凤凰洞和桂阳山城的《论语》觚不是教材或课本。

颜注认为觚的形制有三面、六面、八面,罗振玉、王国维也持同样看法:“觚,以三棱为初形初义……后由三棱而六而八,浸失厥初。”[1]事实上汉代的觚三、四、五、六、七面的都有见到[2],八面的尚未发现。从觚的制作原理来看,可能新觚面数较多,写满后经刮削,面数会越来越少,最后成三棱觚。

也正是因为觚方便一次次刮削、重复利用,其除了比较适合作为木觚章的蒙学教材,还适合习书练字。西北汉简中,此类习字的削衣、觚多有发现。比如英国国家图书馆藏斯坦因所获未刊汉文简牍就有很多这样的削衣。简 1963、2231、2235、2255、2440、2522、2532、2670、2771、3041、3430、3445、3477 等都属《苍颉篇》。[3] 有的是削一面,有的是带棱一起削。觚的重复利用,在这一批未刊的汉文削衣中非常明显。

当然,练习书写不一定限于《苍颉篇》《急就篇》,还可以练习经典著作的章句。比如日本木简的习书简,仅尹在硕先生统计就有 31 枚《论语》的习书简。[4] 除此之外,中国汉代的习书觚,还发现有练习诏书和私人书信的,即玉门花海的七面棱形觚,觚长 37 厘米,文字分两部分,共 212 字。前半部是西汉皇帝遗诏,有 133 字,后半部分有私人书信,有 79

---

[1] 罗振玉、王国维编著:《流沙坠简》,中华书局,1993 年,第 81 页。

[2] 肖从礼:《评〈由汉简“方”与“幡”看汉代边卒的文化学习〉一文——兼与陈晓鸣先生商榷》,《甘肃社会科学》2006 年第 6 期。

[3] 胡平生:《英国国家图书馆藏斯坦因所获简牍中的〈苍颉篇〉残片研究》,载汪涛、胡平生、吴思芳主编《英国国家图书馆藏斯坦因所获未刊汉文简牍》,上海辞书出版社,2005 年,第 62—73 页。

[4] [韩]尹在硕:《韩国、中国、日本出土〈论语〉木简的比较研究》,《东洋史学研究》(114),2011 年。

字。[1] 因两部分文字在内容上没有联系，字迹稚拙拘谨，有不少错别字，胡平生先生认为此觚“出自初学者之手”，或者“也是拿来练字的”[2]。

日本《论语》习书觚中最长的是观音寺遗址出土的《论语·学而》(图7)，现根据奈良文化财研究所木简库录文如下：

·□〔冀ヵ〕□依□□〔夷ヵ〕乎□□〔还ヵ〕止□〔耳ヵ〕所中□□□(表面)

·□□□□乎(里面)

·子曰○学而习时不孤□乎□自朋远方来亦时乐乎人不知亦不愠(左侧面)

·〈〉用作必□□□□□〔兵ヵ〕□人〈〉□□□〔刀ヵ〕(右侧面)[3]

---

[1] 嘉峪关市文物保管所：《玉门花海汉代烽燧遗址出土的简牍》，载甘肃省文物工作队、甘肃省博物馆编《汉简研究文集》，甘肃人民出版社，1984年，第15—33页。

[2] 胡平生：《写在木觚上的西汉遗诏》，《文物天地》1987年第6期，收入其著《胡平生简牍文物论稿》，中西书局，2012年，第230—233页。

[3] 日本奈良文化财研究所网站：http://mokkanko.nabunken.go.jp/cnk/MK020208000004，2020年1月22日。

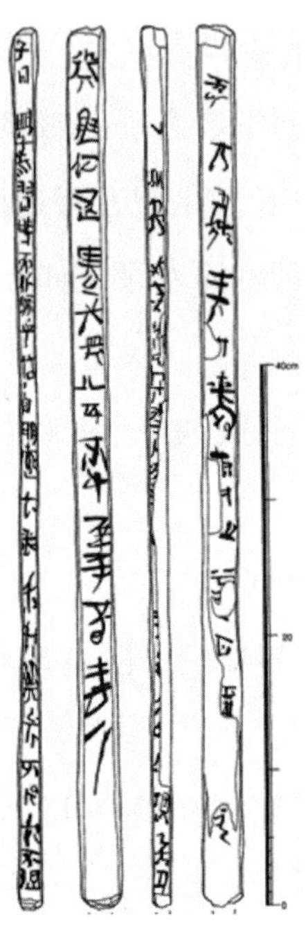

图7 日本观音寺遗址出土《论语》觚[1]

此觚有四面,长度是65.3厘米,宽2.9厘米,厚1.9厘米。左侧面是:“子曰:学而习时,不孤□乎? □自朋远方来,亦时乐乎? 人不知亦不愠。”今《十三经注疏》本作:“子曰:学而时习之,不亦说乎? 有朋自远方来,不亦乐乎? 人不知而不愠,不亦君子乎?”[2]观音寺遗迹《论语》觚与今本在语气词、语序、用字上都有差别,这可能是《论语》在海外传播过程中产生的流变,也不排除习书简本身就是练字用的,有错乱的可能。观音

[1] 德岛县埋藏文化财中心编:《观音寺遗迹Ⅰ(观音寺遗迹木简篇)》,德岛县教育委员会株式会社,2002年,第129页。

[2] 〔魏〕何晏注,〔宋〕邢昺疏:《论语注疏》,北京大学出版社,1999年,第1—2页。

寺遗迹《论语》觚年代为650—675年[1]，相当于唐高宗前半期。相比较而言，敦煌吐鲁番写本《论语》则比日本木简更接近于今十三经注疏本，举一件吐鲁番高昌国《论语》习书，录文如下：

子曰学而时习之不亦悦(第一行)

乎友用(朋)自远方来不亦(第二行)[2]

《论语》习书出自吐鲁番地区阿斯塔那169号墓，不晚于建昌四年(558)，是一小块被裁剪的纸，裱于同墓出土的《孝经》残卷背面断裂处，其字迹稚嫩，出自初学者之手，无注，是吐鲁番地区见到的最早的白文《论语》习书。在白文这一点上，它跟同时期的韩国木简和日本木简非常相似，由此也可体会汉字文化圈的共通之处。

至今为止，东亚汉字文化圈中出土的最长的简是居延新简EPT57：108AB“候史广德坐罪行罚檄”。严格地说，这不是觚，只是一段树枝，两面削平，两侧没有加工，红柳材质，下端圆柱部脱落，刻有三个槽(图8)。“该段树枝长82厘米，直径粗的一头3.1厘米，细的一头1.5厘米”[3]，正面是候史广德坐罪行罚事由，“候史广德坐不循行部、涂亭、趣具诸当所具

[1] [日]多田伊织：《观音寺遗迹出土的〈论语〉木简的位相——觚、〈论语〉文字》，载《观音寺遗迹I(观音寺遗迹木简篇)》，德岛县教育委员会株式会社，2002年，第193—204页。

[2] 国家文物局古文献研究室、新疆维吾尔自治区博物馆等编：《吐鲁番出土文书(一)》，新疆文化出版社，2012年，第500页。原录文将“友”改“有”。“有”与“友”通假，阮校：“案《白虎通·辟雍篇》引‘朋友自远方来’，又郑氏康成注此云‘同门曰朋，同志曰友’，是旧本皆作‘友’字。”所以，此习书用“友”，或许是书写的学生所依版本问题，而不是错字(参见张艳奎《吐鲁番出土72 TAM 169:83号〈论语〉习书初探》，《吐鲁番学研究》2014年第2期)。

[3] 张德芳主编：《居延新简集释(四)》，甘肃文化出版社，2016年，第504页。

者,各如府都吏举。部糒不毕,又省官檄书不会会日。督五十"(EPT57:108A);背面列举其第十三隧至十八隧戍务缺敝的事实。值得注意的是,这样细长的一段树枝,其最宽处有 3.1 厘米。

另外,搜索西北汉简中的长简,可发现觚式封检比普通的觚要长。通过检索,笔者发现居延汉简中最长的觚式封检是 278.7,基本是三面满书,第四面有 7 个字可识读(图 9)。这支觚式封检全长 62 厘米,宽 2.0 厘米,厚 1.8 厘米,下端还残蚀了约一个半字的长度。下面将习书觚与各地最长的简做一个数据表格,以作比较:

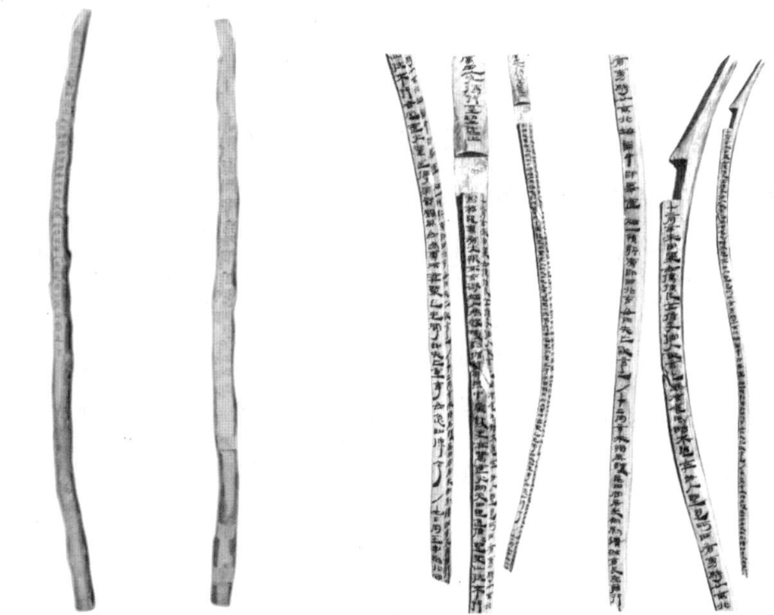

图 8 "候史广德坐罪行罚檄"[1]　　图 9 居延汉简觚式封检 278.7[2]

[1] 此图片由甘肃简牍博物馆韩华老师提供。

[2] 简牍整理小组编:《居延汉简(叁)》,"中研院"历史语言研究所,2017 年,第 203 页。

表 2　各地最长木简的长度

	长（厘米）	宽（最宽处）（厘米）	厚（最窄处）（厘米）	说明
观音寺《论语》觚	65.3	2.9	1.9	日本最长的习书觚
十二月辛未有虏为寇檄	62	2.0	1.8	居延汉简中最长的觚式封检
候史广德行罚檄	82	3.1	1.5	居延新简中最长的简

从上表所列觚的长、宽、厚的数据来看，越长的觚，横截面直径应该越大。82 厘米长的“候史广德行罚檄”，最宽的地方达到 3.1 厘米。65.3 厘米长的日本观音寺论语习书觚，宽是 2.9 厘米。而凤凰洞《论语》觚最宽处仅 2.1 厘米，桂阳山城《论语》觚最宽处 1.89 厘米，复原后的长度却有 100 厘米左右。桥本繁先生复原的两枚觚的长度更分别是 125.4—146.3 厘米和 133.2 厘米，如图 10：

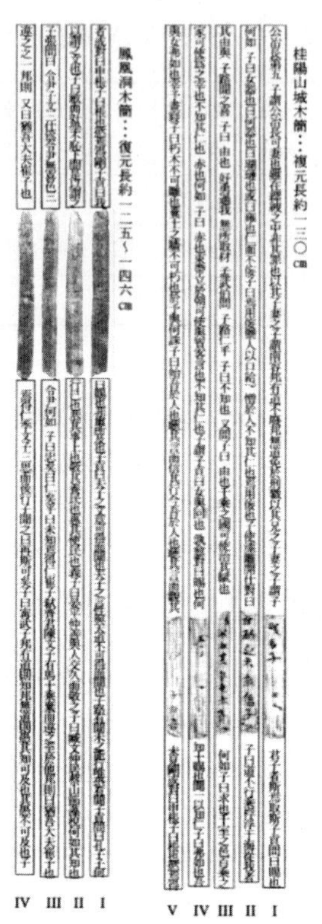

图 10　桥本繁复原的《论语》觚[1]

显然,从实用角度来看,这样纤细的四面觚,其结实耐用度,定是不尽人意。可能正是在这个意义上,桥本繁先生才认为这样的《论语》觚是作仪礼之用吧。但是,不管是什么用途,纤细易折、不易书写和识读是显而易见的,所以,笔者认为据今本复原韩国木简《论语》觚的做法,应该存在问题。

---

[1]　[日]桥本繁:《韩国出土〈论语〉木简的形态和用途》,载[韩]金庆浩、[韩]이영호主编《地下的论语 纸上的论语》,成均馆大学出版部,2012年,第205—225页。

三、扶余双北里《论语》觚及简本章句的缺失

2017 年扶余双北里出土了韩半岛第三枚《论语》觚，其年代大约为公元七世纪的百济泗沘时期，内容为《论语·学而》的第一章和第二章部分内容[1]（图 11）：

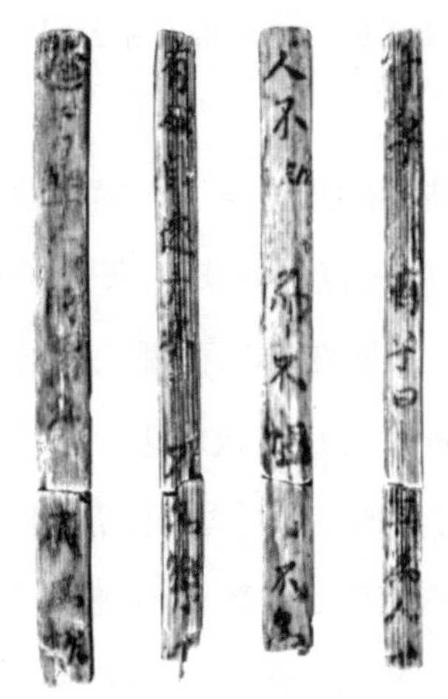

图 11　扶余双北里《论语》觚[2]

卷一 子曰学而时习之 不亦悦▨（第 1 面）[3]

有朋自远方来 不亦乐▨（第 2 面）

[1]　[韩]김성식、[韩]한지아：《扶余双北里 56 号泗沘韩屋村番地遗址出土木简》，《木简与文字》（21），2018 年。

[2]　[韩]김성식、[韩]한지아：《扶余双北里 56 号泗沘韩屋村番地遗址出土木简》，《木简与文字》（21），2018 年。

[3]　[韩]김성식、[韩]한지아文认为，《论语》觚的第一面第一个字为“习”，今对照图版似为两个字，改释为“卷一”。

人不知 而不愠 不亦▨(第3面)

子乎 有子曰 其为人也▨(第4面)

残觚长度为28厘米,最宽处2.5厘米,最窄处1.8厘米,觚下端残,残约一个字的长度。以“乎”字为例,这个字大约4厘米。补足缺失,其全长应该在32厘米左右。这个长度是一个实用觚的长度。而且,此觚书写流畅,有刻意留下的断句空白[1],每面容字约10字,字与字之间间隔大,当为教材或课本之用。

值得注意的是,觚的内容为《论语·学而》的第一章和第二章的半句话:“有子曰 其为人也”,从内容的连贯性来看,第二章的后部分内容“孝弟 而好犯上者鲜矣……”必抄在第二枚觚上。这提示我们,韩半岛的《论语》觚不是单独使用,而是抄写在数枚觚上,或许是捆缚在一起,放在一个容器中。[2] 至于抄录完整的一篇《学而》需要多少枚觚,则不好推测。因为就已知的简本《论语》来看,篇数、章句都与今本不完全相同。

以简册形式呈现的简本《论语》,目前有三种。一种是定州本,一种是平壤本,一种是海昏侯本。定州本出土于1973年,公布的时间早,研究较为充分。平壤本因出土于朝鲜,只见照片,未见其他考古学信息,日本和韩国的学者研究较多。海昏侯本目前只公布了《知道》篇,其他尚未公布。就已公布的简本《论语》来看,因汉代《论语》可能是每篇独立成卷,所以存在篇数缺失的现象。如海昏侯本就没有《乡党》《微子》《子张》篇,

[1] [韩]尹善泰先生认为,这是韩式汉语断句方式,见《1400年前〈论语〉章句、官廷名百济木简问世》,2018年7月12日,http://www.hani.co.kr/arti/culture/culture_general/852942.html。

[2] 与扶余双北里《论语》觚共同出土的是一个陶罐。

是否有《颜渊》篇未能确定。[1]

每篇当中的章节缺失也很常见。尹龙九曾以朱熹《论语集注》为标准来判断,对平壤本和定州本《先进》篇的章数作了对比研究,发现《论语集注·先进》有25章,定州本有22章,平壤本有19章。[2]

韩国木简所载的是《公冶长》篇。我们不妨拿今《十三经注疏》本来作比较:

表3 《公冶长》篇《十三经注疏》本、定州本章数对比

注疏本	1	2	3	4	5	6	7	8	9	10	11	12	13	14	15	16	17	18	19	20	21	22	23	24	25	26	27	28
定州本	o	o	o	4	5	o	7	8	o	10	11	12	o	o	15	16	17	o	19	20	o	22	o	24	25	26	27	28

注:o为缺失。

表3显示,定州本没有录第1、2、3、6、9、13、14、18、21、23章。今本第10章,定州本却分为两章。而且,由于简的残断,每章中的句子缺失、不完整现象也很严重。王素先生在分析定州简时提到简本章句少是《鲁论》的特点,"今本《论语》的主体,不论是新出的郑氏注本,还是传世的《集解》系统的本子,均由《张侯论》演变而成,章句较简本《论语》为多"[3]。

那么,传播到韩半岛的是哪个版本?章句是多还是少?是不是完整的今本?这都是不确定的因素。所以,据今本复原韩半岛的《论语》觚,

[1] 江西省文物考古研究院等:《江西南昌西汉海昏侯刘贺墓出土简牍》,《文物》2018年第5期。

[2] [韩]尹龙九:《平壤出土竹简〈论语〉的记载方式和异文表记》,载[韩]金庆浩、[韩]이영호主编《地下的论语 纸上的论语》,成均馆大学出版部,2012年,第169—203页。

[3] 王素:《河北定州出土西汉简本〈论语〉性质新探》,载李学勤、谢桂华主编《简帛研究》第3辑,广西教育出版社,1998年,第459—470页。

确实存在风险。

综上,中国简牍白文《论语》,出现于公元前一世纪的汉帝国时期,吐鲁番写本白文《论语》最早见于公元六世纪的高昌国。而且,敦煌本《论语》、白文《论语》共六个卷号,残存《述而》《泰伯》《子罕》《乡党》《先进》《颜渊》。[1] 吐鲁番写本白文《论语》是《学而》篇。所以,韩国木简《论语》觚的出土,有两个重大意义,一是时间上填补了儒家文化传播过程中的空白;二是在内容上填补了白文《论语》抄本的空白。研究者认为《论语》思想的精华集中在前九篇[2],韩半岛《论语》觚分别是《学而》篇和《公冶长》篇,这也显示了韩半岛与古代中国文化的相通之处。

凤凰洞和桂阳山城的《论语》觚为白文手抄本木觚。凤凰洞《论语》觚四面刮削痕迹明显,为旧觚。从觚的制作原理来看,新觚往往比较粗实,且容易制作成比较多的棱面。随着不断被刮削,觚往往会越来越细,棱面越来越少。从出土的实物觚来看,横截面小的觚不会太长,否则易折断。凤凰洞和桂阳山城的《论语》觚,一枚尺寸为2.1厘米×1.5厘米,一枚尺寸为1.89厘米×1.19厘米。而从残存的字迹来看,凤凰洞和桂阳山城的《论语》觚书写随意、草化明显,与写经体的秀美风格差别很大,反而与日本的习书简更相似,因而将其视为《论论》习书觚更为合适。而扶余双北里《论语》觚字迹流畅、断句清晰、书写疏阔,觚的长度适宜,且题头有"卷一"标识,可以视为《论语》学书觚。

附记:本文为国家社会科学基金重大项目"中日韩出土简牍公文书资料分类整理与研究"(批准号"20&ZD217")阶段性成果。

[1] 孔漫春:《〈论语〉出土文献研究》,河南大学博士学位论文,2010年,第28—29页。

[2] 孔漫春:《〈论语〉出土文献研究》,河南大学博士学位论文,2010年,第104页。

通过户籍相关资料来看三国时期的户籍制度

[韩]金昌锡

(江原大学历史教育科 韩国 春川)

古代国家是通过编制户籍来控制人口、管理人口流动的,并且以户籍作为收取赋税的基准。其源自中国秦汉时期的户籍制度。韩国也从古代开始以每户或每一个人作为收取对象,进行了课税以及劳力动员。户籍制度可以说是基础资料,据此探讨古代韩国户籍制度的受容与展开是一件颇有趣味的事情。

可是,古代韩国的户籍相关资料并未得到充分的探讨。首先有资料的问题。韩国现存的户籍资料中时间最早的是高丽末的《和宁府户籍断片》(1391年),1237年的李乔的族谱中记载的内容也可看作准户籍资料。[1] 如果从朝鲜到统一新罗与渤海并立的南北国时期为止叫作古代,那么就可以说韩国古代的户籍没有留存于现在的。但是,还留有用于编制户籍的基础资料,以及利用户籍的文书与名籍类,以记录户籍为前提的

---

[1] [韩]吴永善:《高丽末朝鲜初户口资料的形式分类》,载《韩国古代中世古文书研究(下)》,首尔大学出版部,2000年。

布告文及文献记录等。在此,笔者要将这些资料统称为“户籍相关资料”,并要在文中介绍其概略以及发展过程,希望能为今后的研究提供基础。本文论述的顺序为高句丽、百济、新罗,先按照以上三个国家区分资料,再按时代顺序来排序,然后把相关资料附加上去。

希望通过此文,能够了解韩国古代户籍的变化样貌与特征,并且可以找到与中国、日本的户籍制度做对比研究的线索。

一、高句丽户籍制度的样貌与起源

首先来看一下《广开土大王陵碑》的守墓人烟户条:

> 守墓人烟户 卖句余民 国烟二看烟三 东海贾 国烟三看烟五(中略)新来韩秽 沙水城 国烟一看烟一 牟娄城 二家为看烟(中略)细城 三家为看烟 国罡上广开土境好太王 存时教言 祖王先王 但教取远近旧民 守墓洒扫(中略)言教如此 是以如教令 取韩秽二百廿家虑其不知法则 复取旧民一百十家 合新旧守墓户 国烟卅看烟三百都合三百卅家(中略)唯国罡上广开土境好太王 尽为祖先王 墓上立碑 铭其烟户 不令差错(后略)[1]

414年高句丽长寿王建立了此碑,碑文后半部写有关于守护王陵的

[1] 释文依据[韩]卢泰敦《广开土王陵碑》,载《译注韩国古代金石文Ⅰ》,驾洛国史迹开发研究院,1992年。

“烟户”。看其构成,首先分为旧民与新来韩秽,再分为国烟与看烟。

表 1　守墓人“烟户”的构成(单位:户)

区分	国烟	看烟	合计
旧民	10	100	110
新来韩秽	20	200	220
合计	30	300	330

在五世纪的高句丽,烟户指的是户。“合新旧守墓户 国烟卅看烟三百 都合三百卅家”这个句子就说明了这个事实,也说明了“家”是同样的用语。[1] 国家将这些家户任命为守墓之役,可是守墓人之间出现了差错,也有对守墓人进行买卖的行为,相关碑文的刊刻就是为了防止这些情况的发生。碑文以其出生地(居住地)或户数、国烟及看烟、韩秽的种族区分为中心,并没有特定负担役的家户,只根据地区以及种族分配户数。需要任命的户也要在当地选定,如果发生守墓人死亡等问题,也要由地区负责重新任命。

虽然由地方来担当任命,但地方也不能够随意挑选,也要依据基础数据按照一种标准来选定。首先,要将该地区的区民以烟户为单位进行区分,还要了解各个烟户所属户籍的数据与情况(性别、身高或随着年龄成长的情况)。2012 年发现的《集安高句丽碑》中也记载着关于守墓制的内容。

[1] 统一新罗时期的《新罗村落文书》中也将家户写成“烟”。烟指的是自然家户([韩]李泰镇:《新罗统一期的村落支配与孔烟——正仓院所藏村落文书的再探讨》,载《韩国社会史研究》,知识产业社,1986 年,第 30 页)。这是高句丽的汉字文化流入新罗的结果。

(前略) 各墓烟户 以□河流 四时祭祀 然而世悠长 烟户□□□烟户□□□□ 富□□转卖 □□守墓者 以铭(中略) 自戊子定律 教内发令 更修复 各于□□□□立碑 铭其烟户头廿人名□ 示后世(后略)[1]

关于此碑的建立时期有一些争议,有人认为是广开土大王时期,也有人认为是长寿王代。但与《广开土王陵碑》一样,我们可以从碑文中得知当时很重视守墓问题,还将家户写成了"烟户"。最近,有学者将第8行的15个字读作"数"字。[2] 那么,这个句子就可以理解为"铭刻其烟户头20人的名数,明示于后世(铭其烟户头廿人名数 示后世)"。众所周知,名数与"名""名籍"等一样,在中国汉代用于表示户籍。有学者推测,碑文后面应该记载着守墓人员的明细。[3] 想必碑文后面记载烟户头20名的户籍或将要负责守墓的户籍成员,是为了防止事后的混乱。

在高句丽,最迟长寿王代之前就很可能已经开始编制户籍,利用这个户籍资料来任命守墓人的可能性较高。有关高句丽的户籍是什么时候开始编制的,这个问题虽然还没有一个明确的答案,但写在户籍上的项目以及编制顺序的制度化,想必在小兽林王三年(373)颁布律令时已经确立。而且,户的正式名称应该是"烟户",户主应该是"烟户头"。

东亚户籍制度源自中国。中国在秦朝时就已通过编制户籍来支配每

[1] 有关释文虽有异议,但在此参照了[韩]金昌锡《高句丽守墓法的制定原委与布告方式——新发现集安高句丽碑的分析》,《东方学志》(169),2015年。

[2] [韩]李成市:《从集安高句丽碑看广开土王碑的立碑目的》,载《古代东亚文字文化与社会》,临川书店,2019年。

[3] 耿铁华、董峰:《新发现的集安高句丽碑初步研究》,《社会科学战线》2013年第5期。

一个人。[1] 如《汉书·地理志》中就有玄菟郡有45006户、221845口,乐浪郡有62812户、406748口等有关户口数的详细记载。这说明了是先调查每一户的人口,然后制作户籍,之后再做统计。公元前45年制作的《初元四年乐浪郡户口簿》是以县为单位,统计户口数与一年增减状况的文书。[2] 笔者推测汉的行政方法应该已传入古朝鲜故地,因此在玄菟郡兴起的高句丽的统治势力对户籍的编制以及人民支配也不会太陌生。至公元一世纪为止,玄菟郡的地方管理系统掌管着高句丽人首长的名籍。[3] 虽说这不是户籍本身,但很有可能是与户籍格式相似的名簿。想必通过玄菟郡的统治方式,流入高句丽的户籍制度又传到了新罗。

不过,还要考虑汉代户籍制度的影响,以及古朝鲜与扶余以来的管理户口的传统。如古朝鲜的犯禁八条中有这样的记载:"相盗者男没入为其家奴,女子为婢。欲自赎者,人五十万,虽免为民,俗犹羞之,嫁取无所雠。"[4]文中规定犯了窃盗罪的男女要降为奴婢,若要想得到赦免,就要拿钱赎刑。扶余的法俗也规定杀人者死,没其家人为奴婢。[5] 要施行以上处罚,即使不编制户籍,也要调查并管理加害者与被害者的家户。笔者认为在这种传统之下,高句丽接受并实施了汉代的户籍制度。

---

[1] [日]池田温:《中国古代籍帐研究——概观·录文》,东京大学出版会,1979年,第4—5页。

[2] [朝]孙永钟:《乐浪郡南部地区(之后的带方郡地区)的位置——以〈乐浪郡初元4年县别户口多少□□〉统计资料为中心》,《历史科学》(2),2006年;[韩]尹龙九:《平壤出土〈乐浪郡初元四年县别户口簿〉研究》,《木简与文字》(3),2009年。

[3] 《三国志》卷三〇《乌丸鲜卑东夷传》:"汉时赐鼓吹技人,常从玄菟郡受朝服衣帻,高句丽令主其名籍。"

[4] 《汉书》卷二八下《地理志下》。

[5] 《三国志》卷三〇《乌丸鲜卑东夷传》:"用刑严急,杀人者死,没其家人为奴婢,窃盗一责十二。"

之前提到过小兽林王颁布律令,将户籍制度化之事,但之前就已经制作了具有户籍功能的文书。如《三国史记》中有故国川王十六年(194)数“家口多小”并赈贷的记录。这是能够利用户籍才可以施行的政策。这样的文书可以称为正式化、法制化以前的初期户籍。记录了六世纪后半期状况的《周书》记载,若在高句丽犯了大罪就要“籍没”[1],之后的《隋书》记载了高句丽分成三等户收税之事[2]。可知,高句丽用户籍来救济贫民,并处刑、收取,同时这也反映了当时的高句丽社会已经普遍使用户籍制度的面貌。

二、通过百济伏岩里木简来探讨百济的户口问题

《广开土王陵碑》中的“新来韩秽”之地,在被广开土王的军士占领之前大概都是百济的领土。随之可以想象,在长寿王核定新来韩秽之地时,可以利用百济做好的户口调查的结果,但这个可能性比较小。

《三国史记》的初期记录中就记载了关于百济的“民口”“户口”“民户”等,但还需要进行史料批判,不能把这个记录内容视作国家编制户籍的证据。再者,又没有关于百济颁布律令的记录,所以很难推定百济是从什么时候开始正式制作户籍的。但查看《都弥传》,这里面虽有故事性的色彩,但都弥是一个“编户小民”,又与妇人一起拥有婢子。[3] 这些记录

[1] 《周书》卷四九《异域列传·高丽》:“其刑法:谋反及叛者,先以火焚爇,然后斩首,籍没其家。”

[2] 《隋书》卷八一《东夷列传·高丽》:“……租户一石,次七斗,下五斗。”

[3] 《三国史记》卷四八《都弥传》。

告诉我们比较具体的户口内容。关于这故事的年代,如果按照一般见解,可以视为盖卤王时代,那么五世纪中期,即汉城末期就已编制户籍的可能性比较大。

据《日本书纪》,倭国将伽耶地区的百济人记录在户籍上,并将逃亡者遣返[1],但实际上应该如卢重国所说,武宁王在其在位第九年(509)时,将进入伽耶的百济人中因逃亡而没能写入户籍的遗漏人员找出,很可能把这些人归还之后记入户籍[2]。在其后年,为了控制人口,采取一系列的措施,比如让游食者农耕等[3],又记录了具体的户数[4],可知步入六世纪,百济就已经制作了户籍。到了六世纪中叶,百济系人物通过制作日本白猪屯仓的"丁籍",编成田户等,利用文字发展了屯仓的经营[5]。据说是在662年由刘仁轨主导编制的百济故地的户籍[6],考虑百济灭亡以及复兴运动等动乱,应是以百济政府已经编制好的户籍作为基础资料[7]。

关于户籍,值得重视的还有泗沘期做成的木简。全罗南道罗州市伏

---

[1] 《日本书纪》卷一七,继体天皇三年春二月,"括出在任那日本县邑百济百姓,浮逃绝贯,三四世者,并迁百济附贯也"。

[2] [韩]卢重国:《户口调查以及户籍整备》,载《百济社会思想史》,知识产业社,2010年。

[3] 《三国史记》卷二六《百济本纪四》,武宁王十年"春正月,下令完固堤防,驱内外游食者归农"。

[4] 《三国史记》卷二六《百济本纪四》,武宁王二十一年"秋八月,蝗害谷,民饥。亡入新罗者九百户"。

[5] [日]田中史生:《屯仓与韩国木简——用倭国史讨论韩国木简的可能性》,《木简与文字》(22),2019年。

[6] 《三国史记》卷二八《百济本纪六》,义慈王"仁轨始命瘗骸骨、籍户口、理村聚、署官长、通道涂、立桥梁、补堤堰、复坡塘、课农桑、赈贫乏、养孤老,立唐社稷、颁正朔及庙讳。民皆悦,各安其所"。

[7] [韩]卢明镐:《罗末丽初亲族制度的变动》,《又仁金龙德博士停年纪念史学论丛》,1988年。

岩里出土了武王十一年(610)前后制成的木简。此木简(木简2)记载着关于户口的内容,但只有一面写有墨书。笔者的释读如下:[1]

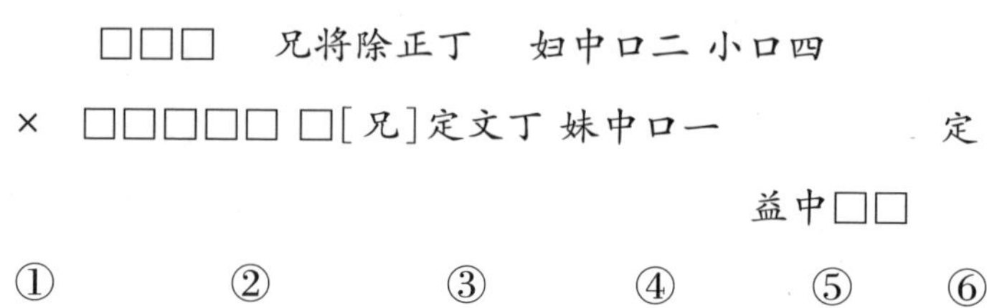

兄的名字为将除(或将徐),年龄等级为正丁。[2] 正丁与唐代的白丁相同,指的是因不用服役而要向国家缴纳赋税的对象,“□[兄]定”后面的“文丁”指的是正丁里面要服役的人。“□[兄]”很有可能是“从兄”,那么他的名字应该是定,文丁应该是服役的意思。因这枚木简上留有兄与从兄,那么缺损部位写的应该是关于同生(弟弟)的记录。考虑到紧接着记载的是关于妇、妹的内容,这枚简应该是对于有亲族关系的某个群体进行户口调查以后,记录其内容的木简。那么,缺损部位即上端记载的弟弟可能就是户主。

第一行写的“妇”[3]有儿媳或夫人两种意思,如果是儿媳,“妇”之前写的应该是子息。也就是说,先要写子、长子或男,这样后面的妇就会是子妇即儿媳妇。在木简2中,因为“妇”前面写的是“兄”,所以“妇”很可

[1] ×表示缺损,[ ]表示推测的字,斜体表示异笔,①—⑥表示文章段落。以下相同。

[2] 有关“正丁”的释文,请参照[韩]金昌锡《罗州伏岩里出土木简研究的争议以及课题》,《百济文化》(45),2011年。

[3] 洪承佑将这个字释作“归”字,解释为户主的家属([韩]洪承佑:《扶余地区出土百济木简的研究现状以及展望》,《木简与文字》[10],2013年)。

能指的是夫人,而不是儿媳妇。现存的唐前期以前的籍帐类文书或日本古代的相关资料中,夫人用“妻”或“妾”字来表示。[1] 可知,七世纪初期的百济与这些国家不同,是用“妇”来表示夫人的。

那么,“妇”到底是谁的夫人呢?虽然从剩下的记录很难去判断,但释作兄长夫人即兄嫂会比较自然一些。[2] 户主的夫人则可能写在缺损的部位。如此一来,第一行的尾部书写的“小口四”就很有可能是兄将除与其夫人的子息。不过,问题在于“妇”下面的“中口二”。虽说“中口”也可以理解为兄长夫妇的子息,但此木简的书写格式为“妇中口二 小口四”,也就是说妇与中口是连着写的,然而中口与小口之间则有空格。关注这一点,就可以得知“中口二”与“小口四”不同,应该跟妇有关。我们还需要留意兄与□[兄]的年龄等级仅写在下方,而且中间没有空格这个问题。综上,可以将“妇中口二”解释为“(兄长)夫人的年龄属于中口,共二人”。如果有两名夫人,按理来说应该需要排列,但此木简只记录了年龄等级与人员数。古代中国与日本的户籍虽然明确记载了妻与妾,但这枚木简只写了妇,这很有可能是因为妇包括了妻与妾。[3]

第二行的“妹”也有可能不是户主的亲妹妹,笔者觉得可能是□[兄]的妹妹。如果□[兄]是从兄,其妹妹对户主来说应该是从妹,这个段落

[1] 中国方面的资料参考的是[日]池田温《中国古代籍帐研究——概观·录文》中的附录部分,日本的资料参照了正仓院文书资料库(http://somoda.media.osaka-cu.ac.jp/shosoin_db/)。702 年的筑前国户籍与 772 年的因幡国户籍中也出现“妇”字,但这是儿媳的意思,因“妇”字都写在男、女息之后。

[2] 虽然还没有找到兄与兄嫂一同写在弟弟的户籍上的例子,但 701 年的沙州敦煌县效谷乡籍中记载着亡弟之妻,747 年的敦煌郡敦煌县龙勒乡都乡里籍中记载着亡兄之妻([日]池田温:《中国古代籍帐研究——概观·录文》,东京大学出版会,1979 年,第 167、192 页)。

[3] 另外,朱甫暾在文中指出百济的婚俗为一夫多妻制([韩]朱甫暾:《韩国古代史的基本资料》,周留城出版社,2018 年,第 97—111 页)。

的意思应该是:户主的从妹是中口,共一人。日本的籍帐中也有类似的例子,可以作参考。702 年的筑前国嶋郡川边里的户籍中记载着从父弟与他的妻、子女,726 年的山背国爱宕郡出云乡云上里的计帐中连续写着从父与从父妹。[1] 关于□[兄],因这枚木简上只写着当事人及他的妹妹,所以他可能没有夫人与子女,妹妹应该也没有丈夫和子息。

综上所述,可知这枚木简的②③④段记录的是兄与从兄,即户主的旁系亲属。①段上面写的应该是户主夫妇以及他们的直系卑属及子女。[2] 从古代中国及日本的例子来推算,直系尊属即父母也很可能编制在同一个户籍,这一内容很可能写在了①段上面的缺损部位。

这枚木简上所记载的亲族有直系与旁系,还包括两代以上的亲族。如果这些人都属于一个户,那么这个户不会是由夫妇与未婚子女构成的单婚小家族,而会是以具有亲族关系的多个小家族组成的扩大家族。但目前还不清楚这个家族是一个自然家户,还是一个与居住状态没有关系的人为组织的编制户。无论如何,从中可以确认的是,国家为了某种目的将这些人视为一个单位,而且这些人还都有亲族关系。笔者认为,由这些人组成的单位就是户。泗沘期的中央官府中,属于外官的点口部是负责户籍业务的部门。[3] 从这枚木简的记载内容,我们可以得知七世纪的百济政府在统治地方社会时,也利用户籍与年龄等级来控制人口。

那么,这枚木简的具体用途到底是什么呢?木简下端写着"定"字,

[1] 历史学研究会编:《日本史史料 1》,岩波书店,2005 年,第 179—185 页。

[2] [韩]尹善泰:《罗州伏岩里出土百济木简的用途》,《6—7 世纪荣山江流域与百济》,韩国国立罗州文化财研究所,2010 年,第 159—162 页。

[3] 《周书》卷四九《异域列传 · 百济》:"各有部司,分掌众务。内官有前内部、谷部、肉部、内掠部、外掠部、马部、刀部、功德部、药部、木部、法部、后官部。外官有司军部、司徒部、司空部、司寇部、点口部、客部、外舍部、绸部、日官部、都市部。"

这个字的笔体与其他部分不一样，而且比别的字大。笔者认为这个“定”字应该与唐代的貌定相似，是已经确认的标志。[1] 但也不能把这枚简视为户主自己申告的手实。关于这个问题，看木简的第三行便可知晓。“益”指的是数量比往年增多的意思。日本的山背国爱宕郡计帐（732 年）中也有“帐后无损益”之词，这个句子可以理解为去年与今年的口数没有差异。[2] 在奈良时代，表示户口的增减时用的是“益”与“损”，值得注意的是，在七世纪初期，百济的地方社会用的也是同样的字句。不过，从户口的增减用年龄等级单位即中口来表示这一点来看，这枚简很可能不是申告人的手实，而是掌握年龄范围等级情况比较清楚的官府的统计。笔者认为，对于指定地区的户，每一户都要用木简来记载，然后上级行政机关要根据这些简来制作帐簿。另外，其他官吏还要对木简上的记录进行核对，只有确认没有错误之后，才可以在简上记录“定”字。

关于这枚简的制作目的，通过其记载格式与内容，笔者推测几种可能。最引人注意的是兄、妇、妹的亲族关系的称呼。从记录亲族关系的称呼这一点来看，制作这枚简不单单是为了收税，还跟户籍有关系。还值得重视的是，对于女性，特意明示妇与妹，把单纯的血缘关系和婚姻关系给区分开来。如果调查户是一个扩大家族，官府将每一个小家族当作单位，还能掌握小家族的内部详情。

正丁与文丁的使用也很引人注目。把作为赋税对象的丁细分化，是为了更好地掌握人民的服役情况。想必是掌握户口成员的现状以后，要作为国役或税收的基础数据来用。这枚简没有对土地等财产做详细记

[1] ［韩］朴根七：《唐前期手实、计帐的再探讨》，《魏晋隋唐史研究》（2），1996 年。
[2] 韩国国立历史民俗博物馆：《正仓院文书拾遗》，便利堂，1992 年，第 20 页。

录,但对人员的增减进行了确认。由此看来,制作这枚木简的主要目的应该在于掌握户口成员的状况以及服役情况。[1] 综上,笔者认为这枚木简应该是为了控制户口的变动而在调查每户的现状之后,与前一年的基础资料作对比而制作的户口总计帐簿的一部分。想必计帐或户籍是以这样的资料为基础制作的。

百济的王都所在地,即忠清南道扶余邑也出土了关于户籍的木简。宫南池出土的写有“西部后巷”的就是这类木简。

正面 西□丁○阝[夷]

背面 西阝后巷巳达巳斯丁 依活□□丁

○

归人中口四 小口二 迈罗城法利源水田五形[2]

这枚木简的大小为35厘米×4厘米×1厘米,是上端有穿孔的长方形木简。背面记载着“行政区域名—人员以及年龄等级—土地”。释文中最有争议的是“归”字。因其字形与上述木简中的“妇”相似,所以有学者提出应释作“妇人”,而不是“归人”。但如果正面的“西□丁 阝[夷]”与

[1] 平川南曾指出这枚木简是户籍的摘录([日]平川南:《日本古代的地方木简与罗州木简》,载《6—7世纪荣山江流域与百济》,韩国国立罗州文化财研究所,2010年,第185页),但笔者认为,若要与户籍相联系,那它就应该是在制作户籍的途中做成的以户为单位的像卡片一样的记录。

[2] ○表示的是穿孔部,以下相同。关于这枚木简的释文,参考了[韩]李镕贤《扶余宫南池出土木简的年代与性质》,载《宫南池发掘调查报告书》,韩国国立扶余文化财研究所,1999年。前面的“西□丁 阝[夷]”应该是为了便于阅览而书写的背面记载的内容中关于人力的统计的部分。因“西□丁 阝[夷]”起着标题的作用,所以这一面应该是第一面,背面的内容虽然在先,但记载顺序应该是在后。

背面的内容相对应，那么就应该释作与“夷”相通的“归”，而不是“妇”。[1] 如果可以这么解释，那“归人”表示的就是该人员的社会地位，其细节内容就是“中口四名与小口二名”。与此相对比的丁应该就是原百济人。将这些不同身份的原百济人和归人写在一起，那是因为归人隶属于第一行书写的丁户里。

原百济人中有归人的是丁二人，但他们的亲族称呼没有得到记载。看来，制作这个木简的官吏对整个户口的现状或户口成员之间的关系不感兴趣。对这个官吏来说，更重要的是原百济人丁二人与六名归人即中口四人，小口二人成为一体的事实。正面只书写丁和部夷，也佐证了这个事实。

那么，第一行的丁二人不会是某个户的全体人员，而是与归人一起被调动的户籍成员的一部分。[2] 这枚木简也不会是记录巳达巳斯的户口和所有地的户籍类，而是一种关于徭役征发的台帐，这个台帐上记录的应该是派到迈罗城法利源去耕作水田五形的住在泗沘城西部后巷的原百济人及归人。透过穿孔与这枚木简一起用绳索连起来的其他木简上，可能也记载了以行政区域为单位的泗沘城派出的人力与派遣地，如果里面包括归人等特殊身份的人，还会把他标明。

---

[1] [韩]李镕贤：《扶余宫南池出土木简的年代与性质》，载《宫南池发掘调查报告书》，韩国国立扶余文化财研究所，1999 年，第 334 页；[韩]尹善泰：《百济泗沘都城与“嵎夷”——通过木简来看泗沘都城的里与外》，载《东亚考古论坛》(2)，忠清文化财研究院，2006 年，第 257 页中也将“夷”与“归人”理解为相通的概念。另外，卢重国也释作“归人”，将这个词解释为随着人口遣返而归农的人([韩]卢重国：《户口调查以及户籍整备》，载《百济社会思想史》，知识产业社，2010 年，第 219—224 页)。

[2] 李成市将“归人”释作“妇人”，把下面的记载内容释为被调动到迈罗城法利源的水田的人员([韩]李成市：《罗州伏岩里木简在韩国古代社会中的位置》，载《6—7 世纪荣山江流域与百济》，韩国国立罗州文化财研究所，2010 年，第 107 页)。

在罗州市伏岩里遗址还出土了性质类似的木简。下一个木简(木简5)记录了丁、牛的数量以及土地、谷物的收获量,可以得知当时的耕作与农业经营的样貌。笔者的释文如下:

正面　　　　　　　　丁一　　　　　　　中[口][一]
大祀○村□弥首[山][作][中][口]四
　　　　　　　　　　[偶]丁一　　　　　牛一

背面　　泾水田二形得七十二石　在月三十日者
　○　　白田一形得六十二石
　　　　得耕麦田一形半□

木简的大小为18.5厘米×2.7厘米×0.6厘米,所说中间部右侧有些破损,但基本留下了原形。上端的穿孔可能是为了与其他性质相同的木简编连起来。因前面的“祀”字有一些字形缺损,可知是在木简做成之后穿孔导致的。

木简5的正面记载的内容可以分为三个部分,即①大祀村,②□弥首[山],③剩余三行文字。①是一个村名,这个村里有□弥首[山]等人以及牛。②部分的□弥首[山]是一个人名。②部分的字比③部分写得大,而且写在木简的中间,占据一行,可知这个人是带领③的代表者。③部分的第一行与二、三行书写的格式不一样。也就是说,第一行记载了丁、中口的年龄等级与该当“口”的人数,但二、三行前面写着“作”和“偶”。笔者认为,“作”应该不是动词,而是表示中口四人处境的一般名词,因为后面紧接着“中口”。“偶”或许也指“丁”一人的社会地位。虽说“偶”因有配偶者的意思，可以理解为□弥首[山]的妇人，但因他的年龄等级是“丁”，而不是“丁女”或“正妻”，所以这个人应该是男性。“偶”有稻草人的意思，笔者推测，指的应该是没有人格的劳动力，即奴婢。值得留意的是，“偶”可能与下面记载的“牛”有关。

那么，第一行的丁与中口到底是什么样的人物呢？因上面没有出现如“作”“偶”这样的用词，想必与□弥首[山]有着亲属关系。从上述木简2的记载内容推测，这些人有可能是□弥首[山]的直系或旁系亲属，也有可能是尊属或卑属。

如果，□弥首[山]与“作”“偶”以下人员没有血缘关系，那就可能是隶属关系。□弥首[山]与③的第一行书写的人物可能是同一个户的成员，而且□弥首[山]很可能就是这个户的户主。那么，二、三行的人物会是不同的户吗？第一行已经提及了丁与中口，二、三行又再次记录，这说明了有这个可能性。不过，中国与日本的古代籍帐类文书中，一个户里同时记载了部曲、贱口、寄口等隶属人。因此，不只是第一行人物，属于作、偶的人们也属于同一个户，并且这个户的户主很可能是□弥首[山]。“牛一(头)”可能也属于这个户。

那么，这枚木简的前面记载的丁与中口的人员会是此户的全体人员吗？虽然不能够断定，但如③的第一行所写，□弥首[山]的亲属要是二人，那就会太少。上述木简2记载的现存的亲属共有九人。这枚木简的③的二、三行记载的隶属人为五人，如果这个数字没有错，那么这个户会是一个富裕户，同一个户里的亲属也应该多于二人。木简2记录了某一个户的户籍整体的现状，这是在与前一年的情况对比之后做出来的，然而，木简5只记载了□弥首[山]为户主的户籍成员的一部分。这是因为，木简5的制作目的是确保这个户籍下的某些人员服役。

木简 3 也与调动人力有关系,其中也有“户”字,释文如下:

正面

× [午]年自七月十七日至八月廿三[日]
[半]那[比]高墙人等若[凡]□□ [中] □□毛罗 ×

背面

□户智次 | 前巷奈率乌胡留
× 夜之间徒 | 钗非头扦率麻进 ×
□将法户匊次 | 又德率□□[1]

木简 3 正面记录了服役期间与派遣地,以及调动对象即役种和数量,背面记录了调动人员的具体内容及管理者。派遣地是正面下端中央部书写的“□□毛罗”,其管辖范围从这个地方一直到半那即现在的罗州地区。服役时间为 7 月 17 日到 8 月 23 日,共 38 天。笔者将上部第二行的尾部释作“凡□”。如果这个字释“作”凡没有错的话,就如《初元四年乐浪郡户口簿》,很可能将被调动的人力的总数写在“凡”字下面。

他们当中的服役人员应该有“比高墙人”。虽说可以把“比高”视为人名,但因人名都写在了背面,笔者认为这应该是表示服役的词,可能是“筑高墙或城墙的技术人员”的意思。“比高墙人”的“人”可能与人制有

[1] | 表示刻线,以下相同。

关[1]，指的是古代中国或六世纪以后的新罗，或者日本社会担当某种职务、侍奉王权的某“人”。

这些人的名字写在背面上端。不过，第二行的“夜之间徒”可能不是人名，而是技术人员的某种组织。第一行与三行的“智次”和“匊次”虽然像人名，但与之前的“户”的关系还不太明确，可以理解为户主智次和匊次，也可以理解为属于□户的智次和属于□将法户的匊次。可知，与用“烟户”“烟”“孔烟”的高句丽、新罗不同，百济用的是“户”这个词。

另外，平川南、李成市曾指出这枚简上端与下端之间有刻线这一事实。[2] 这枚简上下端之间的区分线非常清楚，下端所记载的人与上端所记载的人在职能上也有区分，可能起了统治、管理上端所记载的人的作用。或者，如新罗中期的真骨贵族运营私营工房，上端记载的人或许是下端的百济官员所带领的工匠。无论如何，从木简 3 中也可以得知□□毛罗、半那等地区为了服役而动员及派遣人力的事实。

通过探讨以上木简以及西部后巷木简，我们可以得出以下结论，即泗沘期已经实施调动人民劳动力的税役制度，而且已传播到荣山江流域的地方社会。其方法基本如下：先以户为单位，以年龄等级为基准征发人员，如果需要特殊技术人员，就以行政区域为单位选定并调动技术人员，

[1] [日]吉村武彦：《倭国与大和王权》，载《岩波讲座日本通史 2》（古代 1），岩波书店，1993 年，第 202—205 页；[日]铃木靖民：《倭国与东亚》，吉川弘文馆，2002 年，第 75—76 页。

[2] [日]平川南：《日本古代的地方木简与罗州木简》，载《6—7 世纪荣山江流域与百济》，韩国国立罗州文化财研究所，2010 年，第 186 页；[韩]李成市：《罗州伏岩里木简在韩国古代社会中的位置》，载《6—7 世纪荣山江流域与百济》，韩国国立罗州文化财研究所，2010 年，第 107 页。

而且要让有官职等级的官员来负责此事。[1]

除此之外,扶余陵山里寺址出土的296号木简中记载的"麻力用丁八日"、297号木简中的"汉城下部对德疏加卤"、307号木简中的"资丁"、扶余双北里102番地出土的316号木简中记载的"伎兄上部"、县内地(音译:Hyeon-nae-deul)遗址出土85-8号木简中的"丁""酒丁"、173-3番地出土223号木简中的"丁""妇"、东南里出土木简中的"兄""教"[2]、双北里201-4番地遗址出土木简中的"兄习利丁"等记录[3],虽说内容比较片面,但这些记载内容说明了百济在泗沘期的年龄等级制、职役制、户籍制等制度的施行样貌。以后可以对这方面进行深入探讨。

三、新罗户籍制度的发展与特征

奈勿麻立干、实圣麻立干、讷祇麻立干三位国王在位期,新罗处于高句丽的统治之下,从高句丽那里学习了各种先进文化与制度,户籍制度也是其中的一个。

新罗的资料当中,写有具体户数的最早的记录便是《三国史记》真平王条中的"国西大水,漂没人户三万三百六十,死者二百余人"。可知,新罗在五世纪就已开始调查户口,到了六世纪开始通过赋予年龄等级等方

---

[1] 以上关于伏岩里木简的内容基于[韩]金昌锡《7世纪初荣山江流域的户口与农作——罗州伏岩里木简的分析》,《百济学报》(6),2011年。本文又进行了补充、修正。

[2] [韩]洪承佑:《扶余地区出土百济木简的研究现状以及展望》,《木简与文字》(10),2013年。

[3] [韩]郑勋晋:《扶余双北里百济遗址出土木简的性质——201-4番地及328-2番地出土木简为中心》,《木简与文字》(16),2016年。

式来逐渐地统治住民。以这种方式为基础，到了六世纪后半期已把收取对象扩大到每一个人，这可以从城山山城木简中得到确认。户籍制度被接受的过程中，在将户口调查结果做成像户籍一样规格化的文书，再扩大其对象范围，制定调查周期等方面，可以说法兴王七年(520)的律令颁布起了巨大的作用。

新罗与高句丽一样，在正式场合将户称为“烟”或“孔烟”，这也可以视为高句丽与新罗的户籍制度的连接点。不过，在五世纪前半期，百济、新罗结成同盟之后，因两国之间有过外交交涉、军事协力、文化交流等，年龄等级制度或编制户籍等方面相互也会有一些影响，所以五世纪中期以后，还要考虑百济的户籍制度的影响。

先来看一下立于忠清北道的《丹阳赤城碑》(550年左右)。

□□□□月中 王教事大众等喙部伊史夫智伊干

□(中略)节教事 赤城也尒次

□□□□中 作善▨怀懃力使死人 是以后其妻三

□□□□□□□□□□□许利之 四年小女师文

□□□□□□□□□公兄 鄒文村巴珍娄下干支

□□□□□□□□□者 更赤城烟去使之 后者公

□□□□□□□□□异▨耶 国法中分与 虽然伊

□□□□□□□□□子 刀只小女乌礼兮撰干支

□□□□□□□□使法赤城佃舍法为之 别官赐

□□□□□弗兮女道豆只又悦利巴小子刀罗兮

□□□□□合五人之 别教 自此后国中如也尒次

□□□□□□怀懃力使人事 若其生子女子年少

□□□□□□□兄弟耶 如此白者 大人耶小人耶 (后略)[1]

碑文中将居住在赤城的户写作“赤城烟”。除此之外,还写着也尒次、四年、刀只等人名,还有小女、小子等年龄等级。笔者认为,大人、小人也与年龄等级有关,是基于年龄等级的用语。立碑者对住在赤城的住民进行了户口调查,然后反映到户籍里面,又从户籍里摘录了该人物的资料。碑文对新生儿以子、女的形式区分了性别,还使用了妻、兄、弟等表示亲属关系的称呼。

但是,赤城地区原来是高句丽的领地,新罗在真兴王时占领了这个地区,并立了碑石。新罗可能继承了高句丽支配赤城时实施的统治方式。只不过,新罗在之前就已经控制了户口。

斯罗 喙斯夫智王 乃智王 此二王教 用珍而
麻村节居利 为证尒 令其得财 教耳
癸未年 九月 廿五日 沙喙 至都卢葛文
王(中略)斯彼暮斯智干
支 此七王等 共论教 用前世二王教
为证尒 取财物尽 令节居利
得之 教耳 别教 节居利若先
死后 令其弟儿斯奴 得此财
教耳 别教 末鄒 斯申支

[1] ▨为生僻字,以下相同。[韩]朱甫暾:《丹阳赤城碑》,载《译注韩国古代金石文Ⅱ》,驾洛国史迹开发研究院,1992年。

此二人 后莫更噵此财(后略)[1]

这是于1989年在庆尚北道浦项市神光面发现的《浦项冷水里碑》的碑文,建造年代为智证王四年(503)。碑文的大致内容为:节居利与末鄒、斯申支因为财产有了纷争,但之前已经有过类似的纷争,所以参照上次的判例,重新判定了节居利所有的财产。[2] 在第二次判决中,还假设如果节居利死亡的话,就要让他的"弟"儿斯奴继承财产。可见,节居利是某一个户的户主,与儿斯奴是兄弟关系。由此又可以推测,503年左右,浦项的一部分地区已经在做户口调查。[3] 但是,也有可能仅对当事者的家户进行了身份调查,还不能断定调查户口已扩散到更广大的范围。冷水里碑是在503年左右建造的,所以碑文中应该留有高句丽的户籍制度的要素。

1991—2016年期间,在庆尚南道咸安郡的城山山城,通过17次发掘调查共出土了245枚木简。[4] 其中有文书木简,但最多的还是物品标签,这些是绑在从新罗都城或各个地方发送至城山山城的物品上的标签。如木简31,其释文如下。[5]

---

[1] [韩]卢重国:《迎日冷水里碑》,载《译注韩国古代金石文Ⅱ》,驾洛国史迹开发研究院,1992年。

[2] [韩]金昌锡:《新罗法制的形成过程与律令的性质——以探讨浦项中城里碑为中心》,《韩国古代史研究》(58),2010年。

[3] 云梦睡虎地秦简的《封诊式》与湖北省江陵张家山汉简的《奏谳书》中有审理诉讼的过程中为了核对身份引用户籍的例子([日]井上亘:《中国籍帐与御野国户籍》,载《美浓国户籍的总合的研究》,东京堂出版社,2002年,第413页)。

[4] 韩国国立伽耶文化财研究所编:《韩国的古代木简Ⅱ》,2017年。

[5] [韩]金昌锡:《通过咸安城山山城木简来看新罗的地方社会的构造与收取》,《百济文化》(54),2016年。

正面　古阤 一古[利]村 末[那]　　　　V

背面　毛[眉]次尸智 稗石　　　　　Λ[1]

这枚简的内容为:古陀郡负责缴纳了管辖范围内住在一古利村末那区域的毛眉次尸智的一石稗子。毛眉次尸智有可能是一个户主。为了确认他有没有缴纳税物,首先要了解他的籍贯、居住地、户口的构成,以及是否为户主、财产状况等问题。

咸安城山山城木简的记载顺序,大部分都是“地名—人名—谷物—分量”。因为是国家收取的谷物,其缴纳者应该是某一家户的户主。木简以村落的住民作为对象,所以应该是在城、村制作的。地方官与村主以家户为单位制定赋税额,在确认有没有按期缴纳的时候,其依据材料应该是与收取赋税关联的文书。在新罗社会,晚于六世纪后半期,已经存在统计户籍或经济情况的计帐等文书,这一点是明确的。

城山山城出土了3枚题签轴形状的木制品。题签轴是粘在纸文书边上,以此为轴,将纸文书卷起来的木简,这样纸文书就很好保管。题签轴上部可以写标题,这样不用打开卷纸也可以区分文书内容。[2] 城山山城木简的制作年代,虽然有些争议,但大概是六世纪后半期。[3] 新罗在这个时期已经有了制作户籍的经验和制度。题签轴形木简在地方的山城已在使用,这一点充分说明了都城或地方行政区域的治所将户籍等重要的文书记录在纸张上的可能性。如城山山城木简的记载所示,以户籍制度

[1] V表示刻在木简左右边的刻槽,以下相同。

[2] [韩]李京燮:《新罗木简的世界》,景仁文化社,2013年,第179—187页。

[3] [韩]金在弘:《咸安城山山城出土木简的年代》,《木简与文字》(22),2019年。

为基础，才能够确定赋税的收取对象，确认是否缴纳。

新罗的户籍中肯定会有户主等户口成员的明细。初期记录可能只有人名，性别，妻、子等亲属关系。到六世纪中叶以后，如赤城碑、城山山城木简等，除亲属之外，户口成员里还有隶属民，也开始使用年龄等级，可见对人民的统治更加细化了。到了六世纪后半期，高句丽依据三等户制收取了户租，中代以后又实施了九等户制，这可从《新罗村落文书》的记载得到确认。可知，新罗在七世纪前半期已实施了户等制，还将户等记在了户籍上。笔者认为，为了决定户等，除人头数以外，还要掌握家产，所以很可能将家屋、家畜、谷物、土地面积等信息也逐渐加了上去。如《三国遗事》“竹旨郎”条中有这样的记载，即“敕史上侃珍子孙为枰定户孙标异之”。可想而知，六世纪后半期，与百济相同，新罗的丁或户也可能被标明了职役或服役任务。

再看《三国史记・列传第七》中出现的人物，最先记载的是出身地与父、祖父等家属关系。对于骤徒，记载了他的兄弟，对于如竹竹、素那等地方民众，也标明了父亲的姓名与官等。在素那的记载中，还有其妻子的出身。居柒夫、金庾信、金阳的列传也详细记载了他们的祖先。列传的记录可能以各种系统的一手资料和二手文献作为依据，但成为其源泉的基本资料应是族祖传承的家乘或户籍。

从《牟头娄墓志》中的记载，可以得知五世纪高句丽的贵族制作并传承了单独的家乘资料。关于金庾信家，他的后孙金长清撰写了《金庾信行录》，后来收录于《三国史记・金庾信传》。户籍与家乘不同，制作的主体是政府，是官方记录。高丽时期的户籍资料颇有意思。如《骊州李氏准户口》中，记录了户主夫妇的籍贯以及四祖，即父、祖、曾祖、外祖。可知，高丽的户籍与唐、宋或日本都不同，高丽的户籍详细记载了世系，并记载了相关人员的籍贯。[1] 四祖户口式的完备虽说是在成宗代,但高丽的户籍特征应该源自新罗以来的传统。

素那的父亲沈那在他的儿子活跃于阿达城之前就去世了。因此,很可能素那到了适婚年龄成为户主。列传中记录沈那的原因应该在于素那的户籍上记录了他的亡父,考虑到他们是地方住民,家里是否有传承记录与记录沈那没有关系。虽然不清楚是从什么时候开始,但笔者认为,最晚到七世纪左右,支配层的户籍上已开始记录户主的祖先。当然,关于祖先的范围和记载形式可能跟高丽有所不同。八世纪中叶的《白纸墨书华严经写经跋文》中的同智大舍家里的家门意识可能源自这样的编制户籍的传统。

编籍的原则为,以户主的籍贯作为基准进行登载。因为,编制户籍的经济方面的目的在于确保收取源,并在一定范围内使其固定化。万一有了脱离等现象,就要追查到籍贯。但是,因婚姻或申告之后移居的所谓合法移居者,就要被编入新的居住地。

移居到地方的都城人的编籍是如何处理的呢?新罗从五世纪后半期开始派遣的是道使等地方官员,在法兴王二十五年(538),地方官员到任职地赴任时还可以带家属。[2] 智证王十五年(514)在阿尸村设立了小京,将六部与南部地区的户口移了过去。之后,又增添了小京,让都城人即伽倻、百济、高句丽等其他国家的人移居此地。文武王十四年(674)又让六部的真骨住到五京或九州。[3]

---

[1] [韩]卢明镐:《高丽时代户籍记载样式的成立与社会性意义》,《震檀学报》(79),1995年。

[2] 《三国史记》卷四《新罗本纪四》,法兴王二十五年“春正月,教许外官携家之任”。

[3] 《三国史记》卷四〇《杂志九外官》。

强首为“中原京沙梁部人”[1]，可知中原京沙梁部是强首的户籍中记载的籍贯。他的家人在金官伽倻灭亡之后去了都城，被赏赐了六头品的骨品，后又于558年移居中原京。[2] 强首由于政府的施政去了地方，而且定居地方，还与附近的釜谷冶家之女结了婚。他在武烈王时去了都城，但他的家族应该在其曾祖父那一代就第一次去到了中原京。因此，这个时候开始，他的籍贯从都城的沙梁部转到中原京，代代都编入了中原京沙梁部的户籍里。这个户籍里记录了强首的世系，所以虽然他的籍贯是中原京，但官吏也能够确认到他是都城六头品这个事实。

像强首一样合法移居至地方的人，可能被编入了那个地区的户籍体系里，强行使他移居到小京就是一个典型的例子。这些人当中，都城人的籍贯虽然改为新的居住地，但仍然记录了骨品或祖先，保证了他们作为都城人的出身。这可以说是对于移居到地方的都城人的一个补偿。置六部的行政区在小京或州治，也可以说是一种折中的方式。可是，作为地方官被派遣到地方的人可能跟上述情况不同。虽然不清楚任期是几年，但他们过了任期的期限就要回到都城。他们与同伴家族的居住地虽然改为赴任地，但还是很可能保留了原来的籍贯，登载于都城的相关部或里的户籍里。[3]

话虽如此，但可能有些人会怀疑真骨会不会不是以户籍的形式，而是以记录籍贯、居住地、户口、财产明细等方式被统治的。可是，35个金入宅中，不但所属部、坊，就连寺庙也都以地形为基准。“金亮宗宅”是将户

---

[1] 《三国史记》卷四六《列传六强首》。

[2] [韩]金泰植：《广开土王陵碑文的任那加罗与“安罗人戍兵”》，载《韩国古代史论丛》(6)，驾洛国史迹开发研究院，1994年，第65—66页。

[3] [韩]河日植：《新罗王京人的地方移居与编籍地》，《新罗文化》(38)，2011年。

主的名字用宅号的形式书写的,“财买井宅”是金庾信的宗宅。真骨应该住在华丽的宅邸,其位置与所有人、祖先等信息可能是从户籍摘录的。国家掌握真骨家世的方式也可能是以家户为单位,如“财买井宅”一般,与户主的来历一并做了记录。[1]

结语

韩国从高句丽、百济、新罗三国时期就开始编制户籍,并将户籍法制化。虽然现今没有留下古代户籍的实物,但有整理编制户籍留下的基础资料,利用户籍的文书和名籍类,以及以记录户籍为前提的布告文与文献记录等资料留存,笔者试着将此作为以后正式研究户籍的基础。

《广开土大王陵碑》中记载了关于守护王陵的“烟户”的具体内容。派遣到地方的官僚为了挑选守墓烟户,需要掌握好所属各个烟户的户口的人数及性别、年龄等信息。《集安高句丽碑》中记载的“名数”,说明了在高句丽,广开土王时代之后就已开始编制户籍或名籍。

高句丽户籍制度源自古代中国。从《初元四年乐浪郡户口簿》中,我们可以得知汉代统计了每个县的人数与一年之间的增减状况。公元一世纪,玄菟郡的地方官吏掌握了高句丽首长的名籍。高句丽通过这样的历史经验接受并容纳了户籍等汉代的行政方法。而且,古朝鲜的犯禁八条,扶余的法俗中出现的掌握户口信息的传统也以此为基础。之后,《周书》

---

[1] 以上,关于新罗户籍的记载事项与编籍地的内容,参见[韩]金昌锡《7世纪的骨品制与官等制——以住民的编籍与移居为中心》,《历史批评》(127),2019年。

与《隋书》的记录，又告诉我们户籍在贫民救济、处刑、收取赋税等过程中也作为基础资料被使用的事实。

通过《三国史记·都弥传》《日本书纪》等文献记载，还可以得知百济五世纪中期之后就已存在户籍。六世纪初，到了武宁王时期，史料中出现了关于户的具体数字，662 年的据说是刘仁轨主导编制的百济故地的户籍，也以百济政府已编制好的户籍作为依据。

值得注意的是，武王十一年(610)左右制作的罗州伏岩里木简中，有跟户籍相关的记录。木简 2 记录了正丁、中口、小口等年龄等级，文丁等关于服役的事项，兄、妇、妹等亲属称呼。通过这枚木简，可以得知户中有扩大家族，有点口部等百济官府利用年龄等级来掌握的人口。“益”“定”等用词，还说明了这枚木简是为了掌握户口的变动状况，调查每一户的现状，又与之前的基准年度的资料作了对比之后而制作的。以此为基础资料制作的帐簿即为百济的计帐与户籍。

除此之外，扶余宫南池出土的写有“西部后巷”的木简是关于徭役征发的台帐的一部分。官府利用这样的资料，调动了都城的人力到地方的水田耕作。罗州伏岩里木简中，木简 3 与木简 5 也是为了调拨部分户口成员去服役而制作的。而且，调拨户口成员用的是户籍资料，是依据户籍抽出了一部分人员。

新罗于四世纪中叶到五世纪中叶，在高句丽统治下开始接受户籍等各种先进文化以及技术。但在五世纪中期以后，还要考虑到百济的户籍制度的影响。到了六世纪，新罗开始逐渐通过年龄等级等方式统治住民。法兴王七年(520)，律令的颁布对户籍制度的法制化，以及稳定新罗社会等方面都有着巨大的影响。

从《浦项冷水里碑》可以得知浦项的一部分地区已经开始调查户口

的事实。《丹阳赤城碑》中将居住在赤城的户写成"赤城烟",除人名之外,还有小女、小子等年龄等级。可见,官府对于赤城的住民进行了户口调查,而且以此为基础编制了户籍,又从户籍中摘录了相关人物的资料。碑文中将新生儿以子、女子等形式区分了性别,还使用了兄、弟等亲属称呼。

庆尚南道咸安郡的城山山城共出土了245枚木简。它们大部分都是从新罗都城或各个地方收取物资后将其运输到城山山城时使用的货签。缴纳者可能是某一家户的户主。村主与地方官一起对每一家户制定赋税额,在确认有没有按规定缴纳的过程中,无疑需要以相关文书,即户籍或计帐作为基准。城山山城还使用了题签轴形木制品,在都城或地方行政区的治所里,如户籍等重要的文书可能写在了纸质文书上。如城山山城木简,新罗以户籍制度作为基础,指定了收取对象,并确认了是否缴纳等情况。到了七世纪前半期,新罗实施户等制,可能开始在户籍上标明户等。制定户等不但要掌握人头数,还要掌握家产,所以家屋、家畜、谷物、土地面积等信息也被记入了户籍里。

再看《三国史记》列传中出现的人物,最先记载的是相关人物的出生地与父、祖父等家属关系。而且,对于地方住民,标明了其父亲的姓名与官等。有关素那,还记录了其妻子的出身。列传的记录可能以各种系统的一、二次数据作为依据,但基本资料应是家乘或户籍。七世纪时期,支配层的户籍上开始记录户主的祖先。

编籍的方式是以籍贯作为基准。籍贯既是户主的出生地,也是现在的居住地,这样的情况比较多。户主以结婚或申告等合法的方式移居,就要被编入移居地。被强行移居到小京的例子也与此相同。这些人当中,都城人虽然被编入新的居住地,但因记录了骨品或祖先,保证了作为都城人的出身。但是,作为地方官被派遣到地方的都城人就不一样了,他们与同伴家族的居住地虽然改为赴任地,但还是维持了原来的籍贯。他们的编籍可能登载于都城的相关部或里的户籍里。

附记:本文首先在“首届中日韩出土简牍研究国际论坛”(2019 年 9 月 6—8 日)中宣读,后修改刊发于《木简与文字》23(2019 年,首尔)。本次出版之际,又进行了深入的修改和补充。

庆州月城出土木简的考古学现况

[韩]李钟勋　[韩]朴晟镇

（韩国文化财厅 韩国国立庆州文化财研究所）

庆州是位于韩半岛东南部的一座城市，自公元前一世纪至十世纪一直都是新罗王朝的首都。因此，庆州集中分布了大量的新罗时期的文化遗产。2000 年，拥有千年新罗史的庆州古迹区被联合国教科文组织列入世界遗产名录。

新罗最初在小国斯卢国的基础上发展起来，到后来统一周边小国并逐渐发展壮大，于公元 668 年消灭了百济与高句丽，成为第一个统一韩半岛的王国。自新罗第 5 代王婆娑王至末代王第 56 代王敬顺王一直都居住在月城。月城作为新罗时期的宫殿遗址，对于了解新罗史具有非常重要的意义。

王宫遗址月城附近分布有别宫东宫与月池、新罗王与贵族墓区大陵苑、皇家寺院皇龙寺与四天王寺址，以及附近的官衙、道路、居住址等。与中国、日本的平地宫城不同的是，月城是依据河川旁边的丘陵地势而建的半月形宫城。根据探地雷达的探测结果，可以看出月城内部的建筑布局是以丘陵的自然地势为中轴线的,这与中国或者日本的以 1—2 条轴线来布置建筑物的方式是不一样的。

随着新罗的不断发展,王宫的区域也向月城外部逐渐扩大。最终扩建而成的王宫在《三国史记》中被称为满月城。王京(都城)范围随着王宫月城变化的同时,也模仿中国的都城体制,逐渐形成棋盘式的布局。

一、发掘调查的过程

最早对月城进行考古发掘是在日本殖民时期(1910—1945 年),日本学者对南城墙区进行了发掘。当时的考古发掘并不是为了确认月城的整体布局,而是为了确认是否有先史时期的文化遗存。进入二十世纪七十年代,韩国国立庆州文化财研究所正式开始对月城进行考古发掘。1979 年,考古队对月城东门遗址进行了发掘,并对月城城壕部分进行了试掘工作。1980—2014 年,考古队对围绕月城的 6 个城壕部分以及月城的周边地区进行了考古发掘,确认了其规模以及建筑时期。2004 年,考古队对月城内部进行了地表勘察,2008 年通过探地雷达探测确认了月城内部的大型建筑群与布局。同时,对月城的基础学术调查(2010 年)与保护利用政策研究(2013 年)也都一直在进行中。

2013 年,庆州市为了促进城市的发展,提高其作为韩国古都城市代表的地位,对 8 处新罗王都核心遗址进行了整备和复原工作,而这其中非常重要的一项就是月城遗址的整备复原工作。月城遗址对于理解和研究新罗史具有重要的意义,其发掘调查工作需要缜密并有条理地进行。基于这个前提,2015 年韩国国立庆州文化财研究所以相关专家、学界与文化财委员会的研讨为基础,制定了月城发掘调查总体规划,并开始着手展开对月城内部的发掘工作。

二、月城发掘调查的成果与整备

通过探地雷达的探测,并根据月城内部大型建筑址的布局形态,考古学者将月城内部分为 4 个区域。自 2015 年至 2019 年,对月城中央区域与西部 2 个区以及月城外围的城壕区等共 3 个区进行了精密的发掘工作。

在中央区域,确认了被推测为统一新罗后期的建筑群(范围 51 米×50.7 米)。在这个区域内出土了大量的土质砚台。砚台是统治层文书写作的重要文物。根据这些具有实用性的砚台的出土,可以推断此区应是与文书写作有关的官衙。通过对中央区的探方进行调查,可以推定其时期为公元四至八世纪。

通过对西部区域的发掘调查,发现城墙与城墙相连接的部分有缺失,我们推测其应为西门遗址,但此门址现已遗失。根据城墙的成土方法,推测其应为公元五世纪左右时筑造,并在公元六世纪做过修复。特别值得注意的是,在城墙基础成土层部分出土了两具具有祭祀性质的公元五世纪左右的人骨。

为了取得城壕区整备与复原工作的资料依据,完善和补充 1984 年至 1990 年对城壕内部进行的发掘调查,考古发掘队再次对城壕内部展开了精密的发掘工作。通过发掘,考古队推测月城的城壕始筑于五世纪,起初为竖穴式城壕,后使用至七世纪后期,改筑为石筑城壕,并一直使用至九世纪晚期。在竖穴城壕内部出土有具有护岸、可防止异物流入的木桩设施,以及木简 50 余枚,很多形态各异的土偶与木质器物,还有大量的动植物遗存,特别是被推定为粟特人的土偶,可以据此推测当时新罗与西域之间是有交流的。

2019 年,在城壕部分的发掘调查中出土了木质船模、木盾形态的木制品以及一枚三面木简。木质船模出土于对早期竖穴城壕护岸设施进行调查的过程中。此船模是迄今为止在韩国境内出土船模中年代最早的一具。船模的船头与船尾被细致地刻绘出来,其体现了从独木舟向木板船发展的过渡形态。船的内外都有被火烧熏黑的痕迹,可推测其与祭祀有关。从其树种分析,可确认其使用的是软松类(松树类)木材。

木盾形态的木制品在竖穴城壕的最底层部分出土了 2 件。其中一件有盾柄,另外一件无盾柄。它们的表面用尖锐的工具刻画了底画,并使用红黑两色绘制了纹样,且从盾面上等距的穿孔来看,可推测其应该曾使用线状物缠绕。对制作木盾的树种进行分析的结果表明,2 件木盾形态木制品的盾面均采用了松树科的软松类木材,而盾柄则使用了榉树。

在高句丽安岳 3 号墓的行进图中,可以看到士兵手执盾牌或者将盾牌夹在腋下的画面,由此可窥见当时使用盾牌的两种方式。由于在韩国境内出土的盾牌极少,此 2 件木盾形态木制品将成为研究三国时期武器的宝贵资料。

三面木简记录了六世纪后半期与稻、粟、稗、大豆等粮食有关的内容,此木简将成为研究六世纪新罗的社会状况、语言表达方式的重要资料。

月城的整备与复原以充分的考古发掘调查为前提,遗址整备方向的制定必须得到学界充分的研究和肯定,并与国民达成共识。韩国国立庆州文化财研究所为制定月城遗址的整备与复原计划,对已经过长期考古发掘的中国唐大明宫与日本平成宫进行了资料收集,特别关注这两处遗址在发掘调查过程中面临的一些矛盾和问题,以及整备复原研究期间的方针政策等。

2016 年进行的月城外围城壕区的发掘工作主要是为了获取整备与复原城壕的资料依据,并补充和完善 1984—1990 年对城壕区进行调查的资料信息。2019 年,城壕区的考古发掘工作结束后,计划将由庆州市对城壕区展开整备和复原工作。

实际上,对城壕区的整备工作一共分为三个时期。第一时期是 1988 年,整备了石筑城壕,并填水。第二期与第三期分别是于 2009 年与 2011 年以填土方式整备了石筑城壕,未填水。但在对城壕区进行进一步完善的发掘调查过程中,已整备的城壕 3 个区和现在进行中的 3 个区应该统一整备标准的呼声不断增加。就此,韩国国立庆州文化财研究所展开了与月城发掘调查后期所要进行的覆土和复原相关的两个课题:《月城城壕整备基本计划制定研究》与《月城遗址保护安全性探讨实验研究》。

结语

庆州是新罗的王京,而王京的中心即新罗王居住过的宫城月城。通过对月城的发掘调查,出土了保存状态良好的木简、木制品、动植物遗存、有机物等能够反映新罗人生活的各种遗物。其中,木简作为反映当时社会与文化的直接资料，将成为复原新罗史的重要文物。我们致力于对月城出土木简作持续不断的深入研究，并期待其成为复原新罗文化的基础资料。

同时，我们的研究以考古学调查为基础，综合多学科的研究，对遗址进行整备与复原，并对相关成果做宣传。韩国国立庆州文化财研究所月城学术发掘调查团致力于成为大规模发掘调查的模范单位，并努力成为世界瞩目的考古发掘机关。日后，在进行发掘调查的同时，我们也将持续地对出土木简、木制品、动植物遗体、有机物等进行研究，为究明月城遗址，填补新罗史的空缺部分做不懈的努力。

图片参考：

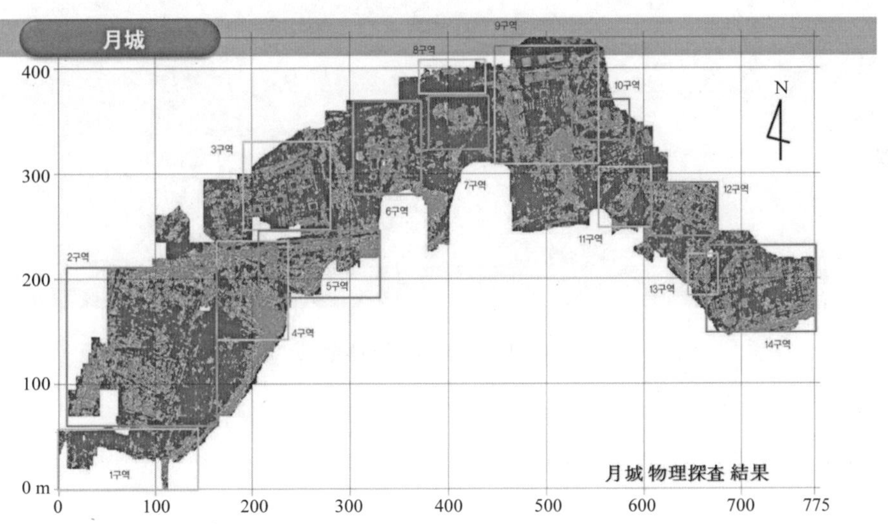

图 1　月城遗址内部 1—14 区殿阁的布局图（探地雷达探测结果）

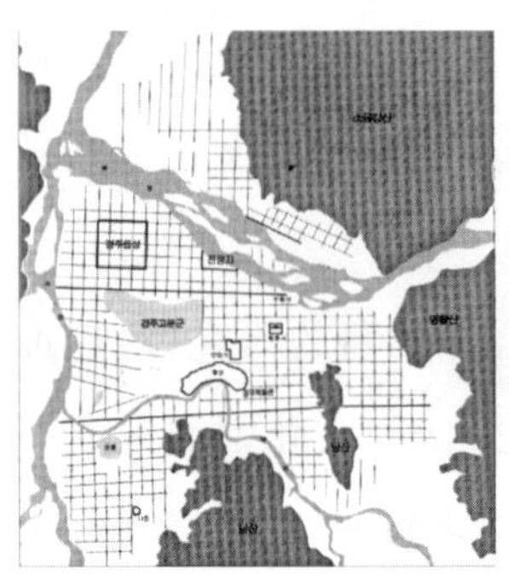

图 2　新罗王都平面图

图 3　月城遗址调查 A、B、C、D 区域布局图

图 4　城中央区建筑址全景

图 5　月城西部区基础部出土的人骨

图 6　出土于月城西区人骨脚趾方向的文物

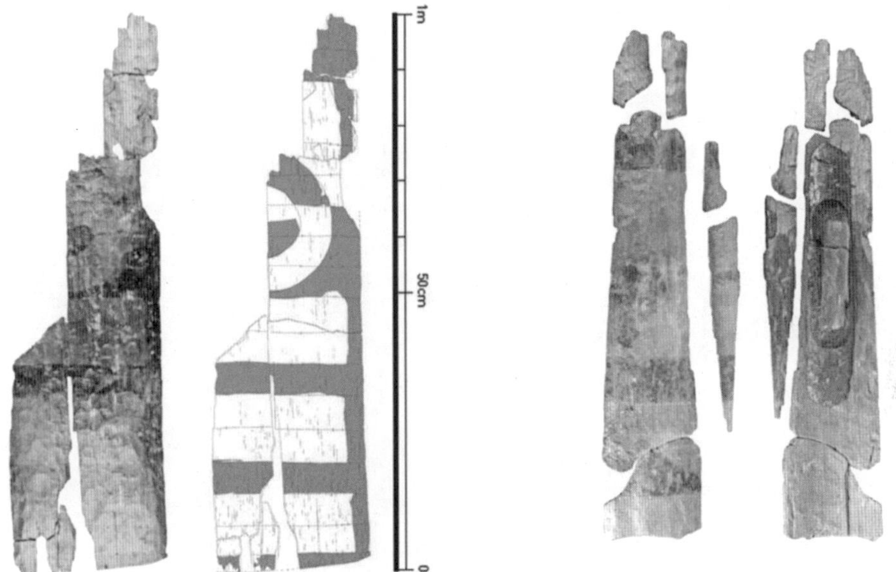

图 7　庆州月城出土盾牌形态的木制品

图 8　庆州月城出土木制船模

新罗王京出土木简的分类

[韩]全京孝

(韩国国立庆州文化财研究所 韩国 庆州)

新罗的王都通常被称为王京。王京的中心部分为庆州盆地,盆地内部的南侧即为王宫所在地。王宫本身或者围绕王宫的城称为月城。月城是新罗王京的核心,其周边分布有东宫、官衙、寺庙等。因此,月城出土的各种遗物都将成为究明新罗历史的重要线索。

其中,月城周边遗址出土的木简也是直接或间接地见证当时人们文书行政及生活方式的重要遗物。[1] 这些木简的形制与其制作意图和用途有关。因此,对木简的分类与考释都是重要的研究课题。

本文首先将介绍新罗王京范围内出土的木简现况以及正式刊行的资料集与发掘报告收录的木简编号方式和分类状况,为探讨木简分类方案提供基础资料。

---

[1] [韩]尹善泰:《月城垓子出土的新罗文书木简》,《历史与现实》(56),2005年;[韩]李京燮:《新罗月城垓子木简的出土情况和月城周边的景观变化》,《韩国古代史研究》(49),2008年。

一、木简出土现况

在新罗王京范围内,出土木简的地点主要有雁鸭池(现东宫与月池)、月城护城壕、传仁容寺遗址、皇南洞376番地、韩国国立庆州博物馆内美术馆场地遗址等5处。这些遗址都位于王宫附近200—300米处。由于特殊的地理位置,出土木简内容主要与王宫的生活、行政、礼仪有关。

雁鸭池出土的木简,是韩国最早发现的木简。1975年至1976年12月考古人员开始对雁鸭池进行发掘与调查工作,发现了新罗时期挖建的莲池与围筑的石筑、入水及出水口等各种设施,由此推断此处应为宫廷宴会与休息的相关场所。

雁鸭池木简最初只出土51枚,后增至98枚,其中有墨痕的木简有62枚。这些木简记录了食品的运输、储存、出入状况,药材数量等内容。因此,雁鸭池出土木简是侧面反映新罗王宫日常生活的重要资料。

1984年至2019年对月城护城壕的发掘调查,发现了五至十世纪曾使用过的宫城防御设施以及与造景有关的设施。在发掘工作中,共出土了木简或被推定为木简的遗物138枚,其中确认有墨痕的简有34枚。这些木简的制作时期大约在六世纪中期至七世纪前期,其断面呈圆形、长方形、三角形等形状。

月城垓子(护城壕)木简记录了购求纸张、指示事项的执行、税收的征收、药材处方或药材管理、物品制作、习书、劳役动员、粮食储量等内容。这些内容基本与行政业务有关。发掘表明,月城护城壕周边大部分都是被推定为官衙的建筑遗址。综合考古发掘结果与木简内容推测,出土木简应为城壕周边官衙处理国家或王室行政业务所使用之物。因此，月城垓子木简可以看作行政文书木简。

（传）仁容寺址位于月城南部，日本强占时期（1910—1945年）推定此处为670年创建的仁容寺。但是2002年至2008年、2009年至2011年进行的调查发掘的结果表明，此处在六世纪末至八世纪前期曾存在一般建筑遗址，八世纪后期至十世纪前期则存在寺庙遗址。在此出土的一枚木简是于2008年清理此处古井内部遗物过程中发现的，虽然确定不了该木简的出土层，但古井内部遗物的年代与建筑遗址存在的年代几乎相同。因此推定，此木简的制作时期应与建筑遗址时期相同。

（传）仁容寺址出土的木简是采用松木制作的，长15.7厘米，宽0.4—1.4厘米，虽然部分有所损毁，但整体比较完整。木简三面都出现墨书文字，共48字。木简内容为向大龙王祈愿，与其一起出土的还有桃核、牛马骨骼遗存等。因此推测（传）仁容寺址出土木简应为祭井仪式所用物品。

皇南洞376番地遗址距月城西侧约600—700米，原来为个人私有土地。为在此处建造新的建筑物，考古人员于1994年对此处进行了发掘调查。调查发现了古井、木栅栏设施、竖穴、铜与玻璃坩埚、印章等遗物。根据发现的遗迹与遗物推测，此处应为六世纪后期至八世纪中期左右的生产遗址。此处的竖穴遗址中出土了3枚木简，其中2枚木简记录了仓库的名称、粮食储量，另外1枚虽残留有墨痕，但其字迹无法确认。从记录仓库的名称与粮食等内容来看，这几枚木简应是用于记录生产工坊的粮食供给与出纳业务。

韩国国立庆州博物馆内美术馆场地遗址于1998年进行了考古发掘调查。此处位于月城的正南方向，1974年，在博物馆新建之时，发现了莲池、围墙遗址、柱础等遗存。此次发掘还发现了东西南北道路遗迹，古井，木质吊桶、木梳等木制遗存与土器、铭文瓦等遗物。特别是刻有“南宫之印”字样的筒瓦的出土,表明位于月城南部的此处很有可能是当时的南宫。

此遗址共出土了4枚木简。此4枚木简均出土于石砌的水井中,其中2枚残留有墨痕,并可判读部分字迹,余下的2枚则无墨痕。残留墨痕的木简虽可看出笔画,但内容难以释读。

可以看出,新罗王京木简主要出土于王宫周边的遗址。这些木简主要用于记录中央政府的劳役动员、税收征收、物品与粮食的管理、掌握出入人员等行政事务;或者用于掌握药材数量、标识食品生产日期与储存日期、记录祭礼等宫中日常生活事务。总之,新罗王京出土的木简反映了王宫与其周边的政治、行政、日常生活等。

表1 新罗王京遗址出土的木简数量

遗址名称	调查时间(年)	出土木简数量(枚)
雁鸭池	1975—1976	98
月城城壕	1984—1985(试掘调查) 1990—2014(4、5号) 2015—2019(1—3号)	138
(传)仁容寺址	2002—2008 2009—2011	1
皇南洞376番地	1994	3
韩国国立庆州博物馆内美术馆场地遗址	1998	4

二、木简编号与分类

新罗王京出土木简按照不同遗址,以发掘报告与资料集的形式进行整理。但雁鸭池与月城城壕出土木简在正式刊行发掘报告前已对外公布了一部分,因此学界也已知晓其存在。本文将就发掘报告与资料集收录木简的编号照片与分类方式进行说明。

与上文仅对个别遗址进行整理有所不同的是,资料集《韩国的古代木简》收录了截至 2004 年所知的韩国木简,刊载了收录木简的彩色照片与红外线照片、释文等各种信息。其对木简的分类方式如下例,“209. 二面墨书木简/庆州 雁鸭池/统一新罗时代”,即按照木简编号、木简名称、出土遗址、制作年代的顺序排列。但是,木简的编号并没有根据不同遗址来分类进行。比如,A 遗址有木简 5 枚,B 遗址有木简 5 枚,B 遗址的第 3 枚木简在资料集中的排序却为第 8 枚。因此,此资料集的缺点在于难以掌握特定遗址出土木简的出土顺序,且资料集虽在木简名称处标记了墨书书写的面数,但多数木简为“二面墨书木简”,因此,起不了很好的区分作用。另外此资料集对木简的命名方式侧重木简上的字迹,而非木简的形态,这与资料集刊行的目的有很大的关系。

雁鸭池发掘报告书刊行于 1978 年,1989 年起进行售卖。此发掘报告书分为正文篇与图版篇两册,前者在介绍木简部分主要记录了木简的形态与内容分析,后者则刊载了木简的照片。在此部分,只对木简以“遗物编号 · 木简”的形式来标识,对于木简的形态并没有进行说明,编号也只是以所有出土遗物为对象进行排列,并没有将木简单独进行编号,且命名也仅以"木简"的形式标注,只能以号码来区分,这也是此报告书的一个缺点。

由上可知,雁鸭池发掘报告书收录的木简自发掘初期就没有系统地进行分类。

月城护城壕出土的木简被详细地整理于2006年刊行的发掘报告书中。此报告书收录了用肉眼或者红外线照片可以看出墨痕的木简,以及虽然看不到墨痕但发掘时被推断为木简的遗物两种,并以此为基础,对截至2006年发现的月城城壕区出土的104枚木简进行分析与编号。报告书以"木简O号"的形式进行编排。与木简编号有关的遗物采集卡所记录的出土位置、层位、日期、遗物编号和实际木简编号的对照表简单整理如下。

表2　月城护城壕出土木简编号、出土日期、遗物编号

木简编号	出土日期(年月日)	遗物编号
1	851120	27
2	860424	67-4
3	860424	67-13
4	860424	67-8
5	860424	67-2
8	860604	37
9	860424	67-5
10	860424	68
11	860424	67-3
12	860424	67-1
13	890317	
14	930312	
15	851209	

此表展示的只是发掘报告书所收录的部分木简。木简编号的方式是依据发掘机关韩国国立庆州文化财研究所内部整理编号而定的,但此内部整理编号并没有明确的基准。

依据表格,首先推测木简编号可能是以出土日期先后的顺序来展开的。但从14号木简的情况来看,其出土日期显然最晚,却比出土较早的15号木简的编号靠前。因此,出土日期应与木简的编号无关。此外,遗物编号也有可能与木简编号有关。但是从8号木简来看,其遗物编号为37,却排序第8;遗物编号67-1的木简,应为编号以67开头的简中最早的简,其木简编号却为12,因此推断木简的编号与遗物编号也并非一致。由此可知,这些木简的编号与出土日期、遗物编号并无关系。

木简的形态以棒形、笏形、长条形等名称来标注。木简的截面呈棒形的情况,主要表现为圆形、多面体;呈笏形的情况,主要表现为薄板的形态;其形态不规则,既不属于棒形,也不属于笏形的情况,则被归为长条形。

另外,2016年至2018年月城城壕区出土的木简,虽然其发掘报告还未正式刊行,但本文将对这几枚木简的编号方式与名称作一下简单的说明。2015年末,月城城壕补充发掘调查工作开始进行,次年至2018年,共出土了8枚木简,对此8枚木简首先作了临时的编号,主要以"临时,数字+遗物名称"的形式标识。但此编号并不只用于木简,对于出土的土器、瓦片、各种动物骨骼遗存、植物种子遗存等也同样适用。木简的名称至今尚未确定。虽然在整理过程的初期,仅以临时数字标注木简的形式来标识,但近期主要采用摘取木简的部分内容来标记的形式,比如"丙午年木简""周公智木简""幢主木简"等。在正式刊行报告书之时,整理者会将木简与其他文物一同正式地编号与命名。

在(传)仁容寺址出土的木简曾作为木制品与其他出土遗物一同被分类,其名称也被单纯地标注为木简,编号也是以整体出土遗物为对象被编列为1417号。《(传)仁容寺址发掘调查报告书Ⅰ》的正文简单地对此木简作了陈述,报告书的第4章的“考察”部分也仅仅是对木简出土的位置与状态作了简单的说明。本文也只对木简出土的位置与形态和内容进行说明。

皇南洞376番地遗址出土木简在发掘报告的正文中虽以“木简”之称被提及,但在说明内容中仅以1号与2号的名称出现。3号由于仅残留墨痕,无法进行文字释读,并未在正文中被提及,仅仅出现在附录中关于木简分析的论文中。

韩国国立庆州博物馆出土木简在发掘报告书中仅以木制遗物的形式出现,也仅以“木简残片”的名称被标记与简单说明。该报告也并未对其编号进行特殊标记,只是以古井出土的全部遗物为对象进行编号。

综上所述,新罗王京出土的木简编号与分类情况主要如下:

目前,木简仅被收录于汇集木简信息的资料集或者考古调查发掘报告中。而此两种刊物因其发刊目的不同而对木简进行不同形式的编纂。

资料集汇编并整理了不同遗址出土的木简,在整体木简编号中,新罗王京出土的木简只是其中的一部分。这样的分类方式,虽符合整理韩国出土的所有木简之宗旨,但对于不同遗址出土木简的区分则有可能出现混乱。

考古调查发掘报告收录的木简,虽然也有被单独列出的情况,但大部分都只作为木制品的一部分被归类。在日后的工作中,有必要考虑木简的收录基准。虽然月城城壕调查发掘报告中将笔画不清的木简也一同标记为木简,但大部分发掘报告只收录能够识别笔画的木简,导致这些笔画不清的木简只是作为一般遗物与其他出土遗物共同被编号标记。即使木简被单独编号,也只是以 1 号、2 号等简单的号码被标识;另外,发掘报告在不出版的情况下,则仅对其以临时编码来标识。

总之,从上述内容可以看出,大部分资料集都将王京范围出土木简与瓦、土器等遗物一同编号,或者仅将木简归类为一般的木制品。迄今为止,王京范围出土木简中被单独列出进行区分的仅有月城城壕出土的木简。

结语

本文简单地介绍了新罗王京出土木简的编号与分类方式。但是,至今为止以木简为对象的编号与分类基准尚未确定,大部分遗址的发掘报告都只是将木简与其他出土遗物一同进行处理。究其原因,笔者认为主要是由于执笔韩国遗址考古调查发掘报告的大部分是考古专业人士,他们缺乏系统的木简学专业知识。而月城城壕出土木简之所以能够被单独列出进行编号与分类,是因为有木简学专业的人员来专门负责。

另外,值得借鉴的是,韩国伽倻国立文化财研究所刊发的资料集中,将庆尚南道咸安山城出土的木简统一以国家归属号码的形式编排。而在此前,即使是同一机构进行的调查发掘,在编写资料集时,也会出现对同一木简作不同编号标识的现象。以国家归属号码进行编号的方法具有一定的客观性,其形式如下:“出土(保管)机构名称+数字”。

月城城壕近年出土的木简尚未进行编号整理,因此国家归属编号对于月城城壕出土木简还暂时不适用。从这个层面上来看,对韩国木简编号的编排方式还需要作进一步的探讨。

浦项中城里新罗石碑探讨

——与中国古代行政文书的比较

[韩]金秉骏

（首尔大学东洋史系 韩国 首尔）

序言

文书行政体系和其他文明体系一样是长期形成的。该体系一旦形成，其周边地区在接受它时，就会对整个体系予以采纳，而不是有选择性地零星接受。朝鲜半岛各古代国家开始从中国王朝接受文书行政系统时，不仅采用了文书行政的制度性程序，而且袭用了典型文书的样式及用语。更何况，新罗的文书行政发展较晚，而欲尽快赶上其他国家，新罗很自然地就会完整接受当时已在百济等地以完备的形态使用的文书行政体系。

循着这一思路，笔者曾研究过韩国庆州月城垓子 2 号出土的新罗木简。此木简使用的牒的形式、白的用法，以及发信人的签名处理方式等，都可以在中国秦汉时代的简牍和北朝隋唐时期的敦煌吐鲁番文书中找到。月城垓子2号木简是彻底使用在东亚被普遍接受的文书行政程序和书写样式的产物。[1] 本文试图用韩国浦项发现的中城里新罗石碑来证明笔者的这一看法。

围绕浦项中城里碑,有多种不同的见解。其原因正如有些学者所指出的,“其中包含了难以理解的新用语,而且其特殊的结构与一般人所知的不同,因此很难掌握其内容”[2]。笔者认为,之所以产生“新用语”和“特殊的结构”的看法,是因为既往研究仅限于新罗或朝鲜半岛发现的文字资料。如果能开拓视野,注意到中国古代的文字资料特别是行政文书,就能找到“熟悉的用语”和“普遍的结构”,而不是“新用语”和“特殊的结构”。以往的研究由于对典型的中国古代文书行政并不太关心,只集中分析石碑或木简原文本身。当然,过去由于资料不足,我们并不清楚中国古代文书的具体结构。最近出土的中国简牍材料,如五一广场东汉简、东牌楼汉简、走马楼吴简等,提供了有关中国古代行政文书格式的重要信息。当然,五世纪中后期的浦项中城里碑文和二至三世纪左右的东汉简及吴简之间,有着比较长的时间差距。但是,如果我们注意两者同时使用的用语及格式,就容易发现其连续性,而认识到新罗很早就全面接受早已定型的文书行政体系。

本文首先确定中城里碑的核心用语“教”和“白”,并在中国古代行政文书里寻找这两字的使用情况,由此来理解中城里碑的整体结构。然后将此石碑的内容与中国古代民间纷争的处理过程进行比较,研究中城里

---

[1] [韩]金秉骏著,戴卫红译:《再读新罗月城垓子2号木简——与中国出土古代行政文书的比较研究》,载邬文玲、戴卫红主编《简帛研究二〇一八(秋冬卷)》,广西师范大学出版社,2019年。

[2] [韩]朱甫暾:《浦项中城里碑的结构和内容》,《韩国古代史研究》(65),2012年。

碑中涉及的治狱如何进行、如何结束。笔者将参照中国古代各种行政用语语法来解释浦项中城里碑碑文。

2019年,研究者对浦项中城里碑进行了三维扫描及各角度的拍照,详细的释读新资料集已经出版。[1] 笔者基本上遵循这一释读方案进行讨论。不过,笔者将与主旨展开相关联的第7行的"干"改释为"于",第12行的"口"改释为"立",其原因后文详述。改释后的浦项中城里碑释文如下:

1行:辛巳□□中折卢ㄓ

2行:喙部习智阿干支沙喙斯德智阿干支

3行:教沙喙尒抽智奈麻喙部□智奈麻本牟子

4行:喙沙利夷斯利白争人喙评公斯弥沙喙夷须牟旦

5行:伐喙斯利壹伐皮朱智本波喙柴干支弗乃壹伐金评

6行:□干支祭智壹伐使人奈蘓毒只道使喙念牟智沙

7行:喙鄒须智世令于居伐壹斯利蘓豆古利村仇鄒列支

8行:干支沸竹休壹金智奈音支村卜步干支乞斤壹金知

9行:珍伐壹□云豆智沙干支宫日夫智宫夺尒今更还

10行:牟旦伐喙作民沙干支使人果西牟利白口若后世更

11行:噵人者与重罪典书与牟豆故记

12行:沙喙心刀哩立

[1] 韩国国立庆州文化财研究所:《浦项中城里新罗碑》,韩国国立庆州文化财研究所,2019年。

一、古代行政文书中的"教"

为了正确理解碑文的整体结构,首先,正如很多研究者指出的那样,要注意碑文中的几个重要动词。其中最明显的是第3行中的"教"。和中城里碑的其他文字相比,"教"的字体特别大,与上一行"教"的主体分离,作为新一行的首字使用。在新罗,王的命令以"教"的形式颁布。[1]《三国史记》中可以找到新罗王下达"教"的记载,浦项冷水里碑、蔚珍凤坪里碑和丹阳赤城碑中多次出现了新罗王的"教"。冷水里碑中由以智证王为首的贵族七人"共论",最终拟定制作了"教";凤坪里碑中的法兴王和十三人共同讨论决定"教"的内容,即使经过了"共论"的过程,最终的命令和指示还是由王下达的,因此应该将"教"看作王的命令。"教"在古代中国是一个专门用语,已经在古代中国的行政文书中广泛使用,具有特定的意义和形式。若从这一点来分析,中城里碑"教"字的意义会很好地体现出来。

在中国,文书行政的确立是从战国时代开始的。这并不只是说使用行政文书,还包括要严格遵守行政文书的格式。[2] 到了东汉,日常生活中表示上下关系的用语也被用于行政文书中。例如,在信件的往来中,对收信人尤其是对上司使用的尊称就在行政文书中固定出现。[3] 战国末

---

[1] [韩]金昌锡:《5世纪以前高句丽的王命体系与集安高句丽碑的"教""令"》,《韩国古代史研究》(75),2014年。

[2] 汪桂海:《汉代官文书制度》,广西教育出版社,1999年;[日]鹰取祐司:《秦汉官文书的基础研究》,汲古书院,2015年;[日]藤田胜久:《中国古代国家和情报传达——秦汉简牍研究》,汲古书院,2016年。

[3] [日]高村武幸:《秦汉简牍史料研究》,汲古书院,2015年。

期到秦代的行政文书中,常见"敢言之",进入东汉后,在"敢言之"前就附加上了"无状惶恐叩头死罪"这样的习用语,表明行政文书中出现了对高级职位的人或上司表示尊敬和礼貌的用语。

"教"也是其中之一。在西汉初期的《二年律令》中,"教"作为使动词或者具有"教诲"意义的名词使用。[1] 东汉时期郡太守的命令、六朝时期州刺史的命令,均称为"教"。"教"已不仅仅是具有"教诲"之意的普通名词,而是作为"指示"或"命令"之意出现在行政文书上的固定用语。在实行郡县制的汉代,"教"是具有地方行政最高权威性的郡太守的指示。[2] 到六朝时期,随着地方行政的中心由郡转移到州,"教"的主体也转换为州刺史。[3] 可见,在实际行政运作中具有地方最高权威的人下达的指示或命令,称为"教",其下级的指示使用"令"或其他表示具体行为的动词来表示,而皇帝的指示被称为"诏书""敕书""制书"。地方行政单位将其最高权威郡太守或州刺史称为"君",其下达的指示为"教"。五一广场东汉简及走马楼吴简中经常出现的"君教简"便是其代表性材料。

(A) ⑤左贼史迁、兼史修、助史庞白。①男子烝备条言:界上贼捕掾副在部受

[1] "教人不孝,黥为城旦舂"(36—37 简);"谋遣人盗,若教人何盗所,人即以其言□□□□□及知人盗与分,皆与盗同法"(57 简);"有子不听生父教,谁与不听死父教罪重"(奏谳书案例 21)。本文所引有关二年律令的材料均来源于陈伟等主编《二年律令与奏谳书——张家山二四七号汉墓出土法律文献释读》,上海古籍出版社,2007 年;张家山二四七号汉墓竹简整理小组编著《张家山汉墓竹简[二四七号墓]》(释文修订本),文物出版社,2006 年。

[2] "郡守所出命曰教",参见〔宋〕司马光编著,〔元〕胡三省音注《资治通鉴》,中华书局,1956 年,《资治通鉴》卷五三《汉纪 · 孝桓皇帝》胡三省注。

[3] [日]佐藤达郎:《汉六朝的地方教令》,《东洋史研究》(68-4),2010 年。

所臧(赃)罪狼藉。

②教③今白。案文书,番称前盗备禾。今副将备□称,左曹谨

⑥君教诺。实问。备辞不自言不以钱布与副,恐猾……

条言副未有据告者。④丞优、掾晹……,副□□亡。

任五人。写移书桑乡贼捕掾并等考实。□考……宏□□□

所起及主名副任具解到。复白。白草。

⑤永初元年四月十八日庚白。(简48木牍CWJ1③:325-32)[1]

君教简(A)的内容和程序如下:①男子烝备条言(事条上言);②受理该事件之后,君即下达开始调查的指示(教),只是省略了具体的指示内容;③据此指示,其下级进行了调查;调查的内容是复查了相关文件,重新调查了相关的人物,其结果是确认了烝备陈述内容存在的问题;④丞优、掾晹等经过讨论,认为有必要对该事件进行重新调查,因此,请求重新调查获得另一个指示(君教),而且如果将来获得重新调查的报告书的话,应该重新报告其内容(复白);⑤永初元年四月十八日,左贼史迁、兼史修、助史庞向君汇报了这一事件的来龙去脉;⑥君在接到这个报告后批示

[1] 长沙市文物考古研究所等编:《长沙出土五一广场东汉简牍选释》,中西书局,2015年,图版第18页。

了同意(诺)。

图1　五一广场东汉

“君教简”(B)

(B)　③兼辞曹史辉、助史襄白:①民自言,辞如牒。

②教③属曹分别白,案:惠前遣姊子毒、小自言,易永元十七年

⑤君教诺。　中,以由从惠质钱八百。由去,当还惠钱。属主记为移长刺部

曲平亭长寿考实,未言,两相诬。④丞优、掾畼议

请敕理讼

掾伉、史宝实核治决。会月廿五日复白。

④延平元年八月廿三日戊辰白。(四七木牍CWJ1③:325-5-21,图1)[1]

君教简(B)的内容和程序,也是由①民的"自言",②君下达开始调查案件的指示(教),③第一次调查的结果,④丞、掾重新调查的请求和报告,⑤君的批准(诺)这五个阶段构成的。(B)的结构与(A)相同,只是因为(B)中民"自言"的内容多,所以把其辞附在后面的"牒"上("辞如牒")。

以上的君教简中,"教"都出现了两次。第一个"教"是指示官署接到案件之后进行调查,第二个"教"是接到官员报告之后允许其进行再调查。调查事件的整个过程都建立在"君"的指示(教)基础上。

在居延汉简中,有与五一广场君教简形态不同,但同样可以被归类为"君教简"的简牍:

(C)府告　　居延甲渠鄣候卅井①关守丞匡十一月壬辰檄言居延都田啬夫丁宫禄福男子王歆等入关檄甲午日入到府匡乙未复檄言

甲渠鄣候以邮行　　男子郭长入关檄丁酉食时到府皆后宫等到留迟记到各推辟界中

[1] 长沙市文物考古研究所等编:《长沙出土五一广场东汉简选释》,中西书局,2015年,图版第17页。

定吏主当坐者名会月晦②有
教③建武四年十一月戊戌起府
④十一月辛丑甲渠守候告尉谓不侵候长宪等
写移檄到各推辟界
中相付　受日时具状会月廿六日如府记律令
(居延新简 E.P.F22:151)[1]

简牍(C)是从居延都尉府发送到甲渠鄣候的文书。①十一月壬辰(初一)和乙未(二十四日),都尉府两次接到紧急报告;②都尉府的主官下达调查此事的命令,即都尉的“教”;③戊戌(二十七日)发送给甲渠鄣候;④在辛丑日(三十日),再次命令其尉和不侵候长等。君“教”在五一广场东汉简中仅作“教”,而在这里作“有教”。上引五一广场东汉简中的是调查事件之后向“君”报告(白)的上行文书,居延汉简中的是下达调查案件命令的下行文书,但两者都是行政官员根据君的“教”来处理实际案件。“有教”后,行政官员才开始行政处理。

石碑中也可以找到类似的“教”的用例。事实上石碑从一开始就是以简牍为样本来制作的。虽然书写材料不同,但石碑仍模仿沿用了当时的主要书写载体简牍的格式及形态。[2] 东汉的《张景碑》便是直接将简牍上使用的“君教”文书移用到石碑上(图2)。[3]

---

[1] 张德芳:《居延新简集释(七)》,甘肃文化出版社,2016年,第242—243页。

[2] [韩]金秉骏:《从“视觉文书”到“视觉石碑”:集安高句丽碑和广开土王碑的形态渊源》,《木简与文字》(18),2017年。

[3] 汤淑君:《张景碑》,《中原文物》1991年第1期。

图2 东汉张景碑(D)

(D)④[府告宛,①男]子张景记言,府南门外劝[农]土牛,□□□□

调发十四乡正,相赋敛作治,并土人犁耒廿蓎屋,功费六七

十万,重劳人功,吏正患苦,愿以家钱,义作土牛上瓦屋栏楯

什物,岁岁作治,乞不为县吏列长伍长,征发小跐,②审如景[言]

施行复除,传后子孙,明检匠所作务,令严,事毕成言,会廿□

③府君教,④大守丞印,延熹二年八月十七日甲申起

⑤八月十九日丙戌,宛令右丞慑告追皶贼曹掾石梁,写移□

> 遣景，作治五驾瓦屋二闲，周栏楯拾尺，于匠务令功坚，奉□
> 毕成言，会月廿五日，他如府记律令。　　掾赵述□□
> 府告宛言，男子张景以家钱义于府南门外守□□□
> 瓦屋，以省赋敛，乞不为县吏列长伍长小䌷□□

张景碑的内容如下:①首先,男子张景陈述(言);②受理张景自言的官吏,提议应该满足张景的要求;③"府君"(太守)下达了指示(教);④府官根据此指示(教)于八月十七日对宛下达了命令;⑤十九日宛县再次下达了命令。其形式与居延汉简相同。四川省昭觉县出土的东汉邛都安斯乡石表也与此相同(图3)。[1]

图3　东汉邛都安斯乡石表(E)

---

[1]　图见吉木布初、关荣华《四川昭觉县发现东汉石表和石阙残石》,《考古》1987年第5期;部分释文参见伊强《〈光和四年石表〉文字考释及文书构成》,《四川文物》2017年第3期。

(E)②郡(?)方(?)右户曹史张湛白,①前换苏示有秩冯佑转为安斯有秩,庚子诏书听转,示部,为安斯乡有秩,如书,②与五官掾

司马芳议,请属功曹,定入应书时簿,下督邮李仁,邛都奉行,言到日,见草,③○行丞事常如掾,○主簿司马追省,

④府君教诺,③○正月十二日乙巳,书佐昌延写,⑤○光和四年正月甲午朔十三日丙午,越嶲太守张勃,知丞事大张□,

使者益州治所下,三年十一月六日庚子。○长常叩头死罪敢言之。

诏书听郡,则上诸安斯二乡复除□齐□乡及安斯有秩,诏书即日

□□□劝农督邮书

掾李仁,邛都奉行,

勃诏□诏州郡叩头死罪敢言之,○□□□□□下庚子诏书,即日理判也,

三月十四日丙午,诏书,太守勃行于东,大官守长常叩头死罪敢言

之,○□

使者益州□□□□治□□□□言□,○高官□□诏书,即日始君迁里□□□□

□□□等十四里,○将十四里丁众受诏,高米立石表,师齐驱字彦新。

(侧面)

越嶲太守丞掾奉书言,□□常□都□□□□□光和四年正月甲午朔十

三日丙午□

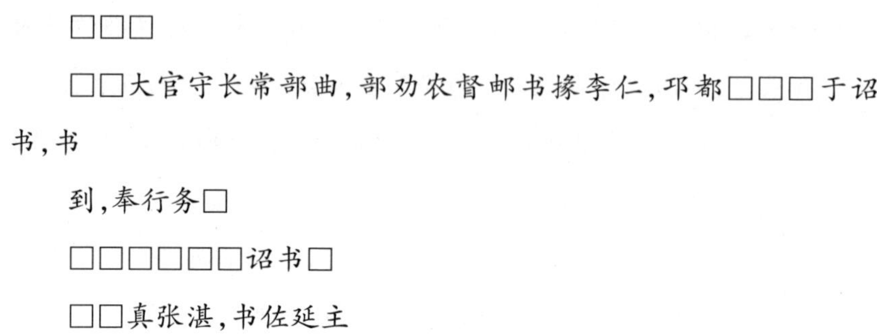

□□□

□□大官守长常部曲,部劝农督邮书掾李仁,邛都□□□于诏书,书

到,奉行务□

□□□□□□诏书□

□□真张湛,书佐延主

该石表前半部分记载,①已有一份和冯佑职务迁转有关的诏书;②负责此事的官吏向邛都县请求(请)办理此事;③行丞事和主簿同意(省)并于一月十二日报告;④太守(君)下达了行动指示(教);⑤一月十三日太守向邛都县派出使者来办理此事。

材料(D)和(E)对于理解浦项中城里新罗石碑具有非常重要的意义。这两通碑文将当时写在木简上的行政文书刻在了石碑上,也就是说,它们不是一开始就为了在石碑上使用而特别制作的文件,而是在文书行政系统中经常被使用的文件。这提醒我们,应在日常的文书行政系统中理解浦项中城里新罗碑的碑文。

简牍和石碑中的"教"是太守(居延汉简中是都尉)的指示或者命令,办理实际事务的行政官吏根据君的指示(教)来完成行政处理的全过程。而在这之前先有行政官员的具体提案,然后有君的批准。

这种形式不仅在地方行政中如此,中央、皇帝下达命令也是如此,皇帝并不亲自撰写诏书的内容。从居延汉简《元康五年诏书册》便可见当时传达到地方的诏书的形态。这件册书由如下内容构成:①元康五年太常的官员太史定(向直属上级官员太常昌)提出五月二日壬子为夏至,要实行更水火等一系列新的举措(寝兵、大官抒井、更水火、进鸡鸣等);②

太常(昌)将此报告给了丞相(魏相);③丞相又把它传达给了御史大夫(丙吉);④御史大夫将此内容报告给皇帝(并提出具体实施方案);⑤得到皇帝的批准(制曰可)。这便是以由行政官员提出解决方案,然后皇帝予以批准的方式制定的诏书。[1]《史记·三王世家》中也记载了大司马霍去病奏请汉武帝,要求与诸臣商议三个皇子的号位,皇帝乃令御史论议此事(制曰下御史),之后,皇帝连续三次拒绝了封三个皇子为侯的奏请,最后,皇帝同意了这一奏疏(制曰可)的内容。[2] 原先的诏书中包括了这些内容,但最后的诏书省略了提案和中间的推辞这一过程,只留下皇帝任命皇子为诸侯的内容。西汉初期的《二年律令·津关令》反映了这样的省略:

> ·②相国上①内史书言,请诸诈袭人符传出入塞之津关,未出入而得,皆赎城旦舂;将吏知其情,与同罪。·③御史以闻,④●制曰:可,以阑论之。[3]

在该令中,①为内史的提案内容,②是相国将之向御史传达,③为御史向皇帝报告,④是皇帝许可。居延汉简《元康五年诏书册》和《史记·三王世家》记录的原本内容也省略了相当部分,成为像津关令一样的

---

[1] [日]大庭脩:《汉代制诏的形态》及《居延出土的诏书册》,载其著《秦汉法制史研究》,创文社,1982年。

[2] [日]大庭脩:《〈史记·三王世家〉和汉代的公文书》,载其著《秦汉法制史研究》,创文社,1982年。

[3] 《二年律令·津关令》,496—497简。

令文。[1]

如上所述,在行政文书当中,上级官吏的指示、皇帝的命令是以“教”“制”的名称出现的。一般先有行政官员的报告和提案,之后出现“教”“制”,以及意味着允许的“诺”“可”。指示、报告的流程结束之后,需要再次整理时,行政官员的报告和提案内容就变成上级官员“教”或皇帝“制”的具体内容。另外,我们应该把两种方式区分清楚。中城里碑记录了行政官吏具体报告(白)之后上级官员用“教”来允许,即属于前者。反之,新罗冷水里碑、凤坪里碑则省略了行政官员报告的原文内容,代之以改成上级官员“教”的内容,即属于后者。

二、中城里碑碑文的解析

笔者将中城里碑碑文大体分为两段来看。第一段是记录上级传达下来的指示,第二段是接到这样的指示后进行行政处理并报告结果。先来看看第一段。

1:段落“辛巳……教”

如上所述,“教”应该成为所有行政处理的依据,其重要性在视觉上也有所表现。上引材料(A)、(B)中,尽管前一行的下部分有充足的空白,但还是另换一行,在新一行开始处写下“君教”二字(图1),特别是在(A)中,虽然前面一行留有很多空白,但是很显然因要强调“教”而另一起

[1] [日]藤田胜久:《张家山汉简〈津关令〉和诏书传达》,载其著《中国古代国家和情报传达——秦汉简牍研究》,汲古书院,2016年。

行。(C)“有教”之语中“有”字写在前一行的最后,“教”字却写在了另一行的开头。不仅如此,(D)和(E)中,换行的地方不是写着“教”,而是写着“府君教”这样的文句(图 2、3)。[1] 即,简中若有“教”的主语如“府君”,从主语“府君”部分便要改为另行书写了。[2]

中城里碑的“教”也同样属于这种情况。现有研究者对于“教”的主语为“喙部习智阿干支和沙喙斯斯德智阿干支”这一点没有提出异议。[3] 此处已有“教”的主语,那么,为了向主语表示尊敬,和上引中国古代行政文书中带有“君教”标记一样,中城里碑也要从“教”的主语开始换行书写,将其置于新一行开头。碑文的第二行正好是以“喙部习智阿干支”和“沙喙斯斯德智阿干支”开始的,这一点惹人注目,即为了尊崇相当于“教”的主体的“喙部习智阿干支”和“沙喙斯斯德智阿干支”,另换了一行。不过,这里“教”的主语很长,第二行没有充足的空间,因此,先在第二行行首写下主语,然后把“教”字用比其他字大的字体换行在第三行书写。

这一段相当于中国“君教简”的第一部分。新罗中央政府受理地方官府案件后,中央行政官员向阿干支请求对此案件进行调查,阿干支允许

---

[1] 材料(D)第五列以“府君教”抬头,其下再次出现空白的原因是本来这个地方要盖上太守的印章。由此可以推测存在将简牍原文的形态原样搬到石碑上的意图。

[2] 五一广场东汉简中相同的“有府君教”的材料不少,如《五一广场东汉简牍选释》21 简 CWJ1②:291,117 简 CWJ1③:285 等。⑤府告临湘:①前却,趣诡课左尉邦充、守右尉夏侯弘逐捕杀小史周讽男子冯五……令充、弘诣府对。②案祉、贺、初、昌、怒、寇、高、四男子等所犯皆无状,当必禽(擒)得……③记到,县趣课充、弘逐捕祉……充、弘诣府对,会十六年正月廿五日。令卅日勉思谋略,有以自效,④有府君教。 长沙大守丞印 永元十五年十二月廿日昼漏尽起开(CWJ1②:291)

[3] [韩]卢重国:《从浦项中城里碑看麻立干时期新罗的纷争处理节次和运用六部体制》,《韩国古代史研究》(59),2010 年;[韩]朴成贤:《浦项中城里碑碑文的形式以及纷争的性质》,《韩国文化》(55),2011 年。

(教)了这一要求。

2-1 段落:“沙喙……白”

“白”不是表示“说话”“报告”之意的普通动词,而是下级接受上级的指示处理事务并在此之后报告其结果时使用的动词。[1] 特别是当与具有上级指示意义的“教”同时使用时,“白”无一例外指的是接到指示(教)后针对指示“报告”之意。新罗木简也是如此。属于行政文书的新罗月城垓子2号木简中“教”和“白”一起出现,便是下级官员“[illegible]”根据上级大乌知郎的指示(教),来处理此事并请求许可的报告(白)。[2]

中城里碑中“白”出现了两次。第四行中的第一个“白”,毫无疑议是下级的报告。此处报告(白)的对象是下达指示(教)的主体,即第2行的喙部习智阿干支和沙喙斯斯德智阿干支。那么,“白”的主体呢?“白”之前有①沙喙尒抽智奈麻②喙部□智奈麻③本牟子喙沙利夷斯利,其中,“本牟子”或被看作职名或是役名。有些学者将这三人分为两部分,认为①②为“教”的对象,③为“白”的主体。然而,现有的新罗碑文中,没有特定“教”的对象。[3] 而且,按照中国古代君教简的样式,“教”就应该被理解为“有指示”之意,所以很难设定其后是“教”的对象。

---

[1] 属于私人文书的信件中的“白”不一定是下级与上级的关系,也有把自己贬低为下级,并把对方尊高为上级,表现出谦虚和尊敬的情况,如居延汉简E.P.T2:4B“叩头再拜白薛卿坐前善毋恙顷得相见”。秦至西汉时期的行政文书中,主要以“敢言之”这样的词语表达,东汉以后在行政文书中采用了一直以来主要用在书信中的“白”,强烈表现了上下级的“上下关系”。参见[日]高村武幸《秦汉简牍史料研究》,汲古书院,2015年,第121—158页。

[2] [韩]金秉骏著,戴卫红译:《再读新罗月城垓子2号木简——与中国出土古代行政文书的比较研究》,载邬文玲、戴卫红主编《简帛研究二〇一八(秋冬卷)》,广西师范大学出版社,2019年。

[3] [韩]李成市:《浦项中城里新罗碑的金石学的位置》,《纪念发现浦项中城里新罗碑研讨会论文集》,韩国国立庆州文化财研究所,2009年。

"白"的主体应该包括①②③。只是在②"喙部+人名"人名后再记录③同一喙部的人名,这一点很别扭。我认为,这是因为①②和③属于不同的类别。虽然①②③都是将此结果报告给"白"的主体,但是①②有"奈麻",③却没有"奈麻"这一官等,而只有"本牟子"的官职。尽管②和③都属于同一喙部,但②和③不属于同一个官等。因此,对③需要再记录所属的部名喙部。

要之,从第3行"沙喙"开始到第4行的"白"结束,可以解释为①沙喙的尒抽智奈麻和②喙部的□智奈麻及③带有"本牟子"职名的喙部沙利夷斯利的报告。这些人应是直接接受国阿干支指示的中央所属官吏。

2-1①段落:"争人……祭智壹伐"

这一报告的内容从"争人"开始。"争人"一词,顾名思义是指介入纷争的人。值得注意的是,在回报中"争人"处于开始部分。如上所述的中国行政文书,为了确认现在"报告的事件"和以前"接到指示的事件"是同一事件,通常简单标记出本次案件的告劾或有关事项。比如第二部分所引用的材料(A)是从"男子烝备条言"及其简单的内容(界上贼捕掾副在部受所赃罪狼藉)开始的;(C)是从太守府发送给居延甲渠鄣候的文书(檄言)及其简略叙述的事情(居延都田啬夫丁宫禄福男子王歆等入关)开始的;(D)是从太守府发送给宛县的文书(檄)及简单的提及(男子张景记言)开始的;(E)是从案件的简单内容(前换苏示有秩冯佑转为安斯有秩,庚子诏书听转)开始的。有时,中国行政文书也将案件的具体内容当作另外的文件附后供参考。(C)中将百姓控诉的陈述记录在另一份文件(牒)中并将其附在后面(民自言,辞如牒);(E)中也附上了与事件密切相关的重要文件庚子诏书(如书)。在中城里碑中,许多争人介入了该事件,而他们向中央申请覆狱,这时文书便用争人的名字来代表那个案件的内容。因此,回报时只是记录了争人的名字。可以推测原来的纸张文件中,内容应该更长或被作为附件放在报告正文后面。

争人属于4个部,共9人,但有一些人名在后面没有明显记录。正如在五一广场东汉简牍中看到的各种案件一样,随着调查的进行,事件将会变得相当复杂。[1]

案件可能会朝着和原来不同的方向展开,或者是另外一个犯罪事实被揭露出来。因此,无论原来告劾的对象是谁,论狱的对象扩大了。(A)便是在调查过程中案件范围扩大的例子。笔者认为,中城里碑中出现的9名争人意味着,原来的案件已经变成多人的纷争。所以,文书直接用争人的名字标记了已经演变复杂的案件。

要之,从第4行的争人到第6行的祭智壹伐的记录表明,中央受理了本案,而本案已变成9个人介入的纷争:喙部的评公、斯弥,沙喙部的夷须,牟旦伐喙部的斯利壹伐、皮朱智,本波喙的柴干支、弗乃壹伐、金评□干支、祭智壹伐。

2-1②段落:“使人……云”

从“使人”起,文书便开始报告正式的行政处理过程,其主要内容便是派遣使人去纷争发生的地方。“使人”便是那些被派去执行任务、处理事务的人,当时也被称为“使者”。阿干支以及收到指示而负责处理案件的沙喙、喙部的奈麻等都是中央的官员。接受命令被派往发生纠纷的地方直接调查案件的正是“使人”。比如,材料(A)的案件中,第一次审问是送到左曹,第二次审问则是桑乡贼捕掾进行的。(C)案中的甲渠守候、尉,(D)中的追皷贼曹掾,(E)中益州治所下的邛都县“使者”均被派遣去

[1] 周海锋:《〈长沙五一广场东汉简牍(壹)〉选读》,简帛网,2018年12月26日。

调查事件。中城里碑中,负责奈蘓毒只地区的道使、喙部的念牟智和沙喙部的邹须智二人,是被任命为使人并被差遣至地方处理案件的。

“世令于……云”,使人到达的地方便是修立这块碑的今庆尚北道浦项市兴海地区。而且,在此地使人开始了正式的行政程序。表示行政处理的动词是连接在“使人”后的“世令”。学术界对“世”有各种不同的见解,笔者将其解释为“世间”或者“天下”,意思是“广为人知”。

与“世令于(干)”和“云”相关的讨论也有很多。笔者将参考中国古代文献中经常出现的文书格式来讨论。“令”之后附随宾语,当“令”后同时记录命令的对象和内容时,就会有“令+于+对象+曰+内容”这种形式。为了明确区分对象和内容,命令的对象附随在“于”字后,“曰”字后为命令的内容,如《说苑·建本篇》“令于国曰”,《说苑·立节篇》“令于三军曰”,《中论·遣交篇》“正岁使有司令于官府曰”,《墨子·尚同篇》“令于国之众曰”,《韩非子·外储说右下篇》“下令于民曰”,《吕氏春秋·慎小篇》“令于邑中曰”,《国语·越语上篇》“号令于三军曰”,《周礼·地官司徒篇》“正岁令于教官曰”,等等。

“云”是在引用某人的话时,经常被使用的。直接回报时,使用“白”;但当回报内容中要再次引用某人的陈述时,会使用“云”字。如居延汉简35·20A“萧晏白:李子真属见顷伏前暑不敢卒倍来云君旦日出不审益”,在以“白”字开始的萧晏回报中,引用李子真的话时使用“云”字。居延汉简E.P.T2:5A“马建叩头言:使使再拜白顷有善盐五升可食张掾执事毋恙,昨莫还白园事云何充可不顷赐□”中,马建让使者回报,在引用关于何充这个人的事情时,使用了“白—云”这种形式。以“白”开始的上行文书如果再次引用“令+于+对象+曰+内容”这种句法形式的话,就会很自然地以“云”字代替“曰”来表现间接引用。

在现有观点中,“于”字竖画最后的部分并没有向左上翘起,看起来像“干”字,但中城里碑的其他字也很少是笔画完整正确的。比如,第10行第3个字,字形为“代”字,但因此字当为“牟旦伐喙”的一部分,所以它应被释读为“伐”。中城里碑中笔画不详的字很多,尤其是刻在碑石上时,像竖勾这样细腻的笔画经常会被忽略,因此将“干”释读为“于”字也是可以的。

“于”字后出现了①居伐的壹斯利②蘸豆古利村的仇邹列支干支和沸竹休壹金智③奈音支村的卜步干支和乞斤的壹金知④珍伐的壹昔这4个村的6人。他们应是兴海地区有权势的人,接受了两个“使人”的命令。

要之,从第6行的“使人”到第9行的“云”,其内容为(从中央派往地方的)使人是负责奈蘸毒只地区的道使(喙部的念牟智、沙喙部的邹须智)2人,向地方有势力的①居伐的壹斯利②蘸豆古利村的仇邹列支干支和沸竹休壹金智③奈音支村的卜步干支和乞斤的壹金知④珍伐的壹昔这4个村的6人下达了广为人知(世)的命令。

2-1③段落:“豆智沙干支宫……作民沙干支”

“豆智沙干支宫、日夫智宫夺尒今更还牟旦伐喙”。首先,我们先来判断豆智沙干支宫、日夫智宫是“夺”“还”的主语还是宾语。如果是主语的话,以“宫”结束的部分应该是人名,但是当时的人名当中找不到以“宫”结束者。而且这样一来连宾语都找不到,不知道夺了什么东西。后边接下来的“牟旦伐喙”是部名,不能看成宾语;“作民”也不能视作宾语

(这一点将在后文中论述)。笔者将“宫”理解为宾语,是争讼的主要对象之一。[1] 这是宾语倒置的现象,这种倒置在古代汉文中常见。为了弄清对象把它放在句子的最前面,在包括《论语》在内的典籍及史书中,是一种经常出现的用法。

“尒”和“尔”为通假字。当它被用作语助词时,便具有“如此”之意。《书·康诰》“人有小罪,非眚,乃惟终,自作不典,式尔,有厥罪小,乃不可不杀”,注曰:“式尔,言故用如此也。”《礼记·杂记》“宦于大夫者之为之服也,自管仲始也;有君命焉尔也”,王引之注曰:“尔,如此也。言有君命乃如此也。”

接下来看“还”的用法。“还”不带宾语、单独使用时不是“返还”的意思,而是“回来”的意思。这里先有“夺”,“还”就是抢到了东西之后要将东西归还之意。所以,其后就应该有宾语尾随。在这种情况下,“还”字后通常带有直接宾语,即送还的东西。属于返还对象的间接宾语很少直接出现。但也有例外现象。将直接宾语与“以”一起移到句子的前半部,“还”后就只剩下间接宾语了。如《书序》“悉以书还孔氏”就是与之相同的例子。也有直接宾语干脆作为主题词,放在句子前面的,而“以”也可以被省略。[2] 因此,“还”的直接宾语“×宫”已经在前面出现了,后面出现的“牟旦伐喙”应理解为“还”的间接宾语。

另一方面,“豆智沙干支宫、日夫智宫”成为争讼对象,是因为事件之初,“宫”是“豆智沙干支”和“日夫智”的财产。在争讼最终得到解决,所

[1] [韩]朱甫暾:《浦项中城里碑的结构和内容》,《韩国古代史研究》(65),2012年;[韩]尹善泰:《〈浦项中城里碑〉所显示的“声音”》,载[韩]李基东等著《新罗最高级金石文:新罗浦项中城里碑》,周留城出版社,2012年。

[2] 《史记》卷六《秦本纪》“楚怀王走之赵,赵不受,还之秦”中,宾语为楚怀王而放在了句子的最前头。这儿的“之”不是代名词,“走之”的“之”为虚词,省略也无妨。

有权发生变动之前,应该首先明确谁是当时拥有所有权的一方,然后再明确谁是新的主人。如此,我们可以将这部分理解为“迄今被认为属于豆智沙干支和日夫智的宫,是豆智沙干支和日夫智如此(尔)抢夺而来的。从此以后,将豆智沙干支和日夫智的宫,还给原来的主人牟旦伐喙”。“夺”的对象为“宫”,“夺”的主体为“豆智沙干支”和“日夫智”,而且将被“夺”走的“宫”重新归还给原来的主人“牟旦伐喙”。这里倘若不用宾语倒置的话,就将写成“豆智沙干支、日夫智夺牟旦伐喙宫尔,今更还豆智沙干支宫、日夫智宫牟旦伐喙”,会重复同一名字,太长不简洁,而碑文将其简要地概括为“豆智沙干支宫、日夫智宫夺尔今更还牟旦伐喙”。

这里特别要注意的是“今”的用法。“今”是表示“现在”的时间副词,但其在行政报告中的意思,并不是“现在要做什么”的命令,而是指“现在如何做”的状态。材料(A)中的“今”并不是指命令,而是指现状。对过去告发的案件进行调查获知现在(今)的情况如此,所以有必要重新进行调查。这样的事例,很容易从文献和简牍中得到确认。[1] 此处的“今更还”不是“现在归还什么”的命令,而是指“现在已经归还了”这一状态。

既然“今更还牟旦伐喙”不是命令,那么,该句之后就应该出现命令,而后面的“使人卑西牟利白”构成了另外的分句。因此,剩下的“作民沙干支”一句就是判决的命令。

对于“作民”,学界有不同的见解。首先,有学者指出,几乎没有具有官等的人名后不附着“智”或“知”的词尾,所以,不能将其视为人名。“作

---

[1] 如“建武八年三月己丑朔张掖居延都尉谌行丞事城骑千人躬告劝农掾禹谓官县令以春祠社稷今择吉日如牒书到令丞循行谨修治社稷令鲜明令丞以下当”(E.P.T20:4A);“青黍三石粱粟一石五斗月□日□□邑中夏君壮多问曲四斗葵二斗……飡食如常长□□□起居得毋有鱼百廿头它今遣崔尉史执物如牒十五日寄书万侠游付”(E.P.T44:8A)等。

民”虽然文例不多，但可以在已有的文例中寻找其意义。到目前为止，有两种文例可见。第一种用例见于《周礼·地官篇》“司徒”条和“鄙师”条：

州长……若国作民而师，田，行，役之事，则帅而致之。

党正……凡作民而师，田，行，役，则以其法治其政事。

族师……若作民而师，田，行，役，则合其卒伍，简其兵器，以鼓铎，旗物帅而至，掌其治令，戒禁，刑罚。岁终，则会政致事。

鄙师……各掌其鄙之政令，祭祀。凡作民，则掌其戒令。

这些地方出现的“作民”，都是“动词+宾语”的句式。其内容是，征发百姓从事战争、耕种、运输和徭役的时候，州长担任带领他们前行的角色，党正用法律来治理他们，族师负责整备他们的团队及物资，鄙师则负责颁布戒令。“司徒”就是负责掌握并管理劳动力“民”的官职。所以，《周礼》中的“作民”便是以战争、耕种、运输和徭役为目的征发百姓之意。

第二个用例，见于高句丽集安禹山下3319号坟出土的“丁巳铭”瓦当铭文：

太岁在丁巳五月廿日为中郎及夫人造盖墓瓦又作民四千餟盦△用盈时兴诣得享万世

此处的“作民”也是由“动词+宾语”构成的。前面的“造盖墓瓦”为“动词+宾语”，后面的“作民”也可以理解为“动词+宾语”，“作民”之前的“又”是修饰动词（作民）的副词。和上引《周礼》的内容一样，此铭文的意思是，为了给中郎及夫人造盖墓瓦，又征发了四千名民。

此外,新出土的简牍提供了重要线索。里耶秦简有“作徒簿”文书。[1] 这里的“徒”指官府强制劳役的“徒隶”。“作徒簿”按日别、月别、季别、年别制定。劳作的种类包含(1)官员的工作中所需要的各种杂役,包含走、行、养等;(2)作坊中的各种手工业生产(作务),如学车、纺织等;(3)狩猎、采集、饲养;(4)土木工事;(5)建筑物、园林的警备和管理等。[2] 睡虎地秦简和岳麓秦简中还可见“作务”,是在手工业组织里制作东西之意。因此,浦项中城里碑文中的“作民”也像“作徒”一样,有被动员参加各种劳动的意思。《周礼》“司徒”条正文和高句丽瓦当铭文中所见的“作民”以及里耶秦简中的“作徒”、秦汉律令中的“作”,用法和含义均相同。中城里碑中的“作民”也可以理解为动员民众并强制其从事劳役。

如此理解“作民”的话,“作民沙干支”就可以视为一个命令文句,即

---

[1] 以下仅列举《里耶秦简》2289 简背面的例子,其中详细记录了每到特定的日子,有多少人按身份进行了哪些劳动:“卅二年十月己酉朔乙亥司空守圂徒作薄/城旦司寇一人/鬼薪廿人/城旦八十七人/仗城旦九人□/隶臣毄城旦三人/隶臣居赀五人/·凡百廿五人/其五人付贰春/一人付少内/四人有逮/二人付库/二人作园平□/二人付畜官/二人徒养臣益(第一栏)/二人作务惊亥/四人与吏上吏守府/五人除道沅陵/三人作庙/廿三人付田官/三人削廷央间赫/一人学车酉阳/五人缮官宵金□椑鲤/三人付段仓信/二人付仓□/六人治邸/一人取篻厩/二人伐椠强童(第二栏)/二人伐材刚聚/二人付都乡/三人付尉/一人治观/一人付启陵/二人为笥移昭/八人捕羽操□宽未衷丁圂辰却/七人市工用/八人与吏上计/一人为炭剧/九人上省/二人病复卯/一人传送酉阳(第三栏)/□□八人/□□十三人/隶妾毄春八人/隶妾居赀十一人/受仓隶妾七人/·凡八十七人/其二人付畜官/四人付贰春/廿四人付田官/二人除道沅陵/四人徒养枼痤蔡□(第四栏)/二人取芒阮道/一人守船遏/三人司寇类款/二人付都乡/三人付尉/一人付囚/二人付少内/七人取篻林娆粲鲜夜□/六人捕羽刻嫭卑鬻娃变/二人付启陵/三人付仓二人付库(第五栏)/二人传送酉阳/一人为笥齐/一人为席姱/三人治枲梜兹缘/五人嫭般橐南儋/二人上眚/一人作庙/一人作务青/一人作园夕(第六栏)/·小城旦九人/其一人付少内/六人付田官/一人捕羽强/一人与吏上计/·小春五人/其三人付田官/一人徒养姊/一人病谈(第七栏)”(《里耶秦简》2289 简背面)。

[2] [韩]金垌吾:《秦帝国县的徒隶运用》,《中国古中世史研究》(40),2016 年。

给沙干支服役之意。这里的“沙干支”指的便是前面出现过的“豆智沙干支”。

要之,“今还”不是命令,而应该看成对现状的帮助。接下来的“作民沙干支”是告知审判结果的核心内容,即给沙干支服役。有可能会有人提出疑问,一方面将宫返还给牟旦伐喙,一方面要求民给“豆智沙干支”服役,显得不一致。不过,“宫”指的是土地,“作民”指的是劳力,并不局限于土地的耕种。将“宫”的返还和“作民”分开处理就是很自然的事。

更具体分析的话,围绕着“宫”,有原所有者牟旦伐喙,还有抢夺及归还的主体豆智沙干支、日夫智。不过,值得注意的是,现在从中央接受派遣“道使”命令(世令于)的对象是兴海地区的地方实权者。他们没有拥有过,也没有抢夺过豆智沙干支、日夫智的“宫”。对他们来说,“归还宫”这样的话不成立。如果是对他们下达的命令,就应该和他们能做的事情有关,这便可能是向兴海地区的多个村庄的有势力人士豆智沙干支和日夫智下达了有关动员劳役的命令。

中城里碑碑文中正在处理的纷争本不是“作民”的问题,恐怕是围绕宫的所有权的纷争的可能性更大。本事件一开始是围绕豆智沙干支、日夫智“宫”的所有权纷争,属于四个部的争人介入其中,随着该事件变复杂,其他各种问题也暴露出来。官员必须同时解决这些问题。“作民”的问题可能由此出现。但因为整个判决太长,尤其是要刻写在石碑上,所以碑文不得不省略了很多部分。不过,当石碑建立起来并被很多人看到时,人们就很难想象石碑上会记录和这个地区的人没有关系的部分。因此,虽然本案的起因是围绕“宫”的纠纷,但作为后续措施,必须确定地方村落有势力者去动员民众并强制其从事劳役。

要之,从第 9 行“豆智沙干支宫”到第 10 行“作民沙干支”部分可以被解释为,(到现在为止一直拥有所有权的)豆智沙干支的“宫”和日夫智的“宫”是被(如此)抢夺来的,现在他们要将其重新归还给牟旦伐喙,(然而要继续)征发民给豆智沙干支从事劳役。

3-1 段落:“使人……白”

此处的“白”和第 4 行出现的“白”相同,都是具有报告之意的行政用语。报告的主语是“使人”卑西牟利。那么使人卑西牟利报告的对象是谁呢?他有可能直接报告给最初下“教”的阿干支。使人接到阿干支的指示去地方调查处理之后,报告他们已经做的事情。可是,如此解释,有些地方不顺畅。第一,到地方的“使人”跟报告的“使人”不同。第二,碑文对到地方的“使人”标注了其职位(道使)和所属的部名,对报告的“使人”都没有。

那么,“教”的下达者就不是阿干支,而很可能是统括整个事件的中央官吏,即“喙部”和“沙喙部”的“奈麻”等 3 人。与前面他们派遣使人到地方一样,后面出现的“使人卑西牟利”也是由总管整体事务的中央奈麻等 3 人派遣的。其实,此处使人报告的内容也跟前面不同,属于一种后续处理。因为是后续工作,所以标注使人职位和名字的方式不同。[1]

3-1①段落:“口……重罪”

动词“白”之后的“口”字怎样理解是一个问题。首先,笔者认为“白口”不是一个短语[2],“白”和“口”应该分开读。第一,在语法上找不到“白口”这样的用例;第二,报告的行政用语只使用“白”一个动词。

那么,“口”便包括在报告的内容中。“口”字在比较少的情况下用作

[1] 因此,笔者认为报告的对象应该是曾是中央实务总管官吏的奈麻等 3 人。

[2] [韩]朴成贤:《浦项中城里碑碑文的形式以及纷争的性质》,《韩国文化》(55),2011 年;余浩圭前引 2019a 文主张“白口”是一个短语。

动词。马王堆汉墓帛书《战国纵横家书》"臣恃之诏,是故无不以口齐王而得用焉"和《公羊传·隐公四年》"公子翚恐若其言闻乎桓,于是谓桓曰:'吾为子口隐矣;隐曰,吾不反也'"中的"口",便有"口头说"之意。[1] 笔者认为中城里碑中,"口"也是"口头说"之意。

"口头说"的内容是"若后世更噵人者与重罪"。在新罗冷水里碑中,也有与此相同的表述"后莫更噵此财,若更噵者,教其重罪耳"。有意思的是,中城里碑中相关内容为使人报告(白)的内容,冷水里碑中的却是"教"的内容。因为中城里碑是记录行政官员的报告内容,并以此请上级批准的文书,而冷水里碑是重新从上司的立场上整理指示内容的文书。

3-1②段落:"典书……立"

许多研究者认为使人卑西牟利报告的内容到11行的"重罪"处结束;第10行的"白"和第11行的"记"是不同的行为;"白"的主体是使人卑西牟利,而"记"的主体是典书与牟豆。笔者将探讨第10行"白"字到第12行结束的内容。若将"白"的内容止于"口若后世更噵人者与重罪",则报告(白)对象不是上司,而是发生纠纷地区的诉讼当事人。但行政文书中的"白"具有"原则上由下级向上级报告"的固定意义。因为使人"白"的对象是下达指示的上级,所以其报告内容应该不限于对该地区诉讼当事人所"口头说出"的事实(口若后世更噵人者与重罪),而是包括所有相关的措施。

第12行的最后一个字释读为"立"字比较合适。以前这个字曾被释

---

[1] "口"表示"用嘴说"意思的材料还可见《居延汉简》562.15:"有事请毆(也),必以书,毋口请,毋纟马(羁)请。"《睡虎地秦简》"内史杂"105简:"□县南首□偃口吟目窅手卷足展身完毋兵刃木索。"《后汉书·南匈奴列传》:"口白单于,无文书簿领焉。"

读为“口”字。[1] 但从韩国国立庆州文化财研究所公布的3D照片来看，第10行“白口”的“口”和这个字字形不同，也可以认定这个字的第一笔相当于点的笔画。如果考虑到它处在碑的边缘，并经历了长时间磨损的话，便不能排除“立”字的可能性。凤坪里碑中“书人”后提到立石碑人（立石碑人喙部博士），由此推测中城里碑“故记”沙喙所属的人立碑的可能性也很高。不仅如此，中国古代碑文中“立碑”的记录频出，如武斑碑的“故立石铭碑”，李孟初神祠碑的“更讯治立碑”，永元八年食堂题记宋伯望刻石等。材料（E）的报告中也包含“高密立石表”这样的内容。

与此相关，材料（E）值得注意。（E）碑文中有一些很难释读的部分，因此判断它的准确内容比较困难，但它基本上是领方右户曹史张湛报告的内容。大致是由于冯佑的职务迁转，而形成了一份诏书（庚子诏书），郡太守收到这份诏书之后给邛都县下达了指示（府君教），以高米代表的安斯乡下属十四里丁人造立了石碑（高米立石表）。在碑文的最后，刻写着报告者张湛和副手书佐延主。从开始到最后全部都是张湛报告的内容。行政官吏张湛的报告（白）内容中包括了竖立石碑的行为。

如参照以上的事例，虽然中城里碑第10行的“白”和第12行的“记”不在同一行中，但“白”的报告内容中包含了“记”。“白”的内容从第11行的“口”开始这一点也值得注目。按顺序说，使人卑西牟利自己到兴海地区，口头说（口）对此事件提出问题者将被处以重罪。接着有“记”的行为（典书与牟豆故记录）。最后，有“立”碑的内容。笔者认为，使人的报

[1] ［韩］尹善泰：《〈浦项中城里碑〉所显示的“声音”》，载［韩］李基东等著《新罗最高级金石文：新罗浦项中城里碑》，周留城出版社，2012年，第151、198页；韩国国立庆州文化财研究所、韩国古代史学会编：《新罗王京和浦项中城里碑》，2019年度学术大会材料集。

告包括这三种内容。

要之,从第 10 行的“使人”到第 12 行的“立”的内容可以解释为,(被派遣到不同地区的)使人卑西牟利(向中央的奈麻等)报告,(1)口头说若对此前事件再次讨论的话将降重罪于其身(口若后世更噵人者与重罪),(2)接着典书与牟豆记录(典书与牟豆故记)后,(3)沙喙心刀哩立石碑(沙喙心刀哩立)。

三、古代民间纠纷案件的处理和文书行政

以下笔者将中城里碑碑文内容与中国古代民间纷争处理方式进行比较,来观察中城里碑中的司法及文书行政是如何执行的。

(一)原则上最小介入

在秦汉时代,国家的原则是尽可能不介入民间纷争。其基本立场是,对扰乱社会秩序的刑事犯罪,国家将积极介入并彻底惩罚罪责,但是对民间发生的纠纷则不一一进行干预。[1] 从迄今为止发现的中国古代的判例来看,大部分都是有关社会治安的刑事纠纷。

[1] 从秦汉律令来看,“家罪”“非公室告”便是最具代表性的事例。对于家族内部发生的纠纷,应在家族内部进行处理。不仅是琐碎的纠纷,就连家庭内父母和子女之间发生的盗窃及杀伤,也交给了家庭内的家长制秩序来处理。家庭内部的纷争以“家罪”来处理,比如孩子偷父母的东西,如果父母随心杀害子女及奴婢或损毁其身体,也就没有必要向国家告发(非公室告)。反之,如被告发则对举报人予以处罚。父母去世后,即使有人告发他,官府也不会受理。也就是说,国家将最大限度地尊重家庭秩序并很少干预。因为他们认为,与其介入基层长久以来的传统民间秩序,不如将其交给现有秩序处理,这样更有效(可参考《睡虎地秦简·法律答问》)。

但如果纠纷超出家庭范围,扩大到村落共同体,情况就不同了。如果个人之间的纷争导致共同体内部严重的不和,那么国家就以民间的告发为前提来干预纷争。在文献中,与“狱”区分开来的还有“讼”。[1] 一般而言,“讼”的大部分都是围绕财产或土地买卖发生的经济纠纷。国家已有相当大负担要处理各种“狱事”,如果再加上民事诉讼,就会需要庞大的行政费用。[2] 因此西汉初期张家山《二年律令》中规定,如果发生了与遗嘱相关的纷争,必须有类似先令券书的凭证文书才接受诉讼。[3] 民间内部也自行拟订文件,不只是以便自行解决纠纷,还便于日后请求国家的调解。被称为“先令”的遗言和各种类似合同的券书便属于此类。[4] 为了保证这些诺言,民间往往也会将之直接刻在石碑上。[5] 有时,也存在买卖双方抵押(质钱)给国家的情况。[6]

---

[1] 《周礼注疏》卷一〇:“争罪曰狱,争财曰讼。”“讼谓以财货相告者。”“讼谓卖买之言相负。”参见[清]阮元校刻《十三经注疏》,中华书局,2009年,第1525页;徐世虹《汉代民事诉讼程序考述》,《政法论坛》2001年第6期。

[2] 在岳麓秦简中,便有从秦代以来许多审判被稽留的史料记载,如岳麓秦简59—61简“闻狱多留或至数岁不决”。根据五一广场东汉简,东汉以后法律出现儒家化的倾向后,国家也经常下达仅在秋天处理狱事的条例,如五一广场东汉简402+417简“当[以期尽]案验逮召,轻微耗扰,妨夺民时,其复假期,须收秋,毋为烦苛”。

[3] 《张家山二年律令》334—336简:“民欲先令相分田宅、奴婢、财物,乡部啬夫身听其令,皆参辨券书之,辄上如户籍。有争者,以券书从事,毋券书,勿听。”这里记载的内容中,只是因为财产中土地的情况是由国家彻底管理的,所以在按照遗嘱传给子女的时候,官府的乡啬夫介入并记录其中的内容,掌握和管理了土地所有的变动事项。

[4] [韩]宋真:《秦汉时代个人的商业交易和券书》,《中国古中世史研究》(31),2014年。

[5] 《侍廷里父老僤约束石券》便是典型的材料,其中记录了里民25人约定的时间、承诺的内容和承诺人的名单。详见[韩]金秉骏《东汉时代里父老和国家权力》,《东洋史学研究》(35),1991年。

[6] 李力:《秦汉律所见“质钱”考辨》,《法学研究》2015年第2期。

(二)纷争的过度增加

国家虽然表示原则上不介入民间纠纷,但既然留有调解纠纷的余地,肯定收到了民间的不少要求。因为,无论是什么社会,买卖、继承等与财产相关的纠纷都要比杀伤这类刑事纠纷多得多,在史书中,这类民间纷争很少被记录下来。和“民”接触的乡啬夫的主要任务便是“听讼”,实际上史书中存留了一些记载。如郑宏被任命为乡啬夫,其乡民用了兄长的钱不还,嫂子向郑宏告发了不还钱的弟弟[1];第五伦为乡啬夫时处理民众怨结等[2]。这些反映当时社会现实的民间纠纷在简牍上也有表现。甚至于在派驻戍卒的边远地域社会里,围绕债务清偿问题的纠纷也从未间断过。居延汉简中留下了很多与此相关的记录,处理纷争的过程可见于如下事例:

(a)甲渠戍卒淮阳始□□宁□自言责箕山燧长周祖从与贷钱千已得六百少百(EPT4:92)

(b)贷甲渠候史张广德钱二千责不可得,书到验问审如猛言为收责言谨验问广德。对曰乃元康四年四月中广德从西河虎猛都里赵武取谷钱千九百五十约至秋予(EPT5982)

(c)神爵二年六月乙亥朔丙申令史□敢言之谨移吏负卒赀自证已毕爰书一编敢言之(EPT56:275)

---

[1] 《太平御览》卷四〇三引《会稽典录》:“郑宏为灵文乡啬夫,民有弟用兄钱者,未还之,嫂诈诉之宏。”参见〔宋〕李昉等《太平御览》,中华书局,1959年,第1864页。

[2] 《后汉书》卷四一《第五伦传》:“伦后为乡啬夫,平徭赋,理怨结,得人欢心。”参见〔南朝宋〕范晔《后汉书》,中华书局,1965年,第1396页。

在材料(a)中,甲渠候官的戍卒自言借贷给箕山燧长周祖一千钱。这表明,如果债务人不履行债务偿还义务,债权人可以向官府要求调解纠纷。材料(b)是官府接到借两千钱却没有还的举报后,直接调查张广德的文书。官府一旦接到调解请求,就开始调查,并将陈述写成文书。按照《二年律令》的规定,这里要求提供证明借贷事实的文件。在借贷时,双方往往会在官府登记借贷事实。居延汉简“□属甲渠候官诏书卒行道辟姚吏私贳卖勿为收责”的条文也是因为贳卖后双方都登记过,官府才能督促办理。[1] 在(c)中令史将调查结果制作成爰书向上级部门报告。该文书是在对债务人和债权人的审问结束后,向最先下令调查的上级机关报告调查结果的文书。

(三)县里对纷争的处理

在汉代西北边陲的军政系统都尉府组织中,处理纷争的一般为候官。[2] (a)(b)(c)出土的地方就是甲渠候官,这也证明了候官负责处理这样的纷争。相对于军政系统的候官,民政系统的机构则是县。与对刑事纠纷的审判一样,对民间纠纷的审判首先应在与之相关的县廷进

[1] 李一鸣:《试论汉代的民间借贷习俗与官方秩序——兼论汉代民间借贷中的“契约精神”》,《民俗研究》2018年第1期。在解决这些纠纷的过程中,官府为了不让这些纠纷持续下去,还制定了相关法令,例如,对于民间互相借钱的行为,规定利率的上限。

[2] [日]角谷常子:《关于汉代居延的军政系统和县的关系》,《史林》(76-1),1993年。

行。[1] 一旦接到案件,县就会向相关人员居住的乡发送文书,收到文书的乡啬夫对他们进行调查、听取相关陈述后再报告到县,县就会进行后续的司法程序。[2] 只是与刑事纠纷不同,在县里担任教化功能的县三老参与了这个过程。这是因为作为非官员的县三老可以在圆满调解纷争上起到一定的作用。[3]

纠纷调解一旦开始,就需要相当多的程序和相当长的时间。即使具备了与民间纠纷相关的文件,为了调解纠纷,县也要传唤相关人员听取他们的陈述,并确认各自不同的陈述。另外,所有的调查工作都必须制定文书,并按照规定的文书格式进行书写。而且,还要按照规定将其传达到有关机构。

(四)郡里的复审

不少人对县的处理结果很不满意,又向上级机关提出申诉。根据秦

[1] 在离县廷很远的不得已的情况下,告发者可以向所居住的乡告发,这时乡官收到后将举报的内容记录下来再向县廷报告。《二年律令》101简:"诸欲告罪人,及有罪先自告而远其县廷者,皆得告所在乡,乡官谨听,书其告,上县道官,廷士吏亦得听告。"

[2] 经历了这样的过程,才会留下乡啬夫"听讼"(《汉书》卷一九《百官公卿表》)、"理怨结"(《后汉书》卷四一《第五伦传》)的记录。Zhang Zhaoyang,"A Note on Civil Cases in Early China",*Journal of American Oriental Society*,Vol.28,No.1,2008,pp.123-127;[日]籾山明:《中国古代诉讼制度研究》,京都大学学术出版会,2006年,第153页。

[3] "吴祐迁胶东相,民有词讼,先令三老以孝悌喻解,祐身至闾里和之,吏民不忍欺。"引自〔三国〕谢承《后汉书》,周天游编《八家后汉书辑注》,天津古籍出版社,1987年;《赵宽碑》:"(县三老)听讼理怨",引自高文《汉碑集释》,河南大学出版社,1997年。

汉律令,当时可以要求再审即“乞鞫”。[1] 但是法律规定的重审请求仅限于刑事案件,民事案件主要为“诉愿”这种形态。郡或州这一类的上级机关派遣督邮监察所辖境内时,经常有“诉愿”。这样的事例可参照湖南省长沙市东牌楼出土的东汉时期简牍《光和六年自相和从书》:[2]

(a)光和六年九月己酉朔十日戊午,监临湘李永、例督盗贼殷何叩头死罪敢言之。(b)中部督邮掾治所檄曰:(c)民大男李建自言大男精张、精昔等。母姃有田十三石,前置三岁,田税禾当为百二下石。持丧葬皇宗事以,张、昔今强夺田八石;比晓;张、昔不还田。民自言,辞如牒。张、昔何缘强夺建田?(d)檄到,监部吏役摄张、昔,实核田所,畀付弹处罪法,明附证验,正处言。何叩头死罪死罪,奉桉檄辄径到仇重亭部,考问张、昔,讯建父升辞,皆曰:升罗,张、昔县民。前不处年中,升婷(?)取张同产兄宗女姃为妻,产女替,替弟建,建弟颜,颜女弟条。昔则张弟男。宗病物故,丧尸在堂。后姃复物故。宗无男,有余财,田八石种。替、建皆尚幼小。张、升、昔供丧葬宗讫,升还罗,张、昔自垦食宗田。首核张为宗弟,建为姃嫡男,张、建自俱为口,分田。以上广二石种与张,下六石悉畀还建。(e)张、昔今年所[畀]建田六石,当分税。张、建、昔等自相和从,无复证调,尽力实核。辞

[1] 《张家山汉简·二年律令》:“罪人狱已决,自以罪不当,欲乞鞫者,许之。乞鞫不审,加罪一等。”(114简)“乞鞫者各辞在所县道,县道官令、长、丞谨听,书其乞鞫,上狱属所二千石官,二千石官令都吏覆之。都吏所覆治,廷及郡各移旁近郡,御史、丞相所覆治移廷。”(116—117简)

[2] 叶玉英:《东汉简牍〈和从书〉所见东汉若干制度探索》,《厦门大学学报(哲学社会科学版)》2009年第6期;邬文玲:《长沙东牌楼东汉简牍〈光和六年自相和从书〉研究》,《南都学坛》2010年第5期。

后情,续解复言。何诚惶诚恐,叩头死罪死罪敢言之。监临湘李永、例督盗贼殷何言实核大男李建与精张诤田自相和从书。诣在所。(f)九月其廿六日若。

本案的过程如下:(1)民大男李建向县廷自言财产纠纷。文书中未载第一次判决的内容,但李建对此内容不服并要求上级机关郡下属的督邮重新审理。在郡派遣的督邮监察临湘县的过程中,该事件再次成为问题,正在进行重新调查。[1] (2)督邮记录了纷争的内容后,向受理此事的监临湘李永等下达了“檄”这样的文书。(3)监临湘李永等人收到该文书,据此下令复查。(4)向事件发生的地区派出官员,对有关人员进行讯问和调查。(5)最终劝说和解。(6)监临湘李永等向督邮报告处理结果。

这一事件的文书结构如下:(a)监临湘李永等向督邮报告,相当于(6);(b)收到了从督邮处下达的调查事件命令的文书“檄”,相当于(2);(c)在这个文书中,本事件最初由民李建的自言申请调解纠纷开始,并指示重新进行调查,相当于(1);(d)于是派官员到当地进行调查,相当于(3);(e)最终劝说和解,相当于(5);(f)收到这个报告的督邮最终批准(诺)。

该文书对了解中城里碑碑文的结构有很大的帮助。第一,该文件是收到上级指示的官员报告的,这与中城里碑中接到阿干支等的指示并报告其结果的文件相同。第二,负责重新调查的行政官员总是明确自己的

[1] 《后汉书》卷八〇《卓茂传》:“督邮言之,太守不信,自出案行,见乃服焉。”李贤注:“《续汉志》曰,郡监县有五部,部有督邮掾,以察诸县也。”参见〔南朝宋〕范晔《后汉书》,中华书局,1965年,第870页。

行动是以上级的命令或记录的文件为根据的,正如中城里碑记录的根据阿干支的指示进行调查一样。第三,在正式复查报告中的前面部分提出建议的大略内容。但其内容复杂,涉及的陈述较多,所以这里只是非常简略地提到本案涉及的内容(民自言),其具体内容就另外制成附录(辞如牒)。中城里碑的事件是随着介入财产纠纷的争人申请覆狱开始的。第四,调查时,有关官员被派往当地,亲自听取陈述进行调查。中城里碑中派遣使人调查解决案件与之相同。第五,最后将目前他们达成协议的情况记录并报告。中城里碑中报告了有关宫和民的处理结果,与此一样。第六,上司官员听完了报告,准予批复(诺)。虽然在中城里碑中无法确认这一部分,但通过第二次报告记录了"以后将降重罪于再次讨论这个问题的人"这一点,可以得知上级已经有了批准。

(五)中央的受理

虽然非常罕见,但也有地方的案件被提交到中央的情况。《汉书·刑法志》记载:"县道官疑狱者,各献所属二千石官,二千石官以其罪名当报之。所不能决者,皆移廷尉,廷尉亦当报之。廷尉所不能决,谨具为奏,傅所当比律令以闻。"[1]这里涉及"奏谳"制度,在张家山汉简及岳麓秦简中有《奏谳书》记载了这种制度的实施。

战国时期包山楚简中的舒庆谋杀指控案件虽然不是单纯的财产纠

[1] 〔汉〕班固:《汉书》,中华书局,1962年,第1106页。

纷,但很好地反映了中央受理案件的处理过程。[1] 这一案件因多名中央和地方官员、原告和被告、证人的出现而错综复杂,简单梳理案件处理流程如下:(1)中央受理舒庆案件的部分。第一次举报和审判都是在被告人居住的地方进行的。但被告人对其结果不服,并向中央提出了重审要求。这一行为究竟是因为与秦汉时期相类似的奏谳制度,还是因为与王室的个人关系,目前尚不清楚。(2)受理案件之后楚王以王命指示对此案件进行复查。(3)左尹根据楚王的指示向汤公下令办理此案,并命令其于七月前报告结果。(4)汤公命令行政官吏阴司败某旱,以使人身份到有关地区进行再调查。阴司败向汤公报告了再审查的内容。(5)汤公再将该内容向左尹报告。

到此为止的内容与程序,与上引《光和六年自相和从书》相同。只是包山楚简的案件在这里没有了结,又继续了下去。即(6)因为汤公所报告的复查内容与地方初审没有什么不同,所以舒庆对此不服,再次要求复查。他要求第三次调查并替换现在的证人,左尹命令新的负责人□公替代第二次复查负责人汤公重新审查。本应在地方处理的案件被中央受理,进行了重新调查,并再次被要求更换现有的证人,新负责人再次进行了第三次调查。这可能是因为原告舒庆与王室有着特殊的关系。[2]

中城里碑的纷争就从阿干支的指示(教)开始。争人因为不服地方政府的判决,向中央申请了覆狱。这与其说是因为当时具备了秦汉时期

---

[1] 对于此案件,可参考[韩]方允美《战国中后期的文书行政和司法制度的再构成》,首尔大学东洋史学科硕士学位论文,2016年。

[2] 尽管舒庆居住在“阴之东□之里”,但此处没有涉及具体地名,自称是“秦竟夫人之人”暗示了他的特殊身份。参见[韩]方允美《战国中后期的文书行政和司法制度的再构成》,首尔大学东洋史学科硕士学位论文,2016年。

的奏谳制度,不如说是因为像包山楚简一样的个人要求。但是一旦中央受理此案件,调查便由司法行政及文书行政系统进行。国王的指示下达后,中央的左尹根据指示,确定了负责此事的行政官吏汤公,行政官吏又命负责再次调查的人作为使人前往地方复查,该使人在该地区听取有关人员及证人的陈述后做出判断,并将其结果报告给了行政官员汤公,汤公再次报告给了左尹。这一流程与中城里碑的内容是一致的。对比人物,楚王和左尹分别相当于中央的国阿干支,行政官吏汤公与沙喙、喙部的奈麻相类,向地方派遣的使人阴司败与使人道使相当。

总之,战国时期包山楚简"舒庆谋杀指控案件"和东汉时代《光和六年自相和从书》这些事例都反映了与中城里碑类似的行政处理系统。虽然国家原则上对民间的财产纠纷最小限度地介入,但如果财产纠纷发展成为社会问题,国家就不得不介入。一般被称为"讼事"的民间财产纠纷是在纠纷发生的地方处理。但对此不服的人提出重审或申诉后,上级机关将进行重审。虽然达成协议是最佳方案,但是根据案情,此案甚至还发生了最终由中央受理的情况。虽然中城里碑文中没有表明国家对村落中的民间纠纷持有什么立场,但中央虽然没有对地方的纠纷一一进行干预,而财产纠纷不断发生,新罗也采取了与中国古代王朝相同的立场,即最小限度介入的原则。但不可避免地出现了更多的讼事,最终导致地方无法解决问题,便出现了中央介入的情况。新罗冷水里碑记载中央的国王和贵族介入了财产纷争,也有力地证明了这一点。

受理案件以后的情况便更相似地发展进行,案件甚至还被集中到中央,如果纷争扩大的话,问题就会变得很复杂。为解决这一问题,根据中央最高领导的调查指示,中央指定了行政官吏,并派遣使者到地方重新进行调查。处理后,使者向中央行政官吏报告调查内容,并留下了文书。

虽然中国古代的事例和中城里碑的记载在时间上存在很大的差异,但是二者显示出相同的模式。这表明当时新罗接纳了中国古代的司法行政及文书行政系统并正式实施。不仅仅是行政处理的方式,在每一个行政处理的阶段,文书的制定及文书的样式都以类似的方式被记录下来。

结语

本文参照中国古代简牍和碑文资料,对浦项中城里碑碑文的结构和内容进行了研究。首先,为了理解中城里碑的关键字“教”,探讨了中国简牍上的“教”的用例。在行政文书当中,上级官吏的指示或皇帝的命令以“教”“制”之名出现。一般先有行政官员的报告和提案,之后出现“教”“制”,意味着允许(诺);另一种情况即指示、报告的形式结束之后,需要再整理时,行政官员的报告和提案内容变成上级官员“教”、皇帝“制”的具体内容。这两种方式需要区分清楚。中城里碑记录了行政官吏具体报告(白)然后上级官员用“教”来允许,即属于前者。反之,新罗冷水里碑、凤坪里碑省略了行政官员报告的原文内容,把它变为上级官员的“教”的内容,即属于后者。

基于中国简牍文书的词汇和结构,本文对中城里碑碑文进行了解析。其基本内容是回报的行政文书。其基本程序如下:先在官吏报告(白)时,指出本案的内容;然后以主君(君)允许的指示(教)为根据,行政官员着手调查;调查完回报结果;最后,主君再予以批准。中城里碑与中国古代的“君教简”格式结构相同。

最后,本文比较了中城里碑的内容与中国古代的民间纷争处理方式,认为中城里碑中的司法及文书行政和中国古代十分相似。这帮助新罗接纳并且实施了整套中国古代的司法行政及文书行政系统。不仅仅是行政处理的方式,在每一个行政处理的阶段,文书的制定及文书的样式都以类似的方式被记录下来。

附记:本文已刊于《韩国古代史研究》第 96 辑,2019 年 12 月。戴卫红译。

韩国木简所见“某月中”[1]

戴卫红

（中国社会科学院古代史研究所、“古文字与中华文明传承发展工程”协同攻关创新平台 北京 100101）

2018年10月笔者在参加“韩国木简学会秋季会议”时，从韩国学者的文章及《韩国的古代木简Ⅱ》中看到了伽倻2645号木简有“六月中”、伽倻5598号四面文书木简有“三月中”这样的时间表述方式，与笔者之前关注的百济“戊寅年六月中佐官贷食记”木简所见“六月中”的表述方式一样。

[1] 本文获中国社会科学院学科建设“登峰战略”资助计划资助，编号DF2023YS15（出土文献与先秦秦汉史）。

图 1　戊寅年六月中佐官贷食记

关于伽倻 5598 号四面文书木简,韩国学术界有 9 种不同的释读,而对其中“三月中”的汉字释读没有异议,而在翻译成韩语的时候,有 8 种翻译为“3 월에在三月”, 只有权仁瀚一人翻译为“3 월(중)에在三月中”。[1]韩国学者认为“—中”“—下”为吏读[2]的标志形式。关于体词

[1]　[韩]权仁瀚:《对新出土咸安木简语言文化史迹的研究》,《木简与文字》(21),2018 年。

[2]　吏读(이도),是朝鲜文创制前借用汉字的音和义标记朝鲜语的一种特殊的文字形式。相传为新罗神文王时期(681—692)的鸿儒薛聪所创。这一称谓在朝鲜于洪武二十八年(1395)刊发的《大明律例直解》的序文中首次出现。在薛聪之前已有不少早期吏读碑文。薛聪的贡献是把历代吏读文献归纳整理,使这种文字形式更加系统和定型。王氏高丽和朝鲜李朝时期,吏读主要用于公私文书。

类后行的“—中”“—下”之例，自金秉骏2011年论文[1]提出意见以后，权仁瀚在文章中与中国汉文语法之间进行比较，将讨论焦点转到区分吏读发展程度的方向。[2] 不过，在2018年的文章中，他例举伽倻5598和2645号木简与伽倻2639和4686号木简所见的“—中”都使用在“某月中”内，目前还找不到不是时间和空间的名词后，而是普通名词后面的事例（如丹阳新罗赤城碑“国法中”、月城垓子149号木简中的“经中”），从这一点上可以看出，“—中”的用法还没有经过新罗的变容。[3] 李在晥在论文中将伽倻5598号木简中的“三月中”翻译成“3 월에”（在三月）。[4]

韩国出土木简中“某月中”的时间表达，是指某月其中的一个时间段，还是某月中旬，是否与吏读有关？基于以上出土材料及前贤的研究，本文将就此问题进行论述。

一、百济“戊寅年六月中佐官贷食记”木简

2008年在忠清南道扶余郡扶余邑双北里280-5号新建仓库工地内

[1] [韩]金秉骏:《乐浪郡的文字使用及变容》，载东北亚历史财团编著《古代东亚的文字交流与疏通》，东北亚历史财团，2011年，第39—84页。

[2] [韩]权仁瀚:《韩文语法形态上的受容与变容》，载成均馆大学BK21东亚融合事业团《学问之场合与东亚》，成均馆大学出版社，2013年，第148—149页。

[3] [韩]权仁瀚:《对新出土咸安木简语言文化史迹的研究》，《木简与文字》(21)，2018年。

[4] [韩]李在晥:《咸安城山山城出土文书木简和力役动员文书行政》，《木简与文字》(22)，2019年。

出土6支百济木简,其中有2枚文字可以释读。[1] 1枚题为“戊寅年六月中佐官贷食记”,此枚木简从发现之初就引起了韩、日两国学者的关注。孙焕一对“佐官贷食记”木简的分类体系与书体做了研究;李镕贤从“佐官贷食记”木简出发研究了百济贷食制;卢重国也研究了百济的救恤、赈贷政策与“佐官贷食记”木简;洪承佑还研究了“佐官贷食记”木简中所见百济的量制与贷食制;日本学者三上喜孝从日、韩两国出土的贷食简出发,对古代东亚的借贷制度也进行了研究。[2] 现逐录简文如下:

戊寅年六月中　固淳梦三石　　　　　　佃麻那二石
　　　　　　　止(上)夫三石上四石　　比至二石上一石未二石
佐官贷食记　　佃目之二石(上二石)未一石　习利一石五斗上一石未一(石)

(正面)

素麻一石五斗上一石五斗未七斗半　佃首行一石三斗半上石未石甲　并十九石×
今沽一石三斗半上一石未一石甲　　刀々邑佐三石与　　　　　　得十一石×

(背面)

这支简长29.1厘米,宽3.8—4.2厘米,厚0.4厘米,上部有穿孔,前后

[1] [韩]朴泰佑、[韩]郑海浚、[韩]尹智熙:《扶余双北里280-5号地出土木简报告》,《木简与文字》(2),2008年。

[2] [韩]孙焕一:《百济木简〈佐官贷食记〉的分类体系与书体》,《韩国思想与文化》(43),2008年;[韩]李镕贤:《〈佐官贷食记〉与百济贷食制》,载《百济木简》,韩国国立扶余博物馆,2008年;[韩]卢重国:《百济的救恤、赈贷政策与〈佐官贷食记〉木简》,《白山学报》(83),2009年;[日]三上喜孝:《古代东亚借贷制度试论》,载《东亚古代出土文字资料的研究》,雄山阁,2009年,第267页;[韩]郑东俊:《〈佐官贷食记〉木简的制度史上的意义》,《木简与文字》(4),2009年;[韩]洪承佑:《〈佐官贷食记〉所见百济的量制与贷食制》,《木简与文字》(4),2009年。

面各有57字。简文中见"戊寅年",百济时代,"戊寅年"有威德王五年(558)和武王十九年(618),从一同出土的陶器等来推断"戊寅年"可能是武王十九年,公元618年。其后的"六月中",并没有具体的日期。从其借贷粮食与返还粮食的总计数量可以看到,百济时期贷食需缴纳50%的利息,这与三国吴简中规定的"斛为息五斗"一致。这枚简的性质是佐官所列的贷食人名、贷食粮食数目及未归还粮食数目的账簿。

笔者对此简涉及的职官、行政文书称呼的变化及与中国贷食简的比较进行了研究。[1] 但在此文中,和大多数学者一样,笔者当时并没有太多在意"六月中"这一时间概念。仔细阅读此简的标题和内容,此处"六月中"的"中"不是韩语、日语表示时间的格助词"에""に","六月中"也不是"在六月"之意,而是指六月的某一时段,是一个时间概指。

在借贷和偿还粮食的经济文书中,涉及还贷的利息,为什么没有确定到某一日的记录,而是泛称为"六月中"呢? 可能会有人提出疑问,当时基层百姓和吏员对时间的认识是否很模糊? 2002年扶余博物馆在对忠清南道扶余郡扶余邑扶余陵山里寺址进行挖掘时,出土了一枚题为"支药儿食米记"的四面觚:

支药儿食米记初日食四斗二日食米四斗小升三日食米四斗(第

[1] 笔者认为"佐官贷食记"中的"佐官"具体登记了贷食人名的数量及未归还的数目,因此,此处的"佐官"应是一个与贷食相关机构的官吏,是一个具体的官职,而不是对州郡、公府、将军府属官的总称。"记"与秦汉简牍和三国吴简中常见的上行于下或下行于上的公文书"记"不同,成为记录人名数目的账簿。这枚木简上部有契口穿通,类似秦汉简牍中的"签牌",其作用是系挂在百姓交还政府借贷粮食口袋上以作标记。简文中"贷食"二字为秦汉魏晋南北朝以来的正体字,"贷"字承传了秦汉以来的"代"下方长写、"贝"在其间的写法,与里耶秦简、三国吴简中"贷食"的字形别无二致。详见戴卫红《中、韩出土"贷食"简研究》,《中华文史论丛》2015年第1期。

一面)

五日食米三斗大升六日食三斗大二升七日食三斗大升二八日食米四斗大(第二面)

食道使家□次如逢小使治猪耳其身者如黑也 道使后后弹耶方 牟氏牟祋 祋(第三面)

又十二石又一二石又十四石十二石又石又二石又二石(第四面)

此枚木简的标题为“支药儿食米记”,第一、二面分别记载了支药儿从初日(第一日)到八日的食米数目。从这个账簿中可以清楚地看出百济对“每一日”这样的时间概念是有清晰界定的。

那么,既然涉及还贷的利息,为什么没有确定到还贷日的记录?笔者推测和当时利率有关。在此,我们看不出百济借贷利率是按年算,还是以月收,或者是按照约定的时间如秋收之后来收取。

二、新罗木简“某月中”

2017年出版的《韩国的古代木简Ⅱ》中有伽倻2645号木简:

六月中□冯城□(看)村主敬曰之乌(行)□成令之√(第一面)

□□智一伐大□□也功六□大城从人丁六十日√(第二面)

□□走(石)曰率此□(卅)更□□□√(第三面)

六十日治之人此人(乌)(冯)城(置)不行遣之白V(第四面)

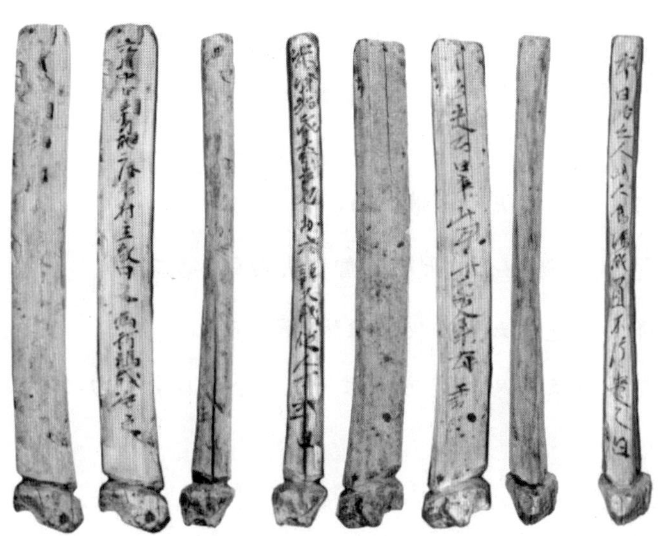

图2 伽倻2645号四面觚

此枚木简长25厘米,宽3.4厘米,厚2.8厘米,为四面觚。韩国学术界对此枚木简的性质、内容以及涉及的“村主”“力役”等问题进行了深入探讨。[1] 韩国学者将此枚简中“六月中”均翻译成“6 월에(在六月)”。金昌锡先生曾讨论了这枚木简中采用了“某月中—某村主白(白之)—报告内容—白之”格式,这是新罗中古时期地方社会村主向上级机构提交报告时使用的文书形式。[2] 笔者认同金先生这一观点。但“六月中”这样的时间表述,难免让人产生疑惑,即村主向上级机构报告(白)的公文书

[1] 关于韩国学术界对此简的探讨,详见[韩]李在晥《咸安城山山城出土文书木简和力役动员文书行政》,《木简与文字》(22),2019年。

[2] [韩]金昌锡:《咸安城山山城17次发掘调查出土四面木简(23枚)试考》,《韩国史研究》(177)。

中,为何时间的表述并没有确定到具体的日期,即某一天呢?

无独有偶,在《韩国的古代木简Ⅱ》中,我们还看到了另外三枚以“某月中”开头的木简。其中伽倻5598木简,长34.4厘米,宽1.0—1.3厘米,厚1.6—1.9厘米,为四面书写的觚。释文如下:

三月中真乃灭村主憹怖白(第一面)

□城在弥即尒智大舍下智前去白之(第二面)

即白　先节六十日代法稚然(第三面)

伊毛罹及伐尺(寀)言□法卅代告今卅日食去白之(第四面)

对于这枚四面觚,韩国学者进行了深入探讨。[1] 尤其是对其文字的释读,韩国学者至少有9种不同的意见,对其中“三月中”的汉字释读没有异议,而在翻译成韩语的时候,有8种翻译为“3 월에(在三月)”,只有权仁瀚一人翻译为“3 월(중)에(在三月中)”。权仁瀚等韩国学者认为与吏读有关,并以“—之”“—中”“—下”为中心,从语法史的方面,考察吏读的发展程度,得出当时的吏读发展程度为初期状态的结论。[2]

从四面觚的外形来看,伽倻2645下部有一圈明显的人工凹槽,便于拴系绳子;伽倻5598四面觚的下部没有明显的凹槽,只在上部的一面有一个凹槽,此是故意为之还是后来磨损,现在还不清楚。

从文书格式来看,伽倻2645和伽倻5598四面觚,均为“白”类型的文

[1] 对于这枚简的学术综述,详参[韩]权仁瀚《对新出土咸安木简语言文化史迹的研究》,《木简与文字》(21),2018年。

[2] [韩]权仁瀚:《对新出土咸安木简语言文化史迹的研究》,《木简与文字》(21),2018年。

书。而5598木简文书格式形式感更为明确，和第四面对比，虽然第一面“三月中真乃灭村主憹怖白”下留有至少有9个字的空白，但是并不书写“白（报告）”的内容，而是从第二面开始呈现报告的内容，这样的文书格式与新罗月城垓子2号简相同，金秉骏先生认为“由于每一面需要准确写入的内容有不同的规定和要求，所以各面所书写的字数不一样，末端留下的空白也不一样”[1]。伽倻5598木简第二面中“（城）在弥即智大舍下智前去白之”，追述的是在这之前大舍下智“白”（报告），其中的“大舍”，便是《三国史记》所载新罗十七等官职中的十二等。而大舍下智报告（白）的内容，转而写在了第三面，“即白先节六十日代法稚然”；第四面为针对第二、三面某人白后，报告现在将要采取的措施，“伊毛罹及伐尺（寀）言□法卅代告今卅日食去白之”。因此在5598木简中，嵌套了前后两个“白”（报告）的文书。

从内容上看，伽倻2645和伽倻5598四面觚，均与“六十日法”相关，李在晥在上引文中认为这与新罗的力役有关。

从字迹上看，伽倻2645“六月中”三个字大小相差不多，而伽倻5598四面觚上“中”字比“三月”小很多，这很让人怀疑“中”字的用法和意义。

[1] ［韩］金秉骏著，戴卫红译：《再读新罗月城垓子2号木简——与中国出土古代行政文书的比较研究》，载邬文玲、戴卫红主编《简帛研究二〇一八（秋冬卷）》，广西师范大学出版社，2018年，第358—387页。

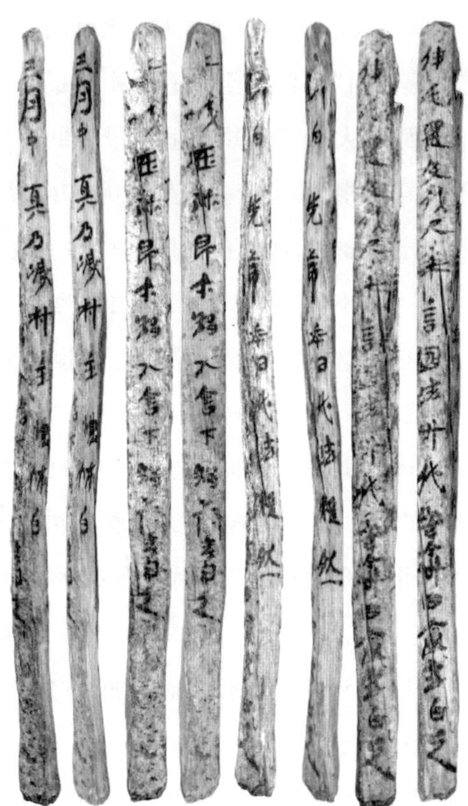

图3 伽倻5598号木简

另外两枚"某月中"木简,即伽倻2639号木简,长20.8厘米,宽1.3厘米,厚0.7厘米,两面书写,释文如下:

正月中比思伐古尸(次)阿尺夷喙∨(第一面)

罗兮(落)及伐尺并作前(瓷)酒四斗瓮(第二面)[1]

[1] 以下释文及图片,除个别做特别注释外,均出自韩国国立伽倻文化财研究所《韩国的古代木简Ⅱ》,2017年。

伽倻 4686 号木简，长 17.3 厘米，宽 2.6 厘米，厚 0.4 厘米，两面书写。释文如下：

三月中铁山下麦十五斗√

左旅□河礼村波利足√

从木简形制上看，这两枚简的底部都有明显的人工加工痕迹，简的两侧都有三角形契口，便于绑系绳子，具有木楬的典型特征。伽倻 2639 号更为细长，伽倻 4686 号粗短。这两枚木简均为两面书写。

从内容上说，与前两枚四面觚不同，这两枚更侧重货物的登记。而从文书的书写来看，“正月中”“三月中”各自书写字体大小大致相同。从这四枚简书写特点和内容来推测，伽倻 5598 四面觚上“三月中”的“中”字虽然小于“三月”二字，但用法应与其他三枚简“某月中”的“中”字用法相同。

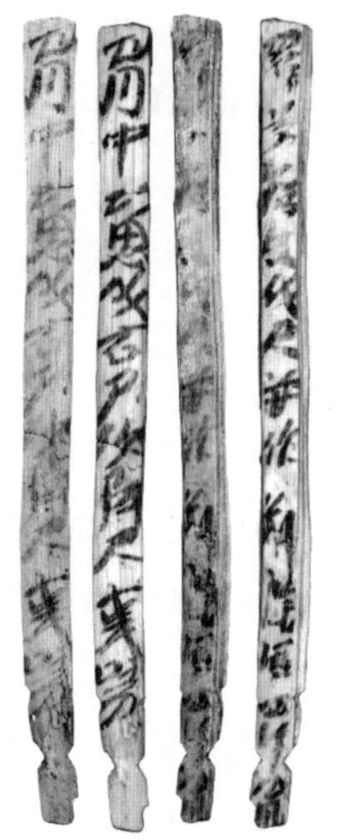

图 4　伽倻 2639 号木简

图 5　伽倻 4686 号木简

以上四枚新罗木简所见的“某月中”,“中”用于“某月”之后,不是表示时格的助词,“某月中”也不是“在何月”这种表示时格的用法,与朝鲜古代的吏读无关,而是指某月的某一时段,是一个时间概指。伽倻 2645 号木简“六月中”、伽倻 5598 号四面文书木简“三月中”,均是概指某月的一个时段。在文书书写中不指明具体的日期而记“某月中”,一与文书的内容有关,无须或无法指明具体日期;二是与使用习惯有关,以“某月中”代指某月其中的一个时段。

三、新罗出土碑刻中所见“某月中”

“某月中”的时间表述方式不仅见诸新罗木简，在朝鲜半岛出土的高句丽、新罗、高丽、朝鲜碑刻中也屡见。1913 年在平壤石镜齐里发掘出土的平壤城石刻第四石中载：“丙戌十二月中汉城下后卩小兄文达」节自此」西北行」涉之」”，[1]其中的“丙戌”，学术界推定为高句丽平原王八年(566)。“丙戌中”便是概指十二月中的一个时段。

1978 年在庆尚北道丹阳郡丹阳面下坊里赤城内发现了丹阳新罗赤城碑，其前两行记录：

> ▨▨年▨月中王教事大众等喙部伊史夫智伊干」
> 支沙喙部豆弥智俶琺干支喙部西夫叱智大阿干」

韩国学术界推断，时间在 545 年以前，或者 550、551 年以后。“▨月中”便是概指十某月中的一个时段。

---

[1] 以下所引新罗出土碑刻材料均来源于韩国金石文网站：http://gsm.nricp.go.kr/_third/user/main.jsp。其中，平壤城石刻第四石：http://gsm.nricp.go.kr/_third/user/viewer/viewer01.jsp；丹阳新罗赤城碑(韩国学界推断的时间在 545 年以前，550 年以后)：http://gsm.nricp.go.kr/_third/user/viewer/viewer01.jsp? ksmno = 2757；瑞凤冢出土的银合杅：http://gsm.nricp.go.kr/_third/user/viewer/viewer01.jsp? ksmno = 2541；明活山城作城碑：http://gsm.nricp.go.kr/_third/user/viewer/viewer01.jsp? ksmno = 2758；中原高句丽碑：http://gsm.nricp.go.kr/_third/user/viewer/viewer01.jsp? ksmno = 2513；蔚州川前里刻石—乙丑铭：http://gsm.nricp.go.kr/_third/user/viewer/viewer01.jsp? ksmno = 7296；蔚州川前里刻石—其他铭：http://gsm.nricp.go.kr/_third/user/viewer/viewer01.jsp? ksmno = 7302。高丽国卒大师三重大匡内史令崔贞肃公(士威)庙志：http://gsm.nricp.go.kr/_third/user/viewer/viewer01.jsp? ksmno = 3156。

1926年在庆尚北道庆州市的瑞凤冢出土的高句丽时期的银合杅底部载:

延寿元年太岁在卯三月中」
太王教造合杅用三斤六两」(盖内)
延寿元年太岁在辛」
三月▨太王教造合杅」
三斤」(外 底)

延寿元年,一说为高句丽广开土王元年,即391年;另一种观点认为在长寿王三十九年,即451年。从盖底和外底的文字来推测,"延寿元年太岁在辛三月▨"中"三月"后缺的那个字可补全为"中"字,仍是指三月中的某一时段,"中"不是一个格助词,而是概指某月中的某一时段。

1979年4月,在全州北道中原郡可金面龙田里发现的中原高句丽碑记载:

五月中高丽太王祖王令▨新罗寐锦世世为愿如兄如弟」
上下相和守天东来之寐锦[忌]太子共前部大使者多亏桓
奴主簿贵道[德][日][类][王][安][聆]▨[去]▨▨到至跪营天(大? 夭?)太子共[言]
尚望上共看节赐太霍邹教(授?)食[在]东夷寐锦之衣服建立处
用者赐之随▨节▨ ▨奴客人▨教诸位赐上下[衣]服教东
[夷]寐锦沓还来节教赐寐锦土内诸众人▨ ▨ ▨ ▨[王]国土
大位诸位上下衣服[束(来)]受教跪营之十二月廿三[日]甲

寅东

……

石碑中关于建立年代的前面部分已磨损，无法知道确切的时间。从五世纪上半叶的广开土王代到六世纪中后期的平原王代(559—590)，韩国学术界提出了各种各样的意见。最近有学者重新释读了前一行的几个字，认为时间为495年(文咨明王四年)，而考虑到碑文中有“十二月三日甲寅”的干支和日期，449年(长寿王三十七年)的见解得到广泛的支持。[1] 其中的“五月中”也应该是对某年五月中的某一时段的概指。

1988年在庆州市普文洞56号明活山城城墙中发现的明活山城作城碑，前两行载：

辛未年十一月中作城也上人逻头本波部」
伊皮尒利吉之郡中上人乌大𫂁仇智支下干支」
匠人比智俅波日并工人抽兮下干支徒作受长四步」
五尺一寸　文叱兮一伐徒作受长四步五尺一寸与尖」
利波日徒受长四步五尺一寸　合高十步长十」
四步三尺三寸　此记者古他门中西南回」
行其作石立记　众人至十一月十五日」
作始十二月廿日了　积卅五日　　也」

[1] 关于中原高句丽碑的研究，参见［韩］金昌镐《中原高句丽碑的建立年代》，《高句丽研究》(10)，2000年；［韩］朴真奭《中原高句丽碑的建立年代考》，《高句丽研究》(10)，2000年。

书写人　源欣利阿尺」[1]

其中的“辛未”年,为551年,新罗真兴王十二年。倒数第二、三行“众人至十一月十五日作始,十二月廿日了,积卅五日”这一时间记载,最好地体现了碑文开头“十一月中作城也”的含义,即“十一月中”涵盖的就是十一月十五日之后的这一段时间。

1970年12月东国大学蔚山地区佛迹调查队在蔚山广域市头东面川前里山207-3号发现的蔚州川前里刻石—乙丑铭前三行有:

乙丑年九月中沙喙部于西▨」

夫智彼珎干支妻夫人阿刀郎女」

谷见来时前立人闲▨气

据韩国学者研究,此处“乙丑年”为新罗真兴王六年(545)。[2]“九月中”即指九月中的某一时段。

在蔚州川前里刻石其他关于“丁酉年二月」十一日明奈」何」”“乙未年九月五日道安兮」春谈道权伊就等随」”干支的铭文中,有三条惹人注目:

---

[1] 关于此碑的研究,参见[韩]朱甫暾《6世纪新罗的村落支配强化过程》,《庆北史学》(19),1996年;[韩]金昌镐《明治山城作城碑的几个问题》,《乡土史研究》(6),1999年。

[2] 韩国古代史研究会:《川前里书石乙丑铭的判读和介绍》,《韩国古代史研究会会刊》(25),1992年。

丙申载五月十一日」慕郎行赐」道谷兄造作」

丙戌载六月十六日官郎」

辛亥年九月中芮雄妻并行」

其中的“载”,《尔雅·释天》云:“载,岁也。夏曰岁,商曰祀,周曰年,唐虞曰载。”清郝懿行注云:“年者,《说文》云:谷熟也”;“载者,《释名》云:载,生物也……取物终更始。”[1]唐代天宝三年,玄宗李隆基,《旧唐书》卷九《玄宗本纪》:“(天宝)三载正月丙辰朔,改年为载。”[2]据玄宗诏书《改年为载推恩制》云:“历观载籍,详求前制,而唐虞之际,焕乎可述。用是钦若旧典,以协惟新,可改天宝三年为载。”744年(甲申),唐玄宗改天宝三年为天宝三载,直到至德三载(758年,戊戌)二月,改元为乾元,并改载为年。那么川前里刻石中的丙戌载便是在746年,而丙申载则在756年。但是后面的“辛亥年九月中”,因为没有其他更多的信息,不能确定具体在哪一年,但是“九月中”在此出现,可见此时仍是概指的某月的某一时段。

这样的“某月中”时间表述方式也一直流传到高丽时代。如高丽国卒大师三重大匡内史令崔贞肃公(士威)庙志便载:“……戊午年十二月中契丹国兵马发来入境。”其中的戊午年,即显宗九年(1018),辽朝的丹东平郡王萧排押出兵攻打高丽。“十二月中”这一时间表述仍是概指十二月的某一时段。

综上所述,百济和新罗木简所见“某月中”,“中”用于“某月”之后,不

[1] 〔清〕郝懿行:《尔雅义疏》,上海古籍出版社,1983年,第748页。

[2] 《旧唐书》卷九《玄宗纪下》,参见〔后晋〕刘昫等撰《旧唐书》,中华书局,1975年,第217页。

是表示时格的助词,“某月中”也不是“在何月”这种表示时格的用法,也与朝鲜古代的吏读无关,而是指某月的某一时段,是一个时间概指。在百济“戊寅年六月中佐官贷食记”这一佐官所列贷食人名、贷食粮食数目及未归还粮食数目的账簿中,涉及还贷的日期和利息,只记“六月中”而没有确定到某一日的记录,和当时利率有关。伽倻 2645 号木简“六月中”、伽倻 5598 号四面文书木简“三月中”,均是概指某月的一个时段。在文书书写中不指明具体的日期而记“某月中”,一是与文书的内容有关,无须或无法指明具体日期;二是与使用习惯有关,以“某月中”代指某月的一个时段。“某月中”这样的时间表述,也常见于高句丽、新罗、高丽时期的碑刻中,这在明治山城作城碑中得到明确证明。

秦代傅籍标准新考
——兼论自占年与年龄计算

凌文超

（北京师范大学历史学院 北京 100875）

一

关于秦汉时期的傅籍标准，[1]汉代有具体的律令规定和典籍记载。西汉初年傅籍年龄与爵级密切相关：

> 1.不更以下子年廿岁，大夫以上至五大夫子及小爵不更以下至上造年廿二岁，卿以上子及小爵大夫以上年廿四岁，皆傅之。（张家山汉简《二年律令·傅律》）[2]

---

[1] “傅籍”并非秦汉时期固有的提法，而是学界结合出土文献的记录与传世文献的注解逐渐产生并约定俗成的专有名词，特指《傅律》及其他文献中含义相同的“傅”。“傅”（傅籍）即少壮男子著籍以备正卒之役。

[2] 张家山二四七号汉墓竹简整理小组编著：《张家山汉墓竹简［二四七号墓］》（释文修订本），文物出版社，2006年，第58页。

爵位越高,傅籍年龄越大。汉景帝二年(前155)调整傅籍年龄为年二十岁。[1] 汉昭帝时又调整为年二十三岁,如《盐铁论·未通》载:

> 御史曰:"……今陛下哀怜百姓,宽力役之政,二十三始傅。"[2]

汉景帝、昭帝对傅籍年龄的调整未提爵制的影响。这两个标准究竟是傅籍年龄的最低标准,还是表示爵制对傅籍年龄的影响已经消退,尚不可考。不过,上述三个标准为学界研究汉代徭戍的征发提供了基本依据,也为秦代傅籍标准的探讨提供了间接参考。

然而,秦代的傅籍标准,不仅出土秦律之中没有具体的规定,传世典籍中也无明确记载。迄今所能讨论的直接材料仍然只有睡虎地秦简《编年记》(今多称《叶书》)所载喜的生年和傅籍之年:[3]

> 2.(昭王)卌五年,攻大壄(野)王。十二月甲午鸡鸣时,喜产。
>
> 3.今(秦王政)元年,喜傅。[4]

---

[1] 《史记》卷一一《孝景本纪》:"(景帝二年)男子二十而得傅。"参见〔汉〕司马迁《史记》,中华书局,1982年,第439页。

[2] 王利器校注:《盐铁论校注(定本)》卷三《未通》,中华书局,1992年,第192页。

[3] 《编年记》,整理者原称《大事记》。李零先生根据印台M60、松柏M1汉简《叶书》,将《编年记》改称《叶书》,读为《牒书》(李零:《视日、日书和叶书——三种简帛文献的区别和定名》,《文物》2008年第12期,第77—78页);陈伟先生则读为《世书》(陈伟:《秦汉简牍〈叶书〉刍议》,载武汉大学简帛研究中心主办《简帛》第10辑,上海古籍出版社,2015年,第85—89页)。

[4] 睡虎地秦墓竹简整理小组编:《睡虎地秦墓竹简》,文物出版社,1990年,第5、6页。

学者们围绕这两条材料,就秦代的傅籍标准进行了大量讨论,并提出了多种意见。归纳起来,大致可以分为四说:

一是"十七岁傅籍说",此说为学界的主流意见。《发掘简报》最早提出:"秦昭襄王四十五年(前262)喜出生,秦王政元年(前246)喜傅,这年他十七岁,这在秦代,就是成年男子按规定在政府的户籍上登记服徭役。"[1]后来,中华书局编辑部编《云梦秦简研究》收录的多篇论文均持此说。[2]

不过,持此说的学者之间,也有一些不同的认识。例如,整理者注:"本年喜十七周岁。"[3]黄盛璋先生认为是"年满十六岁,虚年十七岁"。[4] 舒之梅先生则申明,喜虚年十七,秦的傅籍年龄为十七岁。[5]对此,张金光先生指出,当时本无所谓周岁、虚岁之分,生年即为一岁;喜自生年至傅籍之年,其间恰历十七个年头,应定为十七岁始傅(不应说"十七周岁",更非"十五周岁")。不仅如此,秦人始傅还有个六尺六寸的身高标准,与年十七岁相当。[6] 陈明光先生则认为,隶臣妾以身高标准傅籍,而公民以年龄标准傅籍,法定年龄为十七岁。[7]

---

[1] 孝感地区第二期亦工亦农文物考古训练班:《湖北云梦睡虎地十一号秦墓发掘简报》,《文物》1976年第6期。

[2] 舒之梅《珍贵的云梦秦简》,马雍《读云梦秦简〈编年记〉书后》,吴树平《云梦秦简所反映的秦代社会阶级状况》,于豪亮、李均明《秦简所反映的军事制度》,载中华书局编辑部编《云梦秦简研究》,中华书局,1981年,第7、30、92、152页。

[3] 睡虎地秦墓竹简整理小组编:《睡虎地秦墓竹简》,文物出版社,1990年,第9页。

[4] 黄盛璋:《云梦秦简〈编年记〉初步研究》,《考古学报》1977年第1期。

[5] 舒之梅:《珍贵的云梦秦简》,载中华书局编辑部编《云梦秦简研究》,中华书局,第7页。

[6] 张金光:《秦自商鞅变法后的租赋徭役制度》,《文史哲》1983年第1期。

[7] 陈明光:《秦朝傅籍标准蠡测》,《中国社会经济史研究》1987年第1期。

二是“十六岁傅籍说”。陈直先生认为“秦代以十六岁为傅”。[1] 马非百先生认为:“喜在登记服役时,计虚岁为十七岁,实岁为十六岁。秦制开始登记服役年龄是十六岁。”[2]曹旅宁先生亦认为,喜傅年按中国传统算法,当为十六岁。[3]

三是“十五周岁傅籍说”。高敏先生指出,喜傅“只能说已满十五周岁,进入了十六岁”。故他认为当时以年满十五周岁作为傅籍标准。[4]不少学者的见解与此基本相同,如黄今言先生认为,喜从出生到始傅“前后相去十七个年头,十五周年。可见,喜是十五周岁就登记服役的”。[5]

四是“身高标准傅籍说”。高恒先生认为,身高是秦民傅籍的主要依据。秦民傅籍的法定身高很可能是六尺五寸,喜傅籍的年龄是满十六岁、虚十七岁,这个年数恰与“高六尺五寸”合。[6] 前述张金光先生则认为,秦人始傅的身高标准是六尺六寸,与年十七岁相当。栗劲、马怡先生亦认为,喜之所以傅于秦王政元年,绝不是因为达到了法定的年龄,而是身高达到了法定的标准。但两人对秦始傅的身高标准有不同的看法。栗劲先

[1] 陈直:《略论云梦秦简》,《西北大学学报(哲学社会科学版)》1977年第1期。

[2] 马非百:《云梦秦简中所见的历史新证举例》,《郑州大学学报(哲学社会科学版)》1978年第2期。

[3] 曹旅宁:《张家山汉律研究》,中华书局,2005年,第208页。

[4] 高敏:《关于秦时服役者的年龄问题探讨——读〈云梦秦简〉札记》,《郑州大学学报(哲学社会科学版)》1978年第2期,载其著《云梦秦简初探(增订本)》,河南人民出版社,1981年,第16—25页。

[5] 黄今言:《秦代租赋徭役制度研究》,《江西师院学报(哲学社会科学版)》1979年第3期。持“十五周岁傅籍说”的还有杨宽、吴浩坤《战国会要》,上海古籍出版社,2005年,第1141页;王子今《秦“小子军”考议》,《人文杂志》2009年第5期。

[6] 高恒:《秦律中的徭、戍问题——读云梦秦简札记》,《考古》1980年第6期。

生认为是六尺五寸，马怡先生认为是六尺七寸或七尺。[1] 渡边信一郎亦认为，与隶臣妾傅籍标准不同，秦代庶民男子身高七尺（相当于二十岁左右）傅籍为大，开始承担兵役、力役，亦取得受爵资格。[2] 这类说法在学界产生了广泛的影响，但学者对始傅的身高标准各持己见。

二

回顾以往四类意见，学者之间的分歧主要集中在两个方面：一是年龄的计算；二是当时傅籍的依据究竟是年龄，还是身高。

首先分析秦人年龄计算的问题。虽然学界存在秦人十五周岁、十六岁、十七/周/虚岁始傅三说，但是，出现三种年龄标准的原因主要在于计算年龄的依据与方法不同。确定喜始傅年龄应按照当时官方的纪年模式与计岁方法，才能得出符合当时行政习惯的年龄。

过去学界计算喜始傅的年龄主要存在两个问题：其一，对喜出生的自然年推算失误。以往常括注喜的生年和傅年所对应的自然年，然后通过加减计算其始傅年龄。这种计算方法看起来方便，实际上容易产生误差。根据简 2，喜于秦昭襄王卌五年"十二月甲午鸡鸣时"出生，喜出生前秦就

[1] 栗劲：《〈睡虎地秦墓竹简〉译注斠补》，《吉林大学学报》1984 年第 5 期；马怡：《秦人傅籍标准试探》，《中国史研究》1995 年第 4 期。

[2] [日]渡边信一郎：《〈吕氏春秋〉上农篇蠡测——秦汉时代的政治的社会编成》，载其著《中国古代国家的思想构造——专制国家与意识形态》，校仓书房，1994 年，第 100—107 页。

已经使用颛顼历,以十月为岁首,而且月名次第不变。[1] 例如,《史记·秦本纪》:

> (昭襄王)四十二年,安国君为太子。十月,宣太后薨,葬芷阳郦山。九月,穰侯出之陶。[2]

昭襄王四十二年的纪事,九月之事在十月之后,且月名未改,这实际上是先后记载前后自然年十月、九月的史事。据此,秦昭襄王卌五年十二月,实际上是公元前 263 年 12 月,[3] 如下表所示:

自然年	前 264 年	前 263 年		前 262 年
月份	十月、十一月、十二月	正月、二月、三月、四月、五月、六月、七月、八月、九月	十月、十一月、十二月	正月、二月……
昭王纪年	卌四年		卌五年	

因此,喜的生年不能括注为公元前 262 年。由于当时秦官方的计岁与自然年关系不大,且自然年与昭王纪年之间有时(十月至十二月)存在一年的差别(参上表),通过自然年计岁容易有误差,故此方法今不取。

其二,秦代"本无所谓周岁、虚岁之分"。例如,秦汉时期的计数法中

---

[1] 睡虎地秦简中出现的干支纪日均与推定的颛顼历相合,具体分析请参见黄盛璋《云梦秦简〈编年记〉初步研究》,《考古学报》1977 年第 1 期。

[2] 《史记》卷五《秦本纪》,参见〔汉〕司马迁《史记》,中华书局,1982 年,第 213 页。

[3] 秦颛顼历的推定,具体请参见朱桂昌编著《颛顼日历表》,中华书局,2012 年,第 211、553—554 页。

没有“零”概念,[1]自然不会有“零岁”。不仅如此,侯旭东先生还指出,从官方的制度层面观察,自秦至清末官方户籍对百姓年龄的记录仅限于生年与岁数,未具体到生月与日。[2] 秦王政十六年九月“初令男子书年”,[3]也只是对年龄的辑录。既然秦汉时期没有“零岁”,且官方一般不记庶民“生日”,秦代制度层面就不会有“周岁”计年。同时,秦代亦无虚岁的提法。周岁、虚岁计年的方法今亦不取。

对秦代官方如何登记并计算年龄,里耶秦简有简要的记录:

4. 廿六年五月辛巳朔庚子,启陵乡㢊敢言之。都乡守嘉言:渚里不☐劾等十七户徙都乡,皆不移年籍└。令曰:移言。·今问之劾等徙☐书,告都乡曰:启陵乡未有枼,毋以智(知)劾等初产至今年数,☐皆 自 占,谒令都乡自问劾等年数,敢言之。☐(16-9 正)

□□迁陵守丞敦狐告都乡主以律令从事。/逐手。即☐

甲辰,水十一刻刻下者十刻,不更成里午以来。/貄半。☐(16-9 背)[4]

---

[1] 参见梁宗巨《零的历史》,《自然杂志》1984 年第 9 期;桂质亮《古代数学符号的发展与演变》,《华中师范大学学报(自然科学版)》1989 年第 3 期;傅海伦《“0”“零”“〇”的起源与传播》,《数学通报》2001 年第 8 期。最近,程少轩《汉简无“零”》(《文汇报》2017 年 7 月 28 日第 W13 版)发现肩水金关汉简考课功绩的文书中,只有“负”和“得”若干,而没有“零”,证明了当时还不存在“整数零”这个数学概念。

[2] 侯旭东:《秦汉六朝的生日记忆与生日称庆》,《中华文史论丛》2011 年第 4 期。

[3] 《史记》卷六《秦始皇本纪》,参见〔汉〕司马迁《史记》,中华书局,1982 年,第 232 页。此记载得到睡虎地秦简《编年记》秦王政十六年“自占年”的印证。睡虎地秦墓竹简整理小组编:《睡虎地秦墓竹简》,文物出版社,1990 年,第 7 页。

[4] 里耶秦简博物馆等编著:《里耶秦简博物馆藏秦简》,中西书局,2016 年,第 70、208 页。

“启陵乡未有枼”之“枼”,整理者括注“牒”,理解为牒书。[1] 从“启陵乡未有枼,毋以智(知)劾等初产至今年数”来看,该“枼”记录的内容至少包括庶民的“初产(年)”(参《编年记》记录的“喜产”“敢产”等);而“初产至今年数”,则是根据生年推算年龄。最后官方获取庶民生年的途径是“皆自占”“自问年数”。具体而言,秦代官方获取并计算庶民年龄的一般方式是:民众申报,官方讯问并登记其生年,再根据生年计算年龄。

关于自占“初产”,张家山汉简《二年律令·户律》的有关规定提供了参考:

> 5.民皆自占年。小未能自占,而毋父母、同产为占者,吏以等[2]比定其年。自占、占子、同产年,不以实三岁以上,皆耐。产子者恒以户时占其☑[3]

五一广场东汉简亦有相关记录,如“后驩乃产柱,皆自占于户下”(CWJ1③:325-2-28)。[4] 汉代民众产子被要求“自占年”。但是,自占产年并非随时申报,而是“恒以户时占”。何谓“户时”,按张家山汉简《二年律令·户律》:

---

[1] 何有祖先生理解为《叶(世)书》,并认为其性质与《编年记》相近,可备一说。何有祖:《里耶16-9号简“枼”与秦汉简中的〈叶〉〈叶书〉》,简帛网,2018年8月16日。

[2] “等”,原阙释,今据郭永秉先生意见补。参见其作《张家山汉简〈二年律令〉和〈奏谳书〉释文校读记》,复旦大学汉语言文字学科《语言研究集刊》编委会编《语言研究集刊》第6辑,上海辞书出版社,2009年,第264页。

[3] 张家山二四七号汉墓竹简整理小组编著:《张家山汉墓竹简[二四七号墓]》(释文修订本),文物出版社,2006年,第53页。

[4] 长沙市文物考古研究所等编:《长沙五一广场东汉简牍选释》,中西书局,2015年,第122、166页。

6.民欲别为户者,皆以八月户时,非户时勿许。

7.所分田宅,不为户,得有之,至八月书户。[1]

“户时”即“八月户时”,亦即“八月书户”之时。再按《后汉书·安帝纪》载:

(元初四年)诏曰:“……方今案比之时。”李贤注:“《东观记》曰:‘方今八月案比之时。’谓按验户口,次比之也。”[2]

汉代产子占年一般集中在八月案户比民之时。

八月书户,不仅包括民众自占产年,也应是庶民傅籍之时。睡虎地秦简《秦律十八种·仓律》规定:

8.小隶臣妾以八月傅为大隶臣妾,以十月益食。[3]

隶臣妾在八月傅籍,十月益食。之所以选在八月,可能是因为徒隶与庶民一样,皆在八月更造籍。从“十月益食”来看,虽然八月傅籍,但造籍时间要延续到九月岁尽,实际增加廪食要晚至次年岁首。具体说来,徒隶始傅,在八、九月更造籍时已经登记身份“大”,但此时造籍是为来年相关工

[1] 张家山二四七号汉墓竹简整理小组编著:《张家山汉墓竹简[二四七号墓]》(释文修订本),文物出版社,2006年,第56、54页。

[2] 〔南朝宋〕范晔:《后汉书》,中华书局,1965年,第227页。

[3] 睡虎地秦墓竹简整理小组编:《睡虎地秦墓竹简》,文物出版社,1990年,第33页。

作做准备,故与身份“大”相应的廪食要次年岁首才配给。八、九月也是庶民年龄增加一岁的节点。如岳麓秦简:

9.爽初书年十三,尽廿六年年廿三岁(0552)[1]

爽在秦王政十六年九月(岁尽)书年十三岁(应为十七年年龄),廿六年岁尽增年为廿三岁(应为廿七年年龄)。据此大抵可知,秦代傅籍、增年都在“户时”,学界称之为“岁尽增年”。[2]

秦代官方一般只掌握民众的年龄和生年资料(简4、9),如:

10.☐□□□自占:昭王卌二年产 ☐(9-947)[3]

简10应为自占年时申报生年——昭王卌二年产。秦官方在计算庶民年龄时一般只有“昭王卌二年”这类王在位年次的年份作为计岁依据。同时,秦汉时期生子即一岁,岁尽增年。换言之,时人出生时即年一岁,应当及时登入户籍;等到“八月书户”更造籍,记作年二岁,即次年的年龄。因此,秦代官吏计算年龄最可行而简便的方法是:累计诸王纪年数,并在岁尽增年,得出的就是庶民的年龄。

---

[1] 陈松长:《岳麓书院所藏秦简综述》,《文物》2009年第3期。

[2] 具体分析请参见侯旭东《秦汉六朝的生日记忆与生日称庆》,《中华文史论丛》2011年第4期;张荣强《从“岁尽增年”到“岁初增年”——中国中古官方计龄方式的演变》,《历史研究》2015年第2期。陈松长《岳麓书院所藏秦简综述》还提到这样一枚简“卅年十一月爽盈五岁”(0418)。既然爽“尽廿六年年廿三岁”(0552),这里的“十一月爽盈五岁”就不当是年龄,参考“廿五年五月壬子徙为令史”(0625),很可能是宦历的年岁。

[3] 湖南省文物考古研究所编著:《里耶秦简(贰)》,文物出版社,2017年,第37页。

以秦始皇、项羽的年龄为例。

> 《史记·秦始皇本纪》:“以秦昭王四十八年正月生于邯郸。”“(卅七年)七月丙寅,始皇崩于沙丘平台。”《集解》引徐广曰:“年五十。”[1]
>
> 《史记·项羽本纪》:“项王已死。”《集解》引徐广曰:“汉五年之十二月也。项王以始皇十五年己巳岁生,死时年三十一。”[2]

秦始皇历昭襄王年次计九年(昭襄王共五十六年),孝文王一年,庄襄王三年,秦始皇三十七年,累计纪年数五十,因而年五十岁。项羽历秦始皇计二十三年,秦二世三年,汉五年,累积纪年数三十一,因而年三十一岁。徐广(352—425)虽然是晋宋之际的人物,但是对“百家数术无不研览”,长期典校秘阁,领著作郎,任秘书监,并撰成编年体史书《晋纪》,[3]史学素养尤其是编年方面的学识不容置疑。徐广对秦汉历史人物的年龄十分敏感,除了注出秦始皇、项羽的年岁,他还注出了秦王政及冠年二十二岁、秦二世元年刘邦年四十八岁、高后八年淳于意年二十六岁、文帝卒年四十七岁、武帝崩年正七十而昭帝时年八岁等。[4] 不仅如此,徐广注项羽死时年龄,还特别提到其月份是汉五年十二月。由于十月岁首是岁尽增年,

---

[1] 〔汉〕司马迁:《史记》,中华书局,1982年,第223、264页。

[2] 〔汉〕司马迁:《史记》,中华书局,1982年,第337—338页。

[3] 《宋书》卷五五《徐广传》,参见〔梁〕沈约《宋书》,中华书局,1974年,第1547—1549页;《晋书》卷八二《徐广传》,参见〔唐〕房玄龄等《晋书》,中华书局,1974年,第2158—2159页。

[4] 〔汉〕司马迁:《史记》,中华书局,1982年,卷六《秦始皇本纪》,第228页;卷八《高祖本纪》,第349页;卷一〇五《仓公列传》,第2796页;卷一〇《文帝本纪》,第434页;卷四九《外戚世家》,第1985页。

而正月岁首是岁初增年(次年正月元旦),“户时”之后至十二月生卒者,按两类增岁原则分别进行计算,两者之间存在一岁的差别。[1] 如果按岁初增年计算,项羽卒年要少一岁。从这些可以看出,徐广对秦汉时期年龄的计算有着通盘而精深的分析与研究,其结论应当符合秦汉计算年龄的实际情况。

据此,喜在昭王卌五年出生,历昭王十二年、孝文王一年、庄襄王三年、秦始皇一年,再加上“户时”傅籍增年,累积纪年数十七,增年一,年十八岁。喜始傅登记在册的年龄是十八岁,年满十八岁正式拥有“新傅”身份。[2]

三

喜的始傅年龄有多大的代表意义,能够作为秦代傅籍标准的判定依据吗?诚然,在秦王政十六年九月“初令男子书年”之前,秦官府尚未全面掌握民众的生年、年龄资料,但是,这并不意味着当时官府不计算庶民的年龄。例如,约成书于春秋晚期战国前期的《周礼·地官司徒·乡大

[1] 参见侯旭东《秦汉六朝的生日记忆与生日称庆》,《中华文史论丛》2011 年第 4 期;张荣强《从“岁尽增年”到“岁初增年”——中国中古官方计龄方式的演变》,《历史研究》2015 年第 2 期。

[2] 参照“隶臣妾八月傅籍,十月益食”。具体说来,秦代男子也应当是在十七岁十、十一月时傅籍,登记年龄为十八岁。户时更造之籍,亦是为次年课役提供基本依据。次年岁首(十月)开始男子年满十八岁,正式拥有“新傅”身份。例如,松柏汉简中有“南郡新傅簿”。荆州博物馆:《湖北荆州纪南松柏汉墓发掘简报》,《文物》2008 年第 4 期。

夫》[1]云：

以岁时登其夫家之众寡，辨其可任者，国中自七尺以及六十，野自六尺以及六十有五，皆征之。

贾公彦疏：七尺谓年二十，知者，案《韩诗外传》“二十行役”与此国中七尺同，则知七尺谓年二十……六尺谓年十五，故《论语》云：“可以托六尺之孤。”郑（玄）注云：“六尺之孤，年十五已下。”彼六尺亦谓十五。[2]

春秋战国时期徭役的征免杂用身高与年龄，年龄为老免的重要依据。庶民老免需要通过官方计算年龄进行确定。如《春秋左传》襄公三十年载：

二月癸未，晋悼夫人食舆人之城杞者，绛县人或年长矣，无子，而往与于食。有与疑年，使之年。曰：“臣小人也，不知纪年。臣生之岁正月甲子朔，四百有四十五甲子矣，其季于今，三之一也。”吏走问诸朝。师旷曰：“鲁叔仲惠伯会郤成子于承匡之岁也。是岁也，狄伐鲁，叔孙庄叔于是乎败狄于咸，获长狄侨如及虺也、豹也，而皆以名其子。七十三年矣。”……以为绛县师。而废其舆尉。杜预注：“以役孤老故。”[3]

---

[1] 关于《周礼》成书年代及其争论，请参见沈长云、李晶《春秋官制与〈周礼〉比较研究——〈周礼〉成书年代再探讨》，《历史研究》2004年第6期。

[2] 《周礼注疏》卷一二《地官司徒·乡大夫》，参见〔清〕阮元校刻《十三经注疏》，中华书局，1980年，第716页。

[3] 〔晋〕杜预：《春秋经传集解》卷一九《襄公六》，《十三经古注》，中华书局，2014年，第1407—1408页。

在这个故事中,绛县老人没有提供确切生年,只提供了生年的正月朔日以及所经历干支纪日的甲子数。通过生年计算年龄比较简易,但是,根据正月朔日和干支纪日的甲子数推算年龄,则非有专门的历法知识不可。绛县老人无法提供生年,吏不晓历法不知计算,以致该绛县人年老仍从役;而师旷以大事纪年的方法确定其生年,进而计算出他的年龄为七十三岁,超过了老免的年龄,其舆尉也因役使孤老而被废。师旷推算年龄的关键环节是通过大事纪年确定生年,从而为年龄计算提供依据。从这个故事,我们似乎可以得出以下认识:绛县老人不知确切生年,反映出在他出生前后(春秋前期),当未形成自占生年的制度,相应地当未形成按年龄老免之制;但是,至襄公三十年(前543)前后(春秋后期),逐渐形成按生年计算年龄的方法,计算年龄的目的之一是为老免提供依据。

秦代的情况很可能也是如此。睡虎地秦简《秦律杂抄·傅律》规定:

> 11. ·百姓不当老,至老时不用请,敢为酢(诈)伪者,赀二甲;典、老弗告,赀各一甲;伍人,户一盾,皆迁之。[1]

秦代百姓老免要经过“请”的行政程序。结合《周礼》《春秋左传》的相关记载来看,由于身状的认定过于主观,而年龄相对客观,所谓“请”,实际上应当是官方通过庶民提供的生年计算出年龄,最后确定是否免老。

先秦免老以年龄为依据,其他课役身份即使以身高为主要依据,也应

[1] 睡虎地秦墓竹简整理小组编:《睡虎地秦墓竹简》,文物出版社,1990年,第87页。

当有个对应的年龄作为基准。如前引贾公彦疏证,国、野起役标准七尺谓年二十岁,六尺谓年十五岁。里耶秦简中也有可供参考的简例:

12.□广隶小上造臣,黑色,长可六尺,年十五岁,衣禪衣一☑(9-142+9-337)[1]

虽然这里只是身高、年龄状况的具体描述,但是,考虑到人在青少年时期身体的生长规律可以按年龄进行标准数据化处理,[2]简12"长可(大约)六尺,年十五岁"应当是"六尺亦谓十五"的具体反映。秦代青少年在十五岁时的身高应当普遍能达到六尺以上,身高六尺与年十五岁之间应当存在大致的对应关系。

从这些情形看来,秦前期课役以身高为主要依据,年龄也是重要参考,而且起役的身高基准存在对应的年龄。傅籍也应如此。由此看来,喜始傅年龄(十八岁)应当可以作为秦傅籍标准的参考。

不仅如此,在《编年记》中,喜生年日期的笔迹特殊,据此计算的始傅年龄也具有特殊性。从字迹来看,《编年记》是多次编写而成的。上栏为第一次编写,纪年和国事笔迹大致齐整且较细,而私事"十二月甲午鸡鸣时喜产""敢产"笔迹较粗,应为后来补写。下栏纪年、国事、私事笔迹参差不齐,应是陆陆续续地编写而成。[3]

---

[1] 湖南省文物考古研究所编:《里耶秦简(贰)》,文物出版社,2017年,第11、16页;陈伟主编:《里耶秦简牍校释(第二卷)》,武汉大学出版社,2018年,第75页。

[2] 例如蒋一方《上海市区0—18岁年龄别身高及体重标准研制》,《上海预防医学》2007年第11期。

[3] 笔迹的具体分析,请参见马雍《读云梦秦简〈编年记〉书后》,载中华书局编辑部编《云梦秦简研究》,中华书局,1981年,第16—19页。

值得注意的是,上栏均为国事在前,私事在后。下栏秦王政十六年纪事却相反,私事在前,国事在后:

13.(秦王政)十六年,七月丁巳,公终。自占年。[1]

并且纪年、纪事有三种笔迹:"十六年"笔迹较粗,"七月丁巳公终"较细,"自占年"又较粗,明显是分三次书写的。私事"公终"与国事"自占年"(九月)应为序时记事。《编年记》中记录的生年,秦王政十六年以前的"十二月甲午鸡鸣时喜产""敢产""遬产""获产"均与"自占年"粗笔书写一致,而对应的纪年、国事笔迹均较细;与此不同,十六年以后的"恢生""产穿耳"的笔迹与当年纪年、国事笔迹一致。

由此看来,秦王政十六年以前所记的生年,均为秦王政十六年"自占年"时的补记,应与"自占年"同时书写。喜自占年时年满十八岁,两年后任"史",表明他对当时的制度是非常熟悉的。[2] 如果秦王政十六年傅籍制度没有改革,且喜傅籍过程中没有隐情,则喜自占的生年,以及据此计算的始傅年龄一定符合当时的制度规定。由此看来,即使秦当时不以年龄为主要依据,喜的始傅年龄(年十八岁)也应当是与傅籍的身高基准相对应的年龄,亦为秦王政十六年以后的始傅年龄。

---

[1] 睡虎地秦墓竹简整理小组编:《睡虎地秦墓竹简》,文物出版社,1990 年,第 7 页。《编年记》(《叶书》)图版参见陈伟主编《秦简牍合集(壹)》,武汉大学出版社,2014 年,第 647—652 页。

[2] 关于喜的任职履历,请参见陈侃理《睡虎地秦简〈编年记〉中"喜"的宦历》,《国学学刊》2015 年第 4 期。

再者,年十八岁在秦代是一个重要的分界年龄。[1] 例如,岳麓简秦律规定:

14.☑□,乡部吏赀一甲,占者赎耐,莫占吏数者,赎耐。典、老占数小男子年未盈十八岁及女子,县、道啬夫谇,乡部吏赀一盾,占者赀二甲,莫占吏数者,赀二甲。[2]

该律文提到"典、老占数小男子年未盈十八岁及女子",这里的"占数"从前后文来看应当是"占吏数"。秦律严禁登记"小男子年未盈十八岁及女子"为吏。睡虎地秦简《秦律杂抄·内史杂》规定:

15.除佐必当壮以上,毋除士五新傅。[3]

秦一般不允许除授"新傅"(刚刚傅籍)男子为佐吏。《编年记》中,喜傅籍两年后——秦王政三年八月(亦是"户时")才"揄史"(进用为史),"新傅"可能指的是始傅之年及次年,即年十八、十九岁。

不过,岳麓秦简《置吏律》中有个规定稍有不同:

16.县除小佐毋(无)秩者,各除其县中,皆择除不更以下到士五

[1] 参见臧知非《"算赋"生成与汉代徭役货币化》,《历史研究》2017年第4期;朱德贵《岳麓秦简课役年龄中的几个问题》,载西北师范大学历史文化学院、甘肃简牍博物馆、河西学院河西史地与文化研究中心、兰州城市学院简牍研究所编《简牍学研究》第7辑,甘肃人民出版社,2018年,第56—62页。

[2] 陈松长主编:《岳麓书院藏秦简(肆)》,上海辞书出版社,2015年,第42页。

[3] 睡虎地秦墓竹简整理小组编:《睡虎地秦墓竹简》,文物出版社,1990年,第62页。

> 史者为佐,不足,益除君子子、大夫子、小爵及公卒、士五子年十八岁以上备员,其新黔首勿强,年过六十者勿以为佐└。[1]

县除授小佐无秩者,只有在“不更以下到士五史者”不足时,才可以除授“年十八岁以上”的“君子子、大夫子、小爵及公卒、士五子”,并且只能备员充数,尚不负责实际职事。结合简14、15、16来看,秦代除授佐吏,“新傅”在一般情况下不可以除授;除非人员不足,才能除授年十八岁以上的特殊群体;年十八以下者则禁止“占吏数”。据此,年十八岁是占吏数严格的分界线,而年十八岁以上的新傅者,只有在特定条件下才能除吏,而且只能是“备员”。由此可见,该规定以年十八岁作为分界线实质上就是傅籍标准。年十八岁就是秦代的始傅年龄。

参照简8,隶臣妾通过“傅”转换“小”“大”身份。“傅”是改变身份“小”的关键节点。[2] 傅籍之后,身份不再是“小”。以往学界认为,喜的傅籍年龄是年十五、十六、十七岁,然而,简14对“未盈十八岁”者仍然称“小男子”,十五、十六、十七岁者仍为“小”,可知过去对喜傅年龄的分析存在问题。年十八岁才可能是秦代傅籍的标准年龄。

---

[1] 陈松长主编:《岳麓书院藏秦简(肆)》,上海辞书出版社,2015年,第137—138页。

[2] 参见孙闻博《秦及汉初“徭”的内涵与组织管理——兼论“月为更卒”的性质》,《中国经济史研究》2015年第5期。

四

喜始傅年龄为十八岁，且应为秦代傅籍的标准年龄，那么，秦王政十六年以前年十八岁对应的身高标准是多少呢？过去学界常参照睡虎地秦简《秦律十八种·仓律》的规定进行分析：

> 17.隶臣、城旦高不盈六尺五寸，隶妾、舂高不盈六尺二寸，皆为小。[1]

徒隶男女分别以六尺五寸、六尺二寸作为傅籍的标准身高，并被划分为“小”“大”身份，以此为据，学者大都进而认为庶民傅籍的身高标准也是如此。然而，从《封诊式·封守》所记“·子小男子某，高六尺五寸”来看，[2]可能要收孥的庶民男子身高六尺五寸仍然是“小”（按简17，该小男子有罪受罚后成为徒隶，其身份随之转变为“大”）。庶民男子傅籍的身高标准势必要比徒隶（六尺五寸）高一些。

不仅如此，参考身高六尺与十五岁、七尺与二十岁的对应关系，按生长规律，十五岁至十八岁（即十三四周岁至十六七周岁）的生长速度一般要快于十八岁到二十岁（即十六七周岁至十八九周岁），十八岁对应的身高自然不会是六尺与七尺的中位数——六尺五寸，势必要比六尺五寸更高一些。目前看来，最大的可能性是六尺七寸。下面予以申论。

---

[1] 睡虎地秦墓竹简整理小组编：《睡虎地秦墓竹简》，文物出版社，1990年，第32页。
[2] 睡虎地秦墓竹简整理小组编：《睡虎地秦墓竹简》，文物出版社，1990年，第149页。

年十八岁不仅可能是秦傅籍的标准年龄,也是秦人负完全刑事责任的开始。例如,岳麓简秦律规定:

18.匿罪人当赀二甲以上到赎死,室人存而年十八岁以上者,赀各一甲。

19.☐主匿亡收、隶臣妾,耐为隶臣妾,其室人存而年十八岁者,各与其疑同灋。

20.盗贼旞(遂)者及诸亡坐所去亡与盗同灋者当黥城旦舂以上及命者、亡城旦舂、鬼薪、白粲舍人室、人舍、官舍,主舍者不智(知)其亡,赎耐。其室人、舍人存而年十八岁者及典、田典不告,赀一甲。伍不告,赀一盾㇗。当完为城旦舂以下到耐罪及亡收、司寇、隶臣妾、奴婢阑亡者舍人室、人舍、官舍,主舍者不智(知)其亡,赀二甲。其室人、舍人存而年十八岁以上者及典、田典、伍不告,赀一盾。

21.●尉卒律曰:黔首将阳及诸亡者,已有奔书及亡毋(无)奔书盈三月者,辄筋〈削〉爵以为士五,有爵寡,以为毋(无)爵寡,其小爵及公士以上子年盈十八岁以上,亦筋〈削〉小爵。[1]

简18—20载,室人及舍人年满十八岁就负有连带责任。简21载,庶民阑亡(无符传私越关卡)不满一年,或逃亡超过三个月,“小爵及公士以上子”年满十八岁以上才削小爵。

秦代负完全刑事责任的身高标准是多少呢?据睡虎地秦简《法律答

[1] 陈松长主编:《岳麓书院藏秦简(肆)》,上海辞书出版社,2015年,第39、58—60、112—113页。

问》：

22.甲小未盈六尺，有马一匹自牧之，今马为人败，食人稼一石，问当论不当？不当论及赏（偿）稼。

23.甲盗牛，盗牛时高六尺，系一岁，复丈，高六尺七寸，问甲可（何）论？当完城旦。[1]

庶民身高六尺以下（简22），一般免除刑罚；一旦身高达到六尺，将会被论处，但量刑时会有所减轻（简23）。秦汉时期盗牛，按秦、汉法律规定，一般判处“黥城旦”，如：

24.人臣甲谋遣人妾乙盗主牛，买（卖），把钱偕邦亡，出徼，得，论各可（何）殹（也）？当城旦黥之，各畀主。（睡虎地秦简《法律答问》）[2]

25.（秦王政二年）不盗牛，雍以讲为盗，论黥为城旦。（张家山汉简《奏谳书》）[3]

26.舍室为里人盗卖马、牛、人，典、老见其盗及虽弗见或告盗，为占质，黥为城旦。（岳麓秦简《金布律》）[4]

---

[1] 睡虎地秦墓竹简整理小组编：《睡虎地秦墓竹简》，文物出版社，1990年，第130、95页。

[2] 睡虎地秦墓竹简整理小组编：《睡虎地秦墓竹简》，文物出版社，1990年，第94页。

[3] 张家山二四七号汉墓竹简整理小组编著：《张家山汉墓竹简［二四七号墓］》（释文修订本），文物出版社，2006年，第101页。

[4] 陈松长主编：《岳麓书院藏秦简（肆）》，上海辞书出版社，2015年，第135—136页。

简23中,甲身高六尺时盗牛,论处“完城旦”,较“黥城旦”为轻。之后记录的“高六尺七寸”应当就是负完全刑事责任的身高标准。如按后者定罪,则为“黥城旦”。

身高六尺七寸(154.77厘米,对应年十八岁)比六尺(138.6厘米,对应年十五岁)高约16.17厘米,比七尺(161.7厘米,对应年二十岁)矮约6.93厘米,这符合这一时期的生长规律。

总之,年十八岁既是傅籍,又是负完全刑事责任的年龄标准;而身高六尺七寸应当是负完全刑事责任的身高标准,相应地,也应是傅籍的身高标准。秦代年十八岁与身高六尺七寸应当存在对应关系。[1]

五

睡虎地秦简《编年记》纪年终于秦始皇卅年,纪事终于秦始皇廿八年,在年龄制已经成为课役的主要标准时,《编年记》仍然在使用。担任过令史等职的喜,在秦王政十六年“自占年”补记的生年,以及由此推定的傅籍年龄十八岁,应当符合当时的制度规定。在秦未全面掌握庶民年龄资料之前,身高是课役的主要依据,但年龄也是免老等的重要参考,且

[1] 张金光先生认为,“秦人于六尺六寸,即当十七岁始傅,而于次年十八岁始役。”张金光《秦自商鞅变法后的租赋徭役制度》,《文史哲》1983年第1期。六尺六寸傅籍说,虽然目前缺乏明确的证据,但是,从秦始皇自谓为水德,“数以六为纪”(《史记》卷六《秦始皇本纪》,参见〔汉〕司马迁《史记》,中华书局,1982年,第237页)来看,秦统一后,有可能对庶民傅籍的身高标准进行了改革,以年十八岁、六尺六寸作为始傅标准。不过,秦王政十六年九月以后,身高标准逐渐转换为年龄标准,身高标准在课役身份判定过程中的作用日益消退。秦统一后是否有必要对此进行改革,是值得怀疑的。

关键节点的身高基准逐渐有一个对应的年龄。“自占年”后确定的各类年龄标准大都应是身高标准及其对应年龄的延续。始傅年龄十八岁应当对应着身高标准六尺七寸。总之,秦代傅籍基准先后应当是身高六尺七寸、年十八岁。至于秦代爵制对傅籍标准的影响,缺乏相关史料,尚不可考。

附记:本文已刊于《文史》2019 年第 3 辑。

里耶秦方“叚如故更假人”新解[1]

石洋

（中国社会科学院古代史研究所、“古文字与中华文明传承发展工程”协同攻关创新平台 北京 100101）

《说文》又部云“叚，借也”，人部云“假，非真也”，又云“借，假也”。[2] “叚”与“假”似乎都表示借，但又有区别。

这两个字的关系，直到睡虎地、龙岗秦简相继公布后才变得明晰起来。赵平安曾注意到，睡虎地秦简中只有“叚”，未见“假”字，至统一后的龙岗秦简只有一例有疑问的“叚”（1/1/1/278），其余都作“假”，如“黔首钱假其田已（?）□□□者”（155/165/166/161）、“诸以钱财它物假田”（178A/167A/168A/168A）等，作租赁解；同时指出，“叚”是古字，“假”是

---

[1] 本文获中国社会科学院学科建设“登峰战略”资助计划资助，编号 DF2023YS15（出土文献与先秦秦汉史）。

[2] 〔汉〕许慎撰，〔宋〕徐铉校定：《说文解字》卷三下、卷八上，中华书局影印清同治十二年陈昌治刻本，2011 年，第 64 页下、第 165 页上。

后起字,这种分化是秦统一后"书同文字"造成的。[1] 二十一世纪初里耶秦简出土,张春龙等披露了一块专记统一后更改各类称呼的木方8-461,[2]学界谓之"更名方",涉及了"假"字的行用问题。该木方残泐较多,经陈侃理复原,遂得以略窥其面貌。今选引有关的部分:

□假人。 Ⅲ

大如故,更泰守。 Ⅴ

赏如故,更偿责。 Ⅵ

吏如故,更事。 Ⅶ

卿如故,更鄉。 Ⅷ

者如故,更诸。 Ⅹ

---

[1] 赵平安:《云梦龙岗秦简释文注释订补——附论"书同文"的历史作用》(初刊2003年),载其著《新出简帛与古文字古文献研究》,商务印书馆,2009年,第375—377页。本文所引简牍编号及释文、睡虎地秦简据陈伟主编,彭浩、刘乐贤等撰著《秦简牍合集·释文注释修订本(壹)》,武汉大学出版社,2016年;龙岗秦简据陈伟主编,李天虹、刘国胜等撰著《秦简牍合集:释文注释修订本(叁)》,武汉大学出版社,2016年;里耶古井第5、6、8层和第9层秦简分别据陈伟主编《里耶秦简牍校释(第一卷)》《里耶秦简牍校释(第二卷)》,武汉大学出版社,2012、2018年;岳麓秦简壹至叁据陈松长主编《岳麓书院藏秦简:壹至叁(释文修订本)》,上海辞书出版社,2018年;岳麓秦简肆、伍分别据陈松长主编《岳麓书院藏秦简(肆)》《岳麓书院藏秦简(伍)》,上海辞书出版社,2015、2017年;张家山汉简据彭浩、陈伟、[日]工藤元男主编《二年律令与奏谳书:张家山二四七号汉墓出土法律文献释读》,上海古籍出版社,2007年。为方便讨论,引文皆将释读中的今字省略,如"叚(假)"省去"(假)";其他部分若有改动,另作说明。

[2] 张春龙、龙京沙:《湘西里耶秦简8-455号》,载武汉大学简帛研究中心主办《简帛》第4辑,上海古籍出版社,2009年,第11—15页。8-455是出土登记号,该简正式公布的整理编号为8-461,见湖南省文物考古研究所编著《里耶秦简(壹)》,文物出版社,2012年,图版第68—69页,学界一般用整理编号称之。

酉如故,更酒。 Ⅺ

灋如故,更废官。 Ⅻ

鼠如故,更予人。 XIII

陈侃理指出,“A 如故,更 B”的意思是 A 在某些场合下保持不变,而在某些场合则变更为 B。以Ⅵ为例,统一前“赏”字可以表示“赏赐”“偿负”两义,但此时要求“赏”表示“赏赐”义时用字如故,若表示“偿负”之义,则改用“偿”字;又如Ⅶ,统一前“吏”可以表示“官吏”“事务”两义,此后则保留“吏”的“官吏”之义,另用“事”来领属“事务”的义项。“大”和“泰”、“卿”和“乡”、“者”和“诸”、“酉”和“酒”、“灋”和“废”、“鼠”和“予”都是这种关系。针对Ⅲ残字“☐假人”,陈侃理谈到,里耶秦简壹中“叚”多用作暂摄某官之义、“假”多作“假借”之义,仅有一则二十六年六月的文书混用“叚”作“假借”,故推测Ⅲ原句当为“叚如故,更假人”。[1] 这一研究,使关于秦代“书同文字”问题的认知长足推进,构筑了探索“叚”“假”关系的新基础。近年,田炜吸收陈文的成果及新出史料,认为“叚如故,更假人”是指保留“叚”字旧有的“借入”以外的诸义项,改用“假”字表示“借入”。[2] 其说一定程度地触及了授受方向与用字的关系,较陈文更具解释力。

[1] 陈侃理:《里耶秦方与“书同文字”》,《文物》2014 年第 9 期。今按,陈文所谓唯一混用之例,或是“迁陵守丞敦狐却之:司空自以二月叚狼船”(8-135),但该文书题署时间为“廿六年八月”“九月”。“九月”,出土简报原释作“六月”,陈伟主编《里耶秦简牍校释(第一卷)》已据胡平生说改作“九月”。另,独立引文中的下划线为笔者所加,下同。

[2] 田炜:《论秦始皇“书同文字”政策的内涵及影响——兼论判断出土秦文献文本年代的重要标尺》,《“中研院”历史语言研究所集刊》第 89 本第 3 分,2018 年,第 416 页。田文同页注 48 言“具体讨论详另文”,似有更详细分析,惜未之见。

尽管如此，既往研究也存在疑点。若从陈侃理意见，认为秦统一后“叚”只表示暂摄某官之义、改用“假”表示“假借”，就会与新公布的一些材料相扞格，比如岳麓秦简肆载：

> □□律曰：诸当叚官器者，必有令、丞致乃叚。毋致，官擅叚，[1]赀叚及假者各二甲。(241)

“叚”“假”二字同见于一条律文中，都作“借”解；“叚及假者”的出现，表明各自用法是有差别的。又，里耶古井第12层的一枚秦简云：

> 廿七年六月乙亥朔壬午，貳春乡窑敢言之：貳春津当用船一樓。·今以上遣佐颓受，谒令官叚。谒报。敢言之。(12-849)

“叚”作“借”解，并未用“假”字。若转从田炜的意见，认为统一后“叚”字保留“借入”之外诸义项、改用“假”字表示“借入”，固然能讲通大部分材料，却又与更名方(8-461)的叙述格式不甚协调。更名方中“A 如故，更 B”，往往是将统一前 A 的两种用法析分开，用旧字表示一种，再用其他字表示另一种。前揭简文的“大”和“泰”、“赏”和“偿”、“吏”和“事”、“卿”

[1] 此句原作“必有令、丞致乃叚，毋致官擅叚”，今酌改。

和“乡”、“者”和“诸”、“酉”和“酒”、“灋”和“废”、“鼠”和“予”等皆属其例,[1]并无保留旧字的多种义项,仅拆分出一种义项的情况。而且,里耶秦简中还明确出现了几条用“假”表示“借予”的反例,对此也有必要细致斟酌。[2] 除上述疑点外,既往研究都把“叚”字的假借、借入义孤立起来看待,未讨论统一后“叚”字保留下来的义项与析分出去的义项之间有何关联,这也不利于观察秦王朝析分此字的动机。总之,统一后“叚”与“假”的分工问题还有继续探讨的空间。

笔者不揣浅陋,综理已公布的秦简牍和研究成果,尝试重新解读 8-461 的“叚如故,更假人”,为观察统一前后“叚”“假”的用法作参考,抛砖引玉,期待读者的教正。

[1] 需要说明,“卿”与“乡”字的关系稍复杂一些。田炜曾综合观察睡虎地、周家台、里耶秦简及马王堆汉墓帛书《天文气象杂占》中出现的这两个字,指出睡虎地秦简时代,“卿”“乡”都能表示朝向之“向”义,“卿”也用于表示乡里之“乡”义、公卿之“卿”义和飨食之“飨”义,但周家台、里耶等统一以后的材料,则基本用“乡”字来表示乡里之“乡”、朝向之“向”和飨食之“飨”,“卿”字已退出这些义项。因之,田氏认为,里耶秦简 8-461“卿如故,更乡”的规定,目的可能是缩减“卿”字所承担的功能,即要求“卿”只表示公卿之“卿”义,改用“乡”字来表示“卿”此前具有的乡里之“乡”、朝向之“向”等义。详见田炜《谈谈马王堆汉墓帛书〈天文气象杂占〉的文本年代》,载中国古文字研究会等编《古文字研究》第 31 辑,中华书局,2016 年,第 468—470 页。今按,观察田炜所谓“卿”字功能的缩减,可以看出它其实具有明显的规律性,即通过区分“卿”与“乡”字字形,来达到分开“卿”的公卿之义和因“乡”声所得的乡部、朝向、飨食诸义项。从这一角度看,里耶秦简 8-461“卿如故,更乡”,虽然具体表现稍特殊,但本质形态仍是将统一前的两种用法析分开,用旧字表示一种,再用其他字表示另一种。

[2] 或许因议题的限制,田炜的举证并未列出简文或编号,只以表格形式统计了字例数目,他认为龙岗秦简中有 5 例残损严重,有待进一步研究,里耶秦简壹有 1 例用法不明确,见田炜《论秦始皇“书同文字”政策的内涵及影响——兼论判断出土秦文献文本年代的重要标尺》,《“中研院”历史语言研究所集刊》第 89 本第 3 分,2018 年,第 416 页注 49、50。今按,由于田文未引具体材料,无法判断其统计的准确性,管见里耶秦简壹有 2 例“假”作“借出”解,新刊布的里耶秦简贰也有 2 例相似的用法,详见后文表 3。

一、战国秦文字中的"叚"

若要阐明统一后"叚""假"究竟如何分途,必须先厘清战国秦文字的"叚"兼摄了几种字义,以及各自的主要差别。

战国秦文字里涉及"叚"的材料,大多集中在睡虎地秦简法律文献,[1]还有一些铸刻着"叚某官"的兵器铭文。关于"叚某官",以及简牍散见的"叚父子"之"叚",学界分歧较大,[2]恐怕是从常用义中引申出了一些新义。为讨论方便,今暂且搁置"叚某官""叚父子"之"叚",单着眼于其他段落出现的"叚":

[1] 陈伟认为,睡虎地 M11 出土的律令和《为吏之道》,很可能是墓主喜在秦王政三年"揄史"以后收集或抄写的,书写于秦王政时期的可能性最大。见陈伟主编,彭浩、刘乐贤等撰著《秦简牍合集·释文注释修订本(壹)》,武汉大学出版社,2016 年,第 2 页。

[2] 关于"叚某官"之"叚",沈刚认为是"下级代行上级官职",有秩级接近的限定,类似汉简中"以秩次行某事";陈侃理认为是"暂摄";高震寰认为是"权宜借号"。分别见沈刚《也谈秦简所见之守官》,《"中古中国的政治与制度"学术研讨会论文集》,北京,2014 年 5 月,第 24—25 页;陈侃理《里耶秦方与"书同文字"》,《文物》2014 年第 9 期;高震寰《试论秦汉简牍中"守"、"假"、"行"》,载王沛主编《出土文献与法律史研究》第 4 辑,上海人民出版社,2015 年,第 67—73 页。关于"叚父""叚子",睡虎地秦简整理小组认为是"义父""义子",而岳麓秦简伍整理小组则将"叚父""叚母"解释为"后父""父之后妻",分别见睡虎地秦墓竹简整理小组编《睡虎地秦墓竹简》,文物出版社,1990 年,第 98 页;陈松长主编《岳麓书院藏秦简(伍)》,上海辞书出版社,2017 年,第 73、159 页。

表1 睡虎地秦简中的“叚”(不含“叚某官”“叚父子”之例)[1]

例号	文字段落	字义	授受方向
1	叚铁器,销敝不胜而毁者,为用书,受勿责。(十八种·厩苑律15)	借	予
2	妾未使而衣食公,百姓有欲叚(A)者,叚(B)之,令就衣食焉,吏辄被事之。(十八种·仓律48)	借	A:求 B:予
3	都官有秩吏及离官啬夫,养各一人,其佐、史与共养;十人,车牛一两,见牛者一人。……猳生者,食其毋〈母〉日粟一斗,旬五日而止之,别紨以叚之。[2](十八种·金布律72—75)	借	予
4	百姓叚公器及有责未赏,其日踐以收责之。(十八种·金布律77)	借	求
5	县及工室听官为正衡石羸、斗用、升,毋过岁壶〈壹〉。有工者勿为正,叚试即正。[3](十八种·工律100)	借	求/予
6	邦中之繇及公事官舍,其叚(A)公,叚(B)而有死亡者,亦令其徒、舍人任其叚(C),如从兴戍然。(十八种·工律101)	A:借 B:借 C:债务	A:求 B:予 C:求

[1] 睡虎地简《为吏之道》所附两条魏律中有“叚门逆吕”(《魏户律》18伍—19伍)或“叚门逆”(《魏奔命律》23伍)。关于“叚门”有多种说法,如读为“贾门”,指商贾之家,或有市籍者;读为“监门”,指守门之人;读为“假门”,指寄居于别人家的流民。见陈伟主编,彭浩、刘乐贤等撰著《秦简牍合集·释文注释修订本(壹)》,武汉大学出版社,2016年,第321—322页注释4。按,因此两条“叚门”系魏律,非秦律令旧有的称法,仅附志于此,本表亦不列入。

[2] “紨”,整理小组注“疑读为奉”,即饲养,全句译为“分开喂养以备借出使用”,见睡虎地秦墓竹简整理小组编《睡虎地秦墓竹简》,文物出版社,1990年,第38页。

[3] 此句意为“当(校正工匠)被‘官’借用时,便可以校正衡量器具”。“叚”的施动者是“官”,句中省略;受动者是“县及工室”;“叚”的对象是校正工匠,领属于“县及工室”。详戴世君《〈睡虎地秦墓竹简〉注译商榷六则》,《江汉考古》2012年第4期。“有工者勿为正”与“叚试即正”之间原作逗号,今从中国政法大学中国法制史基础史料研读会意见改,见《睡虎地秦简法律文书集释(四):〈秦律十八种〉(〈金布律〉—〈置吏律〉)》,载中国政法大学法律古籍整理研究所编《中国古代法律文献研究》第9辑,社会科学文献出版社,2015年,第55页。

续表

例号	文字段落	字义	授受方向
7	公甲兵各以其官名刻久之,其不可刻久者,以丹若鬃书之。其叚(A)百姓甲兵,必书其久,受之以久。入叚(B)而而毋久及非其官之久也,皆没入公,以赍律责之。(十八种・工律102—103)	A:借 B:所借物	A:予 B:予
8	公器官□久,久之。不可久者,以鬃久之。其或叚(A)公器,归之,久必乃受之。敝而粪者,靡蚩其久。官辄告叚(B)器者曰:器敝久恐靡者,遝其未靡,谒更其久。其久靡不可智者,令赍赏。叚(C)器者,其事已及免,官辄收其叚(D),弗亟收者有辠。・其叚(E)者死亡、有辠毋责也,吏代赏。毋擅叚(F)公器,者擅叚(G)公器者有辠,毁伤公器【及□者】令赏。(十八种・工律104—107)	A:借 B:借 C:借 D:所借物 E:借 F:借 G:借	A:求 B:求 C:求 D:求 E:求 F:予 G:予
9	官府叚(A)公车牛者□□□【叚】(B)人所。[1] 或私用公车牛,及叚(C)人食牛不善,牛訾……其主车牛者及吏、官长皆有辠。(十八种・司空律126—127)	借	A:求 B:求 C:求
10	有实官县料者,各有衡石羸、斗甬,期踐。计其官,毋叚百姓。(十八种・内史褋194)	借	予
11	・军新论攻城,城陷,尚有栖未到战所,告曰战围以折亡,叚者,耐。(杂抄・敦表律35—36)	虚假	——
12	把其叚以亡,得及自出,当为盗不当?(答问・131)。	所借物	求
13	"舍公官,旞火燔其舍,虽有公器,勿责。"・今舍公官,旞火燔其叚乘车马,当负不当出?(答问・159)	所借的	求

表1除例11无关外,"叚"大致都能归纳到"借"的范畴中,关键的区别在于物品授受方向,是"出借"还是"求借"。绝大多数情况下,授受的

[1] "叚人",整理小组注"此处应指按规定领用牛车的吏和官长",将全句译为"官府借用官有牛车……借用者的地方",见睡虎地秦墓竹简整理小组编《睡虎地秦墓竹简》,文物出版社,1990年,第49页。

一端是官厅,另一端是吏民,“叚”的结果是把财物车马等从官厅暂时让渡到吏民。例5稍显特别,授受两端都是官厅,但细加吟味,似乎更有助于把握“叚”的使用旨趣。例5“有工者勿为正,叚试即正”,戴世君解释为:县及工室即使有校正的工匠,也无权校正前述“衡石赢、斗用、升”等衡量器具,只有在所辖校正工匠被“官”假用时,才有校正之权。[1] 表面上,“叚”的对象是校正工匠,所以“叚”是借调之意,授受关系是“求”;但事实上,校正工匠一直隶属于“县及工室”,没有发生位置移动,所“叚”之物乃是“正衡石赢、斗用、升”的权力,故“叚”是赋予其权之意,授受关系是“予”。这个“叚”是从王权的立场着眼的,“官”距离王权较近,故强势,而“县及工室”则去王权较远,就显得弱势。由此来看,例5与绝大多数例子中“官府—吏民”的结构并无殊异。蔽言之,“叚”不论作“予”作“求”,都是以握有权力、财物的一方为轴向外互动的。

统一前律令之外的“叚”的用例,或能从岳麓秦简叁《为狱等状四种》及贰《数》中求之。田炜指出,岳麓秦简叁秦王政时期案例及岳麓秦简贰《数》中,存在多处统一前常用,但统一后更名方要求变更的用字和称呼,

[1] 戴世君:《〈睡虎地秦墓竹简〉注译商榷六则》,《江汉考古》2012年第4期。

因之推断这批材料都是战国时代抄写的。[1] 所说应可信。[2] 今检岳麓秦简叁，秦王政廿二年（前225）八月"学为伪书案"中有"顧丞主叚钱二万"（216），即请求官府借钱给自己儿子。另，岳麓贰秦简《数》的一道"三室共叚田"的算题云：

> 田五十五亩，租四石三斗而三室共叚之，一室十七亩，一室十五亩，一室廿三亩，今欲分其租。（47）

"叚"是求赁，将田地由他处借到己家耕种。前例作借出，后例作借入，正是睡虎地简中"叚"最常见的两种授受关系。而且，《数》中"共叚"的耕地，不排除是官府所属，[3]那么这一出一入两例，也能说是以官府为轴展

[1] 田炜《论秦始皇"书同文字"政策的内涵及影响——兼论判断出土秦文献文本年代的重要标尺》，《"中研院"历史语言研究所集刊》第89本第3分，2018年。

[2] 关于岳麓秦简叁《为狱等状四种》，如整理小组复原，诸案例分属于四卷册书，第一卷共7个案例，第二卷6个案例，第三卷和第四卷各1个案例。据水间大辅研究，包含多个案例的第一、第二两卷，都是以卷册最末之简的有字面为轴收卷，年代明确的案例皆由近及远排列，年代越新的越靠近卷首。这种编缀、收卷方法，是为方便展卷阅读时快速看到最新案例，若之后又出现更新的案例，则仍将其添缀在卷册的最前端，逐步积累成今日的面貌。第一卷诸案例中，有不少没有写入最终判决，是因为这些案例在最终判决还未下达之际便已被缀入册书，之后卷首又增添了其他新案例，待前案判决作出后，因简册拆卸繁琐，也就未将最终判决追加进去。见[德]劳武利《张家山汉简〈奏谳书〉与岳麓书院藏秦简〈为狱等状四种〉之形成过程》（日文版初刊2017年），载中国政法大学法律古籍整理研究所编《中国古代法律文献研究》第11辑，社会科学文献出版社，2017年，第92—93、105—118页。该研究指出的《为狱等状》逐次编缀、形成时间跨度长等特点，为秦王政时期案例抄写于统一以前的判断提供了依据。关于《数》，翁明鹏别以其中所见"大半"等词展开讨论，进一步增添了《数》可能抄写于统一之前的证据，见翁明鹏《岳麓秦简〈数〉的抄写年代考辨》，载李学勤主编《出土文献》第14辑，中西书局，2019年，第290—296页。

[3] 如彭浩即曾将此简与龙岗秦简中黔首租借官田的条文相联系，见彭浩《谈秦汉数书中的"舆田"及相关问题》，载武汉大学简帛研究中心主办《简帛》第6辑，上海古籍出版社，2011年，第24—25页。

开的了。

战国秦文字中,“假”甚罕见。内蒙古清水河县拐子上古城曾出土一枚秦矛(G:5),有刻铭,黄盛璋释为“三年相邦吕【不韦,上】郡假守宪(?),高工、丞申、工地”。王辉从其说,但吴镇烽改释“假”为“叚”。[1]今将该字摹本与秦简、秦兵器铭的“假”“叚”字略作对比,见表2:

表2　清水河出土秦矛的“假”与秦文字“假”“叚”对比[2]

 清水河秦矛 (G:5)						
	岳麓肆 241 肆放大本 J54	龙岗 4	龙岗 24	龙岗 178	里耶 6-4	里耶 8-135

	上郡叚守暨戈 集成 17291	上郡叚守鼂戈 集成 17299	相邦吕不韦矛 集成 17683	睡虎地 十八种 104	睡虎地 十八种 105	睡虎地 答问 131

观察清水河秦矛(G:5)字形,似无“亻”旁,与秦文字中的“假”差别

[1] 出土报告见乌兰察布盟文物工作站《内蒙古清水河县拐子上古城发现秦兵器》,《文物》1987年第8期。黄盛璋释读见其《新出秦兵器铭刻新探》,《文博》1988年第6期,释文排印时“韦”原误作“书”,“高工”后又缺顿号,皆径改。王辉著录见其编著《秦铜器铭文编年集释》,三秦出版社,1990年,第84页;又,王辉主编《秦文字编》,中华书局,2015年,第1285页。吴镇烽著录编号为17684,见其编著《商周青铜器铭文暨图像集成》第33卷,上海古籍出版社,2012年,第120页。

[2] 兵器铭文图版及编号,据吴镇烽编著《商周青铜器铭文暨图像集成》第32、33卷,上海古籍出版社,2012年,简称“集成”。睡虎地、龙岗秦简图版,分别据陈伟主编《秦简牍合集(壹)》《秦简牍合集(贰)》,武汉大学出版社,2014年。里耶秦简图版,据湖南省文物考古研究所编著《里耶秦简(壹)》,文物出版社,2012年。

颇大，而与“叚”，尤其是兵器铭文的“叚”很相近，遂知所谓“假”应改释为“叚”。“上郡叚守”属于“叚某官”范畴，这一问题容后文再谈。除此疑例之外，战国秦文字中便不闻释作“假”的字了。目前至少能说，“假”在统一前还没有大规模行用的迹象。

二、统一后简牍中的“叚”与“假”

鉴于上节的讨论结果，本文在观察统一以后的用字情况时，重点讨论授受方向和字形的关系。通常认为，已公布的秦史料中，龙岗简，岳麓简肆、伍和里耶秦简大体是统一后抄写的，能反映新的用字规范。而且前两种是律令，后一种主要是行政文书，可以相互参看。今将有关材料制作为表3。

表3 统一后秦律令及里耶秦简中的“叚”与“假”(不含“叚某官”“叚父子”之例)[1]

例号	用字	文字段落	授受方向
1	叚	诸叚两云梦池鱼及有□云梦禁中者,得取灌苇、茅⊠(龙岗 1/1/1/278)	求
2		田律曰:……吏有县官事使而无仆者,邮为饬,有仆,叚之器,勿为饬,皆给水酱。(岳麓肆 109—110)	予
3		内史襍律曰:诸官县料各有衡石羸、斗甬,期足,计其官,毋叚黔首。(岳麓肆 171)	予
4		新地吏及其舍人敢受新黔首钱财酒肉它物,及有卖买叚赁貣于新黔首而故贵赋〈贱〉其贾,皆坐其所受及故为贵赋〈贱〉之臧、叚赁费、貣息,与盗同灋。[2](岳麓伍 39—40)	予
5		令曰:诸乘传、乘马、傳马傳及覆狱行县官,留过十日者,皆勿食县官,以其传稟米,叚鬻甗炊之,其【有】走、仆、司御偕者,令自炊。其毋走、仆、司御者,县官叚人为炊而皆勿给薪采。它如前令。·内史仓曹令(岳麓伍 257—258)	予
6		遣瘳有书,非直叚之殴。(里耶 8-539)	予?
7		⊠【八】年三月庚子朔丙寅,厩守信成敢言之:前日言启阳丞欧叚启阳传车Ⅰ⊠乘及具徙【洞庭郡,未智署县。写校券一牒,校□□□上,谒□洞庭。】Ⅱ(里耶 8-677)	予
8		廿六年十一月甲申朔戊子,鄢将奔命尉沮敢告贰春乡主:移计Ⅰ二牒,署公叚于牒。Ⅱ(里耶 9-1114)	予

---

[1] 表中“叚”字用单下划线标示,“假”用双下划线标示,以俾鲜明。在里耶秦简中,有两枚简的“假”无法判断是否与“借”有关:(1)“⊠□假追盗敦长更戍⊠”(8-349),(2)“⊠□假司马□行□□□”(9-1686),姑附志于此,不列入本表。另,简 8-2468“⊠ 人为叚名⊠”已由何有祖改释为“⊠人须府外⊠”,见《读里耶秦简札记(五)》,简帛网,2015 年 7 月 15 日,则该简与“叚”字无关。

[2] 岳麓伍第二组简中,有被称作“治狱受财枉事”之令的 22 枚简,其中 230、231、233、234、235、246、248 反复出现“叚貣”“叚赁费”等词,“叚”的字形及用法与例 4 全同,故本表不再收录。

续表

例号	用字	文字段落	授受方向
9	叚	廿六年十一月甲申朔壬辰，迁陵邦候守建敢告迁陵主：令史下御Ⅰ史请书曰：自今以来，毋传叚马以使若有吏县中，[1]及逆传车马而以载Ⅱ人、避见人若有所之，自一里以上，皆坐所乘车马臧，与盗同灋。书到相报。Ⅲ（里耶 9-1874）	求
10		卅二年七月乙亥朔丁丑，尉广敢告库主：疏书戍卒有☑Ⅰ可以律令叚，[2]敢告【主】。Ⅱ（里耶 9-2209+9-2215）	予
11		廿七年六月乙亥朔壬午，貳春乡窑敢言之：貳春Ⅰ津当用船一楼。·今以上遣佐颓受，谒令官叚。Ⅱ谒报。敢言之。Ⅲ（里耶 12-849）	予
12	假	詐伪假人符传及袭人符传者，皆与阑入门同罪。（龙岗 4/36/36/255）	求
13		☑□伪假人县☑（龙岗 24/39/39/51）	予？[3]
14		没入其贩假殹钱财它物于县、道官。☑（龙岗 26/92/91/264）	求
15		黔首钱假其田已（？）□□□者，或□□☑（龙岗 155/165/166/161）	求
16		诸以钱财它物假田□☑（龙岗 178A/167A/168A/168A）	求
17		☑敢贩假□赢☑（龙岗 180/168B/169B/169B）	求

[1] “毋传”之“毋”，图版字形难辨，里耶秦简牍校释小组认为“或是‘县’”，见《〈里耶秦简（贰）〉校读（一）》，简帛网，2018 年 5 月 17 日。从残存笔迹看，该字确与“县”形近似，但释作“县”则文意欠通，故今暂从陈伟主编《里耶秦简牍校释（第二卷）》之说。

[2] 据湖南省文物考古研究所编著《里耶秦简（贰）》（文物出版社，2017 年）图版第 235 页，“叚”字形模糊不清，左侧似有墨迹，但也不能排除是污损。因无彩色或清晰图版比对，暂从整理者及陈伟主编《里耶秦简牍校释（第二卷）》的释读。

[3] 陈伟等认为“本简盖云以诈伪方式把县官器假予他人”，见陈伟主编，李天虹、刘国胜等撰著《秦简牍合集：释文注释修订本（叁）》，武汉大学出版社，2016 年，第 26 页。但参照本表例 12，似应理解为求借，存疑。

续表

例号	用字	文字段落	授受方向
18	假	复以给假它人，[1]取▨(龙岗 213/5/5/163)	予?
19		诸假弩矢以给事者└，即有折伤□□□辠(?)(岳麓肆 306)	求
20		□年四月□□朔己卯，[2]迁陵守丞敦狐告船官Ⅰ□：令史㢘雠律令沅陵，其假船二㮴，勿Ⅱ留。Ⅲ(里耶 6-4)	予
21		卅一年后九月庚辰朔辛巳，迁陵丞昌谓仓啬夫：令史言Ⅰ以辛巳视事，以律令假养，袭令史朝走启。Ⅱ定其符。它如律令。Ⅲ……言手(里耶 8-1560 正、背)	予
22		卅一年后九月庚辰【朔乙巳，启陵】乡守冣敢言之：佐冣为叚令史，以乙巳视事，Ⅰ谒令官假养、走。敢言之。Ⅱ……冣手。(里耶 9-30 正、背)	予
23		卅一年后九月庚辰朔乙巳，启陵乡守冣敢言之：Ⅰ佐冣为叚令史，以乙巳视事，谒令官假Ⅱ【养、走】。敢言之。Ⅲ(里耶 9-48)	予
24		▨□临沅，与甲偕。乙节得责□……往假船，得与乙乘……□庸，往来十钱。甲往假船□□(里耶 9-454+9-1178+9-2194)	求

[1] 关于"给"有多种主张，如认为通"诒"，相欺也；或通"诒"，表示给予；或直接释作"给"，解为给予。见陈伟主编，李天虹、刘国胜等撰著《秦简牍合集：释文注释修订本(叁)》，武汉大学出版社，2016 年，第 97 页。

[2] 据赵岩推考，该简纪年应补为"【廿八】年四月庚午朔己卯"，见《里耶秦纪日简牍札记》，简帛网，2012 年 10 月 31 日。

续表

例号	用字	文字段落	授受方向
25	叚假同现	□□律曰：诸当叚官器者，必有令、丞致乃叚。毋致，官擅叚，貣叚及假者各二甲。（岳麓肆 241）	叚：予 假：求
26		县输从反者、收人、材官，多毋衣履，毋以蔽。输者或不遝冬夏赋衣。[1] 议：□新□而后，冬若夏赋衣而联寒者，冬袍裘绔履及它物可衣履者，尽四月收。其后赋夏衣者，假襌帬襦尽九月收ㄴ。[2] 叚裘者，勿假袍；叚袍者，[3] 勿假裘。它有等比。（岳麓肆 383—385）	叚：予 假：求
27		廿六年八月庚戌朔丙子，司空守樛敢言：前日言竞陵汉阴狼假迁陵公船一，袤三丈三尺，名曰□，Ⅰ以求故荆积瓦。未归船。狼属司马昌官。谒告昌官，令狼归船。报曰：狼有逮在覆狱己卒史Ⅱ衰、义所。今写校券一牒上，谒言己卒史衰、义所，问狼船存所。其亡之，为责券移迁陵，弗□□属。Ⅲ谒报。敢言之。/【九】月庚辰，迁陵守丞敦狐却之：司空自以二月叚狼船，何故弗蚤辟□，今而Ⅳ誧曰谒问覆狱卒史衰、义。衰、义事已，不智所居，其听书从事。Ⅴ（里耶 8-135）	叚：予 假：求

表 3 中，“叚”基本用作“予”，例 1、9 是两个例外。例 1 的“叚”，属于统一前用法，为何出现在龙岗秦简中，尚未找到妥善的解释，只能搁置。例 9 明记“廿六年十一月”，内容是传达一份中央颁布的命令。秦以十月为岁首，十一月正值年初，据《史记·秦始皇本纪》“二十六年，齐王建与其相后胜发兵守其西界，不通秦”，[4] 此时齐国还在作最后抵抗，宇内尚未统一。而且，简文“毋传叚马以使若有吏县中”的“吏”应读作“事”，系

[1] “赋”原释文作“贱”，本例中其他处皆同，今据陈伟说改释，见《岳麓秦简肆校商（三）》，简帛网，2016 年 3 月 29 日。

[2] 本例中的几处“假”，都表示“输者”向官府求借的行为，或者求借的衣物。该句结尾原作逗号，今酌改。

[3] 原释文作“假”，今据放大本图版（此本中简号为 0588-1+0588-2）改释。

[4] 〔汉〕司马迁：《史记》，中华书局，1963 年，第 235 页。

统一前睡虎地秦简常见的用法,统一后更名方(8-461)Ⅶ规定“吏如故,更事”,“吏”已不再表示“事务”,该义项由“事”字领属。[1] 因此,例9用“叚”表示“求借”,仍属战国时代的延续。表3的“假”,多半表示“求”,主要出现在律令中;有六例表示“予”,主要存在于行政文书中。其中例13、18简残过甚,字义很难准确判断,存疑为妥。例20、21、22、23的“假”是比较切实的,从简文看,例20的时间可能是“廿八年四月”,例21、22、23集中在“卅一年后九月”,且例20、21、22的书手不同,用“假”表示“予”应该不是个人随意所致。此外,表3中还有“叚”“假”同出的例子,例25、26、27,都用“叚”表示“予”,用“假”表示“求”,不相混淆。

表3收录的“叚”与“假”,可以从材料性质上分为两种、律令和行政文书。律令抄本中,统一后“叚”和“假”的用法是有区别的,“叚”都作“借予”,“假”都作“求借”,各自独占授受方向。尤其是文字较完整的岳麓简秦律令,如例25“叚及假者”,泾渭判然。例27是比例9晚八个多月的一份公文,简中“叚”“假”同出而用法分明,应是遵循了更名方之类的规定。授受方向,取决于财物的初始所属,绝大多数用例显示,官府充当了这一角色,事实上成了“叚”与“假”的交汇点。在这些认识的引导下,再来看表1、表3有意避开的数量极多的“叚某官”,则不难理解,其原意乃是“王朝将某种职权借予某人”。关于此点,表1例5的“有工者勿为正,叚试即正”,颇有助于参考;又,高震寰纯从官制的角度剖析后认为,“叚某官”的“叚”系“权宜借号”之意,[2]也可视作一个佐证。同样,“叚

[1] 详见陈侃理《里耶秦方与“书同文字”》,《文物》2014年第9期。

[2] 高震寰谈道,“叚”(按,在高文中原作“假”,欠妥,秦简几乎不将“叚某官”写作“假某官”,故径改)应理解为“权宜借号”,以方便执行任务,如果情况持续需要,则有机会成为真官,但也有因任务结束而收回名号的例子。见高震寰《试论秦汉简牍中“守”、“假”、“行”》,载王沛主编《出土文献与法律史研究》第4辑,上海人民出版社,2015年,第69—72页。

父”“叚母”“叚子”，原意就应是官府将“父”“母”“子”的名义借予某人。岳麓简伍载“廿六年十二月戊寅以来，禁毋敢谓母之后夫叚父”(1)，便显示了官府对“叚父”名义的予夺之权。归结起来，里耶更名方(8–461)的“叚如故，更假人”恐怕不是说“叚”用于“暂摄某官”等义如故，改用“假”表示“假借”或“借入”，而当理解为“叚”作“借予”如故，改用“假”来表示“求借于人”。“假人”之用例，可见例12龙岗秦简的“假人符传”。“叚如故，更假人”与同木方Ⅵ的“赏如故，更偿责”形式相似，“叚”与“假”、“赏”与“偿”在授受方向上都是相反的。

对比看，行政文书的情况复杂一些，“叚”的使用与律令全同，“假”则兼有“求借”和“借予”之例。例24是一则近于睡虎地简《封诊式》的虚拟文书程式：

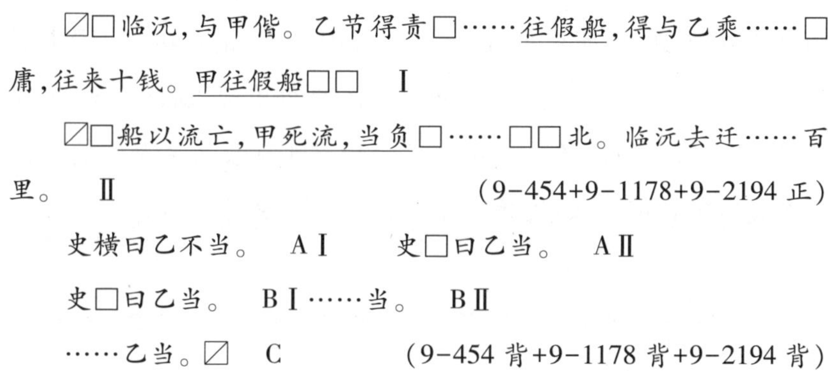
☐□临沅，与甲偕。乙节得责□……往假船，得与乙乘……□庸，往来十钱。甲往假船□□　Ⅰ

☐□船以流亡，甲死流，当负□……□□北。临沅去迁……百里。　Ⅱ　(9–454+9–1178+9–2194正)

史横曰乙不当。　AⅠ　史□曰乙当。　AⅡ

史□曰乙当。　BⅠ……当。　BⅡ

……乙当。☐　C　(9–454背+9–1178背+9–2194背)

简中出现洞庭郡属县“临沅”及“临沅去迁……百里”字样，又以“甲”“乙”代称人名，所抄底本应是郡或县级官府制作的模板，用“假”表示“求借”，比较能反映律令的用法。与其相左，例20、21、22、23表明，至少在“廿八年四月”和“卅一年后九月”间，迁陵县廷允许官吏将“假”用作“借予”。“假”的使用范围似乎有所伸张。目前因材料不够连续,还难以确切解答这个问题,若勉强臆测的话,容或是基层行政文书中“假”字的用法向简化变异所致。我们注意到,例 20、21、22、23 的“假”虽在文脉里表示“借予”,但这四例的主旨,都是县属吏向官府求借人员或物品,例 20 是令史向船官借船,例 21、22、23 是新任令史、叚令史向县廷或仓官借养、走。而且四例中,例 21、22 的书手明确,前者系新“视事”的令史言,后者系刚升任叚令史的冣,例 23 也可能是冣所写,[1]皆为求借者本人以机构名义向官府的申请。如果跳出文脉字义,专从文书主旨着眼,四例的授受关系正是统一后“假”字所表达的含义。也就是说,四例中的“假”,已摆脱更名规范的束缚,升华成表示“向官府求借”主旨的标识符了。这样做,自然比逐个斟酌用字更加简便。可与此相参看的是秦汉之交“叚”字的一些变化。前文已说过,统一后律令中“叚”主要指“借予”。而在张家山汉初简《奏谳书》所载案例一八秦始皇廿七年(前 220)二月“南郡卒史盖庐、挚、朔、叚卒史瞗复攸庳等狱簿”中,两处出现“新黔首恐,操其叚兵匿山中”(131、139)一句,直译应作“新附百姓惊恐,拿着从官府借来的兵器匿藏到深山里”。又,张家山简《二年律令·盗律》云:

> 诸有叚于县道官,事已,叚当归。弗归,盈廿日,以私自假律论。[2] 其叚别在它所,有物故毋道归叚者,自言在所县道官,县道官以书告叚在所县道官收之。其不自言,盈廿日,亦以私自假律论。其

---

[1] 例 22、23 中“启陵乡守冣”和“佐冣为叚令史”的“冣”应系一人,详见陈伟主编《里耶秦简牍校释(第二卷)》,武汉大学出版社,2018 年,第 42、53 页。

[2] “假”原作“叚”,今参张家山二四七号汉墓竹简整理小组编著《张家山汉墓竹简[二四七号墓]》(文物出版社,2001 年)图版第 13 页改释。

叚已前入它官及在县道官非。(78—79)

“叚”的字面意思,也是从官府借来的东西。若严格辨析,诸条引文中“叚”都专指“官府借给的”,延续了秦律令用法,只是没有充分照顾前后文脉,嵌入得很生硬,遂给人用法改变之感。这一现象同样可视为简化,省略了换字的烦琐。上述推测究竟能否接近真相,还有待日后更多资料验证。

结语

通过两节的分析,我们大致可以认为:秦统一前“叚”字主要表示“借”,兼有“借予”“求借”两意;统一之后,“叚”保留了“借予”之义,另用“假”来表示“求借”,分开使用。这种用字差别,至少在律令及官府颁发的文书程式中反映得比较清晰。职是故,里耶秦简更名方所谓“叚如故更假人”,应理解为“叚”作“借予”如故,改用“假”来表示“求借于人”。在此框架下,争论纷繁的“叚某官”“叚父母、子”的“叚”也可以得到解释。秦简中假借行为的授受关系,是以权力、财物的初始持有者为圆心定义的,官府因其财力富厚而常常充任这一角色,遂多见官府“叚”某物给吏民,吏民求“假”某物于官府。王朝使“叚”和“假”分途,大概是想在频繁的官民假借中更直观地呈现标的物的官属特征。

从“叚”分化出“叚”和“假”,是“书同文字”的一个例证,这提醒我们在整理统一后秦简时,应慎重思考将“叚”字无差别地括注为“叚(假)”的妥当性。此外,两字的分化还有经济层面的意义。秦简所见的假借关系,主要在官民间展开,统一后“叚”“假”分途,也是以此为模型的。至若表3例4那种吏民之间,抑或普通民众间的假借,很少出现于律令,都不是定义之际考虑的重点。王权以自身为中心,重塑了假借活动的“名”,今人可见的秦代记录,也都自觉或不自觉地从属着这个“名”的规范。

附记:本文已刊于中国文化遗产研究院编《出土文献研究》第18辑,中西书局,2019年。

岳麓书院藏秦简《为狱等状四种》题名解疑

［德］陶安

（明治大学法学系 日本 东京）

一

笔者负责《岳麓书院藏秦简（叁）》[1]所收司法文书的整理工作，经过整理小组内部磋商后将所收写本命名为《为狱等状四种》[2]。命名的理由如下：

这些司法文书形成了一个有连贯性的司法文书集成，是基于某种统一的编辑意图所编的，与此相应，需要一个统一的名称来概括。

这部司法文书集成与张家山汉简《奏谳书》有某种继承关系，可以将其视为张家山汉简《奏谳书》一类法律文献的雏形，但"奏谳"一词是受到汉代奏谳渠道制度化影响而形成的，出现得较晚，因而不适合用于秦代的

---

［1］ 朱汉民、陈松长主编，［德］陶安撰：《岳麓书院藏秦简（叁）》，上海辞书出版社，2013 年。

［2］ 《为狱等状四种》的命名方式最初是在 2011 年 9 月举办的"岳麓书院藏秦简（第三卷）国际研读会"上承蒙徐世虹老师和李力兄提示得到启发，在此再次表示衷心的感谢。

法律文献[1]。

这部文书集成的载体可以据形制特点分为四类简,每类形成一个独立的卷册,第二类卷册简背上记载三个标题,即“为狱訁□状”(简137)、“为气(乞)鞫奏状”(简139)和“为覆奏状”(简140)。既然写本上保留着古人命名方式的部分信息,现代的整理者就应加以尊重。

三个标题具备一个共同点,即三者均以“状(=范本、典范[2])”命名。这无疑是上述统一编辑意图的表现。

三个标题涉及“为狱”“为訁□”[3]“为乞鞫”“为覆”“为奏”[4]多种文书工作者的办公业务,司法文书集成的编辑意图则在于为此作典范。

其中除“为訁□”未详外,“为狱”概括性最大,从内容上至少可以覆盖“为乞鞫”“为覆”“为奏”三者[5]。

---

[1] 尤其值得注意的是汉高帝七年有关奏谳制度的诏令中未曾使用此词,《奏谳书》题名系“奏谳”一词之初例。另有《史记·酷吏列传》“奏谳疑事”和《汉书·兒宽传》“奏谳掾”等词例,组词原理与“奏谳书”之“奏谳”相同,与高帝诏令所使用的单字“谳”和复合词“为奏”有别。高帝诏令原文见《汉书·刑法志》,有关“谳”“为奏”和“奏谳”的分析可以参看[德]陶安《〈为狱等状四种〉标题简“奏”字字解订正——兼论张家山汉简〈奏谳书〉题名问题》,载中国政法大学法律古籍整理研究所编《中国古代法律文献研究》第8辑,社会科学文献出版社,2014年,第22—48页,后收入[德]陶安《岳麓秦简复原研究》,上海古籍出版社,2015年。

[2] [德]陶安《岳麓书院藏秦简(叁)》(见前)解释为“文书”义,失妥,详看陶安《〈为狱等状四种〉标题简“状”字字解订正——兼论秦代文官参考书类“状”与“式”》,载王沛主编《出土文献与法律史研究》第3辑,上海人民出版社,2014年,第207—219页,后收入[德]陶安《岳麓秦简复原研究》,上海古籍出版社,2015年。

[3] “为狱”“为訁□”见简137背面,或连读为“为狱訁□”。

[4] “为乞鞫”与“为覆”分别见于简139与140的背面,或与后续“奏”字分别连读为“为乞鞫奏”与“为覆奏”。里耶秦简J18-1695有“论奏”,《岳麓秦简(伍)》有“狱奏”等词例,不能排除当时有“乞鞫奏”与“覆奏”等词。

[5] “乞鞫”和“覆”可以理解为“狱”之一种,即使“狱訁□”和“乞鞫奏”“覆奏”等连读,还应以“狱訁□”为最广。

“为狱”和“为訌”见于第二类卷册卷首标题“为狱訌状”(简137),而“为乞鞫”“为覆”“为奏”见于卷中个案末尾附近的“为气(乞)鞫奏状”(简139)和“为覆奏状”(简140),标题位置之不同反映出编案与编册的不同编辑阶段。上述概括性之大小也体现出这种编辑阶段之不同,应该以较完整阶段的“为狱訌状”为准。

基于上述理由,笔者参考了银雀山汉简《守法守令等十三篇》的前例,在第二类卷册总标题的“为狱訌状”加上“等”“四种”[1]的限制性词语,去掉因残泐未详之“訌”字,将《岳麓书院藏秦简(叁)》所收司法文书集成命名为《为狱等状四种》。

二

上述命名方式受到苏俊林《岳麓秦简〈为狱等状四种〉命名问题探讨》[2]和胡平生《岳麓秦简(叁)〈为狱等状四种〉题名献疑》两篇论文的强烈批评和反对。其中似有不少误解,小文将做一些响应和纠正。

---

[1] 附带说明,所谓“四种”与四类卷册所记载的内容对应,是基于简牍形制特点的四个类别,将整个司法文书分为四个较为独立的部分。这一对应关系似易被误解,如胡平生《岳麓秦简(叁)〈为狱等状四种〉题名献疑》,载中国文化遗产研究院编《出土文献研究》第14辑,中西书局,2015年(以下简称“胡文”),第29页云:“那么这批司法文书是‘为狱状’‘为覆奏状’‘为乞鞫奏状’三种‘状’而不是四种。”

[2] 苏俊林:《岳麓秦简〈为狱等状四种〉命名问题探讨》,简帛网,2013年8月10日,后载西北师范大学历史文化学院、甘肃简牍博物馆编《简牍学研究》第5辑,甘肃人民出版社,2014年,第9—14页。以下简称“苏文”,引文据《简牍学研究》第5辑。

胡文表明其赞成苏文的“基本观点”,以“对苏文的支持和补充”[1]为己任。按理,小文应该先讨论苏文的“基本观点”,然后再斟酌胡文“补充观点”之妥否,但是《为狱等状四种》的主要命名依据是其简背标题,胡文重点讨论应如何理解标题原文,而苏文未提及相关问题。因此,小文先从胡文谈起,然后论及苏文,这与两文发表顺序正好相反。

在赞同苏文基本观点的基础上,胡文“想要指出的是两点。其一,整理者将简137之‘为狱訁□状’分割为‘为狱’与‘为訁□’两层是不妥的……其二,我们赞成苏文所说‘为狱訁□状’或‘为覆奏状等’都不能概括这批简的全部内容的意见。”有关第一点的讨论实际上是对“为狱訁□状”“为气(乞)鞫奏状”“为覆奏状”三个标题句式结构的分析。在此先讨论这个问题。

据胡文,标题的句式结构应该理解如下:

· “为”与“狱訁□状”、“为”与“乞鞫奏状”、“为”与“覆奏状”的关系都是动宾结构。

· “狱訁□”与“状”、“覆”与“奏状”、“乞鞫”与“奏状”是偏正结构。

· “为”是“制作”,“状”是司法文书,“奏状”是专门向上级呈报的司法文书。

据此胡文主张:

· “为狱訁□状”是制作狱讼文书的意思,“为覆奏状”是制作覆狱的上呈文书,“为乞鞫奏状”是制作乞鞫的上呈文书。[2]

---

[1] 胡平生:《岳麓秦简(叁)〈为狱等状四种〉题名献疑》,载中国文化遗产研究院编《出土文献研究》第14辑,中西书局,2015年,第27页。

[2] 胡平生:《岳麓秦简(叁)〈为狱等状四种〉题名献疑》,载中国文化遗产研究院编《出土文献研究》第14辑,中西书局,2015年,第30页。

胡文还补充说明，案例 9《同、显盗杀人案》简 148、案例 10《魏盗杀安、宜等案》简 169 以及《奏谳书》简 098 和 228 所见“为奏”其实是“‘为奏状’的缩略说法。”

认真阅读《为狱等状四种》不难看出胡说无法成立。首先，《为狱等状四种》第二类卷册收录两份乞鞫案件，此两案无疑与第二个标题“为乞鞫奏状”有某种对应关系。从文书结构来讲，此两案是向拘禁乞鞫人的县级机关通知覆审结果的下行文书，其中根本不出现任何上行文书（或“上呈文书”）。既然如此，标题简岂能称之为“制作乞鞫的上呈文书”？

其次，出现“为奏”词语的文书确实是“敢言之”形式的上行文书，但其中所谓“奏”并不是该文书的自称，而是指所附加的文字资料[1]。将“为奏”视为“为奏状的缩略说法”，已不符合秦汉文书简的相关词例（见后文）；将“奏”字说成“上呈文书”本身的名称，更不符合《为狱等状四种》第二类卷册的实际情况。

再次，胡文将标题的“奏”与“状”两字连读为一个文书名称，其史料依据为《汉书·景十三王传》“相强劾系倡，阑入殿门，奏状”。类似词例还见于《律历志上》[2]、《赵充国传》[3]、《段会宗传》[4]等，其中并无一例以“奏状”为文书名称。换言之，《汉书》所见“奏状”，实际上与胡文所谓“专门向上级呈报的司法文书”无关[5]。

笔者对三个标题句式结构的理解与胡文大不相同。第一，三个标题

[1] 旧著有关“奏”字的解释有不正确之处，已加以订正，参看拙稿《〈为狱等状四种〉标题简“奏”字字解订正——兼论张家山汉简〈奏谳书〉题名问题》。

[2] “陵渠奏状，遂用邓平历。”

[3] “身被二十余创，贰师奏状。”

[4] “康居太子保苏匿率众万余人欲降，会宗奏状，汉遣卫司马逢迎。”

[5] 《汉书》上述辞例都是动宾结构，意思应该是“进状”即上报情况。

均以“为”字开头,以“状”字结束。这种规律提醒我们,三个标题中,此两字的语法位置应该相同,不能时而与前文连读时而又断开。换言之,本来就不应该存在胡文所设想的“某某状”与“某某奏状”之别。

第二,标题的“为”字能构成古书和古文书中常见的“为狱”和“为奏”两词。第一种标题开头两字就是“为狱”两字。“为狱”和“为奏”是动宾结构,动词“为”当然可以带两个以上的宾语,即“为狱、訁□”“为覆、奏”“为乞鞫、奏”。因此,三种标题除末尾“状”字外,均可以分解为“为狱”“为訁□”“为乞鞫”“为覆”“为奏”五个动宾结构。动宾结构修饰末尾的“状”字,形成一个偏正结构,即“为狱”“为奏”等的“状”。笔者认为其语法结构极其简单明了[1]。

第三,“为狱”和“为奏”所指是文书工作者经常办理的两项业务。假如岳麓秦简出土的地点原是一个“刀笔吏”的坟墓,其中埋葬有关“为狱”和“为奏”的参考书籍,可谓合乎情理。虽在古书中难以寻到“为乞鞫”“为覆”词例,但文书工作者的业务范围包含办理乞鞫案件和覆审案件,

[1] 前注已指出,“狱”和“乞鞫”“覆”或应与“訁□”和“奏”连读为“狱訁□”和“乞鞫奏”“覆奏”,但语法结构没有任何变化,照样分析为偏正结构,即“为狱”等动宾结构修饰中心语“状”。不过,“乞鞫”“覆”和“奏”似分别与第二类卷册的两类文书相对应,因此笔者还是倾向于分开“乞鞫”“覆”与“奏”,将其分别当作两种不同的文书工作项目。

称之为"为乞鞫""为覆"并不足为奇[1]。

胡文第二个观点，即"'为狱訁□状'不能概括这批简的全部内容"，也未必正确。其实，胡文有关"为狱訁□状"的论述很矛盾。胡文一方面反复强调第一个标题"訁□"字系残字，难以揣测，另一方面却又主张"訁□"字应与"狱"连读为"狱讼"。笔者认为，近几十年出土的法律文献及文书资料大幅度丰富了我们对秦代法律术语的理解，有关"訁□"字的释读并不是毫无头绪，至少将其释读为"讼"字的可能性基本上不存在。

具体而言，"狱讼"一词并不是一个中立的法律术语。"讼"训"争"(《说文解字》言部)，"狱讼"是小人所造成的弊端[2]，需要由君子感化而"止息"[3]。这不能与文书工作者所治理的"狱""覆"等正常业务同日而语。这也是"狱讼"一词不见于睡虎地秦简等秦代法律文献或里耶秦简等秦代文书资料的原因。至于"訁□"读为何字，目前还难以确定。在从事整理工作时，笔者曾以为，能与"狱"字并行使用的法律术语似乎只有

---

[1] "为"字训"治"，表示办理、制作等义；"狱"指刑事案件，"奏"指进呈的文字数据；"为狱"和"为奏"分别表示办理刑事案件和写立进言文书所附加的文字材料。相同组合的复合词除"为狱"和"为奏"外还有"为券"，见于里耶秦简 J18-0060+J18-0656+J18-0748+J18-0665、J18-0135、J18-1525、J19-0035 等。"券"是书面契据，"为"表示制作此类契据的意思。应该附带说明的是，虽然现代汉语将"为奏"和"为券"之"为"翻译为"写立"或"制作"较为通顺，但是"为"字词义与"为狱"之"为"并无二致。比如说，"制作契据"并不是说用刀将木头制成有刻齿的简牍，而是指发行契据的法律行为，也就是文书工作者办公业务之一，"为"字表示办理此一业务，与"为狱"之"为"相同。"为乞鞫"和"为覆"也同样可以分析为"办理乞鞫或覆审案件"。关于"奏"及"为奏"的详细分析可以参看拙稿《〈为狱等状四种〉标题简"奏"字字解订正——兼论张家山汉简〈奏谳书〉题名问题》。

[2] 《史记》卷二四《乐书》："夫豢豕为酒，非以为祸也；而狱讼益烦，则酒之流生祸也。"《集解》引郑玄曰："小人饮之善酬，以致狱讼。"

[3] 《汉书》卷八九《循吏传》："郡中皆有畜积，吏民皆富实，狱讼止息。"《汉书》卷九九上《王莽传上》："风俗使者八人还，言…(中略)…奏为市无二贾，官无狱讼，邑无盗贼，野无饥民，道不拾遗。"

“谳”字。《二年律令》简 102—106 规定如下：

> 县道官守丞毋得断狱及潚(谳)。相国、御史及二千石官所置守叚(假)吏,若丞缺令一尉为守丞,皆得断狱、潚(谳)。狱$_{102}$事当治论者,其令、长、丞,或行乡官视它事不存及病而非出县道界也,……$_{104}$ ……$_{105}$皆共坐之,如身断治论及存者之罪。$_{106}$[1]

在法律文献中,“狱”字常单字为词,所指广泛,就是刑事案件的意思[2]。在上引律文中,“狱”字表示普通的刑事案件,而“谳”字则指需要向上请示的特殊案件,二者合起来就能概括县级司法部门所有类别的刑事案件。鉴于上引汉律,标题简“訁□”字很可能就是“谳”字。若然,“为狱谳状”无疑能概括“这批简的全部内容”。

遗憾的是,秦代及汉代前期的出土文献中“谳”字从水作“潚”形,“谳”形仅见于西汉中后期以后的所谓西北汉简中。因此,整理时未敢贸然将“訁□”读为“谳”字。阅读《岳麓秦简(肆)》和《岳麓秦简(伍)》所收律令简牍后,发现其中有未曾出现的“狱论”一词,即《岳麓秦简(肆)》简 230—231 云：

> 【●】具律曰:有狱论,征书到其人存所县官,吏已告而弗会及吏留弗告、告弗遣,二日到五日,赀各一$_{231}$盾,过五日到十日,赀一甲;过

[1] 原释文有误,引文据彭浩、陈伟、[日]工藤元男主编《二年律令与奏谳书——张家山二四七号汉墓出土法律文献释读》,上海古籍出版社,2007 年。

[2] 与此相似,“覆”字也常单字成词,所指同样广泛,能包含种种审理、审查工作。“狱”与“覆”的差距在于“覆”字专指二千石官等都吏职掌,而“狱”字并无此类限制。

十日到廿日，赀二甲；后有盈十日，辄驾（加）赀一甲。$_{232}$[1]

《岳麓秦简（伍）》简 247—250 云：

…（前略）…有狱论、有狱论$_{247}$亲所智（知）以狱事故，以财酒肉食遗及以钱金它物叚（假）贷治狱〖者〗[2]、治狱者亲所智（知），及有卖买焉而故少及多$_{248}$其（？）贾（价），已受之而得，予者毋辠。有狱者、有狱者亲所智（知）以财酒肉食遗治狱者，治狱者亲所智（知）└，弗受而告吏，以盗$_{249}$律（？）论遗者，以臧（赃）赐告者。臧（赃）过四千钱者，购钱四千，勿予臧（赃）入县官。…（后略）…$_{250}$[3]

简 249"有狱者"与简 247"有狱论"相对应，可知"狱论"词义与"狱"相近。如果"为狱訁□状"之"訁□"能读为"论"的话，"为狱论"的覆盖面也应与"为狱"相似，能包含"为乞鞫""为覆""为奏"等不同类别的刑事案件。

不过，"狱论"也有问题。上引律令简牍中，虽然"狱论"一词与"狱"词义很近，但它是从被告人的视角称刑事案件为"狱论"。所谓"有狱论"其实与里耶秦简 J18-0770 所见"有论事"、《奏谳书》简 126 所见"有论"相似。鉴于此，"狱论"在用词方面会受到限制，未必适合表示文书工作者职掌。也就是说，作为职掌名称，"为狱论（＝办理刑事案件）"远远不

[1] 陈松长主编：《岳麓书院藏秦简（肆）》，上海辞书出版社，2015 年。

[2] 脱文"者"为笔者所加。

[3] 陈松长主编：《岳麓书院藏秦简（伍）》，上海辞书出版社，2017 年。标点和释文体例略有改变。另外，《里耶秦简（贰）》所收简牍似乎也有"狱论"词例，简 J19-2829 简文为"☑曰移狱论□☑"，文意不十分清楚。

如“为狱(=办理刑事案件)”通顺。因此,目前还是无法确定第二类卷册总标题中“訁□”字的正确释读[1]。

无论如何,仅靠“狱”字已不难看出第一个标题覆盖面比另外两个广得多,《为狱等状四种》所收的文书中没有一份不是从办理刑事案件即“为狱”的办公业务中产生的。既然“为狱”两字“能概括这批简的全部内容”,“为狱訁□状”何故“不能概括这批简的全部内容”呢?

三

苏文对《为狱等状四种》题名的批评可以归纳为如下三点:

1.用“状”来命名有“以少定多”的嫌疑。

2.错误参考《守法守令等十三篇》的命名方式。

3.“为狱訁□状”等三枚标题简的编连位置过于牵强。[2]

---

[1] Ulrich Lau, “Qin Criminal Case Records of the Collection Wei Yu Deng Zhuang”, *Oriens Extremus* Vol.53,2014.中译见[德]劳武利著,朱喆琳译《秦的刑事诉讼案例汇编:为狱等状》,载周东平、朱腾主编《法律史译评》第4卷,中西书局,2017年。该文推测“訁□”字为“讯”字,认为“狱讯”见于《封诊式》简002、《二年律令》简508及里耶秦简8-1556。问题是劳文所提的辞例实际上为动宾结构的“讯狱”(《封诊式》)、状动结构的“狱讯”(《二年律令》)和偏正结构的“已讯狱”(里耶秦简)的三种不同的表述。其中,里耶秦简的辞例随后附带不同笔迹的“已具☑”的另一句话,表明“已讯狱”与“已具狱”不同,该案审判程序尚未完毕,即该案“已讯”而“未具”。综合上述资料,残缺的“訁□”字不太可能为“讯”字。第一,状动结构的“狱讯”之前加“为”字恐不成文;第二,《为狱等状》所收案例至少经过县级“鞫”等程序,虽因疑问等原因向上级机关另再请示,但其程序阶段均与“讯”迥然不同,无法用“讯”字覆盖其中任何一个案例的整体程序。

[2] 这一概括基于苏文第二节“《为狱等状四种》等命名的失误”的三个小标题,胡文也同样据此总结苏文的批评理由,见胡平生《岳麓秦简(叁)〈为狱等状四种〉题名献疑》,载中国文化遗产研究院编《出土文献研究》第14辑,中西书局,2015年,第28页。

承接上一节有关标题简原文的讨论，本节应该先从标题简的编连位置着手。笔者认为，三个标题中，“为气（乞）鞫奏状”（简 139）和“为覆奏状”（简 140）见于卷中个案末尾附近，应该反映出编案阶段的标题，而“为狱訁□状”（简 137）见于第二类卷册卷首，应该是编册阶段的标题。若有关编连位置的这种推测正确无错的话，“为狱訁□状”至少能视为第二类卷册的总标题。苏文对标题简的编连位置提出如下质疑：

> 我们再次核查红外线扫描照片，与此三个标题有关的 4 枚简，其正反两面既无划线，也无反印文。这意味着依据背面划线和反印文是无法确定此四简的编连次序的。至于竹简的揭取位置，那更不可靠。岳麓秦简发现时就已经散乱，无法准确体现竹简位置。……背面划线、反印文和截取位置都无法确定‘为狱訁□状’等三枚标题简的编连位置。就‘为狱訁□状’简正面内容看，也很难将其作为第二类卷册的首简使用。[1]

据旧著附录 3《第二类卷册结构表》，三个标题简中，简 137 和 139 确实没有背面划线或反印文，三枚简的揭取位置也无法提取出任何有关其编连位置的信息。因此，苏文的这种说法似乎有理。但实际上这完全不符合编连复原工作的实际情况。讨论三个标题简编连位置的时候，必须分别考虑两种不同意义的简序。一个是个案内部的简序，即该简在该案例中占哪一个位置；另一个是卷册内部的案序，即标题简所属的案例在整

[1] 苏俊林：《岳麓秦简〈为狱等状四种〉命名问题探讨》，简帛网，2013 年 8 月 10 日，后载西北师范大学历史文化学院、甘肃简牍博物馆编《简牍学研究》第 5 辑，甘肃人民出版社，2014 年，第 9—14 页。

个卷册里占哪一个位置。从案序来讲,第二类卷册在简142以下收录四个案例,四个案例的案序和案内简序均得到背面划线、反印文、揭取位置等多数客观标志的印证,无法在其中间或末尾再插入其他案例,详情可以参看上述《第二类卷册结构表》。同时,三枚标题简正面简文在内容上与简142以下的案例没有任何联系,无疑能断定其属于不同案例。既然如此,三枚标题简所属案例的编连位置就只能靠近卷首,不能往后移动。这一点实际上也得到简154背面反印文的印证。简154背面有来自简140正面“诊”字的反印文,已见于《第二类卷册结构表》,苏文似失察[1]。

从案例内部的简序讲,三枚标题简属于残缺较严重的案例七《譊、妘刑杀人等案》,旧著注释已表明目前无法确定其为一个案例还是两个,案例内部的简序当然没有确凿可靠的依据。但是,简139和140正面简文记载关系人的供述和县级官员的论断,据文书格式只能将其摆于案中或案尾,而简137正面所记载的是“佐竞”的揭发行为,据案例八、九等例子可知其位于案首[2]。苏文完全忽略了这些编连复原工作的细节,仅看三枚简背面无划线、反印文等,径导致“编连位置过于牵强”的错误结论,这只能体现出其不了解整理工作的步骤。

---

[1] 附带说明,旧著将简137和138的清理编号误标为0448-1和0448-2,但据拙著《岳麓秦简复原研究》的分析,简137和138所见的整版彩图图版(简号445-456)多出至少两枚简,其中简137一枚简或简137和138两枚简很有可能原粘附在简147(清理编号0452)背面上,拍摄时才临时被剥离,因此清理编号似应改为0452(0)-1和0452(0)-2。若然,简137原与简147有接触,证明其原始位置比与简154有接触的简140靠前。

[2] 司法文书较为完整的格式,是在揭发行为前还记载年月日、审判负责人等信息,如第一类卷册案例一《癸、琐相移谋购案》“廿(二十)五年六月丙辰朔癸未,州陵守绾、丞越敢讞(谳)之”等,但这些记载一般不会用完一枚简的整个简面,有关揭发行为的记载还是从第一枚简开始。因此,可以断定以“●十月癸酉,佐竞曰”开头的简137是该案第一枚简,文书原文记在前方的年月日等信息由编者删除。

四

苏文有关"以少定多"的批判似细分两种不同论点：一、"单独用'状'来命名……不能体现整批简牍的性质"；二、"第二类共有74枚简……只占总简数29.37%的简……如何能以此来命名252枚简呢？"前者是标题字面理解的问题，而后者是对《为狱等状四种》整个司法文书集成结构理解的问题，应该分别加以讨论。"状"能否体现出一个文书集成的性质，这当然是一个较为主观的问题。笔者认为，以"某某状"命名一个司法文书集成并不奇怪。在旧著的注释中，笔者将"状"字解释为"文书"义，这种理解虽然失妥，但苏俊林《秦汉时期"状"类文书的性质和功用——以岳麓秦简中的"状"为讨论中心》[1]接受这个观点，胡文也将"状"字理解为"司法文书"[2]。假如这种理解正确的话，"为狱、訁□状"就表示"办理刑事以及'訁□'类案件的文书"，似不妨将其当作司法文书集成的标题。当然，我们现在知道"状"是"典范"的意思[3]，"办理刑事等案件的典范"实际上更恰当。

至于司法文书集成的结构问题，入藏时保存情况及初期清理成果不足以提供充分的相关信息。比如说，在整理的过程中，笔者关注简牍的形

[1] 苏俊林：《秦汉时期"状"类文书的性质和功用——以岳麓秦简中的"状"为讨论中心》，简帛网，2013年9月11日。

[2] 胡平生：《岳麓秦简（叁）〈为狱等状四种〉题名献疑》，载中国文化遗产研究院编《出土文献研究》第14辑，中西书局，2015年，第30页。

[3] 参看［德］陶安《〈为狱等状四种〉标题简"状"字字解订正——兼谈秦代文官参考书类"状"与"式"》，载王沛主编《出土文献与法律史研究》第3辑，上海人民出版社，2014年，第207—219页，后收入［德］陶安《岳麓秦简复原研究》，上海古籍出版社，2015年。

制特点,将其分为四类,并依据简文简序及背面划痕、反印文等客观标志将各类简复原为较为独立的卷册,但这四类卷册之间的相互关系很不清楚,就连现有的排序也没有任何保证。因此,不得不承认现有的文本复原方案并不十全十美,命名方式当然也难以求全。实际上能做到的是,"尽可能尊重古代作者(或使用者)的命名方式"[1]。从这个视角来看,苏文"以少定多"的批评不仅歪曲了问题的本质,而且实际上也过于武断。假如现归为"第二类"的卷册原来位于整个文书集成开头,现有"第一类"卷册排在其后,那么标题"为狱訆状"不就位于集成开头吗?若然,此标题不就有可能原来已经是整个文书集成的总标题吗?苏文恐怕难以提出确凿的证据去否认这种可能性。

苏文完全不考虑这种较为复杂的问题,也等于放弃寻找一个能够靠拢古人思维的命名方式。笔者在整理的过程中多次遇到无法"一刀切"就解决的问题,也只能一步一步"尽可能"靠近原貌,不能因为抓不住"绝对真理",就放弃努力。无论标题能否覆盖整个文书集成的内容,都只能按照这一思路寻找最合适的方案。

在此需要重新返回标题字面理解的问题。笔者所关注的不仅是"状"字,"狱、訆"与"乞鞫、奏"和"覆、奏"的比较也是判断第二类卷册总标题"为狱訆状"能否体现整个文书集成内容的主要标志。第二类卷册收录两种文书。一种是郡府以"谓"的形式下达县级机关的下行文书,其中命令县来处理已由郡都吏覆审的乞鞫案件,与张家山汉简《奏谳书》案例十七(黥城旦讲乞鞫案)颇相似。从共同的内容特征可以将其概括为"乞

[1] 岳麓书院藏秦简整理小组([德]陶安执笔):《岳麓书院藏秦简〈为狱等状四种〉概述》,《文物》2013 年第 5 期。

鞫类”或“覆审类”。另一种是县级长官为破案立功的狱史或令史以“敢言”形式写的推荐文书，附以详细的侦查记录，请求郡府将其提拔为卒史，与张家山汉简《奏谳书》案例二二属于同类。这类文书具有一个重要的共同点，即文书正文中将附加的侦查记录称为“奏”，将制作这种文字资料称为“为奏”，可以据此将其概括为“奏类”。奏类和乞鞫类（或覆审类）的文书与“为乞鞫、奏状”和“为覆、奏状”两个标题呈现出很明确的对应关系。也可以说，“为乞鞫、奏状”和“为覆、奏状”两个标题本来是第二类卷册最贴切的标题。总标题“为狱訁□状”将“为乞鞫”和“为奏”等办公业务改为“为狱”等，无疑扩大了标题的覆盖面。乞鞫类（或覆审类）文书所记载的是刑事案件，奏类文书所附加的破案记录也都是刑事案件，即“狱”，而且“狱”字还能概括其他种种刑事案件。比如高帝七年诏书将奏谳的对象称为“狱之疑者”，这就证明奏谳案件也是“狱”之一种，第一类卷册、第三类卷册所收录的奏谳案件也可以被称为“狱”。因此，“为狱”（或“为狱訁□状”）能够概括《为狱等状四种》所收所有文书，并不存在任何“以少定多”的嫌疑。

五

至于《为狱等状四种》的命名方式参考了银雀山汉简《守法守令等十三篇》的前例，苏文对此提出两点疑问：

其一，严格意义上讲，“守法守令等十三篇”并不是在没有总标题的情况下对多个小标题的总括性命名，……其完整篇题为：“守法 要言 库

法 王兵 市法 守令 李法 王法 委法 田法 兵令 上扁(篇) 下扁(篇) 凡十三。"《守法守令等十三篇》不过是对此篇题的简称。

其二,《守法守令等十三篇》这一简称只是命名守法、守令等十三篇文献的内容,并未作为《银雀山汉墓竹简》(壹)一书的总标题。

第二点是一个天大的误会。笔者未曾将《为狱等状四种》当作《岳麓书院藏秦简(叁)》的总标题。《岳麓书院藏秦简(叁)》是现代的学术著作,除《为狱等状四种》的图版和释文外,还收录注释、文书层次表、语译和简序验证资料等。其中就连《为狱等状四种》的释文也仅为读者提供笔者的一个参考意见。虽然《岳麓书院藏秦简(叁)》所收简数比张家山二四七号汉墓竹简整理小组《张家山汉墓竹简[二四七号墓]》[1]等学术著作少得多,简文所记载也只不过是《为狱等状四种》一个文献,与收录《二年律令》《奏谳书》多种文献的《张家山汉墓竹简[二四七号墓]》有所不同,但是笔者还是希望读者能分清现代学术著作与古人所留下的古文献,不要将其混为一谈。

苏文第一个疑问确实含有一个需要关注的问题。笔者参考了银雀山汉简《守法守令等十三篇》的前例并不等于将《为狱等状四种》的情况与《守法守令等十三篇》等同起来。二者的情况并不完全相同。尽管如此,二者之间无疑还是有相似之处,可以供参考。银雀山汉墓竹简整理小组提供如下说明:

> 银雀山一号汉墓出土完整标题木牍一方,所记篇名为:守法、要

[1] 张家山二四七号汉墓竹简整理小组编著:《张家山汉墓竹简[二四七号墓]》,文物出版社,2001年。

言、库法、王兵、市法、守令、李法、王法、委法、田法、兵令、上篇、下篇，共十三篇。其中除《委法》与《上篇》《下篇》不明所指外，其他各篇大体上均可据简式、字体及内容等线索，在现存一号墓竹简中理出相应简文。现将此各篇汇为一编。《守法》《守令》不易区分，暂合为一篇。《委法》篇虽未找出本文，但发现标题简一枚，故亦列为一篇。由于竹简散乱残断，错收漏收等情况皆所不免。[1]

银雀山汉简《守法守令等十三篇》的篇名字样及篇名之间的相互关系都洞若观火，不存在任何疑问，而简的归属关系却不十分清楚。哪些简属于哪一篇，这个问题需要整理小组依据“简式、字体及内容等”多样“线索”推测和复原，其中难免会留下分不清《守法》与《守令》两篇、找不出《委法》篇原文等遗憾。换言之，整理小组只能“大体上”复原木牍标明的篇名与文本的对应关系。因此，所谓“守法守令等十三篇”并不是一个“简称”，而是一个变通的办法，即在不能复原文本与标题正确对应关系的无奈中，找出一个尽可能靠近古人命名和编连的办法。

整理小组宣明“由于竹简散乱残断，错收漏收等情况皆所不免”，这一方面表明整理小组的复原方案并不十全十美，另一方面告诉我们整理小组未因此停止思考或放弃努力。这种工作态度值得参考和学习。笔者认为《为狱等状四种》的情况相似。我们“大体上”复原了这份司法文书集成的原貌，留下了未能确定四类卷册的相互关系、未能准确释读第二类卷册总标题字样等遗憾。古人总标题“为狱訌状”的命名方式中，“为狱

[1] 银雀山汉墓竹简整理小组：《银雀山汉墓竹简（壹）》，文物出版社，1985 年，第 127 页。

(办理刑事案件)"和"状(典范)"的用意已清楚,据此变通,为这份司法文书起名为《为狱等状四种》,其中似无可厚非。

最后应该再次强调,《为狱等状四种》的题名只不过是一个变通的办法,并不十分理想。加上笔者能力有限,难免有种种错误和误解。笔者认为,今后需要继续关心和讨论相关问题,既不能因为难度大而回避,又不能脱离古代文书工作及现代复原文本整理工作的实际情况。

附记:本文内容承蒙东京外国语大学亚非语言文化研究所共同研究课题"简牍学から日本东洋学の复活の道を探る——中国古代简牍の横断领域的研究(3)"课题成员的批评指正,谨此表示衷心的感谢!另外,本文包含日本学术振兴会科学研究费助成基盘研究 B"最新史料に见る秦·汉法制の变革と帝制中国の成立"(代表:陶安,JSPS 16H03487)的阶段性研究成果。

《岳麓简（三）》“绾等畏耎还走案”与“五十步笑百步”新解

李章星
（西北政法大学 西安 710062）

《岳麓书院藏秦简（叁）》自整理本公布以来，引起了学界极大的关注，《为狱等状四种》的十五个案件基本都有论著涉及。目前学者们的精力多集中在第一类常规的狭义奏谳书，第二类“覆”和“奏”以及比较特殊的“学为伪书案”探讨上，但对于最后一个单独成类的“绾等畏耎还走案”给予的关注不够，专门讨论该案的著作及论文也很少，且主要集中在对“畏耎”问题的讨论上[1]。这主要是由于该案有缺简，案情的许多关键信息缺失，导致关于该案的展开讨论受到极大的限制。

虽然本案缺简较多，但本案残存的文字也已透露一些很关键的信息。

---

[1] 朱潇博士在其博士论文中专门就本案所涉及的“畏耎”与“亡罪”进行了探讨，但对本案的步数资讯分析未给予充分重视。参见朱潇《岳麓书院馆藏秦简〈为狱等状四种〉与秦代法制研究》，中国政法大学出版社，2016 年，第 97—109 页。张寒博士也主要从畏耎罪的形成、量刑、发展及界限等角度涉及本案。参见张寒《由“绾等畏耎还走案”探析秦汉畏懦逗留罪》，《西南科技大学学报（哲学社会科学版）》2018 年第 4 期。

例如畏耎逃跑审判过程中交代的三个步数信息“十二步”“卌六步”“去之远者百步”;以及不同程度的判罚“完以为城旦、鬼薪”“耐以为隶臣”及“夺爵为士伍”,极大地丰富了我们对秦汉军事审判的认识。本文结合简牍案例的解析着重考察“绾等畏耎还走案”中被忽略的步数与判罚信息之间的关联,通过与先秦传世文献“五十步笑百步”的典故互参,探讨在畏耎罪中是否存在数值性的量刑标准。上述分析,也为我们理解“五十步笑百步”这一典故提供了一个新的视角。

一、“绾等畏耎还走案”的案情分析

“绾等畏耎还走案”为《岳麓书院馆藏秦简(叁)》中的最后一个案例。整理本于2013年6月出版,其中有数支关于本案的简牍位置待考。2018年6月上海辞书出版社出版了陈松长先生主编的《岳麓书院藏秦简(壹至叁)》释文修订本。修订本中对部分简的位置和次序进行了调整,修订后的“绾等畏耎还走案”与原整理本有部分出入,对案件的解读也会产生一定影响,为便于分析,现移录修订本释文如下:

廿六年九月己卯[朔]☑237【得、】文、刍、庆、绾【等曰:与】反寇战,去环(还)走可卌六步。……☑新239【248(残132)+简251(残521/残697)+原简239(0493-1)】颓、秙。颓、秙等伍束符,卒毋(无)死伤者。☑240☑【缪等曰:……畏】[耎],與偕环(还)走可十【二步。】☑250(残304)敢独前,诚畏耎而與偕环(还)走可十二步。反寇来追者少,皆(偕)止,陈(?),射反寇,反寇败入筹中。皋。毋(无)解。●诊、丈、问:得241等环(还)走卌六步,獿等十二步。术广十二步,垣高丈。忌等死时,得、绾等去之远者百步。它如辞(辞)。●鞫之:242得、文、刍、庆、绾等与反寇战,不伍束符,忌以射死,卒喜等……短兵死。畏耎,去环(还)走卌六步。逢包243☐□□□□……☐243(2)【獿等……】□不敢独前,畏耎,与偕环(还)走十二步。反寇来追者少,皆(偕)止,陈(?),共(?)射(?)☐238☐颓、秸等☐249(残251)☐□毄(系)。它县论。☐245☐□臣信(?)请:取得(?)☐243(3)皆致灋焉∟。有(又)取卒畏耎冣(最)先去、先者次(?)十二人,完以为城旦、鬼薪。有(又)取其次(?)十四人,耐以244为隶臣。其余皆夺爵以为士五(伍),其故上造以上,有(又)令戍四岁,公士六岁,公卒以下八岁。□244(2)臣昧死请。●制曰:可。244(3)

本案待考残简:

☐□环(还)走☐252(残646)[1]

(一)“绾等畏耎还走案”的背景分析

本案的发生时间是始皇二十六年(前221),在楚地的一次平定反秦流寇的战斗之中,一部分军士因为畏耎逃跑,导致部分将士伤亡。案中没

[1] 陈松长主编:《岳麓书院藏秦简(壹至叁)》(释文修订本),上海辞书出版社,2018年,第167—169页。

有提及车、骑,说明参与平叛的主体是步兵。

关于平叛军队的规模,笔者认为应当为一卒或数卒的兵力。《国语·吴语》载:"陈王卒百人,以为彻行百行"[1],可见先秦时期已有百人为一卒的军队建制。《汉旧仪》记载秦汉时期步兵的基本编制为:"五人为伍,伍长一人。十人为什,什长一人。百人为卒,卒史一人。五百人为旅,旅帅一人。二千五百人为师,师帅一人。"[2]《岳麓书院藏秦简(贰)》也有算数题可证"百人为一卒"确为当时步兵的基层编制单位,其题目为:"卒百人,戟十,弩五、负三,问得各几可(何)? 得曰:戟五十五人十分人十,弩廿七人十八分人十四,负十六人十八分人十二。"[3]该题中明确一个百人卒中有戟兵 55 人,弩兵 27 人,负兵 16 人,剩余二人当为军官。根据案中提及畏耎先去者十二,其次去者十四人,战死者不等,加之最后"余皆夺爵以为士伍",可得知平叛的规模至少在一卒的建制。如果是旅以上建制,应当会出现师、旅或军的统称词,本案虽有缺简情况,但是残存的数百文字中并无"旅""帅"等字眼。又据《张家山汉简》奏谳书中与本案相似的"南郡卒吏叶庐、执田、假卒吏鸣复攸厍等狱簿"案中,平叛的指挥官身份也为卒史。[4] 可见在郡一级的平寇战斗中,出动的兵力是卒建制规模的军队,推测其为一卒规模的可能性很大。

值得注意的是简 243"忌以射死,卒喜等……短兵死"一行文,忌被单独提及,未加"卒"的前缀身份,可以确定他为队伍指挥官。出动一卒或

---

[1] 徐元诰撰,王树民、沈长云点校:《国语集解》,中华书局,2002 年,第 548 页。

[2] 〔清〕孙星衍等辑:《汉官六种》,中华书局,1990 年,第 53 页。

[3] 朱汉民、陈松长主编:《岳麓书院藏秦简(贰)》,上海辞书出版社,2011 年,第 19 页。

[4] 张家山二四七号汉墓竹简整理小组编著:《张家山汉墓竹简[二四七号墓]》(释文修订本),文物出版社,2006 年,第 103 页。

数卒规模的军队去剿寇,加之交战初始秦军队伍被反寇追击,部分秦军畏耎逃跑,说明敌方兵力亦不在少数,其数量很可能比秦军要多,但在军事素养和战斗力上显然远逊于成建制的秦军。从“败入答中”及“术广十二步,垣高丈”两处信息可知,秦军攻打的应该是反寇的据点营落。从最终结果来看,反寇很可能最后被秦军歼灭。

(二)本案战场情景还原

根据案情陈述的证词,对战场进行现场还原时,显示出秦军将士的四种战斗状态,具体如下:

其一,以得、文、刍、庆、绾等人为代表,向后畏耎逃跑约四十六步的距离。他们很可能属于案件最终定性的“有(又)取卒畏耎最先去、先者次(?)十二人”。案件判定他们不伍束符[1],导致指挥官忌被反寇射杀,同伍士卒喜等在短兵接触的格斗中战死。这一部分畏耎的逃卒距离交战区百步以上,在战场边缘的安全区观战逗留。案件没有陈述他们参与战斗,可以肯定的是短兵接触战他们没有参加,而反寇败退时,他们是否参与随后的追击战斗不得而知。

其二,以獿等士卒为代表,看到有人畏耎逃跑,也跟着逃跑了约十二

[1] 关于“伍束符”问题,整理者认为是列队受兵符管制,“束符,疑即用伍符约束”,详见朱汉民、陈松长主编《岳麓书院藏秦简(叁)》,上海辞书出版社,2013年,第242页。张伯元先生认为“伍束符”实际上就是军中的什伍之制,五家互为担保。“伍束符”和“不伍束符”之间是士卒有无伍籍的问题,二者在作战时组织性、纪律性是不一样的,其结果也截然不同,参见张伯元《岳麓秦简(三)字词考释三则》,载中国文化遗产研究院编《出土文献研究》第14辑,中西书局,2015年,第47—49页。笔者认为此处的“伍束符”“不伍束符”确实与军中的什伍连坐之制有关,伍籍在秦军的编制中应当是普遍存在的,笔者认为此处的束符问题应该理解为士卒是否同进退。

步的距离,他们应该属于案件最终定性的“有(又)取其次(?)十四人”等。狪等士卒见反寇来追者少,加之冲锋秦军的鼓励,在短暂的后退后立马整理队伍,排列阵式,射杀反寇。由于他们基本没有脱离交战状态,可推测在反寇败走之时他们极有可能与前军一起追击。

其三,以指挥官忌、士卒喜等为代表迎击反寇的秦军将士。通过得、文、刍等后退约四十六步最终去战死者百步远,可知秦军向前进击了五十余步的距离,在与反寇短兵相接的近身格斗中有人战死。由于来追反寇少,加之后方箭阵掩护,反寇逐渐不支,遂败走,未死的将士继续追击最终败退的反寇。这一部分英勇的秦军当不在本案的审理之中,根据秦法他们还会因斩首的军功受赏。

其四,可能以颓、秙等未逃跑的士卒为代表,部分秦军士卒畏耎逗留原地。这一部分秦军将士没有后撤,但受畏耎逃跑的士卒影响,他们也“不敢独前”。他们虽然没有跟随指挥官冲锋迎击敌人,但在随后的战斗中伍束符,保持了战斗阵型。受到战胜的鼓舞,逗留原地的队伍最终参与了追击反寇的战斗。在案件的最终认定中,这部分士卒很可能因为不进则退,也犯了畏耎罪,最终也受到了军法制裁,但是程度较轻,被夺爵为士伍,并根据爵位高低判罚期限不等的戍。

根据供词,也可以还原出反寇方的现场战斗状态及其发展脉络:

首先,一部分反寇追击秦军,大部分观望驻足不前。根据“反寇来追者少”一句可知,反寇虽众然追来者不多,大部分反寇可能没有跟上来,反映出交战双方在冲锋时都有所顾忌。追来的反寇与冲锋的秦军相向而行,其速度应该相当,根据指挥官忌、卒喜等冲锋的距离约为五十余步,可知冲锋的反寇也进击了五十余步。据此,可以推测出交战开始前两军相距约百余步。

然后,追击的反寇与冲锋的秦军短兵相接,未追击的秦军与停止逃跑的秦军整束队伍列阵射杀反寇,原本冲锋的部分反寇人少气竭,逐渐招架不住。

最后,来追的反寇败退逃走,后方的反寇见势不妙,掉头鼠窜,秦军乘胜追击,反寇"败入箬中"。"败入箬中"从字面上理解是被击败退入外有竹篱的营落之中,又根据判词中的"诊、丈、问:……术广十二步,垣高丈"推测案件进行了现场复核,故我们可以认定本案宣判时秦军已歼灭了败入箬中的反寇。

为便于形成直观的认识,笔者就"绾等畏耎还走案"的案情陈述制作了一幅战场还原示意图,如下所示:

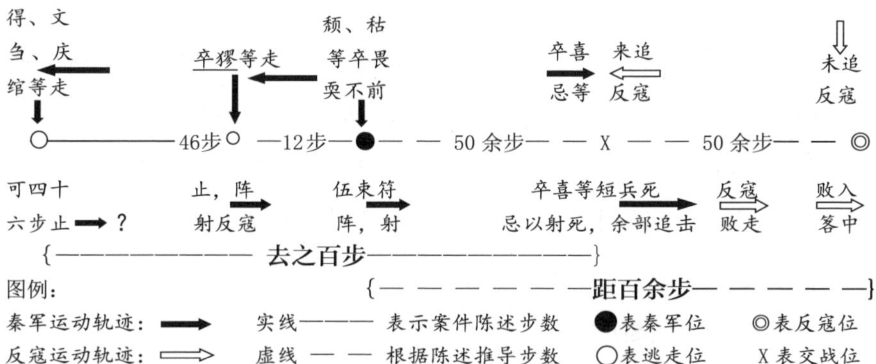

以上为我们根据案件士兵的残缺口供还原的大致战场情形。通过上述分析可知,案件审理中对于逃跑的步数进行了精确认定。这些步数并非随意记录,而是与先秦的战场军事活动息息相关,其中的某些数值很可能是量刑的根据。简牍研究中"注释尽可能引用时代接近的古籍及其注释,以供对比研究"[1],为此我们要联系先秦典籍中常见的"步"数运用加深对本案的理解。

二、先秦典籍中所见"步"数的军事运用

要厘清先秦军事中"步"数的运用,我们首先要明晰"步"的实际距离。文献记载中关于"步"的长度是有变动的。《礼记·王制》曰:"古者以周尺八尺为步。今以周尺六尺四寸为步。"[2]《礼记》最终成书于汉,为西汉礼学家戴圣所编,[3]故有"今以周尺六尺四寸为步"之说,说明汉代"步"长又是一变。《史记·秦始皇本纪》载:"数以六为纪,符、法冠皆六寸,而舆六尺,六尺为步,乘六马。"[4]应当是将原有的秦制"六尺为步"向全国推广,而不是理解为此时才以六尺为步。秦尺一尺约为23.1厘米,一步约1.39米,则秦代的百步为139米,五十步约为70米。《礼记·王制》中的"今以周尺六尺四寸为步"应该指代汉代步的长度。本案发生于公元前221年,故采用秦制,以"六尺为一步",即一步约等于1.39米的距离来探讨本案案情。

---

[1] 睡虎地秦墓竹简整理小组编:《睡虎地秦墓竹简》"凡例",文物出版社,1990年,第3页。

[2] 〔清〕孙希旦撰,沈啸寰、王星贤点校:《礼记集解》卷一四《王制》,中华书局,1989年,第393页。

[3] 《礼记》据传为孔子及七十子后学者所记,有《大戴礼记》(戴德编)、《小戴礼记》之分,通常说的《礼记》指西汉后期戴圣所编《小戴礼记》。参见〔清〕孙希旦撰,沈啸寰、王星贤点校《礼记集解》"本书点校说明",第1页。

[4] 〔汉〕司马迁:《史记》,中华书局,2014年,第306页。

(一)先秦礼制、军制中"步"的阶序

在先秦礼制与军制中,关于步数的运用并非毫无章法,而是存在阶序差异。例如《白虎通义》云:"《礼》曰:'宾主执弓请升,射于两楹之间。'天子射百二十步,诸侯九十步,大夫七十步,士五十步。明尊者所服远也,卑者所服近也。"[1]射礼中为了明尊卑、服远近,对不同等级的"射"设置了"步数"差别。《仪礼·大射》描述大射之仪曰:"司马命量人,量候道,与所设乏,以狸步:大侯九十,参七十,干五十。设乏,各去其候西十、北十。"[2]注言狸步当以六尺为步。清人陈立在《白虎通疏证》中引郑玄及《太平御览》之另说:天子射与诸侯同为九十步[3],即"大侯九十,参七十,干五十"。若此以周尺六尺为步,周尺一尺约 19.91 厘米,则周制的百步约为 120 米,似乎更符合先秦时期射礼所射的实际距离。

此外,先秦军礼中有"逐奔不过百步"的传统。如《司马法·仁本》云:"古者:逐奔不过百步,纵绥不过三舍,是以明其礼也。"[4]《司马法》作为先秦兵书,保留了许多三代的军礼记载,其中的追亡不过百步的说法在后世兵书中也得到了继承与发展。如《武经总要·行军约束》云:"凡与敌战胜逐贼,须留军后守辎重,诸军亦不得辄动。其奇兵追赴不得过百步,审知贼势败散,乃许远逐之。"[5]又《武经总要·叙战下》云:"凡战胜逐奔,约三百步,则须收军整队,恐贼穷返斗,军乱难整。""凡贼败而走,

---

[1] 〔清〕陈立:《白虎通疏证》,中华书局,1994 年,第 247 页。

[2] 李学勤主编:《仪礼注疏》,北京大学出版社,1999 年,第 297 页。

[3] 〔清〕陈立:《白虎通疏证》,中华书局,1994 年,第 247 页。

[4] 王震:《司马法集释》,中华书局,2018 年,第 17 页。

[5] 〔宋〕曾公亮、〔宋〕丁度:《武经总要》卷一五,文渊阁《四库全书》本,台湾商务印书馆,1983 年,第 726 册,第 461 页。

追之,防有救援,过一里且止,则严兵缓进”。[1] 逐奔不过百步及逐奔不过一里(三百步)等,说明先民们在战场的实践运用中总结出了一套关于距离(步数)的实战经验。

(二)先秦军制中的“百步”

在“绾等畏耎还走案”中“忌等死时,得、绾等去之远者百步”一句判词尤其值得注意。简牍上的奏谳书并非事无巨细记载,其判词的记录一般都有特殊的用意。得、绾等距离交战地点百步以外的记录,很可能触碰到军法惩处的某个阈值,其意义与秦法“不盈五人,盗过六百六十钱,黥劓(劓)以为城旦;不盈六百六十到二百廿钱,黥为城旦,不盈二百廿以下到一钱,罨(迁)之”[2]中的定罪数值类似。

关于“百步”在实战中的界定作用,很可能和战争中的远程武器——弓弩的运用存在着密切联系。在常规的运动战、阵地战中,两军交锋,弓弩先行。故而在正式战斗的对峙前敌对双方会保持一个安全距离,这个距离至少要大于一般远程攻击武器——弓弩的杀伤范围,“百步”的距离即弓矢杀伤的极限。

虽然部分典籍记载弓弩杀敌于百步之外。如《孙膑兵法·势备篇》曰:“何以知弓弩之为势也?发于肩膺之间,杀人百步之外,不识其所道至。故曰,弓弩也。”[3]又《尉缭子·制谈》曰:“杀人于百步之外者,弓矢

---

[1] 〔宋〕曾公亮、〔宋〕丁度:《武经总要》卷三,文渊阁《四库全书》本,第726册,第276页。

[2] 陈伟主编:《秦简牍合集(壹)》,武汉大学出版社,2016年,第181页。

[3] 张震泽:《孙膑兵法校理》,中华书局,1983年,第79页。

也,杀人于五十步之内者,矛戟也。"[1]但通读文意,这些描述多属修辞手法,并不一定符合实战事实。古代典籍中常常提及以神射著称的养由基,据《史记·周本纪》载:"楚有养由基者,善射者也,去柳叶百步而射之,百发而百中之。"[2]关于养由基百发百中的记载最早见于纵横家的《战国策》一书,而不见于《左传》《吕氏春秋》,司马迁在《史记》中几乎原文抄录《战国策》,后世的文献又多传抄自《史记》,说明养由基"百发百中"的典故本身就是在历史发展过程中不断被放大。所以其"百步之外,百发百中"不足为据。

比较中肯的评价是《论衡·感虚篇》所云:"夫人之射也,不过百步,矢力尽矣。使尧之时,天地相近,不过百步,则尧射日,矢能及之;过百步,不能得也。"[3]人之射不过百步,应该代表汉代人们的认识。秦代是中国古代弓弩的重要发展时期,处于战国至汉代间承上启下的技术发展阶段,其射程也不会超过"百步"数值[4]。

前文提及先秦军礼中关于射的步数数值应该具体指代不同级别的人所用弓箭的质量不一,所以会产生射程的阶序差异。礼仪规定有特定含义,与实战不可等同,故而在实战过程中,天子可能很难射满百二十步(另

---

[1] 骈宇骞等译注:《武经七书》,中华书局,2007年,第203页。

[2] 〔汉〕司马迁:《史记》,中华书局,2014年,第206页。

[3] 黄晖:《论衡校释》,中华书局,1990年,第227—228页。

[4] 关于秦汉弓弩的射程,有学者依据秦兵马俑坑发现的弓弩遗迹复原研究秦代弓弩,认为秦代弓弩处于中国弓弩发展的早期阶段,属于"擘张弩"而非"蹶张弩",其射程为五十步,在四十步内有杀伤力,详见刘占成、张立莹、杨欢《秦代弓弩的射程》,《文博》2012年第2期。而对汉代弓弩射程的研究多依据居延汉简的文字材料,实际上,单兵弓弩的实际射程应该很难达到汉简中的"二百步""六百余步"。结合传世文献与出土文献,中国弓弩的早期发展阶段当在战国时期,秦代弓弩已经具有较大技术进步,其射程或达"百步",最优杀伤射程为五十步以内,这样的发展水平比较符合战国至汉的技术革新。

说九十步),而士也不可能只射五十步。近年来的"世界传统弓大会"五种箭靶中靶距最远的韩国靶,就是模拟古代战场的有效射击距离。其靶高1.86米、靶宽1.44米,靶距90米,能在90米外射中巨靶即可得分,该距离约等于大夫七十步(周制)之射,相当于秦制六十四步之射。据此推测,先秦时期弓弩的射程应当在五十步至百步之间的范围内浮动,其最远射程不过百步。

秦代的百步约140米,已经超出当时常规弓矢的最大杀伤距离。事实上,以弓弩箭簇能射百米为例(秦制七十步),其飞行时间两秒有余,能够给予士兵足够的反应时间躲闪;再者,距离越远,箭矢的射击精度越差;最后,即使箭矢能远至百步,矢力也已尽,基本失去杀伤力,故而我们不能夸大弓弩的有效杀伤范围。弓弩要想形成最大杀伤,其距离应该在五十步之内。我们还可以从楚汉战争中项羽怒射刘邦的典故中得到侧证,《史记·高祖本纪》载:

> 楚汉久相持未决,丁壮苦军旅,老弱罢转饷。汉王项羽相与临广武之间而语。项羽欲与汉王独身挑战。汉王数项羽曰:"……吾以义兵从诸侯诛残贼,使刑余罪人击杀项羽,何苦乃与公挑战!"项羽大怒,伏弩射中汉王。汉王伤匈,乃扪足曰:"虏中吾指。"[1]

从汉王与项羽面对而语可以推知两人当时的距离不会太远,肯定远小于两军对垒的安全距离。刘邦在数落项羽十宗罪之后激怒项羽,被项羽的伏弩射中前胸。从刘邦的左右及自己甚至没能有效阻挡的反应来看,二

[1] 〔汉〕司马迁:《史记》,中华书局,2014年,第474—475页。

者的距离很可能小于二三十步(30—40米),弩的威力要比传统弓大,即使这样刘邦的伤也并非致命。

关于“人之射不过百步”的实战运用,在《墨子》中关于守城的运用中得到了侧面印证。如《墨子·号令篇》:

> 去郭百步,墙垣、树木小大尽伐除之。[1]

《墨子守城篇·备城门》:

> 城上百步一楼,楼四植,植皆为通舄,下高丈,上九尺,广、袤各丈六尺,皆为文。[2]
>
> 百步一木楼,楼广前面九尺,高七尺,楼匈居坫,出城十二尺。[3]
>
> 二步一木弩,必射五十步以上。及多为矢,即毋竹箭,以楛、桃、柘、榆,可。盖求齐铁夫,播以射冲及栊枞。[4]

《墨子》提及弓弩的杀伤距离要大于五十步,这应该是常规弓弩有效杀伤范围。距离城郭百步之内的树木要伐除是为了让敌军攻城时没有屏障躲避,便于敌军进入百步之内的弓弩射程。两步一木弩,要求必射五十步以上,可以与间距百步的两楼形成交叉火力覆盖,实现弓弩的最大杀伤。

---

[1] 吴毓江:《墨子校注》,中华书局,1993年,第924页。

[2] 岑仲勉:《墨子城守各篇简注》,中华书局,1958年,第28页。

[3] 岑仲勉:《墨子城守各篇简注》,中华书局,1958年,第13页。

[4] 岑仲勉:《墨子城守各篇简注》,中华书局,1958年,第9页。

综上所述,我们可以大胆推论"百步"是先秦时期常规弓弩远程杀伤的极值。同时,远离交战区"百步"的距离也是士兵心理预设的安全区域值。在两军对垒中,常规性弓弩的使用使得远距离杀敌成为可能,相距百步,事实上已经开始逼近对方的安全阈值,也意味着双方即将进入战斗的临界点。而突破"百步"的阈值则事实上宣告了两军进入战斗状态。带着这一推论,我们回到"绾等畏耎还走案"的案件分析。

三、以"绾等畏耎还走案"解"五十步笑百步"

(一)"绾等畏耎还走案"中的"百步"

在两军对峙的实战过程中,两军会在一定的距离内列阵对峙,做好战斗准备。这个阈值至少在双方远程武器的有效杀伤范围之外。根据前文所绘示意图:在战斗爆发之前两军相距百余步,这个"百步"正是两军交战接触的安全极值。

在前文的解读中,一个值得注意的细节是:得、文、刍、庆、绾等逃跑了约四十六步的距离之后就停下,没有继续逃跑,他们很有可能在远处观战。那么为什么跑了四十六步之后便不再继续了呢?按照常规逻辑,逃卒从战场上逃跑至少要达到心理安全预期的距离之后才会停下。根据简242"忌等死时,得、绾等去之远者百步"可知,在距离交战地点百步之外时,逃卒得等认为自己处于安全区无须继续逃跑。可见在逃卒的预期与实战过程中,百步之外已经属于安全区。

以上两组约"百步"的距离从正面或侧面印证了本案战场中相距"百步"为士兵安全距离的心理预期值。一旦逼近这个值,畏耎的士兵很可能无法承受,崩溃逃跑,并且始终让自身与敌军保持百步开外的安全距离。

在先秦战场上两军接触时弓卒一般不是首先冲锋的兵种,而是为冲锋的步卒提供远程防卫,并最大程度地射杀迎面冲锋而来的敌军。很显然反寇方的弓卒并未冲锋,而是在远距离射杀指挥官忌,根据两军步卒都向前冲锋了五十余步的记载,反寇弓卒射杀忌的距离当在五十步左右。

根据后退十二步的獿等与未退的颓、秙等伍束符,列阵射杀,"卒无死伤者"的描述,反寇的弓矢对他们没有形成威胁,侧面印证了"百步"之距为安全值的推论。虽然他们与追来的反寇相距五十到六十步不等,但是追击的反寇由于在冲锋过程中没有弓箭,对他们也没有形成威胁。而双方冲锋的士卒,从距离各自弓卒百步到五十步的过程,也是将自己暴露在对方弓卒威胁射程范围内的过程。从秦军指挥官被射杀可以推测冲锋中的反寇也会有人被射杀。

(二)"绾等畏耎还走案"的判罚标准

本案最终的判罚有四种,显然是针对前文分析中的三种士卒的战斗状态进行的判罚。其一为被"致法"者问题,即被判处死刑问题。根据行文"皆致法焉"后紧接着"又……""又……""余皆……"形成递减的行文逻辑关系我们可以得知,当是有人被判处死刑。究竟哪些士卒被判处死刑了呢?笔者认为事涉军法中的什伍连坐制[1],即触犯"其战也,五人束

[1] 此处原文的释义存在争议,笔者就此问题另撰文专门展开讨论。

簿为伍;一人死,而刭其四人。能人得一首,则复”[1]的秦律。

第二种被判罚士卒应当是除被致法者外先跑的十四人。他们应该就是向后逃跑了四十六步,到达心理预期的安全范围后立即停下,即逃离到战斗地百步距离以外的安全区。由于畏耎逃跑,他们很可能自始至终都没有参与战斗,他们的罪行主要是擅自脱离战场,这些一旁观战的士卒,最终被“完以为城旦、鬼薪”。

第三种被判罚的士卒是獿等随后畏耎逃跑的十二人。他们虽然畏耎逃跑十二步,但并未脱离战场,并参与了战斗的全过程。虽然同是畏耎,但程度较轻,最终被“耐以为隶臣”。

第四种被判罚士卒应该是以颓、秙等未逃跑的士卒为代表。这部分士卒没有逃跑且参加了战斗,但因畏耎不敢独前,最终被“夺爵以为士五”。根据爵位高低他们被判不同年份的戍,原爵位在上造以上者,被判罚戍边四年,公士戍边六年,公卒以下戍边八年。

分析上诉后三种判罚:畏耎逃走的士卒被判处徒刑,其余未逃畏耎士卒被判谪戍,其判罚标准显然是有无后逃行为。逃走士卒根据逃跑的严重程度,分别被判“完以为城旦、鬼薪”及“耐以为隶臣”。秦代徒刑由轻及重依次为:候,司寇,隶臣妾,鬼薪、白粲,城旦舂。最先逃跑的十四人性质一样,但有为城旦,有为鬼薪者,应该与其爵位高低有关。其后逃跑的十二人不区分都被“耐以为隶臣”。未逃的畏耎士卒根据爵位高低分别被判不同年份的戍。

---

[1] 蒋礼鸿:《商君书锥指》,中华书局,1986年,第114—115页。

(三)“绾等畏耎还走案”与“五十步笑百步”互参

通过上文分析,我们可以结合“绾等畏耎还走案”的判罚标准探讨“五十步”与“百步”的区别。“五十步笑百步”典出《孟子·梁惠王章句上》曰:

> 梁惠王曰:“寡人之于国也,尽心焉耳矣。河内凶,则移其民于河东,移其粟于河内。河东凶亦然。察邻国之政,无如寡人之用心者。邻国之民不加少,寡人之民不加多,何也?”
>
> 孟子对曰:“王好战,请以战喻。填然鼓之,兵刃既接,弃甲曳兵而走。或百步而后止,或五十步而后止。以五十步笑百步,则何如?”
>
> 曰:“不可。直不百步耳,是亦走也。”
>
> 曰:“王知如此,则无望民之多于邻国也。不违农时,谷不可胜食也。数罟不入洿池,鱼鳖不可胜食也。斧斤以时入山林,材木不可胜用也。谷与鱼鳖不可胜食,材木不可胜用,是使民养生丧死无憾也。养生丧死无憾,王道之始也。”[1]

孟子的提问中为何会用五十步笑百步,而不是百步笑一里又或者是百步笑千步?很显然孟子并非随口举例,他的话应当源于战国时期现实中的军事战例。事实上,在《孟子·梁惠王章句上》中孟子表述的具体语境是:虽然走五十步与走百步都是逃跑,但是二者程度是有区别的。[2]

---

[1] 〔清〕焦循:《孟子正义》,中华书局,1987年,第51—55页。

[2] 曹旅宁:《〈孟子梁惠王上〉“五十步笑百步”与〈岳麓秦简(三)〉》,简帛网,2013年10月14日。

所以孟子才会发出“王知如此,则无望民之多于邻国也”,并就下文剥削也要有度情景分析进行铺垫。所以在《孟子》原文语境中,孟子是把“走五十步”与“走百步”区别对待的。

孟子描述的“填然鼓之,兵刃既接,弃甲曳兵而走”,很显然也属于战场上犯了畏耎之罪,与本案类似。我们可以用“绾等畏耎还走案”中的两种畏耎逃走与孟子的比喻做类比。得、绾等畏耎逃跑四十六步后距离交战区百步,其性质与孟子所言“兵刃既接,弃甲曳兵而走。或百步而后止”相同;缪等畏耎逃跑十二步后距离战区六十余步,其性质与孟子所言“兵刃既接,弃甲曳兵而走。或五十步而后止”相同。颓、秙等的畏耎没有逃的动作,其畏耎的性质及判罚都有所区别,故不予比较。

从最终结果来看,与走百步类者被“完以为城旦、鬼薪”,而与走五十步类者被“耐以为隶臣”。据此我们可以推测,孟子所谈五十步与百步的判罚程度也肯定有这样的区别。

余论 “五十步”可否笑“百步”

从战场情景来说,走五十步与走百步的战斗性质不同。走百步而止,意味着逃卒进入战场边缘的安全区,我们可以认定其行为属于脱离战场。走五十步而止,士兵还没有完全逃离对方的有效射程,意味着逃卒及时止步。在这个意义上,二者的区别就很大了,五十步反身引弓即可以继续参加战斗,走百步者则不具备反身即可加入战斗的条件,他们必须再次冲锋才能进入战场。故就战场意义而言,五十步是有资格嘲笑百步的。

从畏耎量刑角度来看,走五十步与走百步的判罚程度不同。虽然走五十步与走百步都是畏耎,但二者涉及是否脱离战场的性质,走百步明显已经产生质变,走五十步还处于量变的过程中,如同秦法以所盗赃值是否超过六百六十钱作为判刑数值一样。“绾等畏耎还走案”中的判罚标准也体现了这一点。就这个意义而言,五十步也具有笑百步的资格。

综上所述,结合先秦战场中常规远程武器弓弩的射程不过百步分析,“绾等畏耎还走案”中的“百步”应当引起我们的足够重视。在常规战场环境下,“百步”既是两军交战对垒前的安全距离,也是衡量逃卒是否脱离战场的标准。故而“百步”成为畏耎逃走罪中一个不容忽视的判罚量值,其意义当与秦律中以赃值过六百六十钱或二百廿钱为量刑依据的数值功能相同,所以逃走是否满百步对判罚会产生很大影响。

就上述结论而言,我们可以重新审视“五十步笑百步”的具体内涵。即在脱离战场意义和量刑意义上,走五十步逃卒是有资格嘲笑走百步逃卒的;而在瞬息万变的战斗实际情景中,走五十步逃卒没工夫,也不会想着要去嘲笑走百步逃卒,因为此刻他的唯一愿望是尽快逃离到距战场百步之外的区域,这里既是逃卒内心默认的安全区域,也是实际上的战场边缘安全区。

附记:本文在写作过程中得到了业师于振波先生的悉心指导,陈松长先生、介永强先生、曹旅宁先生、王勇先生、邹水杰先生及匿名评审专家提出了不少宝贵修改意见;本文曾提交2019年9月“首届中日韩出土简牍研究国际论坛暨第四届简帛学的理论与实践学术研讨会”发言讨论,得到了诸多与会师友的鼓励与批评指正,后刊于《简帛研究二〇二〇(春夏卷)》,广西师范大学出版社2020年版。本稿部分文字较原稿略作修改并增补数条史料,特此说明。

再谈《二年律令》几条律文的归类

彭浩

（荆州博物馆 荆州 434020）

自张家山汉墓竹简《二年律令》发表以来，许多学者对律条的分章做了深入研究，获得许多成果。笔者曾就律条的分类与编连做过讨论，[1]现再就其中几条律文的归属提出一点看法，求教于各位学者。

一

徼外人来入为盗者，要（腰）斩。吏所兴能捕若斩一人，拜爵一级。不欲拜爵及非吏所兴，购如律。[2] 61

[1] 彭浩：《谈〈二年律令〉中几种律的分类与编连》，载中国文化遗产研究院编《出土文献研究》第6辑，上海古籍出版社，2006年，第61—69页。

[2] 张家山二四七号汉墓竹简整理小组编著：《张家山汉墓竹简［二四七号墓］》（释文修订本），文物出版社，2006年，第17页。本文引用《二年律令》多出自此书，下文不再出注。

徼，边塞。《汉书·佞幸传》“人有告通盗出徼外铸钱”，师古曰：“徼犹塞也。东北谓之塞，西南谓之徼。塞者，以障塞为名。徼者，取徼遮之义也。”[1]简文分作两部分，“徼外人来入为盗者，要(腰)斩”是对境外人越境为盗的处罚规定。另一部分是对捕杀“徼外人来入为盗者”的奖赏规定。《二年律令》整理者将此条律文归于《盗律》，其依据可能是简文“徼外人来入为盗者，要(腰)斩”。然而，从另一部分内容看，该律条似乎与《捕律》的关系更密切。因此，这条律文的归属是值得讨论的问题。

“徼外人来入为盗者，要(腰)斩”既是一条文意完整的法律，同时又是下文对捕杀“徼外人来入为盗者”奖赏的前提。简文以“吏所兴”指代追剿行动的发起与指挥者，并未明确指出该行动由何级官吏负责，给理解简文带来困惑。西汉时期，边郡太守皆兼领武事。《汉书·酷吏传》“(赵)绣见延年新将”，师古曰：“新为郡将也，谓郡守为郡将者，以其兼领武事也。”[2]边境军政事务合一管理，太守统领下的障塞驻军有“追虏”之责。《汉旧仪》卷下：“边郡太守各将万骑，行障塞、烽火，追虏。置长史一人，掌兵马。丞一人，治民。当兵行，长史领。置部都尉、千人、司马、候、农都尉，皆不治民，不给卫士。”[3]因此，简文的“兴”意味着由郡守府调动边防驻军追杀“徼外人来入为盗者”，属“军兴”。境内盗贼群发时，出动军队追捕，也称“军兴”，如《汉书·王䜣传》：“武帝末，军旅数发，郡国盗贼群起，绣衣御史暴胜之使持斧逐捕盗贼，以军兴从事，诛二千石

[1] 〔汉〕班固：《汉书》，中华书局，1962年，第3723—3724页。
[2] 〔汉〕班固：《汉书》，中华书局，1962年，第3668页。
[3] 〔清〕孙星衍等辑，周天游点校：《汉官六种》，中华书局，1990年，第48页。

以下。”[1]

追捕境内盗贼、群盗的责任一般由县道承担,如《二年律令》简140—141所记:“群盗杀伤人、贼杀伤人、强盗,即发县道,县道亟为发吏徒足以追捕之,尉分将,令兼将,亟诣盗贼发及之所,以穷追捕之,毋敢□界而环(还)。”调动吏徒追捕盗贼称“兴”,见于《二年律令》简143:“兴吏徒追盗贼,已受令而逋,以畏耎(愞)论之。”这里的“兴”指派遣、出动。受派遣的人员是“吏徒”,而非军队,有别于“军兴”。

由此可知,调动吏徒、军队追捕、剿灭境内或来自境外的大股盗贼皆称“兴”或“军兴”,相关法律归于《兴律》。《兴律》或称“兴法”“军兴法”。《史记·司马相如列传》“用兴法诛其渠帅”,《集解》:“《汉书》曰‘用军兴法’也。”[2]据以上讨论,《二年律令》简61应归于《兴律》。

二

发征及有传送,若诸有期会而失期、乏事,罚金二两。非乏事也,及书已具,留弗行,行书而留过旬,皆盈一日罚金二两。269—270

征,整理者误释为“致”,《二年律令与奏谳书》改释。[3]《岳麓书院藏秦简(肆)》有相似的律文,自题律名是《兴律》:“●兴律曰:发征及有传

[1] 〔汉〕班固:《汉书》,中华书局,1962年,第2887页。

[2] 〔汉〕司马迁:《史记》,中华书局,1959年,第3044页。

[3] 彭浩、陈伟、[日]工藤元男主编:《二年律令与奏谳书——张家山二四七号汉墓出土法律文献释读》,上海古籍出版社,2007年,第202页。

送殹(也),及诸有期会而失期,事乏者,赀二甲,废。其非乏事【殹(也),及书已具】☐238/0992 留弗行,盈五日,赀一盾;五日到十日,赀一甲;过十日到廿日,赀二甲;后有盈十日,辄驾(加)一甲。239/0792”[1]

对照上引秦律,《二年律令》整理者归于《行书律》的简 269—270,当归入《兴律》。如果稍微分析一下,不难发现律文制定者如此归类的缘由。

“发征及有传送,若诸有期会而失期、乏事,罚金二两。”涉及对发征、传送未按时集合或无人办理等的处罚。发征,通过政令征发人力、征调物资。《史记·货殖列传序》:“故物贱之征贵。”《索隐》:“征者,求也。”[2]传送,转运物资,如里耶秦简 16-5:“廿七年二月丙子朔庚寅……令曰:‘传送委输,必先悉行城旦舂、隶臣妾、居赀赎责。急事不可留,乃兴徭。’今洞庭兵输内史,及巴、南郡、苍梧输甲兵,当传者多。节(即)传之,必先悉行乘城卒、隶臣妾、城旦舂、鬼薪白粲、居赀赎责(债)、司寇隐官、践更县者……”[3]发征、传送都是官方征发的徭役,因事项不同而异名,对于集合延误或无人办事,皆予罚金二两的处罚。“及书已具,留弗行”的“书”指官方征发徭役或传送的文书。“书已具,留弗行”是说征发文书已具备,但办理机构未及时下发。“行书而留过旬,皆盈一日罚金二两”,是对滞留发征、传送文书过旬的处罚规定,与滞留其他文书相同,“过一日罚金二两”(《二年律令》简 273)。

由此可知,这条律文不同于《行书律》着意监督、追究文书传送者如

[1] 陈松长主编:《岳麓书院藏秦简(肆)》,上海辞书出版社,2015 年,第 147 页。

[2] 〔汉〕司马迁:《史记》,中华书局,1959 年,第 3254 页。

[3] 湖南省文物考古研究所、湘西土家族苗族自治州文物处、龙山县文物管理所:《湖南龙山里耶战国——秦代古城一号井发掘简报》,《文物》2003 年第 1 期。

邮人、邮吏的过错与责任,而是对发征、传送文书的制作、发出、传递违制的处罚规定,惩治对象是官府相关部门的文书办理者,其过失的性质即《晋书·刑法志》所称的"乏徭稽留"。故此律条应从《行书律》分出,归入《兴律》。

三

县道官所治死罪及过失、戏而杀人,狱已具,勿庸论,上狱属所二千石官。二千石官令毋害都吏复桉(案)问,二千石官、二千石官丞谨掾,当论,乃告县道官以从事。彻侯邑上在所郡守。36—37

《二年律令》整理者将上引律条归于《兴律》,其依据可能是《晋书·刑法志》所云"《兴律》有上狱之法"。就字面看,上,上报、呈报;狱,刑狱、狱讼。上狱,即向上级呈报已审讯具结的刑狱案件。如果对文献和简牍记载稍加梳理,或可对简36—37的"上狱"含义有新的理解。

从《二年律令》简36—37看,"上狱"的范围仅限于县道判决的死刑案件,是对死刑复审的规定。

《二年律令》简114—117:"罪人狱已决,自以罪不当,欲气(乞)鞫者,许之。……气(乞)鞫者各辞在所县道,县道官令、长、丞谨听,书其气(乞)鞫,上狱属所二千石官,二千石官令都吏复之。"乞鞫,请求重审,即上诉。县道因是案件原审,故不能审理上诉,上诉由上级二千石官审理。简文中的"上狱"指县道向上级二千石官转呈上诉文书。

《周礼·秋官·司寇》载:“方士掌都家,听其狱讼之辞,辨其死刑之罪而要之,三月而上狱讼于国。司寇听其成于朝,群士司刑皆在,各丽其法以议狱讼。狱讼成,士师受中,书其刑杀之成与其听狱讼者。”[1]“三月而上狱讼于国”是说方士审理的死刑之案在三月内上报于“国”。与《二年律令》简36—37“县道官所治死罪及过失、戏而杀人,狱已具,勿庸论,上狱属所二千石官……”的规定极为相似,与简文“上狱”对应的是“上狱讼”,指上报死刑案件。

上引《二年律令》两条律文分别规定县道判决的死刑和接受的乞鞫案件须上报,由郡(二千石官)复审。在此,“上狱”是全案审判过程中的一个环节,是必须遵循的正常的法律程序,并非特别的规定。《二年律令》关于审讯、判决等的法律条文多归于《具律》。上引“乞鞫”律条,虽涉及“上狱”程序,但整理者仍将其归于《具律》,无疑是正确的。与此类似,涉及死刑案件复审的“上狱”律条,无疑当归入《具律》,而非《兴律》。

《晋书·刑法志》云“《兴律》有上狱之法”,但“上狱”的确切含义却不为人所知,沈家本《汉律摭遗》卷一二“上狱”条云:“‘上狱’疑为罪人在狱之法,无事可征。”[2]如前所述,《晋书·刑法志》的“上狱之法”与《二年律令》简36—37无必然关联。就现有资料看,“上狱”或与各地呈报刑狱的文书相关。

在汉代,案件上报一般通过邮行或县次行。《二年律令》276简:“诸狱辟书五百里以上,及郡县官相付受财物当校计者书,皆以邮行。”辟书是审理、调查犯罪的文书。此外,疑难案件的奏谳文书、申请再审的乞鞫文

---

[1] 《周礼注疏》卷三五,载李学勤主编《十三经注疏》,北京大学出版社,2007年,第1094—1095页。

[2] 沈家本:《历代刑法考》,中华书局,1985年,第1589页。

书等也须由县廷呈报郡守,其中有些文书还要呈送中央政府的相关部门。上述文书都应归入"诸狱辟书"之中。[1] 此类文书的传送方式以路程远近而有不同,距离在五百里以上者,以邮行;五百里及以下者,以县次行。按《二年律令》简 273"邮人行书,一日一夜行二百里"规定,邮行五百里是两天半的路程。以县次传的速度要慢些。此类行书属于正常的制度安排,并无任何特别之处。

值得注意的是汇总治狱案件的上计文书——狱计的传递。汉代狱计文书见于西北汉简,其中一件自名"张掖郡肩水庾候官本始三年狱计"[2],另一件自名"大仆未央厩 地节三年狱计"[3]。"狱计"指治狱的统计文书。[4] 这两件狱计分别由庾候官和驻居延农都尉的未央厩下属官署制作,送往各自的上级官署。未央厩派驻居延农都尉的官署(都官)与张掖郡守属不同的行政系统,其狱计送至京师未央厩官署汇总。庾候官的狱计送肩水都尉汇总。西汉边境各郡太守均兼领武事,是当地军政最高官员,肩水都尉将汇总后的狱计送张掖太守府。太守府再将本郡狱计汇总报送朝廷,[5]也称"上狱计最",实例见于敦煌郡为上狱计者发出的"传":"初元年十一月癸亥朔庚辰,敦煌太守千秋、守部千人章行长史事、丞破胡谓过所河津:遣守卒史……上狱计最□□□,乘用马二匹,当舍

[1] 彭浩:《读张家山汉简〈行书律〉》,《文物》2002 年第 9 期。

[2] 谢桂华、李均明、朱国炤:《居延汉简释文合校》,文物出版社,1987 年,第 490 页。

[3] 甘肃简牍保护研究中心、甘肃省文物考古研究所、甘肃省博物馆等:《肩水金关汉简(贰)》,中西书局,2012 年,中册 290 页,下册第 145 页。

[4] 彭浩:《河西汉简中的"狱计"及相关文书》,载邬文玲、戴卫红主编《简帛研究二〇一八(春夏卷)》,广西师范大学出版社,2018 年,第 221—231 页。

[5] 彭浩:《河西汉简中的"狱计"及相关文书》,载邬文玲、戴卫红主编《简帛研究二〇一八(春夏卷)》,广西师范大学出版社,2018 年,第 221—231 页。

传舍,从者如律令。正月癸丑东。"[1] 据此推测,《晋书·刑法志》所云"《兴律》有上狱之法"极可能是有关传递狱计文书的法律,与上文讨论的《二年律令》简269—270对发征、传送文书递送律条的内容类似。

四

奴婢为善而主欲免者,许之,奴命曰私属,婢为庶人,皆复使及筭(算)事之如奴婢。主死若有罪,以私属为庶人,刑者以为隐官。所免不善,身免者得复入奴婢之。其亡,有它罪,以奴婢律论之。

162—163

《二年律令》整理者将这条律文归于《亡律》。如果仔细分析律文,或许会得出不同的判断。

律文主要包含四方面的内容。

第一,身份与归属。奴婢放免后的身份都有变化,"奴命曰私属,婢为庶人"。正如钱大昕指出的,"凡律言庶人者,对奴婢及有罪者而言,与它处泛称庶民者,迥乎不同"。[2] 私属,家奴。《左传·宣公十七年》:"郄子至,请伐齐,晋侯弗许,请以其私属,又弗许。"杜注:"私属,家众

[1] 张德芳:《两汉时期的敦煌太守及其任职时间》,载西北师范大学历史文化学院、甘肃简牍博物馆编《简牍学研究》第5辑,甘肃人民出版社,2014年,第156—179页。

[2] 〔清〕钱大昕著,方诗铭、周殿杰校点:《廿二史考异》卷一〇《光武帝纪下》,上海古籍出版社,2004年,第186页。

也。”[1]据秦简记载,奴婢身份的更改应向里正报备,登记在册,[2]估计汉代也大致如此。奴婢虽然获得一定的身份自由,但不能脱离原来的主人,仍然从事劳务,待遇与此前相同,即“皆复使及筭(算)事之如奴婢”。从《二年律令·户律》的规定看,庶人有自由身份,可以分得田宅。[3] 而放免的奴婢由于仍依附于原来的主人,没有属于自己的田宅。

第二,私属转变为庶人的前提与法律意义。在《二年律令》中,私属仍是奴,法律地位低于庶人。私属放免为庶人的前提是,“主死若有罪,以私属为庶人,刑者以为隐官”。隐官指受刑后回归自由者,地位略低于庶人,可以受田宅。上引律文意味着,当主人去世或因罪服刑,在户主缺位时,私属可转变身份成为庶人或隐官,从而与具有庶人身份的放免婢一样,拥有候选户主的法律地位。有关法律见于《二年律令·置后律》简382-383:“死毋后而有奴婢者,免奴婢以为庶人,以庶人律予之其主田宅及余财。奴婢多,代户者毋(勿)过一人,先用劳久、有夫(?)子若主所信使者。”

第三,奴婢“所免不善”的处置。“所免不善,身免者得复入奴婢之。”简文大意是,放免奴婢如有“不善”,法律允许主人恢复其为奴婢。

第四,奴婢放免后如逃亡或有其他罪,依奴婢身份论处。对奴婢“逃亡”的处理,见于《二年律令·亡律》简159:“☐□頯畀主。其自出殴

[1]《春秋左传注疏》卷二四,载李学勤主编《十三经注疏》,北京大学出版社,2007年,第778页。

[2]“·卿(乡)唐、佐更曰:沛免婉(婉)为庶人,即书户籍曰:免妾。沛后妻婉(婉),不告唐、更。今籍为免妾。不智(知)它。”朱汉民、陈松长主编:《岳麓书院藏秦简(叁)》,上海辞书出版社,2013年,第159页,简126。

[3]《二年律令》简312:“公卒、士五(伍)、庶人各一顷,司寇、隐官各五十亩。”简316:“公卒、士五(伍)、庶人一宅,司寇、隐官半宅。”

（也），若自归主，主亲所智（知），皆笞百。”简 160：“奴婢亡，自归主，主亲所智（知），及主、主父母、子若同居求自得之，其当论畀主，而欲勿诣吏论者，皆许之。”

由以上简要分析可知，简 162—163 是针对奴婢放免的法律，“逃亡”仅其中一项，其余各项与此无关。如据此将该律条归于《亡律》，显然是不合适的。同时，前引《二年律令》简 159—160 是针对奴婢逃亡的律条，也证明简 162—163 不属于《亡律》。

简 162—163 所记律文的核心内容是明确奴婢身份转变后的法律地位，相关内容涉及《二年律令》的《户律》《置后律》《亡律》，因此，很难把它归入这三个律章中的任何一章，唯一可以考虑的去向是归于《杂律》。

《杂律》是多种内容不相统属的律条的集合，如“博戏相夺钱财，若为平者，夺爵各一级，戍二岁”（简 186）；“诸有责（债）而敢强质者，罚金四两”（简 187）。同时，“杂”还训作共、同。《汉书·隽不疑传》：“公车以闻，诏使公卿将军中二千石杂识视。”颜师古注：“杂，共也。”[1]依此解释，《杂律》的部分律文与其他律章的律条有若干共同之处。如前所论，简 162—163 的一些法律概念见于户律、置后律、亡律中部分律条，彼此具有一定的共性。在新的律条中，这些概念得以扩充，赋予新的解释。这正是《杂律》中一些律条的特点。

秦简中有一类《××杂》《×杂》和《××杂律》，如睡虎地秦简有《内史杂》十一条和《尉杂》两条，岳麓书院藏秦简有《内史杂律》一条。已有学者指出，睡虎地秦简《内史杂》就是岳麓秦简《内史杂律》的简称，《尉杂》

[1] 〔汉〕班固：《汉书》，中华书局，1962 年，第 3037 页。

是《尉杂律》的简称。相关律文并非专属内史与廷尉,而是与其他官府共享。[1] 如此,或可作为《二年律令》简162—163归入《杂律》的旁证。

五

盗侵巷术、谷巷、树巷及豤(垦)食之,罚金二两。245

《二年律令》整理者把此简归于《田律》。《田律》是关于土地使用的法律规定,主要涉及田亩的授予与度量标准、垦田数量的统计与上报、刍稾的缴纳方法与标准、山林和自然资源的保护等。其中有对私人侵占阡陌道路的处罚规定:“盗侵飤道、千(阡)佰(陌)及堑土〈之〉,罚金二两。”(简248)“盗侵飤道”“堑之”是侵食或掘断公用道路。[2]《龙岗秦简》简120有类似的记载:“侵食道、千(阡)邵(陌)及斩人畴企(畦),赀一甲。”“畴企(畦)”,即田界、田塍。[3]《二年律令·田律》简247—248云“田主田道”,整理者指出,“田”即田典。由此可知,对田间道路进行管理的是田典。

简245所涉“巷”“术”,《说文》认为分指里中道和邑中道,即居民区的道路。“谷巷”“树巷”,整理者指溪水旁的小路和树木间的小路。这四

[1] 张庆路:《古书“杂篇”与秦汉各种〈杂律〉》,《宁夏大学学报(人文社会科学版)》2019年第3期。

[2] 彭浩、陈伟、[日]工藤元男主编:《二年律令与奏谳书——张家山二四七号汉墓出土法律文献释读》,上海古籍出版社,2007年,第190页。

[3] 中国文物研究所、湖北省文物考古研究所:《龙岗秦简》,中华书局,2001年,第111—112页。

种道路不属于田间道路，与简 248 所记的阡陌道路、田界区别明显。故简 245 不当归入《田律》。

秦汉时期的县下辖若干乡，由乡部负责管理。县廷所在乡，称都乡。乡的规模大小不一，其例如里耶秦简记载："今见一邑二里：大夫七户，大夫寡二户，大夫子三户，不更五户，□□四户，上造十二户，公士二户，从廿六户。"[1]据晏昌贵、郭涛研究，"一邑"当指迁陵县城。"一邑二里"是说迁陵城县城内有二里。[2] 里与里之间的道路称作"术"。据《二年律令·田律》简 247 "乡部主邑中道"，位于邑内二里之间的道路由乡部管理。散落在邑外的谷巷、树巷，大概也在乡部的管理范围内。乡又下辖若干里，里的四周有垣，有门。各户所受之宅按照一定之规布局，组成若干"院"，各"院"之间的道路，也就是"里中道"，称"巷"。[3] 里由里正、田典管理，相关法律见于《二年律令·户律》简 305-306："自五大夫以下，比地为伍，以辨□为信，居处相察，出入相司。有为盗贼及亡者，辄谒吏、典。田典更挟里门钥(钥)，以时开；伏闭门，止行及作田者；其献酒及乘置乘传，以节使，救水火，追盗贼，皆得行。不从律，罚金二两。"由此可知，"巷"(里中道)和"术"(邑中道)分别由里、乡管辖，授权的法律分别来自《户律》和《田律》。如出现"盗侵巷术、谷巷、树巷及豤(垦)食之"事，里、乡管理者有责任制止或提起诉讼。从执行层面看，简 245 所记的惩罚标

[1] 陈伟主编：《里耶秦简牍校释(第一卷)》，武汉大学出版社，2012 年，第 297 页，简 8-1236+8-1791。

[2] 晏昌贵、郭涛：《里耶简牍所见秦迁陵县乡考》，载武汉大学简帛研究中心主办《简帛》第 10 辑，上海古籍出版社，2015 年，第 145—154 页。

[3] 《法律答问》简 186："越里中之与它里界者，垣为'完(院)'不为？巷相直为'院'；宇相直者不为'院'。"睡虎地秦墓竹简整理小组编：《睡虎地秦墓竹简》，文物出版社，1990 年，第 137 页。

准是《户律》和《田律》赋予管理者权力的延伸,故不宜归入其中任何一个律章。依照本文“四”所论,将其归于《杂律》是比较恰当的。

结语

本文讨论了《二年律令》五条律文的归类,两条归于《兴律》,一条归于《具律》,另外两条归于《杂律》。归于《兴律》的律条包含追斵“徼外人来入为盗者”的“军兴”,针对“发征”文书制作与传递延误的处罚。归于《具律》律条的“上狱属所二千石官”指依照正常程序上报复审的死刑案件,有别于《晋书·刑法志》专指呈送刑狱上计文书的“上狱”。归于《杂律》的律条包含奴婢放免及其法律地位的变化,阡陌以外的公共道路的管理。由于年代久远,可依凭的证据有限,上述调整是否接近律章的原始面貌,还有待进一步的验证。

附记:本文已刊于荆州博物馆编《荆楚文物》第5辑,科学出版社,2021年。

居延新简释文补遗（六则）[1]

邬文玲
（中国社会科学院古代史研究所、“古文字与中华文明传承发展工程”协同攻关创新平台 北京 100101）

居延新简自出土以后，备受学界关注，经过多年的研究与积累，学界在释文整理和再整理方面也取得了丰硕的成果，出版了多本专著，提供了更为准确的释文和清晰的红外图版，极大地推进了相关研究，功不可

[1] 本文获中国社会科学院学科建设“登峰战略”资助计划资助，编号 DF2023YS15（出土文献与先秦秦汉史）。

没。[1] 不过,由于这批简数量庞大,加上部分简文墨迹漫漶,不够清晰,我们通过对照图版仔细校读,可以发现部分释文仍有未安之处,需要进一步校补。这里拟讨论其中六枚简的释文,为方便起见,本文所涉诸简皆先录写校补后的释文,再展开说明和讨论。

一、助吏

[呑北]助吏周党,九月食三斛,九月丁未自取。呑。(居延新简E.P.T27:5)

"[呑北]助吏",《新简》[2]作"□□□";《集释》[3]作"□□",并指

[1] 1990年,文物出版社出版甘肃省文物考古研究所、甘肃省博物馆、文化部古文献研究室、中国社会科学院历史研究所合编《居延新简——甲渠候官与第四燧》32开平装本,公布甲渠候官和第四隧遗址出土简牍的释文,无图版。1994年,中华书局出版甘肃省文物考古研究所、甘肃省博物馆、中国文物研究所、中国社会科学院历史研究所合编《居延新简——甲渠候官》(以下简称《新简》)8开精装本,公布了甲渠候官与第四隧遗址出土简牍的释文和图版,又增加1972年至1982年间在居延地区及复查甲渠候官遗址时所获简牍的释文和图版。2001年,敦煌文艺出版社出版中国简牍集成编辑委员会编,初世宾、张德芳主编《简牍集成》第九至十二册《居延新简》一至四,对简文做了标点和注释。2013年,天津古籍出版社出版马怡、张荣强主编《居延新简释校》,对简文进行释校。2016年,甘肃文化出版社出版张德芳主持编纂《居延新简集释》(以下简称《集释》),重新拍摄公布了这批简牍的彩色图版和红外图版,在吸收以往成果的基础上,对照新的图版,对释文进行了全面的校订,同时对简文中涉及的人名、地名、职官、历法、典章、名物、事件、语词、称谓等进行通解集释,为学界提供了新的更为准确的释文本。

[2] 甘肃省文物考古研究所、甘肃省博物馆、文化部古文献研究室、中国社会科学院历史研究所合编:《居延新简——甲渠候官》,中华书局,1994年。本文所引居延新简,凡未特别注明者,皆出自此书,不另注。引用简文标明简号,不注页码。

[3] 张德芳主编:《居延新简集释》,甘肃文化出版社,2016年。

出:“周”上一字残泐不清,整理者未释,今疑读为“遣”。从图版残存墨迹、字形和文意来看,“周”之上实为“助吏”二字,“助吏”之上应为隧名,从残存墨迹来看,疑为“吞北”(图1)。简下部写有一个“吞”字,可能是指“吞远部”。根据相关资料来看,吞远部下辖九个隧,包括吞远、次吞、吞北、万年、执胡、惊虏、制虏、平虏、逆胡。[1]

图1

从汉简资料来看,西北边塞下级基层官吏中有一类为“助吏”,通常任职于各隧。比如:

当曲助吏宋普,五月食三石,五月癸未自取。(居延新简E.P.F22:103)

临止隧助吏王敞,五月食三石,五月癸未自取。(居延新简E.P.

[1] 李均明:《汉代甲渠候官规模考(上、下)》,载《文史》第34、35辑,中华书局,1992年;宋会群、李振宏:《汉代居延甲渠候官部燧考》,《史学月刊》1994年第3期;[日]吉村昌之著,杨振红译:《居延甲渠塞的部隧设置》,载李学勤、谢桂华主编《简帛研究二〇〇一》,广西师范大学出版社,2001年。

F22:105+118+121)

第廿一隧长孙建,第四助吏陈勋,第▨(居延新简 E.P.T44:3)

书言官三月毋邮书过界中者,书中上下不相应,长又言城北助吏李同受呑远(居延新简 E.P.T65:30)

烽坞上大表一,燔一积薪,城北隧助吏李丹(居延新简 E.P.T68:85)

大表一,燔一积薪,城北隧助吏李丹候望,见(居延新简 E.P.T68:97)

乃十二月甲午,第十三助吏高沙隧长居延关都里王尊(居延新简 E.P.T68:164)

▨午,第十三助吏高沙隧长(居延新简 E.P.T68:181)

代成则恭属尉朱卿,候长王恭即秦恭,到隧视事,隧有鼓一,受助吏时尚,鼓常县(悬)坞户内东壁,尉卿使诸吏旦夕击鼓,积二岁,尉罢去,候长恭斥免,鼓在隧,恭以建武三年八月中(居延新简 E.P.F22:331)

餔时付第十三隧长王习,习即日下餔付第十隧助吏陈当(居延新简 E.P.F22:343)

第十五隧长宋党见,助吏郑阳见,卒田隆见(居延新简 E.P.F22:410)

第十九隧长张诩见,助吏干嘉见,卒谢凤见,堠西□(居延新简 E.P.F22:411)

官府调正月尽二月吏卒食三百六十六斛:官吏三人,士吏二人,载谷吏守鄣凡五人,鄣卒六人,助吏三人,万岁尽第十吏卒三十三人,凡五十三人,人六斛,用谷三百二十三斛。·有余三十二斛。(居延

新简 E.P.F22:451)

……付城北助隧长王明,下餔八分明付吞远助隧长董习,习留不以时

行……(居延新简 E.P.F22:142、143)

北隧长岑,餔时勋付城北隧助吏王明,下餔八分明付吞远隧助吏□□,皆中程,留迟不在界中。敢言之。(居延新简 E.P.F22:464)

第十九隧助吏石永……(居延新简 E.P.F22:777)

第六隧助吏东郭尊见,助吏王□〼(居延汉简 110.20)[1]

这些隧中的助吏,亦称助隧长,应为隧长的助手或副手。除了各隧的助吏,又有助府佐、助佐、助府令史等,应皆属助吏。这种为吏方式和常见的"守""行""假"等不同。[2]

二、定吏主当坐者

定吏主当坐者名及临之付居延收降日时□(居延新简 E.P.T27:9)

简首"定",《新简》以为二字,未释;《集释》认为是一字,但不识。从图版残存墨迹和文意来看,当作"定"字。"当",《新简》未释,《集释》作

[1] 谢桂华、李均明、朱国炤:《居延汉简释文合校》,文物出版社,1987年。本文所引居延汉简,凡未特别注明者,均出自此书,不另注。

[2] 参见赵宠亮《居延汉简所见"助吏"》,《南都学坛》2009年第4期。

“当”,可从(图 2)。“定吏主当坐者名”,意即确定应当坐罪的负责官吏的名字。亦见于其他汉简文书中,比如:

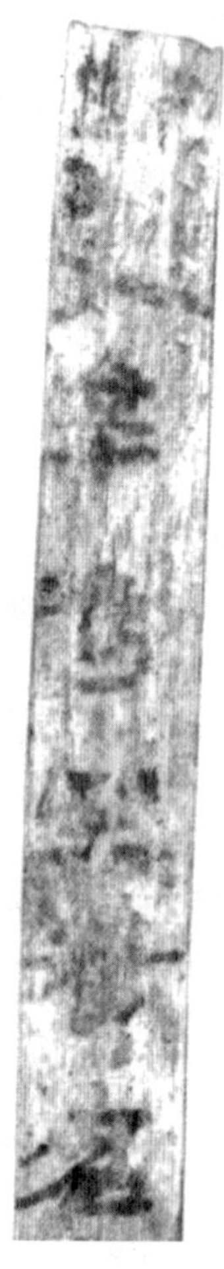

图 2

记到,各推辟界中,定吏主当坐者名,会月晦。·谨推辟界中,验问候长上官武、隧长董习等,辞相付受☐(居延新简 E.P.F22:129、130)

甲渠鄣候以邮行回府告居延甲渠鄣候:卅井关守丞匡十一月壬辰檄言,居延都亭啬夫丁宫、禄福男子王歆等入关檄甲午日入到府。匡乙未复檄言,男子郭长入关檄丁酉食时到府,皆后宫等到,留迟。记到,各推辟界中,定吏主当坐者名,会月晦。有教。(居延新简 E.P.F22:151A、B)

任小吏忘□为中程,甚毋状,方议罚。檄到,各相与邸校,定吏当坐者言,须行法。(居延汉简 55.13、224.14、224.15)

上述几枚简中,虽然有些较为残断,文字不够完整,但参照相对完整的 E.P.F22:151 号简的内容和格式来看,主要是对行书留迟、未能在规定时间送达的违规行为进行追查的文书。其核心事项是“定吏主当坐者名”,这表明如果出现行书留迟的情况,除了传递文书的当事人,主管官吏也要承担连带责任。

三、不忧

候长宪、隧长敞,宪、敞等备边塞吏,不忧边□(居延新简 E.P.T40:13)

“宪敞”,《新简》作“等檄”,《集释》据红外图版改作“宪敞”,可从。“职”,《新简》作“职”,《集释》改作“骑”,从红外图版及文意来看,当作

“备”。[1] 备,即充当、充任之意。《左传》昭公三年:“君若不弃敝邑,而辱使董振择之,以备嫔嫱,寡人之望也。”[2]《汉书·酷吏传·严延年》:“母乃见之,因数责延年:‘幸得备郡守,专治千里,不闻仁爱教化,有以全安愚民,顾乘刑罚多刑杀人,欲以立威,岂为民父母意哉!’”[3]敦煌汉简1456B“备边塞候望吏”,[4]与此处“备边塞吏”的表述如出一辙。“忧”,《新简》和《集释》皆未释,此据红外图版及文意补。“边”,《新简》未释,《集释》作“边”,可从(图3)。汉简文书中常见“不忧边塞”“不忧事边”等说法。比如:

[1] “备”字的释读,承甘肃省文物考古研究所张俊民先生教示。

[2] 〔晋〕杜预注,〔唐〕孔颖达疏:《春秋左传正义》卷四二,〔清〕阮元校刻《十三经注疏》,中华书局,1991年,第2030页。

[3] 〔汉〕班固:《汉书》,中华书局,1962年,第3672页。

[4] 甘肃省文物考古研究所:《敦煌汉简》,中华书局,1991年。本文所引敦煌汉简,凡未特别注明者,均出自此书,不另注。

图 3

为事甚不忧边塞(居延新简 E.P.T52:191A)

□□□□来周☑

防方察不忧事☐(居延新简 E.P.T65:531)

褒不以时燔举而举堠上一苣火,燔一积薪,燔举不如品约,不忧事边(居延新简 E.P.T68:91、92)

失兰不忧事边(居延新简 E.P.T68:114)

长吏无告劾亡,不忧事边,逐捕未得,它案验未竟。(居延新简 E.P.T68:143、152)

去署,乏候望,不忧事边,谨论第四候长☐(居延新简 E.P.F22:627)

亦见"毋状不忧"的说法:

得仓丞吉兼行丞事,敢告部都尉卒人:诏书清塞下,谨候望,督烽火,虏即入,料度可备中,毋远追为虏所诈。书已前下,檄到,卒人遣尉丞司马数循行严兵,禁止行者便战斗具,驱逐田牧畜产,毋令居部界中,警备毋为虏所诳利,且课毋状不忧者,劾尉丞以下,毋忽如法律令。敢告卒人。/掾延年、书佐光、给事□(居延汉简 12.1B)

此外,在敦煌汉简中有一枚残觚,编号为 1456,其 A 面和 C 面的文字多漫漶不清,只有少数可以辨识,B 面除了上下两端的文字,多可辨识。整理者最初的释文为"□何□□闻□备边塞候望吏官绛去署亡乏迹侯不忧事边唯□"。[1] 从图版来看,部分释文不够准确,其中"吏"后漏释"衣"字,"绛"字当作"绔","衣官绔去署亡",意即穿着官府发放的衣绔

[1] 甘肃省文物考古研究所:《敦煌汉简》,中华书局,1991 年。

离开署所逃亡了;“迹侯”之“侯”,当作“候”,“乏迹候”,意即荒废、耽误了日迹候望事务(图 4)。整句释文当改作:

图 4

□何□□闻□备边塞候望吏,衣官绔去署亡,乏迹候,不忧事边。唯□(敦煌汉简 1456B)

关于“不忧事边”的含义,《中国简牍集成》指出,为法律术语及边吏渎职的罪名之一,意即不尽心于边塞战事。[1] 并举出史书中的相关例证,如《汉书·成帝纪》建始四年“冬十月,御史大夫尹忠以河决不忧职,

[1] 中国简牍集成编辑委员会:《中国简牍集成》第 11 册《居延新简(三)》,敦煌文艺出版社,2001 年,第 278 页。

自杀。”[1]《后汉书·耿恭传》:“监营谒者李谭承旨奏恭不忧军事,被诏怨望。坐征下狱,免官归本郡,卒于家。”[2]

四、以诏书

……临都里大夫苏谊,以修行除为阴鹑仓佐三日,神爵三年三月甲辰以诏书除为安定大守书佐一岁八月廿六日,其十二月(居延新简 E.P.T50:155)

“临都”,《新简》未释,《集释》作“临都”,可从。“阴鹑”,《新简》未释,《集释》作“阴县”,张俊民认为当作“阴鹑”,可从。[3] “仓佐”,《新简》未释,《集释》作“仓佐”,可从。“诏书”,《新简》作“□书”,《集释》作“□□”,从红外图版及文意来看,应作“诏书”。“安定”,《新简》和《集释》皆作“敦煌”,张俊民认为当作“安定”,可从(图 5)。“以诏书除为安定大守书佐”,表明苏谊并非按照常规途径升迁,而是获得了皇帝的特别恩典,由阴鹑仓佐“诏除”为安定太守书佐。虽然《汉书·宣帝纪》未见神爵三年三月有针对基层吏员的恩典诏书,不过当年八月有专门增加小吏俸禄的诏书:

[1] 〔汉〕班固:《汉书》,中华书局,1962 年,第 308 页。
[2] 〔南朝宋〕范晔:《后汉书》,中华书局,1965 年,第 702 页。
[3] 张俊民:《〈甘肃秦汉简牍集释〉校释之八》,简帛网,2017 年 12 月 17 日。

图5

秋八月,诏曰:"吏不廉平则治道衰。今小吏皆勤事,而奉禄薄,欲其毋侵渔百姓,难矣。其益吏百石以下奉十五。"[1]

汉简文书中常见"以诏书增秩""以诏书增劳""以诏书施刑"等现象,皆应为来自皇帝的特别恩典。比如:

以诏书增秩(居延新简 E.P.T2:45)

以诏书增劳名籍一编,敢言之。(居延新简 E.P.T6:4)

□□隧长上造李钦,始建国三年十月旦乘塞外,尽三年九月晦,积三百☑张掖延城大尉元、丞音以诏书增钦劳□(居延新简 E.P.T59:339)

[1] 〔汉〕班固:《汉书》,中华书局,1962年,第263页。

始建国三年九月壬午朔辛亥,甲沟鄣候快[1]敢言之:谨移驷望隧长张曼乘塞外簿,谒以诏书增曼劳。敢言之。(居延新简 E.P.T59:348)

髡钳城旦孙敞坐贼伤人,初元五年七月庚寅论,初元五年八月戊申以诏书施刑;故骑士居延广利里▨

完城旦钱万年坐兰渡塞,初元四年十一月丙申论,初元五年八月戊申以诏书施刑;故戍卒居延广▨

甲渠候官初元五年谨延袤□隧簿

……延袤二百十里九十三步(居延汉简 227.8)

从居延汉简 227.8 的内容来看,初元五年八月戊申,应颁布过减免刑罚即"弛刑"或"施刑"的诏书,史籍失载。

五、功曹佐

大守府书:塞吏、武官吏皆为短衣,去足一尺。告尉,谓第四守候长忠等:如府书,方察不变更者。·一事二封。七月辛亥,功曹佐严封。(居延新简 E.P.T51:79)

"辛亥",《新简》作"庚辰",《集释》据红外图版改,可从。"功曹",

[1] "快",《新简》未释,《集释》作"收",张俊民作"快",可从。参见张俊民《〈甘肃秦汉简牍集释〉校释之八》,简帛网,2017 年 12 月 17 日。

《新简》作“掾曾”,《集释》作“□曾”,同时指出,“曾”不排除有“曹”字的可能。从红外图版残存的墨迹及相关文例来看,此二字当作“功曹”(图6)。“功曹佐”封缄文书之例,颇为常见。比如:

图6

·甲渠言鉼庭士吏李奉、隧长陈安国等年老、病,请斥免,言府。·一事集封▨(居延新简 E.P.T51:319)

▨七月己未,功曹佐同封。(居延新简 E.P.T51:320)

这两枚简字迹相同,断口亦能吻合,文意连贯,可以缀合为一枚完整的简(图7),缀合之后,其文如下:

·甲渠言鉼庭士吏李奉、隧长陈安国等年老、病,请斥免,言府。·一事集封。七月己未,功曹佐同封。(居延新简 E.P.T51:319+E.

P.T51:320)

图 7

另外,居延汉简中亦见相似的残简,比如:

☐·一事一封。正月丙辰,功曹佐☐☐(居延汉简 283.16)

该简虽然残断,但参照上述简例,仍可判定其为“功曹佐”封缄文书的记录。

六、毋伤隧

出临木部吏九月奉钱六千:候长吕宪奉钱千二百,临木隧长徐忠奉钱六百,穷虏隧长张武奉钱六百,木中隧长徐忠奉钱六百,终古隧长东郭昌奉钱六百,毋伤隧长六禹奉钱六百,候史徐辅奉钱六百,武贤隧长陈通奉钱六百,望虏隧长吕望奉钱六百。·凡吏九人,钱六千。

建昭五年十月丙寅,甲渠尉史强付终古隧长昌,守阁卒建知付状。(此简上端右侧有刻齿,居延新简 E.P.T51:409)

"吕望",《新简》作"晏望",《集释》作"吕望",可从。

"毋伤",《新简》和《集释》皆未释,从红外图版来看,尚有少许残存墨迹。又据文意,此简为临木部吏某年九月的奉钱支付记录。从相关资料来看,临木部下辖临木、木中、武贤、终古、望虏、穷虏、毋伤等七个隧。该简除了"毋伤",其余隧名皆清晰可辨。再比照红外图版,残存的墨迹,正好与"毋伤"二字的起笔相合(图8)。因此,将其补作"毋伤"应是没有问题的。毋伤隧又见于如下诸简:

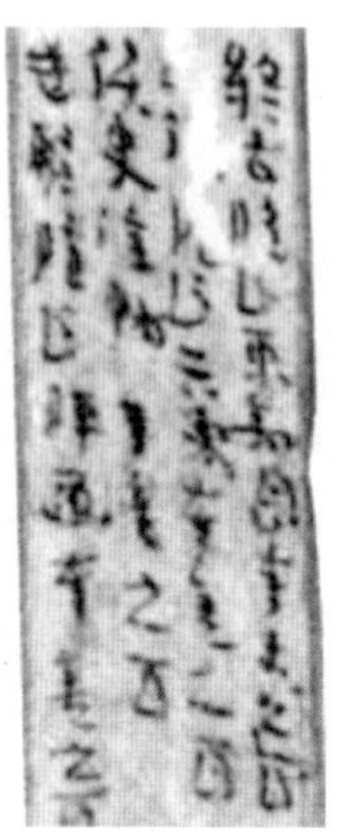

图 8

毋伤隧长萩严,武贤隧长沐得,穷虏隧长王褒。(居延新简 E.P.T27:1)

终古隧卒王晏言:隧长房五月廿日贷晏钱百;七月十日藉白单衣一领,积十五日归;七月五日藉晏胡鞍一,直二百五十;七月十日使晏伐茭七百束,又从卒利亲贷韦二件。晏其夜从毋伤隧户出,见卒王音,音不告吏。(居延新简 E.P.T40:6A)

额济纳博物馆藏居延“市籍”简试说[1]

庄小霞

（中国社会科学院古代史研究所、“古文字与中华文明传承发展工程”协同攻关创新平台 北京 100101）

新见一枚尚未见著录的居延汉简，其简文内容或可补充汉代市籍制度研究，故此不揣简陋，撰文请教方家。

2018年11月22日—12月2日中国美术馆举办“美在阿拉善——岩画与居延汉简艺术展”，展览共展出额济纳博物馆馆藏出土于居延地区的106枚汉简，其中一枚简释文试录如下：

便从居延迎钱所用贱子市籍[2]

---

[1] 本文获中国社会科学院学科建设“登峰战略”资助计划资助，编号DF2023YS15（出土文献与先秦秦汉史）。

[2] 笔者最初在2019年9月首都师范大学历史学院、中国社会科学院简帛研究中心、日本奈良文化财研究所、韩国国立庆州文化财研究所共同主办的“首届中日韩出土简牍研究国际论坛暨第四届简帛学的理论与实践学术研讨会”上提出这枚“市籍”简，后胡平生、张俊民、任攀、程娇龙各位先生都曾帮助释读，特此致谢。

本简简末“市籍”二字尤其清晰,本文暂且将此枚简命名为“市籍”简。

本简内容可分解为两部分加以解说。首先是“便从居延迎钱”,此文例曾出现于居延旧简:

> 尉史李凤自言故为居延高亭亭长三年十二月中送诏狱证觻得便从居延迎钱守丞景临取四年正月奉钱六百至二月中从库令史郑忠取二月奉不重得正月奉今库掾严复留凤九月奉钱不当留库证所言
>
> (合 178.30)[1]

以上这枚简提到尉史李凤曾为居延高亭亭长送诏狱证去觻得,于是就从居延县领钱,后面内容涉及官吏领取月俸的内容,尉史李凤“便从居延迎钱”似乎是说他从居延县领取奉钱。

接下来的“所用贱子市籍”殊难理解,或许后面还有简文?只能暂时存疑,但“市籍”二字最为清楚,尤可一说。市籍制度是秦汉时期实行的一项经济制度,“是中国古代市场管理制度之一,它借用了户籍制度的概念和结构,利用限制商贾的人身达到控制商贾的经营活动的目的”。[2]“秦汉的商人分有市籍与无市籍两种,他们分别属于不同的社会等级。有市籍的商人有专门的户籍,其法律地位和社会地位接近于赘婿一类贱民。无市籍的商人属一般的编户齐民,他们当中也有的是兼营商业的地主豪

[1] 谢桂华、李均明、朱国炤:《居延汉简释文合校》,文物出版社,1987 年。
[2] 陆建伟:《秦汉时期市籍制度初探》,《中国经济史研究》1999 年第 4 期。

强。”[1]从睡虎地秦简抄录的《魏户律》“假门逆旅，赘婿后父，勿令为户，勿予田宇”来看，[2]战国时期商人的社会地位就不高。“假”通“贾”，“假门”即商贾之家，法律规定商贾之家不准成户，不赐田宅。至于秦汉时期，商人地位依然低，且有市籍的商人地位更低。秦时谪戍制度的谪戍对象包括“吏有谪”“赘壻”“贾人”“尝有市籍者”“大父母、父母尝有市籍者”，[3]商贾和尝有市籍的商贾及其后代与犯罪的官吏及赘婿一样，都被当作谪戍的对象。汉高祖“令贾人不得衣丝乘车，重租税以困辱之”，无论有无市籍的商人都应包括在内，到了惠帝和吕后时期，对商贾的限制有所缓解，“孝惠、高后时，为天下初定，复弛商贾之律，然市井之子孙亦不得仕宦为吏”。[4]《汉书·景帝纪》载景帝后元二年五月诏曰：“……今訾算十以上乃得宦，廉士算不必众。有市籍不得宦，无訾又不得宦，朕甚愍之。”[5]惠帝、吕后、景帝时期都规定有市籍者不能担任官吏。汉武帝时禁止有市籍的商贾及其家属名田，“贾人有市籍，及家属，皆无得名田”。[6] 天汉四年（前97）发七科谪出征右匈奴时，有市籍的商贾及其子孙被重新列为谪发的对象，《史记·大宛列传》载：“益发戍甲卒十八万，酒泉、张掖北，置居延、休屠以卫酒泉，而发天下七科適，及载糒给贰师。”《正义》引张晏曰：“吏有罪一，亡命二，赘壻三，贾人四，故有市籍五，父母

[1] 林甘泉主编：《中国经济通史（秦汉经济卷）》，经济出版社，2007年，下册，第646页。

[2] 睡虎地秦墓竹简整理小组编：《睡虎地秦墓竹简》，文物出版社，1990年，第174页。

[3] 《汉书》卷四九《爰盎晁错传》，参见〔汉〕班固《汉书》，中华书局，1962年，第2284页。

[4] 《史记》卷三〇《平准书》，参见〔汉〕司马迁《史记》，中华书局，1959年，第1418页。

[5] 〔汉〕班固：《汉书》，中华书局，1962年，第152页。

[6] 《汉书》卷二四下《食货志》，中华书局，参见〔汉〕司马迁《史记》，1962年，第1167页。

有市籍六,大父母有籍七:凡七科。”[1]此事又载于《汉书·武帝纪》:“发天下七科谪及勇敢士,遣贰师将军李广利将六万骑、步兵七万人出朔方。”[2]西汉后期仍存市籍制度,《汉书·何武传》载:

> 武兄弟五人,皆为郡吏,郡县敬惮之。武弟显家有市籍,租常不入,县数负其课。市啬夫求商捕辱显家,显怒,欲以吏事中商。武曰:“以吾家租赋繇役不为众先,奉公吏不亦宜乎!”武卒白太守,召商为卒吏,州里闻之皆服焉。[3]

何武主要活跃于宣元哀时,高敏先生根据“武兄弟五人,皆为郡吏”判断此时可能是宣帝时期。[4] 此例中提到何武之弟何显家有市籍,其家“租常不入,县数负其课”,于是“市啬夫求商捕辱显家”。何武兄弟五人都为郡吏,其弟何显家有市籍,却仗势不纳市租,说明何显家本应承担市租。何显兄弟身份地位尊崇,市啬夫求商奉公执法,仍然可以“捕辱显家”,主要还是因为“武弟显家有市籍”,此一事例正可以说明秦汉时期有市籍的商人地位很低,并需向官府缴纳税赋。

额济纳博物馆藏居延“市籍”简简文比较漫漶,且由于缺乏前后文,对此枚简的考释有限,但这枚简却确实是汉代市籍制度在传世文献以外,所见载于出土简牍中的唯一珍贵记录,是仅见直接反映汉代市籍制度的

---

[1] 〔汉〕司马迁:《史记》,中华书局,1959年,第3176页。

[2] 〔汉〕班固:《汉书》,中华书局,1962年,第205页。

[3] 〔汉〕班固:《汉书》,中华书局,1962年,第3482页。

[4] 高敏:《秦汉史杂考十二题·关于秦汉时期商贾的“市籍”制度》,载其著《秦汉史论集》,中州书画社,1982年,第374页。

重要出土简牍文字资料,此枚简的意义和价值也正体现于此。

关于汉代市籍制度的存废,此前学者大都认为到了东汉时期市籍制度大概已经废除,因为在传世史书上不再看到关于有市籍商人的记载。[1] 至于市籍制度具体废除时间,高敏先生认为是王莽时。[2] 高敏先生的依据是新莽时期曾任用大批商人为官吏,“羲和置命士督五均六斡,郡有数人,皆用富贾”[3]。但这是否就是废除了市籍制度,似乎也无明文。王刚先生认为废于西汉哀帝时。[4]《史记·平准书》载“(武帝时)贾人有市籍者,及其家属,皆无得籍名田,以便农”[5]。以及《汉书·哀帝纪》载“贾人皆不得名田、为吏,犯者以律论”[6]。王刚先生比对这两段不许贾人占田的法律认为,“哀帝时已无‘贾人有市籍者’的说法,或许哀帝时市籍已废,故无须再区别贾人有无市籍”[7]。但是也存在另一种解读可能,即西汉后期土地兼并问题严重,所以到哀帝时规定贾人有无市籍都不许占田。此前关于市籍制度的废除时间,现在来看,仍无定论。

“市籍”简出土于居延遗址,其具体年代为何?据陈直先生考证,居延汉简的年代始于武帝太初三年(前 102),止于东汉光武帝建武九年(33),绝大部分属于西汉。[8] “市籍”简明确书写了“市籍”二字,如果是西汉时期简的话,自然也合理,因为史籍中明确记载西汉时存在市籍制

---

[1] 高敏:《秦汉史杂考十二题·关于秦汉时期商贾的“市籍”制度》,载其著《秦汉史论集》,中州书画社,1982 年,第 375 页。

[2] 高敏:《秦汉史杂考十二题·关于秦汉时期商贾的“市籍”制度》,载其著《秦汉史论集》,中州书画社,1982 年,第 374 页。

[3] 《汉书》卷二四下《食货志下》,参见〔汉〕班固《汉书》,中华书局,1962 年,第 1183 页。

[4] 王刚:《汉代市籍问题再探》,《南都学坛》2016 年第 3 期。

[5] 〔汉〕司马迁:《史记》,中华书局,1959 年,第 1430 页。

[6] 〔汉〕班固:《汉书》,中华书局,1962 年,第 336 页。

[7] 王刚:《汉代市籍问题再探》,《南都学坛》2016 年第 3 期。

[8] 陈直:《西汉屯戍研究》,载其著《两汉经济史料论丛》,中华书局,2008 年,第1 页。

度。但如果此枚简的时代是东汉的话,虽然传世文献中未见对东汉时期市籍制度的记载,但根据此枚简,则可知东汉时期仍保留了市籍制度,当然这是在假设这枚简的下限年代为东汉的情况下才成立。还有一种可能,即这枚简的年代属于新莽时期。与“贱子市籍”简同批展览的简牍中既出现了“卅井”,又出现了“三十井”,“三十井”图版如下(图2):[1]

图2

《居延新简》EPT65·23A载:“新始建国地皇上戊三年五月丙辰朔乙巳,裨将军辅平居成尉仪、丞谓城仓、闲田、延水、甲沟、三十井、殄北。卒未得口……付受相与校计,同月出入毋令缪,如律令。”[2]“甲沟、三十井、殄北”都是居延地区的候官,其中“甲沟”是新莽时期改“甲渠”而名,同简的“三十井”是新莽时期改“卅井”而名。由于仅为展览所见,“市籍”简的具体出土情况不清楚,由同批出土的“三十井”简简文来看,这批简牍中显然存在新莽时期简,那“市籍”简是否为新莽简?因为不能确定“市籍”简与该枚新莽简是不是同时同地出土,亦无更多相关信息提供该简的时代,

[1] 简牍照片引用中国美术馆网站,网址为:http://www.namoc.org/pictures/zlzpk/m/20181102als_06.jpg。

[2] 甘肃省文物考古研究所、甘肃省博物馆、文化部古文献研究室、中国社会科学院历史研究所编:《居延新简——甲渠候官与第四燧》,文物出版社,1990年。

只能说这种猜测也有可能。试图对“市籍”简的年代进行判定，主要还是想断定汉代市籍制度的存废时间，但因为关于本枚“市籍”简的信息实在过于匮乏，“市籍”简的具体年代现在也只能说是一个猜测，无法完全确定，所以根据“市籍”简来直接断定市籍制度的存废仍有难度，只能寄希望于将来更多新材料的出现。

甲渠候官坞墙内外简牍缀合及成因蠡测

张俊民

（甘肃省文物考古研究所 兰州 730000）

甲渠候官是汉代张掖郡居延都尉下辖三候官之一，负责三候官西南方向的防御，位于今天的内蒙古自治区额济纳旗。甲渠候官所在地原来的小地名是破城子，贝格曼编号 A8。在此处发掘出土的汉代简牍是居延汉简的重要组成部分。两次集中出土的简牍有万余枚，即 1930 年代居延旧简中的 A8 破城子，与 1970 年代居延新简之甲渠候官。[1] 间隔 40 年的两次发掘，使一些原本属于一个册书的简牍因为后来人为的发掘清理，被分割在两部分。此外，也可能与古人文书废弃后的处置方式与程序有关。这一点谢桂华先生的复原很能说明问题。[2] 笔者近日读《居延新简

[1] 甘肃居延考古队：《居延汉代遗址的发掘和新出土的简册文物》，《文物》1978 年第 1 期。坞内（EPW）指破城子坞墙之内，探方为 T1-49；坞外灰堆（EPC）主指探方 T50-59、T65 所在部分。平面分布图据甘肃省文物考古研究所等编《居延新简——甲渠候官》，中华书局，1994 年。

[2] 谢桂华：《新旧居延汉简册书复原举隅》之"甲渠鄣候谊不留难变事爰书残册复原"，利用新、旧居延汉简复原敞言变事的册书，载李学勤主编《简帛研究》第 1 辑，法律出版社，1993 年，第 148 页。

集释》就发现一个有趣的现象:一个明显属于坞内(EPW),一个属于坞外灰堆(EPC),一墙之隔的两部分简(从文字来看是一墙之隔,而实际上还有一段距离;亦可称"简牍群")竟然可以互相缀合,且也不是仅仅一两枚汉简可以缀合。如此现象的成因是什么呢?是自然堆积所致还是后人搬运的结果呢?为此,我们准备先对发现的缀合简牍资料做简单的拼接、释读,然后对这种状况的成因进行简单推测,抛砖引玉,以期引起学界的关注。错误之处,请方家赐教。

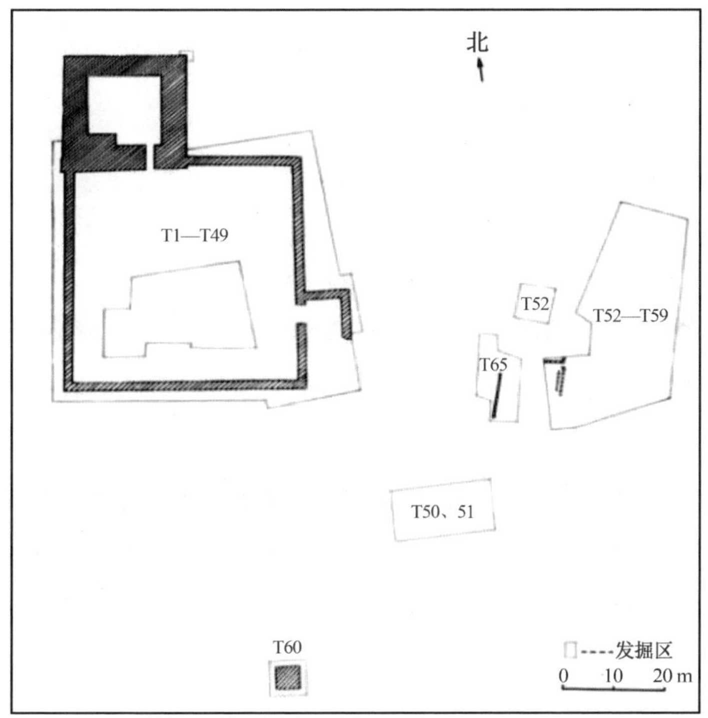

A8(破城子)平面图(放大)

一、简牍资料

简牍释文以《甘肃秦汉简牍集释·居延新简集释》为底本,参校 1990 年文物出版社的“文物本”,再结合新技术得到的红外线图版加上我们的意见而成。[1]

(一)

简 1.▨郡堵阳渊里李可　　自言责▨

钱千▨　　EPW:7

本简上、下残,从残存文字来看属于贳买衣财物爰书。[2] 其中前面具体记录戍卒籍贯的部分残缺,后面具体贳买行为相关内容亦残。我们在读到简 EPC:3 时,发现有一条类似的简文:

简 2.第十七隧戍卒南阳郡育阳乐居里李武　自言贳卖皁布▨

自言贳卖孰□▨

EPC:3

[1] 张德芳主编:《甘肃秦汉简牍集释》,甘肃文化出版社,2016 年;甘肃省文物考古研究所等编:《居延新简——甲渠候官与第四燧》,文物出版社,1990 年。

[2] 张俊民:《居延汉简贳卖衣财物刍议——汉简札记之一》,《西北史地》1990 年第 1 期;王子今:《汉代丝路贸易的一种特殊形式:论“戍卒行道贳卖衣财物”》,载其著《秦汉社会史论考》,商务印书馆,2006 年。

本简下残，文书性质也是贳买衣财物爰书。简牍的上端有戍卒的署所与籍贯，且籍贯与简 1 所记南阳郡相同。读至简 EPC：20 时，其释文作：

简 3. 甲渠武贤隧卒南阳□☑ EPC：20

本简下残，残存部分类似戍卒名籍。按照文字顺序“南阳”后应该是“郡”字，正好与上残且是以“郡”开始的简 EPW：7 似可以缀合，这一推测经过图版验证是可以成立的。“堵阳”是南阳郡属县之一。缀合后的 EPC：20+EPW：7 释文是（图版一・1［见篇末附图，下同］）：

甲渠武贤隧卒南阳郡堵阳渊里李可 自言责☑
钱千☑

二简缀合之后，还可以对简 1 的释文进行局部补释。即“责”字原来因为此字不是十分清楚未释读，《集释》补作“责”字，而今按照简 2 词例这个字无疑是“贳”字。简 2 不仅与本缀合简文例类似，且字体也是一人所书，进而可将之视作同一册书散简。

（二）

简 4. 书一封张掖大守章 诣府 ☑ EPW：17

本简下残，文书属于记录邮书传递状况的“过书刺”。与残存文字部分相类的简文是：

简 5.书一封居延都尉章　　诣大守府　　(第一栏)
三月癸卯鸡鸣时当曲卒便受收降卒友甲辰下餔
时临木卒得付卅井诚勢北卒参界中九十八里定行
十时中程　　(第二栏)　　EPW:1

根据简 5 的完整格式,我们通过检索发现 EPC:26 内容有点类似 EPW:1 的格式:

简 6.☐正月戊午夜半临木卒赏受诚勢卒胜己未日入当曲卒并
☐付收降卒海界中九十八里定行十二时过程二时二分
EPC:26

本简上残,且图版亦可验证它与简 EPW:17 可以缀合。缀合后的 EPW:17+EPC:26 释文为(图版一·2):

书一封张掖大守章　　诣府　(第一栏)
正月戊午夜半临木卒赏受诚勢卒胜己未日入当曲卒并
付收降卒海界中九十八里定行十二时过程二时二分　(第二栏)

(三)

简 7.☐使掌河隄大司空
☐……　　EPW:31

本简上、左残,字迹浅淡、草率,有点类似王莽简的风格。在坞外灰堆中有一简同样是上、下、左残,字体风格类同,即下简。

简 8.☐官司徒右大夫☐ EPC:48

将二简图版拼接,即可发现它们也可以缀合。缀合后 EPC:48+EPW:31 的释文是(图版一·3):

☐官司徒右大夫使掌河隄大司空

……

以本简的"司徒""大司空",可视作"王莽简"。其中"右大夫"一词,两汉书无载。搜"右大夫",又见简 EPT6:108 与 EPT59:155。分别为:

☐□曰司马右大夫☐ EPT6:108

☐都水大司空右大夫使护宛保忠信卿六卿中室御仆黄室御保成师傅

☐长六隧大夫州部牧监郡卒正连率庶尹关农沟曼大尉承书从事下当用者 A

三十二 B EPT59:155AB

将二简与本简合起来,恰含王莽时三公,即大司徒(丞相)、大司空

(御史大夫)、大司马。三公与九卿下均有大夫三员(总数二十七人),[1]三员之中一员是“右大夫”,则另一位是“左大夫”,余下一位抑或是“中大夫”。左、中大夫是否存在,姑可存疑,但巧合的是简牍所见均为“右大夫”。

按照本缀合是“右大夫使掌河”,而与本简字体类似的简 EPS4C:25 却作“左大夫使掌河”。左、右大夫均可掌河,又是一个字体,是不是属于同一册书?这也是一个有意思的问题。

在发现存在于两个简牍群的残简可以缀合后,我们重点对它们做了一番检核,发现还有几简可以缀合。即如果说上面的缀合是无意间发现的,那么后面的缀合则是刻意完成的。

(四)

简 9.▨　　三月丁巳病死尽晦减▨　　EPC:23

本简上、下残,残存文字为某人功劳记录文书。[2] 它记录某人三月丁巳日生病,到月晦病死,“减”后应该是“积”字。检索两个简牍群,发现与之约有关系者二简。一个是简 EPC:49,释文为:

简 10.▨积十二日　　EPC:49

另一简是 EPW:70,释文是:

[1] 〔汉〕班固:《汉书》,中华书局,1964 年,第 4103 页。

[2] 胡平生:《居延汉简中的“功”与“劳”》,《文物》1995 年第 4 期;张俊民:《悬泉汉简所见文书格式简》,载其著《敦煌悬泉置出土文书研究》,甘肃教育出版社,2015 年。

简 11.☐□积卅日　　☐　　EPW:70

单单从文字上来读,二简均有可能与简 9 缀合。但经图版验核发现,简 10 顶部见不到简 9 之“减”字残笔,而简 11 顶端的“□”恰是简 9 的残笔。由是得出简 9 可以与简 11 缀合。缀合后的 EPC:23+EPW:70 释文为(图版一·4):

☐　三月丁巳病死尽晦减积卅日　☐

(五)

简 12. ☐□年六月稟卒名籍☐　　EPW:100

本简上、下残,自名“稟卒名籍”。其前无疑是纪年的数字,且残笔似可作“二”字。在同一简牍群中可见有简也是上、下残,仅存年号:

简 13. ☐国天凤□☐　　EPW:117

按照文书例,本简“凤”字后有可能是“上”字,也有可能是纪年的数字,残笔恰与简 12 吻合,可以构成“二”字。即简 12 可以上接简 13,缀合后的 EPW:117+EPW:100 释文作(图版一·5):[1]

[1] 单从图版来看,缀合也许有点牵强,简牍宽度不一,也许是上部(简 13)左残所致。

☑国天凤二年六月禀卒名籍☑

(六)

简 14.☑　布絮　　今郅□☑　　EPW:119

本简上、下残,文书性质不明。根据本简出现"布絮"与文字字形,可以找到且通过图版验核缀合一简:

简 15.☑　　已　　已　　传候　　布絮　　布絮　　☑

EPC:11

二简缀合后,上部仍不完整,再根据简上"已"字书写风格,可以将二简与另一简联系起来,且图版亦吻合。此简释文为:

简 16.第三十隧长范尊　　已　　已　　传　　☑　　EPC:38

三简可以缀合为一简,即 EPC:38+EPC:11+EPW:119。缀合之后的简文可以看作隧长范尊的劳作簿。释文为(图版一·6):

第三十隧长范尊 已 已 传 已 已　传候　布絮　布絮　布絮　今郅□☑

(七)

简 17.☑吏持私去署☑　　EPW:124

简 18.▨署之居延守候董并遣候史魏恭▨　　EPC:17

以上二简,前简上、下残,“署”字仅剩小部分,后简上、下残,“署”字剩大半部分。以“署”字可将二简缀合,缀合后的 EPW:124+EPC:17 释文为(图版一·7):

▨吏持私去署之居延守候董并遣候史魏恭▨

(八)

简 19.▨□临木卒元受▨

▨□诚北卒汤▨　　EPW:134

本简上、下残,残存文字类似简 5、简 6 之“过书刺”。在坞外灰堆采集的简中有一条简文,亦是“过书刺”部分残简:

简 20.▨一封张掖大守章诣府·一封封破张尊为旁封　　十月庚午夜大□▨

▨一封张掖都尉章诣府　　诣居延　　元鸡前鸣付▨

▨一封不可知诣居延千人彭君治所　　EPC:24

验之图版,可以缀合,经缀合右行的未释字是“半”字,左行的未释字是“付”字残笔,EPC:24+EPW:134 释文为(图版一·8):

▨一封张掖大守章诣府·一封封破张尊为旁封 十月庚午夜大半临木卒元受▨

▨一封张掖都尉章诣府　诣居延　　　　　　元鸡前鸣付诚北卒汤▨

▨一封不可知诣居延千人彭君治所

(九)

简 21.北书二封□▨　　　　EPW:135

简 22.▨张掖大守章　　诣府　▨　　　　EPC:28

此二简,文例与前文之简 4、简 5 相同。"张"字少半在简 21 尾端出现,二简可缀合,缀合后的简文 EPW:135+EPC:28 作(图版一·9):

北书二封张掖大守章　　诣府　▨

(十)

简 23.▨候官建昭元▨　　　　EPW:136

本简上、下残,"元"字后无疑应该接"年",检索另一简牍群,其中有一简可与本简缀合,且得到图版验证。即:

简 24.▨年三月过书刺　　　　▨　　　　EPC:15

此二简缀合后的 EPW:136+EPC:15 释文作(图版一·10):

☐候官建昭元年三月过书刺 ☐

其中"过书刺"具体文书部分或正文,无疑就是前文所列简4、简5的内容。三简也许还是一册书散简。

(十一)

简25.☐骑守千人晏告劝☐ EPC:10

简26.☐□农掾戎谓官县以令祠社稷今择吉日如牒书到皆修治社☐ EPC:35

此二简可以缀合,关键字词是"劝农掾"之"劝"字,被分在了二简的上、下缀合处,图版亦吻合。缀合后的EPC:10+EPC:35简文作(图版一·11):

☐骑守千人晏告劝农掾戎谓官县以令祠社稷今择吉日如牒书到皆修治社☐

以上数例是居延新简之中明显可以缀合的,其与居延旧简同一地点的出土物,可能也可以缀合。即新、旧居延汉简可以缀合。[1] 因为所涉简牍数量多,缀合颇费时日,暂存疑待续。

[1] 姚磊:《新、旧居延汉简缀合一例》,简帛网,2019年2月12日。

二、坞墙与简牍采集简出土情况

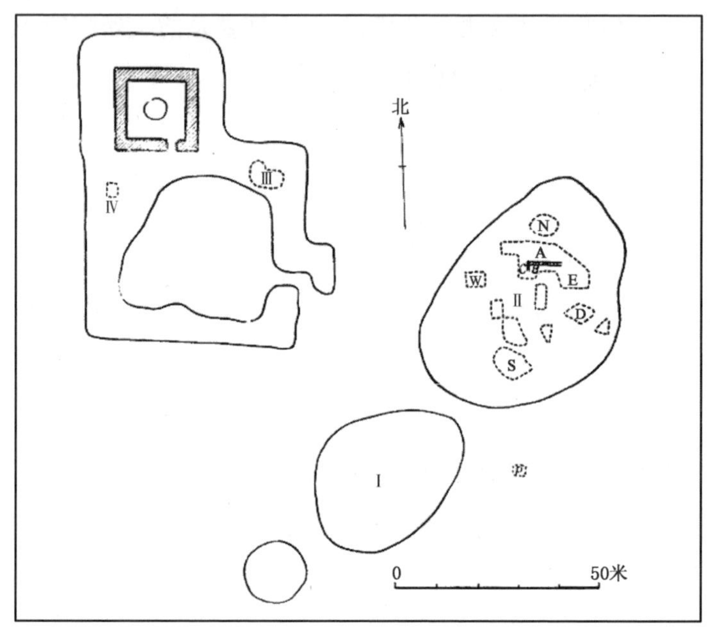

A8(破城子)平面图

以上我们在两个简牍群中,确认可以缀合的简牍有十一组二十三枚,即其中一组是由三枚简缀合而成。两个简牍群的划分界限是甲渠候官坞墙,简牍编号前缀"EPW",按照发掘者的标注是指坞内采集的,简牍编号有 149 枚;"EPC",指的是坞外灰堆采集的,简牍编号有 82 枚。[1] 甲渠候官 A8 破城子的坞墙,按照居延考古队的记录,坞墙呈长 47.5 米、宽

[1] 甘肃省文物考古研究所等编:《居延新简——甲渠候官与第四燧》,文物出版社,1990 年。

45.5米的方形,墙体厚 1.8—2 米,残高约 0.9 米。[1]

1930 年代,考古人员曾在甲渠候官的四个地点发掘简牍五千余枚。按照《居延汉简甲乙编》之"额济纳河流域障隧述要",发掘在四个地点进行,坞外两个是第一、二点,出土的简牍比较多;坞内两个是第三、四点,出土的简牍相对较少。数量分别是:第一地点(坞外),1871 枚;第二地点(坞外),1850 枚;第三地点(坞内),1495 枚;第四地点(坞内),五六枚。发掘时间是 1930 年 12 月底到次年 1 月下旬。"因天寒风大,工作的范围并不大,也不彻底。"

1970 年代的发掘时间是 7—10 月,发掘点主要分布在障、烽台、坞内与坞东灰堆。其中坞内部分主要是房屋遗迹,出土的简牍编号前缀有字母"F";坞东灰堆面积为 70 米×40 米,发掘探方 10 个,即 T50—T59,共出土简牍 3222 枚。[2]

从目前的介绍中,尚看不到"EPW""EPC"的具体所指,因为"EPC"为坞外灰堆采集简,"EPW"的简牍是坞内发掘采集简,均没有明确的出土地点。

于是就产生了两部分,也就是我们所说的两个简牍群位置所在并不是十分明确,但是它们的联系却又非常密切。产生这种状况的原因是什么呢?

---

[1] 甘肃省文物考古研究所等编:《居延新简——甲渠候官与第四燧》,文物出版社,1990 年。

[2] 甘肃居延考古队:《居延汉代遗址的发掘和新出土的简册文物》,《文物》1978 年第 1 期。

三、成因揣测

从原来的记录与平面图来看,坞外灰堆距离坞墙还有一段距离,最近的距离约 30 米。这样算来坞内与坞外灰堆距离应在 30 米以上。如此距离的两个"简牍群"产生如此密切关系的原因,首先让我们联想起来的是人为搬运。

破城子 A8 甲渠候官所在地的汉简是不是有人为搬运因素存在,这一点也许可以借助明确的悬泉置汉简进行一二比照,因为悬泉置汉简就存在这种情况。

悬泉置遗址第一年即 1990 年发掘时也是寒冬,位于"风库"的悬泉置遗址环境之恶劣不是一般人可以想象得来的。寒风刺骨,尘土飞扬。由悬泉置发掘的情况,可比照 1930 年代破城子甲渠候官遗址的发掘,因为当时发掘时也是寒冬,不知道额济纳旗的风大小如何。天气很冷,加上遗址干燥,尘土飞扬势不可免。

正是因为悬泉置发掘之时天气寒冷,尘土飞扬,条件艰苦,所以发掘过程中有许多断简、遗物被民工忽略了,致使 1991 年春、夏之际,在兰州的同仁筹备国际简牍学会议的时候,在遗址现场留守的柴生芳带领看守工地的四个民工,将 1990 年发掘出来的尘土,全部用筛子过了一遍。收获可以说相当可观。如悬泉置遗址出土的"元致子方"帛书[1]、"阳朔二年传车亶轝簿"的一段残简都是通过筛子筛出来的。

筛出来的简牍,在 1993 年做悬泉置汉简释文时,由柴生芳根据当时

---

[1] 悬泉汉简之ⅡT0114③:611"元伏地再拜请　子方足下善毋恙……"等。此帛书出土时是一小方块折叠废置的,折痕清晰可见。其之所以能列入探方,还与后来简号的调整有关。

每个探方发掘出来的尘土堆积位置状况，进行了编号处理。其中无疑具有回忆的成分，当然也就具有一定的不可靠性。这些即悬泉置汉简编号中探方后面有“S”“C”的那些简。

印象之所以深，还因为“阳朔二年传车亶轝簿”中第一简的上半段出现在了另一个探方中。我们知道“阳朔二年传车亶轝簿”的探方编号是“ⅠT0208②”，而其第一简的上半段却是“ⅠT0209S：34”。“传车亶轝簿”的第一简的下半段释文是“在敦煌”，上半段的释文是“第一传车一”。因为分属两个探方，我们常见的“阳朔二年传车亶轝簿”第一简就缺了上半段。[1]

[1] “阳朔二年传车亶轝簿”在最初编制原始档案时并不是1—10号简，而是在30号以后。后来人为将这一册书的简号提前做调整，而对简牍档案的尺寸并没有做相应工作。属于同一册书的ⅠT0209S：34在中西书局出版的《悬泉汉简(壹)》中也不存在。这一点值得大家注意。

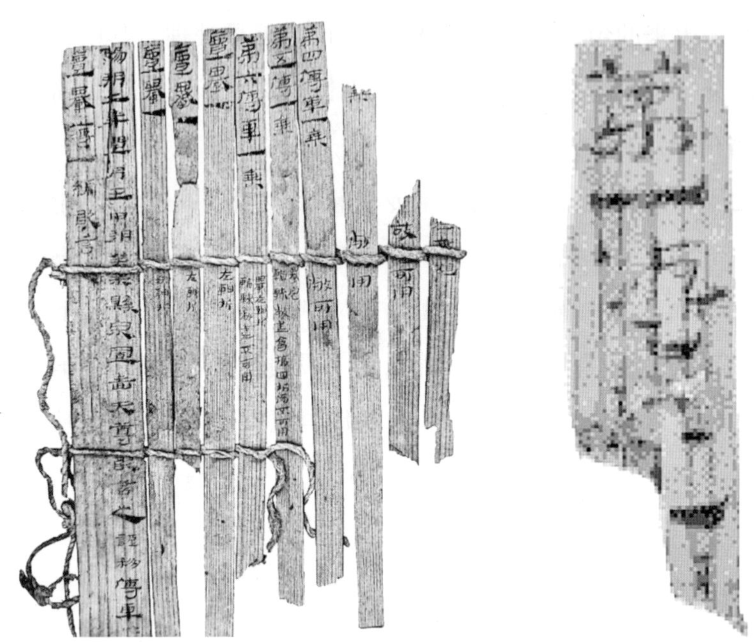

“阳朔二年传车亶轝簿”　　“阳朔二年传车亶轝簿”第一简上半段

说这些,旨在说因为天气,一些品相不是太好的简牍有可能被忽略了;也许还有别的一些人为因素存在。

还有一个因素值得介绍。悬泉置遗址的象限法划分探方方法,始于1991年,即1990年的探方都是三位数前加“T”而成,如T109、T110等,今天我们看到的Ⅰ90DXT0208也是1994年进行释文时统一的结果。所以严格来说,悬泉置遗址的探方分布方法,并不全是一般所言的5米×5米,有个别是10米×10米。这一方法只适用于1991、1992年发掘的简牍。有关悬泉置发掘探方的数字统计,应考虑这一因素。

甲渠候官之坞内、坞外两个相距有一定距离的简牍群出现,可能有两种情况。一种是在居延新简整理的过程中,简牍编号有了调整。简牍编号的调整，也许将原本有可能是一个地点出土的简牍，无意中分开了。

另一个原因，也许是前后两次发掘。1930 年代发掘后，原来的废弃堆积也就是原来发掘后的堆积，又被 1970 年代的考古工作再次发掘。前者发掘结束，将废弃物搬移之后，又被后来者重新发掘。这一点，从二百枚简牍的保存状况均不太好，似乎可以得到说明。前后的搬运，致使原本一处的简牍被人为分在两地也就是坞墙内外。但是能将其又缀合起来，颇令人怀疑。

我们原来还想将之看作居延新简的坞内、坞外的采集部分，因为这两个简牍群没有具体的探方号与房屋号。灰堆有属于灰堆的探方编号，坞内房址有 F 的房屋编号。但是作为采集部分不可能有如此多的简牍可以缀合。

悬泉置汉简还有一个比较独特的出土地点，在此出土的简牍在一般所言简牍的编号前面有“Ⅲ”，探方编号如 T0806、T0807 等。这是一个相对比较孤立的区域，很多简牍的墨迹比较浅淡，具有明显属于王莽简的用词、用字。发掘过程中在简牍出土之时就可以找到被人为碎残的残简，能直接拼合起来。在这一地点，可能是东汉初年整饬悬泉置之时，原本较完整的简牍在平整地表的过程中，被人为重力致残。

对 A8 破城子甲渠候官所出距离较远的两个简牍群之所以能够缀合的原因做简单的推测，虽然也企图借鉴悬泉置汉简存在的状况，但是不是想象的那样，可能还有一定的距离。能够存在两个这样的简牍群，其成因不免引起些许疑问，也许真正的原因就存在于居延新简的发掘记录之中。

缀合简牍附表：

图版一·1　　EPC：20+EPW：7

图版一·2　EPW:17+EPC:26

图版一·3　EPC:48+EPW:31

图版一·4　EPC:23+EPW:70

图版一·5　EPW:117+EPW:100

图版一·6　EPC:38+EPC:11+EPW:119

图版一·7　EPW:124+EPC:17

图版一·8　EPC:24+EPW:134

图版一·9　EPW:135+EPC:28

图版一·10　EPW:136+EPC:15

图版一·11　EPC:10+EPC:35

后记

本文收官之后,收到郭伟涛寄来的大作《肩水金关汉简研究》,[1]内中一文《金关简第五册73EJD部分简牍出土地献疑》,提到金关汉简有99枚之多误入金关东第一隧,差点让人误以为金关曾一度在金关东第一隧。经伟涛检讨,金关东第一隧采集简中的金关简是作为采集简被人为串入误记的。那么我们所检讨的这两个简牍群是不是也是作为采集简被误记了呢?不过这些采集简中能有如此多的缀合简存在,确实有点不可思议。

“首届中日韩出土简牍研究国际论坛暨第四届简帛学的理论与实践学术研讨会”会议后,对汉简缀合用力较多的姚磊来信,认为本文图版

[1] 郭伟涛:《肩水金关汉简研究》,上海古籍出版社,2019年。

一·5 涉及的两简,可能纹理有点问题,但因图版不是十分清晰,暂作可缀合处理(若有机会,验核简牍即可)。

又以文中提到的他简或许可缀合与进行册书复原,笔者又试了试:

册书复原的标志是图版一·10 涉及的"▱候官建昭元年三月过书刺"。以其字形和简牍形制,约与图版一·2、9 比较接近,可以释作同一册书。将三简的字体、简形作为特点,还可以在这两个简牍群中找到相近的简。如图版一·2 形成的重要参考物简 EPW:1,就可以与图版一·2 归入同一册书。

根据图版一·10 简的字体与形制,其他几条简文文字亦应与本邮书有关,无疑可以归入图版一·10 的"过书刺"类。简文如:

·右南书六封　　▱　　EPW:90

书一封封破不知▱　　EPW:53

·右南书　　▱　　EPW:8

且简 EPW:8 根据他简所记文字与自身简牍纹理,可以与 EPC:22 缀合:

·右南书　　诣府　▱　　EPW:8+EPC:22

这二简属于胡杨木,简牍残断后没有明显的木质纤维,很难直接粘合。与此缀合二简"诣府"二字类似的简还有 EPC:40,简文为:

北书□封　一封范昌印诣府　▱　　EPC:40

除此之外,还有一简因为字形与带有"诣府"的简比较接近,也可以一并归入"过书刺"的册书中:

〼收降卒海界中九十八里定行十时中程　　　　EPC:37

该简的字形与图版一·2(EPW:1)是一人所书。因为都是诣府之书,同样又都是经手人"收降卒海",均是右侧残的松木简,简 EPC:40 与 EPC:37 也许是可以缀合的,唯断茬处差异较大而已。但通过彩色图版验核,二简纹理可以吻合,即二简是可以缀合的。缀合之后的释文作(图版二·右下[见文末附图,下同]):

北书□封　一封范昌印诣府　收降卒海界中九十八里定行十时中程

邮书之外,在坞内的采集群中又见 EPW:4 可与 EPW:35 缀合(图版二·右上),只是因为木质是胡杨,缀合之断茬处不明显,而文义是顺畅的:

〼里女子张毋方自言乃十一月中夫根假牛一黑犗齿〼

EPW:35+EPW:4

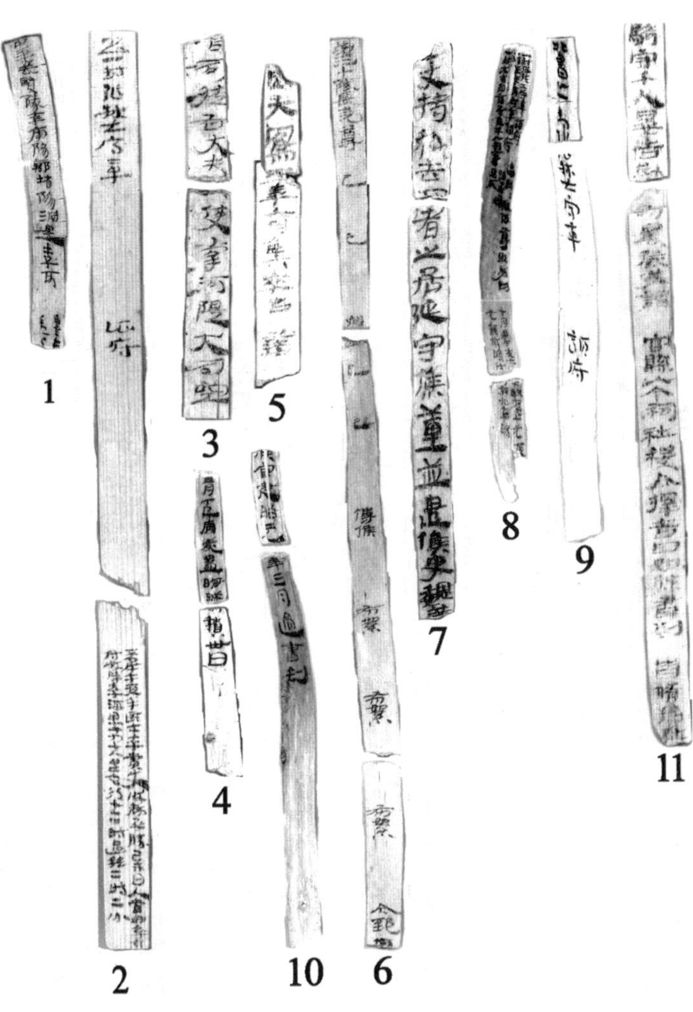

图版一

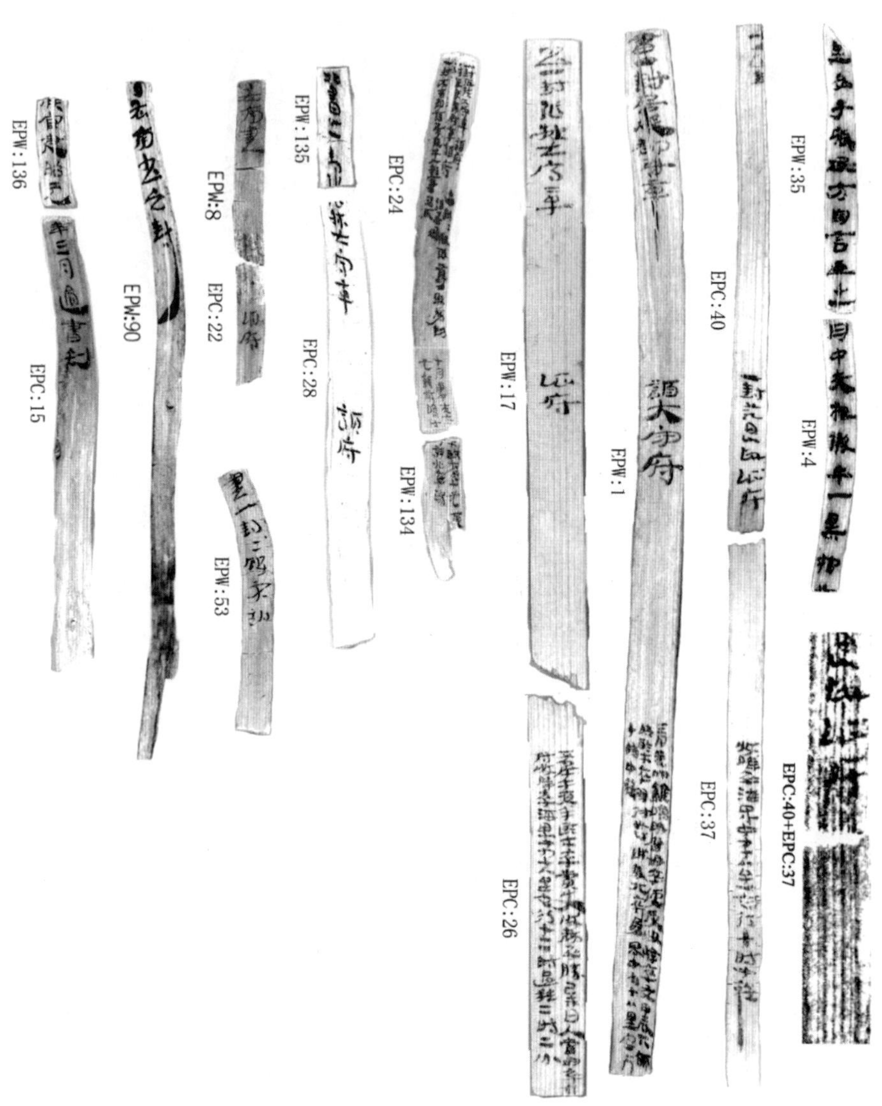

EPW:35
EPW:4
EPC:40+EPC:37
EPC:40
EPC:37
EPW:1
EPW:17
EPC:26
EPC:24
EPW:134
EPW:135
EPC:28
EPW:8
EPC:22
EPW:53
EPW:90
EPW:136
EPC:15

图版二

汉简中的玉门都尉

张德芳

（西北师范大学简牍研究院 兰州 730015 中国人民大学
“古文字与中华文明传承发展工程”协同攻关创新平台）

关于玉门都尉和玉门关，尤其是后者的具体地望，从沙畹、王国维以来的一百多年里一直聚讼纷纭，学界对此发表了很多意见。但是随着实地考察和敦煌小方盘城汉简的出土，关于玉门都尉府和玉门关的位置已有了一些新的材料和结论，逐步明朗化[1]。本文拟在现有认识的基础上，通过全面梳理出土汉简，罗列出历任玉门都尉以及西汉时期“玉门都尉”一职的起讫年代，旨在强化今天对敦煌小方盘城即西汉时期的玉门都尉府及玉门关驻地的认识。

---

[1] 李岩云、傅立诚：《汉代玉门关址考》，《敦煌研究》2006年第4期。[日]广濑薰雄：《也谈玉门都尉府与玉门关》，《丝绸之路与敦煌历史文化学术研讨会论文集》，2018年。

一、历任玉门都尉与都尉府

从《汉书·地理志》可知,敦煌阳关、玉门关,皆都尉治。此外还有中部都尉和宜禾都尉,但是哪些人曾经担任过都尉,无从得知。近一个世纪来敦煌等地出土的汉简,提供了新材料,让我们有了新的认识。下面即是酒泉玉门都尉和敦煌玉门都尉的可能排列,虽然有中断,不连续,但于整体认识西部防御和中西交通仍会有帮助。

(一)玉门都尉护众

我们今天从汉简中看到的最早的玉门都尉是护众,有两条材料,均出自小方盘城附近:

简 1

☑长　　酒泉玉门都尉护众候畸兼行丞事

☑　　谓天阫以次为驾当舍传舍诣行在所

☑　　□□传信□事如律令　　(敦 438)

简 2

大始三年闰月辛酉朔己卯玉门都尉护众谓千人尚尉丞无署就(敦 1922)

简 1 是夏鼐和阎文儒先生于 1944 年 11 月 5 日发掘于敦煌小方盘城北之土丘上的，于 1948 年首发于《新获之敦煌汉简》[1]。简 2 是斯坦因第二次中亚考察时在 T14(小方盘城)发现的纪年简。将两简结合起来观察，护众是我们所知道的最早的玉门都尉，其时在太始三年(前 94)前后。至于在任的时间长短，尚难判断。夏鼐先生认为，从元鼎六年(前 111)到太始三年至少应该有十七年时间。而夏鼐先生的推论前提是元鼎六年即已设置了敦煌郡，而简中所谓“酒泉玉门都尉”乃是敦煌郡未设前的隶属关系[2]。但是玉门都尉设置于敦煌建郡之前，似无疑义，可认为敦煌郡设置于元鼎六年，却不一定准确。河西四郡的设置年代由于《汉书》本传和地志记载的歧异，引发了后世的多种讨论，据汪受宽先生编著的《甘肃通史》第 2 卷《秦汉卷》的梳理，不同的记载和说法就有近 40 种之多[3]。其中刘光华先生《敦煌建郡于汉武帝后元元年辩》论证最为近似[4]。敦煌设郡于后元元年(前 88)。至于玉门都尉置于何时，最大的可能就是元封三年(前 108)，“上遣将军赵破奴击车师。破奴与轻骑七百馀先至，虏楼兰王，遂破车师，因举兵威以困乌孙、大宛之属……于是酒泉列亭障至玉门矣”[5]。酒泉玉门都尉的设置应在此时。也许第一任玉门都尉护众就从此时干到了大始三年以后，亦未可知。敦煌出土汉简的最早纪年是

[1] 此文最先发表于《“中研院”历史语言研究所集刊》第 19 本，1948 年，后收入 1961 年科学出版社所出《考古学论文集》，又收入 2000 年 9 月社会科学文献出版社所出《夏鼐文集》中册。当年的释文不尽准确。2017 年台北新出之《居延汉简》第四册附录有清晰的图片和准确的释文。

[2] 夏鼐：《考古学论文集》，科学出版社，1961 年，第 80 页。

[3] 刘光华主编，汪受宽著：《甘肃通史 · 秦汉卷》，甘肃人民出版社，2009 年，第 174—176 页。

[4] 文见中国秦汉史研究会编《秦汉史论丛》第 2 辑，陕西人民出版社，1983 年；刘光华《秦汉西北史地丛稿》，甘肃文化出版社，2007 年。

[5] 〔宋〕司马光编著，〔元〕胡三省音注：《资治通鉴》，中华书局，1956 年，第 687 页。

天汉三年(前98),距酒泉列亭障至玉门的时间十年左右。时间上应相差无几。

以上两简出自小方盘城。玉门都尉的驻地一开始就应在小方盘城,而且从后来的出土汉简看,终西汉之世都没有搬迁过。

(二)敦煌玉门都尉子光

简3

玉门都尉上书一封,五凤二年十二月己巳蚤食时,县泉佐□□平望驿骑逢。(Ⅱ90DXT0212S:33)

简4

二月庚午,敦煌玉门都尉子光、丞万年谓大煎都候:写移书到,定部书言到日,如律令/卒史山、书佐遂昌。(敦1741)

简3、简4出自不同的时间和地点。简3是1990年出土的悬泉简,简4则是1907年斯坦因掘自敦煌西部的凌胡隧简。但前者有准确的年代日期却没有人名,后者记载了敦煌玉门都尉的人名,却没有具体的年代。如果把两简结合起来考察,可以确定五凤年间(前57—前54)的敦煌玉门都尉是一个叫子光的人。

先说简4。此简的出土地点在凌胡隧,坐标是北纬40°8′54″,东经93°13′42.90″,东距小方盘城约60公里。此地当年出简最多,有250多枚。在所有凌胡隧的出土汉简中,有明确纪年者有11枚,所载都是神爵和五凤两个年号(前61—前54)。没有元康及其以前的纪年,亦没有甘露及其以后的纪年。在神爵和五凤的八年中,有“二月庚午”的年份是神爵元年、五凤三年和五凤四年。再结合上引简 3 悬泉简的记载和凌胡隧没有五凤四年的纪年,简 4 应该是五凤三年(前 55)之物。查核相关历谱,简 3 的时间是公元前 55 年 2 月 11 日,简 4 的时间应是公元前 55 年 4 月 13 日。两者相隔只有两个多月。这段时间的敦煌玉门都尉,当为“子光”无疑。简 3 是玉门都尉子光给朝廷的上书经过悬泉置的记录。简 4 是都尉子光和丞万年联署的下行文件,下发到大煎都候官。

(三)玉门都尉宫

悬泉汉简和敦煌汉简中都有记载“玉门都尉宫”在初元年间的履职情况:

简 5

初元二年四月庚寅朔辛丑,敦煌玉门都尉宫、丞得意谓过所县河津:遣从史常贤上书。乘用马二匹、轺车一乘,当舍传舍、郡邸,从者如律令。□月己卯,西。(Ⅰ90DXT0116②:107)

简 6

玉门都尉臣宫上书一封。初元三年十二月戊戌夜人定时,县泉译骑光付万年译骑过伦。(Ⅴ92DXT1310④:36)

简 5,23.2 厘米×1.45 厘米,红柳。简文内容是玉门都尉宫开具的一份过所。从史常贤直接上书朝廷。常贤带了乘马和轺车,要求沿途各地传舍和郡邸给予接待。常贤一行已经完成使命,在回返时路过悬泉置,留下过所登录。开具过所的时间是初元二年四月辛丑(前47年6月1日),而路过回返的日期可能要晚好几个月。简文记载他们于某月己卯往西而行。是年五月、七月、九月均有己卯,从史常贤如果自己带着乘马和轺车往返长安一趟,九月己卯(11月6日)应该比较接近。

简6亦为完整木简,23厘米×0.9厘米,红柳。出自悬泉置。其记载不同于简5。简5的内容是派人上书,简6的内容是通过驿站传递,将敦煌玉门都尉宫的上书送达朝廷。此次上书时间为初元三年十二月戊戌(前45年1月19日),与前次相隔一年半左右。简文中"译骑"当为"驿骑"。

简7

八月乙巳,敦煌玉门都尉宫谓玉门候官:写移书到,如大守府书律令。/掾恩、属汉昌。(敦1254)

23.5厘米×1.8厘米,两行[1]。玉门都尉宫给玉门候官转发的敦煌太守府文件的行文记录。从简5、简6可知,玉门都尉宫的任职时间在初元年间(前48—前44),查甘露、黄龙、初元年间(前53—前44)的日历,八月有乙巳的年份,只有初元二年和三年,因此此简的时间亦应在此两年间。另外简文是敦煌玉门都尉移书给玉门候官的,如果玉门都尉的官署在小方盘城,那么玉门候官的驻地肯定不在小方盘城之内。此亦玉门候官不与

[1] 关于"两行"的说法还有争议,我们认为中间起脊,两面坡形,简面只写两行字的形体称"两行"而不称"觚"。

玉门都尉同城之事证。

(四)敦煌玉门都尉千秋

悬泉汉简中还有敦煌玉门都尉千秋的记载:

简 8

敦煌玉门都尉千秋上书一封。初元五年二月辛亥日下餔时,县泉驿小史毋知受平译小史憙。到日莫餔时,付广至万年译小史。(V92DXT1311③:272)

完整木牍,红柳,23.3 厘米×1.9 厘米。这是一份传递敦煌玉门都尉千秋上书的记载。字迹基本清晰,但因是抄录的内容,文中有讹夺。“受平译”应为“受平望译”;“译”“驿”通用,汉简中多见。“毋知”“憙”为小史人名。“小史”为汉代最基层的低级小吏,级别在书佐之下[1]。此处驿小史即驿站负责传送书信的低级吏员。初元五年二月辛亥为公元前 44 年 3 月 27 日。因此简 8 所记“玉门都尉千秋”应与简 4 所记“玉门都尉宫”的职任相连接。

---

[1] 但《汉官》有“洛阳令秩千石……干小史二百五十人,书佐九十人,修行二百六十人。”将干小史列在书佐之前。见周天游点校《汉官六种》,中华书局,1990 年,第 8 页。

(五)敦煌玉门都尉平

在敦煌马圈湾、悬泉置、盐池墩等地都曾出土过“敦煌玉门都尉平”的汉简:

简 9

永光元年二月戊戌朔辛酉,敦煌玉门都尉平、丞得高敢言之、谨移郡铁器簿一编敢言之。(正面)掾安定、属通。(背面)(敦 1064)

完整两行,23 厘米×1.5 厘米。此简出自马圈湾遗址,是敦煌玉门都尉平报送太守府的一份上行文书。释文清晰无误,但不知此类上行文书何以出自马圈湾,而且内容是“郡铁器簿”? 但可以肯定的是,永光元年以后的敦煌玉门都尉是一个叫“平”的人。永光元年二月戊戌朔辛酉为公元前 43 年 4 月 1 日。

简 10

建昭二年六月壬戌朔壬戌,敦煌玉门都尉平谓过所:遣行丞事关候安,送罢卒郡东界。当舍传舍如律令。六月庚午,食,东。(V 92DXT1611③: 91)

出自敦煌悬泉置遗址。23.7 厘米×2 厘米,完整两行,红柳。此简是敦煌玉门都尉平签发的过所,意思是派关候安送罢卒到敦煌郡的东界,要求沿途给予食宿接待。过所于建昭二年六月壬戌朔壬戌即初一日(前 37 年 6 月 29 日)开出,关候安庚午即初九日(7 月 7 日)到达悬泉置,吃过一顿饭,往东走了。此简不仅说明建昭年间的敦煌玉门都尉仍然是“平”,而且也是玉门关与玉门都尉府同在小方盘城的证据。都尉有丞为佐贰,但丞不在时可就近由其他官员代理。此处所派行丞事的关候安,应该就是专管玉门关的关候。

简 11

☐戊戌朔己亥敦煌玉门都尉平谓过所遣☐(Ⅰ90DXT0209S:10)

出自敦煌悬泉置遗址,上下均残,仅余三分之一,松木,存字 16 个。在平任敦煌玉门都尉期间,即从永光元年到竟宁元年(前 43—前 33)的 11 年中,有“戊戌朔”的月份是永光元年二月、建昭元年五月、竟宁元年六月三处。因为无从知道该简究竟属于哪一年,所以暂将其系于竟宁元年(前 33)。该简从内容看亦为玉门都尉平开具的一份过所,在悬泉置留下的录副。

简 12

入东,敦煌玉门都尉上书一封。建始元年六☐(Ⅴ92DXT1611③:198)

出自悬泉置遗址的一枚残简,残长 12.3 厘米、宽 0.8 厘米,红柳。是敦煌玉门都尉上书通过沿途驿站传递时经过悬泉置的记录。记录比较潦草,没有留下此时的玉门都尉是谁。我们猜想,很可能也是“平”,因为其时与平任职的建昭年间比较接近。但不能确定,需要其他材料进一步证明。

简 13

☑玉门都尉平谓过所河☑ (92DXC:40)

1992年在悬泉置遗址采获的一枚残片,仅长4.3厘米,松木。可释者9字。此为玉门都尉平签发的一份过所,无法判断其具体时间。

简 14

☑ 门都尉平谓玉门候写移书到 □ ☑(正面)

☑ 即日吏至来□佐□ ☑(背面 DB296)

残简一枚,长11.5厘米、宽1.6厘米。其行文格调类似简5,属于敦煌玉门都尉转发上级文件给下属单位的记录。DB代表敦煌市博物馆,296是馆藏号。依据敦煌市博物馆的档案记录,此简2000年采自盐池墩,由他人赠送。盐池墩地处小方盘城北3公里,都尉转发文件的对象是谁,简何以出自此地,均不得而知。不过简中的"都尉平"还是给我们提供了联想的依据。

(六)敦煌玉门都尉君

小方盘城出土敦煌玉门都尉君的文书:

简 15

鸿嘉四年五月丙申朔乙卯,敦煌玉门都尉君、丞敢言之:府记(Ⅱ98DYT2:11)

于1998年出土自敦煌小方盘城。完整木简，长23厘米、宽0.9厘米，存字24个。内容是玉门都尉府报给敦煌太守府的一份上行文件的草稿或录副，是玉门都尉府根据敦煌太守府府记的要求对相关事项的报告。简文之后还应有接续的文字。"君"可理解为尊称亦可理解为人名。但此简是上行文书，对玉门都尉应该直称其名而不该冠以尊称，因此此简的"君"当为人名。丞后亦应有名字，但此简书写潦草，可能把丞名漏写了。鸿嘉四年五月丙申朔乙卯为公元前17年7月7日，可知鸿嘉年间的敦煌玉门都尉叫"君"。

（七）敦煌玉门都尉忠

简16

建平四年五月壬子，御史中丞臣宪承制诏侍御史曰：敦煌玉门都尉忠之官，为驾一乘传，载从者。御史大夫延下长安，承书以次为驾，当舍传舍如律令。六月丙戌，西。（Ⅰ90DXT0112②：18）

完整木牍，长23.4厘米、宽1.8厘米，松木。简文基本完整，应该是新任的敦煌玉门都尉忠从京师到任所，御史大夫为之开具的一份过所文件。开具过所的日期是建平四年五月壬子（前3年6月21日），路过悬泉置时为六月甲戌丙戌（7月25日），从长安出发到悬泉置走了35天。御史大夫延指贾延。此人于建平四年三月迁御史大夫，只干了一年。

(八)玉门都尉阳

简 17

十一月壬子,玉门都尉阳、丞罗敢言之:谨写移。敢言之。/掾安、守属贺、书佐通成。(敦 2055)

完整两行。长 23 厘米、宽 1.7 厘米。此简是斯坦因 1907 年在 T15.a 掘获。此地大致在小方盘城东北 4 公里左右,当时出简 100 多枚,被认为是汉代的宜秋隧。简文中"丞罗"王国维释作"丞□","罗"字不能确定。《流沙坠简》:"右简为玉门都尉言事之书。'敢言之'者,下白上之辞。此简不云'叩头死罪',而但云'敢言之',或系都尉与敦煌太守之公牍,而出于都尉治所者,盖具书之草稿也。'掾安、守属贺、书佐通成',皆主文书之官。《汉书音义》云正曰'掾'副曰'属'。'守属'则摄行属事者也。"[1]据此简只能得知在任玉门都尉的人名,而不知其任职时间。

(九)玉门都尉赐

简 18

☐丁卯,敦煌玉门都尉赐、丞彭告库谓

☐到,遣吏迎取相付受,同月移簿册　(正面)

☐守属政书、佐昌　　(背面)(Ⅱ98DYT5:2)

---

[1] 罗振玉、王国维编著:《流沙坠简》,中华书局,1993 年,第 109 页。

1998 年出土自小方盘城遗址，残长 14.7 厘米、宽 2 厘米。两行。上半部残缺，下半部有字两行，规整而清晰。唯“丞”后一字“彭”为后来填注。此时的敦煌玉门都尉叫“赐”，但不能确知其任职时间。

（十）玉门都尉时

简 19

☐ 三七十六□□□玉门都尉时行丞事，玉门候（正面）

☐ 二□□□□敢言之（背面）（Ⅱ98DYT1:48）

木简，上部残断，残长 17 厘米、宽 0.9 厘米。一份起草的可能要上报的文件底稿，字迹比较潦草。而且“玉门都尉时行丞事”八字间疑有讹夺，抄写时漏了都尉名抑或丞名，暂以都尉之名列于此。亦不知其任职时间。

（十一）具有准确时间而无确切人名的敦煌玉门都尉

在悬泉汉简中，还有一些具有准确纪年但无确切人名的关于敦煌玉门都尉的材料，能够说明“敦煌玉门都尉”一职在西汉末年，即公元元年前后的延续时间。引之如下：

简 20

永始二年闰月甲寅朔丁丑

煌玉门都尉□□（Ⅱ90DXT0215②:480）

是一枚残片。长9厘米、宽1.8厘米。下半部和左半部都是残缺的。左行十一字清晰可见,时间很清楚。右侧一行都已残半。“煌玉门都尉”是根据残半字迹释出的,大致没有问题。永始二年闰五月,甲寅朔丁丑为闰月二十四日,即公元前15年7月19日。

简21

县置行,诣玉门都尉,留二日,乃遣徒陈音行付龙勒 ☑ A

永始二年十二月甲辰,大守府谨移□ ☑ B (Ⅱ90DXT0214①:63)

四棱觚,但中间剖开,残留一半,有字者只有两面。残长11厘米、宽1.4厘米,红柳。第一行字迹清晰,似为朝廷的文书要送玉门都尉,但在悬泉置留滞了两天。之后悬泉置又派人送往龙勒。第二行“永始二年十二月甲辰”等字都已残为半字,但释文基本可信。永始二年十二月甲辰,公元前14年2月11日。

简22

入东军书一封,玉门都尉上。建平三年四月乙未蚤食时,遮要驿吏并受甘井驿苏利。(Ⅱ90DXT0214②:239)

简23

入东军书一封,玉门都尉上。建平三年四月癸卯定昏时,遮要驿吏并受甘井驿音。(Ⅱ90DXT0214②:266)

上引两简,同类性质的文书。均长 23 厘米、宽 0.8 厘米。而且简文似乎都出自一人之手。均记载玉门都尉上书的传递经过。公元前 4 年 6 月 9 日和 6 月 17 日,前后八天时间里,连续上书两份,而且都是军书,边境当有军情大事。

简 24

☐守章诣阳关。书一封,左将军印,诣敦煌玉门都尉☐

☐□章都尉。县厩置驿骑行

☐诣玉门都尉。元始元年三月庚☐　(Ⅰ90DXT0116 S:21)

残简一枚,长 11 厘米、宽 1.35 厘米。松木。上部有残文三行,下部有残文两行。能释者 40 字。其中有左将军发给玉门都尉的公文,也可能还有其他官署发给玉门都尉的公文。简文残断,不能通读。时间在元始元年(公元 1 年),其时的左将军为甄丰。王莽专权,甄丰等人当道,以左将军的名义直接给敦煌玉门都尉发文,亦可见王莽时期朝政的忙碌。县厩置驿骑行,在悬泉汉简中三见,大多涉及边疆军务,比较重要。

通过上面的材料,我们可以排列出玉门都尉人名和任职时间的一个顺序:

玉门都尉姓名	大致在任时间	
酒泉玉门都尉 护众	太始	BC 96—93
敦煌玉门都尉 子光	五凤	BC 57—54
敦煌玉门都尉 宫、千秋	初元	BC 48—44
敦煌玉门都尉 平	永光	BC 43—39
敦煌玉门都尉 平	建昭	BC 38—34

续表

玉门都尉姓名	大致在任时间	
敦煌玉门都尉 平?	竟宁	BC 33
敦煌玉门都尉 平?	建始	BC 32—29
敦煌玉门都尉 君	鸿嘉	BC 20—17
?	永始	BC 16—13
敦煌玉门都尉 忠	建平	BC 6—3
?	元始	AD 1—3
敦煌玉门都尉 阳	?	
敦煌玉门都尉 赐	?	
敦煌玉门都尉 时	?	

从上面的列表可以看出:一、也许从酒泉玉门都尉设置时(前108),护众就是第一任玉门都尉,从其时一直任到太始年间(前93),在任16年时间。因为汉简材料没有记载其任职时间,所以我们只能加以推断。二、从征和元年(前92)开始到神爵四年(前58),这35年里,谁是敦煌玉门都尉?还是个空白。三、从五凤元年(前57)开始到元始五年(5)的60多年里,中断者有甘露到黄龙(前53—前49)5年、河平到阳朔(前28—前21)8年、元延到绥和(前12—前7)6年、元寿(前2—前1)2年,总共21年。也就是说,从公元前57年到公元5年的62年时间里,有41年即三分之二的时间,玉门都尉是有名可指的。四、根据年号排列,本身就是个比较宏观的时段,不可能十分精确。即使如此,这样一个排列也是有意义的。它会使人们对玉门都尉的认识从一般的概念化进入更为深入具体的内容,也会给其他相关问题的研究提供一个人物和时间上的参考坐标。

二、王莽时期的玉门太尉

王莽秉政，于始建国元年（9）改太守为大尹，改都尉为太尉，先改敦煌为文德，再改为敦德。敦煌玉门都尉便改成了敦德玉门太尉。在马圈湾汉简中留下了王莽时期敦德玉门太尉的记载：

简 25

出檄一。五威左率诣玉门大尉府。五月乙未日下餔时，付关守啬夫张伋（敦 289）

王莽天凤三年（16），遣大使五威将王骏、西域都护李崇、戊己校尉郭钦出征西域。结果王骏在焉耆被杀，全军覆没。此简出自马圈湾遗址，是当时王骏发给玉门太尉府的军书。内容是行文记录。“出檄一”的“出”后可能漏一“东”字。简长 23 厘米、宽 0.9 厘米。此简应属于天凤三年之物，五月乙未为公元 16 年 4 月 30 日。

简 26

皇帝陛下臣厶叩头叩头，十二月壬辰，敦德玉门行大尉事试守（敦 182）

简 27

始建国天凤三年十二月壬辰，敦德玉门行大尉事、试守千人辅、试守丞况，谓大前都尹：西曹聊掾行塞蓬（敦 193）

此两简应为同一个人在同一天(公元 16 年 12 月 23 日)发出的两份文件。前者是给王莽的上书,后者是发给大煎都尹的下行文件。此时的"大煎都候官"可能改成了大煎都尹。时值年底,出征西域的王骏可能已兵败身死,西域遂绝,西部边疆的人事发生了很大变化。大尉之职由别人代行,新任的千人、丞等尚在试用而未转正。玉门都尉一职则从西汉一直延续到了王莽时期的玉门太尉,只是改了官名而已。

三、玉门都尉延续的时间

玉门都尉一职的延续时间大概从汉武帝元封三年(前 108)"酒泉列亭障到玉门"到王莽天凤三年(16)"西域遂绝",前后 124 年。随着军事要塞的往西延伸,酒泉列亭障至玉门,军队驻守应是相随而行,题中应有之义。玉门都尉的设置当在此时。王莽派王骏出征失败,西域遂绝,西部的驻防已不如以往重要。王莽是否对敦煌郡的四个都尉进行了调整,亦未可知。因为根据《后汉书·窦融传》的记载,窦融在更始年间(24)来到河西时:

> 酒泉太守梁统、金城太守厍钧、张掖都尉史苞、酒泉都尉竺曾、敦煌都尉辛肜、并州郡英俊,融皆与为厚善。及更始败……咸以融世任河西为吏,人所敬向,乃推融行河西五郡大将军事。是时武威太守马期、张掖太守任仲并孤立无党,乃共移书告示之,二人即解印绶去。于是以梁统为武威太守,史苞为张掖太守,竺曾为酒泉太守,辛肜为

敦煌太守,厍钧为金城太守。融居属国,领都尉职如故,置从事监察五郡。[1]

窦融来河西,对五郡官员进行重新洗牌的主要对象,就是各郡的太守和都尉。其中敦煌、酒泉、张掖只提到了一个都尉,而未提到其他的都尉。东汉建武六年(30),“省诸郡都尉,并职太守,无都试之役。省关都尉,唯边郡往往置都尉及属国都尉,稍有分县,治民比郡”[2]。河西有张掖属国和张掖居延属国,当有都尉之职。

斯坦因第二次中亚考察时在T15a,即上面说过的小方盘城东北不远处的宜秋隧发现一简,亦可证明东汉的河西驻防已有很大变化。“建武十九年四月一日甲寅玉门鄣尉戎告候长晏到任(敦1998)。”此时的玉门驻防已下降到障塞尉的级别,远不能和西汉时期的都尉相比。

[1] 〔南朝宋〕范晔:《后汉书》,中华书局,1965年,第796—797页。

[2] 《后汉书志》第二十八《百官五》,参见〔南朝宋〕范晔《后汉书》,中华书局,1965年,第3621页。

玉门关候浅识

马智全

（兰州城市学院　兰州　730070）

玉门关与阳关，作为联通西域的门户，在汉代中西交流中发挥了重要的作用。玉门关作为汉代关隘的代表，随着“春风不度玉门关”的世代吟诵，已融入中华民族的文化血脉，成为边疆形象的重要构成。由于二千多年的历史变迁，汉代玉门关设置的具体状况，还有诸多值得探索的方面。二十世纪以来敦煌地域出土的汉代简牍，对汉代玉门关设置状况有所记载，是认识两汉玉门关变迁的重要文献。而新近刊布的《玉门关汉简》，[1]就有一些与玉门关管理相关的简牍，值得关注讨论。

汉简记载玉门关事务，主要体现在军事、邮驿等方面。在与玉门关相关的职官中，汉简文献记载的“玉门关候”一职，性质比较独特。早年陈梦家先生《玉门关与玉门县》对此已作过考证，认为玉门关候“应隶属于玉门都尉，是守关口的一候官”。[2] 敦煌马圈湾汉简出土以后，简牍发掘

[1] 张德芳、石明秀主编：《玉门关汉简》，中西书局，2019 年。

[2] 陈梦家：《玉门关与玉门县》，载其著《汉简缀述》，中华书局，1980 年，第 198 页。

者吴礽骧先生撰写了《玉门关与玉门关候》,[1]认为"玉门关候"与"玉门候"可互称,或许二者有早晚之分。这是互相对立的两种观点。何双全先生《简牍》认同陈梦家先生的观点,认为:"从文书看,玉门关候和玉门候是不同性质的两个单位。玉门关候,是玉门关之候,即玉门关的最高负责人,居摄以前称作啬夫,平帝时始,随着关址的迁移,名称并未改变,但关设候,则表示着玉门关级别的提高。"[2]胡平生、张德芳先生《敦煌悬泉汉简释粹》则认为玉门关候是"驻守玉门关之军候"[3]。又张德芳先生《敦煌马圈湾汉简集释》说:"玉门关候,即玉门候官。因候官辖地有玉门关,故亦可称玉门关候。"并引用吴礽骧先生的解释为证。[4] 可见关于玉门关候的性质,目前还有不同的认识,需要进一步讨论明确。

要明确玉门关候的性质,一方面要理清玉门塞防相关职官设置情况,明确玉门关候地位,另一方面也可以将玉门关与西北地区其他关隘特别是肩水金关的设置情况作一比较,来认识关隘职官设置。

一、玉门候官的设置

汉代敦煌郡设有四个都尉,依据《汉书・地理志》记载,中部都尉治步广候官,宜禾都尉治昆仑障,"龙勒,有阳关、玉门关,皆都尉治"[5]。

[1] 吴礽骧:《玉门关与玉门关候》,《文物》1981 年第 10 期。

[2] 何双全:《简牍》,敦煌文艺出版社,2004 年,第 210 页。

[3] 胡平生、张德芳:《敦煌悬泉汉简释粹》,上海古籍出版社,2001 年,第 54 页。

[4] 张德芳:《敦煌马圈湾汉简集释》,甘肃文化出版社,2013 年,第 540 页。

[5] 〔汉〕班固:《汉书》,中华书局,1962 年,第 1614 页。

可知玉门都尉是因玉门关的依托而设置。玉门都尉所管辖的烽燧体系,史书记载并不详明。敦煌汉简发现以后,才明确玉门都尉与其他边郡都尉一样,也有严密的边塞管理系统。玉门都尉下设玉门候官、大煎都候官,每个候官下又设候部、烽燧等机构,负责边塞防御。其中玉门候官位于大煎都候官之东,中部都尉所辖步广候官之西,地理位置重要,一方面东联西通,另一方面还南接龙勒,为汉塞交汇要地。汉简文献记载了玉门候官运行的情况。

玉门候官　(敦 2058)[1]

四月乙巳,玉门候畸移过所▨　(敦 1921)

六月甲戌,玉门候丞□之谓西塞候长可得、将作候长福、将茭候长□等,记到,谨候

望府檄惊备,有虏党来,重追甚□,毋令吏卒离署,侍七月候记将卒廪,毋忽臧记令可课　(敦 483A)

玉门部士吏五人,候长七人,候史八人,隧长二十九人,候令史三人　(敦 806)

建武十九年四月一日甲寅,玉门鄣尉戎告候长晏,到任　(敦 1998)

从以上简文可以看出,玉门候官与边塞其他候官一样,有候管理具体事务,简文有“玉门候”的明确记载。玉门候下设候丞、士吏、候长、令史、

[1]　白军鹏:《敦煌汉简校释》,上海古籍出版社,2018 年,第 92 页。该类编号简牍引自该著。

候史、隧长等各类属吏。玉门候官最主要的职责还是边塞戍守。至于玉门鄣尉，主管玉门候官障城事务，也是玉门候官属吏。

玉门候官下辖候部烽燧的情况，汉简文献有所记载。依据敦煌马圈湾遗址发掘报告，候长有显明候长、诛虏候长、临泽候长、玉门候长、虎猛候长、大福候长、西塞候长、将候候长等，候史有却适候史、诛虏候史、玉门候史、远望候史、推贤候史等，亭燧有显明、临泽、广明、诛虏、威严、千秋、临要、候官、广汉、却适、当谷、止寇、远望、玉门、虎猛、宜秋、勇敢、察适、富贵、受降、仓亭、止奸、推贤、者偷等，共计候长 8 人、候史 5 人、亭燧 24 座。[1] 从这些统计可以看出，玉门候官与其他候官一样，以边塞戍守为主要职责。

二、玉门关的设置

在玉门候官所辖范围内，设有玉门关这一重要关隘，与阳关一样，是联通西域的重要门户。玉门关在北，有玉门都尉管辖，阳关在南，有阳关都尉管辖。玉门关作为关隘机构，设置在玉门候官管辖地域。汉简文献记载了管理玉门关的职官设置。

元康元年七月壬寅朔甲辰，关啬夫广德、佐熹敢言之：敦煌寿陵里赵负趣自言，夫欣为千秋燧长，往遗衣用，以令出关，敢言之。

[1] 甘肃文物考古研究所：《敦煌马圈湾汉代烽燧遗址发掘报告》，载甘肃省文物考古研究所编《敦煌汉简释文》，甘肃人民出版社，1991 年，第 326 页。

(敦796)

这枚汉简是出关文书,由关啬夫广德与关佐熹发出,记载了敦煌女子赵负趣给担任玉门千秋隧长的丈夫送衣用物品,要以令出关。依考古发掘,“玉门千秋燧当在玉门关外之临要隧以西”[1]。从地理位置分析,敦煌县至玉门千秋隧,要经过玉门关,那么简文中的啬夫就应该是玉门关啬夫,关佐就是玉门关佐,可见玉门关的职官。

告关令史　　(Ⅱ98DYT5:17)[2]

这枚汉简记载了“关令史”的职官,令史是汉代基层属吏,汉简中多见斗食令史,月奉九百钱,秩次较尉史、燧长高而比士吏、候长低。令史主文书事,肩水金关也有“关令史”的记载:“☐金关令史周。”(73EJT9:220)因为前简出自敦煌小方盘城,所以“关令史”应是玉门关令史,是玉门关的吏员。

勇敢隧长马晏免妻子从者八人,啬夫戎、卒张赦索　守丞赏临正月乙丑入关　　(98DYC:5)

这枚汉简也出自小方盘城,简文性质是过关名籍,检查关隘的人员有

[1] 甘肃文物考古研究所:《敦煌马圈湾汉代烽燧遗址发掘报告》,载甘肃省文物考古研究所编《敦煌汉简释文》,甘肃人民出版社,1991年,第326页。

[2] 张德芳、石明秀主编:《玉门关汉简》,中西书局,2019年,第176页。该类编号简均出自该著。

啬夫、卒，啬夫为关啬夫，卒则是守关隘的戍卒。简文中还出现了“守丞临”的记载，守丞监临关隘事务，则是派出吏员。肩水金关汉简过关名籍有“候临”的记载（73EJT3∶98），则此简中的丞应是候丞，即玉门候丞。

上述汉简反映出玉门关的吏员设置，玉门关有关啬夫，下有关佐，是重要吏员；有关令史，负责文书事务；有关卒，从事关隘检查。关隘检查时还有上级部门如候官丞监临，是玉门候官对玉门关事务的管理。

因此，从上述记载来看，玉门候官与玉门关的设置都是汉代边塞的正常设置，并无特别之处。特别是将玉门关与金关吏员相比较，发现二者颇为相似，这说明汉代关隘管理有稳定的职官设置。

三、玉门关候的管理

从上面的材料可以看出，玉门候官是玉门都尉府下属候官，长官为玉门候。玉门关是玉门候官管辖下的关隘，负责人员出入的管理，长官为关啬夫。二者不仅职事不同，长官的秩级也不相同，可是在敦煌地区特别是小方盘城的出土汉简中，出现了“玉门关候”的称谓，性质比较独特。

在早年斯坦因发现的敦煌汉简中，就有玉门关候的记载，王国维作过考证。

▨□报书三封，令玉门关候谕书言，迺壬辰日中时，故持书三封，□□□□，王先□造□

□□谕候出关门，敢言之　（敦1944）

与讯守丞况、玉门关候蒲、候丞兴,尹君所遣史宜,致关籍诣官(敦1930)

王国维《流沙坠简》将简敦1930编为烽燧类第三简,并有考证,说:"玉门都尉所属,则有玉门、大煎都二候官,第三及第五简有沙氏书中所录释文,有玉门候官语,足以证之。"[1]可见王国维将"玉门关候"直接解释为玉门候官,而且是玉门都尉所属之候官。

但是"玉门候"与"玉门关候"在名称上还是有所区别的,陈梦家《玉门关与玉门县》就对"玉门关候"有新的解释:

玉门关候的地位亦应与候官为一级。"玉门关候"诸简出土于玉门都尉治所(T14),应隶属于玉门都尉,是守关口的一候官,下属有候丞及关尹。在文献上其地位较高。《后汉书·西域传》述阳嘉四年(135)"乃令敦煌太守发诸国兵及玉门关候、伊吾司马……救……"车师,是玉门关候有屯兵可调。又《隶续》卷十二"刘宽碑阴门生题名"(东汉中平二年,185)亦有玉门关候之名,由此可见玉门关候到了东汉还是存在的。[2]

陈梦家结合汉代职官设置,对玉门关候作了考证,他指出玉门关候下属有候丞,而且在文献上地位较高,这都是正确的。但是他说玉门关候下属有关尹,这难以确认,简文中的"尹君"应是人名,似不可解释为"关

[1] 罗振玉、王国维编著:《流沙坠简》,中华书局,1993年,第129页。
[2] 陈梦家:《汉简缀述》,中华书局,1980年,第198页。

尹”,况且肩水金关也没有关尹的职官。其实陈梦家的核心观点是将“玉门关候”解释为“守关口的一候官”,这样就在前述玉门候、玉门关啬夫之外多了专门管理玉门关的职官,称之为玉门关候,是比较新颖的解释。

敦煌马圈湾汉简出土以后,“玉门关候”又见诸简文,汉简整理者吴礽骧先生有进一步的辨析。

> 关于西汉时期“玉门关候”与“玉门候”两名称的关系,目前尚难作肯定的结论。或许两者有早晚之分,昭、宣以前称“玉门候”,元、成以后称“玉门关候”,但居延简中有一简“二月乙巳肩水关候门啬夫敢言之”,劳榦考释,“肩水本候官,因有关在,故亦曰关候矣”。如是,则“玉门关候”与“玉门候”可互称。“玉门关候”至东汉称“玉门障尉”。[1]

吴礽骧先生依据汉简提出了新的见解,认为“玉门候”与“玉门关候”可以互称,则二个名称指的是一个职事。吴先生引用了居延汉简的例子作证,不过释文却存在问题。该简释文现作“二月乙巳肩水关门啬夫敢言”(19.37)[2],因此并不存在“肩水关候”的情况。

那么,汉简文献中出现的“玉门关候”,究竟是如陈梦家所说“是守关口的一候官”,还是如吴礽骧所说是玉门候的异称呢?对这个问题的认识,还是需要结合简牍文献,从汉代边塞职官设置和职事管理两方面来思考。

---

[1] 吴礽骧:《玉门关与玉门关候》,《文物》1981 年第 10 期。

[2] 简牍整理小组:《居延汉简(壹)》,“中研院”历史语言研究所,2014 年,第 66 页。

·功曹言,关守候博同产弟病死,愿以律取宁,重言守府　十月己酉史□封　(Ⅱ98DYT4：33)

奏曹言　写下将田车师戊己校尉诣田所诏书,下玉门关候
　　　　正月辛未史长富奏封　(Ⅱ98DYT5：1)

这两枚汉简都出自小方盘城。前简是功曹上书,说明“关守候”以律取宁,要重言守府,可知玉门关候属“守府”,也就是玉门都尉府管辖。后简是奏曹行文,传达朝廷诏书,要下达到玉门关候,奏曹是都尉府属吏,则此简也反映了玉门都尉府对玉门关候的管理。

十一月乙巳,玉门关候延寿、丞待谓候长□等,写移檄到,□毋令姦人犯塞,务称如从事田掾府檄律令　(敦764)[1]

☐玉门关候乙、丞过谓士☐　(敦949)

这两枚汉简都出自敦煌马圈湾。前简今图版只存在下半部分,不过从释文来看,上部也并非无据。简文记载玉门关候给所属候部移文,传达上级部门檄书要求。后简也是玉门关候与丞的下行文,应是给士吏行文,可能与候部事务有关。从这两简可以看出,玉门关候的职事,与玉门都尉府下属的玉门候是一样的,从事烽燧事务管理。

出南校檄一,玉门关候诣龙勒,居摄元年九月庚戌日☐　(敦624)

[1] 甘肃省文物考古研究所编:《敦煌汉简》,中华书局,1991年,第248页。

元延二年二月癸巳朔甲辰,玉门关候临、丞猛移效谷,移自言六事,书到,愿令史验问收责,以钱与士吏程严,报如律令　（Ⅱ0114②:292A）

啬夫政　（Ⅱ0114②:292B[1]）

关候强叩头死罪　□　（Ⅱ98DYT1：50）

敦煌玉门关候孙閒,公乘,治次命佥董录强力事□☐　（敦671）

以上四简,记述了玉门关候执行的职事,玉门关候给龙勒县、效谷县移文,说明玉门关候作为候一级的职官在施行政事。所涉及事务,其中一简记述"愿令史验问收责",是边塞常见的追债文书。这件文书说明玉门关候为属吏追债,执行职事与其他候官一样。

上述三组简文,反映了玉门关候的职事,有对上级都尉府命令的传达,有对下级候部的移文治事,有同级县的事务沟通。可见玉门关候与玉门候的职事相同。而就这些玉门关候的记载来看,没有发现有玉门关候像关啬夫一样直接进行关隘管理。因此,玉门关候不可能是独立设置的管理玉门关的职官,而应是边塞候官之候。这在职官秩级、职事管理方面都有体现。

首先从职官秩级来看,掌管候官的候与掌管关隘的啬夫秩级是不一样的。候的秩级为比六百石,所辖吏员有候丞、士吏、令史、候长、燧长等属吏。关啬夫的秩级则要低得多。裘锡圭先生《啬夫初探》说:"汉代的

[1] 胡平生、张德芳:《敦煌悬泉汉简释粹》,上海古籍出版社,2001年,第54页。

啬夫分有秩(百石)和斗食两级,都属于少吏的范围。”[1]裘先生还比较了肩水候与肩水金关啬夫的区别,说:“肩水关啬夫或兼行候事,可知是肩水候官的下属,候官之秩略与县令、长相当,所以肩水关只能设啬夫,其地位与县的官啬夫相当。”[2]关啬夫的属吏,最常见的是关佐,或有令史。因此从秩级与属吏来看,候与关啬夫区别明显。上述简文中的“玉门关候”与“玉门关啬夫”秩级区别明显。

其次从职事管理来看,候与关啬夫的职事也不相同。候官之候管理所辖各候部、烽燧的屯守事务,如日迹、烽火及军事战斗警备。而掌管关隘的关啬夫,主要负责出入关隘人员登记检查。如前述简文记载“元康元年七月壬寅朔甲辰,关啬夫广德、佐熹敢言之:敦煌寿陵里赵负趣自言,夫欣为千秋燧长,往遗衣用,以令出关。敢言之”(敦 796),就是对出入关隘的记载。从上面汉简记载玉门关候的职事来看,玉门关候对上执行玉门都尉府的命令,对下管理候部事务,又可移文龙勒、效谷等县级机构治事,都与候的职事相当,而与关啬夫区别明显。

作如上辨析,就会发现“玉门关候”仍然是边塞之候,与管理关隘的关啬夫区别明显。那么,为什么简文中既有“玉门候”又有“玉门关候”的名称呢?这应该反映了西汉后期玉门关重要地位的凸现。玉门关作为汉代联通西域的门户关隘,与肩水金关等关隘相比,还是有其特殊性。一方面,汉代玉门关过往人员众多,承载了西汉中期对西域大规模的军事战斗,后期在西域的屯田戍兵,西域诸国到中原的朝拜交流,以及各类商贾

---

[1] 裘锡圭:《啬夫初探》,载《裘锡圭学术文集》第 5 卷,复旦大学出版社,2012 年,第 55 页。

[2] 裘锡圭:《啬夫初探》,载《裘锡圭学术文集》第 5 卷,复旦大学出版社,2012 年,第 103 页。

往来,是肩水金关等关隘无法比拟的。另一方面,途经玉门关的人员往往身份显赫。汉朝派出将军、列侯、公主、使者出使西域,西域各国国王、王子、贵人、使者到达中原,依据肩水金关使者出入关要"候临"的情况,这些身份尊贵的人员经过玉门关的时候,玉门候自然也要亲自监临接待,而这样的事件出现频繁的时候,玉门候对玉门关的管理就会进一步强化,那么,玉门候被称为玉门关候,就是情理中事。

基于以上分析,"玉门关候"应该就是"玉门候",只是为了凸现玉门关重要位置而出现的另外一个称谓。玉门关候的职事,与其他候官之候一样,主要为管理边塞事务。从汉简记载来看,玉门关候名称出现在西汉后期,可能的情况就是随着玉门关事务重要性的凸现,玉门候又被称为玉门关候。

悬泉汉简“传信”简释文校补[1]

曾磊
（中国社会科学院古代史研究所、“古文字与中华文明传承发展工程”协同攻关创新平台 北京 100101）

敦煌悬泉汉简中有一类“传信”简，涉及汉代的传信制度和传车使用制度，学者对此多有关注[2]。《文物》2000年第5期发表《敦煌悬泉汉简

[1] 本文获中国社会科学院学科建设“登峰战略”资助计划资助，编号DF2023YS15（出土文献与先秦秦汉史）。

[2] 张德芳：《悬泉汉简中的“传信简”考述》，载中国文物研究所编《出土文献研究》第7辑，上海古籍出版社，2005年，第65—81页，后收入郝树声、张德芳《悬泉汉简研究》第四章《交通与民族》第一节《悬泉汉简中的“传信简”》，甘肃文化出版社，2009年，第134—161页，以下简称《悬泉》；初世宾：《悬泉汉简拾遗》，载中国文物研究所编《出土文献研究》第8辑，上海古籍出版社，2007年，第89—110页；初世宾：《悬泉汉简拾遗（二）》，载中国文化遗产研究院编《出土文献研究》第9辑，中华书局，2010年，第181—209页；初昉、世宾：《悬泉汉简拾遗（三）》，载中国文化遗产研究院编《出土文献研究》第10辑，中华书局，2011年，第228—248页；初昉、世宾：《悬泉汉简拾遗（四）——〈敦煌悬泉置汉简释粹〉例七七至一〇三之考释补》，载中国文化遗产研究院编《出土文献研究》第11辑，中西书局，2012年，第213—228页；初昉、世宾：《悬泉汉简拾遗（五）》，载中国文化遗产研究院编《出土文献研究》第12辑，中西书局，2013年，第234—252页；初昉、世宾：《悬泉汉简拾遗（六）》，载中国文化遗产研究院编《出土文献研究》第13辑，中西书局，2014年，第403—414页；初昉、世宾：《悬泉汉简拾遗（七）》，载中国文化遗产研究院编《出土文献研究》第15辑，中西书局，2016年，第331—357页；初昉、世宾：《悬泉汉简拾遗（八）》，载中国文化遗产研究院编《出土文献研究》第16辑，中西书局，2017年，第243—257页；侯旭东：《西北汉简所见“传信”与“传”——兼论汉代君臣日常政务的分工与诏书、律令的作用》，《文史》2008年第3辑，修订稿见简帛网，2010年12月24日，以下简称《传信》。

释文选》一文[1],公布了悬泉汉简部分有代表性的简文。随后,何双全《敦煌悬泉汉简释文修订》[2]和张俊民《〈敦煌悬泉汉简释文选〉校补》[3]二文对《敦煌悬泉汉简释文选》中的释文进行了校订。2001 年 8 月《敦煌悬泉汉简释粹》[4]出版,集中公布了一批简牍的释文。其后,张俊民《〈敦煌悬泉汉简释粹〉校读》[5]又对其释文加以校正。以上公布的悬泉汉简,含有少量"传信"简,而"传信"简的集中披露,见于张德芳《悬泉汉简中的"传信简"考述》,该文公布了部分与"传信"简有关的简牍图版,对此前公布的一些释文进行了调整,并对"传信"简进行了系统研究。其后,侯旭东收集了当时能见到的西北汉简中的"传信"与"传",并对其详加探讨,发表《西北汉简所见"传信"与"传"——兼论汉代君臣日常政务的分工与诏书、律令的作用》一文。该文附录的《传文书分类汇总表》对包括悬泉汉简在内的"传信"简进行了分类汇总,相关释文和断句亦有所修订。

悬泉汉简尚未全部公布,一些简文散见于参与悬泉汉简整理的学者的论著中,且大多数尚未见到图版,无法进行更细致的校订。本文仅以郝树声、张德芳《悬泉汉简研究》第四章《交通与民族》第一节《悬泉汉简中的"传信简"》公布的"传信"简(简 43—50 为失亡传信的记录)释文为底本,据图版和相关学者的研究对其释文加以校补(若简文无误,则照录),

[1] 甘肃省文物考古研究所:《敦煌悬泉汉简释文选》,《文物》2000 年第 5 期。

[2] 何双全:《敦煌悬泉汉简释文修订》,《文物》2000 年第 12 期。

[3] 张俊民:《〈敦煌悬泉汉简释文选〉校补》,《敦煌学辑刊》2001 年第 1 期。

[4] 胡平生、张德芳:《敦煌悬泉汉简释粹》,上海古籍出版社,2001 年,以下简称《释粹》。

[5] 张俊民:《〈敦煌悬泉汉简释粹〉校读》,简帛研究网,2007 年 1 月 31 日,以下简称《校读》。

并作初步讨论[1]。

一

在进行释文校补前,需要介绍一下汉代法律对传车规格和传信使用的相关规定。

《汉书·高帝纪下》:"横惧,乘传诣洛阳。"颜师古注引如淳曰:

> 律,四马高足为置传,四马中足为驰传,四马下足为乘传,一马二马为轺传。急者乘一乘传。[2]

类似记载又见《史记·孝文本纪》:"太仆见马遗财足,余皆以给传置。"《索隐》引如淳云:

> 律,四马高足为传置,四马中足为驰置,下足为乘置,一马二马为轺置,如置急者乘一马曰乘也。[3]

此条律文规定了汉代传车的规格,对若干名词进行了解释。两条引

---

[1] 部分参校简文还见张俊民《简牍学论稿——聚沙篇》,甘肃教育出版社,2014年(以下简称《简牍》);张俊民《敦煌悬泉置出土文书研究》,甘肃教育出版社,2015年(以下简称《文书》)。

[2] 〔汉〕班固:《汉书》,中华书局,1962年,第57页。

[3] 〔汉〕司马迁:《史记》,中华书局,1959年,第422、423页。

文有所不同，颜师古注引如淳注中的“置传”“驰传”“乘传”“轺传”，司马贞《索隐》引如淳注写作“传置”“驰置”“乘置”“轺置”。对此，沈家本、富谷至已有详细辨析，认为律文当以《汉书·高帝纪下》如淳注为是。[1]此外，司马贞《索隐》引如淳注中“置急者乘一马曰乘也”一句，语义不通，文字或有遗漏。[2]

《汉书·平帝纪》“在所为驾一封轺传”如淳注还引用了另一条律文：

> 律，诸当乘传及发驾置传者，皆持尺五寸木传信，封以御史大夫印章。其乘传参封之。参，三也。有期会累封两端，端各两封，凡四封也。乘置、驰传五封也，两端各二，中央一也。轺传两马再封之，一马一封也。[3]

《肩水金关汉简（贰）》中所录简 73EJT23:623 内容与此有关：

> ☑□□□□传两马再封之一马一封诸乘轺传者乘一封及以律令

[1] 〔清〕沈家本撰，邓经元、骈宇骞点校：《汉律摭遗》卷一三，载其著《历代刑法考》，中华书局，1985 年，第 1608—1609 页。［日］富谷至著，刘恒武、孔李波译：《文书行政的汉帝国》，江苏人民出版社，2013 年，第 225—229 页。

[2] 参见初世宾《悬泉汉简拾遗（二）》，载中国文化遗产研究院编《出土文献研究》第 9 辑，中华书局，2010 年，第 188 页；曾磊《刘贺“乘七乘传诣长安邸”考议》，《石家庄学院学报》2019 年第 2 期。

[3] 〔汉〕班固：《汉书》，中华书局，1962 年，第 359 页。如淳注研究可参看梁健《曹魏律章句研究——以如淳〈汉书〉注为视角》，西南政法大学硕士学位论文，2007 年；胡俊俊《〈汉书〉如淳注研究》，西南科技大学硕士学位论文，2011 年。

乘传起□▨[1]

如淳注所引律文夹杂有律说的内容,简 73EJT23:623 前后文均有缺失,笔者已将其复原如下:

律,诸当乘传及发驾置传者,皆持尺五寸木传信,封以御史大夫印章。其乘传参封之,有期会累封两端,端各两封;乘置、驰传五封之;轺传两马再封之,一马一封。诸乘轺传者,乘一封及以律令乘传起□……[2]

此条律文是对使用传车的凭证——传信——进行封缄的具体规定,与上面讨论的律文关系密切,二者当属同一律篇。沈家本把它们归入《厩律》,其说可从[3]。根据两条律文可将汉代传车规格和传信制度列表如下[4]:

---

[1] 甘肃简牍保护研究中心、甘肃省文物考古研究所、甘肃省博物馆、中国文化遗产研究院古文献研究室、中国社会科学院简帛研究中心编:《肩水金关汉简(贰)》,中西书局,2012 年,彩色图版见上册第 191 页,红外线图版见中册第 191 页,释文见下册第 100 页。

[2] 此条律文的复原及解读参见曾磊《肩水金关汉简中的〈厩律〉遗文》,载邬文玲、戴卫红主编《简帛研究二〇一九(秋冬卷)》,广西师范大学出版社,2020 年,第 263—282 页。

[3] 〔清〕沈家本撰,邓经元、骈宇骞点校:《汉律摭遗》卷一三,载其著《历代刑法考》,中华书局,1985 年,第 1608—1609 页。

[4] 相关表格参见初世宾《悬泉汉简拾遗(二)》,载中国文化遗产研究院编《出土文献研究》第 9 辑,中华书局,2010 年,第 189 页;侯旭东《汉代律令与传舍管理》,载卜宪群、杨振红主编《简帛研究二〇〇七》,广西师范大学出版社,2010 年,第 151—164 页,修订稿见简帛网,2010 年 12 月 6 日。

规格	用马数量	封印数量
一封轺传	一马	一封
二封轺传	二马	二封
乘传	四马下足	三封/四封
驰传	四马中足	五封
置传	四马高足	五封

敦煌悬泉汉简中的“传信”简其实是对传信的抄录，并非原件（有的简上还加有书写者的注记），但这些抄录简基本按照传信原格式抄写，有相对严格的文书格式[1]，其中涉及的传车规格和传信制度也与汉代《厩律》相合。据此，我们可以推知“传信”简中的部分缺失文字，按照文书学的方法复原其文书格式，并对简文加以校订。

二

简 1

初元五年□月，左将军光禄大夫臣嘉、右将军典属国臣奉世承

制诏侍御史曰：都护西域校尉军司马令史窦延年、武党√充国√良诣部。为驾一封

（以上第一栏）

御史大夫万年下扶☑

当舍传舍，如律令。

[1] 参见《悬泉》，第 137—138 页。

(以上第二栏)

(V92DXT1512③:11[1])

“□月”,《悬泉》《文书》《传信》作“十一月”。此字图版为“”,竖笔未出头,疑当为“正”字(部分笔画可能墨迹脱落)或“二”字。《汉书·百官公卿表下》载,甘露三年(前51)“五月甲午,太仆陈万年为御史大夫,七年卒”。初元五年(前44)“六月辛酉,长信少府贡禹为御史大夫,十二月丁未卒”。[2]《悬泉》据此认为,初元五年(前44)十一月时,《百官公卿表下》所载御史大夫为贡禹,同简文记载不符。将“十一月”改释为“正月”或“二月”,简文与《百官公卿表下》记载相符。另,此传信月份后未书具体日期,疑书手漏抄。

“录”,《悬泉》《文书》《传信》作“禄”。此字图版为“”,左部为“金”旁。

“军”,《文书》漏释。此从《悬泉》《传信》释。

据文例,“为驾一封”后当有“轺传”等字。疑书手漏抄。

“扶”,《悬泉》《文书》《传信》未释,此字图版为“”,当是“扶”字的左部残存。“下扶风厩”文例,可参简12、19、22等。

“如律令”后《文书》衍一“□”。此从《悬泉》《传信》释。

简2

☑夫臣商承　　御史大夫衡下右扶风厩,承书以次为驾,

[1]《悬泉》,第136页,简1。《文书》,第436页。

[2]〔汉〕班固:《汉书》,中华书局,1962年,第811、816页。

⧄　　　　当舍传舍,如律令。　　　　卩

(V92DXT1510②:161[1])

“夫”,《悬泉》《传信》未释。《汉书·百官公卿表下》载,永光三年(前41),“侍中中郎将王商为右将军,十一年迁”[2]。建始三年(前30),“右将军王商为左将军,一年迁”[3]。建昭二年(前37),“八月癸亥,诸吏散骑光禄勋匡衡为御史大夫,一年迁”[4]。《悬泉》据此认为,简文中的“商”即王商,“衡”即匡衡,此简为建昭二、三年间物。此说可从。又,《汉书·王商传》载:“元帝时,至右将军、光禄大夫。”[5]据此,王商当时除任右将军外,还任光禄大夫。简文中“臣”前之字图版为“”。据文例,“臣”字前为职官名,此字当为“夫”之下半的残笔,则此简“夫”前至少还有“光禄大”三字。

简3

甘露四年六月辛丑,

郎中马仓使护敦煌郡塞外漕作仓穿渠。

为驾一乘传,载从者一人。有请诏。　　　　外卅一

(以上第一栏)

御史大夫万年下谓,以次为驾,当舍传舍,从者

如律令。　　　　七月癸亥食时西。

[1] 《悬泉》,第136页,简2。

[2] 〔汉〕班固:《汉书》,中华书局,1962年,第819页。

[3] 〔汉〕班固:《汉书》,中华书局,1962年,第824页。

[4] 〔汉〕班固:《汉书》,中华书局,1962年,第820—821页。

[5] 〔汉〕班固:《汉书》,中华书局,1962年,第3369页。

(以上第二栏)

(Ⅱ90DXT0115④:34[1])

简 4

黄龙元年四月壬申,

给事廷史刑寿为诏狱有沓捕弘农、河东、上党、云中、北地、安定、金城、张掖、

酒泉、敦煌郡。为驾一封轺传。　　外二百卌七

(以上第一栏)

御史大夫万年谓胃成,以次为

驾,当舍传舍,如律令。

(以上第二栏)

(Ⅱ90DXT0114③:447A[2])

简 5

陇西、天水、金城、武威、张掖、酒泉、敦煌、□□东海、琅琊、东来、勃海、济南、涿、常山、辽西、上谷郡。为驾一封轺

传。有请诏。　　外百卌五

(以上第一栏)

御史大夫望之下渭成,以次为驾,当舍传舍,如律令。

(以上第二栏)

[1] 《悬泉》,第 138 页,简 3。

[2] 《释粹》,第 35—36 页,简 31。《悬泉》,第 138—139 页,简 4。

（Ⅰ91DXT0309③:135A[1]）

“□□东海琅琊东来”,《悬泉》《传信》作“□□□□□□东来”,《简牍》作“安定、北地、东海、琅琊、东莱”。“海”字图版为“”,右部“每”字残存;“琅”字图版为“”,右部“良”字残存;“琊”字图版为“”,右部“邪”字残存。东海、琅琊二地南北相接,据此,可推知“海”上一字为“东”。“来”字图版为“”,无草头。

“下”,《悬泉》《传信》未释。此简左右侧皆残损,此字图版为“”,“下”字的一点可见,此从《简牍》释。

简 6

五凤四年二月癸亥 ▨

大司农延□始行趣 ▨

为驾二封轺传。外十一▨

（Ⅱ90DXT0215S:399[2]）

简 7

▨封轺传。 外二百 ·▨

（Ⅱ90DXT0114⑥:32[3]）

[1] 《悬泉》,第 139 页,简 5。《简牍》,第 168 页。

[2] 《悬泉》,第 140 页,简 6。

[3] 《悬泉》,第 140 页,简 7。此简图版倒置。

“封”,《悬泉》《传信》未释。此字图版为“[图]”,残损严重,据文例可补释为“封”。

“·”,《悬泉》《传信》未释。

简 8

元始二年二月癸未,

西域都护守史猥、司马令史赵严罢,诣北军。为驾一封轺传。有请　　御☐

诏。　　律☐

(Ⅰ90DXT0112①:58[1])

“守史”,《简牍》作“守受”。此从《悬泉》《传信》释。

《简牍》“有请”后衍一“□”。此从《悬泉》《传信》释。

简 9

为驾一封轺传,二☐

(Ⅰ90DXT0116S:1[2])

简 10

元始二年二月己亥,少傅左将军臣丰、右将军臣建承　　大司☐

制诏御史曰:候旦使送乌孙归义侯侍子。　　如　☐

[1] 《悬泉》,第 141 页,简 8。《简牍》,第 256 页。

[2] 《悬泉》,第 142 页,简 9。

为驾一乘轺传，得别驾载从者二人。 御七十六

（Ⅰ90DXT0116S：14[1]）

“候”，《悬泉》作“侯”。此字图版为“[illegible]”，当为“候”。此从《释粹》《传信》释。

“候”前疑漏抄一“卫”字。简IT0309③：19有“御史守丞贺君为卫候王君副使送于阗王渠犁疏勒诸国客”[2]，《汉书·冯奉世传》：“前将军增举奉世以卫候使持节送大宛诸国客。”[3]《后汉书·班超传》：“别遣卫候李邑护送乌孙使者。”[4]可见卫候常承担护送西域诸国客人回程的任务。

“使”，《释粹》作“受”，《悬泉》作“□”，《校读》《传信》作“发”。此字图版为“[illegible]”，当是“使”字。有学者指出，汉简中“使”字与“受”字字形易混[5]。敦煌简中“使”字字形与此字相类，如敦40“遣使来食”之“使”字形作“[illegible]”，又如敦82A“奉使无状”之“使”字形作“[illegible]”。[6] 另外，文献中“使送”的文例颇多，上文已引，此不敷述。

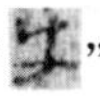

“驾一乘轺传”，目前所见传车规格写作“驾一乘轺传”的仅此一例。《悬泉》断作“为驾一乘、轺传”，认为“即一乘传、一轺传，乘传为四马所驾，由归义侯侍子所乘；轺传为从者二人所乘”。据上引汉代传车规格和

---

[1] 《释粹》，第146页，简211。《悬泉》，第142页，简10。

[2] 《文书》，第435页。

[3] 《汉书》卷七九《冯奉世传》，中华书局，1962年，第3294页。类似记载又见《汉书》卷九六上《西域传上》：“会卫候冯奉世使送大宛客。”（第3898页）

[4] 〔南朝宋〕范晔：《后汉书》，中华书局，1965年，第1577页。

[5] 参见李洪财《汉简草字整理与研究》，吉林大学博士学位论文，2014年，第120页。

[6] 甘肃省文物考古研究所编：《敦煌汉简》，中华书局，1991年，图版肆、捌。

传信制度,轺传以一马或二马牵引,乘坐轺传要以一封或二封传信(加封一枚或两枚封泥的传信)为凭证。乘传以四马牵引,乘坐乘传要以三封或四封传信(加封三枚或四枚封泥的传信)为凭证。两种传信使用的封印数量不同,因此不可能在一枚传信上同时体现,两种传车规格只能分别制作两枚传信为凭证。另外,轺传与乘传所用马匹数量不同,车速亦不相同。如两种传车使用同一凭证,则其沿途只能相伴而行,二者车速一致,难以发挥乘传的速度优势,不合常理。此简书手抄写字迹较为潦草,看来并不用心。这里的“驾一乘轺传”很可能是“驾一乘传”或“驾一封轺传”的误抄。

“大司”,《释粹》《悬泉》《传信》作“大……”,《校读》作“大□”。此字残笔作“”,《悬泉》指出,“王莽改御史大夫为大司空,后一‘大’字当为大司空甄丰下某地等内容”。

此传信编号为“御七十六”,《悬泉》认为,“用‘御’代替了‘外’,不知何意”。带“御”字的编号,为目前仅见,当时已改御史大夫为大司空,此处为何仍用“御”字编号,原因不明。

简 11

神爵四年十一月癸未,

丞相史李尊送获(护)神爵六年戍卒河东、南阳、颍川、上党、东郡、济阴、魏郡、淮阳国诣敦煌郡、

酒泉郡。因迎罢卒送致河东、南阳、颍川、东郡、魏郡、淮阳国,并督死卒传槥(櫝)。

为驾一封轺传。

(以上第一栏)

御史大夫望之谓高陵，以次为驾，当舍
传舍，如律令。

（以上第二栏）

（Ⅰ90DXT0309③：237[1]）

两处“颖”字，《悬泉》《简牍》《传信》皆作“颍”。二字图版分别为“”“”，此从《释粹》释。

简 12

制诏御史曰：都护西域骑都尉书佐薪温邮田□□□赏库车
□□□□□□□□□□□□□□
为驾一封轺传，驾八乘。

（以上第一栏）

御史大夫定国下扶风厩，承书以次为驾，
当舍传舍，如律令。　　　　　　　　◪

（以上第二栏）

（Ⅱ90DXT0214③：70[2]）

“西域”，《悬泉》《传信》作“□□”，此二字图版不清。《悬泉》在讨论该简时说，“都护□□骑都尉”，当为“都护西域骑都尉”。当是。

《悬泉》指出，此简“完整，但字迹浅淡，有些已不可得释”。此传信有

[1] 《释粹》，第 45 页，简四〇。《悬泉》，第 142 页，简 11。《简牍》，第 424 页。
[2] 《悬泉》，第 143 页，简 12。

"制诏侍御史曰"字样,又由御史大夫签发,当是由中央承制发出者。根据中央承制发出传信简的格式,"制诏侍御史曰"一行一般提格书写,此行文字前当还有时间、承制官员等信息(参简 1)。因此,此简右侧应有一行文字缺失。

简 13

☑永光元年二月庚子,左将军☑

☑侍御史曰:将田车师司马令☑

☑驾一封轺传,驾六乘。·传☑

(Ⅱ90DXT0216②:805[1])

"左",《悬泉》《传信》作"右"。此字图版为"[illegible]",右下部两横长短不一,非"口"字写法,当是"左"字。

"驾六乘·传",《悬泉》《传信》作"驾六乘传"。此处图版为"[illegible]","传"字上部有一墨点。"·传"当为此传信编号的起首。类似文例见简16:"为驾一封轺传,驾六乘。·传百八十八。"

简 14

为驾一封轺传。有请☑

诏。　　　　　　　☑

(Ⅱ90DXT0113②:49[2])

[1] 《悬泉》,第 143—144 页,简 13。

[2] 《悬泉》,第 144 页,简 14。

简 15

为驾一封轺传，二乘，二人共载☐

（Ⅱ90DXT0113④:108A[1]）

简 16

车师已校候令史敞、相、宗、禹、福、置诣田所。

为驾一封轺传，驾六乘。 ·传百八十八

……☐

（Ⅱ90DXT0215③:11[2]）

简 17 内容与此简相关：“☐师已校候令史敞√相√宗√禹福置诣田所。为驾，当舍传舍，从者如律令。”（简 17）[3]《悬泉》指出，两简字迹书体不同，发掘时不在同一位置。此外，二简格式亦不相同。简 16 是严格按照传信简格式抄录的，而简 17 并未严格按照传信简格式抄录，语句亦有所省略，或是悬泉置为制作其他簿籍而抄录。“√”或为核查记录。“敞、相、宗、禹、福、置”，《悬泉》断作“敞、相、宗、禹福置”，或是受简 17 三个“√”的影响。阎步克认为，简 16 中“为驾一封轺传，驾六乘”是指使用

[1] 《悬泉》，第 144 页，简 15，原编号为“II90DXT0113④:108”。

[2] 《释粹》，第 132 页，简 186。《悬泉》，第 144 页，简 16。

[3] 《释粹》，第 132 页，简 187。《悬泉》，第 145 页，简 17。《简牍》，第 256 页。“师”，《悬泉》作“□”，《简牍》作“戊”。此从《释粹》《传信》释。《释粹》“禹”“福”后各衍一“√”。此从《悬泉》《传信》释。“置”，《简牍》作“强”。此从《释粹》《悬泉》《传信》释。

六辆一马轺传,恰与“敞、相、宗、禹、福、置”六人相对。[1] 其说可从。

简 18

车师己校尉书佐褒 ☒

为驾一封轺传,驾八☒

(Ⅱ90DXT0216②:405A[2])

“八”,《悬泉》《传信》未释。此字图版为“”,下部残损,据文例当为数字。此简与简16书写风格相同,字迹类似,当为一人书写(如“驾”,两简图版分别作“”“”,又如“传”,两简图版分别作“”“”)。简16“·传百八十八”中第二个“八”字图版为“”,与此类似。

简 19

五凤四年六月丙寅,使主客散骑光禄大夫臣扶承

制诏御史曰:□云中大守安国、故教未央仓龙屯卫司马苏于、武强

使送车师王、乌孙诸国客,与军候周充国、载先俱。

为驾二封轺传,二人共载。

(以上第一栏)

[1] 参见阎步克《乐府诗〈陌上桑〉中的“使君”与“五马”——兼论两汉南北朝车驾等级制的若干问题》,《北京大学学报(哲学社会科学版)》2011年第2期。

[2] 《悬泉》,第145页,简18,原编号为“II90DXT0216②:405”。

御史大夫延年下扶风☐

厩，承书以次为驾，

当舍传舍，如律令。

（以上第二栏）

（Ⅱ90DXT0113③：122+151A[1]）

“臣”，《释粹》作“田”。《悬泉》《校读》《传信》未释。此字图版为“”。《校读》指出，按照文书格式，此字可作“臣”。可从。职官后当接“臣某”。

“承”，《释粹》《悬泉》作“韦”。《校读》《传信》作“群承”。据文例应为“承”。此字图版为“”，本简同字图版为“”，简21、简22“承”图版为“”“”，可参。

“□云中大守”，《释粹》作“使云中太守”，《悬泉》《传信》作“使云中大守”。“大”字图版为“”，“太”字为误释。“□”字图版为“”，同简两处“使”字作“”“”，前者与后二者明显不同，当非“使”字。

“教”，《释粹》《悬泉》未释。此从《校读》《传信》释。

“屯”，《释粹》《悬泉》未释。此从《传信》释。《汉书·冯逡传》：“功次迁长乐屯卫司马。”[2]可参。

“于”，《释粹》未释。此从《悬泉》《校读》《传信》释。

“载先”，《校读》《传信》作“载屯”。“先”反相图版为“”，与“屯”

[1] 《释粹》，第151页，简二一五。《悬泉》，第145—146页，简19，原编号为“II90DXT0113③：122A”。

[2] 〔汉〕班固：《汉书》，中华书局，1962年，第3305页。

字图版“”不同。此从《释粹》《悬泉》释。“载先”应为人名。

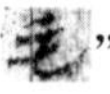

“下扶风厩”,《释粹》未释,此从《悬泉》《传信》释。

简 20

永始四年九月甲子,医能治病 ⧄

守部候李音以诏书诣 ⧄

大医。为驾二封轺传,　　载从者⧄

(Ⅱ90DXT0111①:51[1])

“大”,《悬泉》《传信》作“太”。此字图版为“”,当据原字作“大”。

简 21

元康三年四月戊寅,前将军臣增、后将 ⧄

臣舜、长罗侯臣惠承 ⧄

制诏侍御史曰:军司马憙与校尉褒 ⧄

为驾二封轺传,载从者一人。 ⧄

(Ⅱ90DXT0213③:5[2])

“校尉褒”,《悬泉》作“校尉马褒”,误增一字。

[1] 《悬泉》,第 146 页,简 20。

[2] 《悬泉》,第 146 页,简 21。

简 22

甘露二年十一月丙戌，富平侯臣延寿、光禄勋臣显，承

制诏侍御史曰：穿治渠军猥候丞□万年、漆光、王充诣校尉作所。

为驾二封轺传，载从者各一人，驾二乘。传八百卌四。

（以上第一栏）

御史大夫定国下扶风厩，承书

以次为驾，当舍传舍，如律令。

（以上第二栏）

（ⅡDXT0214③:73A[1]）

“显”，《释粹》作“宪”。此从《悬泉》《简牍》《传信》释。

“曰”，《释粹》未释。此从《悬泉》《校读》《简牍》《传信》释。

“穿”，《释粹》《简牍》作“闻”。此从《悬泉》《校读》《传信》释。

“猥”，《悬泉》未释。此从《释粹》《校读》《简牍》《传信》释。

“候”，《释粹》作“侯”。此从《悬泉》《校读》《简牍》《传信》释。

“□”，《释粹》作“承”。此从《悬泉》《校读》《简牍》《传信》释。据下“漆光”“王充”的人名格式，此字当为姓氏。

“漆”，《释粹》《简牍》作“汉”，《悬泉》未释。此从《校读》《传信》释。

“尉”，《释粹》作“属”。此从《悬泉》《校读》《简牍》《传信》释。

“驾二乘”，《释粹》《悬泉》《简牍》《传信》作“轺传二乘”。查图版，“二乘”上一字为墨团所覆，难以辨认，据文例当为“驾”字。参前引简16“为驾一封轺传，驾六乘”，简12“为驾一封轺传，驾八乘”。

---

[1] 《释粹》，第40页，简35。《悬泉》，第147页，简22。《简牍》，第256页。

简 23

甘露三年四月己未,富平侯臣延寿、光禄勋臣显承

制诏侍御史曰:营军司马王章诣部。

为驾二封轺传,载从者一人。　　　　五月丙午过,东。

(以上第一栏)

御史大夫定国下扶风厩,承书以

次为驾,当舍传舍,如律令。

(以上第二栏)

(Ⅴ92DXT1312③:2A[1])

“部”,《悬泉》《传信》未释。此字图版为“”,此从《文书》释。简 1 有“都护西域校尉军司马令史窦延年武党√充国√良诣部”,可参。

“五”,《文书》作“正”。此从《悬泉》《传信》释。此字图版为“”。此传信甘露三年四月己未签发,至五月丙午为 47 天,从长安至敦煌路程看,“五月”较“正月”合理。上文简 3“郎中马仓使护敦煌郡塞外漕作仓穿渠”,所用为四马下足的“乘传”,自长安至悬泉置时间为 22 天,下文简 28“敦煌玉门都尉忠之官”,所用亦为四马下足的“乘传”,自长安至悬泉置时间为 34 天。此简王章自扶风厩诣部,所用为二马的“二封轺传”,速度可能慢于“乘传”。不过,此简所记的王章行进方向为向东而去,按照常理,自长安出发经过悬泉置当为向西。因此,如果简文无误,颇怀疑王

[1] 《悬泉》,第 148 页,简 23。《文书》,第 446 页。此简图版与简 24 倒置,原编号为“V92DXT1311③:2”。

章此前已经路过悬泉置，五月丙午为第二次经过悬泉置向东而去。由此可见，王章自扶风厩至第一次经过悬泉置的时间可能还要短于47天。若“”字释作“正”，则“正月丙午过，东”或为王章自“部”返回长安。不过，目前所见“传信”简中，戍边军吏自戍所返回长安不会使用原传信，而是再次签发新的传信以资证明（如简8）。

简24

甘露二年三月丙午，使主客郎中臣超，承

制诏侍御史曰：□都内令霸、副候忠使送大月氏诸国客，与库候张寿、侯尊俱。

为驾二封轺传，二人共载。

（以上第一栏）

御属臣弘行御史大夫事，下扶风厩，承

书以次为驾，当舍传舍，如律令。

（以上第二栏）

（Ⅴ92DXT1411②：35[1]）

“□”，《传信》作“顷”。此从《悬泉》释。

“副候”，《悬泉》《传信》作“副侯”。此字图版为“”。《汉书·西域传下》：“汉使卫司马魏和意、副候任昌送侍子。”[2]可知此处当作“副候”。

[1]《悬泉》，第148页，简24。此简图版与简23倒置。

[2]〔汉〕班固：《汉书》，中华书局，1962年，第3906页。

简 25

甘露三年十月辛亥,丞相属王彭护乌孙公主及将军、贵人、从者。道上

传车马为驾二封轺传。有请诏。

(以上第一栏)

御史大夫万年下谓成,以次为驾,当

舍传舍,如律令。

(以上第二栏)

(Ⅴ92DXT1412③:100[1])

“有请诏”,《释粹》作“□请部”。此从《悬泉》《校读》《传信》释。

简 26

……　　　　　⧄

制诏侍御史曰:将田车师　⧄

⧄驾一封轺传,一乘。　　⧄

(Ⅱ90DXT0215②:198[2])

此简右侧缺失,左上角残断。“驾一”《悬泉》《传信》作“二”,并在“一”前补二“□□”。此处图版为“”,根据“传信”简文例,最右侧简

[1] 《释粹》,第 138 页,简 195。《悬泉》,第 149 页,简 25。

[2] 《悬泉》,简 26,第 149—150 页。

文一般以"为驾……"起始,具体到该简则当为"为驾×封轺传","封"字之上当有"为驾×"三字。从该简图版来看,若将"[字形图]"释为"二",则其上空间仅能容纳一个"驾"字,起始的"为"字没有书写空间。"[字形图]"上面一笔有回锋,应非"二"字,据文例当是"驾"字右下角的残笔。下面横笔为"一"字。

"一乘",为"驾一乘"之省语,即所用传车数量为一辆。类似文例又见简15:"为驾一封轺传,二乘,二人共载。"

简27

以令为驾二封轺传☐

(Ⅱ90DXT0215②:372[1])

简28

建平四年五月壬子,御史中丞臣宪承

制　诏侍御史曰:敦煌玉门都尉忠之官。为驾一乘传,载从者。

(以上第一栏)

御史大夫延下长安,承书以次为驾,

当舍传舍,如律令。六月丙戌,西。

(以上第二栏)

(Ⅰ90DXT0112②:18[2])

[1]《悬泉》,简27,第150页。

[2]《释粹》,第38页,简33。《悬泉》,第150页,简28。《简牍》,第420—421页。

“六月丙戌西”,《校读》《简牍》《传信》作“六月丙戌过西”。此从《释粹》《悬泉》释。

简 29

永始四年五月壬子,符节令臣放行御史 ☐

制　诏侍御史曰:敦煌中部都尉晏之官。 ☐

为驾一乘传,载从者一人。 ☐

(Ⅰ90DXT0114②:1[1])

简 30

元平元年十一月己酉,□司□使户籍民迎天马敦煌郡。为驾一乘传,载奴一人。御史

大夫广明下右扶风,以次为驾,当舍传舍,如律令。

(Ⅱ90DXT0115④:37[2])

此简因字迹模糊,释文出入较大,《悬泉》认为此简抄录比较随意,书写不分栏,书写格式不同于其他传信简。

“□司□使户籍民”,《释粹》作“□□诏使甘□□”,《校读》《传信》作“□彭祖使户籍民”。此从《悬泉》释。

“奴”,《释粹》作“御”。此从《悬泉》《传信》释。

---

[1] 《悬泉》,第 150—151 页,简 29。

[2] 《释粹》,第 104 页,简 138。《悬泉》,第 151 页,简 30。

简 31

使大宛车骑将军长史尊使庌候□☑

行在所。以令为驾一乘传　　☑

（Ⅱ90DXT0314②:121[1]）

“候”，《悬泉》《传信》作“侯”，此字图版为“”，当为“候”。“庌候”，即“斥候”。

简 32

尉头蒲离匿皆奉献诣　　☑

行在所。以令为驾四乘传　☑

（Ⅴ92DXT1311③:146[2]）

简 33

☑年□月壬午，凉州刺史臣☑

☑侍御史曰：赏使行部奏事☑

☑驾一乘传，载从者一人得☑

（Ⅴ92DXT1309③:29[3]）（削衣）

“年□”，《悬泉》《传信》释作“□□”，第一个“□”图版为“”，据文例当为“年”字。第二个“□”图版为“”，左半笔画残存，或为“六”字。

[1]《悬泉》，第 152 页，简 31。

[2]《悬泉》，第 152 页，简 32。

[3]《悬泉》，第 153 页，简 33。

《后汉书志·百官五》:“初,(刺史)岁尽诣京都奏事,中兴但因计吏。”[1]可见刺史当在岁末才至京都奏事,此简中凉州刺史赏六月行部奏事(说见下),与文献记载不同。

“臣”,《悬泉》《传信》未释,此字图版为“”,当为“臣”字上部残笔。据文例,职官名后一字应为“臣”字,简1、简28“臣”字作“”“”,可参。

“一人”,《悬泉》《传信》未释,此处图版为“”,当为“一人”的残笔。

《汉书·武帝纪》载,元封五年(前106),“初置刺史部十三州”。颜师古注:“《汉旧仪》云初分十三州,假刺史印绶,有常治所。常以秋分行部,御史为驾四封乘传。到所部,郡国各遣一吏迎之界上,所察六条。”[2]《悬泉》据此提出疑问:“刺史行部应驾四乘传,简中所言只驾一乘传,何者为是,因简文残缺而无法判断。”按,《汉旧仪》原文为“驾四封乘传”,与“驾四乘传”不同。按照上引汉代《厩律》规定,“乘传”是“四马下足”规格的传车,以三封为常置,有期会时则用四封乘传。在传信简的格式中,使用乘传会直接写作“驾×乘传”,“×”即用车数量,传信之上再加封三枚或四枚封泥以示区别。因此,此简中的“驾一乘传”,或即一辆四封乘传,与《汉旧仪》所言并不矛盾。[3]

《汉书·鲍宣传》载,鲍宣任豫州牧时,“行部乘传去法驾,驾一马,舍宿乡亭,为众所非”。颜师古注:“言其单率不依典制也。”[4]后来鲍宣因

[1] 〔南朝宋〕范晔:《后汉书》,中华书局,1965年,第3617页。
[2] 〔汉〕班固:《汉书》,中华书局,1962年,第197页。
[3] 参见曾磊《刘贺“乘七乘传诣长安邸”考议》,《石家庄学院学报》2019年第2期。
[4] 〔汉〕班固:《汉书》,中华书局,1962年,第153页。

此坐免。可见刺史乘传车出行,有严格的典制遵循。刺史行部用"四封乘传"的规定,后来又有所变化。《后汉书·贾琮传》说:"旧典,传车骖驾,垂赤帷裳,迎于州界。"[1]类似记载又见《后汉书志·舆服上》刘昭注补:"旧典,传车骖驾,乘赤帷裳。"[2]《三国志·蜀书·刘焉传》说刘焉"领益州牧",裴松之注:"旧典:传车参驾,施赤为帷裳。"[3]以上三例文句略有不同,但可以看出刺史所乘传车的形式应有详细规定。笔者推测,刺史因每年都需在外巡行,其所乘传车后来可能已成为一种专车。

《传信》认为,"刺史从所部奏事京师亦需要传信,从残存格式推断,要承制签发",又指出,"此类传信仅此一件,且残损不全,难以窥测具体签发步骤"。不过,从"传信"简文例来看,简文中的"凉州刺史"当为承制官员。《后汉书·李云传》:"后冀州刺史贾琮使行部,过祠云墓,刻石表之。"[4]文例与简文"赏使行部"类似,因此"赏"疑为人名。而"赏"前未加身份,或是承前省略。因此,简文中的"凉州刺史"或即"赏",即"赏"为此传信的实际使用人。《传信》还举出数例刺史奏事的实例,如何武为扬州刺史,"每奏事至京师"[5];谷永迁为凉州刺史,"奏事京师讫,当之部"[6]。此简中凉州刺史赏在行部后奏事京师,完毕后又为自己申请传信以便离开。

孙星衍辑《汉旧仪》较颜师古注《汉旧仪》有更多的内容,其文作:"丞相、刺史常以秋分行部,御史为驾四封乘传。到所部,郡国各遣吏一人迎

[1] 〔南朝宋〕范晔:《后汉书》,中华书局,1965年,第1112页。

[2] 〔南朝宋〕范晔:《后汉书》,中华书局,1965年,第3648页。

[3] 〔晋〕陈寿撰,〔南朝宋〕裴松之注:《三国志》,中华书局,1959年,第866页。

[4] 〔南朝宋〕范晔:《后汉书》,中华书局,1965年,第1852页。

[5] 《汉书》卷八六《何武传》,参见〔汉〕班固《汉书》,中华书局,1962年,第3482—3483页。

[6] 《汉书》卷八五《谷永传》,参见〔汉〕班固《汉书》,中华书局,1962年,第3458页。

界上,得载别驾。自言受命移郡国,与刺史从事尽界罢。行载从者一人,得从吏所察六条。"[1]基于此,简文言"载从者一人",与此相合。"得"字之后的内容残断,但仍可做进一步推测。《释粹》公布的《元康四年鸡出入簿》中,简 199 作:"出鸡一只(双),以食刺史,从事吏一人,凡二人,一食,东。""从事吏",《释粹》:"吏,通史。《续汉书·百官志五》曰:刺史'皆有从事史、假佐'。从事史为刺史之佐吏。"[2]汉简中"吏""史"写法不分,"从事史"写作"从事吏",或是书手习惯所致。《后汉书志·百官四》又说,司隶校尉有"从事史十二人",其中一人为"别驾从事",本注曰:"别驾从事,校尉行部则奉引,录众事。"[3]刺史亦有"别驾从事",后汉陈蕃即曾被刺史周景辟为别驾从事。[4] 因此,《元康四年鸡出入簿》简 199 中的"刺史"或即凉州刺史,"从事吏"或为凉州刺史的别驾从事。上论简 10 有"得别驾载从者二人"的文例,结合《汉旧仪》"得载别驾"的说法,则此简"得"字之后的内容或与"载别驾从事"有关。

简 34

☑军豊(典)属国奉世承　御史大夫玄成下扶风厩,承书以次

☑……　　……

(Ⅱ90DXT0115③:211[5])

---

[1] 〔汉〕卫宏撰,〔清〕孙星衍辑:《汉旧仪》卷上,周天游点校《汉官六种》,中华书局,1990 年,第 68 页。纪昀辑《汉官旧仪》与此同。〔汉〕卫宏撰,〔清〕纪昀辑:《汉官旧仪》卷上,周天游点校《汉官六种》,中华书局,1990 年,第 36—37 页。

[2] 《释粹》,第 80 页。

[3] 〔南朝宋〕范晔:《后汉书》,中华书局,1965 年,第 3613、3614 页。

[4] 《后汉书》卷六六《陈蕃传》,参见〔南朝宋〕范晔《后汉书》,中华书局,1965 年,第 2159 页。

[5] 《悬泉》,第 153 页,简 34。

“军豐(典)属国”,《悬泉》《传信》未释。据《汉书·百官公卿表下》,初元三年(前46),“执金吾冯奉世为右将军,三年为诸吏典属国,二年为光禄勋”。[1] 永光三年(前41),“右将军奉世为左将军光禄勋”。[2] 同书《冯奉世传》又载,昭帝末,“右将军典属国常惠薨,奉世代为右将军典属国,加诸吏之号”,所载与《百官公卿表》一致,则此简中的“奉世”当为冯奉世,永光元年至二年时任右将军诸吏典属国。此四字图版为“[illegible]”“[illegible]”“[illegible]”“[illegible]”,第三、四字当为“属国”。从字形看,第二字为“豐”,但据上所述,此“丰”字当为“典”字。又据简1“初元五年正月,左将军光录大夫臣嘉、右将军典属国臣奉世”,简35“☒军卫尉臣嘉、右将军典属国臣奉世”的文例,则知此简“国”后书手漏抄一“臣”字,“典属国”前一字可补为“军”,前面残断的简文至少还有“右将”二字。

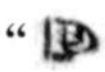

简35

☒军卫尉臣嘉、右将军典属国臣奉世承

☒……

(以上第一栏)

御史大夫玄成下右扶风厩,承书以次为驾,当舍传舍

(以上第二栏)

(Ⅱ90DXT0115②:48[3])

[1] 〔汉〕班固:《汉书》,中华书局,1962年,第814页。

[2] 〔汉〕班固:《汉书》,中华书局,1962年,第818页。

[3] 《悬泉》,第154页,简35。此简《传信》遗漏。

简 36

▨御史大夫衡下右扶风厩,承书以次为驾

(Ⅴ92DXT1712②:55[1])

简 37

▨御史大夫谭下渭成,以次为驾,当 ▨

▨□□□□□给敦煌、张掖属国、武威、金城▨

(Ⅴ90DXT1610②:60[2])

简 38

永光五年五月庚申, 御史大夫弘

谓长安,以次

守御史李忠监尝麦祠孝文庙。守御史任昌年 为驾,当舍

传舍,如律令。

为驾一封轺传。 外百卌二

(Ⅱ90DXT0216②:866[3])

“监尝麦”,《释粹》作“随当祀”。此从《悬泉》《传信》释。

《释粹》“长安”后衍一“长”字,此从《悬泉》《传信》释。

[1] 《悬泉》,第 154 页,简 36。

[2] 《悬泉》,第 154—155 页,简 37。

[3] 《释粹》,第 29 页,简 26。《悬泉》,第 155 页,简 38。《悬泉》简 38—42 为“失亡传信简册”,本文仅对其中涉及传信原文的简 38 进行校补。

简 43

丞相守少史护之　征和元年八月辛巳，假一封传信，案上书事。盗，传信亡。　外七十五

（Ⅰ90DXT0112④:2[1]）

“传信亡”，《悬泉》《传信》作“传失亡”，中间一字图版为“”，“亻”旁左上部和“言”字上部残存，当是“信”。

简 44

守御史少史……　征和元年九月甲寅，假三封传信，案事。亡传信。　外十二

（Ⅰ90DXT0112④:5[2]）

简 45

☐□□陈留当市里王定德　征和二年九月丁酉，假三封传信，与郡大守杂治诏狱☐

（Ⅰ90DXT0112④:4[3]）

“陈留”，《悬泉》《传信》作“□留”。此二字图版为“”，残损严重，“留”仅余下部。据文例，“□留”当为县名，检《汉书·地理志》，武帝时带“留”字的县名有上党郡屯留县、郁林郡中留县、楚国留县和陈留郡陈留

[1] 《释粹》，第 34 页，简 28。《悬泉》，第 159 页，简 43。

[2] 《悬泉》，第 159 页，简 44。

[3] 《悬泉》，第 159 页，简 45。

县。从残存笔画来看,此字当非“屯”“中”二字,楚国留县县名为单字,且下文言王定德“与郡大守杂治诏狱”,可知留县亦不相符。此字左部似为“阝”残笔,则此字当为“陈”。

简 46

尚□为琅邪尉庞舜　征和三年十一月壬寅,假二封传信,送迎戍田卒。盗,□□亡。　外□百二十

(Ⅰ90DXT0112④:3[1])

“尚”,《悬泉》《传信》未释,此字图版为“”,当为“尚”字。

“邪”,《悬泉》《传信》作“琊”,此字图版为“”,当为“邪”字。

“□□亡”,《悬泉》《传信》作“传失亡”,前二字图版不清,此简为失亡“传信”的记录,并非失亡“传”的记录,释作“传失亡”疑误。据简 43、简 49 文例,“□□”或为“传信”二字。

简 47

御史守属大原王凤　元凤元年九月己巳,假一封传信,行磨(历)日诏书。亡传信。　外二百七十九

(Ⅰ90DXT0112④:1[2])

“大”,《释粹》作“太”,《悬泉》《传信》作“大”。此字图版为“”,

[1] 《悬泉》,第 159 页,简 46。
[2] 《释粹》,第 35 页,简 30。《悬泉》,第 159 页,简 47。

此从《悬泉》《传信》释。

“磨”,《释粹》《悬泉》《传信》作“历”,此字图版为“ ”。“磨”即“历”。[1]

简 48

⧄国　大始三年五月己卯,假一封传信,案事。亡传信⧄

（Ⅱ90DXT0114④:19[2]）

“己卯”,《悬泉》《校读》《传信》作“乙卯”。此从《释粹》释。此字图版为“ ”,《释粹》注释说:“据《二十史朔闰表》,太始三年五月癸巳朔,无己卯,或书写有误。”此简为失亡传信的记录,当是书手将“乙”误抄为“己”。

简 49

御史□□常山平□□并　大始五年五月甲寅,假一封传信,案上书事。盗,传信亡。　外三百五十五

（Ⅰ90DXT0114③:50[3]）

“盗,传信亡”,《悬泉》《传信》作“□亡传信”,“盗,传信亡”文例可参简 43。另,“盗”字图版为“ ”,简 43“盗”字作“ ”,可参。“传信亡”

---

[1] 关于“磨”字的写法,参见张再兴《秦汉简帛中的“歷”和“磨”》,载邬文玲、戴卫红主编《简帛研究二〇一八(春夏卷)》,广西师范大学出版社,2018 年,第 130—141 页。

[2] 《释粹》,第 34 页,简 27。《悬泉》,第 160 页,简 48。

[3] 《悬泉》,第 160 页,简 49。

三字图版分别为“ ”“ ”“ ”,墨迹隐约可辨。

简 50

□□□史冯贵元　始元二年四月,假一封传信,迎罢戍田卒。溺死,亡传信。　外□百□十一

(Ⅱ90DXT0113⑥:4[1])

“□□□”,《释粹》漏释。此从《悬泉》《校读》《传信》释。

“元”,《释粹》作“之”。此从《悬泉》《校读》《传信》释。

“四”,《释粹》作“正”。此从《悬泉》《校读》《传信》释。

“外□百□十一”,《释粹》作“外第十五”。《悬泉》《传信》作“外传第十一”。《校读》亦认为“十五”应作“十一”。“百”字图版为“ ”,不是“传”或“第”字。从已公布传信简简文看,编号起首有“外+数字”“传+数字”“传第+数字”“御+数字”等格式,无作“外第+数字”“外传+数字”者。

附记:本文已刊于中国文化遗产研究院编《出土文献研究》第 18 辑,中西书局,2019 年。

[1] 《释粹》,第 34 页,简 29。《悬泉》,第 160 页,简 50。

从简牍文献看汉代西北边地颍川郡的戍卒诸问题

薛瑞泽

（河南科技大学人文学院 洛阳 471023）

秦王政十七年（前230），秦国内史腾率领大军进攻韩国，“得韩王安，尽纳其地，以其地为郡，命曰颍川”[1]。这是颍川设郡之始。秦末汉初，颍川郡境内分封了众多的诸侯国，汉高祖元年（前206）二月，项羽分封诸侯时，“韩王成因故都，都阳翟”[2]。汉高祖五年（前202）秋，项羽将利几降汉，“高祖侯之颍川”[3]。吕后当政时，封汉惠帝后宫子为侯，“子山为襄城侯”[4]。汉文帝即位后，前元元年（前179）三月下诏：“故吏二千石以上从高帝颍川守尊等十人食邑六百户。”[5]上述诸侯国或食邑有的存在时间很短，有“汉独有三河、东郡、颍川、南阳，自江陵以西至蜀，北自云

[1] 《史记》卷六《秦始皇本纪》，参见〔汉〕司马迁《史记》，中华书局，1982年，第232页。
[2] 《史记》卷七《项羽本纪》，参见〔汉〕司马迁《史记》，中华书局，1982年，第316页。
[3] 《史记》卷八《高祖本纪》，参见〔汉〕司马迁《史记》，中华书局，1982年，第381页。
[4] 《史记》卷九《吕太后本纪》，参见〔汉〕司马迁《史记》，中华书局，1982年，第401页。
[5] 《史记》卷一〇《孝文本纪》，参见〔汉〕司马迁《史记》，中华书局，1982年，第421页。

中至陇西,与内史凡十五郡,而公主列侯颇食邑其中”[1]之说。西汉初年,之所以有如此多的诸侯被分封于颍川郡,与其得天独厚的条件有关。关于汉代颍川郡学术界在不同层面进行过研究,主要集中在汝颍名士与颍川郡的综合情况等领域[2],对颍川郡与西北边地的戍卒防务等很少涉及,故本文以简牍文献为研究素材,对此问题作一初步论述。

一、颍川郡戍卒的简牍资料

二十世纪三十年代以来,在敦煌及居延地区出土了数量可观的汉代简牍。这些简牍为认识内地与西北边地的防务关系提供了新的资料。在此基础上,学术界对相关的资料进行了梳理,论述了某些地域与西北边地防务的关系。关于颍川郡与西北边地戍卒的资料搜集或研究则未有涉及,兹将目力所及的颍川郡与边地戍卒防务问题的资料胪列如下。

《敦煌汉简校释》有关颍川郡资料:

戍卒,颍川郡阳翟邑步利里,公乘,成遗,年卅六☐ 2051

骑士兆□公,颍川郡鄢陵邑 广□里□□□ 2111

戍卒,颍川郡阳翟邑定翘里,斡赤,病死。

---

[1] 《汉书》卷一七《汉兴以来诸侯王年表》,参见〔汉〕司马迁《史记》,中华书局,1962年,第802页。

[2] 关于颍川郡的研究成果主要有胡宝国《汉魏之际的汝颍名士》,《文史知识》2010年第11期;李俊恒《简论汉魏之际颍川多奇士与颍川豪族的关系》,《许昌学院学报》2012年第1期;袁祖亮《秦汉时期的颍川郡》,《许昌师专学报》1989年第2期;王彦霖《两汉颍川郡研究》,河南科技大学硕士学位论文,2018年。

官皂复□ 2267

戍卒，颍川……

率阳里……▣ 807

戍卒，颍川郡郏邑子长里，狐柱。 817

富贵隧戍卒，颍川郡郏业丘里张丁，四石具弩一。 829A

射百六十步。 829B

戍卒，颍川郡万年里，记固▨ 1306[1]

《敦煌悬泉汉简释粹》有关颍川郡资料：

元康四年五月丁亥朔丁未，长安令安国、守狱丞左、属禹敢言之：谨移髡钳亡者田苏等三人年、长、物色，去时所衣服。谒移左冯翊、右扶风、大常、弘农、河南、河内、河东、颍川、南阳、天水、陇西、安定、北地、金城、西河、张掖、酒泉、敦煌、武都、汉中、广汉、蜀郡……

Ⅱ0111(4):3

神爵四年十一月癸未，丞相史李尊，送获(护)神爵六年戍卒河东、南阳、颍川、上党、东郡、济阴、魏郡、淮阳国诣敦煌郡、酒泉郡。因迎罢卒送致河东、南阳、颍川、东郡、魏郡、淮阳国并督死卒传槥(槥)。为驾一封轺传。御史大夫望之谓高陵，以次为驾，当舍传舍，如律令。

Ⅰ0309(3):237[2]

---

[1] 白军鹏：《敦煌汉简校释》，上海古籍出版社，2018 年，第 91、98、271—272、274、332 页。

[2] 胡平生、张德芳编撰：《敦煌悬泉汉简释粹》，上海古籍出版社，2001 年，第 21、45 页。

《居延汉简释文合校》有关颍川郡资料:

戍卒颍川郡郏翟里成适年卅二　为部卒取私橐　32·7

颍川郡长祝自建里李广元凤四年六月乙亥亡□□故☑　148·38

戍卒颍川襄城邑中费里☑　484·47[1]

《居延新简》有关颍川郡资料:

戍卒,颍川郡许西京里,游禁　E.P.T51:385[2]

□寅,士吏兼行候事,敢言之。爰书:戍卒颍川郡长社临利里乐德,同县安平里家横告曰:所为官牧橐他

戍夜僵卧草中以□行,谨案德、横□到橐他,尉辟推谨毋刀刃木索迹。德、横皆证所言,它如爰书。敢　E.P.T57:85[3]

建武三年十二月癸丑朔乙卯,都乡啬夫宫,以廷所移甲渠候书召恩诣乡,先以证财物故,不以实臧五百以上,辞已定满三日,而不更言请者,以辞所出入罪反罪之律辨告,乃爰书验问。恩辞曰:颍川昆阳

[1] 谢桂华、李均明、朱国炤:《居延汉简释文合校》,文物出版社,1987年,第49、247、583页。

[2] 甘肃省文物考古研究所、甘肃省博物馆、文化部古文献研究室、中国社会科学院历史研究所编:《居延新简——甲渠候官与第四燧》,文物出版社,1990年,第204页。

[3] 甘肃省文物考古研究所、甘肃省博物馆、文化部古文献研究室、中国社会科学院历史研究所编:《居延新简——甲渠候官与第四燧》,文物出版社,1990年,第343页。此条简文马智全释为:"□寅,士吏强兼行候事,敢言之。爰书:戍卒颍川郡长社临利里乐德,同县安平里家横告曰:所为官牧橐他……□推种僵卧草中不能行,谨与德、横□诊橐他尉右辟推种,毋刀刃木索迹。德、横皆证所言,它如爰书。敢。"张德芳主编、马智全著:《居延新简集释(四)》,甘肃文化出版社,2016年,第115页。

市南里,年六十六岁,姓寇氏。去年十二月中甲渠令史

E.P.F22:1-E.P.F22:3

建武三年十二月癸丑朔戊辰,都乡啬夫宫,以廷所移甲渠候书召恩诣乡,先以证财物故,不以实臧五百以上,辞以定满三日,而不更言请者,以辞所出入罪反罪之律辨告,乃爰书验问。恩辞曰:颍川昆阳市南里,年六十六岁,姓寇氏。去年十二月 E.P.F22:21[1]

《肩水金关汉简》有关颍川郡资料:

故第四农长阎安居一名充河□☐

☐□□□农丞□适□大常□☐

☐……冯广昌颍川郡陕☐ 73EJT1:84[2]

戍卒颍川郡傿陵邑步里公乘舞圣年卅黑中长七尺四寸

(竹简)73EJT3:95

田卒颍川郡临颍邑郑里不更范后年廿四☐ (竹简)73EJT3:96

田卒颍川郡长杜邑颍里韩充年廿四☐ (竹简)73EJT3:97[3]

戍卒颍川郡长社邑重里公乘成朔年廿八 (竹简)73EJT6:48

[1] 甘肃省文物考古研究所、甘肃省博物馆、文化部古文献研究室、中国社会科学院历史研究所编:《居延新简——甲渠候官与第四燧》,文物出版社,1990年,第475—476页。

[2] 甘肃简牍保护研究中心、甘肃省文物考古研究所、甘肃省博物馆、中国文化遗产研究院古文献研究室、中国社会科学院简帛研究中心编:《肩水金关汉简(壹)》,中西书局,2011年,下册,第6页。

[3] 甘肃简牍保护研究中心、甘肃省文物考古研究所、甘肃省博物馆、中国文化遗产研究院古文献研究室、中国社会科学院简帛研究中心编:《肩水金关汉简(壹)》,中西书局,2011年,下册,第35页。

戍卒颍川郡定陵遮里公乘秦霸年五十庸池里公乘陈宽年卅四☑ 73EJT6:93[1]

戍卒颍川郡颍阴邑真定里公乘仁青跗明年卅四 73EJT8:7[2]

戍卒颍川郡颍阴邑西时里郑未央年卅四长七尺二寸 ☑ 73EJT8:33

戍卒颍川郡周子南国西便里公乘杜市年卅二☑ 73EJT8:40

戍卒颍川郡□□☑ 73EJT8:48

戍卒颍川颍阴邑真定里公乘司马如年卌一长七尺二寸 ☑ 73EJT8:73[3]

戍卒颍川郡翟邑阳邮里公乘司马乙年卌四 ☑ 73EJT9:81

戍卒颍川定陵阳里不更许贤年卅 (竹简)73EJT9:117

☑□颍川郡阳翟邑汲阳里张乐年廿八 ☑ 73EJT9:206[4]

罢戍卒颍川郡郏邑东☑ 73EJT10:196[5]

---

[1] 甘肃简牍保护研究中心、甘肃省文物考古研究所、甘肃省博物馆、中国文化遗产研究院古文献研究室、中国社会科学院简帛研究中心编:《肩水金关汉简(壹)》,中西书局,2011年,下册,第66、70页。

[2] 甘肃简牍保护研究中心、甘肃省文物考古研究所、甘肃省博物馆、中国文化遗产研究院古文献研究室、中国社会科学院简帛研究中心编:《肩水金关汉简(壹)》,中西书局,2011年,下册,第93页。

[3] 甘肃简牍保护研究中心、甘肃省文物考古研究所、甘肃省博物馆、中国文化遗产研究院古文献研究室、中国社会科学院简帛研究中心编:《肩水金关汉简(壹)》,中西书局,2011年,下册,第95—97页。

[4] 甘肃简牍保护研究中心、甘肃省文物考古研究所、甘肃省博物馆、中国文化遗产研究院古文献研究室、中国社会科学院简帛研究中心编:《肩水金关汉简(壹)》,中西书局,2011年,下册,第107—109、115页。

[5] 甘肃简牍保护研究中心、甘肃省文物考古研究所、甘肃省博物馆、中国文化遗产研究院古文献研究室、中国社会科学院简帛研究中心编:《肩水金关汉简(壹)》,中西书局,2011年,下册,第141页。

安土隧戍卒颍川郡傿陵台里傅固 73EJT24:261[1]

颍川郡阳翟畸里召 73EJT25:99[2]

颍川颍阴邑▱ 73EJT31:1[3]

永光四年六月己酉朔癸丑,仓啬夫勃敢言之:徒故颍川郡宜昌里陈犬,永光三年十二月中坐伤人论鬼新,会二月乙丑赦令免罪复作,以诏书赎,免为庶人,归故县,谒移过所河津关,毋苛留止,县次赎食。

73EJT37:526[4]

赋服数少二□□

颍川郡许赋钱五千 73EJD:310A

卒王宣数少四 73EJD:310B[5]

戍卒颍川郡许邑广德里公乘王成年卅六 ▱(竹简)73EJC:32[6]

---

[1] 甘肃简牍保护研究中心、甘肃省文物考古研究所、甘肃省博物馆、中国文化遗产研究院古文献研究室、中国社会科学院简帛研究中心编:《肩水金关汉简(贰)》,中西书局,2012年,下册,第156页。

[2] 甘肃简牍博物馆、甘肃省文物考古研究所、甘肃省博物馆、中国文化遗产研究院古文献研究室、中国社会科学院简帛研究中心编:《肩水金关汉简(叁)》,中西书局,2013年,下册,第37页。

[3] 甘肃简牍博物馆、甘肃省文物考古研究所、甘肃省博物馆、中国文化遗产研究院古文献研究室、中国社会科学院简帛研究中心编:《肩水金关汉简(叁)》,中西书局,2013年,下册,第125页。

[4] 甘肃简牍博物馆、甘肃省文物考古研究所、甘肃省博物馆、中国文化遗产研究院古文献研究室、中国社会科学院简帛研究中心编:《肩水金关汉简(伍)》,中西书局,2016年,下册,第49页。

[5] 甘肃简牍博物馆、甘肃省文物考古研究所、甘肃省博物馆、中国文化遗产研究院古文献研究室、中国社会科学院简帛研究中心编:《肩水金关汉简(伍)》,中西书局,2016年,下册,第78页。

[6] 甘肃简牍博物馆、甘肃省文物考古研究所、甘肃省博物馆、中国文化遗产研究院古文献研究室、中国社会科学院简帛研究中心编:《肩水金关汉简(伍)》,中西书局,2016年,下册,第87页。

《玉门关汉简》有关颍川郡资料:

颍川郡襄城邑蘩丘乡临汝里韩君尽书　　　　Ⅱ98DYT5:82[1]

戍卒颍川阳城宜春里上造庞则年廿四　第廿一　(竹简)

Ⅰ90DXT0114③:41[2]

上述所搜集的关于敦煌与居延地区颍川郡的简牍,为我们提供了认识具有代表意义的颍川郡戍卒与边地关系的资料。

二、颍川郡戍卒的登记情况

汉武帝元鼎五年(前112),“初置张掖、酒泉郡,而上郡、朔方、西河、河西开田官,斥塞卒六十万人戍田之”。师古曰:“开田,始开屯田也。斥塞,广塞令却。初置二郡,故塞更广也。以开田之官广塞之卒戍而田也。”[3]汉武帝时期,“自敦煌西至盐泽,往往起亭,而轮台、渠犁皆有田卒数百人,置使者校尉领护”[4]。这说明在西北边地汉朝有大量的戍卒及田卒驻扎并屯田,有田官对其进行管理。为了满足边域地区驻军人数的需要,朝廷往往从内地征调大量民众驻屯于边域,成为戍卒与田卒。面

[1] 张德芳、石明秀主编:《玉门关汉简》,中西书局,2019年,第50页。

[2] 甘肃简牍博物馆、甘肃省文物考古研究所、陕西师范大学人文社会科学高等研究院:《悬泉汉简(壹)》,中西书局,2019年,第225页。

[3] 《汉书》卷二四下《食货志下》,参见〔汉〕班固《汉书》,中华书局,1962年,第1173页。

[4] 《汉书》卷九六《西域传上》,参见〔汉〕班固《汉书》,中华书局,1962年,第3873页。

对从中原腹地远戍西北边域地区的戍卒，如何管理，使其能够在服役期间充分发挥应有的作用，是摆在朝廷和边域将士面前的一个颇为棘手的问题。除了上述透露“田官”予以管理，具体如何管理不得而知，出土的简牍恰好提供了这方面的信息。兹以汉简中颍川郡籍贯的戍卒管理加以说明。

其一，对戍卒籍贯的详细登记。上述所搜集到的关于戍卒籍贯的登记表明，首先，必须先登记所属郡名，在每一条简文中都对戍卒来源于颍川郡进行了登记。其次，籍贯登记中有的还对所属的县名予以登记。从上述简文中可以看到有许多以“邑”名登记的现象。如阳翟邑（4）、鄢陵邑、郏邑（2）、襄城邑（2）、傿陵邑、临颍邑、长社邑（2）、颍阴邑（3）、许邑等。还有仅仅写出县名，而不直接列出“邑”字的，如郏（2）、许（2）、长社、昆阳（2）、陕、定陵（2）、傿陵、阳翟、郾、阳城、长祝等，还有周子南国。在未带“邑”的名称中均是上述带“邑”的省称，郏应是郏邑，许应是许邑，长社是长社邑，傿陵是傿陵邑，阳翟是阳翟邑。《汉书》卷二八上《地理志上》记载，汉代颍川郡下辖二十县，分别是阳翟、昆阳、颍阳、定陵、长社、新汲、襄城、郾、郏、舞阳、颍阴、崇高、许、傿陵、临颍、父城、成安、周承休、阳城、纶氏等。将简文所列的县比照《地理志》所列举的县名可知，颍川郡的戍卒主要来自阳翟、鄢陵、郏县、襄城、鄢（傿）陵、临颍、长社、颍阴、许县、郾县、阳城、昆阳、定陵等。[1] 再次，籍贯登记中还有乡一级的记录。虽然仅有《玉门关汉简》中“颍川郡襄城邑蘗丘乡临汝里韩君尽书”一条

[1] 关于颍川郡下辖县数，郑威考证出颍川郡下辖“邑”级政区有襄城邑、阳翟邑、郏邑、傿陵邑、郾邑、颍阳邑、临颍邑、长社邑、颍阴邑等九个邑。郑威：《简牍文献所见汉代的县级政区“邑”》，载武汉大学简帛研究中心主办《简帛》第11辑，上海古籍出版社，2015年，第225—227页。

简文,但也是登记中的一种形式。最后,籍贯登记中直接登记到“里”一级,即最为基层的社会组织。见诸简文的里有步利里、广□里、定翘里、率阳里、子长里、业丘里、万年里、翟里、自建里、中费里、西京里、临利里、市南里(2)、步里、郑里、颍里、重里、遮里、真定里、西时里、西便里、真定里、阳邮里、阳里、汲阳里、东☐、台里、畸里、宜昌里、广德里、临汝里、高年里、宜春里等。对戍卒的登记具体到里一级的基层组织,有利于对戍卒的管理。

其二,对戍卒年龄的一般登记。虽然简文中披露的戍卒年龄数量有限,但从已经披露的简文来看,有阳翟邑步利里的成遗,“年卅六”;“郑翟里成适,年卅二”;“昆阳市南里年六十六岁,姓寇氏”;“傿陵邑步里公乘舞圣,年卅”;“临颍邑郑里不更范后,年廿四”;“长社邑颍里韩充,年廿四”;“长社邑重里公乘成朔,年廿八”;“定陵遮里公乘秦霸,年五十;庸池里公乘陈宽,年卅四”;“颍阴邑真定里公乘仁青跗明,年卅四”;“颍阴邑西时里郑未央,年卅四”;“周子南国西便里公乘杜市,年卅二”;“颍阴邑真定里公乘司马如,年卌一”;“翟邑阳邮里公乘司马乙,年卌四”;“定陵阳里不更许贤,年卅”;“阳翟邑汲阳里张乐,年廿八”;“许邑广德里公乘王成,年卅六”;“阳城宜春里上造庞则,年廿四”。从上述 18 例戍卒的年龄来看,最年轻的是 24 岁有 3 例,28 岁有 2 例,30 岁、32 岁、36 岁各 2 例,34 岁 3 例,41 岁与 44 岁各 1 例,最大者为 66 岁。可明当时服役者以三十余岁为最多。关于汉代兵制,《文献通考》卷一五〇《兵考二·兵制》云:“汉调兵之制,民年二十三为正,一岁为卫士,二岁为材官骑士,习射御、骑驰、战陈,年六十五衰老,乃得免为庶民,就田里。汉民凡在官三十二年,自二十三以上为正卒。每一岁当给郡县官一月之役,其不役者为钱二千入于官以雇庸者,已上,戍中都官者一年为卫士;京师者一年为材官、骑士、楼船;郡国者一年。三者随其所长,于郡县中发之,然后退为正卒,就田里,以待番上调发。"[1]简文中24岁有3例,说明其刚刚到服役的年龄即远赴西北地区服役。还有一位已经超过65岁仍在服役的男子,"爰书验问恩辞曰颍川昆阳市南里年六十六岁姓寇氏去年十二月中甲渠令史",寇氏已经66岁还在服役,可知朝廷关于服兵役年龄的规定,在偏远的西北边域地区并没有严格执行。

其三,对戍卒特异相貌的登记,如肤色、身高等。"傿陵邑步里公乘舞圣年卅黑中长七尺四寸";"颍阴邑西时里郑未央年卅四长七尺二寸";"颍阴邑真定里公乘司马如年卌一长七尺二寸"。这三条简文告诉我们,当时在西北边域的戍卒可能受到身高的限制,以能够适应艰苦环境的青壮年为主。西汉时期的一尺约等于23.1—23.5厘米,那么守卫边疆的戍卒身高在1.7米左右。根据汉代的法律规定,身高低于6.2尺的属于残疾人,如淳曰:"律,年二十三傅之畴官,各从其父畴学之,高不满六尺二寸以下为罢癃。"6.2尺约等于1.45米。以此而论,身高是汉代士兵选拔的重要参考因素。

其四,对戍卒爵位的登记。上述简文中,有十条涉及二十等爵位中的"公乘""不更""上造"爵位。《汉书》卷一九上《百官公卿表上》记述二十等爵位云:"爵:一级曰公士,二上造,三簪袅,四不更,五大夫,六官大夫,七公大夫,八公乘,九五大夫,十左庶长,十一右庶长,十二左更,十三中更,十四右更,十五少上造,十六大上造,十七驷车庶长,十八大庶长,十九关内侯,二十彻侯。皆秦制,以赏功劳。"可见公乘是秦汉赐爵制中第八级爵位。根据先师高敏先生研究,秦朝以第七级爵公大夫为高爵的起点。

[1] 〔元〕马端临:《文献通考》,中华书局,1986年,第1313页。

汉惠帝即位后,吕后以汉惠帝的名义发布了一个大规模赐爵的诏令,高低爵的界限可能上移至第九级爵五大夫,这一变化在汉武帝前完成。[1] 按照这一高低爵的划分,公乘属于低爵位中最高爵,尚需服兵役,这就是我们在简文中看到的来自颍川郡的戍卒拥有公乘爵位却仍然在西北边地服役的现象。

其五,对戍卒一些特殊事件的记录。如戍卒的死亡情况,"戍卒,颍川郡阳翟邑定翘里,斡赤,病死"。这是颍川郡阳翟邑定翘里名为斡赤的戍卒的病死记录。戍卒死亡后,官府不仅要登记,还要将其棺木运回故乡。"神爵四年十一月癸未,丞相史李尊……因迎罢卒送致河东、南阳、颍川、东郡、魏郡、淮阳国并督死卒传蘩(槥)。"这种做法符合叶落归根的传统。再比如戍卒所拥有的弓弩及其功力,"四石具弩一,射百六十步"。这显然是对颍川郡郏业丘里张丁战力的真实记录。

其六,对戍卒服役与退役的记录。《敦煌悬泉汉简释粹》的Ⅰ 0309(3):237 简文披露了戍卒远赴西北边地和退役之后的情况。神爵四年十一月癸未(23 日),朝廷下发丞相史李尊将于神爵六年到河东、南阳、颍川、上党、东郡、济阴、魏郡、淮阳国等八个郡国接收戍卒,然后再将其护送到敦煌、酒泉等边地的文书。在护送任务完成后,李尊还需要接在边地服役期满的河东、南阳、颍川、东郡、魏郡、淮阳国等六个郡国的戍卒返回故乡,并且负责"督死卒传蘩(槥)",即将死亡戍卒的棺木运回故乡。李尊以一马驾轺车而乘传车。所行走的道路是从长安出发西北行,在行走途中,在规定的传舍止息。这是保证戍卒能够充分休息,不至于使即将服役

[1] 高敏:《论两汉赐爵制度的历史演变》,载其著《秦汉史论集》,中州书画社,1982 年,第 38—47 页。

或退役的戍卒身体健康受到损伤。

三、颍川郡戍卒的其他问题

由于西北边域的特殊情况,更适合罪犯的逃亡与隐匿,元康四年五月二十一日,长安令安国、守狱丞左、属禹向内地颍川郡与西北天水、陇西、安定、北地、金城、西河、张掖、酒泉、敦煌等地发出通缉令,其中描述了“髡钳亡者田葝等三人年、长、物色,去时所衣服”,即对逃犯的年龄、身高、肤色及所穿的衣服进行了详细的描绘。虽然这里没有直接言明颍川郡与西北边地的关系,但从汉代内地与西北边地的关系可以看出,对逃亡的罪犯朝廷几乎是全境通缉。

在居延还出现过戍卒放牧的牲畜因故死亡的情况。《居延新简》E.P.T57:85 简的爰书记述了来自颍川郡长社临利里的乐德与安平里的家横,在居延负责为官府饲养骆驼,结果卷入了牲畜死亡事件,官府询问乐德与家横两人后,得知骆驼身上“毋刀刃木索迹”,于是断定骆驼属于意外死亡,乐德与家横得以免责。由此也可以看出,如果存在虐待牲畜致其死亡,戍卒肯定会被追责。

肩水金关汉简中披露了永光四年颍川郡宜昌里陈犬作为刑徒被赦免的情况。姚磊认为,陈犬由于永光四年“二月乙丑赦令”,得以免服刑。[1] 永光三年十二月,颍川郡陈犬因为伤人被判处鬼薪,鬼薪是秦国延续下来的刑罚名称,秦始皇九年,灭嫪毐,“及其舍人,轻者为鬼薪”,

[1] 姚磊:《肩水金关汉简所见赦令研究》,《社会科学》2019 年第 10 期。

《集解》应劭曰:“取薪给宗庙为鬼薪也。”如淳曰:“《律说》鬼薪作三岁。”《正义》:“言毐舍人罪重者已刑戮,轻者罚徒役三岁。”[1]按照法律规定,陈犬要服刑三年,恰逢汉元帝的“二月乙丑赦令”,仅仅服刑六个半月。陈犬被免为庶人后要回到故乡,肩水金关的仓啬夫勃建议“谒移过所河津关,毋苛留止,县次赎食”,显然是对服刑期满从西北边地返回故乡者的优待。

“颍川郡许赋钱五千”则是颍川郡许县将赋钱作为调钱,直接送到肩水金关前线的记录。汉代田租征收谷物,算赋和口赋征收钱,且依照丁口及赀产计算。那么,送到肩水金关的赋钱是在许县征收的算赋与口赋,这应当是接受朝廷的诏令直接送到肩水金关,而不需要经由朝廷的周转。汉高祖四年八月,“初为算赋”。如淳曰:“《汉仪注》民年十五以上至五十六出赋钱,人百二十为一算,为治库兵车马。”[2]元凤四年春正月丁亥,因为汉昭帝加元服,汉昭帝下诏“毋收四年、五年口赋”,如淳曰:“《汉仪注》民年七岁至十四出口赋钱,人二十三。二十钱以食天子,其三钱者,武帝加口钱以补车骑马。”[3]根据《汉仪注》记载,算赋和口赋所征收的赋钱,应当是“颍川郡许赋钱五千”的重要来源。这种将各地征收的赋钱直接运送到西北边地的现象,在汉代极为普遍。《居延汉简释文合校》记述:

荥　　　　　　　　东利里父老夏圣等教数
回　秋赋钱五千　　西乡守有秩志臣佐顺临
阳　　　　　　　　□□亲具　　　　　　　45·1A

[1] 《史记》卷六《秦始皇本纪》,参见〔汉〕司马迁《史记》,中华书局,1982年,第227页。
[2] 《汉书》卷一《高祖纪上》,参见〔汉〕班固《汉书》,中华书局,1962年,第46页。
[3] 《汉书》卷七《昭帝纪》,参见〔汉〕班固《汉书》,中华书局,1962年,第229页。

广谷隧长薛昌　　　　未得本始三年正月尽三月积

三月奉用钱千八百

元凤元年六月辛丑除 已得河内赋钱千八百　　　　498·8

今余河□赋钱□□□□十七☐　　　　520·6[1]

《居延汉简释文合校》中的"荥阳"应当是荥阳,荥阳、河内直接送到居延边地的赋钱,荥阳是五千,广谷隧长薛昌报告本隧三个月俸用钱一千八百,而此前元凤元年六月得到河内赋钱一千八百,尚余"河□赋钱□□□□十七",估计元凤元年六月所得的赋钱一千八百,应当是三个月的俸钱。

《居延新简》亦有记录来自内地赋钱的简文:

出赋钱六百　　给万岁隧长王凤六月奉☐　　　　E.P.T4:59

出赋钱四百八十　受佐史物故奉还□□□前□廿四日☐

E.P.T4:64

永始二年正月尽三月赋钱出入簿　　　　E.P.T4:79

□居延甲渠第卅八　长王承明

E.P.T51:238

未得五凤元年十月尽二年正月辛酉积三月八日奉用钱千九百六十

已得赋钱千九百六十

[1] 谢桂华、李均明、朱国炤:《居延汉简释文合校》,文物出版社,1987年,第77、59、636页。

……

●凡未得积十二月十九日奉用钱七千五百八十

已得赋钱七千五百八十　　　　E.P.T51:238[1]

除了上述简文,尚有编号 E.P.T52:70、E.P.T52:144、E.P.T52:181、E.P.T52:632、E.P.T55:15、E.P.T59:584、E.P.F22:54A、E.P.F22:418、E.P.F22:563、E.P.S4.T2:12 的简文,均有赋钱的相关记载,《居延新简》中虽然有许多关于赋钱的记载,但因为简文散佚较多,赋钱的来源地区不甚分明。

在《肩水金关汉简》中涉及赋钱的简文共有 22 条,编号分别是 73EJT3:100、73EJT4:5、73EJT14:18、73EJT21:204A、73EJT21:267、73EJT21:422、73EJT23:560、73EJT23:819、73EJT24:252、73EJT24:352、73EJT24:423、73EJT24:534、73EJT25:45、73EJF3:599A、73EJT37:1121、73EJT37:1525、73EJF3:599A、73EJD:310B、73EJC:307、73EJC:378、73EJC:492、73EJC:657 等。除了编号 73EJD:310A"颍川郡许赋钱五千",尚有数条关于"都内"赋钱转送到肩水金关的简文:

始元五年三月丁巳除　　已得都内赋钱千八十　　☑

73EJT21:422

肩水候史觻得宜乐里吕万年　　未得……尽六月奉钱五千……☑

[1] 甘肃省文物考古研究所、甘肃省博物馆、文化部古文献研究室、中国社会科学院历史研究所编:《居延新简——甲渠候官与第四燧》,文物出版社,1990 年,第 11—13、194 页。

地节元年十二月庚辰除　　　已得都内赋钱五千四百　　▨

73EJT24:252[1]

隧长屋兰大昌里丁禹　未得地节二年正月尽九月积九月奉

▨▨

□六月己巳除　　　　已得都内赋钱五千四百

73EJT24:534[2]

门　未得地节二年五

▨▨

已得都内赋钱　　　　　　　　　　　73EJC:492[3]

通过这几条简文的记述可以看出,都内的赋钱也要送往西北边地肩水金关所在地,供给前线的戍卒。何为“都内”? 如淳曰:“天子钱藏中都内,又曰大内。”[4]汉代大司农“属官有太仓、均输、平准、都内、籍田五令丞”[5]。可见都内是大司农所辖机构。上述运送到肩水金关的都内赋

[1] 甘肃简牍保护研究中心、甘肃省文物考古研究所、甘肃省博物馆、中国文化遗产研究院古文献研究室、中国社会科学院简帛研究中心编:《肩水金关汉简(贰)》,中西书局,2012年,下册,第41、155页。

[2] 甘肃简牍保护研究中心、甘肃省文物考古研究所、甘肃省博物馆、中国文化遗产研究院古文献研究室、中国社会科学院简帛研究中心编:《肩水金关汉简(叁)》,中西书局,2013年,下册,第3页。

[3] 甘肃简牍保护研究中心、甘肃省文物考古研究所、甘肃省博物馆、中国文化遗产研究院古文献研究室、中国社会科学院简帛研究中心编:《肩水金关汉简(伍)》,中西书局,2016年,下册,第116页。

[4] 《汉书》卷一八《外戚恩泽侯表》,参见〔汉〕班固《汉书》,中华书局,1962年,第695页。

[5] 《汉书》卷一九上《百官公卿表上》,参见〔汉〕班固《汉书》,中华书局,1962年,第731页。

钱,应当是朝廷将各地征收来的算赋供给西北边防前线。

与戍卒相关的来自颍川郡的田卒,在《肩水金关汉简》中也有两条简文记载:

田卒颍川郡临颍邑郑里不更范后年廿四▨ (竹简)73EJT3:96

田卒颍川郡长杜邑颍里韩充年廿四 ▨ (竹简)73EJT3:97[1]

田卒与戍卒的区别,近年来已引起学术界的高度重视,王耀辉通过对居延汉简中戍卒与田卒简的分类研究得出:"戍、田卒的来源地与其赴役地点之间存在对应关系,何年何地戍卒赴何地服役,是汉代政府在综合各种因素后,对戍卒、田卒进行的分配,有完整的运行机制,且有规律可循。戍、田卒或实行年度定期轮更制度,内郡戍、田卒赴边郡服役,遵从就近服役的原则。"[2]牛忠菁、方琦根据肩水金关汉简认为,汉代田卒与戍卒有较大可能性在来源地中就已经根据职责分开,并且田卒和戍卒的服役期限差距也是存在的。[3] 根据学术界的研究,尽管颍川郡的田卒的信息披露较少,但仍然可以看出颍川郡是戍卒与田卒的重要来源地。

---

[1] 甘肃简牍保护研究中心、甘肃省文物考古研究所、甘肃省博物馆、中国文化遗产研究院古文献研究室、中国社会科学院简帛研究中心编:《肩水金关汉简(壹)》,中西书局,2011年,下册,第35页。

[2] 王耀辉:《居延汉简所见戍、田卒服役制度研究》,西北师范大学硕士学位论文,2016年。

[3] 牛忠菁、方琦:《肩水金关汉简所见汉代田卒与戍卒之别》,《赤峰学院学报》2019年第7期。

长沙五一广场东汉简牍中的户籍问题

袁延胜

（郑州大学历史学院 郑州 450001）

2010 年出土的长沙五一广场东汉简牍，内容丰富，里面有一些东汉户籍资料，丰富了我们对东汉人口问题的认识。学者在研究相关问题时，涉及人口的流动、身份认定等问题，但对其中户籍和人口问题的研究还有待加强。本文以出版的《长沙五一广场东汉简牍（壹）（贰）》为基础，对其中涉及的户籍问题做一探讨。

一、比地为伍

秦汉时期的户籍管理以居住地为基础，在最基层设置什伍组织。张家山汉简《二年律令・户律》：

自五大夫以下,比地为伍,以辨券为信,居处相察,出入相司。(简 305)[1]

整理小组注:"比,相连。""比地为伍",即居住相邻的五家为一个最小的户籍单位——伍。同伍之人,有时又称"四邻"。睡虎地秦简《法律答问》:"贼入甲室,贼伤甲,甲号寇,其四邻、典、老皆出不存,不闻号寇,问当论不当? 审不存,不当论;典、老虽不存,当论。可(何)谓'四邻'?'四邻'即伍人谓也。"(简 98—99)秦简"四邻"一词,进一步帮助我们理解了"比地为伍"的含义,即左邻右舍的五家为"伍"。[2]《释名·释州国》曰:"五家为伍,以五为名也。又谓之'邻',邻,连也,相连接也。又曰'比',相亲比也。"[3]

"比地为伍"的管理制度来源于秦。《史记》卷六《秦始皇本纪》载秦献公十年(前 375)"为户籍相伍",这是正史中关于户籍什伍制度的最早记录。[4] 商鞅变法之后,将什伍制度与社会治安也联系起来。《史记》卷六八《商君列传》:"令民为什伍,而相牧司连坐。不告奸者腰斩,告奸者与斩敌首同赏,匿奸者与降敌同罚。"《史记索隐》:"刘氏云:'五家为保,十保相连。'""牧司谓相纠发也。一家有罪而九家连举发,若不纠举,则十家连坐。恐变令不行,故设重禁。"[5]

---

[1] 张家山二四七号汉墓竹简整理小组编著:《张家山汉墓竹简[二四七号墓]》(释文修订本),文物出版社,2006 年,第 51 页。

[2] 睡虎地秦墓竹简整理小组编:《睡虎地秦墓竹简》,文物出版社,1990 年,第 116 页。

[3] 任继昉纂:《释名汇校》,齐鲁书社,2006 年,第 90 页。

[4] 〔汉〕司马迁:《史记》,中华书局,1959 年,第 289 页。

[5] 〔汉〕司马迁:《史记》,中华书局,1959 年,第 2230 页。

"比地为伍"中的伍人即国家的编户齐民。《后汉书》卷四九《仲长统传》载:"井田之变,豪人货殖,馆舍布于州郡,田亩连于方国。身无半通青纶之命,而窃三辰龙章之服;不为编户一伍之长,而有千室名邑之役。"[1]

"比地为伍"包含"比地"和"为伍"两层含义,这在长沙五一广场东汉简牍中都有体现。先说"为伍",五一广场东汉简中尽管没有"伍人"的记载,但有多处"伍长"的记载:

1.县五百里,故不欲送冉狱,还系亭,积三日,其廿七日园留翕,出沙等九人亭中,令伍长樊仲、陈明等守视。园悉遣妻子空亭去,因与赦调,调一弃当步,园柱道,乘都师区坚小槅船一椑(简 83)[2]

2.……实迁,宝鲔叩头:死罪死罪,谨案文书,辄复推辟所部,考问伍长

〼□重等辞,皆曰:不识知傅,所部广大,人民商贾(简 298+299)

3. 〼田松(?)陵亭长酺集与伍长黄芢,男子番宛、李爰爰书,死罪。大男黄板本有固病。苦两胫肿,农血出腹,久八所寒,中下利□〼

〼度即日加困物故,他如爰书(简 376)

[1] 〔南朝宋〕范晔:《后汉书》,中华书局,1965 年,第 1651 页。

[2] 此处 83 为整理序号,为引文方便,文中所引《长沙五一广场东汉简牍(壹)(贰)》简文,仅标整理序号,原始出土编号不再标出。简文所用版本为长沙市文物考古研究所、清华大学出土文献研究与保护中心、中国文化遗产研究院、湖南大学岳麓书院编《长沙五一广场东汉简牍(壹)》,中西书局,2018 年;长沙市文物考古研究所、清华大学出土文献研究与保护中心、中国文化遗产研究院、湖南大学岳麓书院编《长沙五一广场东汉简牍(贰)》,中西书局,2018 年。

4.缣,靡亭部,以佃作为事。良往,不处年中娉取缣为妻,今年九月不处日良以吏次署杅亭长,将缣之亭,武为小伍长,俗往来亭助走使。十一月廿日良入丘发蒭给亭(简380)

5.▨□旬韦蒍二两,纯、郡等将兵廿余人掩覆主家,主妻念怀

▨□隋佁纯等调逐事,伍长著黄绶,称故尉,捶榖诡课男女(简409)

6.持鸡一只直八十,之演私舍,时演不在,纫与姜相见,纫佁谓姜曰:我伍长杜纫,属持此鸡望督,督令我持来,姜即受。其日暮,演还归,姜以纫持鸡状报语演,演墨无言,纫以作𠄌为事到六(简471)

上引六支简,记载伍长7人(例1记载伍长2人),其中例1—4大致记载伍长协助亭长进行社会治安工作,例5—6是有人利用或冒充伍长的身份进行非法活动。例4中"武为小伍长","小伍长"的记载第一次见,这是因为"武"年纪轻还是有其他原因为"小伍长",目前还不清楚。[1]

从以上简文看,东汉时期基层的"五家为伍"制度一直在实行,其中"伍长"有协助管理社会治安的职责。如例1,临时关押亭中的9名罪犯就是由伍长樊仲、陈明等看守的,这说明伍长与亭长的关系非常密切。[2]

再说"比地"。长沙五一广场东汉简中有"相比近""相比近知习"的

[1] 新出版的《长沙五一广场东汉简牍(叁)》中有"大小伍长凡十一人"(叁·1024)、"大小伍长凡三人"(叁·1024)等简文,表明伍长有大、小之分,但二者区别的标准是什么,目前还不清楚。拟另文探讨。

[2] 五一广场东汉简中记载的伍长与亭长关系密切的情况,可能是因为这些简的内容多与司法相关。亭长负责基层社会治安,但由于"亭部"所辖范围大,人手不足,遇到司法案件,就需要基层伍长的协助。例4所见的小伍长武"俗往来亭助走使",就是经常到"亭"来帮忙。

记载,表明这些人的居住地是相比邻的。简文如下:

7.皆曰:县民,占有庐舍长赖亭部庐蒲丘。弩与男子吴赐、杨差、吴山,备、芓与男子区开、陈置等相比近。弩与妻锡、子女舒、舒女弟县,备与子女芓(简89)

8.广亭部。董,上丘;旦,桥丘。与男子烝愿、雷勒相比近知习,辅、农以田作,真、旦绩纺为事。普以吏次署狱掾。董,良家子,给事县,备狱书佐。不处年中,良给事县。永初元(简126)

9.阶、番武等相比近知习,各以田作绩纺为事。到永初二年十二月不处日,敢从同丘男子周楚求垦食鲑严波溏田(简303)

10.有顷,欲起,不知蔹所在,辄讯问任,知状女子马亲、陈信、王义等。辞皆曰:县民,各有庐舍御门、都亭部,相比近知习,各占租,坐卖缴、带为事。任今月十七(简304)

11.父母皆前物故,往不处年中姬、旦各嫁,姬为苏憙,旦良妻,自有庐舍。姬,逢门,旦,广亭部,与男子吕宝,烝次,雷勅等相比近知习。憙贾贩,旦、姬绩纺为事,到永初(简348)

12.□皆相比知习,以田作绩纺为事。危父柱有父古枯田,可种三斛,所与□

□檖所有财,田相比近,柱贫穷,往不处年中卖其田与檖,直禾八斛,斛为(简585)

13.近知习,各以田作为事。贪、祉、熊以故吏给事县。熊元兴元年十二月不处日,署长赖亭长。祉延平元年十月廿日、贪其年十二月十日各署视事。阳、陶前各给桑乡小史。成以永元八年五(简90)

14.可白……兄盗□名曰与

永初三年五月……有宅舍都亭部

……仲山、刘伯达为(A面)

相比近□□□作为事

永永永永永永永永永永永……(B面)(简309)

上引八支简,在描述居民情况时,多有“相比近”“相比近知习”“以田作绩纺为事”等记载,这些比邻而居的“相比近”之家,很可能是同伍之人。其中例7记载“弩与男子吴赐、杨差、吴山,备、芧与男子区开、陈置等相比近”。似乎这几人分属两个“伍”,即“弩与男子吴赐、杨差、吴山”同伍,“备、芧与男子区开、陈置等”同伍,简文中两“伍”中各列4家名字,但后面“等”字表明还有未列出的家庭,这个未列出的家庭,应该是同伍中的另一家。果真如此的话,同伍之人不但比邻而居,而且互相了解、彼此熟悉(“知习”)[1],这应该是商鞅立法时“令民为什伍,而相牧司连坐”做法的延续。

二、流客占籍

流民问题是秦汉时期一个重要的社会问题,受到了历代统治者的高度重视。朝廷的主要举措就是鼓励流民著籍,将其重新纳入国家的管理体系中。如《汉书》卷一下《高帝纪下》载高祖五年(前202)诏书曰:“民

[1] 李均明认为“知习”是指“彼此熟悉”。见李均明《长沙五一广场东汉简牍所见身份认定述略》,载中国文化遗产研究院编《出土文献研究》第17辑,中西书局,2018年,第332页。

前或相聚保山泽,不书名数,今天下已定,令各归其县,复故爵田宅。”即招抚流民,重新著籍。[1] 东汉时期,仍然鼓励著籍。如《后汉书》卷二一《李忠传》载李忠建武六年(30)迁丹阳太守,“垦田增多,三岁间流民占著者五万余口。十四年,三公奏课为天下第一,迁豫章太守”。[2] 所谓“占著”,即登记户口,著籍当地。

东汉的长沙地区,有不少外来人口,有的还著籍当地。外来人口中有“流客”,长沙五一广场东汉简牍记载了这样一个案例:

15.书輙逐召,乃考问,辞:本县奇乡民,前流客,占属临湘南乡乐成里。今不还本乡,势不复还归。临湘愿以诏书随人在所占,谨听受占。定西(简81)

16.本县奇乡民,前流客,留占著,以十三年案筭后还归本乡,与男子蔡羽、石放等相比(近),当以诏书随人在所占。忠叩头死罪死罪,得闳豊偓移(简369)

17.连道奇乡受占南(楬A面)乡民逢定本事 已下(楬B面)(简317)

综合这三枚简,叙述的应是同一件事。“流客”的名字叫逢定,原是连道奇乡人,后流动到临湘,按照诏书规定,逢定著籍到临湘县南乡乐成里。这个案例的内容,引起李学勤先生的关注。李先生说:“东汉人口的大规模流动,使固守旧律、企图要求农民返乡成为不可能做到的事情,简

[1] 〔汉〕班固:《汉书》,中华书局,1962年,第54页。
[2] 〔南朝宋〕范晔:《后汉书》,中华书局,1965年,第756页。

文称之为‘势不归本乡’,故推行‘随人在所占’的政策,即落户于流动所达地区遂成新规,目的不外是使国家能控制人口,获得劳动力与税收。”[1]正因为有“当以诏书随人在所占”的政策,外来人口得以顺利著籍临湘。

除了“流客”逢定,还有关于“流民王忠”的记载:

18.等实核流民王忠,户一口四,出付益阳,合均未言☐(简J1③:265-13)

此简最早见于2013年的发掘简报,[2]发掘简报称:“按:此例所见为调查流民名册。实核,调查核实。益阳,长沙郡属县,见《续汉书·郡国志》。”[3]此简记载“流民王忠”最后“出付益阳”,应该是著籍益阳县了。

长沙五一广场东汉简牍还记载了一份涉及流民的诏书:

19.永初四年正月丙戌朔十八日癸卯,东部劝农贼捕掾酆、游徼蘷叩头死罪敢言之:廷下诏书曰:比年阴阳鬲并,水旱饥馑,民或流冗,蛮夷猾夏,仍以发兴,奸吏(A面)(简412)

[1] 长沙市文物考古研究所、清华大学出土文献研究与保护中心、中国文化遗产研究院、湖南大学岳麓书院编:《长沙五一广场东汉简牍(壹)》,“序”(李学勤执笔),中西书局,2018年,第2页。

[2] 该简亦见于长沙市文物考古研究所、清华大学出土文献研究与保护中心、中国文化遗产研究院、湖南大学岳麓书院编《长沙五一广场东汉简牍(肆)》,中西书局,2019年,第11、163页。

[3] 长沙市文物考古研究所:《湖南长沙五一广场东汉简牍发掘简报》,《文物》2013年第6期。

这份安帝永初四年诏书中提到“比年阴阳鬲并，水旱饥馑，民或流冗”，在频发的自然灾害面前，流民已经出现了[1]。早在永初二年秋七月，安帝就下诏曰：“朕以不德，遵奉大业，而阴阳差越，变异并见，万民饥流，羌貊叛戾。夙夜克己，忧心京京。”[2]这说明当时流民问题是一个比较突出的问题，长沙地区出现流民只是全国流民问题的一个缩影。

由于流民问题较为突出，因此政府一方面下诏同意著籍流入地，另一方面可能还设置“安民史”来安抚流动之人。简文载：

20.左户曹史麟白：民自言辞如牒，请记告安民▨（简54）

21.府告安民史竟，民自言▨（简57）

简54“安民”后面很可能是“史”，尽管简文内容不多，但从“民自言”“府告”等词语来看，“安民史”可能就是为招抚流民而设。

除了前面提到的“流客”“流民”，长沙五一广场东汉简牍中还有不少关于外地人的记载，这些人是客居呢，还是临时路过，都不清楚。简例如下：

22.世定昌匡无他奸诈，请理出，付部主者亭长，令具完厚任五人，征召可得。又讯女子张待，辞，前状：忠，本苍梧，与高相识，知高一姓王字武，高妻泉陵人。武高往时曾居苍梧北津上（简540）

---

[1] 刘国忠认为“简文所载诏书‘水旱饥馑，民或流冗’，正是当时灾害频发、民众流离失所的真实写照”，见其著《五一广场东汉永初四年诏书简试论》，《湖南大学学报（社会科学版）》2017年第5期，第12页。

[2] 《后汉书》卷五《安帝纪》，参见〔南朝宋〕范晔《后汉书》中华书局，1965年，第210页。

23.□武陵酉阳,起江夏安陆都乡平里,父母前皆物故,斋与妻起,勋□宛等俱居其县都亭部,与□人(?)等相比近,各以贩鱼鲶行(简 137)

24.少、雅,河南雒阳平乐乡寿乐里。高,南阳宛。叔,东莱。午、亲,县民。午,南乡滥里。亲,都乡乐里。初父孟、午父伯、雅父惠、亲夫兰皆前物故。初与母宁、少父孙、母姜、午母明,雅与母斐等各俱居(简 598)

这三枚简都是两行木简,记载了一些人的籍贯。例 22 记载"忠"原是苍梧人,高妻是泉陵(属零陵郡)人。例 23 记载"起"的籍贯是江夏安陆都乡平里。例 24 记载的人物更多,其中"少、雅"籍贯是"河南雒阳平乐乡寿乐里","高"是"南阳宛"人,"叔"是东莱郡人,"午、亲"是"县民",即临湘县人。这些外地人,不管出于什么原因,曾一度流寓长沙临湘。

与上述三例记载多人的事例不同,五一广场东汉简中还有不少竹简,记载了外来成年男子情况。简例如下:

25. ▨定陶男子王方客来,复屠牛□□□▨(简 55)

26. 陈留考城县男子□□自□　……自给▨(简 56)

27. 零陵湘乡南阳乡新亭里男子伍次年卅一,长七尺,黑色,持櫛船一棲,绢三束,矛一支▨(简 709)

28.▨同里男子胡佐,年卅一,长七尺,黑(色),持绢一束,矛一。字伯成(简 711)

29. 贷主汝南吴房都乡市里男子王奉年卅三,长七尺,赤色,持緤一▨□(简 712)

30.▨　同里男子张得年卅六，长七尺，黑……▨（简 713）

31. 同里男子陈孟年卅，长□▨（简 714）

32.▨□里男子师文年卅五，长七尺，黑色，持絮三百斤，矛▨（简 715）

33. 同里男子师陵年廿，长七尺，白色，持絮一百斤，刀矛▨（简 716）

34. 同里男子彭宗年廿五，长七尺，□▨（简 717）

35. 贷主颍川昆阳都乡仓里男子陈次年廿五，长七尺，白色……▨（简 740）

36. 男子召熊年卅，长七尺，黑色，持缯一，篦刀矛各一。字仲平（简 750）

37. 贷主颍川舞阳都乡□▨（简 761）

38.▨　同里男子范第年廿四，长七尺，白色▨（简 787）

39.▨□四，长七尺，黑色，持缯一束，矛一支。字伯度（简 798）

40.贷主零陵湘乡宜贵里男子陈迫年廿四，长七尺，黑色，持□□▨（简 838）

41.武陵临沅都乡□西里男子何当年卌，长七尺，黑色，持□（简 839）

这十七枚竹简，除了例 25、26 格式与其他竹简不同，其余十五枚竹简的格式和内容基本相同，都记载男子的籍贯、年龄、身高、肤色、所持物品等,可能同属于一个名籍册子。[1] 这十几枚竹简涉及的籍贯有:定陶、陈留考城县、零陵湘乡南阳乡新亭里、零陵湘乡宜贵里、汝南吴房都乡市里、颍川昆阳都乡仓里、颍川舞阳都乡、武陵临沅都乡□西里等,那些“同里男子”可能是与上述记载明确籍贯的男子一起来的,可能出于编写册子时减省的考虑,书写者省略掉了这些男子的郡县乡信息。即便如此,考虑到这些竹简上的人都是外地人,这些“同里男子”也应该是外地人。这些外地人持绢、持缲、持絮、持缯,很可能是从事长途贩卖的商人,持矛、持刀则可能是用于防卫。简文中的“贷主”表明在从事商业活动时,商人有赊钱、赊物行为。从商业角度看,竹简上记载的这些男子可能大部分是从事长途贩运的商人,由此看见东汉中期长沙地区商业经营。

三、户籍管理

东汉时期,有一套完善的系统来负责户口的调查和管理。在中央,管理户口的是民曹尚书郎。卫宏《汉官旧仪》载尚书郎四人,“民曹一郎主天下户口垦田功作”[2]。《晋书》卷二四《职官志》载:“尚书郎,西汉旧置四人……一人主户口垦田。”[3]

在郡、县,负责户口调查和管理的官吏是户曹。《后汉书志 · 百官

[1] 2013 年发掘简报在公布 711 号简时说:“按:此例所见为名籍之类残文,内容含居住地、性别、姓名、年龄、身高、肤色、携带物等,似居延汉简之出入名籍。”见长沙市文物考古研究所《湖南长沙五一广场东汉简牍发掘简报》,《文物》2013 年第 6 期,第 24 页。

[2] 〔清〕孙星衍等辑,周天游点校:《汉官六种》,中华书局,1990 年,第 33 页。

[3] 〔唐〕房玄龄等:《晋书》,中华书局,1974 年,第 731 页。

一》载："户曹主民户、祠祀、农桑。"[1]户曹下面负责户口管理的有户曹掾、户曹史、户令史等官员。《后汉书》卷四三《乐恢传》注引《东观记》曰："京兆尹张恂召恢，署户曹史。"[2]《后汉书》卷七六《循吏列传》载孟尝："仕郡为户曹史。"[3]《后汉书》卷八二《方术列传》载李郃："太守奇其隐德，召署户曹史。"[4]

长沙五一广场东汉简牍中除了前引例20"左户曹史"，还有"户曹掾史""户曹史""户曹助史"等简例。

42. ☐　户曹掾史□□□□酉白前以府书部守史沅纲祖乡
☐　陵亭长王岑、蔡英逐捕沩乡干胡苍、黄阳讫今不
☐　得，府期尽□□□□□□□议……
☐若　各二人，纲一人……得，后岑□□□□☐
☐　纲，都邮卒属尉曹，收□卒食（?）簿入☐
☐　三月□日谨具事解府，毕□岑英等□□☐
☐　延平元年□月□日戊辰白（简156）

43. ☐日户曹助史嵩白：中部邮亭掾揖……部
☐□吴阳女子刘姬、李姜酿酒……言
☐□廷掾合议：请记告右部贼捕掾□□等实核
☐□具白草
☐　永初元年五月廿二日癸巳白（简330）

---

[1] 〔南朝宋〕范晔：《后汉书》，中华书局，1965年，第3559页。
[2] 〔南朝宋〕范晔：《后汉书》，中华书局，1965年，第1477页。
[3] 〔南朝宋〕范晔：《后汉书》，中华书局，1965年，第2472页。
[4] 〔南朝宋〕范晔：《后汉书》，中华书局，1965年，第2718页。

44. 府记故左贼(A 面)

史董普户曹史(B 面)(简 445)

45. 辟报户曹史棋莫诣曹,愿保任守史张普不逃亡,征召可得,以床(A 面)

印为信,史郭(?)野(?)(B 面)(简 526+534)

46. 直符户曹史宋奉(简 J1③:325-1-26B)[1]

47. 直符户曹史盛劾(A 面)(简 392)

除了汉简,东汉碑刻中也有户曹史、户曹掾等记载。如《隶释》卷五《张纳碑阴》载巴郡太守张纳的属吏中有户曹史 3 人、户令史 1 人[2]。《史晨后碑》载灵帝时,鲁国有户曹掾东门荣;《祀三公山碑》载常山国的户曹史纪受、翟福 2 人;《嵩山少室石阙铭》载有户曹史夏效、张诗 2 人[3]。

从五一广场东汉简和汉碑记载看,东汉时期管理户口的户曹吏员有:户曹掾、户曹史、户曹助史、户令史等,他们负责人口管理、农业生产管理等事务。

在户籍管理上,五一广场东汉简牍中有"占数""自占名""定名数""皆有名数"等记载,表明东汉的户籍管理很严格,所有人都要登记于户籍之上。简例如下:

---

[1] 长沙市文物考古研究所:《湖南长沙五一广场东汉简牍发掘简报》,《文物》2013 年第 6 期。

[2] 洪适:《隶释·隶续》,中华书局,1986 年,第 63 页。

[3] 汉碑内容见高文《汉碑集释》,河南大学出版社,1997 年,第 338、33、45 页。

48.☒呼石居，占数户下以为子，免㙟为庶人。到永元十一年中修更嫁为男子

☒与山居。修嫁珠为其县男子蔡溘妻，无子，弃。到十五年三月中，修、珠俱来（简306）

49. 斤，鲏鱼七合，廿一日王珍持鲏鱼过备例所，寅自占名，属都乡安成里，珍广成乡阳里，备称寅鱼重卌斤，鲏鱼七合，官平鱼斤直钱三，卌斤并直钱百卌四（简746+569）

50. ·案都乡滲阳里大男马胡，南乡不处里区冯，皆坐冯生不占书。胡，西市亭长，今年六月……胡、冯及泛所从□☒

汝曹护我，胡、冯、亥、建、可即俱之老舍门，泛令亥、建、冯入老舍，得一男子将出，胡、亥以将老出门，泛以所……建以所持矛刺老背，亥以☒

建辜二旬内，其时立物故，泛、胡、建、亥谋共贼杀人，已杀，泛本造计谋，皆行，胡……名数……冯、□、建格物故，亥建(?)及泛等别劾☒

永元十六年戊午朔十九日丙子，曲平亭长昭劾，敢言之。临湘狱以律令从事，敢言之。（简257）

51. 孟入为生赘聟，无媒娉，钱财，生不应人妻，常求生，自相和合，皆无罪名，又常客来日久，恐在县有他犯，脱无名数，唯（简322）

52.定名数，无令重，叩头叩头如诏书律令

七月七日开　掾虑，助史昆著（A面）（简387）

53. 案：辟都、南、中乡，未言雄、俊、循、竟、赵，辞皆有名数，爵公士以上。癸酉赦令后以来，无他犯坐罪耐以上，不当请。

永初三年正月十四日乙巳，临湘令丹、守丞晧、掾商、狱助史护，

以劾律爵咸(减),论雄、俊、循、竟、赵耐为司寇,衣服如法,司空作,计其年。(A面)(简392)

例48中的"占数"中的"占",即登记、申报。"数",即名数,指户籍。"占数",即申报户籍。"占数户下以为子"即把某人作为自己的子女登记在户籍上。对于户口登记中的作弊行为,东汉政府给予严厉制裁。武威旱滩坡东汉简第5简:"民占数以男为女,辟更徭,论为司寇。"[1]如果申报户籍不实,弄虚作假,"以男为女",逃避徭役,就要被判为司寇。

例49中的"自占名"中的"自占"即自我申报,"名",即名数,指户籍。"自占名",即自我申报户籍。张家山汉简《奏谳书》中有"自占书名数"令的内容,[2]即:"《令》曰:诸无名数者,皆令自占书名数,令到县道官,盈卅日,不自占书名数,皆耐为隶臣妾,锢,勿令以爵、赏免,舍匿者与同罪。"五一广场东汉简牍中"自占名"可能是"自占书名数"的简称。

例50中的"皆坐冯生不占书"中的"占书",应是指"占书名数",即登记户口。"生不占书"是指"区冯"活着的时候,没有按规定登记户口。该案后面提到的"名数",可能仍是指"区冯"的户籍而言。正因为区冯"生不占书",所以马胡等人受到连坐。

例51、52、53中的"脱无名数""定名数""皆有名数"中的"名数",是指户籍。名数、无名数常见于秦汉史书。《汉书》卷一下《高帝纪下》:"民前或相聚保山泽,不书名数。"颜师古注曰:"名数,谓户籍也。"[3]《史记》

[1] 钟长发:《甘肃武威旱滩坡东汉墓》,《文物》1993年第10期。

[2] 陈伟先生谓:"这道法令,我们暂且依照令文称作'自占书名数'令。"见陈伟《〈奏谳书〉所见汉初"自占书名数"令》,载武汉大学中国三至九世纪研究所编《中国前近代史理论国际学术研讨会论文集》,湖北人民出版社,1997年,第430页。

[3] 〔汉〕班固:《汉书》,中华书局,1962年,第54—55页。

卷一〇三《万石张叔列传》:"元封四年中,关东流民二百万口,无名数者四十万。"《史记索隐》:"案:小颜云'无名数,若今之无户籍'。"[1]这三例简文显示东汉时期仍沿袭了西汉时期"名数"的概念来指代户籍。同时,这三例简文也表明汉朝在实际管理中对户籍问题的重视。如例51,因为名"常"的人"客来日久",就怀疑他"恐在县有他犯,脱无名数",可见基层对外来人员的户籍的重视与关注。

总之,五一广场东汉简牍中的户籍记载表明,东汉政府对户籍问题相当重视,东汉的户籍管理制度是承袭秦、西汉而来。

附记:本文已刊于邬文玲、戴卫红《简帛研究二〇二〇(秋冬卷)》,广西师范大学出版社,2021年。

[1] 〔汉〕司马迁:《史记》,中华书局,1959年,第2768页。

走马楼吴简粢田简的复原与研究

——兼论计算机在吴简研究中的价值[1]

邓玮光

（江苏第二师范学院 南京 210013）

走马楼吴简中有一类与粢田有关的簿籍，主要集中在竹简［伍］［陆］［柒］中。簿籍本身并不复杂，本次复原主要是想在复原的基础上，重新检讨计算机在简牍研究，尤其是复原中可能起到的作用。

笔者曾提出过“横向比较复原法”与“纵向比较复原法”。所谓“横向比较复原法”是指，针对同一事件的多方记录进行横向比较，查漏补缺，进行复原。其成立的依据是，经过两汉的发展，孙吴时期的“文书行政”已经完全成熟，严密的簿籍制度得以建立，与官方有关的政治经济活动都必须留下记录。同时，由于一个事件往往牵涉多方，涉事各方又都必须如实记录，所以关于同一事件会留下多份簿籍。吴简由于数量巨大，发现地点集中，为发现大量针对同一事件的多方记录创造了条件。在没有揭剥图

---

［1］ 本文写作得到2023年国家社会科学基金一般项目“长沙走马楼吴简仓米簿的分类复原与综合研究”（项目批准号：23BZS021）的资助。

的情况下，找出这样的多方记录进行对比复原，无疑能在很大程度上弥补揭剥图缺失的不足。

所谓“纵向比较复原法”是指，针对一个连续活动从纵向的也就是历时性的角度去考虑，通过厘清活动发展的内在逻辑，进行复原。其成立的依据是，政治经济活动的发生发展都有一个过程，比如仓米流转，就会包括入仓、储存、转运、消耗四个步骤，又比如一份单一的账目记录，也至少包括罗列数据、统计核算两个步骤。也许其中某个步骤的记录存在缺失，但利用步骤间存在的逻辑关系，完全有可能对缺失的记录进行复原。

无论“横向比较复原法”还是“纵向比较复原法”，本质上都是一种基于数据检索能力的复原方法。这在前计算机时代使用时，无疑存在理论上可行、操作上困难的客观限制，但在计算机时代，这样的限制便被大大削弱，甚至可以说有了最好的发挥空间，下面笔者将以粢田简的复原为例来展示这种方法的可操作性。

一、揭剥图的局限性及数据选取的原因

首先是选取数据。这需要对所有公布的简进行通读，了解希望复原的数据所存在的范围。[1] 经过仔细阅读，笔者发现与粢田有关的简主要集中在[伍][陆][柒]三卷，便将三卷所有简牍输入同一个 word 文件，完成数据库的建设。

这里，笔者选择了[伍][陆][柒]的全部简牍，而未考虑按揭剥图将

[1] 以后在人工智能时代，也许有某种数据检索方法可以批量操作。

数据分开处理。甚至在后续复原中,笔者也很少使用到揭剥图。毫无疑问,揭剥图为吴简复原打开了一条新路,在复原初期极大地推动了复原工作的进行。但随着复原的深入,揭剥图本身存在的局限性也开始暴露出来。

在这里,我们有必要回顾一下吴简揭剥图的发展史。揭剥图从竹简[壹]开始被引入,尽管只有两张,但意味着简牍研究者已经有可能运用更多的信息(如考古学信息),从而突破传统的文字历史研究,孕育出新的可能性。而侯旭东先生对竹简[贰]"吏民人名年纪口食簿"的复原将这一可能性变成了现实。但侯先生利用的揭剥图相对完整,其方法要具有普适性,还须得到进一步的发展。凌文超先生的贡献即在于一方面通过添加辅助信息如盆号、出土号等,将方法的适用性扩展到揭剥图保存较差的情况下;另一方面则通过总结,有意识地使研究方法模式化,增强了方法的可移植性和易学习性。打个比方的话,侯先生制出了样品,凌先生则对其进行了工业化。至此,对揭剥图的使用几乎成了吴简研究——尤其是复原研究绕不开的材料。

但从竹简[柒]开始,我们对揭剥图的有效性便不得不开始有所怀疑。[1] 竹简[柒]的揭剥图除了过去的侧视图,还配了顶视图。从顶视图、侧视图配合来看,原来单看侧视图,以为处于同一平面的简牍,在原始摆放中很可能根本不在一个平面上。这就像一把扇子打开后从侧面看扇骨与合起来看扇骨的区别一样。这也解释了为何在以往的复原中,看上去相邻的简有时却毫无关系。

[1] 因为竹简发表顺序为[壹][贰][叁][肆][柒][捌][陆][伍],所以尽管[伍][陆]也有顶视图,但[柒]却是顶视图出现的起点。

此外,由于简牍清理中,在不知情的情况下,难免会将同份简册分开,从而使其出现在不同的揭剥图中,因此,单纯依赖揭剥图进行复原,很可能会错失完整复原的可能性。

在这种背景下,是否有不利用揭剥图直接进行复原的方法,便成为笔者考虑的关键。而在此之前,笔者利用揭剥图提出的"横向比较复原法"与"纵向比较复原法",似乎给出了一个可以脱离揭剥图的方法。

在两种方法中揭剥图都不是必备的条件,唯一必需的就是相同或相关的数据,然后利用这些数据作为关键词在合适的数据范围中进行检索,就有可能进行复原。而在计算机时代,检索,特别是复原所需的简单匹配检索,恰恰是最简单的事。因此,数据范围尽可能大不但不会影响检索效率,反而会增加命中的可能性。这也就是笔者选择[伍][陆][柒]全部数据的原因。

二、粢田簿的部分复原尝试

(一)加总部分的复原

粢田簿的复原首先要大致了解其内在结构。为此,我们首先找出具有代表性的标题简。

[陆]2995.都乡谨列今年吏粢田顷亩数

[柒]3246.都中乡谨列今年粢租米已入未毕事

从标题简来看,粢田簿主要包括两大部分——粢田顷亩数、粢租米数。了解这两大部分后,我们开始进行复原。从"[陆]147、集凡十一乡领□租米百五十四斛四斗"这样的总结简来看,粢田簿的整体很可能是先分别统计各乡的情况,再有一个加总的数据。复原时为了先易后难,我们先复原加总的情况,再考虑各乡的情况。作为加总的数据,如果冠以名目的话,除了"十一乡",最有可能的是县,以"县"与"粢"两者为关键词进行搜检,可得到如下两枚简。

[伍]7413.县领过三年吏民粢田七顷九十二亩一百六十[一]步

[柒]3121.县领四年粢租米……斛四斗九合

其中简[柒]3121最后的"四斗九合"与简[陆]147的"四斗"比较接近,考虑到两者之间意义上可能存在的关联性,我们在参照图版的基础上,分别以"四斗九合"与"五百五十四斛"作为关键词进行搜索。然后找到了如下两枚简:

[陆]176.定收六顷九十三亩三步亩收八斗为吴平斛米五百五十四斛四斗九合

[陆]146.八斗合为吴平斛米一百五十四斛四斗九合有张过年卅二亩二百一十五步□

对比简[陆]146、[陆]147、[陆]176、[柒]3121的图版,我们可以把

[陆]146、[陆]147 校释为

[陆]147.·集凡十一乡领粢租米五百五十四斛四斗九合

[陆]146.八斗合为吴平斛米五百五十四斛四斗九合有张过年卅二亩二百一十五步□

同时,利用简[陆]176、[陆]146 相同的部分,可以把两者利用“横向比较复原法”拼合成更加完整的意思“定收六顷九十三亩三步亩收八斗为吴平斛米五百五十四斛四斗九合有张过年卅二亩二百一十五步”。

与“过年”有关的加总数据有“七顷九十二亩一百六十一步”,但“六顷九十三亩三步亩”与“七顷九十二亩一百六十一步”之间的差距不是“卅二亩二百一十五步”,所以“定收”前可能还有其他的数据。在考虑这个数据前,我们先要考虑“有张”的意思。在简牍中除了“有张”,还有“有损”“有出”。

[陆]123.□□有损过年四亩六步[1]

[陆]640.　　粢有出过年廿一亩二百廿步

顾名思义,“有损”应是有所减少,“有出”可能是有所增加。那“有张”从字面上看可能也是增加的意思。先以“增加”作为基础,将“七顷九十二亩一百六十一步”加上“卅二亩二百一十五步”,得八顷廿五亩一百

---

[1] 原释文为“□□者损过年四亩六步”,参照图版校释。

卅六步。以此检索未得到有效数据。但可以发现一个类似的数据:

[陆]105.令欣宋等还右簿合得八顷廿九亩卅六步其廿五亩

仔细检查图版,可以将简[陆]105、[陆]146 校释为:

[陆]105.㊀令欣宋等还右簿合得八顷廿㊀六亩卅六步其廿五亩

[陆]146.八斗合为吴平斛米(五)百五十四斛四斗九合有张过年卅(三)亩(一)百一十五步(谨)

根据以上数据,我们可以得到 3 个重要数据:

过年粢田=七顷九十二亩一百六十一步

今年合得粢田=八顷廿(六)亩卅六步

今年定收粢田=六顷九十三亩三步亩

下面的问题是,今年粢田与定收之间是什么关系。这时可以利用简[陆]105 最后未尽的部分与简[陆]176 前面缺失的部分两方面进行考虑。以"廿五亩"进行搜检,发现一枚简:

[伍]7331. 其廿五亩卌一步民作边□为大水所泛渍不(收)[1]

因为淹水不收租,似乎可以作为"今年合得粢田"与"今年定收粢田"

[1] 原释文为"其廿五亩卌一步民作边□为大水所泛渍不□",参照图版校释。

之间差距的一部分。但以“卌一步”作为关键词,并未发现合适的对象。这时我们考虑直接用“今年合得粢田”-“今年定收粢田”-“淹水不收租”得到一顷七亩二百卅二步,以此检索,正好得到简:

[伍]7330.……其一顷七亩二百㊀卅二步大常[及]步侯郡士复民□□田[1]

将几部分按“横向比较复原法”以相同部分作为桥梁进行拼接,大致可得到如下信息:“今欣宋等还右簿合得八顷廿六亩卅六步。其廿五亩卌一步民作边□为大水所泛渍不收。其一顷七亩二百卅二步大常□及步侯郡士复民□□田。定收六顷九十三亩三步,亩收八斗,为吴平斛米五百五十四斛四斗九合。有张过年卅三亩一百一十五步。”

至此,粢田相关簿籍的加总部分基本得以复原。下面开始复原各乡的部分。

(二)对都、中乡的复原

由前文可知,乡一共有11个,经过整理可知,分别有都、中、东、南、模、广成、平、西、小武陵、桑、乐11乡。下面以都中两乡为例,简要介绍复原方法。

首先以“都乡”“粢”为关键词进行搜索,得到简:

[1] 原释文为“其一顷七亩二百廿二步大常[及]步侯郡士复民□□田”,参照图版及简[陆]148校释。

[陆]179. · 右都中二乡过年领　吏民粢田合一顷廿六亩一百卅九步

[柒]3009.都乡过年领粢田六……

以“中乡过年领粢田”为关键词搜索,得简:

[伍]7346.中乡过年领粢田六十一亩一百廿步

可将简[柒]3009 校释为:

[柒]3009.都乡过年领粢田六十五亩十九步

继续以“都乡”“粢”为关键词进行搜索,得简:

[伍]7351.都乡领粢田一顷五十亩百六十七步

“一顷五十亩百六十七步”-“六十五亩十九步”=八十五亩卌八步。

但经过搜检没有合适的简牍。这时无法搜检,只能考虑利用加成关系来进行复原。“都乡领粢田”在位置上相当于前文的“今年合得粢田”,那下面看看能否找出相当于“今年定收粢田”与“不收租粢田”的部分。经过不断尝试,最终得到如下简:

[伍]7349.　　其卌六亩一百六十七步大常及吕侯复民郡士[1]

[陆]642.　　湥田不收租

[柒]2308.　今年户父自实得田一顷五亩[2]

同时将简[伍]7351校释为:

[伍]7351.都乡领湥田一顷五十一亩百六十七步

而“一顷五亩”与“六十五亩十九步”间的差距卅九亩二百廿一步,正好有符合相关数据的简:

[伍]7336.湥有出过年卅九亩二百廿一步[3]

以上数据相互吻合,从侧面证明了复原的正确性。利用同样的方法,可以复原中乡的数据及两乡相关联的数据。

总结以上数据可知:

[柒]3009.都乡过年领湥田六十五亩十九步

[1] 原释文为“其卅六亩一百六十七步大常及吕侯复民郡士”,参照图版及简[伍]7408校释。

[2] 原释文为“合朱石父自实得田四顷五亩”,参照图版校释。

[3] 原释文为“湥有出过年卅五亩二百廿一步”,参照图版校释。

[伍]7346.中乡过年领粢田六十一亩一百廿步

[陆]179.·右都中二乡过年领　吏民粢田合一顷廿六亩一百卅九步

[陆]109.今年实得合(?)一顷八十八亩一百步[1]

[陆]111.粢有出过年　六十一亩二百一步[2]

[柒]3247.都中乡领今年粢租米一百五十斛九升四合[3]

[伍]7328.　　未毕一百廿二斛一斗九升四合请鞭乡吏郭宋五十

[伍]7351.都乡领粢田一顷五十一亩百六十七步[4]

[伍]7349.　　其卌六亩一百六十七步大常及吕侯复民郡士[5]

[陆]642.　　粢田不收租

[柒]2308.　今年户父自实得田一顷五亩[6]

---

[1] 原释文为"今□实得合(?)一顷八十八亩一百步",参照图版校释。

[2] 原释文为"粢有出过年　八十一亩二百一步",参照图版,并考虑与简[陆]179、[陆]109关系校释。

[3] 原释文为"都中乡领今年粢租米一百五十斛四升四合",参照图版及简[柒]2992校释。

[4] 原释文为"都乡领粢田一顷五十亩百六十七步",参照图版,并考虑与简[伍]7349、[陆]177关系校释。

[5] 原释文为"其卅六亩一百六十七步大常及吕侯复民郡士",参照图版及简[伍]7408校释。

[6] 原释文为"合朱石父自实得田四顷五亩",参照图版校释。

[伍]7336.粢有出过年卅(九)亩二百廿一步

[陆]177.定领一顷五亩收租米四斗为米八十四斛……

[陆]108.中乡领粢田(九)十八亩(二)百卅步[1]

[陆]107.其十五亩一百卅步□□(粢)田不收租[2]

[柒]3239.中乡领郡士粢田十(五)亩(一)(百)(卅)[步][3]

[陆]637.今年户父自实得八十三亩一百步

[陆]640.　　粢有出过年廿一亩二百廿步

此外还可以复原出中乡、广成、平、南、模乡的相关数据。因为本文主要在于介绍方法,所以不再赘述。

三、吴简研究的一点建议

通过以上复原,我们可以发现利用"横向比较复原法"与"纵向比较复原法"最关键的在于数据的准确性,而这根植于释文的正确性。为了能最大限度地利用这两种方法,我们需要能做出最准确的释文,而最准确的

---

[1] 原释文为"中乡领粢田八十八亩一百卅步"。参照图版,及与简[陆]107、[陆]177、[陆]120间加成关系校释。

[2] 原释文为"其十五亩一百卅步□□田不收租",参照图版校释。

[3] 原释文为"中乡领郡士粢田十顷□亩卌[步]",参照图版与简[陆]107,并考虑与简[陆]108、[陆]637的加成关系校释。

释文不是一个人能完成的,这需要大家的力量。但现在一个最大的局限在于,学者的校释成果零散于个人的著作中,旁人利用起来不是非常方便,经常出现重复劳动。

解决这个问题的方法,就和现代商业的运行逻辑一样:建造一个公共平台,让所有人都围绕这个平台活动,从而形成信息共享。因此,如果有可能的话,吴简是否能做成一个开源的网站,所有的释文上网?

网站分成三层,第一层为吴简释文,所有人都可以看,可以复制,但除了管理员,都没有修改权限。

第二层为讨论层,所有人都可以在自己认为有问题的简下,以发帖的方式给出自己的校释与理由,帖子的时间排序自然而然地就显示出学术史的信息。

第三层为管理员使用,将确认的文字校释写入,并替换第一层的信息,同时给出修改理由。

这样的开源网站一方面可以共享最新最权威的释文信息,减少重复劳动,促进吴简研究的发展;另一方面也可使后学的学术史整理更为方便。

“首届中日韩出土简牍研究国际论坛暨第四届简帛学的理论与实践学术研讨会”述要

郭晴　蔡万进

（首都师范大学历史学院　北京 100089）

2019 年 9 月 6—8 日，由首都师范大学历史学院、中国社会科学院简帛研究中心、日本奈良文化财研究所、日本木简学会、韩国木简学会、韩国国立庆州文化财研究所共同举办的“首届中日韩出土简牍研究国际论坛暨第四届简帛学的理论与实践学术研讨会”在北京召开。来自中日韩三国的四十余所科研机构、高等院校、文博单位的七十余位专家学者参加了此次会议。

本次会议为期两天，采取大会主题发言与分组专题研讨相结合的形式，先后有 12 位中外学者进行大会主题发言，40 位学者开展分组专题学术报告。会议共收到中日韩学者提交的论文 54 篇，与会专家围绕“中日韩新出简帛介绍与整理研究前沿”“简帛整理的国际统一标准制定与研究”“简帛学理论的总结与创新”等议题展开了热烈而深入的讨论。

一、主题发言

7 日上午开幕式后与 8 日下午闭幕式前,大会以论坛形式,先后安排了中日韩三国的 12 位学者,集中针对中日韩三国的新出简帛及简牍整理国际统一标准的制定展开介绍与研讨。

张德芳《敦煌玉门关新出汉简及其相关内容》为我们展示了敦煌玉门关遗址的发掘情况,其中出土的相关汉简,共分为玉门都尉记载、都尉府各曹办事机构记载、玉门关记载、西域记载、日作簿、纪年简等几类。张春龙《里耶秦简整理新进展》介绍了正在整理中的里耶秦简第三辑,对包括简的缀合、简文校释、所含简的数量、简文内容等在内的整理工作一一做了解说。李均明《中国四大简牍文书群的体系特征》归纳了湖南简牍文书群、湖北简牍文书群、居延简牍文书群及敦煌简牍文书群体系特征;湖南简牍文书群以古井窖出土的各级、各部门的行政、司法文书及其较长的时代延续性、密切的内部联系为体系特征,湖北文书群形成了以数量庞大、规模集中的法律文书为主的群体特征,屯戍文书与丝路文书则分别构成了居延简牍文书群和敦煌简牍文书群的体系特征。胡平生《中日韩简牍学界应当制定整理的统一标准》一文,结合早年发表之文章《论简牍整理国家标准的制定》(载中国文化遗产研究院编《出土文献研究》第 8 辑,上海古籍出版社,2007 年),详细回顾了简牍整理工作自十九世纪末始至二十世纪七十年代后以至今日的发展历程,并提出关于简帛整理标准制定的如下几点内容:第一,制定简帛发掘与保护章程;第二,简帛整理领导与工作人员资质认定;第三,简帛整理保护研究经费申请与使用;第四,简帛整理的时间规定;第五,简帛整理成果标准,包括简帛图版、摹本、缀合编连、释文、注释等方面的清晰准确;第六,简帛整理符号的统一;第七,简帛整理报告的出版;第八,利用现代科技手段制作、保存电子版。赵平安《谈谈简帛整理过程中的"依样隶定"》以简帛整理过程中的"依样隶定"为例提出了其存在的突出问题,如易混淆同形字与同形部件、在"是""似"之间难以精准、简单问题复杂化等,同时强调我们应该减少"依样隶定",尽量用与之对应的通行今字来释读古文,此外还应厘清文字的形义关系、来龙去脉、字际关系等。

日本木简是东亚简帛的重要组成部分,日本奈良文化财研究所一直致力于日本木简的发掘、保护、整理、研究工作。渡边晃宏《日本木简之调查、其现状与课题》系统介绍了日本木简出土的历史及日本木简自身的特征,同时详细说明了日本奈良文化财研究所的木简调查流程。佐藤信《日本木简史料的特质及其研究状况》分析了日本木简的功用,指出相比来讲日本木简学会更重视木简本身的研究。马场基《日本木简的研究资源化的新展开》介绍了近年来采用信息技术手段后,日本木简资料本身的相关调查与研究,强调我们应当活用信息技术,跨学科、跨单位、跨国界地展开高质量、高效率的研究。

韩国木简在东亚简牍文化的传播过程中具有重要地位。李柱宪《韩国木简的考古发掘与整理研究》细数韩国的出土简牍状况,同时指出韩国的木简研究尚且停留于文字辨识和内容诠释方面,诸如简牍形态、种类、规格等相关研究仍旧呈现缺口状态,急需韩国学界的努力。李钟勋、朴晟镇《庆州月城出土木简的考古学现况》展示了庆州新罗王京月城的考古发掘过程与成果,遗址中出土了保存状态良好的木简、木制品、动植物遗存、有机物等能够反映新罗人生活的遗物,其中木简作为反映当时社会文化的直接资料,将成为复原新罗史的重要文物。李在晥《韩国出土木简的分类与整理及标准化方案》针对韩国当下持续探讨的木简整理“标准化”和“系统化”问题,提出了明确分类对象、赋予合理名称、统一编码与示例用语等方法,并依据韩国出土木简的特征,提出将其分为代码化的外形代码和上下端的形态代码的方案。金秉骏《古代韩国木简所见木简格式》着眼于周边国家如何接受中国文书行政这一问题,认为古代韩国木简所呈现的基本文书格式,当为直接使用传承自中国的文书格式,并随着制度的实际推行,逐渐演化成适用于其自身语言和环境的方案。

二、专题发言

根据与会各位学者研究内容,大会利用一天的时间,分2组共进行八场专题讨论,先后有40位中外学者做了专题发言,内容涉及中日韩新出简牍研究、简帛学史研究和国际简帛学体系构建研究等问题。

韩国学者介绍了韩国简牍研究的情况。权仁瀚《古代韩国木简上的文字文化——以合字和国字、习字和落书为例》通过六至十世纪韩国木简中出现的合字和国字、习书和落书的相关事例,考察了古代韩国木简的文字文化,同时指出古代东亚细亚文字文化的传播机制或可为“选择的受容与变容”,其传播路径可追迹为“中国→高句丽→百济(→新罗)→日本”。金昌锡《通过户籍相关资料来看三国时期的户籍制度》将韩国的传世文献与碑刻、木简等出土资料相结合,详细介绍了自高句丽、百济、新罗三国时期即开始实施的户籍制度相关问题。洪承佑《韩国古代木简中表现出的服役制度》通过对百济籍帐木简和咸安城山山城新罗木简的研究以及与传世文献的比对,指出了百济"丁—中—小"的赋税年龄等级以及与秦汉类似的文书格式,同时他认为咸安城山山城木简所载应是向役夫发放粮食的记录;在韩国相对较少的木简数量中,赋役相关木简占比较多,相关研究也较为丰富,或可引起中日韩三国学者的重视。全京孝《新罗王京出土木简的分类》指出新罗王京范围内的出土木简进行单独分类编号的仅有月城城壕出土的一部分木简,而其他木简或收录至木简信息数据集中进行整理编号,或记入考古发掘报告中与木制品归为一类;文章认为当前韩国木简的编号与分类是不容忽视的一项课题,以统一的国家归属号码的形式进行编排或为最合适的一种方案。

中国新出简帛研究是本次会议讨论的重点。战国至秦的新出简帛研究方面,颜世铉《清华简〈郑武夫人规孺子〉新探》在前人研究的基础之上,对清华简《郑武夫人规孺子》中的十四处简文进行了训读,提出了新的理解和意见。刘乐贤《出土文献中的战国名将李牧》通过考释出土简牍和战国兵器上的文字,结合传世文献的记载,指出赵国名将李牧在兵器及竹简上被写作"事散"或"李微",可能是"李牧"的通假写法。杨博《出土战国秦汉简牍典籍的史料特点》指出,一方面,出土战国秦汉简牍典籍因其本身固有的文物性质,具有以简册性质、简册区位等文物考古信息体现的"物质性"史料特点;另一方面,因其在文献学研究领域的重要作用,其亦具有横纵相合的"系统性"史料特点。石洋《秦简牍中的"贷"与"貣"》针对传世文献中"贷""貣"混用较多的情况,将出土秦简牍文本以时间为序分为官府统一颁布类和个人制作类,以此观察得知,秦统一后,原有的"貣"字表"求"意,新出现的"贷"字则表"施"意,二字区别鲜明,再无混淆;依据此种现象,我们可以更清晰地看出秦王朝在文字概念层面对经济活动的重新塑造,以及当时官社经济的广泛影响力。凌文超《秦代傅籍标准新考——兼论自占年与年龄计算》根据睡虎地秦简《编年纪》的记载,推断在"自占年"之前,秦代傅籍基准应为身高六尺七寸,"自占年"之后则应当是年十八岁。张小锋《如何认识正史记载和出土简牍材料中的史实——以〈赵正书〉为中心的讨论》以《赵正书》与《史记》二者之间的关系与问题为基础,指出在出土简帛资料日益丰富的情况下,对所有简帛资料皆当审慎使用,切不可盲目、盲从地进行历史研究。杨振红《秦"从人"简与战国秦汉时期的"合从"》对《岳麓秦简(伍)》"从人"简做了释读,并对其刑罚与连坐问题加以探讨;此外,亦结合里耶秦简中的"从人"简研究"从人"的含义及来源,相较于学界主流观点即"从人"大多出身六国贵族、地位较高,文章更倾向于认为"从人"的绝大多数为社会中下阶层。陶安《岳麓书院藏秦简〈为狱等状四种〉题名解疑》提到,因《为狱等状四种》的命名问题引发了部分学者的误解,故而文章对《为狱等状四种》所见三种标题的语法结构及词义、标题在卷册和文本内部的分布情况、《为狱等状四种》与《守法守令等十三篇》的异同等重新作了相关分析和说明。朱红林《〈岳麓书院藏秦简(肆)〉校读四则》针对《岳麓书院藏秦简(肆)》简 1975+0170+2035+2033(《岳麓肆》编号 33—36)编连中的"免为庶人,复属其官"、简 1284+1285+1281(《岳麓肆》编号 111—113)编连中的"先为钱及券䇭,以令、丞印封"、简 1402(《岳麓肆》编号 116)提到的"狱治"与"其官自治"以及简 1373+1405(《岳麓肆》编号 142—143)编连中的"擅启门者,附其旁里,旁里典、老坐之"等四处问题进行了研究。苏俊林《"焚书坑儒"之后续与岳麓秦简的新证》提到李斯除奏言"禁书令"外,亦奏有"禁言令","坑儒"的法律依据正是此令;岳麓秦简所提供的新资料向我们证明,"禁言令"实施之后,秦始皇重开言路,借李斯之口解除了"禁言令"对博士的法律效力,此后博士开始参与议事,积极谏言。李章星《〈岳麓简(三)〉"绾等畏耎还走案"与"五十步笑百步"新解》着重考察了"绾等畏耎还走案"中被忽略的步数与判罚讯息之间的关联,通过与先秦传世文献"五十步笑百步"的典故互参,探讨在畏耎罪中是否存在数值性的量刑标准;经过分析,本案的结论与《孟子》典故相互印证:孟子口中的五十步与百步来源于先秦战场实际,二者的量刑是有区别的,而《孟子》典故也为本案的分析提供了史料支撑。

汉晋新出简帛研究方面,彭浩《再谈〈二年律令〉几条律文的归类》讨论了《二年律令》中五条律文的归类,将追斲"徼外人来入为盗者"的"军兴"和针对"发征"文书制作与传递的延误,归于《兴律》;律条的"上狱属所二千石官"指依照正常程序上报复审的死刑案件,归于《具律》;奴婢放免及其法律地位的变化、阡陌以外的公共道路的管理,归于《杂律》。张德芳《汉简中的玉门都尉》一文,罗列出历任的玉门都尉,考察了"玉门都尉"一职的设置、起讫年代及都尉府驻地等相关问题。宋艳萍《从海昏侯墓〈春秋〉类简牍看汉代经学的融合趋势》以海昏侯墓新出土的《春秋》类简牍为基础,详细介绍了汉代的公羊学家的公羊学思想;同时指出,在汉代经学融合的时代背景下,公羊学很多思想精髓被各家吸收,公羊学学术优势渐失,终在汉代之后隐没不显。庄小霞《额济纳博物馆藏居延"市籍"简试说》注意到居延"贱子市籍"简,此简或为汉代"市籍"制度在传世文献以外,目前所见载于出土简牍中的唯一珍贵记录;文章以此为契机,由秦汉市籍制度着手对"贱子"称谓所蕴含的社会身份展开研究,进而在此前研究基础上对"贱子"称谓做进一步补充,即有市籍的商人亦可自称"贱子",此外针对汉代市籍制度的存废问题也可提出新的理解。张俊民《甲渠候官坞墙内外简牍缀合及成因蠡测》借助比较清晰的红外图版,发现了居延新简之中两个相距甚远的简牍群的残简也可以缀合,究其原因,或有天气干扰、人为搬运、人为记录疏误等因素的缘故。邬文玲《居延新简释文补遗(六则)》对居延新简中的六处释文提出了校补意见,并做了相关讨论。曾磊《悬泉汉简“传信”简释文校补》介绍了汉代法律对传车规格和传信使用的相关规定,并对悬泉汉简中的二十支传信简进行了校补。马智全《敦煌悬泉置〈四时月令诏条〉释文补考》回顾了敦煌悬泉壁书《四时月令诏条》的整理过程,并做了相关释文补正;此外,文章指出悬泉壁书整理过程之一的壁书描摹工作对珍贵的汉代壁书造成了人为的损坏,实不可取。袁延胜《长沙五一广场东汉简牍中的的户籍问题》对长沙五一广场东汉简牍中的户籍记载进行了考察,指出东汉的户籍管理承袭自秦与西汉,严格实行“比地为伍”的制度,且东汉的长沙地区有相当一部分外来人口著籍当地。黎明钊《长沙简牍的临湘雇庸社群》提出五一广场和东牌楼的东汉简牍文书反映出当时长沙临湘城存在着相当数量以庸直为生计的人口,他们除却为私人打工者外,亦有部分是官府出钱雇用的津卒,另有部分“庸债”者。其他简帛研究方面,邓玮光《走马楼吴简粢田简的复原与研究——兼论计算机在吴简研究中的价值》借助“横向比较复原法”与“纵向比较复原法”对走马楼吴简[伍][陆][柒]中大量与粢田相关的简进行复原,同时对簿籍所反映的孙吴基层行政情况进行了讨论,亦提出了对吴简研究的相关建议。田天《汉晋墓葬的随葬衣物与衣物记录》指出衣物是中国古代丧葬重要的随葬品,从战国楚墓遣策中的衣物记录到两晋衣物疏,主要记载衣物的随葬物品的清单普遍使用至唐代,至元、明犹见其例,乃至当下衣物仍是重要的丧葬品,这样的演变沿袭过程,不但定义了何为与死者关系最密切的随葬品,也标识着随葬品记录的真正意义。

为进一步推动简帛学理论的深入展开，作为本次会议的重要前期成果，主办方与《郑州大学学报》合作，组织策划了“简帛学史的理论总结与研究”主题笔谈，刊发了蔡万进、郭晴《简帛学史研究的理论价值及其意义》，魏德胜《对简帛学分期标准的思考》，胡平生《论说〈简牍学大辞典〉》，马智全《简帛目录的编纂与简帛学史研究》等论文，对简帛学史研究的分期断代、内容构成、方法途径、价值意义等理论与实践问题，站在总结经验、提炼理论的高度进行了深入探讨。研讨会上，蔡万进、魏德胜等向与会学者汇报了笔谈策划的缘起与构想，分享了研究中的新认识和新观点。名家与简帛学，是简帛学史研究的重要内容和组成部分，刘国忠《李学勤先生与清华简》全面回顾介绍了李学勤先生对清华简的入藏、整理、研究，以及其在出土文献学科建设过程中做出的贡献；薛瑞泽《高敏先生的简牍学研究》全面回顾了高敏先生在简牍研究领域中的卓越贡献，重点总结了高敏先生的简牍研究方法以及在简帛学理论建设方面的远见卓识。

此外，日本学者藤田胜久《中国简牍、帛书与东亚的纸、木简——从信息技术来看资料学》、方国花《古代东亚地域木简（简牍）的字体比较》，韩国学者金庆浩《简帛研究与古代东亚社会的新理解》，中国学者戴卫红《韩国木简所见“某月中”》、贾丽英《韩国木简中的《论语》觚考论》等成果，为东亚地区构建简帛研究理论体系提供了具体研究范例，推动了简帛学理论的创新与实践。

三、会议收获及意义

本次会议收获了丰厚的成果,对于中日韩简牍学界的交流乃至东亚简牍文化的研究都具有重要的意义。第一,本次会议首次实现了中日韩三国出土简牍研究学者的直接对话。近代以来,中国、日本和朝鲜半岛地区皆有相当数量的简牍得以发掘出土,日韩学者对中国出土简帛一直给予较多关注与研究,相比而言,中国学界大多将注意力集中于国内简帛学的探讨,对日韩出土简牍的关注并不充分,迄今只有少量翻译或介绍日韩木简概况的文章,深入研究的成果更是少之又少。尽管中日韩三方也曾多次召开简帛学相关的国际会议,但参与其中的三国学者仍以中国出土简牍为主要研究对象。为加强中日韩学界对各国出土简牍全面、直接的了解,促进东亚学界对各国出土简帛的合作整理与研究,加快以东亚为中心的国际简帛学体系的构建,推动简帛学相关理论问题的研究,首都师范大学历史学院、中国社会科学院简帛研究中心,经与日本奈良文化财研究所、日本木简学会、韩国木简学会、韩国国立庆州文化财研究所共同商议,决定三方合作轮流举办"中日韩出土简牍研究国际论坛",以此开展三国学者的直接对话,拓展交流与合作。本次会议在邀请中国诸多简帛学相关研究者参与的同时,特邀日韩两国从事简牍发掘、整理的考古文博专家和从事本国简牍研究的学者携手赴会,三国六家单位共同组织召开了此次大型国际学术会议,这在中日韩三国出土简牍研究的历史上尚属首次。

第二,本次会议首次就中日韩出土简牍研究一体化合作达成共识。"简帛学的理论与实践学术研讨会"已于 2015 年、2016 年、2018 年连续举办了三届，但主要限于中国国内学术界的相互探讨，本届会议之所以要展开中日韩出土简牍的直接对话与合作交流，则是因为在越来越丰富的交流与碰撞的过程中，我们越发认识到简帛学已逐渐发展成为一门国际性的学科，相关研究亦需要更新的架构和更广的范围。故而今次会议，即是将简牍研究的视野从对中国简牍的关注，扩展到对东亚出土简牍的整体关注，明确倡导和推进中日韩三国出土简牍研究的合作交流，借此期望在国际学术视野下共同建构和完善简帛学的理论体系。开幕式上，中国社会科学院古代史研究所所长、中国社会科学院简帛研究中心研究员卜宪群先生、日本木简学会会长佐藤信先生、韩国木简学会会长朱甫暾先生、首都师范大学历史学院刘乐贤先生等致辞，共同表达了对简牍相关研究的更新框架、更广范围、更深交流的期盼，乃至如朱甫暾先生所提出的以“东亚木简学会”的方式“走出去”，发展成为与世界大众融合在一起的文字文化学会，恰似卜宪群先生在开幕式所言“跨国性的合作研究将是推动简帛学繁荣发展的重要路径之一”。这既是会议从主题到形式的全方位扩展，更是东亚地区开展简帛学共同合作研究的重要节点。

第三，本次会议同时也是国际简帛学体系构建的首次实质性推进。简帛是中国古代社会的重要书写材料，而同时期或稍晚的世界其他国家和地区，如韩国、日本和欧洲等地，同样有简帛使用的痕迹存在。近代以来，除中国外，世界各地亦发掘出土了相当数量的简帛资料。自 1975 年至今，韩国已发掘出土六至八世纪木简近千枚，韩国学者对此进行了多年的整理研究，提出了“韩国木简学”的概念。日本发现木简数量较多，截至 2008 年底，断代于七至九世纪的出土木简总数超过 32 万枚，受到日本学者的广泛重视，同样提出了“日本木简学”的概念。1973 年以来，英国雯都兰达出土公元一世纪前后的罗马帝国木牍军事文书已达 1200 余件，据估计,雯都兰达地下得以保存的木牍数量约在 1 万—10 万件之间,这些简牍的形式和内容与中国汉代的居延、敦煌简牍颇多类似,故有学者将之誉为“罗马帝国的居延与敦煌”;此外,罗马时代的木牍在英国、德国、荷兰、法国、意大利南部、埃及、多瑙河中下游北岸及瑞士等地皆有发现。如今,各国简帛研究者已从专注本国简牍研究转向探寻世界各地出土木牍的共性、区别与联系,在努力使本国简牍研究国际化的同时,尝试整合、构建国际简帛学体系,如韩国学者“东亚简牍文化圈”的构想、日本学者“东亚木简学”的提出及中国学者“国际简帛学”的倡议等。本次会议将中日韩各国简牍研究学者齐聚一堂,深入探讨东亚汉文简牍领域的一体化整理研究合作,是国际简帛学研究与国际简帛学体系构建工作的首次实质性推进,其会议组织模式、经验及成果,必将在今后国际简帛学研究中产生深远而积极的影响。

附记:本文已刊于邬文玲、戴卫红《简帛研究二〇二〇(春夏卷)》,广西师范大学出版社,2020 年。

首届中日韩出土简牍研究国际论坛
暨第四届简帛学的理论与实践学术研讨会
参会人员名单

（排名不分先后）

	姓　名	单　位
1	胡平生	中国文化遗产研究院
2	刘少刚	中国文化遗产研究院
3	卜宪群	中国社会科学院古代史研究所、简帛研究中心
4	邬文玲	中国社会科学院古代史研究所、简帛研究中心
5	宋艳萍	中国社会科学院古代史研究所、简帛研究中心
6	戴卫红	中国社会科学院古代史研究所、简帛研究中心
7	曾　磊	中国社会科学院古代史研究所、简帛研究中心
8	庄小霞	中国社会科学院古代史研究所、简帛研究中心
9	杨　博	中国社会科学院古代史研究所、简帛研究中心
10	石　洋	中国社会科学院古代史研究所、简帛研究中心
11	王　彬	中国社会科学院古代史研究所、简帛研究中心
12	于天宇	中国社会科学院古代史研究所、简帛研究中心
13	齐继伟	中国社会科学院古代史研究所、简帛研究中心
14	杜　晓	中国社会科学院古代史研究所、简帛研究中心
15	张　欣	中国社会科学院古代史研究所
16	赵平安	清华大学人文学院、出土文献研究与保护中心
17	李均明	清华大学出土文献研究与保护中心

续表

	姓　名	单　位
18	刘国忠	清华大学出土文献研究与保护中心
19	郭伟涛	清华大学出土文献研究与保护中心
20	魏德胜	北京语言大学
21	张荣强	北京师范大学历史学院
22	凌文超	北京师范大学历史学院
23	杨振红	南开大学历史学院
24	张小锋	对外经济贸易大学马克思主义学院
25	张德芳	甘肃简牍博物馆
26	张俊民	甘肃省文物考古研究所
27	朱红林	吉林大学古籍研究所
28	张春龙	湖南省文物考古研究所
29	彭　浩	湖北省荆州博物馆
30	袁延胜	郑州大学历史学院
31	陈朝云	《郑州大学学报》编辑部
32	李素婷	河南省文物考古研究院
33	薛瑞泽	河南科技大学人文学院
34	苏俊林	西南大学历史文化学院
35	李章星	湖南大学岳麓书院
36	贾丽英	河北师范大学历史文化学院
37	马智全	兰州城市学院
38	邓玮光	江苏第二师范学院
39	黎明钊	香港中文大学
40	颜世铉	“中研院”历史语言研究所
41	张　敏	人大复印报刊资料中心
42	刘　江	人大复印报刊资料中心
43	户华为	光明日报社

续表

	姓名	单位
44	苏辉	《中国史研究动态》编辑部
45	蔡万进	首都师范大学历史学院
46	刘乐贤	首都师范大学历史学院
47	田天	首都师范大学历史学院
48	王风利	首都师范大学历史学院
49	郭晴	首都师范大学历史学院
50	杜平	《首都师范大学学报》编辑部
51	刘同川	武汉大学历史学院
52	宋超	中国人民大学国学院
53	小林文治	北京师范大学历史学院
54	具滋元	北京外国语大学
55	佐藤信	东京大学、日本木简学会
56	渡边晃宏	奈良文化财研究所、日本木简学会
57	马场基	奈良文化财研究所都城发掘调查部史料研究室
58	畑野吉则	奈良文化财研究所都城发掘调查部
59	方国花	奈良文化财研究所
60	藤田胜久	爱媛大学
61	陶安	明治大学法学系
62	朱甫暾	韩国木简学会
63	李柱宪	韩国国立文化财研究所考古研究室
64	尹龙九	仁川都市公社文化财研究所
65	尹善泰	东国大学
66	金昌锡	江原大学
67	李在晥	弘益大学
68	洪承佑	庆北大学
69	权仁瀚	成均馆大学

续表

	姓　名	单　位
70	金秉骏	首尔大学
71	李镕贤	韩国国立庆州博物馆
72	金庆浩	成均馆大学东亚学术院
73	李钟勋	韩国国立庆州文化财研究所
74	全京孝	韩国国立庆州文化财研究所
75	朴晟镇	韩国国立庆州文化财研究所
76	崔竣植	韩国国立庆州文化财研究所
77	刘鞶儿	韩国国立庆州文化财研究所

编后记

2019年9月,“首届中日韩出土简牍研究国际论坛暨第四届简帛学的理论与实践学术研讨会”在北京召开。这次会议由首都师范大学历史学院、中国社会科学院简帛研究中心与日本奈良文化财研究所、日本木简学会、韩国木简学会、韩国国立庆州文化财研究所共同举办,与会学者提交了一批高水平的原创性论文。按照预定计划,将集刊《简帛学理论与实践(第二辑)》作为本次会议专辑,集中刊载与会学者的论文。

本辑共收录开幕式致辞4篇、专题论文32篇、会议综述1篇,内容涵盖“中日韩新出简牍介绍与整理研究前沿”“简帛整理的国际统一标准制定与研究”“简帛学理论的总结与创新”等主题,反映了中日韩出土简牍研究和简帛学相关理论问题探讨的新动向、新进展和新成果。需要说明的是,为了保持会议成果的完整性,少量已在其他刊物登载过的与会论文,本辑一并收入,且在文末注明原刊信息。

首届中日韩出土简牍研究国际论坛的策划、筹备和成功举办,得到首都师范大学历史学院蔡万进教授、韩国首尔大学金秉骏教授、中国社会科学院古代史研究所邬文玲研究员、日本奈良文化财研究所马场基研究员的鼎力襄助,日本木简学会、韩国木简学会、韩国国立庆州文化财研究所以及与会的各位中外学术同仁亦给予了大力支持。《简帛学理论与实践

(第二辑)》的出版,得到“古文字与中华文明传承发展工程”协同攻关创新平台——中国社会科学院古代史研究所平台经费资助以及广西师范大学出版社的支持。在此一并谨致谢忱!

因为新冠疫情等原因,本辑的出版延宕至今。在此,谨向各位与会学者致以诚挚的歉意!

编者

2023 年 3 月